གངས་ཅན་བོད་ཀྱི་གྲགས་ཅན་མི་སྣ་འགའི་འཁྲུངས་འདས་ཀྱི་ལོ་ཚིགས་གསལ་བར་སྟོན་པའི་རེའུ་མིག་དྭངས་གསལ་འཕྲུལ་གྱི་མེ་ལོང་ཞེས་བྱ་བ་བཞུགས་སོ།།

藏族历代学者生卒年代谱表

ཁམས་སྤྲུལ་བསོད་ནམས་དོན་གྲུབ་ཀྱིས་བསྒྲིགས།
康珠 · 索朗顿珠　编著

མི་རིགས་དཔེ་སྐྲུན་ཁང་།
民族出版社

《གངས་ཅན་བོད་ཀྱི་གྲགས་ཅན་མི་སྣ་འགའི་འབྱུང་འདས་ཀྱི་ལོ་ཚིགས་གསལ་བར་སྟོན་པའི་རེའུ་མིག་དངས་གསལ་འཕྲུལ་གྱི་མེ་ལོང་》ཚོམ་བསྒྲིགས་ཞུ་ཡོན་ལྷན་ཁང་།

ཀྲུའུ་རེན།	ཉི་མ་ཚེ་རིང་། རན་ཧྲུའུ་ཆུང་།
ཚོམ་སྒྲིག་པ་གཙོ་བོ།	ཧོར་དཀར་ནོ་མོ།
ཚོམ་སྒྲིག་པ་གཞོན་པ།	ཉི་མ། ཕྲིན་པ་ཚེ་རིང་། འདར་དཔོན་ཉི་ཤར།
ལག་བསྒྱུར་ཚོམ་སྒྲིག་པ།	ཁམས་སྨྱུལ་བསོད་ནམས་དོན་གྲུབ།
ཚོམ་བསྒྲིགས་ཞུ་ཡོན།	ཀ་མད་གོ་རེམ།
	ཁམས་སྨྱུལ་བསོད་ནམས་དོན་གྲུབ། འདར་དཔོན་ཉི་ཤར། པད་མ་བཀྲ་ཤིས། ཕྲིན་པ་ཚེ་རིང་། ཧོར་དཀར་ནོ་མོ།

སྔོན་འགྲོའི་གཏམ།

བོད་ལྗོངས་སུ་བོད་ཡིག་གིས་གཙོ་བོར་བྱས་པའི་ཡིག་རིགས་མི་འདྲ་བའི་གནའ་དཔེ་མང་པོ་ཞིག་ཡོད་པ་དེ་དག་ལོ་རྒྱུས་རིང་ཞིང་ནང་དོན་ཕུན་སུམ་ཚོགས་པོ་ཡོད། དེ་དག་ནི་ཀྲུང་ཧྭ་མི་རིགས་དང་འགྲོ་བ་མིའི་རིགས་ཀྱི་རྩ་ཆེའི་ཤེས་རིག་གི་ཤུལ་བཞག་ཞིག་ཡིན། ཧུར་བརྩོན་གྱིས་གནའ་དཔེར་སྲུང་སྐྱོབ་བྱ་རྒྱུ་དེ་ནི་ཀྲུང་ཧྭའི་སྔ་མང་ཕུན་སུམ་ཚོགས་པའི་རིག་གནས་སྲུང་སྐྱོབ་དང་། མི་རིགས་ཁག་གི་ཕྱུལ་བྱུང་སྲོལ་རྒྱུན་རིག་གནས་རྒྱུན་འཛིན་དང་དར་སྤེལ། མི་རིགས་སོ་སོའི་རིག་གནས་སྤེལ་རེས་ལ་སྐུལ་འདེད། མི་རིགས་མཐུན་སྒྲིལ་ལ་ཤུགས་བསྣོན། སྤྱི་ཚོགས་གཏན་ལྷིང་ལ་སྲུང་སྐྱོབ། བོད་ལྗོངས་ཀྱི་སྤྱི་ཚོགས་རིང་ལུགས་ཀྱི་རིག་གནས་དར་འཕེལ་ཆེན་པོར་སྐུལ་འདེད་གཏོང་བ་བཅས་ཀྱི་ཐད་དམིགས་བསལ་གྱི་གལ་ཆེའི་དོན་སྙིང་ལྡན་ཡོད།

ཏང་ཀྲུང་དབྱང་དང་རྒྱལ་སྲིད་སྤྱི་ཁྱབ་ཁང་གིས་ཐོར་ནས་ད་བར་བོད་ལྗོངས་ཀྱི་རིག་གནས་ཤུལ་བཞག་སྲུང་སྐྱོབ་ལས་ཀར་ཚད་མཐོའི་མཐོང་ཆེན་གནང་སྟེ། རྣམ་གྲངས་དང་མ་དངུལ། མི་སྣ་སོགས་ཀྱི་ཐད་ལ་ཤུགས་ཆེའི་རྒྱབ་སྐྱོར་གནང་ཡོད། ལྷག་དོན་དུ་ཀྲུང་དབྱང་གི་ཐེངས་ལྔ་པའི་བོད་ཀྱི་ལས་དོན་སྐོར་གྱི་བཞུགས་མོལ་ཚོགས་འདུའི་ཐོག་བོད་ལྗོངས་འདི་ཉིད་ཀྲུང་ཧྭ་མི་རིགས་ཀྱི་ཁྱད་ཆོས་ལྡན་པའི་རིག་གནས་སྲུང་སྐྱོབ་ཀྱི་གནས་ཤིག་ཆགས་པ་བྱ་རྒྱུའི་ཐབས་ཇུས་ཀྱི་དམིགས་ཚད་བཏོན་གནང་བ་དང་། བོད་ལྗོངས་ཀྱི་ཕུལ་བྱུང་སྲོལ་རྒྱུན་རིག་གནས་འཛིན་སྐྱོང་སྤེལ་གསུམ་བྱེད་པར་གལ་ཆེའི་བཀོད་སྒྲིག་གནང་ཡོད། བོད་རང་སྐྱོང་ལྗོངས་ཏང་ཨུད་དང་མི་དམངས་སྲིད་གཞུང་གིས་ཀྲུང་དབྱང་གི་ཐབས་ཇུས་བཀོད་སྒྲིག་ལག་བསྟར་ནན་ཏན་བྱས་པ་དང་། རྒྱུན་ཆད་མེད་པར་རིག་གནས་ཤུལ་བཞག་སྲུང་སྐྱོབ་ལས་ཀར་ཤུགས་སྣོན་བརྒྱབ་སྟེ། བོད་ལྗོངས་ཀྱི་ཕུལ་བྱུང་སྲོལ་རྒྱུན་རིག་གནས་ཉམས་པ་སོར་ཆུད་དང་མ་ཉམས་གོང་འཕེལ་ཡོང་བར་སྐུལ་འདེད་ཆེན་པོ་བཏང་ཡོད།

ཕྱོགས་ཡོངས་ནས་བོད་ལྗོངས་ཀྱི་གནའ་དཔེ་རྩ་ཆེན་སྲུང་སྐྱོབ་ལས་ཀར་ཤུགས་སྣོན་ཡོང་ཆེད། རྒྱལ་ཁབ་༡༨ ༢༨ སྐོར་ལྗོངས་ཀྱི་རེ་བ་ལྟར་རང་སྐྱོང་ལྗོངས་ཀྱི་གནའ་དཔེ་སྲུང་སྐྱོབ་ལས་དོན་འགོ་ཁྲིད་ཚོགས་ཆུང་བཙུགས་པ་དང་། གནའ་དཔེ་སྲུང་སྐྱོབ་ལས་ཀའི་འཆར་གཞི་བཀོད་དེ། ཕྱོགས་ཡོངས་ནས་གནའ་དཔེ་སྲུང་སྐྱོབ་དང་ཡོངས་བཤེར། སྙན་ཐོ་འགོད་པ་སོགས་ཀྱི་ལས་དོན་སྤེལ་འགོ་བཙུགས་ཡོད། བོད་ལྗོངས་ཀྱི་གནའ་དཔེ་སྲུང་སྐྱོབ་ལས་ཀར་ཡང་འབྲས་བུ་མི་དམན་པ་ཞིག་ཐོབ་ཡོད་དེ། མིག་སྔར་བོད་ལྗོངས་ཀྱི་རྩ་ཆེའི་གནའ་དཔེ་པོད་༧༥༢རྒྱལ་ཁབ་རིམ་པའི་མིང་མཛོད་དུ་ཚུད་ཐུབ་ཡོད།

ཕྱིར་ལས་ལྷག་པའི་སྔོ་ནས་རང་སྐྱོང་ལྗོངས་ཀྱི་བོད་ཡིག་གནའ་དཔེ་ཡོངས་བཤེར་དང་སྲུང་སྐྱོབ་ཀྱི་ལས་ཀའི་གལ་ཆེའི་དོན་སྙིང་དྲིལ་བསྡུས་དང་། རང་སྐྱོང་ལྗོངས་ཀྱི་གནའ་དཔེ་ཡོངས་བཤེར་གྱི་སྔོན་ཐོ་འགོད་པའི་ལས་དོན་འབྲས་བུ་འགྲེམ་སྟོན་གང་ལེགས་བྱས་ཏེ། དམངས་ཡོངས་ཀྱིས་གནའ་དཔེ་སྲུང་སྐྱོབ་ལས་ཀར་ཞུགས་པའི་སྤྱི་ཚོགས་ཀྱི་ཁོར་ཡུག་བཟང་པོ་ཞིག་གཏོད་ཆེད། རིག་གནས་ཕྱོགས་དང་རྒྱལ་ཁབ་གནའ་དཔེ་སྲུང་སྐྱོབ་ལྟེ་གནས། བོད་ལྗོངས་ནོར་གླིང་ཐེང་དང་རིག་གནས་ཐིང་གིས་ཤུགས་ཆེའི་རྒྱབ་སྐྱོར་འོག་བོད་ལྗོངས་གནའ་དཔེ་སྲུང་སྐྱོབ་ལྟེ་གནས་ཀྱིས་གངས་ལྗོངས་གནའ་དཔེའི་གཏེར་མཛོད།—བོད་ལྗོངས་ཀྱི་ཐེངས་དང་པོ་གཉིས་པ་གསུམ་པའི་རྒྱལ་ཁབ་རིམ་པའི་རྩ་ཆེན་གནའ་དཔེའི་མིང་མཛོད་དུ་བཞུགས་པའི་རྒྱ་བོད་ཤན་སྦྱར་གྱི་དཔར་རིས་ཞེས་པ་དང་། བོད་ཡིག་གནའ་དཔེའི་རྣམ་བཤད། ཀུང་ཏྲུ་གནའ་དཔེའི་བྱུང་བ་བརྗོད་པའི་དཀར་ཆག་དཔེ་ཚོགས།—བོད་རང་སྐྱོང་ལྗོངས་དཔེ་མཛོད་ཁང་གི་གནའ་དཔེའི་དཀར་ཆག—གསུང་འབུམ་པོད་དང་དེ་བཞིན་འབྲི་ཤུང་བཀའ་བརྒྱུད་ཆོས་མཛོད་ཆེན་མོའི་དཀར་ཆག་བོད་རྒྱ་ཤན་སྦྱར་མ་སོགས་རྩོམ་སྒྲིག་དཔེ་སྐྲུན་བྱས་ཡོད། དེ་ནི་བོད་ལྗོངས་ཀྱི་གནའ་དཔེ་སྲུང་སྐྱོབ་དང་ཞིབ་འཇུག་ལས་ཀའི་ཁྲོད་ཀྱི་དགའ་འོས་པའི་དོན་ཆེན་ཞིག་ཡིན་ལ། དེས་བོད་ལྗོངས་ཀྱི་གནའ་དཔེ་སྲུང་སྐྱོབ་ལས་ཀར་སྐུལ་འདེད་དང་སྤྱི་ཚོགས་ཤུལ་པོས་གནའ་དཔེ་སྲུང་སྐྱོབ་ལས་ཀར་ཞུགས་པའི་རྣམ་པ་བཟང་པོ་ཞིག་གཏོད་པར་གལ་ཆེའི་ནུས་པ་ཐོན་ངེས་ཡིན།

བོད་ལྗོངས་ཀྱི་གནའ་དཔེ་སྲུང་སྐྱོབ་ལས་དོན་ནི་ལས་རྒྱུན་རིང་ཞིང་དཀའ་ཚེགས་ཆེ་བའི་ལས་འགན་ཞིག་ཡིན། རྩ་ཆེའི་གནའ་དཔེ་སྲུང་སྐྱོབ་དང་། ཞིབ་འཇུག བེད་སྤྱོད་ལེགས་པོ་བྱ་རྒྱུ་ནི་རང་ལྗོངས་རིག་གནས་དར་ཁྱབ་དང་། རིག་གནས་སྟོབས་ཆེའི་ཁུལ། རིག་གནས་ཕྱུག་ཁུལ། རིག་གནས་གཏན་སྙིང་ཁུལ་བཅས་ཀྱི་འཕེལ་རྒྱས་ཀྱི་གལ་ཆེའི་ལས་གཞི་ལག་བསྟར་བྱེད་པ་ཞིག་ཡིན་ལ། བོད་ལྗོངས་དེ་ཉིད་ཀྲུང་ཧྭ་མི་རིགས་ཀྱི་ཁྱད་ཆོས་ལྡན་པའི་རིག་གནས་སྲུང་སྐྱོབ་ཁུལ་དུ་འཛུགས་སྐྲུན་བྱ་རྒྱུའི་གལ་ཆེའི་ནང་དོན་ཞིག་ཀྱང་ཡིན། དེས་ན་ཏང་ཀྲུང་དབྱང་དང་རྒྱལ་སྲིད་སྤྱི་ཁྲུབ་ཁང་གི་བྱམས་བརྩེའི་ཐུགས་ཁུར་དང་། རྒྱལ་ཁབ་རིག་གནས་ཕྱོགས་སོགས་འབྲེལ་ཡོད་ཚན་པའི་ཤུགས་ཆེའི་རྒྱབ་སྐྱོར་དང་མཐུན་སྟོན་འོག རང་སྐྱོང་ལྗོངས་ཏང་ཨུད་དང་སྲིད་གཞུང་གི་བློ་བརྟན་འགྱུར་མེད་ཀྱི་འགོ་ཁྲིད་དང་ལྗོངས་ཡོངས་ཀྱི་རིམ་པ་ཁག་གི་རིག་གནས་ཚན་པའི་ཐུན་མོང་འབད་བརྩོན་ཐོག བོད་ལྗོངས་ཀྱི་གནའ་དཔེ་སྲུང་སྐྱོབ་ལས་དོན་ལ་རེ་བའི་འབྲས་བཟང་སྨིན་པའི་ཡིད་ཆེས་བརྟན་པོ་ཡོད།

བོད་རང་སྐྱོང་ལྗོངས་ཏང་ཨུད་དྲིལ་བསྡུས་ཕྱོགས་ཀྱི་ཕྱོགས་གཙོ་ཀྲུང་གཞོན་པ། བོད་རང་སྐྱོང་ལྗོངས་རིག་གནས་ཐིང་གི་ཐིང་ཀྲང་། ཉི་མ་ཚེ་རིང་།

༢༠༡༥ལོའི་ཟླ་༧པར།

前言

西藏保存着以藏文为主的多文种古籍文献，这些古籍流传久远，卷帆浩繁，是中华民族和人类文明的宝贵遗产。积极保护古籍文献，对于保护和维系中华文化多元根脉，继承和弘扬各族的优秀传统文化、促进各民族文化交流、增强民族团结、维护社会稳定，推动西藏社会主义文化大发展大繁荣，具有特殊重要意义。

党中央、国务院历来高度重视西藏文化遗产保护工作，在项目、资金、人才等各方面给予了巨大支持。特别是中央第五次西藏工作座谈会提出了“使西藏成为重要的中华民族特色文化护地”的战略目标，对西藏优秀传统文化的继承、保护和弘扬做出了重要部署。西藏自治区党委、政府高度重视，认真贯彻落实中央决策部署，不断加强文化遗产保护工作力度，有力推动西藏优秀传统文化的有效保护和弘扬。

为全面加强对西藏珍贵古籍的保护工作，根据国家和自治区要求，成立了西藏自治区古籍保护工作领导小组，制定了古籍保护工作规划，全面启动了古籍保护工程，开展了普查、申报和保护等各项工作，西藏古籍保护工作取得了初步成效。经过努力，目前西藏有158部藏文珍贵古籍入选《国家珍贵古籍名录》。

为进一步宣传藏文古籍普查保护工作的重要意义，充分展示我区古籍普查、申报、保护工作取得的初步成效，增强社会参与古籍保护工作的良好文化氛围，在自治区财政厅等相关单位的大力支持下，西藏自治区古籍保护中心编辑出版了《雪域宝典—西藏自治区第一、二、三批国家珍贵古籍名录藏汉对照图录》、《藏文古籍概论》、《中华古籍书志书目丛书—西藏自治区图书馆藏文古籍总目·文集篇》、《直贡噶举大法库文集目录》等，这些目录的出版是我区古籍保护和研究工作中的一件大事和喜事，必将对推动西藏古籍普查保护工作、继承和发展民族珍贵典籍文化、营造全社会参与古籍保护事业的良好氛围起到重要作用。

西藏的古籍保护工作是一项长期而艰巨的任务。保护好、研究好、利用好珍贵古籍，是我区实施文化兴区、文化强区、文化富区、文化稳区战略的一项重大工程，是要把西藏建设成为中华民族特色文化保护地的重要内容。我们坚信，在党中央、国务院的亲切关怀下，在文化部、国家古籍保护中心等有关部门的有力支持和指导下，在自治区党委、政府的坚强领导和我区古籍保护工作人员的努力下，西藏古籍保护事业必将结出更好、更大的果实。

西藏自治区党委宣传部副部长、西藏自治区文化厅厅长　尼玛次仁

2015年7月

སྒྲིག་པ་པོའི་གཏམ།

འཛམ་གླིང་ཡང་རྩེ་བོད་ཁ་བ་ཅན་ཞེས་བྱ་བའི་ཡུལ་ལྗོངས་འདི་ཉིད་ལ་གཟུར་གནས་མཁས་པའི་དབང་པོ་འགོས་ལོ་གཞོན་ནུ་དཔལ་སོགས་ཀྱིས་བོད་ཀྱི་ཡུལ་འདི་ཡང་རྒྱ་གར་དང་འདྲ་བར། ཡུལ་དང་མི་ལ་སོགས་པ་གནས་པའི་བསྐལ་པ་ནས་བྱུང་བར་བྱས་ན་ལུང་དང་རིགས་པའི་གནོད་པ་མེད་ཅེས་གསུངས་པ་བཞིན། འགྲོ་བ་མིའི་རིགས་དར་ནས་ལོ་ཁྲི་ཚོ་བརྒྱ་ཕྲག་སོང་ཞིང་། དེ་ནས་རྡོ་ཆས་གསར་རྙིང་གི་དུས་རིམ་བརྒྱུད་ཚུལ་ཆབ་མདོའི་མཁར་རོ་དང་། ལྷ་སའི་ཆུ་གོང་། གོ་འཇོའི་སྐྱ་འབེལ་སོགས་ཀྱི་མཁར་ཤུལ་ནས་ར་འཕྲོད་པར་མ་ཟད། རྒྱལ་ཕྲན་སིལ་མ་བཅུ་གཉིས་དང་། རྒྱལ་ཕྲན་བཞི་བཅུ་སོགས་ནས་རིམ་པས་བོད་རྗེ་འོག་མ་གཉའ་ཁྲི་བཙན་པོ་ལྷགས་པོ་བྱེ་བ་སྤྱི་ལོའི་སྔོན་གྱི་༥༤༡ལོར་སྐུ་འཁྲུངས་ཤིང་སྤྱི་ལོའི་སྔོན་གྱི་ཆུ་བྱི་༥༣༨ཁྲིར་ཕེབས་ནས་ད་ལོ་བོད་རབ་བྱུང་བཅུ་བདུན་པའི་ཆུ་ཕོ་འབྲུག་སྤྱི་ལོ་༢༠༡༢བར་ལོ་ཉིས་སྟོང་ལྔ་བརྒྱ་ལྔ་བཅུ་ང་གཅིག་སོང་། བགྲང་བྱ་སྟོང་ཕྲག་ལྔ་ཡི་གོང་ནས་སྦྲུང་དང་ལྡེའུ་བོན་གྱིས་མཚོན་པའི་ཤེས་རིག་གི་དཔལ་ཡོན་དར་མགོ་ཚུགས་ཏེ། རང་རེའི་མེས་པོ་དཔའ་ཞིང་བརྟུལ་ཕོད་པ། མཛངས་ཤིང་དཀྱིལ་ཆེ་བ། སྙམ་ཞིང་བློ་ཡངས་པ། སྲན་ཚུགས་ལ་གཞན་གྱིས་ཚོད་མི་ཐེག་པ། མཁས་ཤིང་གྲུབ་པ་ཐོབ་པའི་སྐྱེས་བུ་ནམ་མཁའི་སྐར་ཚོགས་དང་ས་ཡི་རྩྭ་ཤིང་ལྟ་བུ་བགྲང་ལས་འདས་པ་བྱོན་ཡོད། རང་རེས་ད་ལྟ་སྤྱོད་བཞིན་པའི་བོད་ཡིག་འདིའི་སྲོལ་གཏོད་པ་ནས་བཟུང་། དྲིན་ཆེན་མེས་པོ་རྣམས་ཀྱི་དྲིན་ལས་བཅུ་ཕྲག་རིག་གནས་ཀྱིས་གཙོ་བོར་བྱས་པའི་ལོ་རྒྱུས་རིག་པ་གཅིག་པུར་ཡང་རྒྱལ་རབས་ལོ་རྒྱུས་དང་། ཆོས་འབྱུང་བསྟན་རྩིས། རྣམ་ཐར་རྟོགས་བརྗོད། གསུང་རབ་དང་དགོན་གནས་ཀྱི་དཀར་ཆག གནས་དང་ཡུལ་གྲུའི་བྱུང་བ་བརྗོད་པ་སོགས་བརྗོད་ཀྱིས་མི་ལངས་བར་འདུག་པ་རང་ནས་སྤྱི་ལོ་ཉིས་སྟོང་ལོར་བོད་ཀྱི་ལོ་རྒྱུས་དཔེ་ཐོ་ཞེས་པར་མཚན་གྱི་རྣམ་གྲངས་བརྒྱ་ཕྲག་ཉེར་གཅིག་གྱི་བདག་ཉིད་ཅན་ཞིག་སྤར་བསྐྲུན་ཞུས་པར་བོད་ཀྱི་ལོ་རྒྱུས་རིག་པའི་ཞིབ་འཇུག་གི་བྱ་བར་རྒྱ་མཚོ་ཆུ་ཐིག་གི་བདག་སྐྱེས་ཕུལ་བར་རློམས་ཀྱང་ད་ལྟ་གང་སར་ཆ་རྐྱེན་རྗེ་ལེགས་སུ་འགྲོ་བཞིན་པས་ན་ད་དུང་ཡང་ཤིན་ཏུ་མང་པོ་སྟོགས་འདོན་བྱ་རྒྱུ་ཡོད་ངེས་སུ་སྣང་། དུས་རབས་སྟོན་མ་ཙམ་ནས་བཟུང་འཛམ་གླིང་འཛིན་མའི་ཁྱོན་འདིར་བོད་རིག་པ་ཞེས་པ་འདི་ས་དར་རྗེ་དར་གྱིས་ཁྱབ་སྤེལ་སོང་ནས་ད་ལྟ་ཤར་ནུབ་ཀུན་ཏུ་འདིར་སློབ་སྦྱོང་དང་ཞིབ་འཇུག་ཁྱབ་སྤེལ་སོང་བ་དེ་རིག་གནས་ཤིག་འཛམ་གླིང་འདིར་ཁྱབ་སྤེལ་འགྲོ་ཚད་ཆེས་མྱུར་ཤོས་ཤིག་ཡིན་ཚུལ་གཟུར་གནས་ཀྱི་མཁས་པ་མང་པོས་ཁས་ལེན་བཞིན་དུ་སྣང་། དེས་ན་བོད་ཀྱི་རིག་གནས་ཀྱི་བྱ་གཞག་སྒྲུབ་མཁན་ནམ་ཞིབ་འཇུག་བྱེད་མཁན་ཞིག་ཡིན་ན་ཞིབ་འཇུག་བྱ་ཡུལ་གྱི་ལོ་རྒྱུས་མི་སྣ་གང་ཞིག་དུས་ནམ་ཞིག་ལ་ཡུལ་གང་ཞིག་ཏུ་འཁྲུངས་འདས་བྱུང་ཚུལ་མ་ཤེས་ཚེ་ཞིབ་འཇུག་བྱ་ཐབས་བྲལ་བས་ལོ་རྒྱུས་ཀྱི་ཡིག་

ཆ་ཤིན་ཏུ་མང་པོ་བཙལ་འཚོལ་བྱེད་དགོས་པས་དུས་ཚོད་མང་པོ་འཕྲོ་བརྟག་འགྲོ་བའི་དཀའ་ངལ་ལ་བསམ་ནས་སྔར་བོད་ཀྱི་གསུང་རྩོམ་ལྟར་གྱི་བསྟན་རྩིས་སམ་འབྱུངས་འདས་ཀྱི་ལོ་ཚིགས་འཚོལ་བདེར་དམིགས་ནས་དོན་རྡོར་དང་བསྟན་འཛིན་ཆོས་གྲགས་གཉིས་ཀྱིས་གངས་ལྗོངས་ལོ་རྒྱུས་ཐོག་གི་མི་སྣ་ཞེས་པ་དང་། མི་ཉག་མགོན་པོས་བསྒྲིགས་པའི་གངས་ཅན་མཁས་དབང་རིམ་བྱོན་གྱི་རྣམ་ཐར་མདོར་བསྡུས་ཞེས་པ་དང་། ཨ་ལག་ཚེ་ཏན་ཞབས་དྲུང་རིན་པོ་ཆེའི་བསྟན་རྩིས་ཀུན་ལས་བཏུས་པ་དང་། ཀོ་ཤུལ་གྲགས་པ་འབྱུང་གནས་དང་བློ་བཟང་མཁས་གྲུབ་གཉིས་ཀྱིས་བརྩམས་པའི་གངས་ཅན་མཁས་གྲུབ་རིམ་བྱོན། གོ་འཇོ་སྨན་པ་རྩིས་རམས་པ་བསོད་ནམས་དཔལ་ལྡན་གྱིས་བསྒྲིགས་པའི་བསྟན་རྩིས་ཀུན་གསལ་བཻ་ཌཱུརྻའི་མགུལ་རྒྱན་ཞེས་པ་དང་། ཀྲུང་གོ་རྒྱལ་ཁབ་དཔེ་མཛོད་ཁང་གི་ཧོང་རྫིན་ཞིན་ནམ་བསོད་ནམས་རྒྱ་མཚོས་བསྒྲིགས་པའི་བསྟན་རྩིས་ཀ་ཕྲེང་ལག་དེབ་ཅེས་པ། བོད་ལྗོངས་སྨན་རྩིས་ཁང་གིས་བསྒྲིགས་པའི་རྩིས་རིགས་ཀུན་བཏུས་ཆེན་མོ། ཤ་ཡུལ་ཕུན་ཚོགས་ཚེ་རིང་གིས་བསྒྲིགས་པའི་བོད་ཀྱི་ལོ་རྒྱུས་དོན་ཆེན་རེའུ་མིག་ཅེས་པ་སོགས་སྔ་ཕྱིར་སྤར་བསྐྲུན་བྱུང་བས་བོད་ཡིག་ལས་དོན་གཉེར་མཁན་རྣམས་ལ་ཕན་ཐོགས་ཤིན་ཏུ་ཆེན་པོ་བྱུང་བ་གདོན་མི་ཟ་ལ་ཁོང་རྣམ་པར་རྗེས་སུ་ཡི་རངས་ཀྱི་སྒོ་ནས་སོར་བཅུའི་འདབ་མ་སྙིང་ཁར་ཟུམ་བཞིན་ཐུགས་རྗེ་ཆེ་ཞེས་ཞུ་བ་ལགས། རང་ཉིད་སྔར་བོད་ལྗོངས་དཔེ་མཛོད་ཁང་དུ་ཞུ་བ་བསྒྲུབས་དུས་སུ་སྐབས་དེའི་ཕྲལ་སེལ་གྱི་དགོས་མཁོར་བསམ་ནས་གངས་ཅན་གྲགས་ཅན་མི་སྣའི་འབྱུངས་འདས་ཀྱི་ལོ་ཚིགས་རེའུ་མིག་གསལ་བར་སྟོན་པ་ཞེས་པ་བསྒྲིགས་པ་ཨ་རིའི་ཀུན་ཕན་ཐེབས་རྩ་ཚོགས་པས་འགྲོ་གྲོན་རོགས་སྐྱོར་གྱིས་སྤྱི་ལོ་ཉིས་སྟོང་དྲུག་གི་ལོར་མི་རིགས་དཔེ་སྐྲུན་ཁང་ནས་སྤར་ཐེངས་དང་པོར་བརྒྱབས་པར་མི་སྣ་སུམ་སྟོང་ལྷག་ཙམ་གྱི་འབྱུངས་འདས་བཀོད་ཡོད། ད་ལྟ་རང་ཉིད་ལས་འགྱུར་གྱིས་ཁོམས་པ་ཡོད་པས་གོང་ཞུས་ཡིག་ཆ་དེ་རྣམས་གཞིར་བཞག་ཐོག་རྒྱལ་རབས་ཆོས་འབྱུང་ཤིན་ཏུ་མང་པོ་མཇལ་བའི་ནང་ནས་བདུད་འཇོམས་འཇིགས་བྲལ་ཡེ་ཤེས་རྡོ་རྗེའི་རྙིང་མའི་ཆོས་འབྱུང་ལྷ་དབང་གཡུལ་ལས་རྒྱལ་བའི་རྔ་བོ་ཆེའི་སྒྲ་དབྱངས་དང་། བཅོམ་ལྡན་རལ་གྲིའི་བསྟན་པ་རྒྱས་པ་རྒྱན་གྱི་ཉི་འོད་སོགས་ཆོས་འབྱུང་དང་རྒྱལ་རབས་མཇལ་དུ་བཏུབ་པ་ཕལ་མོ་ཆེ། འབྲུག་པ་སྒྲུབ་སྤྲུལ་ཕྲིན་ལས་རྒྱ་མཚོས་མཛད་པའི་གདམས་ངག་བཀའ་རྒྱ་ཅན་ལྷ་ཡི་བླམ་རྒྱུད་པའི་རྣམ་ཐར་དང་གསུམ་ཆུ་གཏེར་འཕེལ་བྱེད་ངོ་མཚར་ཟླ་བའི་མེ་ལོང་། བོད་རྒྱ་ཚིག་མཛོད་ཆེན་མོ། དུང་དཀར་ཚིག་མཛོད་ཆེན་མོ་སོགས་ཕན་ཚུན་བསྡུར་ཞིབ་གྱིས་ལ་ལར་འབྱུངས་ལོ་ལས་འདས་ལོ་མི་གསལ་བ་དང་། ལ་ལར་འདས་ལོ་ལས་འབྱུངས་ལོ་མི་གསལ་བ་རྣམས་འཚུགས་མེད་གཏན་ལ་ཕབ་ཁུལ་ཡིན། ལྷག་པར་དུ་དེ་སྔོན་འབྱུངས་འདས་ཀྱི་ལོ་ཚིགས་གཏན་ནས་མ་རྙེད་པ་བཅོམ་ལྡན་རིགས་པའི་རལ་གྲི་དང་། འདས་ལོ་མ་རྙེད་པ་སྟག་ཚང་པ་ཤེས་རབ་རིན་ཆེན་གྱི་རྣམ་ཐར་ཁ་སྐོང་ལས་རྙེད་པ་ལས་ཁ་གསབ་ཞུས་ཤིང་། ཤོང་སྟོན་རྡོ་རྗེ་རྒྱལ་མཚན་གྱི་འབྱུངས་ལོ་རྙེད་སོན་བྱུང་བ་བཀོད་ཡོད། མ་ཧཱ་པཎྜི་ཏ་སྨན་རྩིས་འབུམ་རམས་པ་ཚུལ་ཁྲིམས་རྒྱལ་མཚན་མཆོག་གི་བཀའ་མངགས་ལྟར་གོང་དུ་ཞུས་མ་ཐག་པ་གཉིས་ཀྱི་ལོ་ཚིགས་རྙེད་ཀྱང་ཕུག་པ་ལྷུན་གྲུབ་རྒྱ་མཚོའི་འབྱུངས་འདས་ཀྱི་ལོ་ཚིགས་ད་བར་མ་རྙེད་པས་མཁས་དབང་ཆོས་ཐུགས་ཀྱི་དཀྱིལ་དུ་འཇོག་པར་འཚལ། འདིར་ཞུ་དགོས་པ་ཞིག་ལ། རང་ཉིད་སྤྱི་ལོ་༡༩༨༠ ཐམ་པ་ནས་བཟུང་བོད་རིག་པར་ཞིབ་འཇུག་གི་བྱ་བ་བསྒྲུབས་མགོ་བརྩམས་ནས་ད་བར་ལོ་ངོ་བཅུ་ཕྲག་གསུམ་དང་ཉག་མ་ལྔའི་རིང་ཕྱག་དཔེ་པུསྟི་ཀ་བརྒྱ་ཕྲག་ལྔ་ཙམ་ཞིབ་མཇལ་ཞུས་ཏེ་བོད་ཀྱི་བཙན་པོའི་རྒྱལ་རབས་དང་པོ་གཉའ་ཁྲི་བཙན་པོ་ནས་བཟུང་ད་བར་གྱི་ལོ་ཚིགས་བསྒྲིག་ཐུབ་པའི་རློམ་སེམས་ཀྱིས་འདིར་ཤིན་ཏུ་རགས་ཙམ་ཞིག་བརྗོད་པར་འདོད་དེ། དང་པོ་བོད་རྒྱལ་ཐོག་མ་གཉའ་ཁྲི་བཙན་པོའི་སྐོར། དེའང་བདག་ཅག་གི་སྟོན་པ་མཉམ་མེད་ཐུབ་པའི་དབང་པོ་ཉན་ཐོས་སྡེ་པའི་ལུགས་ལྟར་སྤྱི་ལོའི་སྔོན་གྱི་༥༢༣ མེ་ཕོ་སྤྲེའུའི་

ལོར་སྐུ་བལྟམས། དགུང་ལོ་དྲུག་ཅུ་རེ་དྲུག་ཐེབས་པ་ལྕགས་ཕོ་བྱི་བའི་ལོར་སྤྱི་ལོའི་སྔོན་གྱི་༥༦༡ལོར་གཉའ་ཁྲི་འཁྲུངས། སྤྱི་ལོའི་སྔོན་གྱི་༥༤༤ལོར་སྟོན་པ་མྱ་ངན་ལས་འདས། འདས་རྗེས་ལོ་ལྔ་སྟེ་སྤྱི་ལོའི་སྔོན་གྱི་༥༣༩ཆུ་ཕོ་བྱི་ལོར་གཉའ་ཁྲི་དགུང་ལོ་ཉེར་གཉིས་ཐེབས་སྐབས་སྤུ་རྒྱལ་བོད་ཀྱི་བཙན་པོའི་ཁྲིར་བཞུགས། འདི་ཁོ་བོས་བྱུང་རྒྱལ་དུ་བཤད་པ་མ་ཡིན་གྱི། གཡས་རུ་སྟག་ཚང་པ་དཔལ་འབྱོར་བཟང་པོའི་རྒྱ་བོད་ཡིག་ཚང་མཁས་པ་དགའ་བྱེད་ཅེས་པ་སྤར་སྒྲིག་ཅན་ཤོག་ལྡེབ་༢༦༢རྒྱབ་ངོས་ནས་བཤད་པ་འདི་ལྟར། ཇི་སྐད་དུ་ཐུབ་དབང་ས་ཕོ་འབྲུག་ལ་འཁྲུངས་ནས་ལོ་གྲངས་ཆིག་སྟོང་སུམ་བརྒྱ་ལྔ་བཅུ་ང་དྲུག་འདས་པའི་ཆུ་ཕོ་བྱི་ལ་བོད་རྒྱལ་གྱི་སྲིབ་གཉའ་ཁྲི་བཙན་པོ་རྒྱལ་སར་ཕྱོན། དེ་ནས་དགུ་བརྒྱ་དྲུག་ཅུ་ཙ་གཅིག་པ་ཆུ་ཕོ་བྱི་ལ་ཐོ་རི་གཉན་བཙན་བྱོན་ནས་བརྒྱ་དང་གོ་བདུན་སོང་བའི་མེ་གླང་ལོ་སྲོང་བཙན་སྒམ་པོ་འཁྲུངས། ཞེས་གསུངས་པ་འདི་ཞིབ་མོར་བརྩིས་ན་སྲོང་བཙན་འཁྲུངས་ལོའི་མེ་གླང་༦༡༧ནས་ལྷ་ཐོ་རིའི་འཁྲུངས་ལོ་སྤྱི་ལོ་༤༢༢བར་ལོ་བརྒྱ་དང་གོ་བདུན་ཟེར་རུང་ལོ་བརྒྱ་དང་གོ་ལྔ་ཕྱིལ་པོ་དང་། དེ་ནས་ཡར་ལོ་དགུ་བརྒྱ་དྲུག་ཅུ་རེ་གཅིག་དེད་ན་སྤྱི་ལོའི་སྔོན་༥༣༩ཆུ་བྱི་ལ་གཉའ་ཁྲི་ཁྲིར་ཐེབས་པ་འདི་ཉན་ཐོས་སྡེ་པའི་ལུགས་ཀྱི་སངས་རྒྱས་འདས་ལོ་དང་སྦྱར་ན་ཤིན་ཏུ་འགྱོར་བར་འདུག་སྟེ་དེའང་བཅོམ་ལྡན་རིགས་པའི་རལ་གྲིའི་མངོན་པ་ཀུན་བཏུས་ཀྱི་འགྲེལ་པ་རྒྱན་གྱི་མེ་ཏོག་བྲིས་མ་ཤོག་གྲངས་༩༧ལས། སངས་རྒྱས་དང་གཉའ་ཁྲི་གཉིས་དུས་མཉམ་སྟེ། ལུང་བཞི་ལ་དོན་གྲུབ་དང་རབ་སྣང་དུས་གཅིག་ལ་སྐྱེས་པར་བཤད་ལ། ལུང་ཕྲན་ཚེགས་ལས་རབ་སྣང་གི་བཙུན་མོ་སྐྱ་སེང་བུ་མོ་སྒྲོལ་མ་ཡིན་པར་བཤད་དོ། །ཞེས་དང་སྟག་ཚང་ལོ་ཙྪ་བ་ཤེས་རབ་རིན་ཆེན་གྱིས་ཀྱང་སྨན་བླའི་རྣམ་བཤག་ཚིག་ཉམས་ལེན་བདེ་འཇུག་ལས། རྒྱལ་པོའི་ཐོག་མ་ནི་སྟོན་པ་དང་དགུང་ཟླ་མཉམ་པའི་རྒྱལ་པོ་ཤར་པའི་བུ་སོར་མོ་དྲ་བས་འབྲེལ་བ་མིག་ཡས་འགེབ་སོགས་གཉའ་ཁྲི་དང་དུས་མཚུངས་གསུངས། ཚེ་ཏན་ཞབས་དྲུང་གི་བསྟན་རྩིས་ཀུན་བཏུས་ནང་ས་སྐྱའི་ཡིག་རྙིང་ཞིག་ཏུ་གཉའ་ཁྲི་དང་སངས་རྒྱས་དུས་མཉམ་ཟེར་ཞེས་འཁོད། དེས་ན་བོད་རབ་བྱུང་བཅུ་བདུན་པ་དགའ་བ་ཞེས་པ་ཆུ་ཕོ་འབྲུག་སྤྱི་ལོ་༢༠༡༢ལོར་བོད་ཀྱི་རྒྱལ་ལོ་ཉིས་སྟོང་ལྔ་བརྒྱ་ལྔ་བཅུ་ང་གཅིག་ཡིན་པ་མཁྱེན་དགོས་སོ།།

གཉའ་ཁྲི་བཙན་པོ་ལས་དགུང་ལོ་བཅུ་ཡིས་ཆུང་བ་མ་ཧཱ་ཙཱིནའི་སྐྱེས་མཆོག་ཁུང་ཧྥུ་ཙེ་སྤྱི་ལོའི་སྔོན་གྱི་༥༥༡ལོར་འཁྲུངས། ཁུང་ཙེ་ནས་དེའི་མི་རབས་དོན་བརྒྱད་པ་ཁུང་ཏེ་ཁྲིང་བར་མི་རབས་བདུན་ཅུ་དོན་བརྒྱད་ཚ་སྙོམས་ལོ་གྲངས་སོ་གསུམ་ཐོབ་ཅིང་། གོང་ལྟར་རྩིས་ན་གཉའ་ཁྲི་ནས་ད་ར་མ་བར་ཚ་སྙོམས་དགུང་གྲངས་སོ་གསུམ་བཞུགས། གལ་ཏེ་ཕུག་པའི་ལུགས་ལྟར་བྱས་ན་བཙན་པོ་མི་རབས་ཞེ་གཉིས་ལ་ཚ་སྙོམས་ལོ་བཅུ་གསུམ་ལས་མི་ཐུབ་པས་འདིར་བསམ་གཞིགས་ཕྲན་ཙམ་མ་བྱས་ཆེ་དོན་དངོས་དང་རིགས་པ་གཉིས་ཀ་དང་མི་མཐུན་པ་འདྲའོ།།

གཉིས་པ་ཆོས་ཀྱི་རྒྱལ་པོ་ཆེན་པོ་སྲོང་བཙན་སྒམ་པོའི་འཁྲུངས་འདས་ཀྱི་ལོ་ཚིགས་ཀྱི་སྐོར་ལ་ཅུང་ཟད་གླེང་བར་འདོད་དེ། ཆོས་རྒྱལ་འདི་ཉིད་ཀྱི་འཁྲུངས་འདས་ཀྱི་ལོ་ཚིགས་ལ་བཞེད་ཚུལ་མང་རུང་། དོན་ལ་དཔང་ཕྱུག་ཅེས་པ་མེ་མོ་གླང་། སྤྱི་ལོ་༦༡༧ལོར་སྐུ་འཁྲུངས། དགུང་ལོ་བཅུ་གསུམ་སྤྱི་ལོ་༦༢༩ལོར་དགུང་ལོ་བཅུ་གསུམ་སྟེང་སྲིད་ཁྲིར་ཐེབས། སྲོང་བཙན་གྱི་བཀའ་ཆེམས་མཐོང་ཐིང་མའམ་ཕོ་ཐིང་མར་གྲགས་པ་ལས། སྲོང་བཙན་གྱིས་འདའ་ཁར་ཞལ་ཆེམས་ཀྱི་ཚུལ་དུ་ནང་བློན་རྣམས་ལ། གསོན་ཅིག་མགར་གྱིས་སྣ་དྲངས་ནང་བློན་བདུན། །བདག་ནི་ལྕགས་ཕོ་ཁྱི་ཡི་ལོ་ལ་འདས་གྱུར་ནས། །གཅིག་ནས་གཉིས་སུ་བགྲང་བའི་ལྔ་བརྒྱ་ཉི་ཤུ་ན། །གཡོར་པོའི་རྒྱལ་ཁམས་གངས་ཀྱི་ར་བ་ན། །དགེ་སློང་ཧྲཱུ་པྲ་ཏི་ཞེས་བྱ་བ། །གླང་ཆེན་གསེར་གྱི་ལོ་ལ་སྐུ་འཁྲུངས་ནས། །ཞེས་ས་གླང་སྟེ་རབ་བྱུང་གསུམ་པའི་ས་གླང་སྤྱི་ལོ་༡༡༦༩ལོར་ཡིན་པར་གསལ་བར་

བསྟན་ཅིང་། གཡའ་བཟང་ཆོས་རྗེ་ཁོང་རང་ཉིད་ནས་ཀྱང་སྔར་སྲོང་བཙན་གྱི་སྐྱེ་བ་བཞེས་སྐབས་སུ་ཁྲ་འབྲུག་རྗེ་ལྟར་བཞེངས་ཚུལ་ཐུགས་ལ་དྲན་པ་གཡའ་བཟང་ཆོས་འབྱུང་དང་། ཀཿཐོག་རིག་འཛིན་ཚེ་དབང་ནོར་བུས་མཛད་པའི་རྒྱལ་བའི་བསྟན་པ་རིན་པོ་ཆེ་བྱུང་ཕྱོགས་སུ་འབྱུང་བའི་རྩ་ལག་བོད་རྗེ་ལྷ་བཙན་པོའི་གདུང་རབས་ཚིག་ཉུང་དོན་གསལ་ཡིད་ཀྱི་མེ་ལོང་ཞེས་བྱ་བར་གསལ་བས་དམ་པའི་ཆོས་ལ་ཡིད་ཆེས་པ་རྣམས་ལ་ནི་དེ་བས་ཁ་གསལ་པ་ཙང་མི་དགོས་པར་འདུག དེ་ནས་དོན་གནད་ཅན་གསུམ་པ་ནི་ཆོས་རྒྱལ་ཁྲི་སྲོང་ལྡེའུ་བཙན་ཚངས་པ་ལྷ་ཡི་མེ་ཏོག་ཆུ་ཕོ་རྟ་སྤྱི་ལོ་༧༤༢ལོར་འཁྲུངས། ཀིམ་ཤིང་ཀོང་ཇོ་ལྕགས་ཕོ་ཁྱི་སྤྱི་ལོ་༧༡༠ལོར་བོད་དུ་འབྱོར་ཞིང་། ལྕགས་ཕོ་འབྲུག་སྤྱི་ལོ་༧༤༠ ཐམ་པའི་ལོར་འདས། ལྷ་པ་ཆེན་པོས་ཆུ་རྟ་༧༤༢ལོར་འཁྲུངས་པར་ཞལ་བཞེས་པ་དང་རྒྱ་བཟའི་སྲས་ཡིན་ཚུལ་གཉིས་ནང་འགལ་བྱུང་། ཁྲི་སྲོང་དགུང་ལོ་ཉེར་གཅིག་ཆུ་ཕོ་སྟག་གི་ལོ་སྤྱི་ལོ་༧༦༡ལོར་སློབ་དཔོན་ཆེན་པོ་པདྨ་འབྱུང་གནས་བོད་དུ་ཕྱག་ཕེབས། དེ་ལོར་བསམ་ཡས་ཕྱག་བཏབ། ཐང་ཡིག་ཏུ་སྟག་ལ་རྨང་བཏིང་རྟ་ཡིས་ལོ་ལྔར་འགྲུབ། ཞེས་གསུངས་པ་ལྟར་དང་། ཁྲི་སྲོང་གི་བཀའ་གཙིགས་ཡི་གེ་ལས། ལུག་གི་ལོ་ལ་དཔྱིད་ཟླ་ར་བའི་ཚེས་བཅུ་བདུན་ལ་རྟེན་བཙུགས་པའི་ཚེ། ཞེས་ལོ་ཟླ་ཚེས་དང་བཅས་པ་གསལ་བས་མེ་ལུག་སྤྱི་ལོ་༧༦༦ལོར་བསམ་ཡས་ཀྱི་རབ་གནས་མཛད་ཅིང་སད་མི་མི་བདུན་འདི་ལོ་རབ་ཏུ་བྱུང་ཚུལ་ཕུག་ལུགས་དང་ལོ་ཆེན་རྣམ་གཉིས་སོགས་དགོངས་པ་མཐུན། དགུང་ལོ་ང་དྲུག་མེ་གླང་སྤྱི་ལོ་༧༩༧ལོར་འདས། དབའ་བཞེད་ཅེས་པའི་དེབ་ཐེར་ནང་ཁྲི་སྲོང་ཆུ་རྟར་འདས་ཟེར་རུང་དེ་ལྟར་ན་དགུང་ལོ་རེ་གཅིག་བཞུགས་དགོས་པས་ཞྭ་ལྷ་ཁང་གི་རྡོ་རིང་དང་མི་མཐུན། མུ་ནེ་བཙན་པོས་རྒྱལ་སྲིད་ལོ་གཅིག་ཙམ་ལས་མ་བསྐྱངས་ཞེས་པ་དོན་ལ་གནས་ཤིང་སྤྱི་ལོ་༧༩༨ནས་༧༩༩བར་ཡིན། དོན་གནད་བཞི་པ། ཁྲི་ལྡེ་སྲོང་བཙན་སད་ན་ལེགས་མཇིང་ཡོན་ནམ་མུ་ཏིག་བཙན་པོའི་སྐོར་ཟུར་ཙམ་གླེང་ན། ཞྭ་ལྷ་ཁང་གི་རྡོ་རིང་གི་ཡི་གེ་ཕྱི་མ་ལས་འབྲུག་ལོ་ཕྱི་མ་ཟེར་ཚུལ་ལ་བལྟས་ན་འབྲུག་ལོ་སྔ་མ་སྟེ་སྤྱི་ལོ་༨༠༠ལྕགས་ཕོ་འབྲུག་ལོར་ཁྲིར་ཕེབས་ཤིང་། སྤྱི་ལོ་༨༠༤ཤིང་ཕོ་སྤྲེལ་གྱི་ལོར་དགེ་སློང་ནམ་མཁའི་སྙིང་པོའི་སློབ་མ་དགེ་སློང་ཡེ་ཤེས་དབྱངས་ཀྱིས་ད་ལྟ་བྲག་གཡབ་ཏུ་འབོད་པའི་རི་མདའ་ཞེས་པའི་བྲག་ལྡེབས་ལ་རྣམ་སྣང་དང་གཞན་བྱང་སེམས་ཀྱི་སྐུ་དང་བཟང་སྤྱོད་སྨོན་ལམ་སོགས་བརྐོས། ལོ་དེར་ཕུག་ལུགས་ལྟར་ཨོ་རྒྱན་ཆེན་པོ་སྲིན་ཡུལ་དུ་གཤེགས། དེ་ནས་ལོ་གཉིས་སོང་བའི་མེ་ཕོ་ཁྱི་སྤྱི་ལོ་༨༠༦ལོར་དགེ་སློང་ཡེ་ཤེས་དབྱངས(༧༥༨—༨༣༨)ཀྱིས་ལྡན་མ་བྲག་རྩ་སྟེ་ལྡན་སྟོད་འབུམ་མདོ་ཞེས་པའི་བྲག་བརྐོས་རྣམ་སྣང་བཞེངས། ད་ལྟ་མཁས་པར་ཁས་འཆེས་པ་འགའ་ཤས་བྲག་གཡབ་རི་མདའ་ལ་ལྡན་མ་བྲག་རྩར་ངོས་བཟུང་བ་ནི་ས་ཕྱོགས་དེར་རྒྱུས་མངའ་མེད་པས་ཐུགས་ཁག་མི་སྣང་སྙམ་མོ། །བྲག་བརྐོས་ཡི་གེ་འདི་གཉིས་ཀ་བཙན་པོ་ཁྲི་ལྡེ་སྲོང་བཙན་གྱི་སྐབས་སུ་ཡིན་པ་ཡི་གེ་རང་དུ་གསལ་བས་རྒྱ་བཟའི་སྐབས་སུ་མཛད་པར་སྨྲས་པ་ནི་མ་བརྟགས་པར་འཁྲུལ་མོ། །འབྲུག་ལོ་ཕྱི་མ་ཆུ་འབྲུག་སྟེ་སྤྱི་ལོ་༨༡༢སམ་ཤིང་ཕོ་རྟ་སྤྱི་ལོ་༨༡༤ལོར་གང་རུང་ལ་རྡོ་རིང་ཕྱི་མ་དེ་བསླངས། ལོ་དེར་སྒྲ་སྦྱོར་བམ་གཉིས་བརྩམས། ཤིང་མོ་ལུག་སྤྱི་ལོ་༨༡༥ལོར་འདས།

མཁས་པ་མང་པོས་སྒྲ་སྦྱོར་བམ་གཉིས་རལ་པ་ཅན་གྱི་སྐབས་སུ་མཛད་གསུངས་རུང་དེ་མིན་པ་ཤིན་ཏུ་གསལ་ལོ། །དར་མ་འུ་དུམ་བཙན་པོ་སྤྱི་ལོ་༨༤༡ལོར་བཀྲོངས་ནས་ལོ་བརྒྱ་རྩ་བརྒྱད་སོང་བའི་སྤྱི་ལོ་༩༤༩ས་མོ་བྱ་ཡི་ལོར་ཀླུ་མེས་ཀྱིས་ལ་མོ་ཆག་དེའུ་མ་བཏབ་བར་དབུས་གཙང་དུ་འདུལ་བའི་བསྟན་པ་བསྐྱབས། ལྡེའུ་ཆོས་འབྱུང་ནང་དུ་ཆོས་ཀྱི་མེ་ནི་གདུང་རབས་བདུན་དུ་སྣུབ་ཞེས་འོད་སྲུང་ནས་ཚ་ལ་ན་ཡེ་ཤེས་རྒྱལ་མཚན་བར་གོ་དགོས། བླ་ཆེན་གྱི་སློབ་མ་ཟེག་པོ་མི་དྲུག་ཟེར་བ་ནས་དབུས་གཙང་མི་བཅུ་རིམ་པར་བྱོན་ཏེ་བསྟན་པའི་མེ་རོ་སླད་ནས་བསླངས་ཞེས་གྲགས་སོ། །དེ་ནས་གྱི་ཇོ་ལོ་ཙཱ་བ་ཟླ་བའི་འོད་ཟེར་གྱིས་དུས་འཁོར་གྱི་རྒྱུད་བོད་དུ་

བསྒྱུར་ཏེ་རབ་བྱུང་ཐོག་མའི་མགོ་ཚུགས་ནས་ད་བར་གྱི་ལོ་ཚིགས་རྣམས་གཤམ་གྱི་རེའུ་མིག་ལས་ཚེགས་མེད་དུ་རྟོགས་ཐུབ་པས་འདིར་རེ་ཞིག་བཏང་སྙོམས་སུ་འཇོག་གོ། ཅུང་ཞིབ་པར་མཁྱེན་འདོད་ན་ཁོ་བོས་བྱས་པའི་ལེགས་པར་བཤད་པ་གཏམ་གྱི་ཚོགས་ཨུཏྤལ་སྟོན་པོའི་དོ་ཤལ་ཤེས་ལྡན་དགྱེས་པའི་མགུལ་རྒྱན་ཞེས་པའི་ནང་གངས་ཅན་བོད་ཀྱི་རྒྱལ་རབས་བསྟན་རྩིས་ལས་མཉམ་མེད་ཐུབ་པའི་དབང་པོ་དང་བོད་རྗེ་གཉའ་ཁྲི་བཙན་པོ་དུས་མཉམ་ཡིན་ཚུལ་སོགས་ལོ་རྒྱུས་དོན་རྐྱེན་གནད་ཅན་འགའ་ཞིག་ཤུང་དོན་གསལ་དུ་བཀྲལ་བ་ཞེས་པར་གཟིགས། དེར་མཁས་པའི་དབང་པོ་དྲིན་ཆེན་བླ་མ་རིན་པོ་ཆེ་ཁྲི་རུ་ཚེ་རྣམ་མཆོག་དང་མཁན་རིན་པོ་ཆེ་ཚུལ་ཁྲིམས་རྒྱལ་མཚན་གྱིས་དར་དཀར་ཉིན་མོ་བདེ་ལེགས་སྲིད་ན་རིང་བ་དང་ཤོག་སྒོར་སུམ་བརྒྱ་བསྩལ་གནང་གིས་སྐུལ་ལྕག་མཛད་ཅིང་། སྤར་གྱི་ཟིན་བྲིས་ལྟ་བུ་དེར་མཚམས་སྦྱོར་གྱི་ཕྱག་བྲིས་ཀྱང་འབྲི་གནང་མཛད་པའི་ཕྱག་བྲིས་འདིར་བཀོད་ཡོད། དེང་གི་མཁས་པའི་ཁྱུ་མཆོག་སྐྱབས་རྗེ་གཟན་དཀར་རིན་པོ་ཆེ་ཐུབ་བསྟན་ཉི་མ་སོགས་ཀྱིས་ཀྱང་དབུགས་དབྱུང་ཡང་ཡང་བསྩལ་བར་མཛད་པར་སྐུ་དྲིན་བླ་མེད་ཆེ་ཆེ་ཞེས་ཞུའོ། །

བཙན་པོའི་གདུང་རབས་ཀྱི་ལོ་ཚིགས་འདིར་བླ་རུང་ལྷ་རིག་ནང་བསྟན་སློབ་གླིང་གི་རྩིས་རམས་པ་དགེ་ལེགས་དཔལ་བཟང་གིས་གཟིགས་ནས་རང་ལ་རྟོགས་གནད་མང་པོ་འདྲི་གནང་མཛད་པར་རེ་རེ་བཞིན་ལན་གསལ་པོ་ཞུས་པར་ཐུགས་དགྱེས་ཆེན་པོས་ཞལ་བཞེས་མཛད་ནས་ད་ལྟ་བླ་རུང་སྒར་གྱི་ལོ་ཐོའི་ནང་གི་བསྟན་རྩིས་སུ་བཀོད་པར་མཛད་ཅིང་མཁན་ཆེན་ཚུལ་ཁྲིམས་བློ་གྲོས་ཀྱིས་ཀྱང་ཐུགས་དགྱེས་མཛད་ཀྱིན་འདུག རེའུ་མིག་འདིར་མི་སྣ་དྲུག་སྟོང་ལས་མི་ཤོང་བར་ཡོད་ཅིང་རང་གིས་ཤེས་ཚོད་ཀྱིས་ཅུང་ནན་ཏན་ཞུས་ཁུལ་ཡིན་ཀྱང་ཤེས་ཚད་དམན་པས་མ་རྟོགས་པ་དང་། ལོག་པར་རྟོག་པ་དང་ཐེ་ཚོམ་གྱི་རྒྱུ་ཡོད་ངེས་ན་མཁས་དབང་རྣམས་
༥ ནས་བཀའ་སློབ་གནང་རེ་བཅས་ཞུ་བ་ལགས་སོ།། །།

བསྐྱིགས་སྣང་སྐོར།

དང་པོ། རིའུ་མིག་འདིའི་བསྐྱིགས་སྣང་ནི་མཚན་བྱང་གི་ཀ་མད་པོ་རིམ་ལྟར་བསྐྱིག་ན་བཅལ་བྱ་རྣམས་འཚོལ་བདེ་པོ་ཡོང་བས་ཚིག་མཛོད་བསྐྱིགས་སྣང་ལྟར་བྱས་ཡོད། བཙན་པོའི་གདུང་རབས་དང་བླམ་རྣམ་པའི་སྐུ་ཕྲེང་རྣམས་དང་། གདན་རབས་གདུང་རབས་རྣམས་ཀྱི་རབས་དང་པོ་དེའི་མཚན་ནས་སྨོས་ཤིང་། དེ་ནས་གདུང་རབས་ཀྱི་རིམ་པ་ལྟར་བསྐྱིགས་པས་བཅལ་སླ་བར་སྣང་། དཔེར་ན་ཀརྨ་པ་སྐུ་ཕྲེང་ཞེས་བཀོད་ནས་དེའི་འོག་ཏུ་སྐུ་ཕྲེང་གི་གོ་རིམ་ལྟར་བསྐྱིགས་ཡོད། སྲོང་བཙན་སྒམ་པོ་འཚོལ་སྐབས་བོད་ཀྱི་བཙན་པོའི་རྒྱལ་རབས་སོ་གཉིས་པར་གཟིགས་ཞེས་བཀོད་ཡོད་པ་ལྟ་བུ་དང་།

གཉིས་པ། གང་ཟག་གཅིག་ལ་མཚན་མང་པོ་ཡོད་པ་དཔེར་ན་ཀུན་མཁྱེན་ཀློང་ཆེན་པ་ལྟ་བུར་མཚན་གྱི་རྣམ་གྲངས་བཅུ་བཞི་ཙམ་ཡོད་པར་མཚན་གཞན་ཚུལ་ཁྲིམས་བློ་གྲོས་ལྟ་བུ་ཐོན་ཆེ་ཀུན་མཁྱེན་ཀློང་ཆེན་རབ་འབྱམས་པར་གཟིགས་ཞེས་པ་ལྟ་བུ་དང་། རྗེ་བཙུན་སྒྲོལ་བའི་མགོན་པོ་ཞེས་ཐོན་སྐབས་མཚན་ཡོངས་གྲགས་ཅན་ཇོ་ནང་ཏཱ་ར་ནཱ་ཐར་གཟིགས་ཞེས་པ་ལྟ་བུ། མདོར་ན་མཚན་གྱི་རྣམ་གྲངས་ཤེས་ཚད་བཀོད་ནས་ཕན་ཚུན་བསྡུར་ཞིབ་བྱ་བདེ་ཁུས་ཡོད།

གསུམ་པ། གང་ཟག་ཅིག་གི་འཁྲུངས་འདས་མ་ཤེས་ཆེ་དེའི་བླ་མའམ་སློབ་བུ་ཡང་ན་མཆེད་གྲོགས་སོགས་ལ་བརྟེན་ནས་དེ་དང་དུས་མཚུངས་ཟེར་བ་དང་ཡང་ན་དེའི་བླ་སློབ་གཅེན་གཅུང་གང་ཡིན་སོགས་ཞར་བྱུང་གི་རིའུ་མིག་ནང་བཀོད་ཡོད། །

བཞི་པ། གྲགས་ཅན་ཞིག་ཡིན་ཕྱིན་མཚན་ཙམ་ལས་མ་རྙེད་ཀྱང་རིའུ་མིག་ནང་དུ་བཞག་ཡོད་པས་ཀློག་པ་པོ་རྣམས་ནས་དེའི་སྐོར་གྱི་རྣམ་གྲངས་བཅལ་རྙེད་བྱུང་ཆེ་རིའུ་མིག་ནང་དུ་བསྩུད་བདེ་ཡོང་བ་དང་སྣད་མར་བསྒྱུར་སྒྱུར་ཐུབ་ཆེ་ཁ་སྐོང་ཡོང་རེ་ཡིན།

ལྔ་པ། རྒྱལ་སྤྱིའི་དཔེ་མཛོད་རིག་པའི་འགྲོས་ལྟར་ཆེ་བརྗོད་ཀྱི་མཚན་དང་ཡང་ན་ཁོངས་སྐྱུང་གི་མིང་གཉིས་ཀ་མི་སྤྱད་པར་མཚན་རྣལ་མ་དེ་སྤྱད་ཡོད། འོན་ཀྱང་ཀུན་མཁྱེན་ཀློང་ཆེན་རབ་འབྱམས་དང་། རྗེ་ཙོང་ཁ་ལྟ་བུ་མཚན་རང་གི་ཆ་ཤས་སུ་གྱུར་ཟིན་པས་རང་འཇགས་སུ་བཞག་ཡོད། ཡང་ཐྲུ་སུ་ཀུའམ་རྒྱལ་ཁམས་འབྱམས་པོ་སོགས་ཀྱང་བཀོད་མེད། ལ་ལར་བླམ་གཅིག་གི་རྣམ་ཐར་དེ་རང་དུའང་འཁྲུངས་འདས་ལ་ནང

འགལ་འདུག་པ་གཉིས་ཀ་དཔྱད་གཞིར་ཡོང་སླད་བཀོད་ཡོད། དཔེར་ན་ལྷ་བླམ་ཡེ་ཤེས་འོད་ཀྱི་རྣམ་ཐར་རྒྱས་པའི་ནང་འདས་ལོ་མི་འདྲ་བ་གཉིས་འདུག་པ་རང་སོར་བཞག་ཡོད། མདོར་ན་རྒྱལ་སྤྱིའི་དཔེ་མཛོད་རིག་པའི་འགྲོ་ལུགས་དང་བསྟུན་གང་ཐུབ་ཞུས་ཡོད་པ་བཅས་གཟིགས་པ་པོའི་ཐུགས་སུ་འཛེགས་པར་ཞུ།། ||

བོད་ལྗོངས་དཔེ་མཛོད་ཁང་རྩོམ་སྒྲིག་ཚོ་ཆུང་གིས། རབ་བྱུང་བཅུ་བདུན་པའི་ཆུ་ཕོ་འབྲུག་ཕྱི་ལོ་༢༠༡༢ ལོར་བསྒྲིགས།

འགན་ཁུར་པ་གཙོ་བོ། ནོ་མོ།

སྒྲིག་མཁན། ཁམས་སྤྲུལ་བསོད་ནམས་དོན་གྲུབ།

བྱ་བའི་ནང་དངོས་སུ་ཞུགས་མཁན། དཔལ་འབར་ཚེ་རིང་། པདྨ་བཀྲ་ཤིས། ཉི་ཤར། བཀྲ་ཤིས་རྒྱ་མཚོ།

ཟབ་རྒྱས་བཤད་པའི་བཀའ་བབས་དཔལ་ལྡན་ས་སྐྱའི་རིང་ལུགས་འཛིན་པའི་གདན་ས་ཆེན་པོ་ནཱ་ལེནྡྲའི་མཁན་ཆེན། བཙུ་ཕྲུག་རིག་གནས་སྤྱི་དང་ལྷག་པར་སྨན་རྩིས་འབུམ་རམས་ཀྱི་མཚན་ཐོབ་བཞེས་པ་མཁས་དབང་ཚུལ་ཁྲིམས་རྒྱལ་མཚན་མཆོག་གིས་འབྲི་གནང་མཛད་པའི་མཚམས་སྦྱོར་ཡི་གེ།

རང་ཞེས་གོང་མའི་སྐུ་དྲིན་ཡིད་ལ་དྲན་པས་མཛད་རྗེས་སྐྱོང་བ་ནི་ཡ་རབས་དམ་པའི་སྤྱོད་ཚུལ་ཞིག་རེད། ལྷག་པར་སྔོན་བྱུང་གི་ལོ་རྒྱུས་ལ་ཞིབ་འཇུག་གནང་སྐབས་དེ་དང་འབྲེལ་བའི་ལོ་རྒྱུས་མི་སྣ་ནམ་བྱུང་གི་དུས་དང་འཁྲུངས་འདས་ལོ་ཚིགས་ཤེས་རྒྱུ་ནི་གལ་ཆེ་ཤོས་ཡིན། དེ་དག་རྩད་གཅོད་འཚོལ་བསྡུ་བྱེད་པ་ལ་དཔེ་ཚོགས་མང་པོ་རྙེད་དཀའ་ཞིང་ལས་དུས་ཡུན་ཟད་འགྲོ་བའི་དོན་དངོས་ཀྱི་ལག་ལེན་ཉམས་མྱོང་ལ་དགོངས་ནས་མཁས་དབང་ཁམས་སྤྲུལ་བསོད་ནམས་དོན་གྲུབ་ལགས་ཀྱིས་ལོ་མང་རིང་འཚོལ་བསྡུ་མཛད་ནས་ཕྱོགས་བསྡེབས་གྲུབ་པའི་གངས་ལྗོངས་གྲགས་ཅན་མི་སྣའི་འཁྲུངས་འདས་ཀྱི་ལོ་ཚིགས་རེའུ་མིག་ཅེས་པ་འདི་ཉིད་དཔེ་བསྐྲུན་གྲུབ་ཚེ་སྤྱིར་ཤེས་རིག་དར་རྒྱས་དང་ཡང་སྙིས་བོད་རིག་པར་ཞིབ་འཇུག་གནང་མཁན་རྣམས་ལ་ཕན་པ་བླ་མེད་ཡོང་ངེས་ལགས་པའི་མཚམས་སྦྱོར་དུ།

རབ་བྱུང་རེ་ཟླའི་དཔའ་བོ་ལྕགས་འབྲུག་ལོར
ཚུལ་རྒྱན་པས་བྲིས།

དཀར་ཆག

མཚན་བྱང་།	འཁྲུངས་ལོ།			འདས་ལོ།			ཞར་བྱུང་།
	རབ་བྱུང་།	ལོ་ཁམས།	སྤྱི་ལོ།	རབ་བྱུང་།	ལོ་ཁམས།	སྤྱི་ལོ།	གསལ་བཤད།
ཀ།							
ཀཿཐོག་མཁན་པོ་རྒྱལ་མཚན་འོད་ཟེར་རམ་ག་ལུག	༡༦			༡༧			
ཀཿཐོག་མཁན་པོ་ངག་དབང་དཔལ་བཟང་།							མཁན་ཆེན་ངག་དབང་དཔལ་བཟང་ལ་གཟིགས།
ཀཿཐོག་མཁན་པོ་ཚུལ་ཁྲིམས་རྒྱ་མཚོ།	༡༦	ས་ཡོས།	༡༨༧༩	༡༦	ལྕགས་འབྲུག	༡༩༤༠	
ཀཿཐོག་པ་བྱང་ཆུབ་རྒྱ་མཚོ།							སློང་གསལ་སྙིང་པོར་གཟིགས།
ཀཿཐོག་རིག་འཛིན་ཚེ་དབང་ནོར་བུ།	༡༢	ས་སྟག	༡༦༩༨	༡༣	ཤིང་ཕག	༡༧༥༥	
ཀཿཐོག་སི་ཏུ་ཆོས་ཀྱི་རྒྱ་མཚོ།	༡༥	ལྕགས་འབྲུག	༡༨༨༠	༡༥	ཤིང་གླང་།	༡༩༢༥	
ཀཿཐོག་བསོད་ནམས་རྒྱལ་མཚན།	༨	མེ་བྱི།	༡༤༦༦	༩	ལྕགས་བྱི།	༡༥༤༠	
༼ཀཿཐོག་བླ་རབས་བཅུ་གསུམ།༽							
༡༽ ཀཿདམ་པ་བདེ་གཤེགས།	༢	ཆུ་སྟག	༡༡༢༢	༣	ཆུ་བྱི།	༡༡༩༢	

༢༽ ཀཿཐོག་རྒྱལ་ཚབ་གཙང་སྟོན་པ་རྡོ་རྗེ་རྒྱལ་མཚན།	༣	མེ་རྟ།	༡༡༨༦	༥	ཤིང་ཕག	༡༢༧༥	དགུང་ལོ་༩༠བཞུགས།
༣༽ ཀཿཐོག་རྒྱལ་ཚབ་བྱམས་པ་འབུམ།	༢	ས་ཕག	༡༡༡༩	༣	ཆུ་བྱི།	༡༡༩༢	དགུང་ལོ་༧༤བཞུགས།
༤༽ ཀཿཐོག་རྒྱལ་ཚབ་སྤྱན་སྔ་བསོད་ནམས་འབུམ།	༤	ཆུ་ལུག	༡༢༢༣	༥	ཆུ་ལུག	༡༢༨༣	དགུང་ལོ་༦༡བཞུགས།
༥༽ ཀཿཐོག་རྒྱལ་ཚབ་དབུ་འོད་ཡེ་ཤེས་འབུམ།	༤	ཤིང་སྟག	༡༢༥༤	༥	ས་ལུག	༡༣༡༩	དགུང་ལོ་༧༤བཞུགས།
༦༽ ཀཿཐོག་རྒྱལ་ཚབ་གྲུབ་དབང་བྱང་ཆུབ་འབུམ།	༥	ཤིང་སྦྲུལ།	༡༢༨༤	༦	ས་བྱི།	༡༣༤༨	དགུང་ལོ་༦༤བཞུགས།
༧༽ ཀཿཐོག་རྒྱལ་ཚབ་གྲུབ་མཆོག་བསོད་ནམས་བཟང་པོ།	༥	ཤིང་ལུག	༡༢༩༥	༦	ཤིང་བྱི།	༡༣༣༤	དགུང་ལོ་༦༣བཞུགས།
༨༽ ཀཿཐོག་རྒྱལ་ཚབ་གྲུབ་ཐོབ་ཀུན་དགའ་འབུམ་པ།	༦	ཆུ་སྦྲུལ།	༡༣༤༤	༧	མེ་བྱི།	༡༣༩༦	དགུང་ལོ་༥༣བཞུགས།
༩༽ ཀཿཐོག་རྒྱལ་ཚབ་དབང་ཕྱུག་དཔལ།	༦	ཆུ་སྦྲུལ།	༡༣༢༢	༦	ཤིང་ཡོས།	༡༣༧༥	དགུང་ལོ་༥༣བཞུགས།
༡༠༽ ཀཿཐོག་རྒྱལ་ཚབ་གྲུབ་དབང་བློ་གྲོས་འབུམ་པ།	༦	ཆུ་རྟ།	༡༣༤༢				
༡༡༽ ཀཿཐོག་རྒྱལ་ཚབ་བྱང་ཆུབ་སེང་གེ།	༦	མེ་སྦྲུལ།	༡༣༧༧				
༡༢༽ ཀཿཐོག་རྒྱལ་ཚབ་ཡེ་ཤེས་རྒྱལ་མཚན།	༧	ཤིང་ཕག	༡༣༩༥	༨	ས་སྟག	༡༤༥༨	དགུང་ལོ་༦༤བཞུགས།
ཀ་བ་དར་སེང་།							འདུལ་འཛིན་ཐག་མ་པ་ལ་གཟིགས།

ཀ་མ་པ་ཤེས་རབ་འོད།	༡	མེ་བྱ།	༡༠༥༧	༢	ལྕགས་ཕག	༡༡༣༡	
ཀཱི་ཀཱི་ཆོས་ཀྱི་ཡེ་ཤེས།							དུས་རབས་༡༡པའི་དུས་སྨད་ཀྱི་མི་སྣ་བ་ཞིག
ཀཱི་ཀཱི་རྡོ་སྲས་ཁྲིམ་གཞིར་རིན་ཆེན་སེངྒེ།	༣	ཆུ་ལུག	༡༡༦༣	༨	ལྕགས་འབྲུག	༡༢༢༠	
ཀཱི་ཀཱི་པ་དགེ་བཤེས་སྐྱོ་སྟོན་བྱང་ཆུབ་རིན་ཆེན།	༢	ས་བྱ།	༡༡༢༩	༣	ལྕགས་སྤྲེལ།	༡༢༠༠	
ཀཱི་ཀཱི་པ་དོན་གྲུབ་དཔལ།	༦	ཤིང་སྦྲུལ།	༡༣༦༦				
ཀཱི་ཀཱི་བརྩོན་འགྲུས་བཟང་པོ།	༥	ཆུ་གླང་།	༡༣༡༣	༦	ཤིང་གླང་།	༡༣༨༥	བདུད་འཛོམས་ཀྱིས་༦ཤིང་གླང་༡༣༨༥ལོར་འཁྲུངས་གསུངས།
ཀཱི་ཀཱི་ཞིག་པོ་འདུལ་གྲ་རིན་ཆེན་འབྱུང་གནས།	༣	མེ་ལུག	༡༡༨༧	༨	ཤིང་སྟག	༡༢༥༨	
ཀཱི་ཀཱི་རིན་ཆེན་གཞོན་ནུ།	༨	ཤིང་ཡོས།	༡༢༥༥	༦	མེ་ཡོས།	༡༣༢༧	
ཀཱི་ཀཱི་རིན་ཆེན་སེངྒེ།	༥	ཤིང་འབྲུག	༡༣༠༥	༦	ཤིང་སྦྲུལ།	༡༣༦༥	
ཀཱི་ཀཱི་སངས་རྒྱས་འོད་ཟེར།	༦	མེ་བྱི།	༡༣༩༦	༦	ས་བྱ།	༡༣༦༩	
ཀཱི་ཀཱི་བསོད་ནམས་རིན་ཆེན།	༨	ཤིང་བྱི།	༡༢༡༨	༥	མེ་བྱི།	༡༢༨༦	

༼ཀཿཐོ་སྡེ་དགོན་རྫོགས་ཆེན་རྣམ་རྒྱལ་གླིང་གི་སྐུ་ཕྲེང་རིམ་བྱོན།༽	༡༣ ནས་འགོ་ཚུགས།						རིབ་གོང་གི་ཁོངས་སུ་གཏོགས།
༡༽ཆོས་དབྱིངས་སྟོབས་ལྡན་རྡོ་རྗེ།	༡༣	ཤིང་སྦྲུལ།	༡༧༨༥		ས་སྤྲེལ།	༡༨༤༨	དགུང་ལོ་༦༤བཞུགས།
༢༽རྫོགས་ཆེན་བསྟན་པའི་རྒྱལ་མཚན།	༡༤	ས་བྱ།	༡༨༤༩		མེ་བྱི།	༡༩༣༦	དགུང་ལོ་༨༨བཞུགས།
༣༽ཐུབ་བསྟན་ཆོས་ཀྱི་ཉི་མ།	༡༦	མེ་གླང་།	༡༩༣༧		ཆུ་སྟག	༡༩༦༢	དགུང་ལོ་༢༥བཞུགས།
༤༽འཇིགས་མེད་ཆོས་དབྱིངས་རང་གྲོལ།	༡༦	ས་རྟ།	༡༩༧༨				
ཀཿབཀྲ་ཤིས་ཆོས་འཕེལ།							ཀློ་གྲོས་འོད་ཀྱི་སྙིང་པོའང་ཞུ། མཁྱེན་བརྩེ་དབང་པོའི་གསུང་འབུམ་ཕྱོགས་བསྒྲིགས་མཛད།
ཀཿསྙིང་པ།	༦						
ཀཿངག་དབང་ཡོན་ཏན་རྒྱ་མཚོ།							ཀོང་སྤྲུལ་ཡོན་ཏན་རྒྱ་མཚོར་གཟིགས།
ཀཿདེས་དོན་བསྟན་འཛིན་ཕྲིན་ལས་རབ་རྒྱས།	༡༣	ལྕགས་སྟག	༡༧༧༠				
ཀཿདེས་ལེགས་བསྟན་འཛིན།							སི་ཏུ་པཎ་ཆེན་གྱི་སློབ་མ་ཡིན། ཆུ་བྱི་༡༧༣༢ལོར་རྩིས་གཞུང་ཉེར་མཁོའི་བུམ་བཟང་བརྩམས།

ཀརྨ་ངེས་དོན་སྙིང་པོ།							དུས་རབས་ ༡༩ པའི་དུས་དཀྱིལ།
ཀརྨ་འཇིགས་མེད་ཆོས་ཀྱི་སེང་གེའམ་གཞན་ཕན་འོད་ཟེར།							རབ་བྱུང་ ༡༥ པའི་ས་བྱི་ ༡༨༨༨ ལོར་སྨན་གཞུང་སྤར་ཤིང་མང་པོར་ཞུ་དག་མཛད།
ཀརྨ་བསྟན་སྐྱོང་དབང་པོ།	༡༠	ལྕགས་བྱི།	༡༦༠༠	༡༡	ཆུ་རྟ།	༡༦༤༢	གཙང་སྟོད་རྒྱལ་པོའི་རྣམ་ཐར་ཞེས་པའི་ནང་ ༡༦༠༦མེ་རྟ་ལོར་འཁྲུངས་ཟེར་བས་སླར་བརྟག
ཀརྨ་བསྟན་སྲུང་དབང་པོ།							ཞིང་ཤགས་པ་ཚེ་བརྟན་རྡོ་རྗེའི་སྲས་ཡིན།
༼ཀརྨ་པ་སྐུ་ཕྲེང་རིམ་བྱོན།༽							
༡༽ ཀརྨ་པ་དུས་གསུམ་མཁྱེན་པ།	༢	ལྕགས་སྟག	༡༡༡༠	༣	ཆུ་གླང་།	༡༡༩༣	
༢༽ ཀརྨ་པཀྴི།	༣	ཤིང་བྱི།	༡༢༠༤	༥	ཆུ་ལུག	༡༢༨༣	
༣༽ ཀརྨ་པ་རང་བྱུང་རྡོ་རྗེ།	༥	ཤིང་སྤྲེལ།	༡༢༨༤	༦	ས་ཡོས།	༡༣༣༩	ཚལ་པ་སྨོན་ལམ་རྡོ་རྗེ་དང་འཁྲུངས་འདས་ཚེས་ཚ་གཅིག་ཡིན་ཞེས་འདུག་པ་དང་མི་མཐུན།
༤༽ ཀརྨ་པ་རོལ་པའི་རྡོ་རྗེ།	༦	ལྕགས་འབྲུག	༡༣༤༠	༦	ཆུ་ཕག	༡༣༨༣	
༥༽ ཀརྨ་པ་དེ་བཞིན་གཤེགས་པ།	༦	ཤིང་བྱི།	༡༣༨༤	༧	ཤིང་ལུག	༡༤༡༥	

༦༽ ཀརྨ་པ་མཐོང་བ་དོན་ལྡན།	༧	མེ་སྤྲེལ།	༡༤༡༦	༨	ཆུ་བྱ།	༡༤༥༣	
༧༽ ཀརྨ་པ་ཆོས་གྲགས་རྒྱ་མཚོ།	༨	ཤིང་ཁྱི།	༡༤༥༤	༨	མེ་སྟག	༡༥༠༦	
༨༽ ཀརྨ་པ་མི་བསྐྱོད་རྡོ་རྗེ།	༩	མེ་ཡོས།	༡༥༠༧	༩	ཤིང་སྟག	༡༥༥༤	
༩༽ ཀརྨ་པ་དབང་ཕྱུག་རྡོ་རྗེ།	༩	མེ་འབྲུག	༡༥༥༦	༡༠	ཆུ་ཡོས།	༡༦༠༣	
༡༠༽ ཀརྨ་པ་ཆོས་དབྱིངས་རྡོ་རྗེ།	༡༠	ཤིང་འབྲུག	༡༦༠༤	༡༡	ཤིང་སྟག	༡༦༧༤	
༡༡༽ ཀརྨ་པ་ཡེ་ཤེས་རྡོ་རྗེ།	༡༡	ཤིང་ཡོས།	༡༦༧༥	༡༢	ཆུ་ཡོས།	༡༦༩༩	བོད་རྒྱ་ཚིག་མཛོད་ཆེན་མོའི་ནང་༡༦༧༥—༡༦༩༩ ཟེར་བས་སྐར་བརྟག
༡༢༽ ཀརྨ་པ་བྱང་ཆུབ་རྡོ་རྗེ།	༡༢	ལྕགས་འབྲུག	༡༧༠༠	༡༢	ཆུ་གླང་།	༡༧༣༣	ཡང་ན་༡༧༠༢—༡༧༣༢ ཐོད་སྣངས་མི་འདྲ།
༡༣༽ ཀརྨ་པ་བདུད་འདུལ་རྡོ་རྗེ།	༡༢	ཤིང་སྟག	༡༧༣༤	༡༣	ཆུ་རྟ།	༡༧༩༨	
༡༤༽ ཀརྨ་པ་ཐེག་མཆོག་རྡོ་རྗེ།	༡༣	ས་རྟ།	༡༧༩༨	༡༤	ཤིང་སྦྲུལ།	༡༨༤༥	ལ་ལས་༡༧༩༩—༡༨༦༩ བར་ཡིན་ཟེར།
༡༥༽ ཀརྨ་པ་མཁའ་ཁྱབ་རྡོ་རྗེ།	༡༤	མེ་རྟ།	༡༨༤༦	༡༥	ཆུ་ཕག	༡༩༢༣	
༡༦༽ ཀརྨ་པ་རིག་པའི་རྡོ་རྗེ།	༡༥	ཤིང་བྱི།	༡༩༢༤	༡༦	ལྕགས་བྱ།	༡༩༨༡	

ཀརྨ་བདུད་འདུལ་གྲགས་པ་རྡོ་རྗེ།				༡༣	ས་ཡོས།	༡༧༥༩	
ཀརྨ་ཕུན་ཚོགས་རྣམ་རྒྱལ།	༡༠	མེ་བྱ།	༡༥༩༧	༡༡	ཆུ་སྤྲེལ།	༡༦༣༢	ཞིང་ཤག་པའང་ཞུ།
ཀརྨ་ཕྲིན་ལས།	༨	མེ་བྱི།	༡༤༥༦	༩	ས་ཕག	༡༥༣༩	
ཀརྨ་ཕྲིན་ལས་ཕྱོགས་ལས་རྣམ་རྒྱལ།							དཔལ་ཁང་ངག་དབང་ཆོས་ཀྱི་རྒྱ་མཚོ་ལ་གཟིགས།
ཀརྨ་བློ་གྲོས།	༩	ཤིང་ཕག	༡༥༡༥				
ཀརྨ་སྨོན་ལམ་འོད་ཟེར།							བརྟེ་ལྷག་བསམ་ཡང་ཞུ།
ཀརྨ་སྤྲིན་པ་དར་རྒྱས།	༡༥	མེ་ཕག	༡༨༨༧	༡༦	ཤིང་སྤྲེལ།	༡༩༤༤	འཛོ་སྨར་སྤྲེལ་སྤྲུལ་སྐུ་ཕྲེང་གསུམ་པ།
ཀརྨ་རིག་འཛིན་རྣམ་རྒྱལ།							རྗེ་ལེ་པདྨ་ལེགས་གྲུབ་ལ་གཟིགས།
ཀརྨ་བཤད་སྒྲུབ་ཆོས་ཀྱི་ཉི་མ།	༡༦	མེ་བྱི།	༡༩༤༦				འཛོ་སྨར་སྤྲེལ་སྤྲུལ་སྐུ་ཕྲེང་བཞི་པ།
ཀརྨ་བཤད་སྒྲུབ་ཆོས་ཀྱི་སེང་གེ།							གངས་དཀར་སྤྲུལ་སྐུ་ཀརྨ་བཤད་སྒྲུབ་ཆོས་ཀྱི་སེང་གེ་ལ་གཟིགས།
ཀརྨ་བསམ་གཏན་སྙིང་པ།	༦	ལྕགས་སྤྲེལ།	༡༢༦༠				
༼ཀརྨ་སྐུ་ཕྲེང་རིམ་བྱོན།༽							

ཀིརྟི་དང་པོ་ལྷུགས་ནག་པ་རོང་ཆེན་དགེ་འདུན་རྒྱལ་མཚན།	༦	ཤིང་སྟག	༡༣༧༤	༨	ལྕཏ་རྟ།	༡༤༥༡	དགུང་ལོ་༧༧བཞུགས།
ཀིརྟི་གཉིས་པ་བསྟན་པ་རིན་ཆེན་ཆོས་ཀྱི་རྒྱལ་མཚན།	༨	ཤིང་རྟ།	༡༤༧༤	༩	ས་རྟ།	༡༥༥༨	དགུང་ལོ་༨༥བཞུགས།
ཀིརྟི་གསུམ་པ་བློ་བཟང་བསྟན་པ་རབ་རྒྱས།	༩	ཤིང་བྱི།	༡༥༦༤	༡༡	ཤིང་སྤྲེལ།	༡༦༤༤	དགུང་ལོ་༨༠བཞུགས།
ཀིརྟི་བཞི་པ་བློ་བཟང་འཇམ་དབྱངས་རྒྱ་མཚོ།	༡༡	མེ་སྤྲེལ།	༡༦༥༦	༡༢	ས་གླང་།	༡༧༠༩	དགུང་ལོ་༥༣བཞུགས།
ཀིརྟི་ལྔ་པ་བློ་བཟང་བསྟན་པའི་རྒྱལ་མཚན།	༡༢	ཆུ་འབྲུག	༡༧༡༢	༡༣	ལྕགས་ཡོས།	༡༧༧༡	དགུང་ལོ་༦༠བཞུགས།
ཀིརྟི་དྲུག་པ་དགེ་འདུན་ཆོས་ཀྱི་དབང་ཕྱུག	༡༣	ཆུ་འབྲུག	༡༧༧༢		མེ་འབྲུག	༡༧༩༦	དགུང་ལོ་༢༥བཞུགས།
ཀིརྟི་བདུན་པ་ཀུན་དགའ་ཆོས་འཕགས།	༡༣	མེ་སྦྲུལ།	༡༧༩༧	༡༤	ལྕགས་བྱི།	༡༨༤༠	དགུང་ལོ་༥༢བཞུགས།
ཀིརྟི་བརྒྱད་པ་བློ་བཟང་ཕྲིན་ལས་བསྟན་པ་རྒྱ་མཚོ།	༡༤	ས་བྱ།	༡༨༤༩	༡༥	ཤིང་སྦྲུལ།	༡༩༠༥	
ཀིརྟི་དགུ་པ་སྐལ་བཟང་བློ་གྲོས་ཀུན་དགའ་ལུང་རྟོགས་རྒྱ་མཚོ།	༡༥	ཤིང་སྦྲུལ།	༡༩༠༥	༡༦	ཤིང་སྦྲུལ།	༡༩༦༥	དགུང་ལོ་༦༠བཞུགས།
ཀིརྟི་བཅུ་པ་ངག་དབང་བསྟན་པ་ཚེ་རིང་།	༡༥	ལྕགས་བྱ།	༡༩༢༡	༡༦	ཆུ་ལུག	༡༩༤༣	དགུང་ལོ་༢༡བཞུགས།
ཀིརྟི་བཅུ་གཅིག་པ་བློ་བཟང་བསྟན་འཛིན་འཇིགས་མེད།	༡༦	ཆུ་རྟ།	༡༩༤༢				
ཀུ་ཅོར་རྟོགས་ལྡན།	༦	མེ་སྟག	༡༣༨༦	༧	ཤིང་གླང་།	༡༤༤༥	

ཀུ་མྣ་ར་ཛ།							རིག་འཛིན་ཀུ་མྣ་ར་ཛར་གཟིགས།
ཀུན་མཁྱེན་ཀློང་ཆེན་རབ་འབྱམས།	༥	ས་སྤྲེལ།	༡༣༠༨	༦	ཆུ་ཡོས།	༡༣༦༣	
ཀུན་མཁྱེན་ཀུན་དགའ་དོན་གྲུབ།	༥	ས་འབྲུག	༡༢༦༨	༦	ས་འབྲུག	༡༣༢༨	
ཀུན་མཁྱེན་གོ་རམས་པ།							གོ་རམས་པ་བསོད་ནམས་སེངྒེར་གཟིགས།
ཀུན་མཁྱེན་ཆོས་སྐུ་འོད་ཟེར།	༤	ཤིང་བྱི།	༡༢༡༤	༥	ཆུ་འབྲུག	༡༢༩༢	
ཀུན་མཁྱེན་ཆོས་རྗེ།							ཀུན་མཁྱེན་ཀློང་ཆེན་རབ་འབྱམས་ལ་གཟིགས།
ཀུན་མཁྱེན་འཇམ་དབྱངས་བཞད་པ།							འཇམ་བཞད་ངག་དབང་བརྩོན་འགྲུས་ལ་གཟིགས།
ཀུན་མཁྱེན་འཇིགས་མེད་གླིང་པ།	༡༢	ས་བྱི།	༡༧༢༩	༡༣	ཆུ་སྟག	༡༧༩༨	
ཀུན་མཁྱེན་ཏཱ་ར་ནཱ་ཐ།							ཇོ་ནང་ཏཱ་ར་ནཱ་ཐར་གཟིགས།
ཀུན་མཁྱེན་དོལ་པོ་པ།							དོལ་པོ་ཤེས་རབ་རྒྱལ་མཚན་ལ་གཟིགས།
ཀུན་མཁྱེན་པདྨ་དཀར་པོ།							འབྲུག་པ་པདྨ་དཀར་པོར་གཟིགས།
ཀུན་མཁྱེན་འཕགས་འོད།	༥	ས་འབྲུག	༡༢༦༨				

ཀུན་མཁྱེན་བུ་སྟོན།							བུ་སྟོན་རིན་ཆེན་གྲུབ་ལ་གཟིགས།
ཀུན་མཁྱེན་ཀློ་གྲོས་རིན་ཆེན་སེང་གེ།							
ཀུན་མཁྱེན་ཚུལ་ཁྲིམས་རྒྱལ་མཚན།							
ཀུན་མཁྱེན་མཚོ་སྣ་བ།							མཚོ་སྣ་བ་ཤེས་རབ་བཟང་པོར་གཟིགས།
ཀུན་མཁྱེན་ཟུལ་ཕུ་བ།	༨	ཆུ་ཕག	༡༢༥༣				
ཀུན་མཁྱེན་རོང་སྟོན།							རོང་སྟོན་ཤཱཀྱ་རྒྱལ་མཚན་ལ་གཟིགས།
ཀུན་མཁྱེན་སངས་རྒྱས་འཕེལ།							ཤཱཀ་མཆོག་གི་བླམ།
ཀུན་སྤྱིང་རྒྱལ་ཐོག་གཉིས་པ།							ཧ་ཚོག་ངག་དབང་དཔལ་ལྡན་ཆོས་ཀྱི་རྒྱལ་མཚན་ལ་གཟིགས།
ཀུན་དགའ་བཀྲ་ཤིས།							
ཀུན་དགའ་གྲོལ་མཆོག							ཇོ་ནང་ཀུན་དགའ་གྲོལ་མཆོག་ལ་གཟིགས།
ཀུན་དགའ་རྒྱལ་མཚན།	༨	ཆུ་ལུག	༡༢༢༣	༥	ཆུ་འབྲུག	༡༢༨༢	ཚལ་གུང་བླ་རབས་བརྒྱུད་པ།
ཀུན་དགའ་ཆོས་ཀྱི་འོད་ཟེར།				༡༠	ལྕགས་སྤྲེལ།	༡༤༢༠	

ཀུན་དགའ་ཆོས་བཟང་།							
ཀུན་དགའ་བདེ་ལེགས།	༧	མེ་སྟག	༡༤༤༦	༨	མེ་འབྲུག	༡༤༩༦	
ཀུན་དགའ་རྣམ་རྒྱལ།	༧	ཆུ་བྱི།	༡༤༣༢	༨	མེ་འབྲུག	༡༤༩༦	ཐོན་མི་ཀུན་དགའ་རྣམ་རྒྱལ་ཡང་ཟེར།
ཀུན་དགའ་དཔལ་ལྡན།	༨	མེ་གླང་།	༡༤༥༧	༩	ལྕགས་བྱི།	༡༥༤༠	རྗེ་དྲུང་ཀུན་དགའ་དཔལ་ལྡན་ཡང་ཟེར།
ཀུན་དགའ་གློ་གྲོས།	༨	ཆུ་ཡོས།	༡༤༨༣	༩	ཤིང་སྦྲུལ།	༡༥༤༥	རྗེ་དྲུང་ཀུན་དགའ་གློ་གྲོས་ཀྱང་ཟེར།
ཀུན་དགའ་འབུམ་པ།	༦	ཤིང་སྤྲེལ།	༡༣༤༤	༦	ལྕགས་བྱ།		
ཀུན་དགའ་བཟང་པོ།							ངོར་ཆེན་ཀུན་དགའ་བཟང་པོར་གཟིགས
ཀུན་དགའ་རིན་ཆེན།	༦	ས་ཡོས།	༡༣༣༩	༧	ས་ཡོས།		
ཀུན་དགའ་ལེགས་གྲུབ།							
ཀུན་དགའ་ལེགས་པའི་འབྱུང་གནས།							པག་གྲུ་ཆོས་རྒྱལ་བརྒྱད་པ་ཀུན་དགའ་ལེགས་པའི་འབྱུང་གནས་ཀྱང་ཟེར།
ཀུན་དགའ་ལེགས་པའི་བློ་གྲོས།							སྒོ་རུམ་པ་ཀུན་དགའ་ལེགས་པའི་བློ་གྲོས་ཀྱང་ཟེར།

ཀུན་དགའ་སེང་གེ།	༥	ཤིང་སྟག	༡༣༡༨	༦	མེ་ཕག	༡༣༤༧	ར་ལུང་གི་གདན་སར་ཕེབས།
ཀུན་དགའ་བསོད་ནམས།							
ཀུན་རྫོར་བ།	༧	ཆུ་སྦྲུལ།	༡༨༡༣				
ཀུན་ལྡན་རས་པ།	༣	ས་འབྲུག	༡༡༨༥	༨	མེ་གླང་།	༡༢༡༧	ཁྲོ་ཕུ་ཀུན་ལྡན་རས་པའང་ཟེར།
ཀུན་ལྡན་རས་མའམ་ཡེ་ཤེས་ཀུན་ལྡན།							བྱང་སེམས་ཆོས་རྗེ་བསོད་ནམས་རྒྱལ་མཚན་གྱི་སྲས་མོ། དགུང་ལོ་བརྒྱད་ཅུ་བརྒྱལ་ནས་མཁའ་སྤྱོད་དུ་གཤེགས།
ཀུན་སྤངས་ཆེན་པོ་བསོད་ནམས་རྒྱལ་མཚན།	༦	ཆུ་རྟ།	༡༣༨༢	༧	ཆུ་གླང་།	༡༨༠༦	
ཀུན་སྤངས་ཐུགས་རྗེ་བརྩོན་འགྲུས།	༨	ཆུ་ཡོས།	༡༢༨༣	༥	ཆུ་གླང་།	༡༣༡༣	ཇོ་ནང་པ་ཐུགས་རྗེ་བརྩོན་འགྲུས་ཀྱང་ཟེར།
ཀུན་སྤངས་བདེ་ལེགས་རིན་ཆེན་མི་ཕམ་རྒྱལ་མཚན་ཡང་ཟེར།							
ཀུན་སྤངས་ལྷ་རི་བ།							དུས་རབས་༡༣པའི་དུས་དཀྱིལ།
ཀུན་བཟང་རྒྱལ་མཚན།	༡༣	མེ་བྱ།	༡༧༧༧				སྒྲ་གསར་ཚང་ཡང་ཟེར།
ཀུན་བཟང་ངག་དབང་བློ་གྲོས།							

ཀུན་བཟང་ཆོས་ཀྱི་ཉི་མ།	༨	ས་སྦྲུལ།	༡༤༤༩	༩	ཤིང་སྤྲེལ།	༡༥༢༤	རྫོ་རིང་པ་ཀུན་བཟང་ཆོས་ཀྱི་ཉི་མ་ཡང་ཞུ།
ཀུན་ལ་བྱམས་པའི་བློ་གྲོས།							ཟུར་མཁར་བ་མཉམ་ཉིད་རྡོ་རྗེ་ལ་ཞུ།
ཀེའུ་ཚང་འཇམ་དབྱངས་སྨོན་ལམ།							དགའ་ལྡན་ཁྲི་རབས་༦༧པར་གཟིགས།
ཀེའུ་ཚང་བློ་བཟང་འཇམ་དབྱངས་སྨོན་ལམ།	༡༢	ས་སྦྲུལ།	༡༦༨༩				བཀའ་འགྱུར་འཇམ་དབྱངས་སྨོན་ལམ་ལ་གཟིགས།
ཀོ་བྲག་པ།	༣	ཆུ་སྟག	༡༡༧༠				
ཀོ་བྲག་པ་བསོད་ནམས་རྒྱལ་མཚན།	༣	ཆུ་སྟག	༡༡༨༢	༤	ལྕགས་བྱ།	༡༢༦༡	
ཀོང་པོ་བསྟན་འཛིན་ལེགས་བཤད།							དགའ་ལྡན་ཁྲི་རབས་༣༦པར་གཟིགས།
ཀོང་པོ་ཐར་པ་རིན་ཆེན།							དུས་རབས་༡༡པའི་དུས་མཇུག
ཀོང་པོ་ཡེ་ཤེས་ཐར་འདོད།							དགའ་ལྡན་ཁྲི་རབས་༧༠པར་གཟིགས།
ཀོང་པོ་ཡེ་ཤེས་བརྩོན་འགྲུས།	༡༣	ལྕགས་སྦྲུལ།	༡༧༦༡	༡༤	མེ་བྱི།	༡༨༡༦	
ཀོང་སྤྲུལ་ཀརྨ་བློ་གྲོས་ཆོས་ཀྱི་སེང་གེ།	༡༦	ཤིང་རྟ།	༡༩༥༤	༡༦			
ཀོང་སྤྲུལ་དཔལ་ལྡན་མཁྱེན་བརྩེ་འོད་ཟེར།	༡༥	ཆུ་བྱ།	༡༩༠༤	༡༦	ཤིང་རྟ།	༡༩༥༤	

ཀོང་སྤྲུལ་ཡོན་ཏན་རྒྱ་མཚོ།	༡༤	ཆུ་བྱ།	༡༨༡༣	༡༥	ས་ཕག	༡༨༩༩	
ཀོང་རོང་སྨན་བླ་དོན་གྲུབ།	༡༡	ཤིང་ཡོས།	༡༦༧༥				
ཀོའུ་བ་དཀའ་བཅུ་ཆོས་ཀྱི་རྒྱ་མཚོ།	༡༠	ལྕགས་ལུག	༡༥༧༡	༡༡	ཤིང་ཕག	༡༦༣༥	
ཀོའུ་བ་གཞོན་ནུ་བྱང་ཆུབ་འོད་ཟེར།							ཆོས་རྗེ་དོན་གྲུབ་རིན་ཆེན་དང་དུས་མཚུངས།
ཀྲང་ཀླུ་ཞབས་དྲུང་འཇམ་དབྱངས་སྐལ་ལྡན།	༡༣	ས་གླང་།	༡༧༦༩	༡༤	ལྕགས་ཡོས།	༡༨༣༡	
ཀྲེ་བོ་ཤེས་རབ་དཔལ་བ།							དུས་རབ་༡༡པའི་དུས་དཀྱིལ་ཙམ་གྱི་མི་སྣ་བ།
ཀླག་བྱང་ཆུབ་རྒྱལ་མཚན།							བཀའ་གདམས་པ། ཚུ་མིག་དགོན་པ་བཏབ།
ཀླུ་སྒྲུབ་ཆོས་ཀྱི་རྒྱལ་མཚན།							
ཀླུ་ཐང་མེར་མོ།							བོད་རྒྱལ་སེ་ནོལ་ནམ་ལྡེའི་བཙུན་མོ།
ཀླུ་སྡིང་རིན་ཆེན་མི་འགྱུར་རྒྱལ་མཚན།							རབ་བྱུང་༡༣པའི་མེ་ཕག་༡༧༦༧ལོར་སྡེ་དགེ་ཡིད་ལྷུང་ལྷ་བྲ་དགོན་བཏབ།
ཀླུ་འབུམ་ངག་དབང་བློ་གྲོས་རྒྱ་མཚོ།	༡༡	ཤིང་ཕག	༡༦༣༥	༡༢	ས་འབྲུག	༡༦༨༨	ཁྲི་རྒྱ་ནག་པའང་ཞུ།

གླུ་འབུམ་ཤེས་རབ་རྒྱ་མཚོ།							རྡོ་སྲིབ་ཤེས་རབ་རྒྱ་མཚོར་གཟིགས།
གླུ་མེས་ཤེས་རབ་ཚུལ་ཁྲིམས།							དབུས་གཙང་མི་བཅུའི་གྲས།
གླུ་སྨན་མེར་མོ།							བོད་རྒྱལ་དེ་ཤོ་ལེགས་ཀྱི་བཙུན་མོ།
གླུ་ཤུལ་མཁན་པོ་དཀོན་མཆོག་སྒྲོན་མེ།	༡༩	ས་ལུག	༡༦༥༨	༡༤	མེ་བྱི།	༡༨༣༤	
གླུ་ཤོད་ངག་དབང་དར་རྒྱས།	༡༣	ས་གླང་།	༡༧༤༨	༡༩	མེ་རྟ།	༡༦༩༤	
གླུ་ཤོད་ཕུན་ཚོགས་སེང་གེ།	༡༣	ཆུ་སྦྲུལ།	༡༧༧༣	༡༩	ཤིང་འབྲུག	༡༦༩༩	
གླུ་ཤོད་བསོད་ནམས་རྒྱ་མཚོ།	༡༣	ཤིང་སྦྲུལ།	༡༧༦༥	༡༩	ཆུ་བྱི།	༡༦༥༢	
གླུང་ཤོད་དགེ་འདུན་བསྟན་པ་རབ་རྒྱས།							དགའ་ལྡན་ཁྲི་རབས་༢༢པར་གཟིགས།
གློ་བོ་མཁན་ཆེན་བསོད་ནམས་ལྷུན་གྲུབ།	༧	ལྕགས་བྱ།	༡༩༩༡	༨	ཤིང་བྱི།	༡༥༢༥	
གློག་སྐྱ་གཞོན་ནུ་འབར་བ།							མར་པ་དོ་པ་ཆོས་ཀྱི་དབང་ཕྱུག་དང་དུས་མཉམ།
གློག་སྐྱ་ཤེས་རབ་བརྩེགས་པ།							དུས་རབས་༡༡པའི་དུས་སྟོད།

ཀློང་ཆེན་ཆོས་དབྱིངས་སྟོབས་ལྡན་རྡོ་རྗེ་མི་ཕམ་ཕྱོགས་ལས་རྣམ་རྒྱལ།							ཆོས་དབྱིངས་སྟོབས་ལྡན་རྡོ་རྗེར་གཟིགས།
ཀློང་ཆེན་སྤྲུལ་སྐུ་རང་བྱུང་རྡོ་རྗེ།							ཀུན་མཁྱེན་འཇིགས་མེད་གླིང་པར་གཟིགས།
ཀློང་ཆེན་རབ་འབྱམས་པ།							ཀུན་མཁྱེན་ཀློང་ཆེན་རབ་འབྱམས་ལ་གཟིགས།
ཀློང་ཆེན་རབ་འབྱམས་པ།							ཀཿཐོག་པ་ཆོས་གྲགས་རྒྱ་མཚོ་དང་མི་བསྐྱོད་རྡོ་རྗེ་གཉིས་ཀའི་སློབ་མ་ཞིག་འདིས་བསྟན་སྲུང་རྒྱ་མཚོའི་རྣམ་ཐར་ཞིག་ཀྱང་མཛད་ཡོད།
ཀློང་ཆེན་རོལ་པ་རྩལ།							བསྟན་འཛིན་ཤེས་རབ་ལ་གཟིགས།
ཀློང་བརྡོལ་བླ་མ་ངག་དབང་བློ་བཟང་།	༡༢	ས་ཕག	༡༧༡༨	༡༣	ཤིང་ཡོས།	༡༧༨༥	
ཀློང་བརྡོལ་དྲུང་ཡིག་དམ་ཆོས་ཡར་འཕེལ།							དུས་རབས་༡༨པའི་དུས་དཀྱིལ་ཙམ་ལ་འཁྲུངས།
ཀློང་གསལ་དྲི་མེད།							ཀུན་མཁྱེན་ཀློང་ཆེན་རབ་འབྱམས་ལ་གཟིགས།
ཀློང་གསལ་རྡོ་རྗེ་སྙིང་པོའམ་ཀཿཐོག་པ་བྱང་ཆུབ་རྒྱ་མཚོ།	༡༠	ཤིང་གླང་།	༡༦༣༥	༡༡	ཆུ་ཁྱི།	༡༦༨༢	
དཀའ་བཅུ་སྐལ་བཟང་ཆོས་གྲགས།	༡༩	ཤིང་འབྲུག	༡༨༩༩				

དཀའ་བཅུ་ངག་དབང་བཀྲ་ཤིས།							བསེ་ངག་དབང་བཀྲ་ཤིས་ལ་གཟིགས།
དཀའ་བཅུ་འཇམ་དབྱངས་དཀོན་མཆོག་ཉི་མ།	༡༢	ས་ཕག	༡༧༡༩	༡༣	ས་སྤྲེལ།		
དཀའ་བཅུ་འཇམ་དབྱངས་ཕྱོགས་ལས་རྣམ་རྒྱལ།	༡༣	ས་བྱ།	༡༧༨༩	༡༤	ས་འབྲུག	༡༨༠༨	
དཀའ་བཅུ་ཕྲིན་ལས་རབ་བརྟན།	༡༡	མེ་ལུག	༡༦༦༧	༡༢	ཤིང་བྱི།	༡༧༤༤	
དཀའ་བཅུ་བློ་བཟང་བསྟན་འཛིན་རྒྱ་མཚོ།	༡༤	ལྕགས་རྟ།	༡༨༡༠	༡༤	ས་བྱ།	༡༨༤༩	
དཀའ་བཅུ་བློ་བཟང་ཚངས་དབྱངས་ཕྱོགས་ལས་རྣམ་རྒྱལ།	༡༡	ས་ཕག	༡༦༥༩	༡༢	ས་བྱི།	༡༧༩༨	
དཀའ་བཅུ་ཨེར་ཏེ་ནི་མེར་ཀན་ཆོས་རྗེ།	༡༣	ལྕགས་སྦྲུལ།	༡༧༦༡				
དཀའ་ཆེན་ནམ་མཁའ་རྡོ་རྗེ།							དུས་རབས་༡༡པའི་སྨད་ཙམ། ལ་ལས་དུས་རབས་༡༦ པའི་དུས་སྨད་ཙམ་ཟེར་ཡང་སྨྲར་བརྟག
དཀའ་ཆེན་བྱང་ཆུབ་རིན་ཆེན་དཔལ་བཟང་པོ།	༡༣	ས་རྟ	༡༧༩༨	༡༥	མེ་བྱི།	༡༨༧༦	
དཀའ་ཆེན་ཡོངས་འཛིན་ཡེ་ཤེས་རྒྱལ་མཚན།	༡༢	ཆུ་སྦྲུལ།	༡༧༡༣	༡༣	ལྕགས་འབྲུག	༡༧༦༠	
དཀའ་བཞི་གྲགས་པ་གཞོན་ནུ།	༩	མེ་སྦྲུལ།	༡༢༥༧	༥	ཤིང་ཡོས།	༡༣༡༥	

དཀའ་བཞི་རིགས་པའི་སེང་གེ།	༥	མེ་ཕག	༡༢༨༧	༦	ཤིང་ཡོས།	༡༣༧༥	
དཀའ་བཞི་རིན་ཆེན་དཔལ།							དུས་རབས་༡༤པའི་དུས་སྐད།
〈དཀར་པོ་སྐུ་ཕྲེང་རིམ་བྱོན།〉	༡༤ ནས་འགོ་ཚུགས།						ཆས་པ་གཞིས་དགོན་བཀྲ་ཤིས་ཆོས་འཁོར་གླིང་གི་བླ་མ།
༡〉རྗེ་བཙུན་བྱམས་པ་མཐུ་སྟོབས་ཀུན་དགའ་རྒྱལ་མཚན།	༡༤	ཤིང་ལུག	༡༨༣༥	༡༥	ཤིང་ལུག	༡༨༩༥	དགུང་ལོ་༦༡བཞུགས།
༢〉རྗེ་བཙུན་སྐལ་བཟང་ཚུལ་ཁྲིམས་བསྟན་པའི་རྒྱལ་མཚན།	༡༥	མེ་སྤྲེལ།	༡༨༩༦	༡༥	ལྕགས་བྱི།	༡༩༠༠	དགུང་ལོ་༡༤ལས་མ་བཞུགས།
༣〉རྗེ་བཙུན་སྐལ་བཟང་ཕྲིན་ལས་ལྷུན་གྲུབ་ཆོས་ཀྱི་རྒྱལ་མཚན།	༡༥	ལྕགས་ཕག	༡༩༡༡	༡༦	ཆུ་སྦྲུལ།	༡༩༥༣	དགུང་ལོ་༤༣བཞུགས།
༤〉བློ་བཟང་བཤད་སྒྲུབ་བསྟན་པའི་རྒྱལ་མཚན།	༡༦	ཤིང་རྟ།	༡༩༥༤	༡༦	ས་རྟ།	༡༩༧༨	དགུང་ལོ་༢༥བཞུགས།
༥〉འཇིགས་མེད་བསྟན་འཛིན་རྒྱ་མཚོ།			༡༩༧༩	༡༦	ས་ལུག		
དཀར་པོ་གྲགས་པ་རིན་ཆེན་སེང་གེ།							
དཀར་ལེབ་དྲུང་ཡིག་པདྨ་རྡོ་རྗེ།	༡༤	ས་རྟ།	༡༨༥༨				
དགོན་མཆོག་སྐྱབས།							

དཀོན་མཆོག་འགྲོ་ཕན་དབང་པོ།	༡༡	ལྕགས་ལུག	༡༦༣༡				
དཀོན་མཆོག་རྒྱལ་མཚན།							དབལ་མང་དཀོན་མཆོག་རྒྱལ་མཚན་ལ་གཟིགས།
དཀོན་མཆོག་རྒྱལ་མཚན།							མུས་ཆེན་དཀོན་མཆོག་རྒྱལ་མཚན་ལ་གཟིགས།
དཀོན་མཆོག་རྒྱལ་མཚན།							སྲས་རྒྱུད་པ་དཀོན་མཆོག་རྒྱལ་མཚན་ལ་གཟིགས།
དཀོན་མཆོག་ཆོས་གྲགས།							
དཀོན་མཆོག་ཆོས་འཕེལ།							དགའ་ལྡན་ཁྲི་རབས་༣༥པར་གཟིགས།
དཀོན་མཆོག་འཇིགས་མེད་རབ་རྒྱས།							དུས་རབས་༡༩པའི་སྨད་ཙམ།
དཀོན་མཆོག་ཉི་མ།	༡༣	ཤིང་ཡོས།	༡༧༩༥	༡༨	མེ་སྦྲུལ།	༡༨༥༧	
དཀོན་མཆོག་དམ་ཆོས་ཡར་འཕེལ།	༡༣	ས་ཕག	༡༧༧༩	༡༨	ས་སྤྲང་།	༡༨༣༩	
དཀོན་མཆོག་དཔལ་ལྡན།							
དཀོན་མཆོག་ཕུན་ཚོགས།							སྡེ་སྲིད་དཀོན་མཆོག་ཕུན་ཚོགས་ཀུང་ཞུ།
དཀོན་མཆོག་ཕུན་ཚོགས།							འབྲི་གུང་རིག་འཛིན་ཆོས་གྲགས་ལ་གཟིགས།
དཀོན་མཆོག་ཕུན་ཚོགས།							རྫོང་དཀར་སྤྱན་སྔ་བ་དཀོན་མཆོག་ཕུན་ཚོགས་ཀུང་ཞུ།
དཀོན་མཆོག་ཕྲིན་ལས་བཟང་པོ།	༡༡	མེ་སྤྲེལ།	༡༦༥༦				

དཀོན་མཆོག་འཕེལ།							ས་སྐྱ་དཀོན་མཆོག་འཕེལ་ཡང་ཞུ།
དཀོན་མཆོག་འབངས།							
དཀོན་མཆོག་ཡན་ལག							ཞྭ་དམར་དཀོན་མཆོག་ཡན་ལག་ལ་གཟིགས།
དཀོན་མཆོག་ཡར་འཕེལ།							སྲིད་རྒྱུད་དཀོན་མཆོག་ཡར་འཕེལ་ཡང་ཞུ།
དཀོན་མཆོག་རིན་ཆེན།							ཟུར་མཁར་མཉམ་ཉིད་རྡོ་རྗེར་གཟིགས།
དཀོན་མཆོག་ལྷུན་གྲུབ།							ངོར་ཆེན་དཀོན་མཆོག་ལྷུན་གྲུབ་ལ་གཟིགས།
༼དཀོན་རྫོང་སྐྱ་ཕྲེང་རིམ་བྱོན།༽	༡༠ ནས་བཟུང་།						ཚབ་མདོ་བྱམས་པ་གླིང་གི་བླ་རབས་གྲས།
༡༽ དཀོན་རྫོང་མཁས་གྲུབ་ཤཱཀྱ་ལྷ་དབང་།	༡༠	མེ་ཕྲི།	༡༥༨༦	༡༡	མེ་སྤྲེལ།	༡༦༥༦	དགུང་ལོ་༧༠བཞུགས།
༢༽ དཀོན་རྫོང་བློ་བཟང་དབང་ཕྱུག	༡༢	ས་སྦྲུལ།	༡༦༩༢	༡༣	ལྕགས་སྦྲུལ།	༡༧༦༡	དགུང་ལོ་༧༠བཞུགས།
༣༽ དཀོན་རྫོང་བློ་བཟང་ཕྱོགས་ལས་རྣམ་རྒྱལ།	༡༣	ཆུ་རྟ།	༡༧༦༢	༡༢	ཆུ་བྱི།	༡༧༣༢	དགུང་ལོ་༧༠བཞུགས།
༤༽ དཀོན་རྫོང་བློ་བཟང་འཇམ་དཔལ་བསྟན་འཛིན་རྣམ་རྒྱལ།	༡༣	ལྕགས་བྱི།	༡༧༨༠	༡༢	ཆུ་བྱི།	༡༨༣༢	དགུང་ལོ་༥༣བཞུགས།
༥༽ དཀོན་རྫོང་བློ་བཟང་རྣམ་རྒྱལ།	༡༥	ཤིང་རྟ།	༡༨༩༤	༡༦	ལྕགས་སྟག	༡༩༥༠	དགུང་ལོ་༥༧བཞུགས།

དཀོན་རྗོར་བློ་བཟང་བསྟན་འཛིན་དཔལ་ལྡན་གྲུབ།	༡༦	ལྕགས་ཡོས།	༡༩༥༡				
དཀྱིལ་ཁང་བློ་བཟང་སྦྱིན་པ།	༡༤	ལྕགས་སྦྲུལ།	༡༨༢༡				
བཀའ་འགྱུར་བ་དཀོན་མཆོག་དཔལ་འཛིན།	༡	ཤིང་བྱ།	༡༧༦༥	༡༤	ཤིང་འབྲུག	༡༨༤༤	
བཀའ་འགྱུར་བ་འཇམ་དབྱངས་སྨོན་ལམ།	༡༣	ལྕགས་རྟ།	༡༧༥༠	༡༤	ཤིང་ཁྱི།	༡༨༡༤	དགའ་ལྡན་ཁྲི་རབས་༦༧པ།
བཀའ་འགྱུར་བ་ནོ་མིན་ཧན་ཇེ་བཙུན་སྐལ་བཟང་བསྟན་འཛིན་ཕྲིན་ལས།	༡༥	ཆུ་འབྲུག	༡༨༩༢				
བཀའ་འགྱུར་བ་བློ་བཟང་ཉི་མ།	༡༡	ས་ཡོས།	༡༦༣༩	༡༢	ས་ཁྱི།	༡༧༡༩	
བཀའ་འགྱུར་བ་བློ་བཟང་ཚུལ་ཁྲིམས།							དུས་རབས་༡༨ཀྱི་མཇུག་སྟོད་ཙམ།
བཀའ་འགྱུར་བ་སྦྱིན་པ་རྒྱ་མཚོ།							དགའ་ལྡན་ཁྲི་རབས་༤༦པ་བསམ་བློ་སྦྱིན་པ་རྒྱ་མཚོར་གཟིགས།
བཀའ་བརྒྱུད་པ་གྲགས་པ་བསོད་ནམས་དཔལ།	༥	མེ་གླང་།	༡༢༧༧				
བཀའ་བརྒྱུད་པ་རྟོགས་ལྡན་བསམ་གཏན་དཔལ།				༦	མེ་རྟ།	༡༣༦༦	
བཀའ་བརྒྱུད་མཁའ་སྐྱོང་ཡངས་པ།							རིག་འཛིན་ཀུ་མཱ་ར་ཛར་གཟིགས།

བཀའ་བྲུང་ཤེལ་དཀར་གླིང་པ།							ཤེལ་གླིང་མི་འགྱུར་ལྷུན་གྲུབ་ལ་གཟིགས།
བཀའ་བློན་ཕོ་ལྷ་བ།							ཕོ་ལྷ་བསོད་ནམས་སྟོབས་རྒྱས་ལ་གཟིགས།
བཀའ་བློན་ཟུར་ཁང་བ་ཚེ་བརྟན་རྡོ་རྗེ།							སྤྱི་ལོ་༡༨༥༡ལོར་ལ་དྭགས་དང་སེང་པའི་ཚུར་རྒོལ་ལ་ཡ་ལན་བྱེད་པར་མདོ་མཁར་འགྱུར་མེད་ཚེ་དབང་དང་མཉམ་དུ་བསྐྱོད།
བཀའ་བློན་བཤད་སྒྲ་ཀུན་དགའ་དཔལ་འབྱོར།				༡༣	ཤིང་གླང་།	༡༨༠༥	
བཀའ་བློན་བཤད་སྒྲ་དོན་གྲུབ་རྡོ་རྗེ།							
བཀའ་བློན་བཤད་སྒྲ་དབང་ཕྱུག་རྒྱལ་པོ།							བཤད་སྒྲ་དབང་ཕྱུག་རྒྱལ་པོར་གཟིགས།
བཀྲ་ཐང་བློ་བཟང་ཚོས་ཀྱི་ཉི་མ།	༡༣	ཆུ་ལུག	༡༧༦༣	༡༤	ལྕགས་སྦྲུལ།	༡༨༢༡	
བཀྲ་ཤིས་མཁན་ཆེན་སྤྱིན་པ་དོན་གྲུབ་རྒྱ་མཚོ།	༡༥	ཤིང་བྱི།	༡༨༧༤				
བཀྲ་ཤིས་གྲགས་པ།	༣	ལྕགས་སྤྲེལ།	༡༢༠༠	༥	ཆུ་རྟ།	༡༢༨༢	
བཀྲ་ཤིས་གྲགས་པ་རྒྱ་མཚོ།							སྣམ་པོ་བ་བཀྲ་ཤིས་གྲགས་པ་རྒྱ་མཚོའང་ཞུ།
བཀྲ་ཤིས་གྲགས་པ་རྒྱལ་མཚན།							སྣམ་པོ་བ་བཀྲ་ཤིས་གྲགས་པ་རྒྱ་མཚན་ཡང་ཞུ།

བཀྲ་ཤིས་རྒྱལ་མཚན།							དུས་རབས་༡༡པའི་སྨད་ཙམ་གྱི་ལོ་ཙཱ་བ་ཞིག
བཀྲ་ཤིས་ལྷེ་མགོན།							དུས་རབས་༡༡པའི་སྟོད་ཙམ།
བཀྲ་ཤིས་རྣམ་རྒྱལ།							མངའ་བདག་རིག་པ་མགོན་གྱི་རྒྱུད་པ།
བཀྲ་ཤིས་རྣམ་རྒྱལ།							རྒྱལ་ཚབ་བཀྲ་ཤིས་རྣམ་རྒྱལ་ཡང་ཟེར།
བཀྲ་ཤིས་རྣམ་རྒྱལ།				༡༡	མེ་བྱི།	༡༥༣༠	སྨམ་པོ་བཀྲ་ཤིས་རྣམ་རྒྱལ་ཡང་ཟེར།
བཀྲ་ཤིས་རྣམ་རྒྱལ།							དྭགས་པོ་བཀྲ་ཤིས་རྣམ་རྒྱལ་ལ་གཟིགས།
བཀྲ་ཤིས་དཔལ།							སྟག་ལུང་ཐང་པ་བཀྲ་ཤིས་དཔལ་གཟིགས།
བཀྲ་ཤིས་དཔལ། ཕྱི་མ།							སྟག་ལུང་ཆོས་རྗེ་བཀྲ་ཤིས་དཔལ་ཕྱི་མར་གཟིགས།
བཀྲ་ཤིས་དཔལ་འབྱོར།							སི་ཏུ་བཀྲ་ཤིས་དཔལ་འབྱོར་ཡང་ཟེར།
བཀྲ་ཤིས་དཔལ་འབྱོར།							ས་སྐྱ་བ་ཞིག
བཀྲ་ཤིས་དཔལ་བརྩེགས།							སྟག་ལུང་བཀྲ་ཤིས་དཔལ་བརྩེགས་ལ་གཟིགས།
བཀྲ་ཤིས་དཔལ་འོད།							སྟག་ལུང་གདན་ས་༡༡པ་བཀྲ་ཤིས་དཔལ་འོད་ལ་གཟིགས།

བཀྲ་ཤིས་ཕྲིན་ལས་རྒྱ་མཚོ།							བསེ་ཚང་སྐུ་ཕྲེང་ལྔ་པར་གཟིགས།
བཀྲ་ཤིས་འབྱུང་གནས།							
བཀྲ་ཤིས་ཚུལ་ཁྲིམས།							
བཀྲ་ཤིས་ཞབས་དྲུང་ཡེ་ཤེས་མཁས་གྲུབ་ཉི་མ།				༡༥	ཤིང་ཕྱི།	༡༨༧༩	
བཀྲ་ཤིས་ཟླ་བ།							དྭུན་གར་བཀྲ་ཤིས་ཟླ་བ་ཡང་ཟེར།
བཀྲ་ཤིས་འོད།							༡༣༢༣ལོར་གཡའ་བཟང་དགོན་པའི་གདན་སར་ཕེབས།
བཀྲས་ཁང་སྤྱི་ཁྱབ་མཁན་པོ་བྱམས་པ་ཐུབ་དབང་།				༡༥	ཆུ་ཕྱི།	༡༩༢༢	
ཁ་ཐུག་བློ་བཟང་དོན་གྲུབ།	༡༢	ལྕགས་སྤྲེལ།	༡༧༩༠	༡༢	མེ་ཕག	༡༨༢༧	
ཁ་གསར་ལྷ་བྲིས་པ་བྱང་ཆུབ་རབ་གསལ།	༡༤	ས་འབྲུག	༡༨༠༨				
ཁང་ཚ་དཀོན་མཆོག་དོན་ཡོད།	༡༣	མེ་ལུག	༡༧༨༧	༡༤	མེ་ལུག	༡༨༥༨	ཁང་ཚ་དཀོན་མཆོག་དོན་གྲུབ་ཀྱང་ཟེར།
ཁྱུང་མོ་ཁ་པ།							དུས་རབས་༡༣ཀྱི་དུས་སྨད་ཙམ། འདི་སྐལ་ཚོགས་ལ་ལྷ་སྐུ་རང་བྱོན་༡༣བྱོན་པ་སྐྱེ་ཁར་ཡོད།

སྐ་བ་དཔལ་བརྩེགས།							ཁྲི་སྲོང་སྐུ་དུས་ཀྱི་ལོ་ཙཱ་བ་གྲགས་ཅན།
སྐ་བ་བློན་མཆོ་ཡོད།							དུས་རབས་༨པའི་དུས་དཀྱིལ་ཙམ།
སྐ་བ་ཤཱཀྱ་དབང་ཕྱུག་ཀུན་དགའ་རྒྱལ་མཚན།	༨	མེ་ཡོས།	༡༤༤༧	༨	མེ་སྟག	༡༥༠༦	
སྐ་ཡི་གཉགས་སྟོན་འཕེལ་བཟང་།							དུས་རབས་༧པའི་མགོ་སྟོད།
སྐལ་ལྡན་དགེ་འདུན་ཕྲིན་ལས་རབ་རྒྱས།	༡༢	ལྕགས་སྤྲེལ།	༡༧༤༠	༡༣	ཤིང་སྟག	༡༧༩༤	
སྐལ་ལྡན་ངག་དབང་ཕྲིན་ལས་རྒྱ་མཚོ།	༡༡	ས་རྟ།	༡༦༧༨	༡༢	ས་རྟ།	༡༧༣༨	
སྐལ་ལྡན་བློ་བཟང་བསྟན་པའི་རྒྱལ་མཚན།	༡༤	ས་ལུག	༡༨༥༩	༡༥	ཤིང་ཡོས།	༡༩༡༥	
སྐལ་ལྡན་བཞི་པ་བློ་བཟང་ཆོས་གྲགས་རྒྱ་མཚོ།	༡༣	ཤིང་ཡོས།	༡༧༩༥	༡༤	ཆུ་ཡོས།		
སྐལ་ལྡན་ཡེ་ཤེས་སེང་གེ།							ཟླ་ར་བ་སྐལ་ལྡན་ཡེ་ཤེས་སེང་གེར་གཟིགས།
སྐལ་བཟང་བཀྲ་ཤིས་རྒྱ་མཚོ།							གོ་ཚང་རྒྱུད་པ་སྐལ་བཟང་བཀྲ་ཤིས་རྒྱ་མཚོ་ཞུ།
སྐལ་བཟང་མཁས་གྲུབ་རིན་ཆེན།							
སྐལ་བཟང་དགེ་ལེགས་རྒྱ་མཚོ།	༡༣	མེ་སྤྲེལ།	༡༧༧༦	༡༤	ཆུ་སྦྲུལ།	༡༨༣༣	

སྐལ་བཟང་ཆོས་ཀྱི་རྒྱ་མཚོ།							ཞང་སྣ་ནམ་སྐལ་བཟང་ཆོས་ཀྱི་རྒྱ་མཚོ་ཡང་ཟེར།
སྐལ་བཟང་བསྟན་འཛིན་རྒྱ་མཚོ།	༡༤	ལྕགས་རྟ།	༡༨༡༠	༡༥	ཆུ་བྱ།	༡༨༩༩	
སྐལ་བཟང་ཆོས་ཀྱི་རྒྱལ་མཚན་བསོད་ནམས།							
སྐལ་བཟང་ཐུབ་བསྟན་འཇིགས་མེད།	༡༢	ཆུ་ཕག	༡༧༤༣	༡༤	ལྕགས་རྟ།	༡༨༡༠	
སྐལ་བཟང་ཐུབ་བསྟན་ཕྲིན་ལས་རྒྱ་མཚོ།	༡༤	ས་ཕག	༡༨༣༩	༡༥	ལྕགས་སྦྲུལ།	༡༨༨༡	
སྐལ་བཟང་ཐུབ་བསྟན་དབང་ཕྱུག							འཇམ་བཞད་སྐུ་ཕྲེང་བཞི་པར་གཟིགས།
སྐལ་བཟང་དམ་ཆོས་ཉི་མ།							ཐུའུ་བཀྭན་སྐུ་ཕྲེང་དྲུག་པ།
སྐལ་བཟང་དར་རྒྱས་རྒྱ་མཚོ།							ཟི་ན་སྐལ་བཟང་དར་རྒྱས་རྒྱ་མཚོར་གཟིགས།
སྐལ་བཟང་བློ་གྲོས་ཀུན་དགའ་ལུང་རྟོགས་རྒྱ་མཚོ།							གཻཧྲེ་སྐུ་ཕྲེང་དགུ་པར་གཟིགས།
སྐལ་བཟང་ཚུལ་ཁྲིམས་བསྟན་པའི་ཉི་མ།							རྒྱ་ཡག་སྐལ་བཟང་ཚུལ་ཁྲིམས་བསྟན་པའི་ཉི་མར་གཟིཏ།
སྐལ་བཟང་ཡོན་ཏན།							སྐུ་མདུན་མཁན་པོ་སྐལ་བཟང་ཡོན་ཏན་ཡང་ཟེར།
སྐལ་བཟང་རབ་རྒྱས།	༡༢	ཤིང་སྤྲེལ།	༡༧༠༤				

སྐུ་མཆེད་བློ་བཟང་བསྟན་པ་རྒྱ་མཚོ།	༡༣	ཆུ་ཁྱི།	༡༨༠༢	༡༩	མེ་སྤྲུལ།	༡༨༥༧	
སྐུ་མདུན་མཁན་པོ་སྐལ་བཟང་ཡོན་ཏན།	༡༣	མེ་ཕག	༡༧༦༧				
༼སྐུ་འབུམ་བྱམས་པ་གླིང་གི་ཁྲི་ཆེན་གདན་རབས་རིམ་བྱོན།༽	༨ ནས་འགོ་ཚུགས།						ཨ་མདོ་སྐུ་འབུམ་བྱམས་པ་གླིང་ཡིན།
༡༽ཁྲི་ཆེན་བླ་མ་འོད་ཟེར་རྒྱ་མཚོ།	༨	མེ་སྤྲུལ།	༡༥༥༧	༡༠	ཆུ་ཕག	༡༦༢༣	དགུང་ལོ་༦༧བཞུགས།
༢༽ཁྲི་ཆེན་ཀུན་བ་ཆོས་ཀྱི་རྒྱ་མཚོ།	༡༠	ལྕགས་ལུག	༡༥༧༡	༡༡	ཤིང་ཕག	༡༦༣༥	དགུང་ལོ་༦༥བཞུགས།
༣༽ཁྲི་ཆེན་འདུལ་འཛིན་འོད་ཟེར་རྒྱ་མཚོ།	༡༠	ལྕགས་བྱ།	༡༦༧༢				
༤༽ཁྲི་ཆེན་འཕན་པོ་བ་ཤེས་རབ་དཔལ་བཟང་པོ།	༡༠	ཆུ་ཕག	༡༦༢༣				
༥༽ཁྲི་ཆེན་ཆུ་བཟང་བ་རྣམ་རྒྱལ་དཔལ་འབྱོར།	༡༠	ས་སྟག	༡༥༧༨				
༦༽ཁྲི་ཆེན་རྒྱལ་བ་ཆོས་རྗེ་བཀྲ་ཤིས་དོན་གྲུབ།	༡༡	ས་སྟག	༡༦༣༨				
༧༽ཁྲི་ཆེན་བཙན་པོ་དོན་གྲུབ་རྒྱ་མཚོ།	༡༡	ཆུ་རྟ།	༡༦༩༢				
༨༽ཁྲི་ཆེན་གདོང་ཁ་བ་ཚེ་རིང་དཔལ་ལྡན་རྒྱ་མཚོ།	༡༡	ས་ཁྱི།	༡༦༩༨				

༩༽ཁྲི་ཆེན་ཁྲུང་ཐར་པ་བསོད་ནམས་རིན་ཆེན།	༡༡	ཆུ་སྦྲུལ།	༡༦༥༣				
༡༠༽ཁྲི་ཆེན་ར་ཕོ་ཆོས་བཀྲ་ཤིས།	༡༡	ས་ཁྱི།	༡༦༥༨				
༡༡༽ཁྲི་ཆེན་རྡོ་རིས་བྱམས་པ་དཔལ་བཟང་།	༡༡	ཆུ་ཡོས།	༡༦༦༣				
༡༢༽ཁྲི་ཆེན་གཟིམས་ཁང་གོང་མ་འཇམ་དབྱངས་དཔལ་འབྱོར།	༡༡	ས་སྦྲེལ།	༡༦༦༨				
༡༣༽ཁྲི་ཆེན་ལི་ཐང་པ་བསྟན་པ་དར་རྒྱས།	༡༡	ལྕགས་ཕག	༡༦༧༡				
༡༤༽ཁྲི་ཆེན་དཀར་པོ་པ་ཡོན་ཏན་བློ་གྲོས།	༡༡	མེ་འབྲུག	༡༦༧༦				
༡༥༽ཁྲི་ཆེན་ཁྲུང་ཐར་པ་སངས་རྒྱས་ལྷུན་གྲུབ།	༡༡	ལྕགས་བྱ།	༡༦༨༡				
༡༦༽ཁྲི་ཆེན་ཨ་ཀྱཱ་ཤེས་རབ་བཟང་པོ།	༡༡	མེ་སྟག	༡༦༨༦				
༡༧༽ཁྲི་ཆེན་སྟག་མཆོར་བློ་བཟང་རྡོ་རྗེ།	༡༢	ལྕགས་ལུག	༡༦༩༦				
༡༨༽ཁྲི་ཆེན་ཚ་བཟང་བ་བློ་བཟང་བསྟན་པའི་རྒྱལ་མཚན།	༡༢	མེ་ཁྱི།	༡༦༩༦				
༡༩༽ཁྲི་ཆེན་སྨྱུར་མོ་ལུང་བ་འཇམ་དབྱངས་རྒྱལ་མཚན།	༡༢	ཆུ་སྦྲུལ།	༡༧༡༣				
༢༠༽ཁྲི་ཆེན་རྒྱལ་མཁན་པོ་བློ་བཟང་དར་རྒྱས།	༡༢	ས་ཁྱི།	༡༧༡༨				

༢༡༽ཁྲི་ཆེན་སེར་དྲིས་ཚུལ་ཁྲིམས་རིན་ཆེན།	༡༢	ཤིང་འབྲུག	༡༧༢༩				
༢༢༽ཁྲི་ཆེན་སྟག་མཆོར་བློ་བཟང་དར་རྒྱས།	༡༢	ས་བྱ།	༡༧༢༩				
༢༣༽ཁྲི་ཆེན་ར་ཕོ་ཤེས་རབ་ཆོས་འབྱོར།	༡༢	ལྕགས་ཕག	༡༧༣༡				
༢༤༽ཁྲི་ཆེན་མཚན་སྒྲོགས་དགེ་འདུན་དོན་གྲུབ།	༡༢	ཤིང་སྟག	༡༧༣༤				
༢༥༽ཁྲི་ཆེན་ཟི་ན་ཆོས་རྗེ་ངག་དབང་བསྟན་པ།	༡༢	ལྕགས་བྱ།	༡༧༤༡				
༢༦༽ཁྲི་ཆེན་གསེར་ཏོག་ངག་དབང་བསྟན་པའི་རྒྱལ་མཚན།	༡༢	མེ་སྟག	༡༧༤༦				
༢༧༽ཁྲི་ཆེན་མི་ཉག་བློ་གྲོས་དར་རྒྱས།	༡༣	ས་སྦྲུལ།	༡༧༤༩				
༢༨༽ཁྲི་ཆེན་ཚུ་བཟང་བ་ངག་དབང་ཁྱབ་བསྟན་དབང་ཕྱུག	༡༣	ཆུ་སྤྲེལ།	༡༧༥༢				
༢༩༽ཁྲི་ཆེན་སྟག་མཆོར་ཡེ་ཤེས་སྐལ་བཟང་།	༡༣	ཆུ་རྟ།	༡༧༦༢				
༣༠༽ཁྲི་ཆེན་ཀུན་མཁྱེན་དཀོན་མཆོག་འཇིགས་མེད་དབང་པོ།	༡༣	ཤིང་བྱ།	༡༧༦༥				
༣༡༽ཁྲི་ཆེན་མགོན་ཀྲུ་གྲགས་པ་རྒྱལ་མཚན།	༡༣	ས་བྱི།	༡༧༦༨				
༣༢༽ཁྲི་ཆེན་ཚུ་བཟང་པ་ངག་དབང་ཁྱབ་བསྟན་དབང་ཕྱུག	༡༣	མེ་བྱ།	༡༧༧༧				

༣༣༽ ཁྲི་ཆེན་ཆེ་ཤོས་ངག་དབང་བསྟན་པ།	༡༣	ལྕགས་བྱི།	༡༧༨༠				
༣༤༽ ཁྲི་ཆེན་ཟེ་ན་ངག་དབང་ཚུལ་ཁྲིམས་དར་རྒྱས།	༡༣	ཤིང་སྦྲུལ།	༡༧༨༥				
༣༥༽ ཁྲི་ཆེན་ཐུའུ་བཀྭན་བློ་བཟང་ཆོས་ཀྱི་ཉི་མ།	༡༣	ས་བྱ།	༡༧༨༩				
༣༦༽ ཁྲི་ཚང་དྲག་བློ་བཟང་བསྟན་པའི་ཉི་མ།	༡༣	ཆུ་གླང་།	༡༧༩༣				
༣༧༽ ཁྲི་ཆེན་སེར་དྲིས་དཀོན་མཆོག་རྣམ་རྒྱལ།	༡༣	ས་རྟ།	༡༧༩༨				
༣༨༽ ཁྲི་ཆེན་མི་ཉག་ཚུལ་ཁྲིམས་བསྟན་པའི་ཉི་མ།	༡༣	ཆུ་ཁྱི།	༡༨༠༢				
༣༩༽ ཁྲི་ཆེན་སྨར་ཁེ་སྐལ་བཟང་ཐུབ་བསྟན་རབ་རྒྱས་རྒྱ་མཚོ།	༡༣	ཤིང་བྱི།	༡༨༠༤				
༤༠༽ ཁྲི་ཆེན་ཨ་ཀྱཱ་བློ་བཟང་འཇམ་དབྱངས་རྒྱ་མཚོ།	༡༤	མེ་ཡོས།	༡༨༠༧				
༤༡༽ ཁྲི་ཆེན་ཟེ་ན་བསོད་ནམས་བསྟན་འཛིན།	༡༤	མེ་ཡོས།	༡༨༠༧				
༤༢༽ ཁྲི་ཆེན་བྲ་མདོ་པ་བློ་བཟང་དབང་ཕྱུག	༡༤	ལྕགས་རྟ།	༡༨༡༠				
༤༣༽ ཁྲི་ཆེན་མགོན་ཀྱཱ་ཆོས་བསྟན་འཛིན་རྒྱ་མཚོ།	༡༤	ཆུ་སྦྲེལ།	༡༨༡༢				
༤༤༽ ཁྲི་ཆེན་ཤིང་བཟའ་བློ་བཟང་དར་རྒྱས་རྒྱ་མཚོ།	༡༤	ཆུ་བྱ།	༡༨༡༣				

༤༥༽ ཁྲི་ཆེན་ཤོས་ངག་དབང་བཤད་སྒྲུབ་བསྟན་པའི་ཉི་མ།	༡༤	མེ་བྱི།	༡༨༡༦				
༤༦༽ ཁྲི་ཆེན་སྟག་མཚེར་བློ་བཟང་མཁས་གྲུབ་ཉི་མ།	༡༤	ས་ཡོས།	༡༨༡༩				
༤༧༽ ཁྲི་ཆེན་གསེར་ཏོག་ཡེ་ཤེས་ཐུབ་བསྟན་རྒྱ་མཚོ།	༡༤	ལྕགས་འབྲུག	༡༨༢༠				
༤༨༽ ཁྲི་ཆེན་རྒྱ་ཡག་ཞབས་དྲུང་བློ་བཟང་བསྟན་པའི་ཉི་མ།	༡༤	ཆུ་རྟ།	༡༨༢༢				
༤༩༽ ཁྲི་ཆེན་བུམ་པར་ངག་དབང་ཆོས་ཀྱི་ཉི་མ།	༡༤	ཤིང་སྤྲེལ།	༡༨༢༤				
༥༠༽ ཁྲི་ཆེན་གྲོ་ཚང་པ་སྐལ་བཟང་བཀྲ་ཤིས་རྒྱ་མཚོ།	༡༤	ས་བྱི།	༡༨༢༨				
༥༡༽ ཁྲི་ཆེན་ ཤོས་ ཡོངས་ འཛིན་ ངག་ དབང་ འཇམ་ དབྱངས་ དབང་རྒྱལ།	༡༤	ལྕགས་སྟག	༡༨༣༠				
༥༢༽ ཁྲི་ཆེན་མཚན་སྒྲོགས་མཁན་ཆེན་བློ་བཟང་བཀྲ་ཤིས་ཉི་མ།	༡༣	ལྕགས་ཕག	༡༧༩༡				
༥༣༽ ཁྲི་ཆེན་རྒྱ་ཡག་ཞབས་དྲུང་བློ་བཟང་བསྟན་པའི་ཉི་མ།	༡༤	ཤིང་སྦྲུལ།	༡༨༤༥				
༥༤༽ ཁྲི་ཆེན་ཙོ་ནེ་ཞབས་དྲུང་བསྐལ་བཟང་བསྟན་འཛིན་རྒྱ་མཚོ།	༡༣	མེ་ལུག	༡༧༨༧				

32

༥༥༽ཁྲི་ཆེན་འཇམ་དབྱངས་བཞད་པ་བློ་བཟང་ཐུབ་བསྟན་ཉི་མ།	༡༣	ཆུ་བྱི།	༡༧༩༢				
༥༦༽ཁྲི་ ཆེན་ སྒོ་ ཚང་ བྲག་ མཁན་ ཆེན་ སྐལ་ བཟང་ བསྟན་འཛིན་རྒྱ་མཚོ།	༡༤	ལྕགས་རྟ།	༡༨༡༠	༡༥	ཆུ་བྱ།	༡༨༧༣	དགུང་ལོ་༦༤བཞུགས།
༥༧༽ཁྲི་ཆེན་ཟི་ན་མཁན་ཆེན་སྐལ་བཟང་དར་རྒྱས་རྒྱ་མཚོ།	༡༣	ལྕགས་ཕག	༡༧༩༡	༡༤	ཆུ་བྱི།	༡༨༥༢	དགུང་ལོ་༦༤བཞུགས།
༥༨༽ཁྲི་ཆེན་ཤིང་བཟའ་པཎྜི་ཏ་མཁན་ཆེན་བློ་བཟང་བསྟན་པའི་དབང་ཕྱུག་ཚུལ་ཁྲིམས་ཡུན་ཚོགས།	༡༤	ཤིང་བྱ།	༡༨༢༥	༡༥	མེ་བྱ།	༡༨༩༧	དགུང་ལོ་༧༣བཞུགས།
༥༩༽ཁྲི་ཆེན་མགོན་ཀླུ་མཁན་ཆེན་བློ་བཟང་ཚུལ་ཁྲིམས།	༡༤	ས་ཕག	༡༨༣༩	༡༥	མེ་བྱི།	༡༨༧༦	དགུང་ལོ་༣༨བཞུགས།
༦༠༽ཁྲི་ཆེན་མི་ཉག་མཁན་ཆེན་དཔལ་ལྡན་བསྟན་པའི་ཉི་མ།	༡༤	ས་ཡོས།	༡༨༡༩	༡༥	ལྕགས་གླང་།	༡༩༠༡	དགུང་ལོ་༨༣བཞུགས།
༦༡༽ཁྲི་ཆེན་བཀྲ་ཤིས་ཞབས་དྲུང་ཡེ་ཤེས་མཁས་གྲུབ་ཉི་མ།	༡༤	མེ་སྟག	༡༨༦༦				
༦༢༽ཁྲི་ཆེན་སྐྱེ་ཀླུ་ཞབས་དྲུང་བསོད་ནམས་བསྟན་པའི་ཉི་མ།	༡༥	ས་འབྲུག	༡༨༦༨				
༦༣༽ཁྲི་ཆེན་གསེར་ཏོག་ནོ་མིན་ཧན་བློ་བཟང་ཚུལ་ཁྲིམས་རྒྱ་མཚོ།	༡༤	ཤིང་སྦྲུལ།	༡༨༤༥	༡༥	ས་ཕག	༡༨༩༩	དགུང་ལོ་༥༤བཞུགས།

༦༤༽ ཁྲི་ཆེན་ཆེ་ཧོར་ཡོངས་འཛིན་ངག་དབང་འཇམ་དཔལ་བསྟན་པའི་ཉི་མ།	༡༤	ལྕགས་གླང་།	༡༨༤༡	༡༥	ཤིང་རྟ།	༡༨༩༤	དགུང་ལོ་༥༤བཞུགས།
༦༥༽ ཁྲི་ཆེན་ནེས་ལུང་ཞབས་དྲུང་བསྟན་འཛིན་མཆོག་ལྡན་ཚུལ་ཁྲིམས་རྒྱ་མཚོ།	༡༤	ལྕགས་སྟག	༡༨༣༠	༡༥	མེ་ཕག	༡༨༨༧	དགུང་ལོ་༥༨བཞུགས།
༦༦༽ ཁྲི་ཆེན་ སྟག་མཆོར་ མཁན་ ཆེན་ བློ་བཟང་ ཚུལ་ ཁྲིམས་ འཇིགས་མེད་རྒྱ་མཚོ།	༡༤	མེ་འབྲུག	༡༨༤༧				
༦༧༽ ཁྲི་ཆེན་ དགའ་ ལྡན་ གསེར་ ཁྲི་ བློ་ བཟང་ ཐུབ་ བསྟན་ རྒྱ་མཚོ།	༡༤	མེ་ལུག	༡༨༤༧	༡༥	ཆུ་སྟག	༡༩༠༢	དགུང་ལོ་༥༦བཞུགས།
༦༨༽ ཁྲི་ཆེན་ཀུན་མཁྱེན་འཇམ་དབྱངས་བཞད་པ་སྐལ་བཟང་ཐུབ་བསྟན་དབང་ཕྱུག	༡༥	ཆུ་ལུག	༡༨༨༣				
༦༩༽ ཁྲི་ཆེན་ རྒྱ་ ཡག་ མཁན་ ཆེན་ སྐལ་ བཟང་ ཚུལ་ ཁྲིམས་ བསྟན་པའི་ཉི་མ།	༡༤	ས་རྟ།	༡༨༥༤				
༧༠༽ ཁྲི་ཆེན་ མཚན་ སྒྲོགས་ མཁན་ ཆེན་ དགེ་ འདུན་ བསྟན་པའི་ཉི་མ།	༡༤	ས་སྦྲུལ།	༡༨༤༨				

༧༡༽ཁྲི་ཆེན་ཆེ་ཤོས་མཁན་ཆེན་བློ་བཟང་བྱང་ཆུབ་བསྟན་པའི་སྒྲོན་མེ།	༡༩	ལྕགས་བྱི།	༡༨༦༢				
༧༢༽ཁྲི་ཆེན་བློ་བཟང་བསྟན་པ་ཡར་འཕེལ།	༡༩	ཤིང་འབྲུག	༡༨༤༤				
༧༣༽ཁྲི་ཆེན་སྟག་མཚེར་མཁན་ཆེན་བློ་བཟང་ཚུལ་ཁྲིམས་འཇིགས་མེད་རྒྱ་མཚོ།	༡༥	ཆུ་འབྲུག	༡༨༩༢				
༧༤༽ཁྲི་ཆེན་འོ་ཞི་མཁན་ཆེན་ཡེ་ཤེས་ཚུལ་ཁྲིམས་རྒྱ་མཚོ།	༡༥	ས་སྦྲུལ།	༡༨༦༩				
༧༥༽ཁྲི་ཆེན་མགོན་ཀླུ་མཁན་ཆེན་བློ་བཟང་ཚུལ་ཁྲིམས་རྒྱ་མཚོ།	༡༥	ས་སྟག	༡༨༧༨				
༧༦༽ཁྲི་ཆེན་བྲག་མཁན་ཆེན་བློ་བཟང་ཚུལ་ཁྲིམས་རྒྱ་མཚོ།	༡༥	མེ་བྱི།	༡༨༧༦				
༧༧༽མཁན་ཆེན་བཀྲ་ཤིས་མཁན་ཆེན་སྦྱིན་པ་དོན་གྲུབ་རྒྱ་མཚོ།	༡༥	ཤིང་ཁྱི།	༡༨༧༤				
༧༨༽ཁྲི་ཆེན་བྲུམ་པ་མཁན་ཆེན་དགེ་འདུན་དམ་ཆོས་རྒྱལ་མཚན།	༡༥	ས་ཡོས།	༡༨༧༩				

སྐུ་འབུམ་འོད་ཟེར་རྒྱ་མཚོ།	༡༠	ཆུ་ཕག	༡༦༢༣				
སྐུ་འབུམ་སོག་པོ་དགེ་བཤེས་སངས་རྒྱས་ཆོས་གྲགས།	༡༤	ཤིང་རྟ།	༡༨༣༤				
སྐུ་ཡལ་བ་རིན་ཆེན་མགོན་པོ།	༣	ལྕགས་ཕག	༡༡༩༡	༤	མེ་སྤྲེལ།	༡༢༣༦	
སྐེ་ཀཱུ་བློ་བཟང་བསྟན་པའི་སྒྲོན་མེ།	༡༥	ཆུ་ལུག	༡༨༨༣				
སྐེ་ཀཱུ་ཞབས་དྲུང་བསོད་ནམས་བསྟན་པའི་ཉི་མ།				༡༥	ས་ཡོས།	༡༨༧༩	
སྐོར་ནི་རུ་པ།	༡	ཆུ་སྟག	༡༠༦༢	༣	ཆུ་རྟ།		
སྐྱབས་མགོན་པདྨ་རྒྱ་མཚོ།							ཞབས་དཀར་ཚོགས་དྲུག་རང་གྲོལ་གྱི་སློབ་མ།
སྐྱབས་དབྱིངས་སྨན་རི་བ།							
སྐྱི་ཡེ་ཤེས་དབང་པོ།							དུས་རབས་༡༠པའི་དུས་མཇུག་ཙམ།
སྐྱི་ཤོད་པ་དཀའ་ལྡན་ཐའི་ཇི།							སྟག་རྩེ་ལྷ་རྒྱལ་རབ་བརྟན་ལ་གཟིགས། འདི་རུས་སྐྱི་ཙན་གྱི་སྟོད་ཡུལ་ཡིན་པས་སྐྱི་ཤོད་ཡིན་ཚུལ་ཀ་ཁོལ་མར་བཤད།
སྐྱི་ཤོད་ཞབས་དྲུང་ངག་དབང་བསྟན་འཛིན་ཕྲིན་ལས་ཆོས་དབང་གྲགས་པའི་སྡེ།	༡༡	ས་ཡོས།	༡༦༣༩	༡༡	ཆུ་ཁྱི།	༡༦༨༢	

སྐྱིད་ཤོད་ཞབས་དྲུང་བསྟན་འཛིན་བློ་བཟང་རྒྱ་མཚོ།							དུས་རབས་༡༦པའི་ནང་།
སྐྱིད་གྲོང་ཐུགས་མཆོག་རྡོ་རྗེའམ་གཏེར་ཆེན་ཧཱུྃ་ནག་འགྲོ་འདུལ།							དུས་རབས་༡༨ནང་འཁྲུངས།
སྐྱིད་ལྡེ།							དུས་རབས་༡༠པའི་མགོ་སྟོད་ཙམ།
སྐྱིད་ལྡེ་ཉི་མ་མགོན།							དུས་རབས་༡༠པའི་མགོ་སྟོད་ཙམ།
སྐྱིད་ཚལ་མཁན་པོ་འཇམ་དབྱངས་ཀུན་དགའ་ཆོས་བཟང་།							འཇམ་དབྱངས་ཀུན་དགའ་ཆོས་བཟང་ལ་གཟིགས།
སྐྱིད་གཤོངས་པ་བློ་གྲོས་རྣམ་རྒྱལ།	༨	ཤིང་གླང་།	༡༥༠༥	༡༠	ཤིང་བྱ།	༡༥༨༥	
སྐྱུར་ཚུལ་ཁྲིམས་འོད་ཟེར།							དུས་རབས་༡༡པའི་སྨད་ཙམ་གྱི་ལོ་ཟླ་བ་ཞིག
སྐྱིད་ཚལ་མཁན་པོ་འཇམ་དབྱངས་ཀུན་དགའ་བསོད་ནམས།	༧	ཆུ་གླང་།	༡༩༣༣	༨	ཆུ་ཕག	༡༥༠༣	
སྐྱེམ་པ་ཚེ་དབང་རྒྱལ་པོ།							དུས་རབས་༡༡པའི་དུས་དཀྱིལ་ཙམ།
སྐྱེས་མཆོག་དོན་གྲུབ་རིན་ཆེན།	༥	ས་བྱ།	༡༣༠༨	༦	ཤིང་གླང་།	༡༣༨༥	
སྐྱེས་མཆོག་བསམ་གཏན་དཔལ་བ།	༥	ལྕགས་ཡོས།	༡༢༨༡	༦	མེ་རྟ།	༡༣༦༦	
སྐྱོ་སྟོན་སྨོན་ལམ་ཚུལ་ཁྲིམས།	༤	ས་ཡོས།	༡༢༡༨	༥	ས་ཕག	༡༢༨༨	

སྐྱོ་མདའ་ཆོས་རྗེ་བློ་གྲོས་བཟང་པོ།	༧	ས་སྤྲེལ།	༡༤༢༨				
སྐྱོ་ཤེས་རབ་རྡོ་རྗེ།							དབུས་གཙང་མི་བཅུའི་གྲས།
སྐྱོགས་ལོ་ངག་དབང་རིན་ཆེན་བཀྲ་ཤིས།							དུས་རབས་༡༥པའི་དུས་མཇུག་གི་ལོ་རྣ་བ་ཞིག
སྐྱོབ་པ་དཔལ་བཟང་།							དུས་རབས་༡༤པའི་མགོ་སྟོད་ཀྱི་ལོ་རྣ་བ་ཞིག
སྐྱོབ་པ་འཇིག་རྟེན་མགོན་པོ།							འབྲི་གུང་སྐྱོབ་པ་འཇིག་རྟེན་མགོན་པོར་གཟིགས།
༼སྐྱོར་མོ་ལུང་གི་གདན་རབས།༽							
༡༽ སྦལ་ཏི་དགྲ་བཅོམ་བརྩོན་འགྲུས་དབང་ཕྱུག	༢	ས་བྱ།	༡༡༢༩	༤	ཤིང་ཕག	༡༢༡༥	དགུང་ལོ་༨༧བཞུགས།
༢༽ མཁན་ཆེན་ཚུལ་ཁྲིམས་བརྩོན་འགྲུས།	༤	ཆུ་འབྲུག	༡༢༣༢	༥	ཆུ་འབྲུག	༡༢༩༢	དགུང་ལོ་༦༡་བཞུགས།
༣༽ ཞིག་པོ་ཚུལ་ཁྲིམས་འོད་དམ་ཤེས་རབ་སེང་གེ།།	༤	ལྕགས་གླང་།	༡༢༤༡	༥	ཆུ་གླང་།	༡༣༡༣	དགུང་ལོ་༧༣བཞུགས།
༤༽ གཞོན་ནུ་བརྩོན་འགྲུས།	༥	ཆུ་བྱ།	༡༢༧༣	༦	ལྕགས་སྦྲུལ།	༡༣༤༡	དགུང་ལོ་༦༩བཞུགས།
༥༽ བརྩོན་འགྲུས་འབྱུང་གནས།	༤	ས་སྤྲེལ།	༡༢༤༨	༥	ཤིང་སྤྲེལ།	༡༢༨༤	དགུང་ལོ་༣༧བཞུགས།
༦༽ བྱང་སེམས་རིན་ཆེན་འབྱུང་གནས།	༤	ཤིང་རྟ།	༡༢༣༤	༥	ལྕགས་ཡོས།	༡༢༩༡	དགུང་ལོ་༥༧བཞུགས།

༧༽ བཟོད་པ་དཔལ།	༤	ཆུ་ཁྱི།	༡༢༦༢	༥	ལྕགས་ཕག	༡༣༡༡	དགུང་ལོ་༤༩བཞུགས།
༨༽ དབང་ཕྱུག་ཤེས་རབ།	༤	ས་འབྲུག	༡༢༠༨	༥	ས་གླང་།	༡༢༨༩	དགུང་ལོ་༧༢བཞུགས།
༩༽ ཤེས་རབ་རྡོ་རྗེ།	༥	ཤིང་རྟ།	༡༢༩༤	༦	ཆུ་བྱི།	༡༣༧༢	དགུང་ལོ་༧༩བཞུགས།
༡༠༽ ཀུན་དགའ་འབྱུང་གནས།	༥	ས་སྤྲེལ།	༡༣༠༨	༦	ཤིང་ཕག	༡༣༥༣	དགུང་ལོ་༤༦བཞུགས།
༡༡༽ མཁན་ཆེན་དཀའ་བཞི་པ་བློ་གྲོས་བཟང་པོ།	༥	མེ་སྟག	༡༣༢༦	༧	ཆུ་སྦྲུལ།	༡༤༠༤	དགུང་ལོ་༧༨བཞུགས།
༡༢༽ མཁན་ཆེན་དགོངས་པ་གསལ་བ།	༦	མེ་ཁྱི།	༡༣༤༦	༧	མེ་ཕག	༡༤༠༧	དགུང་ལོ་༦༡བཞུགས།
༡༣༽ ཆོས་སྐྱོང་བཟང་པོ།	༦	ས་སྤྲེལ།	༡༣༦༨	༧	ལྕགས་སྟག	༡༤༡༠	དགུང་ལོ་༤༢བཞུགས།
༡༤༽ ཆོས་རྒྱལ་དཔལ་བཟང་།	༧	ལྕགས་འབྲུག	༡༤༠༠	༨	ཆུ་ཡོས།	༡༤༨༣	དགུང་ལོ་༨༤བཞུགས།
༡༥༽ རིན་ཆེན་དབང་རྒྱལ།	༧	མེ་སྟག	༡༤༤༦	༨	མེ་བྱ།	༡༤༧༧	དགུང་ལོ་༣༡བཞུགས།
༡༦༽ ལེགས་པ་བཟང་པོ།	༧	ཆུ་སྟག	༡༣༢༢	༧	མེ་ཕག	༡༤༠༧	དགུང་ལོ་༨༥བཞུགས།
༡༧༽ མཁན་ཆེན་ནམ་མཁའ་ཆོས་བཟང་།	༧	ཤིང་ལུག	༡༤༡༥				
༡༨༽ མཁན་ཆེན་ཕུན་ཚོགས་རྒྱལ་མཚན།	༨	ས་སྟག	༡༤༥༨				

༡༩༽ བློ་གྲོས་སེང་གེའམ་བློ་གྲོས་དཔལ་བཟང་།	༩	མེ་ཕག	༡༥༢༧				
༢༠༽ པཎ་ཆེན་བསོད་ནམས་གྲགས་པ།							དགའ་ལྡན་ཁྲི་རབས་བཅོ་ལྔ་པར་གཟིགས།
སྐྱོར་མོ་ལུང་པ་འཇམ་དབྱངས་རྒྱལ་མཚན།							རྒྱལ་བ་བསྐལ་བཟང་རྒྱ་མཚོ་དང་དུས་མཚུངས།

མཚན་བྱང་།	འཁྲུངས་ལོ།			འདས་ལོ།			ཞར་བྱུང་།
	རབ་བྱུང་།	ལོ་ཁམས།	སྤྱི་ལོ།	རབ་བྱུང་།	ལོ་ཁམས།	སྤྱི་ལོ།	གསལ་བཤད།
ཁ།							
ཁ་གྱུ་དཀོན་མཆོག་དར་རྒྱས།	༡༢	ཆུ་བྱི།	༡༧༩༢				
ཁ་ཆེ་པཎ་ཆེན་ཤཱཀྱ་ཤྲཱི།	༢	མེ་ལུག	༡༡༢༧	༩	ཆུ་ལུག	༡༢༢༣	
ཁ་རྡོན་ནང་པ་བློ་བཟང་བསྟན་འཛིན།	༡༢	ལྕགས་ཕྱི།	༡༧༣༠	༡༣	ཤིང་ཡོས།	༡༧༤༥	
ཁ་བ་ལྷས་པ་རིན་ཆེན་དོན་གྲུབ།	༨	ཤིང་ལུག	༡༩༧༥	༤	མེ་རྟ།	༡༥༩༦	
ཁ་མང་ཆོས་འཕེལ་དོན་གྲུབ།							དུས་རབས་༡༨པའི་སྨད་ཙམ།
ཁ་མང་བུ་རྒྱུད་སྐལ་བཟང་ལེགས་བཤད།	༡༣	ལྕགས་ཕྱི།	༡༧༤༠				
ཁ་རག་གྲགས་པ་རྒྱལ་མཚན།	༣	མེ་རྟ།	༡༡༨༦	༥	ལྕགས་ལུག	༡༢༧༡	
ཁ་རག་གྲགས་རྒྱལ་བ།							
ཁ་རག་སྒོམ་ཆུང་།							

ཁ་རག་པ་འདུལ་བ་འོད།							དུས་རབས་༡༢པའི་དུས་དཀྱིལ་ཙམ།
ཁ་ཤ་བསོད་ནམས་བཟང་པོ།							དུས་རབས་༡༨པའི་མགོ་སྟོད་ཙམ།
ཁ་སོ་བློ་བཟང་འཇིགས་མེད་ཕྲིན་ལས།	༡༦	ལྕགས་རྟ།	༡༨༣༠				
ཁུ་འགྱུར་གསལ་བའི་མཆོག							ཕལ་ཆེར་དུས་རབས་༡༠ཙམ་ལ་དགུང་ལོ་༡༡༧ ཕེབས་སྐབས་འཇའ་ལུས་སུ་གཤེགས།
ཁུ་དངོས་གྲུབ།							དུས་རབས་༡༠པའི་དུས་སྨད་ཙམ།
ཁུ་སྟག་ཚབ།							ཁྲི་སྲོང་གི་བློན་པོ་ཞིག
ཁུ་སྟོན་བརྩོན་འགྲུས་གཡུང་དྲུང་།		ལྕགས་ཕག	༡༠༡༡	༡	ཤིང་ཡོས།	༡༠༧༥	
ཁུ་ཁྲོག་བཙན།							ཁྲི་ལྡེ་སྲོང་བཙན་གྱི་ཕྱི་བློན་ཞིག
ཁུ་མདོ་སྡེ་འབར།							དུས་རབས་༡༡པའི་དུས་སྨད།
ཁུ་ནེ་ཙོ།							དུས་རབས་༡༡པའི་མགོ་སྟོད།
ཁུ་མང་པོ་རྗེ་ལྷ་བྲུང་།							ཁྲི་འདུས་སྲོང་གི་དམག་དཔོན་ཞིག

ཁྲུ་མྱི་གཟིགས།							ཁྲི་ལྡེ་སྲོང་བཙན་གྱི་དམག་དཔོན་ཞིག
ཁྲུ་ཡུག་བྱམས་པ་དར་རྒྱས།							དུས་རབས་༡༦པའི་དུས་མཇུག
ཁྲུ་ཤེས་རབ་བརྩོན་འགྲུས།	༡	ཤིང་ཡོས།	༡༠༧༥	༢	ཆུ་ཕག	༡༡༩༣	
ཁྲུའི་མང་སྒྲ་ལེགས་པ།							ཁྲི་གཉེན་གཟུང་བཙན་གྱི་སྐུ་གཤེན།
ཁྲུའི་མང་རྗེ་ལོད་པ།							བོད་རྒྱལ་འབྲོ་གཉན་ལྡེའུའི་སྐུ་གཤེན།
ཁེར་གད་མདོ་སྣང་།							བོད་རྒྱལ་འདུས་སྲོང་གི་བློན་པོ་ཞིག
ཁེར་གད་འཁོར་ལོ་གྲགས་པ།							དུས་རབས་༡༡དུས་སྟོད་ཀྱི་ལོ་ཙྪ་བ་ཞིག
ཁེར་གད་ཡོན་ཏན་དཔལ་བ།							དུས་རབས་༡༡དུས་དཀྱིལ་གྱི་ལོ་ཙྪ་བ་ཞིག
ཁོ་ཆེ་དཀོན་མཆོག་བསོད་ནམས།	༡༣	ལྕགས་སྟག	༡༧༧༠	༡༩	ཤིང་འབྲུག	༡༨༩༩	
ཁང་ཆེན་ནས་བསོད་ནམས་རྒྱལ་པོ། དའི་ཆེང་བ་དུར།				༡༣	མེ་ལུག	༡༧༢༧	
ཁང་གསར་བློ་བཟང་ཚུལ་ཁྲིམས་བསྟན་པའི་རྒྱལ་མཚན།	༡༩	ས་སྤྲེལ།	༡༨༩༨				

ཁམས་པ་ལྷི་རི་ཆོས་གྲགས།							དུས་རབས་༡༢པའི་མགོ་སྟོད་ཀྱི་ལོ་ཙཱ་བ་ཞིག
ཁམས་པ་དབུ་སེ།							ཀརྨ་པ་དུས་གསུམ་མཁྱེན་པའི་མཚན་གྱི་རྣམ་གྲངས།
ཁམས་པ་བློ་གྲོས་རྒྱལ་པོ།							དུས་རབས་༡༣པའི་དུས་དཀྱིལ་ཙམ།
ཁམས་པ་རོ་མཉམ་རྡོ་རྗེ།							མཚུར་སྟོན་དབང་རྡོར་གྱི་སློབ་མ་ཡིན།
ཁམས་པ་ལུང་པ།	༩	ལྕགས་འབྲུག	༡༢༢༠				
ཁམས་པ་ལུང་པ་རིན་ཆེན་སེང་གེ།	༩	ཆུ་འབྲུག	༡༢༣༢	༥	ཆུ་རྟ།	༡༢༤༢	
ཁམས་པ་ལུང་པ་ཤཱཀྱ་ཡོན་ཏན།	༡	ཤིང་སྤྲང་།	༡༠༤༥	༣	ཤིང་ལུག	༡༡༧༥	
༼ཁམས་པ་སྣར་གྱི་སྤྲུལ་སྐུ་སྐུ་ཕྲེང་རིམ་བྱོན།༽							
༡༽ཁམས་པ་གྲུབ་ཆེན་ཀརྨ་བསྟན་འཕེལ།	༡༠	ས་སྤྲེལ།	༡༥༦༨	༡༡	ས་སྟག	༡༦༣༤	དགུང་ལོ་༦༨བཞུགས།
༢༽ཁམས་སྤྲུལ་ཀུན་དགའ་བསྟན་འཕེལ།	༡༡	ས་ཡོས།	༡༦༣༨	༡༡	ས་རྟ།	༡༦༧༤	དགུང་ལོ་༩༠བཞུགས།
༣༽ཁམས་སྤྲུལ་འགྲོ་འདུལ་ངག་དབང་ཀུན་དགའ་བསྟན་འཛིན།	༡༡	ལྕགས་སྦྲེལ།	༡༦༤༠	༡༢	ས་སྦྲུལ།	༡༧༢༤	དགུང་ལོ་༩༨བཞུགས།

༤༽ཁམས་སྤྲུལ་བསྟན་འཛིན་ཆོས་ཀྱི་ཉི་མ།	༡༢	ཤིང་གླང་།	༡༧༤༥	༡༣	ས་ཕག	༡༧༧༩	དགུང་ལོ་༥༠བཞུགས།
༥༽ཁམས་སྤྲུལ་སྒྲུབ་བརྒྱུད་ཉི་མ།	༡༣	ལྕགས་གླང་།	༡༧༨༡	༡༤	ས་སྤྲེལ།	༡༨༤༨	དགུང་ལོ་༦༧བཞུགས།
༦༽ཁམས་སྤྲུལ་བསྟན་པའི་ཉི་མ།	༡༤	ས་བྱ།	༡༨༤༩	༡༥	མེ་ལུག	༡༩༠༧	དགུང་ལོ་༥༩བཞུགས།
༧༽ཁམས་སྤྲུལ་སངས་རྒྱས་བསྟན་འཛིན།	༡༥	ས་བྱ།	༡༩༠༩	༡༦	ས་སྦྲུལ།	༡༩༢༩	དགུང་ལོ་༢༡བཞུགས།
༨༽ཁམས་སྤྲུལ་ངག་དབང་མི་ཕམ་འཇིགས་མེད་ཆོས་ཀྱི་རྒྱ་མཚོ་ཡེ་ཤེས་རིན་ཆེན་སྐལ་བཟང་དོན་བརྒྱུད་ཉི་མ།	༡༦	ལྕགས་ལུག	༡༩༣༡	༡༦	ལྕགས་སྤྲེལ།	༡༩༨༠	དགུང་ལོ་༥༠བཞུགས།
༩༽ཁམས་སྤྲུལ་དཔལ་ལྡན་ངེས་དོན་བཤད་སྒྲུབ་འཇིགས་མེད་ཉི་མ།	༡༦	ལྕགས་སྤྲེལ།	༡༩༨༠				
ཁམས་གཙང་འབྲུག་རྒྱལ།	༡༥	ས་སྤྲེལ།	༡༩༠༨	༡༦	ཤིང་བྱི།	༡༩༨༤	
ཁམས་ལུང་པ་རིན་ཆེན་སེང་གེ།							
ཁར་པ་རྗེ་དྲློན་བཙན་སྐྱབས།							ཁྲི་ལྡེ་སྲོང་བཙན་གྱི་ཕྱི་དྲློན་ཞིག
ཁལ་ཁ་མཁན་པོ་ངག་དབང་བློ་བཟང་མཁས་གྲུབ།	༡༣	ས་ཕག	༡༧༧༩	༡༤	ས་བྱི།	༡༨༣༨	

ཁལ་ཁ་ངག་དབང་རྡོ་རྗེ།							དུས་རབས་༡༧པའི་དུས་མགོ་ཙམ།
ཁལ་ཁ་ངག་དབང་དཔལ་ལྡན།	༡༣	མེ་སྟག	༡༨༠༦				
༼ཁལ་ཁ་རྗེ་བཙུན་དམ་པ་བློ་བཟང་བསྟན་པའི་རྒྱལ་མཚན་སྐུ་ཕྲེང་རིམ་བྱོན།༽							
༡༽ཁལ་ཁ་རྗེ་བཙུན་དམ་པ་བསྟན་པའི་རྒྱལ་མཚན།	༡༡	ཤིང་ཕག	༡༦༣༥	༡༢	ཆུ་ཡོས།	༡༧༢༣	
༢༽ཁལ་ཁ་རྗེ་བཙུན་དམ་པ་བློ་བཟང་བསྟན་པའི་སྒྲོན་མེ།	༡༢	ཤིང་འབྲུག	༡༧༢༤	༡༣	མེ་གླང་།	༡༧༥༧	
༣༽ཁལ་ཁ་རྗེ་བཙུན་དམ་པ་ཡེ་ཤེས་བསྟན་པའི་ཉི་མ།	༡༣	ས་སྟག	༡༧༥༨	༡༣	ཆུ་སྦྲུལ	༡༧༧༣	
༤༽ཁལ་ཁ་རྗེ་བཙུན་དམ་པ་བློ་བཟང་ཐུབ་བསྟན་དབང་ཕྱུག་འཇིགས་མེད་རྒྱ་མཚོ།	༡༣	ཤིང་ལུག	༡༧༧༥	༡༤	ཆུ་བྱ།	༡༨༡༣	
༥༽ཁལ་ཁ་རྗེ་བཙུན་དམ་པ་བློ་བཟང་ཐུབ་བསྟན་འཇིགས་མེད།	༡༤	ཤིང་ཕག	༡༨༡༥	༡༤	ཆུ་སྟག	༡༨༤༢	
༦༽ཁལ་ཁ་རྗེ་བཙུན་དམ་པ་བློ་བཟང་ཐུབ་བསྟན་ཆོས་བཟང་བསྟན་པའི་རྒྱལ་མཚན།	༡༤	ཆུ་སྟག།	༡༨༤༢	༡༤	ས་སྤྲེལ།	༡༨༤༨	

༧༽ཁལ་ཁ་རྗེ་བཙུན་དམ་པ་ངག་དབང་ཆོས་ཀྱི་དབང་ཕྱུག	༡༤	ལྕགས་བྱི།	༡༨༥༠	༡༥	ས་འབྲུག	༡༨༦༨	
༨༽ཁལ་ཁ་རྗེ་བཙུན་དམ་པ་ངག་དབང་བློ་བཟང་ཆོས་ཀྱི་ཉི་མ།	༡༥	ལྕགས་རྟ།	༡༨༧༠	༡༥	ཤིང་བྱི།	༡༩༢༤	
༩༽ཁལ་ཁ་གང་ཡིན་མཚན་མི་གསལ།							རྒྱ་གར་ནས་འཁྲུངས་པ་ཞིག་ཡོད་འདུག
ཁལ་ཁ་དམ་ཚིག་རྡོ་རྗེ།							དུས་རབས་༡༨པའི་ནང་།
ཁྲི་དགེ་དཀོན་མཆོག་ཐུབ་བསྟན་རྒྱ་མཚོ།	༡༣	ས་རྟ།	༡༧༩༨				
ཁྲི་དགེ་འཇམ་དབྱངས་བསྟན་པ་ཆོས་ལྡན།	༡༣	ལྕགས་འབྲུག	༡༧༦༠	༡༣	མེ་སྦྲུལ	༡༧༩༧	
ཁྲི་དགེ་བློ་གྲོས་རྒྱ་མཚོ།	༡༡	ཤིང་འབྲུག	༡༦༦༤	༡༢	ལྕགས་ཁྱི།	༡༧༩༠	
ཁྲི་དགེ་བློ་བཟང་བཀྲ་ཤིས།	༡༢	ཆུ་བྱི།	༡༧༩༢	༡༣	ཤིང་འབྲུག	༡༧༨༤	
༼ཁྲི་དགོན་མི་འགྱུར་རྡོ་རྗེ་གླིང་གི་སྐུ་ཕྲེང་རིམ་བྱོན།༽	༡༢ ནས་འགོ་ཚུགས།						རེབ་གོང་གི་ཁོངས་སུ་གཏོགས།
༡༽དཔལ་ཆེན་ནམ་མཁའ་འཇིགས་མེད།	༡༢	མེ་གླང་།	༡༧༥༧	༡༤	ལྕགས་སྦྲུལ།	༡༨༢༡	དགུང་ལོ་༦༥བཞུགས།
༢༽ཐུགས་བཙུན་ཁྲབ་བརྡལ་སྒྲོང་ཡངས།	༡༤	ཆུ་རྟ།	༡༨༢༢	༡༤	ས་རྟ།	༡༨༥༨	དགུང་ལོ་༣༧བཞུགས།

༣༽ཀུན་བཟང་འཛིགས་མེད་རྒྱ་མཚོ།	༡༤	ས་ལུག	༡༨༥༩	༡༤	ལྕགས་ཕག	༡༩༡༡	དགུང་ལོ་༥༣བཞུགས།
༤༽བློ་བཟང་ལེགས་བཤད་ཉི་མ།	༡༥	ཆུ་བྱི	༡༩༡༢	༡༦	ཤིང་འབྲུག	༡༩༦༤	དགུང་ལོ་༥༢བཞུགས།
༥༽ཨོ་རྒྱན་བདུད་འདུལ་ཁྲག་འཐུང་།	༡༦	མེ་སྟག	༡༩༨༦				
ཁྲུང་ཐར་པ་བསོད་ནམས་རིན་ཆེན།	༡༠	ཤིང་བྱ།	༡༥༨༥				
ཁྲུང་པོ་ཆོས་བརྩོན།							དུས་རབས་༡༡པའི་དུས་སྟོད།
ཁྲུང་པོ་སྟག་བཟང་ཉ་སྟོང་།							དུས་རབས་༧པའི་དུས་སྟོད།
ཁྲུང་པོ་དམ་ཚུགས།							ཁྲི་སྲོང་གི་བློན་པོ།
ཁྲུང་པོ་སྟོན་བཟང་བཙན།							སྲོང་བཙན་གྱི་ཕྱི་བློན།
ཁྲུང་པོ་སྤུངས་སད་ཟུ་རྩེ།							སྲོང་བཙན་གྱི་བློན་པོ་ཞིག
ཁྲུང་པོ་བྱ་བྲལ་བ་དགེ་འདུན་བཟང་པོ།							གཙང་གི་ཁྲུང་པོ་བྱ་བྲལ་བ་དགེ་འདུན་བཟང་པོ་ཞེས་ཞུ།
ཁྲུང་པོ་བློན་རྒྱལ་འབྱུང་།							ཁྲི་ལྡེ་སྲོང་བཙན་གྱི་ཕྱི་བློན།
ཁྲུང་པོ་བློན་མེས་ཀོལ།							ཁྲི་ལྡེ་སྲོང་བཙན་གྱི་ཕྱི་བློན།

ཁྱུང་པོ་ཙེ་ཙེ།							ཁྲི་སྲོང་ལྡེའུ་བཙན་སྐབས་ཀྱི་ལོ་ཙཱ་བ་ཞིག
ཁྱུང་པོ་རྟེ་བ།							ཁྲི་སྲོང་གི་བློན་པོ།
ཁྱུང་ཕྲུག་བྱམས་པ་བཀྲ་ཤིས།							དུས་རབས་༡༥པའི་དུས་སྨད།
ཁྱུང་ཚང་ཕོད་དམར་བ།	༢	ཆུ་ལུག	༡༡༠༣				
ཁྱུང་ཚང་ཡེ་ཤེས་བླ་མ།	༢	ཤིང་ལུག	༡༡༡༥	༣	ཤིང་སྤྲེལ།	༡༡༧༦	
ཁྱུང་རོ་བློ་བཟང་ལྷུན་གྲུབ།	༡༣	ཆུ་སྟག	༡༧༨༢	༡༤	མེ་ལུག	༡༨༤༧	
ཁྲག་འཐུང་རྒྱལ་པོ།							གཙང་སྨྱོན་ཧེ་རུ་ཀཿསངས་རྒྱས་རྒྱལ་མཚན་ལ་གཟིགས།
ཁྲག་འཐུང་བདུད་འཇོམས་རྡོ་རྗེ།	༡༤	ཤིང་ལུག	༡༨༣༥	༡༥	མེ་སྤྲེལ།	༡༨༩༦	
ཁྲི་བཀྲ་ཤིས་ལྡེ།	༥	ཆུ་བྱི།	༡༣༡༢	༦	ཤིང་སྦྲུལ།	༡༣༦༥	
ཁྲི་བཀྲ་ཤིས་བརྩེགས་པ།							དཔལ་འཁོར་བཙན་གྱི་སྲས།
ཁྲི་རྒྱ་ནག་པ།							གླུ་འབུམ་ངག་དབང་རྒྱ་མཚོར་གཟིགས།
ཁྲི་རྒྱལ་འབུམ་ལྡེ་མགོན།	༤	ཆུ་གླང་།	༡༢༥༣	༥	ལྕགས་འབྲུག	༡༢༨༠	
ཁྲི་རྒྱལ་བསོད་ནམས་ལྡེ།	༦	ལྕགས་ཕག	༡༣༧༡	༧	ཤིང་སྤྲེལ།	༡༤༠༤	

ཁྲི་སྨྲ་དཔུང་བཙན།							བོད་རྒྱལ་ཉེར་དྲུག་པ།
ཁྲི་ངག་དབང་ཆོས་འཕེལ།	༡༣	ལྕགས་འབྲུག	༡༧༦༠	༡༤	ས་ཕག	༡༨༣༩	དགའ་ལྡན་ཁྲི་རབས་༧༠པ། ངག་དབང་མཆོག་ལྡན་ཡང་ཟེར།
ཁྲི་ཆུང་།							མངའ་བདག་འོད་ལྡེའི་སྲས་བཞིའི་ཐ་ཆུང་།
ཁྲི་ཆེན་འགྱུར་མེད་པདྨ་བསྟན་འཛིན།	༡༢	མེ་སྦྲུལ།	༡༧༣༧	༡༣	ལྕགས་སྦྲུལ།	༡༧༦༡	
ཁྲི་ཆེན་རྒྱལ་མཚན་སེང་གེ།	༡༡	ས་རྟ།	༡༦༧༨	༡༣	མེ་སྤྲེལ།	༡༧༥༦	
ཁྲི་ཆེན་ངག་དབང་སྐལ་གྲགས།	༡༢	མེ་སྟག	༡༧༤༦	༡༤	ཤིང་སྤྲེལ།	༡༨༢༤	
༼དགའ་ལྡན་ཁྲི་རབས་གོ་རིམ་ལྟར་བསྒྲིགས།༽							
ཁྲི་རབས་༡༽རྗེ་ཙོང་ཁ་པ་བློ་བཟང་གྲགས་པ།	༦	མེ་བྱ།	༡༣༥༧	༧	ས་ཕག	༡༤༡༩	
ཁྲི་རབས་༢༽རྒྱལ་ཚབ་དར་མ་རིན་ཆེན།	༦	ཤིང་འབྲུག	༡༣༦༤	༧	ཆུ་བྱི།	༡༤༣༢	
ཁྲི་རབས་༣༽མཁས་གྲུབ་དགེ་ལེགས་དཔལ་བཟང་།	༦	ཤིང་གླང་།	༡༣༨༥	༧	ས་རྟ།	༡༤༣༨	
ཁྲི་རབས་༤༽ཁྲི་ཆེན་ཞྭ་ལུ་བ་ལེགས་པ་རྒྱལ་མཚན།	༦	ཤིང་ཡོས།	༡༣༧༥	༨	ལྕགས་རྟ།	༡༤༥༠	

ཁྲི་རབས་༥༽ ཁྲི་ཆེན་གཡག་སྡེ་ཆོས་རྗེ་བློ་གྲོས་ཆོས་སྐྱོང་།							རབ་བྱུང་༨ ལྕགས་རྟ་ལོར་ཁྲི་ཐེབས།
ཁྲི་རབས་༦༽ ཁྲི་ཆེན་བ་སོ་ཆོས་རྗེ་ཆོས་ཀྱི་རྒྱལ་མཚན།	༧	ཆུ་རྟ།	༡༤༠༢	༨	ཆུ་སྤྲེལ།	༡༤༧༣	
ཁྲི་རབས་༧༽ ཁྲི་ཆེན་དྭགས་པོ་མཁས་མཆོག་བློ་གྲོས་བརྟན་པ།							རབ་བྱུང་༨པའི་ཆུ་སྤྲེལ། ༡༤༧༣ལོར་ཁྲིར་ཐེབས།
ཁྲི་རབས་༨༽ ཁྲི་ཆེན་སྨོན་ལམ་དཔལ་ལེགས་པའི་བློ་གྲོས།				༨	ལྕགས་ཕག	༡༤༩༡	རབ་བྱུང་༨པའི་ལྕགས་བྱི་༡༤༨༠ལོར་ཁྲིར་ཐེབས།
ཁྲི་རབས་༩༽ ཁྲི་ཆེན་རྗེ་དཔོན་བློ་བཟང་ཉི་མ།							རབ་བྱུང་༨པའི་ལྕགས་ཁྱི། ༡༤༩༠ལོར་ཁྲིར་ཐེབས།
ཁྲི་རབས་༡༠༽ ཁྲི་ཆེན་ཆོས་རྗེ་འདུན་མ་ཡེ་ཤེས་བཟང་པོ།				༨	ས་རྟ།	༡༤༩༨	རབ་བྱུང་༨པའི་ཆུ་གླང་། ༡༤༩༣ལོར་ཁྲིར་ཐེབས།
ཁྲི་རབས་༡༡༽ ཁྲི་ཆེན་འདར་སྟོན་བློ་བཟང་གྲགས་པ།	༧	ས་བྱ།	༡༤༢༩	༩	ལྕགས་ལུག	༡༥༡༡	
ཁྲི་རབས་༡༢༽ འཇམ་དབྱངས་ཤེས་རབ་དར་རྒྱས་ལེགས་པའི་བློ་གྲོས།	༨	ལྕགས་རྟ།	༡༤༥༠	༩	ལྕགས་སྟག	༡༥༣༠	
ཁྲི་རབས་༡༣༽ ཆོས་ཀྱི་བཤེས་གཉེན།							རབ་བྱུང་༩པའི་མེ་བྱི། ༡༥༡༦ལོར་ཁྲིར་ཐེབས།
ཁྲི་རབས་༡༤༽ སྟོད་ལུང་པ་ཆོས་རྗེ་རིན་ཆེན་འོད་ཟེར།	༨	ས་ཁྱི།	༡༤༧༨	༩	ཤིང་སྟག	༡༥༥༤	རབ་བྱུང་༩པའི་ཆུ་རྟ་༡༥༢༢ལོར་ཁྲིར་ཐེབས།
ཁྲི་རབས་༡༥༽ པཎ་ཆེན་བསོད་ནམས་གྲགས་པ།	༨	ཆུ་སྤྲེལ།	༡༤༧༣	༩	ས་ཕག	༡༥༣༩	

ཁྲི་རབས་༡༦༽ རྒྱ་ར་ཆོས་རྗེ་ཆོས་སྐྱོང་བཟང་པོའམ་རྒྱ་མཚོ།							
ཁྲི་རབས་༡༧༽ མི་ཉག་ཆོས་རྗེ་རྡོ་རྗེ་བཟང་པོ།	༨	ལྕགས་ཕག	༡༤༩༡	༩	ཤིང་སྟག	༡༥༥༤	
ཁྲི་རབས་༡༨༽ བྱེ་རི་ཆོས་རྗེ་རྒྱལ་མཚན་བཟང་པོ།							རབ་བྱུང་༩པའི་མེ་རྟ། ༡༥༤༦ལོར་ཁྲིར་ཐེབས།
ཁྲི་རབས་༡༩༽ སྟོད་ལུང་ཆོས་རྗེ་ངག་དབང་ཆོས་གྲགས།	༨	ལྕགས་བྱ།	༡༥༠༡	༩	ལྕགས་ཕག	༡༥༥༡	
ཁྲི་རབས་༢༠༽ སྟག་ཕུ་ཆོས་རྗེ་ཆོས་གྲགས་བཟང་པོ།	༨	ཆུ་གླང་།	༡༤༩༣	༩	ས་ལུག	༡༥༥༩	
ཁྲི་རབས་༢༡༽ འོལ་དགའ་གྱང་གསར་པ་དགེ་ལེགས་དཔལ་བཟང་།	༨	ཤིང་གླང་།	༡༥༠༥	༡༠	མེ་ཡོས།	༡༥༦༧	
ཁྲི་རབས་༢༢༽ གླུང་ཤོད་དགེ་འདུན་བསྟན་པ་དར་རྒྱས།	༨	ཆུ་གླང་།	༡༤༩༣	༡༠	ས་འབྲུག	༡༥༦༨	ཡང་ན་༡༥༠༡—༡༥༥༡བོད་ཚུལ་གཉིས་སྣང་།
ཁྲི་རབས་༢༣༽ ཆོས་རྗེ་ཚེ་བརྟན་རྒྱ་མཚོ།				༡༠	མེ་བྱི།	༡༥༧༦	རབ་བྱུང་༡༠པའི་ས་འབྲུག ༡༥༦༨ལོར་ཁྲིར་ཐེབས།
ཁྲི་རབས་༢༤༽ སྟོད་ལུང་ཆོས་རྗེ་དཔལ་འབྱོར་རྒྱ་མཚོ།	༩	མེ་ཁྱི།	༡༥༢༦	༡༠	ས་ཕག	༡༥༩༩	
ཁྲི་རབས་༢༥༽ མདོན་དགའ་བ་ཆོས་རྗེ་བྱམས་པ་རྒྱ་མཚོ།							རབ་བྱུང་༡༠པའི་ཤིང་ཕག ༡༥༧༥ལོར་ཁྲིར་ཐེབས།
ཁྲི་རབས་༢༦༽ གཙང་སྟོད་ཆོས་རྗེ་དམ་ཆོས་དཔལ་འབར།	༩	ཆུ་ལུག	༡༥༢༣	༡༠	ས་ཕག	༡༥༩༩	

ཁྲི་རབས་༢༧༽ཆོས་རྗེ་སངས་རྒྱས་རིན་ཆེན།							རབ་བྱུང་༡༠པའི་མེ་སྤྲེལ། ༡༥༩༦ལོར་ཁྲིར་ཕེབས། ཆོས་རྗེ་སངས་རྒྱས་རིན་ཆེན་ཞུ་བ་གཞན་ཞིག་ཀྱང་ཡོད།
ཁྲི་རབས་༢༨༽ཆོས་རྗེ་དགེ་འདུན་རྒྱལ་མཚན།	༩	ཆུ་འབྲུག	༡༥༣༢	༡༠	མེ་ལུག	༡༦༠༧	འདིར་ལྷ་ས་བ་དགེ་འདུན་རྒྱལ་མཚན་ཡང་ཞུ།
ཁྲི་རབས་༢༩༽ཙོ་ནེ་ཆོས་རྗེ་བཤེས་གཉེན་གྲགས་པ།	༩	མེ་རྟ།	༡༥༤༦	༡༠	ས་རྟ།	༡༦༡༨	
ཁྲི་རབས་༣༠༽སྟག་ལུང་གྲགས་པ་ཆོས་རྗེ་བློ་གྲོས་རྒྱ་མཚོ།							རབ་བྱུང་༡༠པའི་ཤིང་ཡོས། ༡༦༡༥ལོར་ཁྲིར་ཕེབས།
ཁྲི་རབས་༣༡༽ཆོས་རྗེ་དམ་ཆོས་དཔལ་བཟང་།							རབ་བྱུང་༡༠པའི་ས་རྟ།༡༦༡༨ལོར་ཁྲིར་ཕེབས།
ཁྲི་རབས་༣༢༽འབྲོང་རྩེ་ཆོས་རྗེ་ཚུལ་ཁྲིམས་ཆོས་འཕེལ།							རབ་བྱུང་༡༠པའི་ལྕགས་སྤྲེལ་༡༦༢༠ལོར་ཁྲིར་ཕེབས།
ཁྲི་རབས་༣༣༽ཆོས་རྗེ་གྲགས་པ་རྒྱ་མཚོ།							རབ་བྱུང་༡༠པའི་ཆུ་ཕག༡༦༢༣ལོར་ཁྲིར་ཕེབས་ནས་རིང་མིན་འདས།
ཁྲི་རབས་༣༤༽སྟག་ཁང་སྐུ་སྐྱེ་ངག་དབང་ཆོས་ཀྱི་རྒྱལ་མཚན།							རབ་བྱུང་༡༠པའི་ཆུ་ཕག ༡༦༢༣ལོར་ཁྲིར་ཕེབས།
ཁྲི་རབས་༣༥༽གླིང་སྨད་ཞབས་དྲུང་འཇམ་དབྱངས་དཀོན་མཆོག་ཆོས་འཕེལ།	༡༠	ཆུ་བྱ།	༡༥༧༣	༡༡	མེ་ཁྱི།	༡༦༤༦	

ཁྲི་རབས་༣༦༽ཁྲི་ཆེན་ཀོང་པོ་བསྟན་འཛིན་ལེགས་བཤད།							རབ་བྱུང་༡༡པའི་ས་སྟག ༡༦༣༨ལོར་ཁྲིར་འཁོད་ཀྱང་ཡུན་རིང་མ་བཞུགས།
ཁྲི་རབས་༣༧༽ཐང་རིང་རྒྱལ་བ་དགེ་འདུན་རིན་ཆེན་རྒྱལ་མཚན།							རབ་བྱུང་༡༡པའི་ས་སྟག ༡༦༣༨ལོར་ཁྲིར་འཁོད།
ཁྲི་རབས་༣༨༽གྲོང་མདའ་བསྟན་པ་རྒྱལ་མཚན།							རབ་བྱུང་༡༡པའི་ཆུ་ལུག ༡༦༤༣ ལོར་ཁྲིར་ཕེབས།
ཁྲི་རབས་༣༩༽ཁྲི་ཆེན་དཀོན་ཆོག་ཆོས་བཟང་།				༡༠	ཆུ་གླང་།	༡༦༧༣	རབ་བྱུང་༡༡པའི་ས་བྱི། ༡༦༤༨ ལོར་ཁྲིར་ཕེབས།
ཁྲི་རབས་༤༠༽མངའ་རིས་པ་དཔལ་ལྡན་བསྟན་པ་རྒྱལ་མཚན།	༡༠	ལྕགས་གླང་།	༡༦༠༡	༡༡	ཤིང་སྟག	༡༦༧༤	
ཁྲི་རབས་༤༡༽ཤར་རྩེ་བློ་བཟང་རྒྱལ་མཚན།	༡༠	ལྕགས་བྱི།	༡༦༠༠	༡༡	ཆུ་བྱི།	༡༦༧༢	
ཁྲི་རབས་༤༢༽རྣམ་དག་རྡོ་རྗེ་བློ་བཟང་དོན་ཡོད། འཕན་པོ་བློ་བཟང་དོན་ཡོད་ཀྱང་ཞུ།	༡༠	ཆུ་སྟག	༡༦༠༢	༡༡	ས་རྟ།	༡༦༧༨	
ཁྲི་རབས་༤༣༽རྒྱལ་བ་བྱམས་པ་བཀྲ་ཤིས།	༡༠	ས་རྟ།	༡༦༡༨	༡༡	ཤིང་བྱི།	༡༦༨༤	
ཁྲི་རབས་༤༤༽བླ་འབུམ་ངག་དབང་བློ་གྲོས་རྒྱ་མཚོ།	༡༡	ཤིང་ཕག	༡༦༣༥	༡༢	ས་འབྲུག	༡༦༨༨	ཁྲི་རྒྱ་ནག་པའང་ཞུ།

ཁྲི་རབས་༤༥༽ ཙ་ནེ་འཇམ་དབྱངས་ཚུལ་ཁྲིམས་དར་རྒྱས།	༡༡	ཆུ་སྤྲེལ།	༡༦༣༢				རབ་བྱུང་༡༡པའི་ཤིང་གླང་། ༡༦༨༥ལོར་ཁྲིར་ཕེབས།
ཁྲི་རབས་༤༦༽ བཀའ་འགྱུར་བ་བསམ་བློ་སྦྱིན་པ་རྒྱ་མཚོ།	༡༡	ས་སྤྲུལ།	༡༦༢༩	༡༢	ཤིང་ཕག	༡༦༩༥	བསམ་བློ་སྦྱིན་པ་རྒྱ་མཚོའང་ཞུ།
ཁྲི་རབས་༤༧༽ ཤར་རྩེ་ཆོས་རྗེ་སྒོ་འབོར་བློ་བཟང་ཆོས་འཕེལ། ཡང་སྐྱིད་བློ་བཟང་ཆོས་འཕེལ་ཡང་ཞུ།							རབ་བྱུང་༡༢པའི་ས་ཡོས། ༡༦༩༩ལོར་ཁྲིར་ཕེབས། ལོ་གསུམ་ཙམ་བཞུགས།
ཁྲི་རབས་༤༨༽ ཀྲེ་ཧོར་ནག་ཚང་དོན་གྲུབ་རྒྱ་མཚོ།							རབ་བྱུང་༡༢པའི་ཆུ་རྟ། ༡༧༠༢ལོར་ཁྲིར་ཕེབས།
ཁྲི་རབས་༤༩༽ ཙ་ནེ་བློ་བཟང་དར་རྒྱས།	༡༡	ཆུ་སྟག	༡༦༦༢	༡༢	ཆུ་ཡོས།	༡༧༢༣	
ཁྲི་རབས་༥༠༽ ཁྲི་ཁྱུང་ཐང་པ་དགེ་འདུན་ཕུན་ཚོགས།	༡༡	ས་ཁྱི།	༡༦༥༨	༡༢	ཤིང་འབྲུག	༡༧༢༤	
ཁྲི་རབས་༥༡༽ ཁྲི་ཆེན་དཔལ་ལྡན་གྲགས་པ།							རབ་བྱུང་༡༢པའི་ས་ཕག ༡༧༡༩ལོར་ཁྲིར་ཕེབས།
ཁྲི་རབས་༥༢༽ དྭགས་པོ་ངག་དབང་ཚེ་འཕེལ།							རབ་བྱུང་༡༢པའི་ལྕགས་ཁྱི། ༡༧༣༠ལོར་ཁྲིར་ཕེབས།
ཁྲི་རབས་༥༣༽ ཨ་མདོ་ཀ་དེའུ་མགོ་གཙོ་རྒྱལ་མཚན་སེངྒེ།							རབ་བྱུང་༡༢པའི་ཆུ་བྱི། ༡༧༣༢ལོར་ཁྲིར་ཕེབས།
ཁྲི་རབས་༥༤༽ ཁྲི་ཆེན་ངག་དབང་མཆོག་ལྡན།	༡༡	མེ་སྤྲུལ།	༡༦༧༧	༡༣	ལྕགས་ལུག	༡༧༥༡	
ཁྲི་རབས་༥༥༽ ཨ་མདོ་ཟམ་ཚང་ངག་དབང་ནམ་མཁའ་བཟང་པོ།	༡༢	ལྕགས་རྟ།	༡༦༩༠	༡༣	ས་སྤྲུལ།	༡༧༤༩	

ཁྲི་རབས་༥༦༽ ལི་ཐང་བློ་བཟང་དྲི་མེད།							རབ་བྱུང་༡༣པའི་ལྕགས་རྟ། ༡༧༥༠ལོར་ཁྲིར་ཕེབས།
ཁྲི་རབས་༥༧༽ དབུས་སྟོད་བསམ་གཏན་ཕུན་ཚོགས།							རབ་བྱུང་༡༣པའི་མེ་གླང་། ༡༧༥༧ལོར་ཁྲིར་ཕེབས།
ཁྲི་རབས་༥༨༽ མདོ་སྨད་བྱ་ཁྱུང་ངག་དབང་ཆོས་གྲགས། བྱང་རྩེ་ངག་དབང་ཆོས་གྲགས་ཀྱང་ཞུ།	༡༢	མེ་ཕག	༡༧༠༧	༡༣	ས་ཁྲི།	༡༧༧༨	
ཁྲི་རབས་༥༩༽ སྟོད་ལུང་ཆུ་བཟང་ངག་དབང་ཆོས་གྲགས།							རབ་བྱུང་༡༣པའི་ལྕགས་ཡོས། ༡༧༧༡ལོར་ཁྲིར་ཕེབས།
ཁྲི་རབས་༦༠༽ མདོ་ཁམས་ཚ་བ་བློ་བཟང་བསྟན་པ།							རབ་བྱུང་༡༣པའི་ཆུ་འབྲུག ༡༧༧༢ལོར་ཁྲིར་ཕེབས།
ཁྲི་རབས་༦༡༽ ཙོ་ནེ་བ་ཚེ་རྡོར་ངག་དབང་ཚུལ་ཁྲིམས།	༡༢	ལྕགས་གླང་།	༡༧༢༡	༡༣	ལྕགས་ཕག	༡༧༩༡	
ཁྲི་རབས་༦༢༽ མདོ་སྨད་རྒྱལ་རོང་བློ་བཟང་སྨོན་ལམ།							རབ་བྱུང་༡༣པའི་ཤིང་འབྲུག་ལོར་ཁྲིར་ཕེབས།
ཁྲི་རབས་༦༣༽ འཕགས་ཡུལ་བློ་བཟང་མཁས་མཆོག་ཟླ་བ།							རབ་བྱུང་༡༣པའི་ཆུ་བྱི། ༡༧༩༢ལོར་ཁྲིར་ཕེབས།
ཁྲི་རབས་༦༤༽ ཁམས་ཏྲེ་ཧོར་བྲག་འགོ་བློ་བཟང་བཀྲ་ཤིས།	༡༢	ས་ལུག	༡༧༣༩	༡༣	ལྕགས་བྱ།	༡༨༠༡	
ཁྲི་རབས་༦༥༽ ཁམས་རྒྱལ་ཐང་པ་དགེ་འདུན་ཚུལ་ཁྲིམས།							རབ་བྱུང་༡༣པའི་ཤིང་སྟག ༡༧༩༤ལོར་ཁྲིར་ཕེབས།
ཁྲི་རབས་༦༦༽ བྱ་ཁྱུང་ངག་དབང་སྙན་གྲགས།	༡༢	མེ་སྟག	༡༧༦༦	༡༩	ཤིང་སྦྲུལ།	༡༨༢༥	

ཁྲི་རབས་༦༧ ཁམས་པ་འཇམ་དབྱངས་སྨོན་ལམ།							རབ་བྱུང་༡༤པའི་ཤིང་ཁྱི། ༡༨༡༤ལོར་ཁྲིར་ཕེབས།
ཁྲི་རབས་༦༨ འཕན་ཡུལ་བ་བློ་བཟང་དགེ་ལེགས་ཟླ་བ།	༡༣	མེ་གླང་།	༡༧༥༧	༡༤	མེ་ཁྱི།	༡༨༡༦	
ཁྲི་རབས་༦༩ ཁྲི་ཆ་ཕྲེང་བྱང་ཆུབ་ཆོས་འཕེལ།	༡༣	མེ་ཁྱི།	༡༧༥༦	༡༤	ས་ཁྱི།	༡༨༣༨	
ཁྲི་རབས་༧༠ འདམ་པ་ངག་དབང་ཆོས་འཕེལ།	༡༣	ལྕགས་འབྲུག	༡༧༦༠	༡༤	ས་ཕག	༡༨༣༩	
ཁྲི་རབས་༧༡ ཀོང་པོ་འབྲུ་ལ་མཁན་པོ་ཡེ་ཤེས་ཐར་འདོད།	༡༣	མེ་ཁྱི་།	༡༧༥༦	༡༤	ས་གླང་།	༡༨༢༩	
ཁྲི་རབས་༧༢ གཙང་ཐོབ་རྒྱལ་བ་འཇམ་དབྱངས་ཚུལ་ཁྲིམས།							རབ་བྱུང་༡༤པའི་ལྕགས་སྟག ༡༨༣༠ལོར་ཁྲིར་ཕེབས།
ཁྲི་རབས་ ༧༣ ཙོ་ནེ་ ཚ་ཇོར་ ངག་ དབང་ འཇམ་ དཔལ་ ཚུལ་ཁྲིམས་རྒྱ་མཚོ།	༡༣	ཆུ་ཁྱི།	༡༧༩༢	༡༤	ཤིང་ཡོས།	༡༨༥༥	ཚེ་སྨོན་གླིང་ངག་དབང་འཇམ་དཔལ་ཚུལ་ཁྲིམས་རྒྱ་མཚོའང་ཟེར།
ཁྲི་རབས་༧༤ ཙོ་ནེ་བ་བློ་བཟང་ལྷུན་གྲུབ།							རབ་བྱུང་༡༤པའི་ཆུ་ཡོས། ༡༨༤༣ལོར་ཁྲིར་ཕེབས།
ཁྲི་རབས་༧༥ གླིང་སྨྲ་ངག་དབང་ལུང་རྟོགས་ཡོན་ཏན་རྒྱ་མཚོ།							རབ་བྱུང་༡༤པའི་མེ་ལུག ༡༨༤༧ལོར་ཁྲིར་ཕེབས།
ཁྲི་རབས་༧༦ སྡེ་དྲུག་མཁྱེན་རབ་དབང་ཕྱུག				༡༥	ཆུ་སྤྲེལ།	༡༨༧༢	རབ་བྱུང་༡༤པའི་ཆུ་གླང་༡༨༥༣ལོར་ཁྲིར་ཕེབས།

ཁྲི་རབས་༧༧༽ སྒྲོ་འབོར་ཚུལ་ཁྲིམས་དར་རྒྱས།							རབ་བྱུང་༡༤པའི་ས་ལུག ༡༨༥༩ལོར་ཁྲིར་ཕེབས།
ཁྲི་རབས་༧༨༽ རྒྱལ་རོང་འཛམ་དབྱངས་དམ་ཆོས།							རབ་བྱུང་༡༤པའི་ལྕགས་བྱ། ༡༨༦༡ལོར་ཁྲིར་ཕེབས།
ཁྲི་རབས་༧༩༽ སྣང་བཟང་བ་བློ་བཟང་སྦྱིན་པ།							རབ་བྱུང་༡༥པའི་མེ་ཡོས། ༡༨༦༧ལོར་ཁྲིར་ཕེབས།
ཁྲི་རབས་༨༠༽ ཨ་མདོ་བསམ་བློ་བ་གྲགས་པ་དོན་གྲུབ།							རབ་བྱུང་༡༥པའི་ལྕགས་རྟ། ༡༨༧༠ལོར་ཁྲིར་ཕེབས།
ཁྲི་རབས་༨༡༽ ཟུར་རྫ་བ་ངག་དབང་ནོར་བུ།							རབ་བྱུང་༡༥པའི་མེ་བྱི། ༡༨༧༦ལོར་ཁྲིར་ཕེབས།
ཁྲི་རབས་༨༢༽ དར་རྩེ་མདོ་སྨག་ཕུ་ཡོངས་འཛིན་ཡེ་ཤེས་ཚོས་འཕེལ།							རབ་བྱུང་༡༥པའི་ལྕགས་འབྲུག ༡༨༨༠ལོར་ཁྲིར་ཕེབས།
ཁྲི་རབས་༨༣༽ རྒྱལ་རོང་བྱང་ཆུབ་ནམ་མཁའ།							རབ་བྱུང་༡༥པའི་མེ་ཁྱི། ༡༨༨༦ལོར་ཁྲིར་ཕེབས།
ཁྲི་རབས་༨༤༽ རྒྱལ་རོང་བློ་བཟང་ཚུལ་ཁྲིམས།							རབ་བྱུང་༡༥པའི་ལྕགས་སྟག ༡༨༩༠ལོར་ཁྲིར་ཕེབས།
ཁྲི་རབས་༨༥༽ སྟོད་ལུང་བློ་བཟང་ཚུལ་ཁྲིམས་དཔལ་ལྡན།							རབ་བྱུང་༡༥པའི་མེ་སྤྲེལ། ༡༨༩༦ལོར་ཁྲིར་ཕེབས།
ཁྲི་རབས་༨༦༽ གཙང་པ་བློ་བཟང་རྒྱལ་མཚན།	༡༤	ལྕགས་བྱི།	༡༨༤༠				རབ་བྱུང་༡༥པའི་ལྕགས་གླང་། ༡༩༠༡ལོར་ཁྲིར་ཕེབས།
ཁྲི་ རབས་ ༨༧༽ ཙ་ ནེ་ ཚེ་ སྨོན་ གླིང་ པ་ ངག་ དབང་ བློ་ བཟང་ བསྟན་པའི་རྒྱལ་མཚན།				༡༥	ས་ལུག	༡༩༡༩	ཚེ་སྨོན་གླིང་སྐུ་ཕྲེང་གསུམ་པ།

ཁྲི་རབས་༨༨ ༽ འབྲི་གུང་པ་མཁྱེན་རབ་ཡོན་ཏན།							རབ་བྱུང་༡༥པའི་ཤིང་སྟག ༡༩༡༤ལོར་ཁྲིར་ཕེབས།
ཁྲི་རབས་༨༩ ༽ བྲག་གཡབ་བློ་བཟང་སྐྱན་གྲགས་རྒྱ་མཚོ།							རབ་བྱུང་༡༥པའི་ས་ལུག ༡༩༡༩ལོར་ཁྲིར་ཕེབས།
ཁྲི་རབས་༩༠ ༽ ཏྲེ་ཧོར་བྲག་འགོ་བྱམས་པ་ཆོས་གྲགས།							རབ་བྱུང་༡༥པའི་ལྕགས་བྱ། ༡༩༢༡ལོར་ཁྲིར་ཕེབས།
ཁྲི་རབས་༩༡ ༽ ཁམས་ཡག་ར་བློ་བཟང་རྒྱལ་མཚན།							རབ་བྱུང་༡༦པའི་མེ་ཡོས། ༡༩༢༧ལོར་ཁྲིར་ཕེབས།
ཁྲི་རབས་༩༢ ༽ གཙང་པ་ཐུབ་བསྟན་ཉིན་བྱེད་བློ་བ།							རབ་བྱུང་༡༦པའི་ཆུ་སྤྲེལ། ༡༩༣༢ལོར་ཁྲིར་ཕེབས།
ཁྲི་རབས་༩༣ ༽ མི་ཉག་ཡེ་ཤེས་དབང་ལྡན།							རབ་བྱུང་༡༦པའི་ཆུ་བྱ། ༡༩༣༣ལོར་ཁྲིར་ཕེབས།
ཁྲི་རབས་༩༤ ༽ གཙང་ཤངས་པ་ལྷུན་གྲུབ་བརྩོན་འགྲུས།							རབ་བྱུང་༡༦པའི་ལྕགས་འབྲུག ༡༩༤༠ལོར་ཁྲིར་ཕེབས།
ཁྲི་རབས་༩༥ ༽ མི་ཉག་བཀྲ་ཤིས་སྟོང་ཐུན།							རབ་བྱུང་༡༦པའི་མེ་ཕག ༡༩༤༧ལོར་ཁྲིར་ཕེབས།
ཁྲི་རབས་༩༦ ༽ ཁྲི་ཐུབ་བསྟན་ཀུན་དགའ།							རབ་བྱུང་༡༦པའི་ཤིང་རྟ། ༡༩༥༤ལོར་ཁྲིར་ཕེབས།
ཁྲི་རབས་༩༧ ༽ ཁྲི་ཐུབ་བསྟན་ལུང་རྟོགས།							རབ་བྱུང་༡༦པའི་ལྕགས་བྱི་ལོར་ཁྲིར་བཞུགས་ཡོད།
ཁྲི་ཆེན་བསྟན་པ་རབ་རྒྱས།	༡༣	ས་ཡོས།	༡༧༥༩	༡༤	ཤིང་ཕག	༡༨༡༥	
ཁྲི་གཉན་གཟུང་བཙན།							བོད་རྒྱལ་༢༩པ།

ཁྲི་ཐོག་རྗེ་ཐོག་བཙན།							བོད་རྒྱལ་༢༧པ།
ཁྲི་དོར་སྣང་གི་བུ།							མཛངས་མི་བདུན་གྱི་གྲས།
ཁྲི་ལྡེ་འབུམ།	༥	ས་འབྲུག	༡༢༦༨				
ཁྲི་ལྡེ་གཙུག་བརྟན་མེས་ཨག་ཚོམ།							བོད་ཀྱི་བཙན་པོའི་རྒྱལ་རབས་ལ་གཟིགས།
ཁྲི་ལྡེ་སྲོང་བཙན།							བོད་ཀྱི་བཙན་པོའི་རྒྱལ་རབས་ལ་གཟིགས།
ཁྲི་སངས་རྒྱས་རིན་ཆེན།	༨	ལྕགས་བྱི།	༡༥༩༠				
ཁྲི་སྲེ་བཙན་པོ། བོད་རྒྱལ་༦པ།							གདགས་ཁྲི་བཙན་པོའང་ཟེར།
ཁྲི་སྤྲུལ་བསྟན་པའི་ཉི་མ།	༡༡	ཤིང་སྟག	༡༧༣༩				
ཁྲི་སྤྲུལ་བློ་བཟང་རྒྱལ་མཚན་སེངྒེ།							གཙོས་བློ་བཟང་རྒྱལ་མཚན་སེངྒེ་ལ་གཟིགས།
ཁྲི་སྤྲུལ་བློ་བཟང་བསྟན་པའི་ཉི་མ།	༡༣	ཆུ་རྟ།	༡༧༦༢				
ཁྲི་བྱང་བློ་བཟང་ཡེ་ཤེས་བསྟན་འཛིན་རྒྱ་མཚོ།	༡༥	ལྕགས་གླང་།	༡༨༠༡	༡༦	ཆུ་བྱི།	༡༨༤༢	
ཁྲི་ཐུབ་ཚོགས་ལྡེ།	༦	ས་སྟག	༡༣༣༨	༦	ལྕགས་བྱི།	༡༣༧༠	མང་ཡུལ་གུང་ཐང་གི་རྒྱལ་རབས་༡༩པ།

ཁྲི་སྨན་ཇེ་མ།							བོད་རྒྱལ་༢༡པ་ལྷེ་སྙོལ་པོའི་མ་ཡུམ།
ཁྲི་གཙུག་ལྡེ་བཙན་རལ་པ་ཅན།							བོད་ཀྱི་བཙན་པོའི་རྒྱལ་རབས་ལ་གཟིགས།
ཁྲི་བཙན་ནམ།							བོད་ཀྱི་བཙན་པོའི་རྒྱལ་རབས་ལ་གཟིགས།
ཁྲི་བསོད་ནམས་ལྡེ།							མངའ་བདག་ལྷེའི་རྒྱུད་པ།
ཁྲི་སྲོང་ལྡེའུ་བཙན།							བོད་ཀྱི་བཙན་པོའི་རྒྱལ་རབས་ལ་གཟིགས།
ཁྲིམས་ཁང་ལོ་ཙཱ་བ་བསོད་ནམས་རྒྱ་མཚོ།	༧	ཤིང་འབྲུག	༡༩༢༩	༨	ཆུ་སྟག	༡༩༨༢	ཁྲུས་ཁང་ལོ་ཙཱ་བའང་ཞུ།
ཁྲི་དམར་ཡེ་ཤེས་བསྟན་འཛིན།	༡༣	ཤིང་སྟག	༡༧༠༩	༡༥	ཤིང་བྱི།	༡༨༧༩	
ཁྲི་ཚེ་དགེ་བཤེས་བརྩོན་འགྲུས་གྲགས་པ།							རབ་བྱུང་༡༩པའི་ནང་།
ཁྲོ་ཕུ་ཀུན་ལྡན་རས་པ།	༣	ས་འབྲུག	༡༡༩༨	༩	མེ་གླང་།	༡༢༡༧	
ཁྲོ་ཕུ་རྒྱལ་ཚ།	༢	ས་བྱི།	༡༡༡༨	༣	ཤིང་ཡོས།	༡༡༠༥	
ཁྲོ་ཕུ་ལོ་ཙཱ་བ་བྱམས་པ་དཔལ།	༣	ཆུ་སྦྲུལ།	༡༡༧༣	༩	ཤིང་བྱ།	༡༢༢༥	
ཁྲོ་བོ་དཔལ་ལྡན།							ཐང་སྟོང་རྒྱལ་པོར་གཟིགས།

ཁྲི་རུ་མཁན་ཆེན་ཚེ་རིང་རྣམ་རྒྱལ། ཁྲི་རུ་ཚེ་རྣམ་ཡང་ཞུ།	༡༦	མེ་སྟག	༡༩༢༦	༡༧	ཤིང་སྦྲེལ།	༢༠༠༩	
ཁྲིམ་བཞིར་རྡོ་སྲས་རིན་ཆེན་སེངྒེ།	༣	ཆུ་ལུག	༡༡༦༣	༨	ལྕགས་འབྲུག	༡༢༢༠	
ཁྲིམ་བཞིར་དཔོན་པོ་རིན་ཆེན་གཞོན་ནུ།	༨	ཤིང་ཡོས།	༡༢༥༥	༦	མེ་ཡོས།	༡༣༢༧	
ཁྲིམ་བཞིར་རིན་ཆེན་སེངྒེ་སྟོམ།	༢	ལྕགས་འབྲུག	༡༡༠༠	༣	ལྕགས་སྟག	༡༡༧༠	
ཁྲིམ་བཞིར་རིན་ཆེན་སེངྒེ་ཕྲིམ།	༥	ཤིང་སྦྲུལ།	༡༣༠༥	༦	ཤིང་སྦྲུལ།	༡༡༧༠	
མཁན་ཆེན་ཀུན་དགའ་རྒྱལ་མཚན།	༦	ས་སྟག	༡༣༣༨	༧	ལྕགས་འབྲུག	༡༩༠༡	སྣར་ཐང་གི་མཁན་པོའི་གྲས།
མཁན་ཆེན་ཀུན་བཟང་དཔལ་ལྡན་ཆོས་གྲགས།	༡༥	ཆུ་སྤྲེལ།	༡༨༧༢	༡༦	ཆུ་ལུག	༡༩༤༣	རྫོགས་ཆེན་མཁན་པོ་ཀུན་དཔལ་ཡང་ཞུ།
མཁན་ཆེན་ཁྱབ་བདལ་ལྷུན་གྲུབ།							
མཁན་ཆེན་གྲགས་དོན་པ།	༦	མེ་སྦྲུལ།	༡༣༧༧	༨	མེ་ཕག	༡༩༦༧	
མཁན་ཆེན་གྲགས་པ་ཤེས་རབ། སྟོམ།	༨	ས་ལུག	༡༢༥༩	༥	ཤིང་གླང་།	༡༣༢༥	
མཁན་ཆེན་གྲགས་པ་ཤེས་རབ། ཕྲིམ།	༧	ཤིང་ལུག	༡༩༢༨				

མཁན་ཆེན་གྲུབ་པ་ཤེས་རབ།	༦	མེ་བྱ།	༡༣༥༧	༧	ཆུ་ཡོས།	༡༩༢༣	
མཁན་ཆེན་དགེ་འདུན་རྒྱ་མཚོ།	༡༡	ས་ལུག	༡༦༧༨	༡༡	ཤིང་བྱ།	༡༧༦༥	
མཁན་ཆེན་རྒྱལ་མཚན་བཟང་པོ།	༦	ལྕགས་སྟག	༡༣༥༠	༧	ཤིང་སྦྲུལ།	༡༩༢༥	
མཁན་ཆེན་ངག་དབང་ཆོས་གྲགས།							ས་སྐྱ་མཁན་ཆེན་ངག་དབང་ཆོས་གྲགས་ལ་གཟིགས།
མཁན་ཆེན་ངག་དབང་དཔལ་བཟང་།	༡༥	ས་ཡོས།	༡༤༧༨	༡༦	ལྕགས་འབྲུག	༡༨༩༠	སྐྱོ་ཤུལ་མཁན་པོ་ངག་ཆུང་ཞེས་ཀྱང་ཞུ།
མཁན་ཆེན་ཆུ་བཟང་བྱང་ཆུབ་འབར།							དུས་རབས་༡༣པའི་དུས་སྟོད།
མཁན་ཆེན་ཆོས་སྐྱབས་བཟང་པོ།							དུས་རབས་༡༣པའི་དུས་སྟོད།
མཁན་ཆེན་འཇམ་དཔལ་ཡེ་ཤེས།	༥	ཤིང་སྟག	༡༣༡༩	༧	ལྕགས་རྟ།	༡༣༨༠	
མཁན་ཆེན་འཇིགས་མེད་ཕུན་ཚོགས།	༡༦	ཆུ་བྱ།	༡༨༣༣	༡༧	ཤིང་བྱ།	༢༠༠༥	བླ་རུང་སྒར་ལྔ་རིག་ནང་བསྟན་སློབ་གླིང་བཙུགས་ཏེ་བསྟན་འགྲོའི་དོན་ཆེན་བླ་ན་མེད་པ་མཛད་དོ། །
མཁན་ཆེན་ཉི་མ་རྒྱལ་མཚན།							ཐར་ལོ་ཉི་མ་རྒྱལ་མཚན་ལ་གཟིགས།
མཁན་ཆེན་ཉི་མ་བསྟན་འཛིན།	༡༩	ཆུ་བྱ།	༡༤༡༣	༡༩	ས་སྤྲེལ།	༡༤༩༤	

མཁན་ཆེན་ཐོགས་མེད་རྒྱ་མཚོ།							དུས་རབས་༡༨པའི་དུས་སྟོད།
མཁན་ཆེན་བདེ་བ་དཔལ།	༩	ལྕགས་ཡོས།	༡༢༣༡	༥	མེ་བྱ།	༡༢༩༧	
མཁན་ཆེན་རྡོ་རྗེ་ཚུལ་ཁྲིམས།	༣	ཤིང་ཕྱི།	༡༡༥༩	༩	ལྕགས་སྦྲུལ།	༡༢༢༡	འབྲི་གུང་པ།
མཁན་ཆེན་ཕྱུག་རྡོར།							སྟོ་བྲག་གྲུབ་ཆེན་ལས་ཀྱི་རྡོ་རྗེར་གཟིགས།
མཁན་ཆེན་བློ་གྲོས་ཕྱོགས་ལས་རྣམ་རྒྱལ།	༨	ཤིང་གླང་	༡༥༠༥	༡༠	ཤིང་བྱ།	༡༥༨༥	
མཁན་ཆེན་བློ་གྲོས་གཞོན་ནུ།							རབ་བྱུང་ ༡༠པའི་ ལྕགས་ ཡོས་ ལོར་ བཀྲ་ ཤིས་ རྩེའི་ ཆོས་ སྡེ་ བཏབ།
མཁན་ཆེན་བློ་བཟང་བསྟན་འཛིན་རྒྱལ་མཚན།	༡༡	ས་ཡོས།	༡༦༣༩				
མཁན་ཆེན་རྗེ་འདུལ་པ་ཐུགས་རྗེ་བྱང་ཆུབ།							དུས་རབས་༡༣པའི་དུས་སྨད།
མཁན་ཆེན་ཆོས་དབང་རིག་འཛིན། སྐྱེ་བ་མཁན་ཆེན་ཡང་ཞུ།	༡༥	ཆུ་ལུག	༡༨༨༣	༡༦	ས་ཕྱི།	༡༩༥༨	སྤྱི་ལོ་༡༩༥༨ ལོར་མཚོ་སྔོན་འབའ་རྫོང་བཙན་ནང་ནས་ནམ་མཁར་འཕུར་ཞིང་ཡལ་བས་འཇའ་ལུས་འོད་སྐུར་གྲོལ།
མཁན་ཆེན་ཞི་བ་འཚོའམ་ཤཱནྟ་རཀྵི་ཏ།							གངས་ཅན་ལྗོངས་སུ་རྒྱལ་བསྟན་ རིན་ པོ་ ཆེའི་ ཤིང་ རྟའི་ སྲོལ་ འབྱེད་པ་ཆེན་པོ།

མཁན་ཆེན་གཞོན་ནུ་བློ་གྲོས།	༡༠	ས་ཕག	༡༥༩༩				
མཁན་ཆེན་བཟོད་པ་དཔལ་གྲུབ།	༧	ལྕགས་སྦྲུལ།	༡༤༠༡	༨	ལྕགས་སྟག	༡༤༧༠	སྐར་ཐང་གདན་རབས་༡༧པ་ཡིན།
མཁན་ཆེན་ཡེ་ཤེས་དཔལ་འབྱོར།							གཙང་པ་ཡེ་ཤེས་དཔལ་འབྱོར་ལ་གཟིགས།
མཁན་ཆེན་རིན་པོ་ཆེ་རྒྱལ་བཟང་བ།	༦	ལྕགས་སྟག	༡༣༥༠				
མཁན་ཆེན་ཤེས་རབ་རྒྱལ་མཚན།	༧	ལྕགས་གླང་།	༡༤༢༡				སྐར་ཐང་གདན་རབས་༡༩པ།
མཁན་ཆེན་སངས་རྒྱས་བློ་གྲོས།							དུས་རབས་༡༤པའི་དུས་མགོ།
མཁན་ཆེན་བསོད་ནམས་མཆོག་གྲུབ།	༨	ཆུ་སྤྲེལ།	༡༤༥༢				
མཁན་ཆེན་བསོད་ནམས་བཟང་པོ།							གཉགས་ཕུ་བ་བསོད་ནམས་བཟང་པོར་གཟིགས།
མཁན་ཆེན་བསླབ་གསུམ་རྒྱལ་མཚན།	༩	མེ་ཁྱི།	༡༥༢༦				
མཁན་པོ་ཀུ་ར་བ།							སུམ་པ་ཚུལ་ཁྲིམས་རྡོ་རྗེར་གཟིགས།
མཁན་པོ་ངག་ཆུང་།							མཁན་ཆེན་ངག་དབང་དཔལ་བཟང་ལ་གཟིགས།
མཁན་པོ་ངག་དབང་ཐུབ་བསྟན་རྒྱ་མཚོ།	༡༤	མེ་སྤྲེལ།	༡༨༣༦	༡༥	ས་གླང་།	༡༨༨༩	

མཁན་པོ་ཆོས་དབྱིངས་མཁའ་ཁྱབ། ཆོས་ཁྱབ་ཀུན་ཞུ།	༡༥	ལྕགས་སྤྲེལ།	༡༩༢༠	༡༧	མེ་གླང་	༡༩༩༧	
མཁན་པོ་ཆོས་དབྱིངས་རང་གྲོལ་ལམ་ཨ་ཆོས་ངག་དབང་མཁྱེན་བརྩེ་སྣང་བ།	༡༦	ས་སྟག	༡༩༣༨	༡༧	ས་སྟག	༡༩༩༨	ཡོངས་གྲགས་སུ་མཁན་པོ་ཨ་ཆོས་ཞེས་ཞུ། འཇའ་ལུས་འཕོ་ཆེན་དུ་ཕེབས་པ་ཡོངས་གྲགས་སོ།།
མཁན་པོ་ནམ་མཁའ་རྒྱ་མཚོ།	༩	ལྕགས་གླང་།	༡༥༤༡	༡༠	ལྕགས་བྱི།	༡༦༠༠	
མཁན་པོ་ནམ་མཁའ་རྒྱལ་མཚན།				༡༠	ལྕགས་བྱི།	༡༦༠༠	
མཁན་པོ་དཔལ་ལྡན་རྒྱ་མཚོ།	༡༣	མེ་ཡོས།	༡༧༤༧	༡༣	མེ་ཕག	༡༧༦༧	
མཁན་པོ་སྨན་སེལ།	༡༥	མེ་འབྲུག	༡༩༡༦	༡༧	ཆུ་བྱ།	༡༩༩༣	
མཁན་པོ་ཚུལ་ཁྲིམས་རྒྱལ་མཚན།	༡༦	ཆུ་བྱ།	༡༩༣༣	༡༧	ཆུ་རྟ།	༢༠༠༢	
མཁན་པོ་ཚུལ་ཁྲིམས་བློ་གྲོས།	༡༦	ཆུ་ཡོས།	༡༩༦༣				
མཁན་པོ་རྣ་ན་པྲ་རྣ།	༥	ཤིང་རྟ།	༡༢༩༤	༦	ཆུ་འབྲུག	༡༣༥༢	
མཁན་པོ་ཡེ་ཤེས་བསོད་ནམས་རྒྱལ་མཚན།	༦	ལྕགས་རྟ།	༡༣༣༠	༦	ལྕགས་སྤྲེལ།	༡༣༨༠	

མཁན་པོ་རིན་ཆེན་ཚུལ་ཁྲིམས་རྡོ་རྗེ། འབྲི་གུང་།	༣	ཤིང་ཕྱི།	༡༡༥༤	༨	ལྕགས་འབྲུག		
མཁན་པོ་བསམ་གྲུབ་བསྟན་འཛིན།							དུས་རབས་༡༩པའི་དུས་སྨད།
མཁན་པོ་ཨ་ཁྱུག་གམ་གྲུབ་དབང་ལུང་རྟོགས་རྒྱ་མཚན།				༡༧	ལྕགས་ཡོས།	༢༠༡༡	
མཁའ་འགྲོ་རྡོ་རྗེ།							དུས་རབས་༡༤པའི་མགོ་སྟོད་ཀྱི་ལོ་ཐོ་བ་ཞིག
མཁའ་སྤྱོད་པ་དྲི་མེད་དཔལ་ཡེ་ཤེས།	༦	ལྕགས་སྟག	༡༣༥༠	༧	མེ་བྱ།	༡༤༡༧	འདིས་བླམ་མང་པོའི་རྣམ་ཐར་བརྩམས་ཡོད། དགེ་ཡེས་ལྕགས་སྟག་ལོ་པ་༦༧བཞུགས་ཟེར་རབ་བྱུང་གང་ཡིན་བརྟག
མཁར་ཆུ་བ་ཆོས་བསམ་འོད།				༥	ས་ཕྱི།	༡༢༩༨	
མཁར་ཆེན་དཔལ་གྱི་དབང་ཕྱུག							མཁར་ཆེན་མཚོ་རྒྱལ་གྱི་མིང་པོའོ།།
མཁར་ཆེན་བཟའ་ཡེ་ཤེས་མཚོ་རྒྱལ།		ཤིང་བྱ།	༧༤༥		ཤིང་ཡོས།	༩༥༥	དགུང་ལོ་༢༡༡བཞུགས་པར་གྲགས། འདི་སྐུག་ཤམས་ཀྱི་གཏེར་མ་རུ་གསལ།
མཁར་ལེགས་སྤྲུལ་སྐུ་པདྨ་ཀུན་བཟང་རང་གྲོལ།	༡༥	མེ་འབྲུག	༡༩༡༦	༡༦	མེ་བྱ།	༡༩༨༤	གོ་འཇོ་སྨུག་སང་སྤྲུལ་སྐུ་ཡང་ཞུ།
མཁར་རྡོ་བཟོད་པ་རྒྱ་མཚོ།	༡༡	ཆུ་ཕྱི།	༡༦༧༢	༡༣	ས་སྦྲུལ།	༡༧༤༩	

མཁས་གྲུབ་དཀོན་མཆོག་སེངྒེ།	༡༣	ས་བྱི།	༡༧༦༨	༡༤	ཆུ་སྦྲུལ།	༡༨༣༣	ལོ་ཆོགས་འདིར་སྐར་བརྟག
མཁས་གྲུབ་ཁྱུང་པོ་རྣལ་འབྱོར་ཚུལ་ཁྲིམས་མགོན་པོ།	༡	ས་སྟག	༡༠༣༨	༢	མེ་ལུག	༡༡༢༧	
མཁས་གྲུབ་དགེ་འདུན་བསྟན་པ་དར་རྒྱས།							དགའ་ལྡན་ཁྲི་རབས་༢༢པར་གཟིགས།
མཁས་གྲུབ་དགེ་ལེགས་དཔལ་བཟང་།							དགའ་ལྡན་ཁྲི་རབས་༣པར་གཟིགས།
མཁས་གྲུབ་བསྟན་དར་བ།							སེར་སྨད་ཀྱི་ཡིག་ཆའི་བདག་པོ།
མཁས་གྲུབ་ཐར་ཤུལ་བ་དགེ་འདུན་ཆོས་སྐྱོང་།	༡༤	ལྕགས་རྟ།	༡༨༡༠	༡༥	ཤིང་སྦྲེལ།	༡༨༨༤	
མཁས་གྲུབ་དར་རྒྱས་པ།							ཀརྨ་པ་རང་བྱུང་རྡོ་རྗེ་དང་དུས་མཉམ།
མཁས་གྲུབ་དར་མ་རྒྱལ་མཚན།							དུས་རབས་༡༩པའི་དུས་མགོ་ཙམ།
མཁས་གྲུབ་མདོ་སྔགས་བསྟན་འཛིན།		མེ་བྱི།			ས་འབྲུག		དཀྱུང་གྲངས་ང་གཉིས་བཞུགས་ཟེར། དུས་མི་གསལ།
མཁས་གྲུབ་ནོར་བཟང་རྒྱ་མཚོ།	༧	ཆུ་ཡོས།	༡༤༢༣	༩	ཆུ་བྱ།	༡༥༡༣	
མཁས་གྲུབ་བྱང་ཆུབ་རྒྱལ་མཚན།							དུས་རབས་༡༩པའི་མགོ་སྟོད་ཙམ།
མཁས་གྲུབ་སྦྱིན་པ་དར་རྒྱས།	༩	ས་རྟ།	༡༥༥༨				

མཁས་གྲུབ་རྫོན་ཀ་ཏུ། ཡེ་ཤེས་རྒྱལ་མཚན།	༧	ཤིང་ཕག	༡༣༩༤				
མཁས་གྲུབ་ཤངས་སྟོན་ཚུལ་ཁྲིམས་མགོན་པོ།	༤	ཤིང་རྟ།	༡༢༣༤	༥	ས་བྱ།	༡༣༠༩	
མཁས་གྲུབ་ཤཱཀྱ་ལྷ་དབང་།	༡༠	མེ་བྱི།	༡༥༨༦				
མཁས་གྲུབ་སངས་རྒྱས་ཡེ་ཤེས།	༩	ཤིང་བྱ།	༡༥༢༥	༡༠	ལྕགས་སྟག	༡༥༩༠	
མཁས་པ་ལྡེའུ།	༢	མེ་ལུག	༡༡༢༧	༣	ཆུ་ལུག	༡༡༦༣	ནམ་མཁའི་ནོར་བུས་བཞེད།
མཁས་པ་ནང་ཚང་འཕགས་སྐྱབས།							
མཁས་དབང་ངག་དབང་ཆོས་གྲགས།							ཆུ་བཟང་ངག་དབང་ཆོས་གྲགས་ལ་གཟིགས།
མཁས་དབང་སངས་རྒྱས་རྡོ་རྗེ།							འབྲུག་པ་མཁས་དབང་སངས་རྒྱས་རྡོ་རྗེར་གཟིགས།
མཁས་བཙུན་རྒྱལ་མཚན་འབུམ།	༦	ཤིང་བྱི།	༡༣༣༤				
མཁས་བཙུན་ཆེན་མོ།							ནམ་མཁའ་ལེགས་པའི་རྒྱལ་མཚན་ལ་གཟིགས།
མཁས་བཙུན་ནམ་མཁའ་ལེགས་པའི་རྒྱལ་མཚན།	༥	ཤིང་སྦྲུལ།	༡༣༠༥	༦	ཆུ་ལུག		
མཁས་བཙུན་གཞོན་ནུ་གྲུབ།				༥	ས་ལུག	༡༣༡༩	
མཁས་བཙུན་གཞོན་ནུ་དཔལ།	༥	ས་ལུག	༡༣༡༩				

68

མཁས་བཙུན་ཡོན་ཏན་རྒྱ་མཚོ།	༤	ལྕགས་སྤྲེལ།	༡༢༦༠	༦	མེ་ཡོས།	༡༣༢༧	ཐུགས་རྗེ་དཔལ་ཡང་ཞུ།
མཁྱེན་བརྩེ་ཆོས་ཀྱི་བློ་གྲོས།							འཇམ་དབྱངས་མཁྱེན་བརྩེ་ཆོས་ཀྱི་བློ་གྲོས་ལ་གཟིགས།
མཁྱེན་བརྩེ་དབང་པོ།							འཇམ་དབྱངས་མཁྱེན་བརྩེ་དབང་པོར་གཟིགས།
མཁྱེན་བརྩེ་དབང་ཕྱུག							གནས་གསར་པ་མཁྱེན་བརྩེ་དབང་ཕྱུག་ཀྱང་ཞུ།
མཁྱེན་བརྩེ་འོད་ཟེར།							ཀུན་མཁྱེན་འཇིགས་མེད་གླིང་པར་གཟིགས།
མཁྱེན་བརྩེའི་དབང་ཕྱུག་བསྟན་པའི་རྒྱལ་མཚན།							
མཁྱེན་རབ་ཆོས་རྗེ།	༧	མེ་འབྲུག	༡༤༣༦	༨	མེ་སྦྲུལ།	༡༤༩༧	ཀུན་མཁྱེན་རོང་སྟོན་གྱི་རྒྱལ་ཚབ་མཛད།
མཁྱེན་རབ་མཆོག་གྲུབ།							
མཁྱེན་རབ་ནོར་བུ།	༡༥	ཆུ་ལུག	༡༨༣༣	༡༦	ཆུ་སྟག	༡༩༦༢	
མཁྱེན་རབ་ཡོན་ཏན་རྒྱ་མཚོ།							
མཁྱེན་ཡོན་པ། མཁྱེན་རབ་ཡོན་ཏན་ཟེར་རམ།							
འཁོན་ཀླུའི་དབང་པོ་སྲུང་བ།							སད་མི་མི་བདུན་གྲས།
འཁོན་དཀོན་མཆོག་རྒྱལ་པོ།	༡	ཤིང་བྱི།	༡༠༣༤	༢	ཆུ་རྟ།	༡༡༠༢	

69

འཁོན་གད་པ་ཀི་རྟི།							དུས་རབས་༡༢པའི་དུས་མགོ
འཁོན་སྟོན་དཔལ་འབྱོར་ལྷུན་གྲུབ།	༩	ལྕགས་བྱ།	༡༥༤༡	༡༡	མེ་གླང་།	༡༤༣༧	
འཁོན་པོ་བར་པ།							དུས་རབས་༡༣པའི་དུས་སྟོད།
འཁོན་ཕུ་པ་ཆོས་ཀྱི་རྒྱལ་པོ།	༡	ས་བྱི།	༡༠༤༩	༢	ཤིང་བྱི།	༡༡༦༦	
འཁོན་བརྩོན།							
འཁོར་རེ།							འཁོར་ལོ་ལྡེ་སྟེ་ལྷ་བླ་མར་ཞུ།
འབྲུལ་ཞིག་པ་གར་དབང་།							ལྷན་མ་བློ་བཟང་བསྟན་པ་ཆོས་འཕེལ་ལ་གཟིགས།
འབྲུལ་ཞིག་དར་མ་སེངྒེ།	༦	ཆུ་ལུག	༡༢༢༣	༥	ཆུ་ཡོས།	༡༣༠༣	
འབྲུལ་ཞིག་གཞོན་ནུ་འོད།	༤	ས་སྤྲེལ།	༡༣༤༢	༧	ཆུ་ཕག	༡༦༦༣	
འབྲུལ་ཞིག་སངས་རྒྱས་དཔོན་པོ།							
འབྲུལ་ཞིག་བསོད་ནམས་འབུམ།							དུས་རབས་༡༦པའི་དུས་སྨད་ཙམ།

མཚན་བྱང་།	འཁྲུངས་ལོ།			འདས་ལོ།			ཞར་བྱུང་།
	རབ་བྱུང་།	ལོ་ཁམས།	སྤྱི་ལོ།	རབ་བྱུང་།	ལོ་ཁམས།	སྤྱི་ལོ།	གསལ་བཤད
ག༽							
ག་རྡོད་ཚུལ་ཁྲིམས་འབྱུང་གནས།							དུས་རབས་༡༡པའི་དུས་དཀྱིལ་ཙམ།
གངས་དཀར་སྤྲུལ་སྐུ་ཀརྨ་བཤད་སྒྲུབ་ཆོས་ཀྱི་སེང་གེ།	༡༥	ཆུ་སྦྲུལ།	༡༨༩༣	༡༦	མེ་སྤྲེལ།	༡༩༥༦	འདས་ལོ་འདི་སྐབས་བརྟག
གངས་ཅན་ཆོས་འཕེལ།	༡༠	ས་ཁྱི།	༡༥༩༨				
གངས་པ་རིན་ཆེན་འོད་ཟེར།	༣	ཤིང་ལུག	༡༡༧༥	༤	ས་བྱ།	༡༣༤༩	
གར་དབང་ལས་རབ་རྩལ།							ཐེག་སྙིང་འགྲོ་དོན་མཐར་ཕྱིན་ལ་གཟིགས།
གར་མི་གཡུང་དྲུང་།							ལྷ་ཆེན་དགོངས་པ་རབ་གསལ་གྱི་སློབ་བུའི་གྲས།
གུ་གེ་ཞང་ཞུང་པ་དགེ་སློང་ཡེ་ཤེས་མཐའ་ཡས།				༡༣	ས་གླང་།	༡༧༤༩	
གུ་གེ་ཡོངས་འཛིན་བློ་བཟང་བསྟན་འཛིན་རྒྱ་མཚོ།	༡༣	ས་འབྲུག	༡༧༤༨	༡༤	ཆུ་བྱ།	༡༨༡༣	
གུ་ཡངས་བློ་བདེ།							ཀུན་མཁྱེན་ཀློང་ཆེན་རབ་འབྱམས་ལ་གཟིགས།

ཀུ་ཏུ་བཀྲ་ཤིས་སམ་སྟག་སྒང་མཁས་མཆོག་ངག་དབང་བློ་གྲོས།							ཀུར་བཀྲའི་ཆོས་འབྱུང་ཞེས་པ་༡༨༧༣ལོར་བརྩམས་གྲུབ།
ཀུ་ཏུ་ཆོས་ཀྱི་དབང་ཕྱུག	༣	ཆུ་སྤྲེལ།	༡༡༥༢	༤	ལྕགས་རྟ།	༡༢༡༠	
ཀུ་ཏུ་རྡོ་འབེར།	༣	མེ་འབྲུག	༡༡༩༦	༤	ལྕགས་ཡོས།	༡༣༣༡	
ཀུ་ཏུ་རྡོ་ཚེའམ་ཚེ་དབང་དར་པོ།							
ཀུ་ཏུ་འོད་གསལ་རང་གྲོལ།							ཀུན་མཁྱེན་ཀློང་ཆེན་པའི་སློབ་བུའི་གྲས།
ཀུ་ཏུ་ལེགས།							བོད་ཀྱི་རྒྱལ་རབས་༡༣པར་གཟིགས།
ཀུ་གྲི་ཀུན་དགའ་ཉི་མ།	༥	ས་བྱི།	༡༣༠༩	༥	ཆུ་བྱི།	༡༣༢༢	
ཀུ་གྲི་ཀུན་དགའ་ལེགས་པའི་བློ་གྲོས།	༦	མེ་བྱི།	༡༣༧༥		ཤིང་བྱི།	༡༣༨༤	
ཀུ་གྲི་དཀའ་བཅུ་པ་བློ་བཟང་ཚེ་འཕེལ།	༡༣	ལྕགས་འབྲུག	༡༧༦༠				
ཀུ་གྲི་བསྟན་འཛིན་ཆོས་རྒྱལ།	༡༠	ཆུ་རྟ།	༡༥༨༤	༡༡	ཤིང་རྟ།	༡༦༥༤	
ཀུ་གྲི་ནམ་མཁའ་རྒྱལ་མཚན།	༥	ཆུ་བྱི།	༡༣༡༢	༦	ལྕགས་ལུག	༡༣༣༡	

ཀུ་ཤྲི་དཔལ་ལྡན་དོན་གྲུབ།	༦	ཆུ་ཁྱི།	༡༣༨༢	༨	མེ་ཁྱི།	༡༤༦༦	
ཀུ་ཤྲི་བློ་གྲོས་རྒྱལ་མཚན།	༦	མེ་རྟ།	༡༣༦༦	༧	ལྕགས་བྱི།	༡༤༢༠	
ཀུ་ཤྲི་བསོད་ནམས་གྲགས་པ།	༦	ས་ཕག	༡༣༥༩	༧	ས་བྱི།	༡༤༠༨	
༼ཁྱུང་ཐང་སྐུ་ཕྲེང་རིམ་བྱོན།༽	༡༡ ནས་འགོ་ཚུགས།						ཨ་མདོ་བླ་བྲང་བཀྲ་ཤིས་འཁྱིལ་གྱི་བླ་རབས།
༡༽ཁྱུང་ཐང་དགེ་འདུན་ཕུན་ཚོགས་སམ་འཇམ་དབྱངས་བླམ།							དགའ་ལྡན་ཁྲི་རབས་ལྔ་བཅུ་པར་གཟིགས།
༢༽ཁྱུང་ཐང་ངག་དབང་བསྟན་པའི་རྒྱལ་མཚན།	༡༢	མེ་ལུག	༡༧༢༧	༡༣	ས་ཡོས།	༡༧༥༩	དགུང་ལོ་༣༣བཞུགས།
༣༽ཁྱུང་ཐང་དཀོན་མཆོག་བསྟན་པའི་སྒྲོན་མེ།	༡༣	ཆུ་རྟ།	༡༧༦༢	༡༤	ཆུ་རྟ།	༡༨༢༢	ལ་ལས་ཆུ་ལུག་༡༨༢༣ལོར་གཤེགས་ཟེར།
༤༽ཁྱུང་ཐང་དཀོན་མཆོག་བསྟན་པའི་རྒྱལ་མཚན།	༡༤	ཤིང་སྤྲེལ།	༡༨༢༤	༡༤	ས་ལུག	༡༤༠༨	དགུང་ལོ་༣༦བཞུགས།
༥༽ཁྱུང་ཐང་འཇམ་དབྱངས་བསྟན་པའི་ཉི་མ།	༡༤	ལྕགས་སྤྲེལ།	༡༨༦༠	༡༥	ཤིང་གླང་།	༡༩༢༥	
༦༽ཁྱུང་ཐང་འཇིགས་མེད་བསྟན་པའི་དབང་ཕྱུག	༡༥	མེ་སྤྲུག	༡༩༣༦			༢༠༠༠	དགུང་ལོ་༦༥བཞུགས།
ཁྱུང་ཐང་བླམ་ཞང་།							ཞང་གཡུ་བྲག་པར་གཟིགས།

གུང་ཐང་བློ་གྲོས་རྒྱ་མཚོ།	༡༩	ལྕགས་ཕག	༡༨༥༡	༡༦	ལྕགས་རྟ།	༡༤༣༠	
གུང་རུ་རྒྱལ་མཚན་བཟང་པོ།	༦	ཆུ་ཕག	༡༣༨༣	༨	ལྕགས་རྟ།	༡༩༥༠	
གུང་སྲོང་གུང་བཙན། བོད་རྒྱལ་༣༩པ།		ཆུ་སྤྲེལ	༦༣༣		ལྕགས་ཁྱི།	༦༥༠	
གུར་སྨན།							བོད་རྒྱལ་༡༣པའི་བཙུན་མོ།
གེ་སར་སྐྱེས་བུ་དོན་གྲུབ་པམ་སེང་ཆེན་ནོར་བུ་དགྲ་འདུལ།	༡	ས་སྟག	༡༠༣༨	༢	ཤིང་སྤྲུལ།	༡༡༢༥	ཨ་མེས་བྱང་ཆུབ་འདྲེ་ཁོལ་གྱི་ལུང་བསྟན་དང་སྔོང་གི་མ་ཡིག་ལུང་བསྟན་གཉིས་ཀ་ཐོད་ཐུག་གོ།
གོ་བོ་རབ་འབྱམས་པ་བསོད་ནམས་སེངྒེ།	༧	ས་བྱ།	༡༩༢༤	༨	ས་བྱ།	༡༩༨༤	
གོ་བོ་རབ་འབྱོར་བ།							རབ་བྱུང་༨པའི་ས་ཁྱི་༡༩༨༧ལོར་ གཙྭ་ཐུབ་ཆེན་ དགོན་བཏབ།
གོ་ལུང་པ་གཞོན་ནུ་དཔལ།							འདི་ཐར་པ་ཉིམ་རྒྱལ་མཚན་གྱི་བླ་མ་ཡིན།
གོ་ཕྲི་ཆོས་རྗེ་བློ་བཟང་ལྷུན་གྲུབ།							དུས་རབས་༡༦པའི་དུས་སྨད་ཙམ།
གོ་ཤུལ་ཀུན་བཟང་བསོད་ནམས།							རབ་བྱུང་༡༥པའི་ནང་འཁྲུངས།

གོང་སྨན་དཀོན་མཆོག་བདེ་ལེགས།	༨	མེ་ཡོས།	༡༤༤༧	༩	མེ་སྟག	༡༥༠༦	གསོ་རིག་མཁས་པ།
གོང་སྨན་དཀོན་མཆོག་ཕན་དར།	༩	ལྕགས་ལུག	༡༥༡༡	༡༠	མེ་བྱི།	༡༥༧༥	གསོ་རིག་མཁས་པ།
གོང་ཡུ་དག་དབང་རྒྱ་མཚོ།	༡༢	ས་འབྲུག	༡༦༨༨	༡༣	ལྕགས་འབྲུག	༡༧༦༠	
གོང་ར་ལོ་ཆེན་གཞན་ཕན་རྡོ་རྗེ།	༡༠	ཤིང་རྟ།	༡༥༩༥	༡༡	ཤིང་རྟ།	༡༦༥༤	
གྱི་ཇོ་ཟླ་བའི་འོད་ཟེར།							དུས་རབས་ ༡༠པའི་ནང་། ༡༠༢༧རབ་བྱུང་དང་པོར་དུས་འཁོར་བོད་དུ་བསྒྱུར།
གྱི་ལྷུང་དབུ་དཀར་བ།							དུས་རབས་ ༡༡པའི་དུས་སྟོད་ཀྱི་ལོ་ཙྪ་བ་ཞིག
གྱེར་སྒོམ་ཆོས་ཀྱི་སེངྒེ།							གྱེར་སྒོམ་ཚུལ་ཁྲིམས་སེངྒེར་གཟིགས།
གྱེར་སྒོམ་ཚུལ་ཁྲིམས་སེངྒེ།	༢	ཤིང་བྱི།	༡༡༤༤	༤	ལྕགས་ཡོས།	༡༢༣༡	ལ་ལས་ ༡༡༧༡ལོར་འདས་ཟེར་རུང་དགུང་ལོ་ ༢༧ ལས་མ་བཞུགས་པས་རུང་མི་འགྲིག་པ་འདྲ།
ཀྱུ་ར་བསོད་ནམས་རིན་ཆེན།				༡༤	ས་ཕག	༡༨༣༩	
གྲ་པ་མངོན་ཤེས་ཅན་དབང་ཕྱུག་འབར།		ཆུ་བྱི།	༡༠༡༢	༢	ལྕགས་རྟ།	༡༠༩༠	

གྲ་པ་རིན་ཆེན་འབྱུང་གནས།	༣	མེ་ལུག	༡༡༨༧				
གྲགས་རྒྱལ་བ།	༣	མེ་རྟ།	༡༡༨༦	༥	ལྕགས་ལུག	༡༢༧༡	
གྲགས་དོན།	༦	མེ་སྦྲུལ།	༡༣༧༧	༨	མེ་ཕག	༡༤༦༧	སྣར་ཐང་མཁན་ཆེན་གྲགས་དོན་པ་ཞེས་ཞུ།
གྲགས་པ་བཀྲ་ཤིས།	༡༡	ལྕགས་ལུག	༡༦༣༡	༡༢	ལྕགས་རྟ།	༡༦༩༠	ཞིང་སྐྱོང་གྲགས་པ་བཀྲ་ཤིས་ཀྱང་ཞུ།
གྲགས་པ་རྒྱལ་མཚན།							མཚན་འདི་ཅན་བཅུ་གྲངས་ཤིག་འདུག་པས་སོ་སོའི་མཚན་གྱི་ཀ་མད་ལ་གཟིགས་འཚལ།
གྲགས་པ་རྒྱ་མཚོ།							བདེ་ལེགས་འབྱུང་གནས་ཀྱང་ཞུ། བཀའ་གདམས་པའི་བླ་མ་ཞིག
གྲགས་པ་རྡོ་རྗེ།							
གྲགས་པ་མཐའ་ཡས།							སེར་སྨད་མཁན་ཟུར་གྲགས་པ་མཁས་གྲུབ་ལ་གཟིགས།
གྲགས་པ་དཔལ་འབྱོར།							དགོན་ལུང་བྱམས་པ་གླིང་གི་མཁན་རབས་༢༨པ།
གྲགས་པ་བྱང་ཆུབ།	༦	མེ་སྤྲེལ།	༡༣༥༦	༦	མེ་སྟག	༡༣༨༦	ཆོས་བཞི་གསར་མ་ཡང་ཟེར།

གྲགས་པ་བློ་གྲོས།							ས་སྐྱའི་སྡོམ་ཁག་འཆང་གྲགས་པ་བློ་གྲོས་ཀྱང་ཞུ།
གྲགས་པ་བློ་གྲོས་རྒྱལ་མཚན།							
གྲགས་པ་འབྱུང་གནས།	༦	ཆུ་ཡོས།	༡༣༦༣				རྣོད་ཕྲུག་རས་པ་གྲགས་འབྱུང་ཡང་ཞུ།
གྲགས་པ་འབྱུང་གནས།	༦	ཤིང་ལུག	༡༣༥༥	༧	ཆུ་སྦྲང་།	༡༨༣༣	ཕག་གྲུ་འཇམ་དབྱངས་གྲགས་པ་འབྱུང་གནས་ཀྱང་ཞུ།
གྲགས་པ་བརྩོན་འགྲུས།							རྒྱལ་བ་རིན་ཆེན་ཕོག་རྟགས་པར་གཟིགས།
གྲགས་པ་ཡེ་ཤེས།	༨	ལྕགས་བྱི།	༡༢༩༠	༥	ས་བྱི།	༡༢༨༨	
གྲགས་པ་རིན་ཆེན།	༨	ལྕགས་ཁྱི།	༡༢༥༠	༥	ལྕགས་ཁྱི།	༡༣༡༠	
གྲགས་པ་རིན་ཆེན། ཕྱིམ།							གྲགས་པ་བྱང་ཆུབ་ལ་གཟིགས།
གྲགས་པ་ཤེས་རབ།							སྣར་ཐང་པ་གྲགས་པ་ཤེས་རབ་ཀྱང་ཞུ།
གྲགས་པ་བཤད་སྒྲུབ།							ཙོ་ནེ་གྲགས་པ་བཤད་སྒྲུབ་ལ་གཟིགས།
གྲགས་པ་སེང་གེ།							བཀའ་གདམས་པ་ཞིག
གྲི་གུམ་བཙན་པོ།							བོད་རྒྱལ་༢པ།

གྲུ་མེར་ཚུལ་ཁྲིམས་འབྱུང་གནས།							དབུས་གཙང་མི་བཅུའི་གྲས།
གྲུབ་དགོན་སྐལ་བཟང་བདུད་འདུལ་རྡོ་རྗེ།	༡༤	མེ་རྟ།	༡༨༤༦				
གྲུབ་ཆེན་ཀུ་ཤླ་ཧཱ་ཛ།	༤	མེ་སྟག	༡༢༦༦	༦	ཆུ་ལུག	༡༣༤༣	
གྲུབ་ཆེན་ཀུན་བཟང་རྡོ་རྗེ།							
གྲུབ་ཆེན་གྲགས་པ་བསོད་ནམས་དཔལ།	༥	མེ་གླང་།	༡༢༧༧				
གྲུབ་ཆེན་ཆོས་ཀྱི་རྡོ་རྗེ།	༨	མེ་གླང་།	༡༤༥༧				
གྲུབ་ཆེན་ཆོས་པ་བློ་བཟང་བསྟན་པའི་རྒྱལ་མཚན།	༡༠	ལྕགས་སྦྲུལ།	༡༥༨༡	༡༡	ས་ཕག	༡༦༥༩	
གྲུབ་ཆེན་ན་ཁ་བ་ཐར་པའི་རྒྱལ་མཚན།	༩	ཤིང་ལུག	༡༥༣༥	༡༠	ས་གླང་།	༡༥༨༩	
གྲུབ་ཆེན་བུདྡྷ་ཤྲཱི།							གྲུབ་ཆེན་སངས་རྒྱས་དཔལ་ལ་གཟིགས།
གྲུབ་ཆེན་མེ་ལོང་རྡོ་རྗེ།	༤	ཆུ་ཡོས།	༡༢༤༣	༥	ཆུ་ཡོས།	༡༣༠༣	འཛའ་ལུས་ཐེབས།
གྲུབ་ཆེན་སངས་རྒྱས་དཔལ།	༦	ས་ཡོས།	༡༣༣༩	༧	ལྕགས་བྱི།	༡༤༢༠	
གྲུབ་ཆེན་ཨོ་རྒྱན་པ་རིན་ཆེན་དཔལ།	༤	ལྕགས་སྟག	༡༢༣༠	༥	ས་བྱ།	༡༣༠༩	འདིར་འདས་ལོ་མི་འདྲ་བ་ཁག་གཉིས་མཆིས།

གྲུབ་བརྙེས་ཆེན་པོ་ཨ་མཁར་བ།							བདེ་ཆེན་རྡོ་རྗེ་གྲགས་པའང་ཞུ། ཀཿཐོག་རིག་འཛིན་ཆེན་མོ་དང་དུས་མཉམ།
གྲུབ་ཐོབ་ཁྱུང་པོ་རྣལ་འབྱོར།							མཁས་གྲུབ་ཁྱུང་པོ་རྣལ་འབྱོར་ལ་གཟིགས།
གྲུབ་ཐོབ་དངོས་གྲུབ།							དུས་རབས་༡༢པའི་ནང་འཁྲུངས།
གྲུབ་ཐོབ་ཐང་སྟོང་རྒྱལ་པོ།	༦	ལྕགས་གླང་།	༡༣༦༡	༨	ཤིང་སྦྲུལ།	༡༤༨༥	སྐུ་དངོས་ཀྱིས་མཁའ་སྤྱོད་དུ་གཤེགས།
གྲུབ་ཐོབ་ཆོས་འབྱུང་རིན་ཆེན།	༦	ལྕགས་ཡོས།	༡༣༥༡	༧	ས་བྱི།	༡༤༠༨	
གྲུབ་ཐོབ་ཉི་ཕྱུག་པ།	༢	ཤིང་ཁྱི།	༡༠༩༤				
གྲུབ་ཐོབ་ཉི་མ་འཛིན།							གྲུབ་ཆེན་བིར་བ་པར་ཞུ།
གྲུབ་ཐོབ་ཤེར་འབྱུང་།	༦	ལྕགས་ཡོས།	༡༣༥༡	༧	ས་བྱི།	༡༤༠༨	
གྲུབ་དབང་དཀོན་མཆོག་ཕྲིན་ལས།	༡༥	ལྕགས་བྱི།	༡༩༠༠	༡༧	ས་འབྲུག	༡༩༨༨	འདིར་འབྲི་གུང་དགེ་སློང་དཔའ་ཆུང་ཞུ།
གྲུབ་དབང་བཀྲ་ཤིས་རྒྱ་མཚོ།	༡༡	མེ་ཡོས།	༡༦༢༧				
གྲུབ་དབང་འཇམ་དཔལ་རྒྱ་མཚོ།							འཇམ་དབྱངས་བདེ་བའི་རྡོ་རྗེ་ལ་གཟིགས།

གྲུབ་དབང་འཇིགས་མེད་བསམ་གཏན།	༡༤	ཤིང་ཁྱི།	༡༨༡༤	༡༥	མེ་བྱ།	༡༨༩༧	
གྲུབ་དབང་པདྨ་རིག་འཛིན།							རྫོགས་ཆེན་པདྨ་རིག་འཛིན་ལ་གཟིགས།
གྲུབ་དབང་བློ་བཟང་རྣམ་རྒྱལ།							བྲ་སྤྲུལ་བློ་བཟང་རྣམ་རྒྱལ་ལ་གཟིགས།
གྲུབ་དབང་ལུང་རྟོགས་རྒྱལ་མཚན།							མཁན་པོ་ཨ་ཁྲུག་ལ་གཟིགས།
གྲུབ་དབང་ཤཱཀྱ་ཤྲཱི།	༡༤	ཆུ་གླང་།	༡༨༥༣	༡༥	ས་ལུག	༡༩༡༩	དགུང་ལོ་༦༧བཞུགས།
གྲུ་སྟོན་བདུད་རྩི་གྲགས་པ།	༣	ཆུ་བྱ།	༡༡༥༣	༤	ཆུ་འབྲུག	༡༢༣༢	
གྲུ་མདའ་བསྟན་པ་རྒྱལ་མཚན།				༡༡	མེ་ཕག	༡༦༤༧	
གྲུ་པཎྜི་ཏ་བློ་བཟང་བསྟན་པའི་རྒྱལ་མཚན།							རབ་བྱུང་༡༣པའི་ནང་གི་མི།
གྲུ་མོ་ཁྲིང་ངག་དབང་བསྟན་འཛིན།	༡༤	ས་ཡོས།	༡༨༡༩	༡༥	ཤིང་ལུག	༡༨༩༥	
གྲུ་ཚང་རྒྱུད་པ་སྐལ་བཟང་བཀྲ་ཤིས་རྒྱ་མཚོ།	༡༣	ས་ཕག	༡༧༧༩				
གྲུ་ཚང་བྲག་སྐལ་བཟང་བསྟན་འཛིན་རྒྱ་མཚོ།	༡༤	ལྕགས་རྟ།	༡༨༡༠	༡༥	ཆུ་བྱ།	༡༨༧༣	
གྲུ་ཚང་བྲག་བློ་བཟང་སྐལ་བཟང་རྒྱ་མཚོ།	༡༥	མེ་བྱི།	༡༨༧༦				

གྲོ་ཚང་བྲག་བློ་བཟང་བསྟན་པའི་ཉི་མ།	༡༢	ཤིང་བྱ།	༡༧༤༤				
གྲོ་ཚང་བྲག་བློ་བཟང་བསྟན་པ་ཡར་འཕེལ།	༡༤	ཤིང་འབྲུག	༡༨༤༤				
གྲོ་ལུང་པ་བློ་གྲོས་འབྱུང་གནས།							དུས་རབས་༡༡པའི་དུས་སྨད་ཙམ།
གྲོག་ཡུལ་བ་ཨོ་རྒྱན་ཆོས་རྗེ།							ཀུན་མཁྱེན་ཀློང་ཆེན་པ་དང་དུས་མཚུངས།
གྲོང་སྨད་པ་ངག་དབང་རིན་ཆེན།							སྡེ་སྲིད་སངས་རྒྱས་རྒྱ་མཚོའི་སྲས།
གྲོང་སྨད་པ་ཕྲིན་ལས་རྒྱ་མཚོ།				༡༡	ས་སྤྲེལ།	༡༦༦༨	
གྲོང་སྨད་པ་སངས་རྒྱས་རྒྱ་མཚོ།							སྡེ་སྲིད་སངས་རྒྱས་རྒྱ་མཚོར་གཟིགས།
གྲོལ་སྒོམ་ཆོས་གཡུང་།	༢	ཆུ་ལུག	༡༡༠༣	༣	ས་ལུག	༡༡༩༩	དགས་པོ་ལྷ་རྗེའི་སློབ་མ།
གླག་བྱང་ཆུབ་རྒྱལ་མཚན།							དུས་རབས་༡༠པའི་དུས་མཇུག
གླང་དཀར་བ་སངས་རྒྱས་བཀྲ་ཤིས།	༧	ས་སྦྲུལ།	༡༣༨༩	༧	ཤིང་རྟ།	༡༤༡༤	
གླང་སྟོན་ཤེས་རབ་སེངྒེ།							དུས་རབས་༡༢པའི་དུས་མཇུག
གླང་སྟོན་སེང་གེ་འབུམ།	༤	མེ་སྦྲུལ།	༡༢༥༧				རྒྱལ་ལྷ་ཁང་གི་གདན་ས་མཛད།

སྣང་དར་མ་ཡུ་དུམ་བཙན།							བོད་རྒྱལ་རབས་༩༡པར་གཟིགས།
སྣང་བརྩོན་བྱམས་པ།							དུས་རབས་༡༠པའི་དུས་མཇུག
སྣང་རི་ཐང་པ་རྡོ་རྗེ་སེངྒེ།	༡	ཤིང་རྟ།	༡༠༥༩	༢	ཆུ་ཡོས།	༡༡༢༣	
སྣང་ལུང་པ་བརྩོན་འགྲུས་གཞོན་ནུ།	༢	ཆུ་ཡོས།	༡༡༢༣	༣	ཆུ་སྣང་།	༡༡༨༣	
སྣན་ཚུང་དར་མ་ཚུལ་ཁྲིམས།							དུས་རབས་༡༩པའི་དུས་སྨད།
སྣན་དར་མ་བློ་གྲོས།							དུས་རབས་༡༩པའི་དུས་སྨད་ཀྱི་ལོ་ཐོ་བ་གྲགས་ཅན་ཞིག
སྣན་ཚུལ་ཁྲིམས་བྱང་ཆུབ་སྟོམ།		ཤིང་འབྲུག	༡༠༠༩	༢	ཆུ་རྟ།	༡༡༠༢	
སྣན་ཚུལ་ཁྲིམས་བྱང་ཆུབ་ཕྱི་མ།	༢	ས་སྦྲུལ།	༡༡༢༤	༣	ལྕགས་ཕག	༡༡༨༦	
སྣན་ཡེ་ཤེས་འབར།							ལྕགས་ཕྱི་༡༠ ༡༠ལོར་རབ་ཏུ་བྱུང་།
སྣན་ཡེ་ཤེས་ཤེས་རབ།							དུས་རབས་༡༠པའི་དུས་མཇུག
སྙིང་དཀོན་མཆོག་དཀྱིས་པའི་བློ་གྲོས།	༡༣	ཆུ་སྦྲུལ།	༡༧༧༣	༡༩	ས་ཕྱི།	༡༤༣༤	
སྙིང་གྲུབ་ཐོབ་མ་ཧི་རིན་ཆེན།							འཇའ་ལུས་སུ་ཕེབས།

གླིང་འཇིགས་མེད་བློ་གྲོས་རྒྱ་མཚོ།	༡༩	ས་ཕག	༡༤༣༨				
གླིང་རྗེ་རས་པ་པདྨ་རྡོ་རྗེ།	༢	ས་སྤྲེལ།	༡༡༢༤	༣	ས་སྤྲེལ།	༡༡༤༤	
གླིང་དོན་གྲུབ་རྒྱ་མཚོ།	༡༢	ཆུ་རྟ།	༡༧༠༢	༡༣	ས་གླང་།	༡༧༦༨	
གླིང་སྤྲུལ་བློ་བཟང་ལུང་རྟོགས་བསྟན་འཛིན་ཕྲིན་ལས།	༡༩	ལྕགས་བྱི།	༡༤༥༠	༡༥	ཆུ་སྟག	༡༨༠༢	
གླིང་མོད་བློ་བཟང་རིན་ཆེན།	༡༢	ས་ཕག	༡༧༡༨	༡༣	ཆུ་གླང་།	༡༧༨༣	
གླིང་སྨད་ཞབས་དྲུང་འཇམ་དབྱངས་དཀོན་མཆོག་ཆོས་འཕེལ།							དགའ་ལྡན་ཁྲི་རབས་༣༥པར་གཟིགས།
གླིང་རིན་པོ་ཆེ།							འབྲི་གུང་རྡོ་རྗེ་རིན་ཆེན་ལ་གཟིགས།
གློ་བོ་ལོ་ཆུང་བ་ཤེས་རབ་རིན་ཆེན།							དུས་རབས་༡༢པའི་དུས་སྨད་ཙམ།
གློ་བོ་བསོད་ནམས་ལྷུན་གྲུབ།							
དགའ་ལྡན་ཚེ་དབང་།							སྤྱི་ལོ་ ༡༦༤༡ལོར་ དམག་དཔུང་ཁྲིད་ནས་ མངའ་ རིས་ སྐོར་ གསུམ་ལ་དབང་བསྒྱུར།

དགའ་ལྡན་ཤེ་རེ་ཐུ་བློ་བཟང་བསྟན་པའི་ཉི་མ།	༡༢	ས་སྦྲུལ།	༡༦༨༩	༡༣	ཆུ་འབྲུག	༡༧༧༢	
དགའ་བཞི་མགོན་པོ་དངོས་གྲུབ་རབ་བརྟན།	༡༢	ལྕགས་གླང་།	༡༧༢༡	༡༣	ཆུ་བྱི།	༡༧༩༢	
དགའ་བཞི་བསྟན་འཛིན་དཔལ་འབྱོར།	༡༣	ལྕགས་འབྲུག	༡༧༦༠				རྡོ་རིང་པཎྜི་ཏ།
དགྲ་ཁྲི་ཐོག་སྒྲ།							དུས་རབས་དགུ་པའི་དུས་སྟོད།
དགེ་སྟག་སྤྲུལ་སྐུ་བློ་བཟང་དོན་གྲུབ་གྲགས་པ་མཐའ་ཡས།	༡༥	ཆུ་ཡོས།	༡༩༠༣	༡༦	ལྕགས་སྟག	༡༩༥༠	
དགེ་ཐང་བློ་བཟང་།							དུས་རབས་༢༠པར་བཞུགས།
དགེ་འདུན་བཀྲ་ཤིས།							ཚབ་མདོ་བྱམས་པ་གླིང་གི་མཁན་པོ་ཞིག
དགེ་འདུན་མཐྱེན་རབ།	༡༢	མེ་འབྲུག	༡༧༣༦				རོང་ཆེན་དགེ་འདུན་མཐྱེན་རབ།
དགེ་འདུན་ཆོས་སྐྱོང་རྒྱ་མཚོ།							ཐར་ཤུལ་དགེ་འདུན་ཆོས་སྐྱོང་རྒྱ་མཚོར་གཟིགས།
དགེ་འདུན་ཆོས་འཕེལ།	༡༥	ཆུ་ཡོས།	༡༩༠༣	༡༦	ལྕགས་ཡོས།	༡༩༥༡	
དགེ་འདུན་འཇིགས་མེད་རྣམ་རྒྱལ།	༡༣	ཤིང་སྦྲུལ།	༡༧༨༥	༡༤	ཤིང་འབྲུག	༡༨༤༣	
དགེ་འདུན་བསྟན་པ་རྒྱ་མཚོ།							བྱ་ཁྱུང་ཤར་གདོང་དགེ་འདུན་བསྟན་པ་རྒྱ་མཚོའང་ཞུ།

དགེ་འདུན་བསྟན་པ་རྒྱ་མཚོ།	༩	མེ་སྦྲུལ།	༡༥༥༧				
དགེ་འདུན་བསྟན་པའི་ཉི་མ།							ཁྲི་ཀའི་མཚན་སྒྲོགས་དགེ་འདུན་བསྟན་པའི་ཉི་མའང་ཞུ།
དགེ་འདུན་བསྟན་འཛིན་རྒྱ་མཚོ།							
དགེ་འདུན་བསྟན་འཛིན་རྒྱལ་མཚན།							སེར་དྲིས་མ་ཧེ་དགེ་འདུན་བསྟན་འཛིན་རྒྱལ་མཚན།
དགེ་འདུན་བསྟན་འཛིན་ནོར་བུ་བཟང་པོ།	༡༥	ཆུ་བྱ།	༡༨༧༣	༡༦	མེ་ཡོས།	༡༩༢༧	
དགེ་འདུན་དོན་གྲུབ།							མཁན་ཆེན་དགེ་འདུན་རྒྱ་མཚོའང་ཞུ།
དགེ་འདུན་ཕྲིན་ལས་རབ་རྒྱས།							རོང་པོ་སྐལ་ལྡན་སྐུ་ཕྲེང་གསུམ་པར་གཟིགས།
དགེ་འདུན་འབར།							སོ་ཆུང་བ་དགེ་འདུན་འབར་ཞེས་ཞུ།
དགེ་འདུན་ཚུལ་ཁྲིམས།							དགའ་ལྡན་ཁྲི་རབས་༤༥པར་གཟིགས།
དགེ་འདུན་བློ་གྲགས།	༡༢	ཤིང་སྟག	༡༧༣༤	༡༨	ལྕགས་ལུག	༡༨༡༡	གཡེར་གཞོང་དགེ་འདུན་བློ་གྲགས་ཀྱང་ཞུ།
དགེ་འདུན་བཟང་པོ།	༡༡	ལྕགས་ལུག	༡༦༣༡				སྨོམ་ཞི་གྲུབ་ཆེན་དགེ་འདུན་བཟང་པོ།
དགེ་འདུན་བཟང་པོ།	༧	མེ་བྱ།	༡༤༡༧	༨	ཤིང་ཡོས།	༡༤༩༥	གཙང་གི་ཁྱུང་པོ་བྱ་བྲལ་དགེ་འདུན་བཟང་པོ།

དགེ་འདུན་བཟང་པོ་རྒྱ་མཚོ།	༡༠	ལྕགས་ཡོས།	༡༥༩༡				
དགེ་འདུན་རིན་ཆེན།							དགའ་ལྡན་ཁྲི་རབས་༣༧པར་གཟིགས།
དགེ་འདུན་འོད་ཟེར།							བཀའ་གདམས་པ་ཞིག
དགེ་འདུན་ལུང་རྟོགས་ཉི་མ།							ལ་མོ་གསེར་ཁྲི་དགེ་འདུན་ལུང་རྟོགས་ཉི་མའང་ཞུ།
དགེ་འདུན་ལུང་རྟོགས་རབ་རྒྱས།	༡༥	ཤིང་ལུག	༡༨༩༥	༡༦	ཆུ་འབྲུག	༡༩༥༢	
དགེ་བསྙེན་དཔལ་ལྡན་འཇིགས་མེད་འབང་ས།	༦	མེ་འབྲུག	༡༣༧༦	༨	ལྕགས་ལུག	༡༤༥༡	བོ་དོང་ཕྱོགས་ལས་རྣམ་རྒྱལ་གྱི་རྣམ་ཐར་རྩོམ་པ་པོ་ཡིན།
དགེ་སྡིངས་པ།							དུས་རབས་༡༢པའི་དུས་དཀྱིལ་ཙམ།
དགེ་རྩེ་པཎ་ཆེན་འགྱུར་མེད་ཚེ་དབང་མཆོག་གྲུབ།	༡༣	ལྕགས་སྦྲུལ།	༡༧༦༡	༡༤	ས་གླང་།	༡༨༢༩	
དགེ་རྩེ་བདུད་འཇོམས་རོལ་པའི་རྡོ་རྗེ།	༡༥	ས་ཁྱི།	༡༨༩༨				
དགེ་རྩེ་འགྱུར་མེད་བསྟན་པ་རྣམ་རྒྱལ།	༡༥	ས་ཁྱི།	༡༨༩༨				
དགེ་མཛེས་འོད།	༡༤	ཆུ་ཡོས།	༡༢༤༣	༥	ལྕགས་འབྲུག	༡༢༨༠	རྟོགས་ལྡན་རྒྱལ་པོ་དགེ་མཛེས་འོད་ཀྱང་ཞུ།

དགེ་ཡེ་བ་ཚུལ་ཁྲིམས་སེང་གེ།	༧	ས་སྤྲེལ།	༡༩༢༨				འདི་པ་དགུང་ལོ་ཞེ་དྲུག ༡༩༧༩ལོར་སྐྱེས་བུ་དམ་པའི་རྣམ་ཐར་ཆོས་འབྱུང་ཤཱཀྱའི་རྒྱལ་པོ་བསྟན་འཛིན་དང་བཅས་པ་ཁྲོན་ཚུལ་མཛད།
དགེ་རི་གྲགས་པ་རྒྱ་མཚོ།	༨	ཤིང་ཡོས།	༡༥༥༥	༡༡	མེ་ཡོས།		
དགེ་ལེགས་འཇམ་མགོན་དགྱེས་པའི་དབང་ཕྱུག	༡༢	ཤིང་བྱ།	༡༧༠༥	༡༣	ལྕགས་སྤྲུལ།	༡༧༦༡	
དགེ་བཤེས་ཀུན་ཤེས་རབ་འོད།	༡	མེ་བྱ།	༡༠༥༧				
དགེ་བཤེས་སྨན།	༢	ས་སྤྲེལ།	༡༡༢༨				
དགེ་བཤེས་ལྕགས་རི་བ།	༣	ལྕགས་འབྲུག	༡༡༦༠	༩	ས་སྟག	༡༢༡༨	
དགེ་བཤེས་སྟོན་གཞོན།							དུས་རབས་༡༥པའི་དུས་སྟོད་དུ་འབྱུངས་པའི་ལོ་ཙཱ་བ་ཞིག
དགེ་བཤེས་གནས་བརྟན།							དུས་རབས་༡༣པའི་དུས་སྟོད།
དགེ་བཤེས་བྲག་དཀར་བ།	༡	ཆུ་སྤྲེལ།	༡༠༣༢	༢	ལྕགས་ཡོས།	༡༡༡༡	
དགེ་བཤེས་ཚུལ་འཕགས་ངན་ལམ་པ།	༢	ལྕགས་རྟ།	༡༠༨༠	༣	ས་ཡོས།	༡༡༥༨	

དགེ་བཤེས་ཟླ་ལ་ཕུ་བ།							
དགེ་བཤེས་ཤར་བ་ཡོན་ཏན་གྲགས།	༡	ལྕགས་ཕྱི།	༡༠༧༠	༢	ལྕགས་བྱ།		
དགེ་སློང་བཀྲ་ཤིས་ལྷུན་གྲུབ།							བྱ་འདུལ་འཛིན་བརྩོན་འགྲུས་འབར་གྱི་སློབ་མ།
དགེ་སློང་གྲགས་པ་རྒྱ་མཚོ།							
དགེ་སློང་ངག་གི་དབང་ཕྱུག							
དགེ་སློང་ཆོས་ལྡན་རབ་འབྱོར།							
དགེ་སློང་འཇམ་དཔལ་རྒྱ་མཚོ།							
དགེ་སློང་ནམ་མཁའ་འོད།							
དགེ་སློང་དཔའ་ཆུང་།							འབྲི་གུང་གྲུབ་དབང་དཀོན་མཆོག་ཕྲིན་ལས་ལ་གཟིགས།
དགེ་སློང་དཔལ་ལྡན་ཚུལ་ཁྲིམས།	༦	ཆུ་བྱ།	༡༣༣༣				
དགེ་སློང་འཕགས་པ།							དུས་རབས་༡༩པའི་དུས་སྟོད་ཀྱི་ལོ་ཙྪ་བ་ཞིག
དགེ་སློང་བྱང་ཆུབ་སྐྱབས།							

དགེ་སློང་བྱམས་པ་བཀྲ་ཤིས།							
དགེ་སློང་བློ་གྲོས་གྲགས།							
དགེ་སློང་བློ་གྲོས་རྒྱལ་མཚན།							བཀའ་གདམས་པ་ཞིག
དགེ་སློང་སྨོན་ལམ་འོད་ཟེར།							
དགེ་སློང་བརྩོན་འགྲུས་རྡོ་རྗེ།							
དགེ་སློང་གཞོན་ནུ་སེངྒེ།							
དགེ་སློང་འོད།							དུས་རབས་༡༥པའི་དུས་སྟོད་ཀྱི་ལོ་ཙཱ་བ་ཞིག
དགེ་སློང་ཡེ་ཤེས་དབྱངས།		ས་ཕྲི།	༧༥༨		ས་ཧྲ།	༨༣༨	འདི་གཞུབས་ནམ་མཁའི་སྙིང་པོའི་སློབ་མ་ཡིན་ཞིང་ཐྲག་གཡབ་རིན་མདའི་རྫོ་སྐུ་རྣམ་སྣང་དང་ལྷན་སྟོད་འབུམ་མདོའི་རྣམ་སྣང་རྫོ་སྐུ་བཞེངས་མཁན་དེ་ཡིན།
དགེ་སློང་ཡོན་ཏན་རྒྱ་མཚོ།							
དགེ་སློང་རིན་ཆེན་སྐྱབས།							

དགེ་སློང་རིན་ཆེན་དར།							
དགེ་སློང་ཤེས་རབ་བཟང་པོ།							
དགེ་སློང་ཤཱཀྱ་དཔལ།							
དགོན་པ་བ།							འཛིང་དབང་ཕྱུག་རྒྱལ་མཚན་ལ་གཟིགས།
དགོན་གསར་བ་བསོད་ནམས་ཆོས་འཕེལ།	༩	མེ་ཕག	༡༥༢༧				
དགྱེར་སྒོམ་ཆེན་པོ།	༢	ལྕགས་རྟ།	༡༠༩༠	༣	ལྕགས་ཡོས།	༡༡༧༡	
དགྱེར་སྒོམ་ཆོས་སེང་གྱི་སེང་གེ།	༢	ཤིང་བྱི།	༡༡༤༤	༣	ཤིང་བྱི།	༡༢༠༤	ལ་ལས་རྩོལ་ཁྲིམས་སེང་གེ་ཟེར།
དགྱེར་སྒོམ་གཞོན་ནུ་གྲགས་པ།	༢	ལྕགས་རྟ།	༡༠༩༠	༣	ལྕགས་ཡོས།	༡༡༧༡	
དགྲ་བཅོམ་ནུས་ལྡན་དྲག་པོ་རྩལ།							རིག་འཛིན་ཀུན་བཟང་སྟོབས་ལྡན་དབང་པོར་གཟིགས།
མགར་ཁྲི་འབྲིང་བཙན་བྲོད།					ས་ཕག	༦༩༩	མགར་སྟོང་བཙན་གྱི་སྲས།
མགར་ཆོས་ཀྱི་བཟང་པོ།							དུས་རབས་༡༡པའི་དུས་མགོ་ཙམ་དུ་འཁྲུངས།
མགར་སྟག་ར་ཁོང་ལོད།							མགར་སྟོང་བཙན་གྱི་སྲས།

མགར་སྟོང་བཙན་ཡུལ་བཟུང་།					མེ་ཡོས།	༦༦༧	
མགར་དམ་ཆོས་སྙིང་པོ།	༣	ལྕགས་བྱི།	༡༡༨༠				
མགར་དམ་པ་བསྟན་འཛིན་ཕུན་ཚོགས།	༡༠	ས་སྟག	༡༥༧༨				
མགར་རྣམ་སྨོན་ལམ།							བཀའ་གདམས་པ་ཞིག
མགར་བཙན་ཉེན་གུང་རྟོན།					ཤིང་ལུག	༦༩༥	མགར་སྟོང་བཙན་གྱི་སྲས།
མགར་བཙན་སྙ་སྟོམ་བུ།					ཤིང་བྱ།	༦༨༥	མགར་སྟོང་བཙན་གྱི་སྲས།
༼མགར་རྗེ་གྲུ་ས་དགོན་མགར་རྗེ་ཚེའི་སྐུ་ཕྲེང་རིམ་བྱོན།༽	༩ ནས་འགོ་ཚུགས།						མདོ་སྨད་རེབ་གོང་གི་ཆར་གཏོགས།
༡༽ ཤེས་རབ་ཉི་མ།	༩	ལྕགས་སྟག	༡༥༣༠	༡༠	མེ་རྟ།	༡༦༠༦	དགུང་ལོ་༧༧བཞུགས།
༢༽ བློ་བཟང་བཀའ་བཅུ་པ།	༡༠	མེ་ལུག	༡༦༦༦	༡༢	མེ་རྟ།	༡༧༢༦	དགུང་ལོ་༦༠བཞུགས།
༣༽ ཁྲི་ཆེན་མཁས་མཆོག་རྒྱ་མཚོ།	༡༡	མེ་རྟ།	༡༧༨༧	༡༣	མེ་ལུག	༡༧༨༧	དགུང་ལོ་༦༡བཞུགས།
༤༽ འཇིགས་མེད་ངག་དབང་འཇམ་དབྱངས།	༡༢	མེ་ལུག	༡༧༢༧	༡༣	ཤིང་སྦྲུལ།	༡༧༨༥	དགུང་ལོ་༥༩བཞུགས།

༥༽ དཀོན་མཆོག་བསྟན་པ་ཡར་འཕེལ།	༡༣	མེ་རྟ།	༡༧༨༦	༡༤	ཤིང་འབྲུག	༡༨༤༤	དགུང་ལོ་༥༩ བཞུགས།
༦༽ སྐལ་བཟང་དངོས་གྲུབ་རྒྱ་མཚོ།	༡༤	ཤིང་སྦྲུལ།	༡༨༤༥	༡༥	ཆུ་འབྲུག	༡༨༩༢	དགུང་ལོ་༤༨ བཞུགས།
༧༽ སྐལ་བཟང་མཁྱེན་རབ་རྒྱ་མཚོ།	༡༥	ཆུ་སྦྲུལ།	༡༨༩༣		ལྕཏ་འབྲུག	༡༩༤༠	དགུང་ལོ་༤༨ བཞུགས།
༨༽ སྐལ་བཟང་བསྟན་པ་རྒྱ་མཚོ།	༡༦	ལྕགས་འབྲུག	༡༩༤༠				
མགར་འཛི་སྨུན།							ཁྲི་སྲོང་ལྡེའུ་བཙན་གྱི་བློན།
མགར་ར་བླམ།							ནོར་བླ་བསོད་ནམས་རབ་བརྟན་ལ་གཟིགས།
མགར་ར་བླམ།							མགོ་ལོག་གི་བླ་མ་ཞིག དབུས་བཟའ་མཁའ་འགྲོ་དང་དུས་མཚུངས། དུས་རབས་༢༠ པའི་མགོ་སྟོད་ཙམ།
མགར་ཤེས་རབ་འབྱུང་གནས།							
མགར་ཤེས་རབ་བླམ།							དུས་རབས་༡༠ པའི་དུས་མཇུག་ཙམ།
མགོ་རྟ་འཇིགས་མེད་མཁས་མཆོག	༡༣	ཆུ་སྤྲེལ།	༡༧༥༢				
མགོ་རྟ་བློ་བཟང་མཁས་མཆོག	༡༡	ས་རྟ།	༡༦༧༨	༡༣	ས་སྦྲུལ།		

མགོ་པ་ཡེ་ཤེས་གཡུང་དྲུང་།							དུས་རབ་༡༠པའི་དུས་མཇུག
མགོ་ལོག་སྨན་པ་སྟག་བློ་ནོར་བུ།	༡༥	ས་གླང་།	༡༨༨༩				
མགོན་ཀླུ་གྲགས་པ་རྒྱལ་མཚན།	༡༢	ལྕགས་ཁྱི།	༡༧༣༠				
མགོན་ཀླུ་ཆོས་བསྟན་འཛིན་རྒྱ་མཚོ།	༡༣	ཆུ་ཁྱི།	༡༨༠༢				
མགོན་ཀླུ་བློ་བཟང་ཐུབ་བསྟན་རྒྱ་མཚོ།	༡༥	ཤིང་བྱ།	༡༨༨༥				
མགོན་ཀླུ་བློ་བཟང་ཚུལ་ཁྲིམས་རྒྱ་མཚོ།	༡༥	ས་སྟག	༡༨༧༨				
མགོན་ཀླུ་བློ་བཟང་ཚུལ་ཁྲིམས་བསམ་གཏན།	༡༦	ས་ཕག	༡༨༣༩	༡༢	ཤིང་ཕག	༡༨༧༥	སྐུ་འབུམ་གདན་རབས་༥༩པ།
མགོན་ཀླུ་བློ་བཟང་ཚུལ་ཁྲིམས་བསམ་གཏན།	༡༦	ས་ཕག	༡༨༣༩	༡༥	མེ་བྱི།	༡༨༧༦	
མགོན་དཀར་སྐྱབས།							སེར་བྱེས་བྱམས་པ་སྐལ་བཟང་ལ་གཟིགས།
མགོན་པོ་རྡོ་རྗེ།							སྨན་ལུང་པ་ཤཱཀྱ་འོད་ལ་གཟིགས།
མགོན་པོ་རྡོ་རྗེ།							གོད་ཚང་པ་མགོན་པོ་རྡོ་རྗེར་གཟིགས།
མགོན་པོ་རྣམ་རྒྱལ།							ཞག་རོང་མགོན་པོ་རྣམ་རྒྱལ་ལ་གཟིགས།

མགོན་པོ་ལྡེ།							སྨད་ཀྱི་ལྡེ་གསུམ་གྱི་གྲས།
མགོན་པོ་ཡེ་ཤེས།							རི་བོ་ཆེ་མགོན་པོ་ཡེ་ཤེས་ལ་གཟིགས།
མགོན་པོ་བསོད་ནམས་མཆོག་ལྡན།	༡༠	ཆུ་ཡོས།	༡༦༠༣	༡༡	ས་ཕག	༡༦༥༠	
མགོན་ཚང་བློ་བཟང་ཡོན་ཏན།	༡༩	ཆུ་སྤྲེལ།	༡༤༡༢				
འགོས་ཁུག་པ་ལྷས་བཙས།							མཚན་དངོས་ལ་བསོད་ནམས་རྫེ་མོ་ཡང་ཞུ། མར་པ་དང་དུས་མཚུངས།
འགོས་ཁྲི་བཟང་ཡབ་ལྷག							ཁྲི་སྲོང་གི་བློན་པོ། མཛངས་མི་མི་བདུན་གྲས།
འགོས་གཡག་ཆུང་།							འདུས་སྲོང་མང་པོ་རྗེའི་བློན་པོ།
འགོས་ལོ་ཆོས་འགྲུབ།							དུས་རབས་དགུ་པའི་དུས་མགོ།
འགོས་ལོ་ནུབ་གཞོན་ནུ་དཔལ།	༧	ཆུ་སྤྲེལ	༡༣༨༢	༤	ལྕགས་སྦྲང་།	༡༩༤༡	
འགོས་ལོ་ཡིད་བཟང་རྩེ་པ། ཡེ་བཟང་རྩེ་པའང་ཞུ།							འགོས་ལོ་གཞོན་ནུ་དཔལ་གྱི་མཚན་གྱི་རྣམ་གྲངས་ཤིག

འགྱུར་རོ་འཛིགས་མེད་རྒྱལ་མཚན།	༡༣	ཆུ་སྤྲུལ།	༡༧༧༣	༡༩	ལྕགས་ཁྱི།	༡༨༥༠	
འགྱུར་མེད་ངེས་དོན་དཔང་པོ།							ཛ་པུ་ཁྱུང་སྤྲུལ་སྐུའང་ཞུ།
འགྱུར་མེད་བསྟན་འཛིན་བཟང་པོ།							
འགྱུར་མེད་བདེ་ཆེན།							ཐང་རྒྱལ་རྣམ་ཐར་གྱི་རྩོམ་པ་པོ་ཡིན།
འགྱུར་མེད་རྡོ་རྗེ།							གཏེར་བདག་གླིང་པ་འགྱུར་མེད་རྡོ་རྗེ་ལ་གཟིགས།
འགྲོ་མགོན་ཆོས་རྒྱལ་འཕགས་པ་བློ་གྲོས་རྒྱལ་མཚན།	༩	ཤིང་ལུག	༡༢༣༥	༥	ལྕགས་འབྲུག	༡༢༨༠	
འགྲོ་མགོན་ཕྱག་ན་རྡོ་རྗེ།	༩	ས་ཕག	༡༢༣༨	༥	མེ་ཡོས།	༡༢༦༧	
འགྲོ་མགོན་བློ་གྲོས་བཟང་པོ།	༧	ས་སྦྲུལ།	༡༩༢༨	༨	ཤིང་བྱ།	༡༩༦༥	སྐྱོ་མདའ་ཆོས་རྗེ་འགྲོ་མགོན་བློ་གྲོས་བཟང་པོའང་ཞུ།
འགྲོ་མགོན་སངས་རྒྱས་ཡེ་ཤེས།	༢	ཤིང་སྟག	༡༡༣༩				
འགྲོ་འདུལ་གླིང་པ།							གཏེར་སྟོན་རཏྣ་གླིང་པར་གཟིགས།
ཀ་ལོ་རྣམ་རྒྱལ་རྡོ་རྗེ།	༣	ཆུ་ཕག	༡༢༠༣	༥	ཆུ་རྟ།	༡༢༨༢	རོང་པོ་རྒྱ་ལོ་ཡང་ཟེར། འདི་ས་སྐྱ་ཀིན་ཀླམ་ཡང་སྐྱར་བརྟག

ཀ་ལོ་གཞོན་ནུ་དཔལ།							དུས་རབས་༡༢པའི་དུས་སྟོད། ཙ་མི་སངས་རྒྱས་གྲགས་ཀྱི་སློབ་མ་ཡིན། ཕག་གྲུ་དང་ཞང་བརྩོན་འགྲུས་གྲགས་ཀྱི་བླ་མ་ཡིན། གོང་ལྷར་ས་སྐྱ་ཡིན་སྙམ། འདིར་མི་ཉག་ཀ་ལོ་ཡང་ཟེར་སྲོལ་འདུག
ཀན་རྒྱུད་དཀོན་མཆོག་དཔལ་ལྡན།	༡༣	ཤིང་སྦྲུལ།	༡༧༨༥	༡༤	ཆུ་སྦྲུལ།	༡༨༣༣	
ཀོང་སྤྲུག་རས་པ་གྲགས་འབྱུང་།	༦	ཆུ་ཡོས།	༡༣༦༣				
ཀོད་ཚང་པ་སྣ་ཚོགས་རང་གྲོལ།	༨	ཤིང་སྟག	༡༤༩༤	༡༠	ལྕགས་རྟ།	༡༥༧༠	
ཀོད་ཚང་པ་མགོན་པོ་རྡོ་རྗེ།	༣	ས་བྱ།	༡༡༨༩	༤	ས་རྟ།	༡༢༥༨	
ཀོད་ཚང་སྐྱེ་བ་ཀུན་དགའ་བཟང་པོ།	༣	ས་རྟ།					
རྒྱ་དཀར་བློ་གྲོས་རྒྱལ་མཚན།	༧	ཤིང་བྱི།	༡༤༤༤	༨	ཤིང་ཡོས།	༡༤༩༥	
རྒྱ་མཁར་དཀོན་མཆོག་བསྟན་པའི་རྒྱལ་མཚན།	༡༣	ཤིང་སྟག	༡༧༩༤	༡༤	ཤིང་སྟག	༡༨༥༤	
རྒྱ་མཁར་གྲུབ་དགེ་འདུན་འཇམ་དཔལ་གྲུབ་པའི་རྡོ་རྗེ།	༡༤	ས་ཕག	༡༨༣༩	༡༥	མེ་རྟ།	༡༩༠༦	
རྒྱ་གར་ཕྲུག་ན།		མེ་སྦྲུལ།	༡༠༡༧				

རྒྱ་གར་ཤེས་རབ་རྒྱལ་མཚན།	༧	མེ་འབྲུག	༡༤༣༦	༨	ཆུ་སྟག	༡༤༨༢	
རྒྱ་མཆིང་རུ་བ།							རབ་བྱུང་༣པའི་ཤིང་གླང་༡༢༠༥ལོར་སྐྱེ་ཐང་བདེ་བ་ཅན་བཏབ།
རྒྱ་འདུལ་འཛིན་དབང་ཕྱུག་ཚུལ་ཁྲིམས་འབར།	༡	མེ་ཕག	༡༠༤༧	༢	ལྕགས་ཕག	༡༡༣༡	
རྒྱ་ནག་པ་འཇམ་དབྱངས་བསྟན་པའི་ཉི་མ།	༡༡	མེ་སྟག	༡༦༨༦	༡༢	ས་རྟ།	༡༧༣༨	
རྒྱ་ནག་པ་བློ་གྲོས་རྒྱ་མཚོ།							སྐུ་འབུམ་ངག་དབང་བློ་གྲོས་རྒྱ་མཚོར་གཟིགས།
རྒྱ་བན་བྱང་ཆུབ་དབང་རྒྱལ།							
རྒྱ་མ་པ་སངས་རྒྱས་དཔོན་སྟོན།	༢	ས་འབྲུག	༡༠༨༨				
རྒྱ་མ་དཔོན་སྟོན་གཞོན་ནུ་འབྱུང་གནས།	༢	ས་རྟ།	༡༡༣༨	༤	ལྕགས་རྟ།	༡༢༡༠	
རྒྱ་དམར་བ་བྱང་ཆུབ་གྲགས།							དུས་རབས་༡༢པའི་དུས་སྟོད།
རྒྱ་སྟོན་བརྩོན་འགྲུས་སེངྒེ།				༡	ལྕགས་འབྲུག	༡༠༤༠	
རྒྱ་མཚོའི་སྡེ།							དུས་རབས་༡༥པའི་དུས་དཀྱིལ་ལ་གྱི་ལོ་ཙྪ་བ་ཞིག

རྒྱ་ཞང་ཁྲོམ་རྡོ་རྗེ་འོད་འབར།							དུས་རབས་༡༡པར་འཁྲུངས།
རྒྱ་བཟའ་སྟོམ་ཙུན་ཤིང་ཀོང་རྗེ།		མེ་གླང་།	༤༡༧		ས་བྱི།	༤༦༢	
རྒྱ་ཡག་བསྐལ་བཟང་ཚུལ་ཁྲིམས་བསྟན་པའི་ཉི་མ།	༡༩	ས་རྟ།	༡༢༥༢				
རྒྱ་ཡག་ཞབས་དྲུང་བློ་བཟང་བསྟན་པའི་ཉི་མ།	༡༣	མེ་སྦྲུལ།	༡༧༦༧				
རྒྱ་ར་ཆོས་སྐྱོང་བཟང་པོ།							དགའ་ལྡན་ཁྲི་རབས་༡༥པར་གཟིགས།
རྒྱ་ར་བ་ནམ་མཁའ་ཆོས་ཀྱི་རྒྱ་མཚོ།							ཀུན་མཁྱེན་ཀློང་ཆེན་པ་དང་དུས་མཚུངས། ཀར་གླིང་ཞི་ཁྲོའི་ཆོས་བདག་ཡིན། རྒྱ་ར་ཀློང་ཆེན་ཡང་ཟེར།
རྒྱ་ར་སྤྲུལ་སྐུ་དཀོན་མཆོག་བསྟན་འཛིན་གྲགས་པ།	༡༡	མེ་བྱི།	༡༤༩༤				
༼རྒྱ་ར་སྤྲུལ་སྐུ་སྐུ་འཕྲེང་རིམ་བྱོན།༽	༡༡ ནས་བཟུང་།						ཆབ་མདོ་བྱམས་པ་གླིང་གི་བླ་རབས་གྲས།
༡༽རྒྱ་ར་གྲུབ་ཆེན་ཤེས་རབ་ཕུན་ཚོགས་ཁྱུང་པོ་སྟ་ཤོད་ཀ་ན།	༡༡	ཆུ་བྱི།	༡༤༢༣				རྒྱ་ར་སངས་རྒྱས་ཡེ་ཤེས་ཀྱི་སྐུ་སྐྱེ་ཡིན། དགུང་ལོ་༤༡བཞུགས།
༢༽རྒྱ་ར་དཀོན་མཆོག་བསྟན་འཛིན།	༡༡	ཤིང་བྱི།	༡༤༣༩	༡༡	ཤིང་སྦྲུལ།	༡༤༩༩	དགུང་ལོ་༡༡ལས་མ་བཞུགས།

༣༽ རྒྱ་ར་བློ་བཟང་ཕུན་ཚོགས་རྣམ་རྒྱལ།	༡༡	མེ་ཕྱི།	༡༦༤༦	༡༡	མེ་འབྲུག	༡༦༧༦	དགུང་ལོ་༣༡བཞུགས།
༤༽ རྒྱ་ར་བློ་བཟང་བསྟན་འཛིན་ཕྲིན་ལས།	༡༡	ལྕགས་བྱ།	༡༦༨༡	༡༦	ལྕགས་རྟ།	༡༩༣༠	དགུང་ལོ་༥༡བཞུགས།
༥༽ རྒྱ་ར་སྐལ་བཟང་ཆོས་གྲགས་དཔལ་ལྡན།	༡༢	ཤིང་སྟག	༡༧༣༨	༡༣	ལྕགས་ཕག	༡༧༩༡	དགུང་ལོ་༥༨བཞུགས།
༦༽ རྒྱ་ར་བློ་བཟང་ཆོས་འཕེལ།	༡༣	ཆུ་བྱི།	༡༧༩༢		ལྕགས་གླང་།	༡༨༤༡	དགུང་ལོ་༥༠བཞུགས།
༧༽ རྒྱ་ར་ འཕགས་ མཆོག་ ཐུབ་ བསྟན་ འཇིགས་ མེད་ ཆོས་ ཀྱི་ དབང་ཕྱུག	༡༤	ཆུ་སྟག	༡༨༤༢	༡༥	ཆུ་གླང་།	༡༩༡༣	དགུང་ལོ་༧༢བཞུགས།
༨༽ རྒྱ་ར་བློ་བཟང་བསྟན་འཛིན་ཆོས་ཀྱི་དབང་ཕྱུག	༡༥	ས་རྟ།	༡༩༡༨		ལྕགས་ཕྱི།	༡༩༧༠	དགུང་ལོ་༥༩བཞུགས།
༩༽ རྒྱ་ར་ཐུབ་བསྟན་འཇམ་དཔལ་ལེགས་བཤད་རྒྱ་མཚོ།	༡༦	ས་ལུག	༡༩༧༩				འཕགས་ཡུལ་དུ་སྐུ་བལྟམས།
རྒྱ་ར་བ་ཤེས་རབ་ཕུན་ཚོགས་རྣམ་རྒྱལ།	༩	མེ་སྟག	༡༥༦༦	༡༡	ཆུ་སྤྲེལ།	༡༦༣༢	
རྒྱ་ཤཱཀྱ་གཞོན་ནུ།							དུས་རབས་༡༡པའི་དུས་མཇུག་ཙམ།
རྒྱང་རོ་བྱང་ཆུབ་འབུམ། བཀའ་བསྟན་བསྟུ་བསྒྲིགས་ལ་མཛད་རྗེས་ཤིན་ཏུ་ཆེ།							འདི་བཙམ་ལྡན་རལ་གྲིའི་སློབ་མ་ཡིན། ལ་ལས་དབུས་པ་བློ་གསལ་འདི་ཉིད་ལ་ཞུ་ཟེར་རུང་སླར་བརྟག

རྒྱལ་ཁང་རྩེ་པ་དཔལ་འབྱོར་རྒྱ་མཚོ།							དགའ་ལྡན་ཁྲི་རབས་༢༥པ་སྟོད་ལུང་པ་དཔལ་འབྱོར་རྒྱ་མཚོར་གཟིགས།
རྒྱལ་ཁང་རྩེ་སྤྲུལ།	༡༠	ལྕགས་གླང་།	༡༦༠༡	༡༠	ས་ལུག	༡༦༡༩	
རྒྱལ་ཁང་རྩེ་སྤྲུལ་ཆོས་འབྱོར་རྒྱ་མཚོ།	༡༠	ས་ལུག	༡༩༡༦				
རྒྱལ་མཁན་ཆེན་དགེ་འདུན་བསྟན་པའི་ཉི་མ།	༡༣	ས་སྟག	༡༧༥༨				
རྒྱལ་མཁན་ཆེན་བློ་བཟང་ཉི་མ།				༡༢	མེ་གླང་།	༡༧༥༧	
རྒྱལ་མཁན་པོ་གྲགས་པ་རྒྱལ་མཚན།	༡༣	ཆུ་རྟ།	༡༧༦༢	༡༨	མེ་བྱ།	༡༨༣༧	
རྒྱལ་མཁན་སྤྲུལ་སྐལ་བཟང་གྲགས་པ་རྒྱ་མཚོ།	༡༥	ལྕགས་འབྲུག	༡༨༨༠				
རྒྱལ་རིག་ཞབས་དྲུང་།							
རྒྱལ་ཏོ་རེ་ལོང་བཙན།							བོད་རྒྱལ་༢༨པར་གཟིགས།
རྒྱལ་བ་ཁྱུང་ཚང་ཐོད་དམར་བ།	༢	ཆུ་ལུག	༡༡༠༣	༣	ཤིང་ལུག	༡༡༧༥	

རྒྱལ་བ་ཁྲུང་ཚང་པ།	༢	ཤིང་ལུག	༡༡༡༥	༣	མེ་སྤྲེལ།	༡༡༧༦	གོང་གི་རྒྱལ་བ་ཁྲུང་ཚང་བོད་དམར་བ་འདི་གཉིས་མི་གཅིག་ཡིན་མིན་བརྟག
༼རྒྱལ་བ་སྐུ་ཕྲེང་རིམ་བྱོན།༽							
རྒྱལ་བ་དང་པོ་དགེ་འདུན་གྲུབ།	༧	ལྕགས་ལུག	༡༣༩༡	༨	ཤིང་རྟ།	༡༤༧༤	
རྒྱལ་བ་གཉིས་པ་དགེ་འདུན་རྒྱ་མཚོ།	༨	མེ་སྤྲེལ།	༡༤༧༦	༩	ཆུ་སྟག	༡༥༤༢	
རྒྱལ་བ་གསུམ་པ་བསོད་ནམས་རྒྱ་མཚོ།	༩	ཆུ་ཡོས།	༡༥༤༣	༡༠	ས་ཕྱི།	༡༥༨༨	
རྒྱལ་བ་བཞི་པ་ཡོན་ཏན་རྒྱ་མཚོ།	༡༠	ས་གླང་།	༡༥༨༩	༡༠	མེ་འབྲུག	༡༦༡༦	
རྒྱལ་བ་ལྔ་པ་ངག་དབང་བློ་བཟང་རྒྱ་མཚོ།	༡༠	མེ་སྦྲུལ།	༡༦༡༧	༡༡	ཆུ་ཕྱི།	༡༦༨༢	
རྒྱལ་བ་དྲུག་པ་རིག་འཛིན་ཚངས་དབྱངས་རྒྱ་མཚོ།	༡༡	ཆུ་ཕག	༡༦༨༣	༡༢	མེ་སྟག	༡༧༤༦	
རྒྱལ་བ་བདུན་པ་བསྐལ་བཟང་རྒྱ་མཚོ།	༡༢	ས་ཕྱི།	༡༧༠༨	༡༣	མེ་གླང་།	༡༧༥༧	
རྒྱལ་བ་བརྒྱད་པ་འཇམ་དཔལ་རྒྱ་མཚོ།	༡༢	ས་སྟག	༡༧༥༨	༡༣	ཤིང་ཕྱི།	༡༨༠༤	
རྒྱལ་བ་དགུ་པ་ལུང་རྟོགས་རྒྱ་མཚོ།	༡༣	ཤིང་གླང་།	༡༨༠༥	༡༤	ཤིང་ཕག	༡༨༡༥	

རྒྱལ་བ་བཅུ་པ་ཚུལ་ཁྲིམས་རྒྱ་མཚོ།	༡༤	མེ་བྱི།	༡༨༡༦	༡༤	མེ་བྱ།	༡༨༣༧	
རྒྱལ་བ་བཅུ་གཅིག་པ་མཁས་གྲུབ་རྒྱ་མཚོ།	༡༤	ས་ཁྱི།	༡༨༣༨	༡༤	ཤིང་ཡོས།	༡༨༥༥	
རྒྱལ་བ་བཅུ་གཉིས་པ་ཕྲིན་ལས་རྒྱ་མཚོ།	༡༤	མེ་འབྲུག	༡༨༥༦	༡༥	ཤིང་ཕག	༡༨༧༥	
རྒྱལ་བ་བཅུ་གསུམ་པ་ཐུབ་བསྟན་རྒྱ་མཚོ།	༡༥	མེ་བྱི།	༡༨༧༦	༡༦	ཆུ་བྱ།	༡༩༣༣	
རྒྱལ་བ་བཅུ་བཞི་པ་བསྟན་འཛིན་རྒྱ་མཚོ།	༡༦	ཤིང་ཕག	༡༩༣༥				
རྒྱལ་བ་ཆོས་རྗེ་བཀྲ་ཤིས་དོན་གྲུབ།							རབ་བྱུང་༡༡པའི་ནང་།
རྒྱལ་བ་ཧེན་ནེ། ཏེན་ནེའང་ཞུ།	༢	མེ་ལུག	༡༡༢༧	༤	མེ་གླང་།	༡༢༡༧	
རྒྱལ་བ་སྐྱུང་ལུང་པ།							
རྒྱལ་བ་བྱམས་པ་བཀྲ་ཤིས།							དགའ་ལྡན་ཁྲི་རབས་༤༣པར་གཟིགས།
རྒྱལ་བ་བློ་བཟང་དོན་གྲུབ།	༨	ཤིང་གླང་།	༡༥༠༥				
རྒྱལ་བ་ཡེ་གྲགས་ས་དམར་བ།	༢	ཆུ་བྱ།	༡༡༡༦	༣	མེ་ལུག	༡༡༨༧	
རྒྱལ་བ་ཡང་དགོན་པ་རྒྱལ་མཚན་དཔལ།	༤	ཆུ་བྱ།	༡༢༡༣	༤	ས་རྟ།	༡༢༥༨	

རྒྱལ་བ་རིན་ཆེན་ཐོག་རྟགས་པ།	༣	ཆུ་ཕག	༡༢༠༣	༥	མེ་ཡོས།	༡༢༤༧	
རྒྱལ་བའི་འབྱུང་གནས།							
རྒྱལ་དབང་ཆོས་རྗེ་བློ་བཟང་ཕྲིན་ལས་རྣམ་རྒྱལ།				༡༩	ཆུ་ཁྱི།	༡༦༤༢	འབྲུག་རྒྱལ་དབང་ཆོས་རྗེའང་ཞུ། དུས་རབས་༡༨པའི་དུས་མགོ་ཙམ་ལ་འཁྲུངས།
རྒྱལ་མོ་གཡུ་སྒྲ་སྙིང་པོ།							བི་རོ་ཙ་ནའི་དངོས་སློབ། དུས་རབས་༨པའི་དུས་དཀྱིལ་ཙམ་ལ་འཁྲུངས་།
རྒྱལ་རྩེ་ཆོས་རྒྱལ་རབ་བརྟན་ཀུན་བཟང་འཕགས།	༧	ས་སྦྲུལ།	༡༣༦༨				
རྒྱལ་ཚ་བྱང་ཆུབ་ཡེ་ཤེས།	༡	མེ་ལུག	༡༠༤༧	༢	ས་ལུག	༡༡༣༨	
རྒྱལ་ཚ་རིན་ཆེན་མགོན།							ཁྲི་སྲུ་རྒྱལ་ཚ་ལ་གཟིགས
རྒྱལ་ཚབ་བཀྲ་ཤིས་རྣམ་རྒྱལ།	༦	མེ་ལུག	༡༩༦༧				
རྒྱལ་ཚབ་དར་མ་རིན་ཆེན།							དགའ་ལྡན་ཁྲི་རབས་༢པར་གཟིགས།
རྒྱལ་ཚབ་བློ་བཟང་ཆོས་གྲགས།							དུས་རབས་༡༧པའི་མགོ།
རྒྱལ་མཚན་གྲགས་པ།							

103

རྒྱལ་མཚན་དཔལ་བཟང་།							འབའ་ར་བ་རྒྱལ་མཚན་དཔལ་བཟང་ལ་གཟིགས།
རྒྱལ་མཚན་འབུམ།	༩	ལྕགས་བྱ།	༡༢༦༡	༦	ཤིང་བྱི།	༡༣༣༩	ཤངས་པ་མཁས་བཙུན་རྒྱལ་མཚན་འབུམ་ཡང་ཞུ།
རྒྱལ་མཚན་བཟང་པོ།							གུང་རུ་རྒྱལ་མཚན་བཟང་པོར་གཟིགས།
རྒྱལ་མཚན་འོད་ཟེར།							བྱམས་པ་འོད་ཟེར་ལ་གཟིགས།
རྒྱལ་མཚན་སེང་གེ།							གཙོས་གསེར་ཁྲི་རྒྱལ་མཚན་སེང་གེ་ཡང་ཞུ།
རྒྱལ་རོང་བསྟན་འཛིན་གྲགས་པའམ་འཇིགས་མེད་དཔལ་གྱི་སེངྒེ།							དུས་རབས་༡༤པའི་དུས་སྨད་ཙམ་ལ་འཁྲུངས།
རྒྱལ་རོང་ནམ་མཁའ་ལྷུན་གྲུབ།							དུས་རབས་༡༧པའི་དུས་དཀྱིལ་ཙམ་ལ་འཁྲུངས།
རྒྱལ་རོང་བློ་བཟང་མཁྱེན་རབ་དབང་ཕྱུག							དགའ་ལྡན་ཁྲི་རབས་༧༦པར་གཟིགས།
རྒྱལ་རོང་ཚུལ་ཁྲིམས་ཉི་མ།							དུས་རབས་༡༤པའི་ནང་ཙམ་ལ་འཁྲུངས།
རྒྱལ་སྲས་བསྐལ་བཟང་ཐུབ་བསྟན་འཇིགས་མེད་རྒྱ་མཚོ།	༡༢	ཆུ་ཕག	༡༧༩༣	༡༩	ལྕགས་ལུག	༡༨༡༡	
རྒྱལ་སྲས་གྲགས་པ་རིན་ཆེན།	༦	ས་གླང་།	༡༣༤༩	༦	མེ་ལུག	༡༣༦༧	

རྒྱལ་སྲས་སྣང་ལུང་པ།	༢	ཆུ་ཡོས།	༡༡༢༣	༣	ཆུ་སྤྲང་།	༡༡༩༣	
རྒྱལ་སྲས་ཐོགས་མེད་བཟང་པོ།	༥	ཤིང་ལུག	༡༢༩༥	༦	ས་བྱི།	༡༣༦༩	
རྒྱལ་སྲས་དོན་ཡོད་ཆོས་ཀྱི་རྒྱ་མཚོ།	༡༠	ཤིང་འབྲུག	༡༦༠༨				དུས་རབས་༡༡པའི་དུས་སྨད་ཙམ་ལ་འཁྲུངས།
རྒྱལ་སྲས་སྟོམ་བྲག་པ།							སྟོམ་བྲག་པ་བསོད་ནམས་རྡོ་རྗེར་གཟིགས།
རྒྱལ་སྲས་སྤྲུལ་སྐུ་གྲགས་པ་འོད་ཟེར།							
རྒྱལ་སྲས་སྤྲུལ་སྐུ་བློ་བཟང་ངག་དབང་འཇིགས་མེད།	༡༢	མེ་བྱི།	༡༦༩༦				
རྒྱལ་སྲས་སྤྲུལ་སྐུ་བློ་བཟང་དཔལ་ལྡན།	༡༢	ལྕགས་བྱ།	༡༧༨༡				
རྒྱལ་སྲས་བྱང་ཆུབ་རྡོ་རྗེ།							སྐྱོ་ཤུལ་ལུང་རྟོགས་བསྟན་པའི་ཉི་མར་གཟིགས།
རྒྱལ་སྲས་བློ་བཟང་བསྟན་འཛིན།	༡༡	ཤིང་སྦྲུལ།	༡༦༦༥				
རྒྱལ་སྲས་གཞན་ཕན་ཆོས་ཀྱི་བློ་གྲོས།	༡༥	ལྕགས་ལུག	༡༤༧༡	༡༦	ལྕགས་རྟ།	༡༩༣༠	འདས་ལོ་ཕལ་ཆེར་དེ་འདྲ་མིན་ནམ།
རྒྱལ་སྲས་གཞན་ཕན་མཐའ་ཡས་འོད་ཟེར།	༡༣	ལྕགས་སྤྲེལ།	༡༤༠༠	༡༨	ཤིང་ཡོས།	༡༤༥༥	
རྒྱལ་སྲས་གཞོན་ནུ་ཡོན་ཏན།							

རྒྱལ་སྲས་ཟླ་བ་གྲགས་པ།					བྱི་བ།		དགུང་ལོ་བཞི་བཅུར་འདས།
རྒྱལ་སྲས་ཡེ་ཤེས་གྲགས་པ།				༡༢	ལྕགས་སྤྲེལ།	༡༧༩༠	
རྒྱལ་སྲས་ཡོན་ཏན་འོད།							ཟླ་དམ་པ་བསོད་ནམས་རྒྱལ་མཚན་གྱི་སློབ་མ།
རྒྱལ་སྲས་ལེགས་ལྡན་པ།	༥	ས་རྟ།	༡༣༡༨				
རྒྱལ་སྲས་བསོད་ནམས་ལྷེའུ་བཙན།	༡༡	ཤིང་ཡོས།	༡༦༧༥	༡༢	ཆུ་ཡོས།	༡༧༢༣	
རྒྱུད་ཆེན་ཀུན་དགའ་དོན་གྲུབ།	༧	ས་ཕག	༡༩༡༩	༨	མེ་རྟ།	༡༩༨༦	རྒྱུད་སྟོད་ཕྲུག་འདེབས་པ་པོ་ཡིན་སྐམ།
རྒྱུད་ཆེན་རྣམ་རྒྱལ་དཔལ་བཟང་།	༡༠	ཆུ་སྟག	༡༦༠༢				
རྒྱུད་ཆེན་སྤྲིན་པ་དཔལ་བཟང་།							
རྒྱུད་ཆེན་བརྟོན་འགྲུས་འཕགས་པ།							
རྒྱུད་སྟོད་དཔོན་སློབ་ཆོས་ལྡན་བློ་གྲོས།	༨	ས་སྟག	༡༩༥༨	༩	ལྕགས་ལུག	༡༥༡༡	
རྒྱུད་སྟོད་དཔོན་སློབ་ལྷ་རི་བ།							རྒྱུད་སྟོད་སློབ་དཔོན་ལྷ་རིན་བར་གཟིགས།
རྒྱུད་ནེ་ཏན་པ་བློ་བཟང་ཆོས་དབྱིངས།							

རྒྱུད་པ་རྣམ་རྒྱལ་དཔལ་བཟང་།	༩	ལྕགས་གླང་།	༡༥༤༡	༡༠	ཆུ་སྟག	༡༦༠༢	
རྒྱུད་སྨད་ཆོས་སྐྱོང་རྒྱ་མཚོ།							ར་བ་བྱུང་ ༩ པའི་ ལྕགས་ འབྲུག་ ༡༥༤༠ ལོར་ རྒྱུད་ སྨད་ ཁྲིར་ ཕེབས།
རྒྱུད་སྨད་རྣམ་རྒྱལ་དཔལ་བཟང་།	༩	ལྕགས་གླང་།	༡༥༤༡	༡༠	ཆུ་སྟག	༡༦༠༢	
རྒྱུས་སྟོན་ལམ་གྲགས་པ།							དུས་རབས་༡༡པའི་དུས་དཀྱིལ་གྱི་ལོ་རྩ་བ་ཞིག
སྣ་ཡང་སྙིན་དམ་པ་ཀུན་དགའ་གྲགས་པ།	༤	ལྕགས་སྟག	༡༢༣༠	༥	ཆུ་ཡོས།	༡༣༠༣	
སྣིས་སྟེང་བློ་བཟང་དཔལ་ལྡན།	༡༥	ལྕགས་སྦྲུལ	༡༨༨༡	༡༦	ཤིང་སྤྲེལ།	༡༩༤༤	
སྣེག་པའི་རྡོ་རྗེ།							ཁོ་ཤྲི་ཆོས་རྗེ་བློ་བཟང་ལྷུན་གྲུབ་ལ་གཟིགས།
སྣེག་པའི་དཔལ།							དུས་རབས་༡༣པའི་མགོ་སྟོད་ཀྱི་ལོ་རྩ་བ་ཞིག
༼སྣོ་མང་མཁན་སྤྲུལ་རིམ་བྱོན།༽	༡༣ ནས་འགོ་ཚུགས།						
༡༽ སྣོ་མང་མཁན་པོ་ངག་དབང་དགེ་ལེགས།	༡༣						
༢༽ སྣོ་མང་མཁན་སྤྲུལ་སྐལ་བཟང་དགེ་ལེགས་རྒྱ་མཚོ།	༡༣	མེ་སྤྲེལ།	༡༧༧༦	༡༤	ཆུ་སྦྲུལ།	༡༨༣༤	དགུང་ལོ་༥༨བཞུགས།

༣༽སྒོམ་མང་ངག་དབང་ཐུབ་བསྟན་རྒྱ་མཚོ།	༡༥	ལྕགས་ཡོས།	༡༨༣༦	༡༥	ལྕགས་སྟག	༡༨༩༠	དགུང་ལོ་༥༤བཞུགས།
༤༽སྒོམ་མང་སྐལ་བཟང་མཁས་གྲུབ་རྒྱ་མཚོ།	༡༥	ལྕགས་ཡོས།	༡༨༩༡	༡༦	ཆུ་བྱ།	༡༩༣༣	དགུང་ལོ་༤༢བཞུགས།
༥༽སྐལ་བཟང་ཡེ་ཤེས་བསྟན་པའི་རྒྱལ་མཚན།	༡༦	ས་ཡོས།	༡༩༣༩				
སྒོམ་མང་མཁན་པོ་བསྟན་པ་ཆོས་འཕེལ།	༡༤	ལྕགས་བྱི།	༡༨༤༠	༡༥	མེ་ལུག	༡༩༠༧	
སྒོམ་མང་བློ་བཟང་ཚུལ་ཁྲིམས།	༡༤	ལྕགས་སྤྲང་།	༡༨༤༡	༡༥	མེ་ལུག	༡༩༠༧	
སྒོམ་མེ་དགེ་བཤེས་གྲགས་པ་རྒྱ་མཚོ།							
སྒོ་རུམ་པ་ཀུན་དགའ་ལེགས་པའི་བློ་གྲོས།	༨	མེ་བྱ།	༡༤༧༧	༩	ཤིང་འབྲུག	༡༥༤༤	
སྣམ་པོ་བཀྲ་ཤིས་གྲགས་པ་རྒྱལ་མཚན།	༩	ཆུ་བྱ།	༡༥༡༣				
སྣམ་པོ་བཀྲ་ཤིས་རྣམ་རྒྱལ།				༡༡	མེ་བྱི།	༡༦༣༠	
སྣམ་པོ་ཁྲི་ཆེན་བཀྲ་ཤིས་ཀུན་གྲགས།				༡༠	ཆུ་སྦྲེལ།	༡༥༧༢	
སྣམ་པོ་གྲགས་པ་རྒྱལ་མཚན་ནམ་སྣམ་སྟོན།	༨	ལྕགས་ལུག	༡༤༥༡	༨	ཆུ་ཁྱི།	༡༥༠༢	
སྣམ་པོ་བ་མཁན་པོ་འདུལ་འཛིན།	༢	ཤིང་སྟག	༡༡༣༤				

སྣམ་པོ་བ་ཆོས་ཀྱི་རྒྱལ་མཚན།	༥	ས་ཡོས།	༡༢༧༩	༦	མེ་བྱི།	༡༣༣༦	
སྣམ་པོ་བ་ཐུབ་དབང་བསྟན་འཛིན།	༩	ས་ཡོས།	༡༥༡༩				
སྣམ་པོ་བ་རིན་ཆེན།	༡༠	ཆུ་བྱི།	༡༦༡༢	༡༡	ས་གླང་།	༡༦༤༩	
སྣམ་པོ་བ་སྐྱི་སྒོམ་ཆེན།	༣	ལྕགས་སྤྲེལ།	༡༢༠༠	༤	མེ་སྤྲེལ།	༡༢༣༦	
སྣམ་པོ་སྐྱི་བ་ཇོ་སྲས།	༤	ས་གླང་།	༡༢༢༩	༥	མེ་སྤྲེལ།	༡༢༩༦	
སྣམ་པོ་བ་ཆོས་ཀྱི་དབང་ཕྱུག	༦	ལྕགས་ཕག	༡༣༧༡	༧	ཆུ་ཡོས།	༡༤༢༣	
སྣམ་པོ་ཞབས་དྲུང་ནོར་བུ་རྒྱལ་མཚན།	༡༠	ས་གླང་།	༡༥༨༩				
སྣམ་པོ་བ་སངས་རྒྱས་ཆོས་ཀྱི་སེངྒེ།	༥	ས་ལུག	༡༣༡༩	༧	ཆུ་རྟ།	༡༤༠༢	
སྣམ་པོ་བསོད་ནམས་རྒྱ་མཚོ།	༨	ཤིང་ལུག	༡༤༧༥	༩	ལྕགས་ལུག	༡༥༡༡	
སྣམ་པོ་བསོད་ནམས་རྒྱལ་མཚན།	༨	ཤིང་བྱི།	༡༤༥༤	༨	ས་སྤྲེལ།	༡༤༨༨	
སྣམ་པོ་བསོད་ནམས་དབང་རྒྱལ།	༩	མེ་བྱི།	༡༥༡༦	༩	ཆུ་གླང་།	༡༥༥༣	
སྣམ་པོ་བསོད་ནམས་ཕྱིན་ལས།	༡༠	ཆུ་སྦྲུལ།	༡༥༩༣				

སྣམ་པོ་བསོད་ནམས་རིན་ཆེན།	༧	མེ་སྤྲེལ།	༡༤༡༦	༨	མེ་བྱི།	༡༤༦༦	
སྣམ་པོ་བསོད་ནམས་རབ་བརྟན།	༡༠	ཆུ་འབྲུག	༡༥༩༢	༡༠	ས་རྟ།	༡༦༡༨	
སྣམ་པོ་བསོད་ནམས་ལྷུན་གྲུབ།	༨	ས་སྤྲེལ།	༡༤༨༨	༩	ཆུ་བྱི།	༡༦༡༨	
སྨོམ་ཆེན་རིན་ཆེན་དཔལ་བཟང་།							
སྨོམ་བདེ་ནམ་མཁའ་རྒྱལ་མཚན།	༩	ཆུ་འབྲུག	༡༥༥༢	༡༠	ཆུ་འབྲུག	༡༥༩༢	
སྨོམ་པ་ཚུལ་ཁྲིམས་སྙིང་པོ།							དགས་སྨོམ་ཚུལ་ཁྲིམས་སྙིང་པོར་གཟིགས།
སྨོམ་པ་རིན་ཆེན་བརྩོན་འགྲུས།							རབ་བྱུང་དགུ་པའི་ལྕགས་སྤྲེལ། ༡༥༦༠ ལོར་སྐུ་འདྲུམ་གནས་གཞི་བཏིང་།
སྨོམ་ཞི་གྲུབ་ཆེན་དགེ་འདུན་བཟང་པོ།	༡༡	ལྕགས་ལུག	༡༦༣༡				
སྨོམ་ཞི་སྤྲུལ་སྐུ་ལུང་རྟོགས་བསྟན་འཛིན་ཚུལ་ཁྲིམས་ཉི་མ།							རབ་བྱུང་ ༡༥ མེ་བྱི་ལོ་ཙམ་ལ་བཞུགས།
སྨྲ་ཚད་པ་རིན་ཆེན་རྣམ་རྒྱལ།	༦	ས་རྟ།	༡༣༡༨	༧	ས་འབྲུག	༡༣༨༨	ཀུན་མཁྱེན་བུ་སྟོན་གྱི་སློབ་བུ། ཐུགས་སྲས་རིན་ཆེན་རྣམ་རྒྱལ་ཡང་ཟེར།
སྨྲ་དབྱངས་བློ་བ་བདུད་རྩིའི་ལང་ཚོར་གྲགས་པ།							ཁམས་སྤྲུལ་བསྟན་འཛིན་ཆོས་ཀྱི་ཉི་མར་གཟིགས།

སྒྲུབ་ཁང་དགེ་ལེགས་རྒྱ་མཚོ།	༡༡	ལྕགས་སྦྲུལ།	༡༦༩༡	༡༢	ཆུ་སྦྲུལ།	༡༧༡༣	
སྒྲུབ་ཁང་བློ་བཟང་ཚུལ་ཁྲིམས།							དུས་རབས་༡༨པའི་དུས་སྟོད།
སྒྲོ་གྲུབ་ཆེན།	༡༢	ཤིང་སྟག	༡༧༣༨				
སྒྲོ་ཆོས་ཀྱི་བརྩོན་འགྲུས།	༡	ས་རྟ།	༡༠༧༨	༣	ཆུ་སྤྲེལ།	༡༡༥༢	
སྒྲོ་སྟོན་ནམ་མཁའ་བརྩེགས།							
སྒྲོ་ཕུག་པ་ཤཱཀྱ་སེངྒེ།	༡	ཤིང་སྟག	༡༠༧༤	༢	ཤིང་སྟག	༡༡༣༤	གསང་བདག་སྒྲོ་ཕུག་པའམ་ཟུར་ཤཱཀྱ་སེངྒེ་ཡང་ཞུ།
སྒྲོ་མཛེ་ལྡི།							
སྒྲོ་རིན་ཆེན་སེ།							ཁྲི་སྲོང་སྐུ་དུས་ཀྱི་ལོ་ཙཱ་བ།
སྒྲོལ་བའི་མགོན་པོ།							ཇོ་ནང་ཀུན་མཁྱེན་ཏཱ་ར་ནཱ་ཐར་གཟིགས།
སྒྲོས་རྙིང་མ་འོད་ཟེར་མགོན་པོ།							བཀའ་གདམས་པ་ཞིག

མཚན་བྱང་།	འཁྲུངས་ལོ།			འདས་ལོ།			ཞར་བྱུང་།
	རབ་བྱུང་།	ལོ་ཁམས།	སྤྱི་ལོ།	རབ་བྱུང་།	ལོ་ཁམས།	སྤྱི་ལོ།	གསལ་བཤད།
ང་།)							
ང་ཕོད་རྡོ་རྗེ་རྒྱལ་པོ།				༡༢	མེ་ལུག	༡༧༢༧	
ང་ཞེས་ལྷ་རམས་པ་དོན་གྲུབ་ཆོས་གྲགས།							སྐུ་འབུམ་སྨན་པ་དཔོན་སློབ་ཁྲི་རབས་༥༨་པ།
ངག་གི་དབང་པོ།							ཀུན་མཁྱེན་ཀློང་ཆེན་རབ་འབྱམས་ལ་གཟིགས།
ངག་གི་དབང་པོ།							ཕག་གྲུ་རིན་པོ་ཆེ་ངག་གི་དབང་པོ་ཞུ།
ངག་གི་དབང་ཕྱུག་རྡོ་རྗེ།							ཨ་ལགས་ཤ་མ་ཁན་པོ་སྐུ་ཕྲེང་དང་པོ།
ངག་དབང་ཀུན་དགའ་བསྟན་འཛིན་ཐུབ་བསྟན་དགེ་ལེགས།	༡༡	ལྕགས་སྤྲེལ།	༡༦༨༠	༡༢	ལྕགས་ཁྱི།	༡༧༣༠	
ངག་དབང་ཀུན་དགའ་དབང་རྒྱལ།							ས་སྐྱ་ངག་དབང་ཀུན་དགའ་དབང་རྒྱལ་ཡང་ཞུ།
ངག་དབང་ཀུན་དགའ་བློ་གྲོས།							
ངག་དབང་ཀུན་དགའ་རིན་ཆེན།							

ངག་དབང་ཀུན་དགའ་བསོད་ནམས་གྲགས་པ།							
ངག་དབང་ཀུན་དགའ་བསོད་ནམས་རིན་ཆེན།							
ངག་དབང་ཀུན་དགའ་ལྷུན་གྲུབ།							
ངག་དབང་བཀྲ་ཤིས།							བསེ་ཁྲི་ཆེན་ངག་དབང་བཀྲ་ཤིས་ཀྱང་ཟེར།
ངག་དབང་བཀྲ་ཤིས་གྲགས་པ།							ཕག་གྲུ་ཆོས་རྒྱལ་བཅུ་གཅིག་པ།
ངག་དབང་བཀྲ་ཤིས་གྲགས་པ་རྒྱལ་མཚན།							
ངག་དབང་བཀྲ་ཤིས་དཔལ་གྲུབ།	༡༠	ལྕགས་བྱི།	༡༦༠༠	༡༡	ལྕགས་ཕག	༡༦༧༡	སྟག་ལུང་ངག་དབང་བཀྲ་ཤིས་དཔལ་གྲུབ་ཀྱང་ཟེར།
ངག་དབང་མཁས་གྲུབ་རྒྱ་མཚོ།	༡༢	ལྕགས་ཡོས།	༡༧༡༡	༡༣	ཤིང་རྟ།	༡༧༧༤	བྱ་ཁྱུང་བྲག་ལུང་མཁན་པོ་ངག་དབང་མཁས་གྲུབ་རྒྱ་མཚོ།
ངག་དབང་མཁྱེན་རབ་བསྟན་པའི་དབང་ཕྱུག							
ངག་དབང་གྲགས་པ།							གཙུག་ལག་པཎ་ཆེན་ངག་དབང་གྲགས་པ་ཡང་ཟེར།
ངག་དབང་གྲགས་པ་རྒྱ་མཚོ།							སེམས་དཔའ་སྤྲུལ་སྐུ་ངག་དབང་གྲགས་པ་རྒྱ་མཚོའང་ཟེར།
ངག་དབང་དགེ་འདུན་སངས་རྒྱས་རྒྱ་མཚོ།	༡༤	ས་ཕག	༡༨༣༩	༡༥	ཤིང་སྦྲུལ།	༡༩༠༥	ཚས་པ་རྒྱ་མཁར་བ་ངག་དབང་དགེ་འདུན་རྒྱ་མཚོའང་ཟེར།

ངག་དབང་དགེ་ལེགས།	༡༣	ས་བྱ།	༡༧༤༨				
ངག་དབང་ཆོས་ཀྱི་རྒྱལ་མཚན།	༡༠	ཤིང་ཕག	༡༥༧༥	༡༥	ཆུ་སྤྲེལ།	༡༦༢༨	
ངག་དབང་ཆོས་ཀྱི་རྒྱལ་མཚན།							དགའ་ལྡན་ཁྲི་རབས་༣༩པར་གཟིགས།
ངག་དབང་ཆོས་ཀྱི་རྒྱ་མཚོ།							ཐུའུ་བཀྭན་ངག་དབང་ཆོས་ཀྱི་རྒྱ་མཚོར་གཟིགས།
ངག་དབང་ཆོས་ཀྱི་དབང་ཕྱུག							བ་སོ་རྗེ་དྲུང་ངག་དབང་ཆོས་ཀྱི་དབང་ཕྱུག་ལ་གཟིགས།
ངག་དབང་ཆོས་ཀྱི་དབང་ཕྱུག་ཕྲིན་ལས་རྒྱ་མཚོ།							ཁལ་ཁ་རྗེ་བཙུན་དམ་པ་སྐུ་ཕྲེང་བདུན་པ་ངག་དབང་ཆོས་ཀྱི་དབང་ཕྱུག་ཕྲིན་ལས་རྒྱ་མཚོར་གཟིགས།
ངག་དབང་ཆོས་གྲགས།							ས་སྐྱ་མཁན་ཆེན་ངག་དབང་ཆོས་གྲགས་ལ་གཟིགས།
ངག་དབང་ཆོས་གྲགས།							དགའ་ལྡན་ཁྲི་རབས་༡༨་པ་སྟོད་ལུང་ངག་དབང་ཆོས་གྲགས་ལ་གཟིགས།
ངག་དབང་ཆོས་གྲགས།							དགའ་ལྡན་ཁྲི་རབས་༥༨་པ་ཆུ་བཟང་ངག་དབང་ཆོས་གྲགས་ལ་གཟིགས།

ངག་དབང་ཆོས་གྲགས།						དགའ་ལྡན་ཁྲི་རབས་ཕ༨པ་བྱ་ཁྱུང་ངག་དབང་ཆོས་གྲགས་ལ་གཟིགས།
ངག་དབང་ཆོས་གྲགས།	༡༢	ལྕགས་སྟག	༡༧༡༠			
ངག་དབང་ཆོས་གྲགས།						ཚ་བཟང་ངག་དབང་ཆོས་གྲགས་ལ་གཟིགས།
ངག་དབང་ཆོས་གྲགས་རྒྱ་མཚོ།						
ངག་དབང་ཆོས་འཕེལ།	༡༣	ལྕགས་འབྲུག	༡༧༤༠	༡༦	ས་ཕག	༡༨༣༩	
ངག་དབང་ཆོས་འཕེལ།				༡༥	ལྕགས་འབྲུག	༡༨༨༠	ཁྲུ་ཞང་ངག་དབང་ཆོས་འཕེལ།
ངག་དབང་ཆོས་འཕེལ།						དགའ་ལྡན་ཁྲི་རབས་ཕ༢ངག་དབང་ཆོས་འཕེལ་ལ་གཟིགས།
ངག་དབང་ཆོས་འཕེལ།						དགའ་ལྡན་ཁྲི་རབས་༧༠ངག་དབང་ཆོས་འཕེལ་ལ་གཟིགས།
ངག་དབང་མཆོག་གྲུབ་བསྟན་པའི་རྒྱལ་མཚན།	༡༦	ཆུ་འབྲུག	༡༨༣༢	༡༥	ཆུ་སྤྲེལ།	༡༨༧༢	

ངག་དབང་མཆོག་ལྡན།							དགའ་ལྡན་ཁྲི་རབས་༥༩པ་ངག་དབང་མཆོག་ལྡན་ལ་གཟིགས།
ངག་དབང་འཇམ་དཔལ་རྒྱ་མཚོ།							
ངག་དབང་འཇམ་དཔལ་ཚུལ་ཁྲིམས།							དགའ་ལྡན་ཁྲི་རབས་༧༣པ་ངག་དབང་འཇམ་དཔལ་ཚུལ་ཁྲིམས་ལ་གཟིགས།
ངག་དབང་འཇམ་དབྱངས་བཀྲ་ཤིས།	༡༢	ས་རྟ།	༡༧༣༨	༡༩	ལྕགས་ལུག	༡༨༡༡	བསེ་ཁྲི་སྤྲུལ་ངག་དབང་འཇམ་དབྱངས་བཀྲ་ཤིས།
ངག་དབང་འཇམ་དབྱངས་ཉི་མ་བསྟན་པའི་རྒྱལ་མཚན།							
ངག་དབང་འཇམ་དབྱངས་བསྟན་འཛིན་རྒྱ་མཚོ།	༡༣	ཤིང་ལུག	༡༧༧༥	༡༩	ཤིང་འབྲུག	༡༨༩༩	བྲག་ལུང་མཁན་པོ་ངག་དབང་འཇམ་དབྱངས་བསྟན་འཛིན་རྒྱ་མཚོའང་ཞུ།
ངག་དབང་འཇམ་དབྱངས་དོན་གྲུབ།	༡༣	ཆུ་སྟག	༡༧༨༢				
ངག་དབང་འཇམ་དབྱངས་བློ་གྲོས།							དུས་རབས་༡༧པའི་དུས་དཀྱིལ།
ངག་དབང་འཇམ་དབྱངས་དབང་རྒྱལ།	༡༣	ཆུ་ལུག	༡༧༦༣				ཚེ་སྨོན་ཡོང་འཛིན་ངག་དབང་འཇམ་དབྱངས་དབང་རྒྱལ།

ངག་དབང་འཇིགས་མེད་གྲགས་པ།							རིན་སྤུངས་པ་ངག་དབང་འཇིགས་གྲགས་ལ་གཟིགས།
ངག་དབང་བསྟན་དར་ལྷ་རམས་པ།							ཨ་ལགས་ཤ་བསྟན་དར་ལྷ་རམས་པར་གཟིགས།
ངག་དབང་བསྟན་པ།							ཆེ་ཤོས་ངག་དབང་བསྟན་པ། ར་གཟིགས།
ངག་དབང་བསྟན་པའི་རྒྱལ་མཚན།	༡༤	ཆུ་རྟ།	༡༨༢༢				དཔའ་ཤོད་ཁྲི་ཆེན་ནམ་རྟ་ཚག་ངག་དབང་བསྟན་པའི་རྒྱལ་མཚན།
ངག་དབང་བསྟན་འཛིན།	༡༤	ས་ཡོས།	༡༨༡༩	༡༥	ཤིང་ལུག	༡༨༩༥	གཅན་ཕུག་ཟླ་དཀར་ངག་དབང་བསྟན་འཛིན།
ངག་དབང་བསྟན་འཛིན་རྒྱ་མཚོ།	༡༤	མེ་ཡོས།	༡༨༠༧	༡༤	ས་སྤྲེལ།	༡༨༤༨	མཚོ་སྔོན་ཞྭ་དམར་གསུམ་པ་ངག་དབང་བསྟན་འཛིན་རྒྱ་མཚོ།
ངག་དབང་བསྟན་འཛིན་རྡོ་རྗེ་འཇིགས་མེད་དགེ་བའི་དཔལ།							དུས་རབས་༡༨པའི་ནང་འཁྲུངས།
ངག་དབང་བསྟན་འཛིན་ཕུན་ཚོགས།							ཤངས་པ་བཀའ་བརྒྱུད་པ་ཞིག
ངག་དབང་བསྟན་འཛིན་ཕྲིན་ལས།							སྐྱིད་ཤོད་ཞབས་དྲུང་ཆོས་དབང་གྲགས་པའི་སྐྱེ་ལ་གཟིགས།
ངག་དབང་བསྟན་འཛིན་ཕྲིན་ལས།	༡༡	མེ་རྟ།	༡༦༦༦	༡༢	ཆུ་ཡོས།	༡༧༢༣	མན་ཧྲུའི་དམག་གིས་བཀྲོངས།
ངག་དབང་བསྟན་འཛིན་ལྷུན་གྲུབ།	༡༡	ལྕགས་ཕག	༡༦༧༡				

ངག་དབང་ཐུབ་བསྟན།							རབ་འབྱམས་པ་ངག་དབང་ཐུབ་བསྟན། དུས་རབས་༡༨པའི་ནང་།
ངག་དབང་ཐུབ་བསྟན་རྒྱ་མཚོ།	༡༩	མེ་སྤྲེལ།	༡༤༣༦	༡༥	ས་གླང་།	༡༤༤༨	
ངག་དབང་ཐུབ་བསྟན་དབང་ཕྱུག							ཆུ་བཟང་ངག་དབང་ཐུབ་བསྟན་དབང་ཕྱུག་ལ་གཟིགས།
ངག་དབང་དར་རྒྱས།				༡༩	མེ་ཡོས།	༡༤༠༧	སོག་པོ་ཆིང་ཞང་ངག་དབང་དར་རྒྱས།
ངག་དབང་རྡོ་རྗེ།							དངུལ་ཆུ་ངག་དབང་རྡོ་རྗེར་གཟིགས།
ངག་དབང་ནམ་མཁའ་བཟང་པོ།							དགའ་ལྡན་ཁྲི་རབས་༥༥པར་གཟིགས།
ངག་དབང་རྣམ་རྒྱལ།							སྟག་ལུང་ཞབས་དྲུང་ངག་དབང་རྣམ་རྒྱལ་ལ་གཟིགས།
ངག་དབང་དཔལ་བཟང་།							བསམ་བློ་སྦྱིན་པ་རྒྱ་མཚོར་གཟིགས།
ངག་དབང་སྨྲལ་སྐྱ།	༡༠	ཆུ་ལུག	༡༥༤༣				
ངག་དབང་བློ་བཟང་བསྟན་པའི་རྒྱལ་མཚན།	༡༡	ལྕགས་བྱི།	༡༦༦༠	༡༢	ས་སྤྲེལ།	༡༧༢༤	
ངག་དབང་བློ་བཟང་བསྟན་འཛིན་རྒྱ་མཚོ།	༡༣	ལྕགས་རྟ།	༡༧༥༠	༡༣	ཤིང་ཡོས།	༡༧༨༥	

118

ངག་དབང་བློ་བཟང་བསྟན་འཛིན་རྒྱལ་མཚན།	༡༣	ལྕགས་རྟ།	༡༧༥༠	༡༣	ཤིང་ཡོས།	༡༧༩༥	
ངག་དབང་བློ་བཟང་བསྟན་འཛིན་ཚུལ་ཁྲིམས་རྒྱལ་མཚན།							
ངག་དབང་དབང་རྒྱལ།							ལྕང་སྐྱ་ངག་དབང་མཆོག་ལྡན་གྱི་སློབ་མ།
ངག་དབང་སྦྱིན་པ་ཚུལ་ཁྲིམས།							ལ་ཕྱི་ཀུན་བཟང་ཆོས་ཀྱི་རྒྱ་མཚོར་གཟིགས།
ངག་དབང་ཚུལ་ཁྲིམས།							
ངག་དབང་ཚུལ་ཁྲིམས་དར་རྒྱས།							ཟི་ན་ངག་དབང་ཚུལ་ཁྲིམས་དར་རྒྱས་ལ་གཟིགས།
ངག་དབང་ཚེ་འཕེལ།							དགའ་ལྡན་ཁྲི་རབས་༥༢པ་ངག་དབང་ཚེ་འཕེལ་ལ་གཟིགས།
ངག་དབང་ཡེ་ཤེས་ཐུབ་བསྟན།	༡༣	ཆུ་སྟག	༡༧༨༢				དགུང་གྲངས་བརྒྱད་ཅུ་གྱ་གཉིས་ཡན་བཞུགས།
ངག་དབང་ཡེ་ཤེས་ཚུལ་ཁྲིམས་རྒྱ་མཚོ།							རྭ་སྒྲེང་ངག་དབང་ཡེ་ཤེས་ཚུལ་ཁྲིམས་རྒྱ་མཚོར་གཟིགས།
ངག་དབང་ལེགས་གྲུབ།							འཇམ་དབྱངས་སྨྲ་བའི་ཉི་མ་མཆོ་བྱུང་དགྱེས་པའི་ལང་ཚོ་ཡང་ཞུ།
ངག་དབང་ལེགས་བཤད་ཉི་མ།	༡༤	ས་འབྲུག	༡༨༠༨				དཔའ་རིས་སྟོ་ཕོ་ངག་དབང་ལེགས་བཤད་ཉི་མ་ཡང་ཞུ།

ངག་དབང་བཤད་སྒྲུབ་བསྟན་པའི་ཉི་མ།						ཚེ་ཉོས་ངག་དབང་བཤད་སྒྲུབ་བསྟན་པའི་ཉི་མར་གཟིགས།
ངག་དབང་བསོད་ནམས་དགེ་ལེགས།	༡༠	ཤིང་རྟ།	༡༥༩༤	༡༠	ཤིང་ཡོས།	༡༦༡༥	སྤྲུལ་སྐུ་ངག་དབང་བསོད་ནམས་དགེ་ལེགས་ཞེས་ཞུ།
ངག་དབང་བསོད་ནམས་རྒྱལ་མཚན།						
ངག་དབང་བསོད་ནམས་དབང་པོ་གྲགས་པ་རྒྱལ་མཚན།	༩	ས་ལུག	༡༥༥༩	༡༠	ལྕགས་བྱ།	༡༦༢༡	ལ་ལས་༡༤༤༩—༡༥༦༡ཡིན་ཟེར།
ངན་ལམ་རྒྱལ་བ་མཆོག་དབྱངས།							རྗེ་འབངས་ཉེར་ལྔའི་གྲས།
ངན་ལམ་ཏ་ར་ཀླུ་གོང་།							ཁྲི་སྲོང་གི་བློན་པོ།
ངན་ལམ་སྟག་སྒྲ་ཀླུ་གོང་།							ངན་ལམ་ཏ་ར་ཀླུ་གོང་དང་མི་གཅིག་མིན་བརྟག
ངམ་རྫོང་རས་པ།							རྗེ་བཙུན་མི་ལའི་སློབ་མ་རས་ཆེན་བརྒྱད་ཀྱི་གྲས།
ངོ་མཚར་གཞན་ཕན་ཕུལ་བྱུང་སངས་རྒྱས་རྒྱ་མཚོ།	༡༥	ལྕགས་ལུག	༡༨༧༡	༡༦	ཤིང་སྤྲེལ།	༡༩༤༤	
ངོར་ཆེན་ཀུན་དགའ་བཟང་པོ།	༦	ཆུ་ཕྱི།	༡༣༨༢	༨	མེ་བྱི།	༡༤༥༦	
ངོར་ཆེན་དཀོན་མཆོག་ལྷུན་གྲུབ།	༨	མེ་སྦྲུལ།	༡༤༩༧	༩	ལྕགས་སྦྲང་།	༡༥༤༡	
ངོར་རྗེ་རས་པ།							བལ་བུ་གོང་པའང་ཟེར། དེར་གཟིགས།

ངོར་པ་དཀོན་མཆོག་རྒྱལ་མཚན།							
ངོར་དཔོན་སློབ་འཇམ་དབྱངས་བློ་གཏེར་དབང་པོ།	༡༤	མེ་འབྲུག	༡༨༥༦	༡༥	ཤིང་སྟག	༡༩༡༤	
ངོ་ཤེས་ལྷ་རམས་པ་དོན་གྲུབ་ཆོས་གྲགས།							
དངུལ་ཆུ་རྒྱལ་སྲས་ཐོགས་མེད་བཟང་པོ།							རྒྱལ་སྲས་ཐོགས་མེད་བཟང་པོ། ར་གཟིགས།
དངུལ་ཆུ་ངག་དབང་རྡོ་རྗེ།	༡༢	ལྕགས་བྱི།	༡༧༢༠	༡༣	ལྕགས་ཕག	༡༨༠༢	
དངུལ་ཆུ་བློ་མ་ཆོས་བཟང་ངམ་རྣམ་རྣ་དྲ།	༡༣	ཆུ་འབྲུག	༡༧༧༢	༡༤	ལྕགས་ཕག	༡༨༥༡	
དངུལ་ཆུ་བློ་བཟང་ཆོས་འཕེལ།							དབྱངས་ཅན་གྲུབ་པའི་རྡོ་རྗེར་གཟིགས།
དངུལ་ཆུ་དབྱངས་ཅན་གྲུབ་པའི་རྡོ་རྗེ།	༡༤	ས་སྦྲུལ།	༡༨༠༩	༡༥	མེ་ཕག	༡༨༨༧	
དངོས་གྲུབ་རྒྱལ་མཚན་ནམ་རིག་འཛིན་རྒོད་ལྡེམ།	༦	མེ་གླང་།	༡༣༣༧	༧	ས་བྱི།	༡༤༠༨	
དངོས་གྲུབ་དཔལ་འབར།							པཎ་ཆེན་དངོས་གྲུབ་དཔལ་འབར་ལ་གཟིགས།
དངོས་གཞི་བྱམས་པ་ཐུབ་དབང་།							བཀྲས་ཁང་སྤྱི་ཁྱབ་མཁན་པོ་བྱམས་པ་ཐུབ་དབང་ལ་གཟིགས།
མངའ་བདག་བཀྲ་ཤིས་རྣམ་རྒྱལ།							དུས་རབས་༡༥པའི་དུས་དཀྱིལ་ཙམ།

མངའ་བདག་ཆོས་རྗེ་ཆོས་ཀྱི་བླ་མ།	༣	ཤིང་འབྲུག	༡༡༨༤	༤	ལྕགས་གླང་།	༡༢༤༡	
མངའ་བདག་ཉང་ཉི་མ་འོད་ཟེར།							ཉང་ཉི་མ་འོད་ཟེར་ལ་གཟིགས།
མངའ་བདག་དཔལ་འཁོར་བཙན།							མངའ་བདག་འོད་སྲུང་གི་སྲས།
མངའ་བདག་སློབ་གྲོས་མཆོག་ལྡན།							དུས་རབས་༡༤པའི་དུས་སྨད་ཙམ།
མངའ་བདག་འོད་སྲུང་།		ཆུ་བྱི།	༨༤༢		ཤིང་གླང་།	༩༠༥	བོད་བཙན་པོའི་གདུང་རབས་ཞེ་གཉིས་པ།
མངའ་བདག་སེངྒེ་རྣམ་རྒྱལ།							དུས་རབས་༡༦པའི་མཇུག་ཙམ།
མངའ་རིས་གཏེར་སྟོན་གར་དབང་རྡོ་རྗེའམ་ཟླ་བ་རྒྱལ་མཚན།		དུས་རབས་༡༧ཙམ།					དུས་རབས་༡༤པའི་མགོ་སྟོད་ཙམ།
མངའ་རིས་པ་བསྟན་པ་རྒྱལ་མཚན།							དགའ་ལྡན་ཁྲི་རབས་བཞི་བཅུ་པར་གཟིགས།
མངའ་རིས་རྡོ་རྗེ་དཔལ།							
མངའ་རིས་པཎ་ཆེན་པདྨ་དབང་རྒྱལ།	༨	མེ་ལུག	༡༤༨༧	༩	ཆུ་སྟག	༡༥༤༢	
མངའ་རིས་དཔལ་ལྡན་རྒྱལ་པོ།							
མངའ་རིས་དཔལ་ལྡན་བསྟན་པ་རྒྱལ་མཚན།	༡༠	ལྕགས་གླང་།	༡༦༠༡	༡༡	ཤིང་སྟག	༡༦༧༤	

མངའ་རིས་བྱང་ཆུབ་དགེ་མཛེས།	༡	ཤིང་བྱི།	༡༠༨༩	༣	མེ་ཕག	༡༡༤༧	
མངའ་རིས་འཚོ་བྱེད་ཆོས་སྐྱོང་དཔལ་བཟང་།	༨	ས་ཕག	༡༩༧༨				
མངའ་རིས་རིག་འཛིན་ལེགས་ལྡན་བདུད་འཇོམས་རྡོ་རྗེ།	༨	ས་སྦྲེལ།	༡༩༨༨	༡༠	ས་སྦྲུལ།	༡༥༤༨	
མངའ་རིས་ལྷ་བཙུན་བློ་བཟང་བསྟན་པའི་ཉི་མ།	༨	ལྕགས་ཡོས།	༡༩༧༡				
མདོན་དགའ་བ་བྱམས་པ་རྒྱ་མཚོ།							ཚོགས་བྱམས་པ་རྒྱ་མཚོར་གཟིགས།
ཛ་གོད་ནམ་མཁའ་སེངྒེ།	༡༢	ཆུ་འབྲུག	༡༧༡༢	༡༣	ལྕགས་བྱི།	༡༧༨༠	
ཛ་གོད་བློ་བཟང་བྱམས་པ་རབ་རྒྱས།	༡༣	ལྕགས་གླང་།	༡༧༨༡	༡༩	ས་བྱ།	༡༨༦	
ཛ་སྤྲེ་གྲགས་པ་རྒྱ་མཚོ།							རབ་བྱུང་༡༡ལྕགས་བྱ་ལོར་བྲག་གཡབ་མ་དགོན་བཏབ།
ཛེགས་བློན་སྟག་ཟིགས་ཀན་ཁོལ།							མངའ་བདག་རལ་པ་ཅན་གྱི་རྗེས་བློན་ཞིག
རྫོག་ཀུན་དགའ་རྡོ་རྗེ།	༣	མེ་གླང་།	༡༡༥༧	༩	ཤིང་རྟ།	༡༢༣༩	
རྫོག་བཀྲ་ཤིས་གྲགས་པ།	༢	ས་རྟ།	༡༡༣༨				
རྫོག་རྒྱལ་ཏོ་རེ་རྒྱལ།							དུས་རབས་༩པའི་དུས་སྟོད།

ཇོག་རྒྱལ་པོ་དགའ།	༣	ཤིང་གླང་།	༡༢༠༥	༥	ཤིང་སྦྲུལ།	༡༢༨༩	
ཇོག་རྒྱལ་ཚ་ཐོགས་མེད་གྲགས་པ།	༢	ལྕགས་བྱི།	༡༡༢༠	༣	མེ་བྱི།	༡༡༥༦	ཇོག་མདོ་སྡེའི་སྲས།
ཇོག་རྒྱལ་ཚ་ར་མོ།	༩	མེ་སྟག	༡༢༦༦	༥	ཆུ་སྟག	༡༣༠༢	
ཇོག་སྒྲིང་ཁམས།							འདུས་སྲོང་མང་པོ་རྗེའི་བློན་པོ།
ཇོག་ཆོས་ཀྱི་རྒྱལ་མཚན།	༥	ཆུ་ལུག	༡༢༨༣	༦	ས་ཕག	༡༣༥༩	
ཇོག་ཇོ་བདེ།	༢	ཤིང་ཡོས།	༡༡༣༥				
ཇོག་ཇོ་ཚུལ་ཁྲིམས་ཤེས་རབ།	༢	ཤིང་ལུག	༡༡༧༥	༣	ས་སྟག	༡༡༥༨	
ཇོག་ཇོ་འོད།	༢	ཆུ་སྟག	༡༡༢༢				
ཇོག་ཇོ་བསོད།	༢	ས་བྱི།	༡༡༢༨	༣	ས་རྟ།	༡༡༨༨	
ཇོག་སྟོན་ཚུང་དབང་མོ།	༢	ཆུ་གླང་།	༡༡༣༣				
ཇོག་སྟོན་ཆོས་སྐུ་རྡོ་རྗེ།	༡	མེ་བྱི།	༡༠༣༦	༢	ཆུ་རྟ།	༡༡༠༢	འཇའ་ལུས་ཐེབས།
ཇོག་དོན་གྲུབ་དཔལ།	༧	ས་སྟག	༡༣༨༨				

རྫོག་མདོ་སྡེ།	༢	ལྕགས་རྟ།	༡༠༩༠	༣	མེ་བྱི།	༡༡༦༦	རྫོག་ཞི་སྟོང་རྡོ་རྗེ་ཡང་ཞུ།
རྫོག་རྡོ་རྗེ་སེངྒེ།	༣	ཆུ་སྤྲེལ།	༡༡༥༢	༤	ས་ཡོས།	༡༢༡༩	
རྫོག་དཔལ་གསུམ་སྒྲ་ཆེ།							དུས་རབས་༡༩པའི་དུས་སྟོད་ཙམ། འོད་སྲུང་གི་བློན་པོ།
རྫོག་བུདྡྷ་པྲ་ལ།							དུས་རབས་༡༡པའི་དུས་མཇུག་ཙམ།
རྫོག་བྱང་ཆུབ་དཔལ།	༦	ལྕགས་བྱི།	༡༣༦༠	༧	མེ་སྟག	༡༤༤༦	དུས་རབས་༡༠པའི་དུས་མཇུག་ཙམ།
རྫོག་བྱང་ཆུབ་འབྱུང་གནས།							
རྫོག་བློ་ལྡན་ཤེས་རབ།	༡	ས་ཕག	༡༠༥༩	༢	ས་གླང་།	༡༡༠༩	
རྫོག་ཚུལ་ཁྲིམས་ཤེས་རབ།	༢	ཤིང་ལུག	༡༡༡༥	༣	ས་སྟག	༡༡༥༨	
རྫོག་ཞི་སྟོང་རྡོ་རྗེ།							རྫོག་མདོ་སྡེ་ལ་གཟིགས།
རྫོག་གཟི་བརྗིད་གྲགས་པ།	༣	ཆུ་ཁྱི།	༡༢༠༢	༥	ལྕགས་སྦྲུལ།	༡༢༨༡	
རྫོག་གཟི་བརྗིད་རྒྱལ་མཚན།	༥	ལྕགས་སྟག	༡༢༩༠				
རྫོག་ཡེ་ཤེས་འབྱུང་གནས།							དུས་རབས་༡༠པའི་དུས་མཇུག

རྔོག་རིང་ལ་ནག་པོ།							འདུས་སྲོང་སྐབས་རྩལ་པོ་ཆེ་མི་བདུན་གྱི་གྲས།
རྔོག་རིན་པོ་ཆེ་དོན་གྲུབ་དཔལ།	༦	ལྕགས་ལུག	༡༣༣༡	༧	ས་སྟག	༡༣༩༨	འབྲུངས་འདས་ཀྱི་ལོ་ཚིགས་སྣང་བརྟག
རྔོག་རིན་ཆེན་བཟང་པོ།	༩	ཆུ་ཡོས།	༡༢༤༣	༥	ས་ལུག	༡༣༡༩	
རྔོག་ལེགས་པའི་ཤེས་རབ།							༡༠༧༣ལོར་གསང་ཕུ་བཏབ།
རྔོག་ཤེས་རབ་རྒྱ་མཚོ།	༡	ས་ཕག	༡༠༥༩				
རྔོག་ཤེས་རབ་བླ་མ།	༣	ལྕགས་རྟ།	༡༡༥༠				
རྔོག་སེངྒེ་སྒྲ།	༤	ཤིང་ལུག	༡༢༣༥	༥	ས་སྤྲེལ།	༡༣༠༨	
རྔོག་སློབ་དཔོན་ཆོས་རྡོར།	༤	མེ་རྟ།	༡༢༤༦	༥	ལྕགས་ཕག	༡༣༡༡	
ཕྱགས་ཆེན་འདར་པ་བློ་བཟང་བསྟན་འཛིན་འཇིགས་མེད་དབང་ཕྱུག	༡༥	ཤིང་སྤྲེལ།	༡༨༨༤	༡༦	མེ་ཕག	༡༩༤༧	
ཕྱགས་ཆེན་རྡོ་རྗེ་འཛིན་པ་དཀོན་མཆོག་རྒྱལ་མཚན།	༡༤	ལྕགས་གླང་།	༡༨༤༡	༡༥	ས་བྱ།	༡༩༠༩	
ཕྱགས་འཚང་གྲགས་པ་བློ་གྲོས་རྒྱལ་མཚན།	༩	ཆུ་ཕག	༡༥༦༣	༡༠	མེ་སྤྲེལ།	༡༦༡༧	ལ་ལས་༡༥༠༣—༡༥༥༧བར་ཡིན་ཟེར་ཡང་སྣང་བརྟག

སྟག་ལུང་ངག་དབང་ཀུན་དགའ་རིན་ཆེན་བཀྲ་ཤིས་གྲགས་པ་རྒྱལ་མཚན།	༨	མེ་གླང་།	༡༥༡༧	༡༠	ཤིང་སྦྲུལ།	༡༥༨༩	
སྟག་ལུང་ནམ་མཁའ་རིན་ཆེན་དཔལ་བཟང་།							དུས་རབས་༡༣པའི་ནང་འབྱུངས།
སྟག་ལུང་བློ་གསལ་རྒྱ་མཚོ།							དུས་རབས་༡༤པའི་ནང་འབྱུངས།
སྟག་ལུང་བསམ་གྲུབ་རྡོ་རྗེ།							རྟ་ནག་སྤྲུལ་མ་བསམ་གྲུབ་རྡོ་རྗེར་གཟིགས།
སྟག་ལུང་ཧཱུྃ་ནག་མེ་འབར།							རིག་འཛིན་འཇའ་ཚོན་སྙིང་པོར་གཟིགས།
སྟག་བརྩོན་ངག་དབང་བདེ་ལེགས།							
སྟག་རམས་པ་དགེ་འདུན་བཀྲ་ཤིས།	༤	མེ་རྟ།	༡༧༤༦				
སྟག་རམས་པ་ཨོ་རྒྱན་ཆོས་གྲགས།							

མཚན་བྱང་།	འཁྲུངས་ལོ།			འདས་ལོ།			ཞར་བྱུང་།
	རབ་བྱུང་།	ལོ་ཁམས།	སྤྱི་ལོ།	རབ་བྱུང་།	ལོ་ཁམས།	སྤྱི་ལོ།	གསལ་བཤད།
ཙ།							
ཙ་ནེ་དཀོན་མཆོག་དམ་ཆོས་རྒྱ་མཚོ།	༡༩	ཤིང་བྱ།	༡༨༢༥				དཀའ་ལྡན་ཁྲི་རབས་༧༣པ།
ཙ་ནེ་གྲགས་པ་བཤད་སྒྲུབ།	༡༡	ཤིང་ཡོས།	༡༦༧༥	༡༣	ས་འབྲུག	༡༧༩༨	
ཙ་ནེ་ངག་དབང་འཇམ་དཔལ་ཚུལ་ཁྲིམས་རྒྱ་མཚོ།	༡༣	ཆུ་ཕྱི།	༡༧༠༢	༡༩	ཤིང་ཡོས།	༡༨༥༥	ཚེ་སྨོན་གླིང་ངག་དབང་འཇམ་དཔལ་ཚུལ་ཁྲིམས་རྒྱ་མཚོ་ཡང་ཟེར།
ཙ་ནེ་ངག་དབང་ཕྲིན་ལས་རྒྱ་མཚོ།	༡༢	ས་འབྲུག	༡༦༨༨	༡༢	ས་རྟ།	༡༧༣༨	
ཙ་ནེ་ངག་དབང་བློ་བཟང་བསྟན་པའི་རྒྱལ་མཚན།							དཀའ་ལྡན་ཁྲི་རབས་༨༧པར་གཟིགས།
ཙ་ནེ་ངག་དབང་ཚུལ་ཁྲིམས།							དཀའ་ལྡན་ཁྲི་རབས་༦༡པར་གཟིགས།
ཙ་ནེ་ཆོས་སྐྱན་གྲགས་པ།							དཀའ་ལྡན་ཁྲི་རབས་༢༠པར་གཟིགས།
ཙ་ནེ་འཇམ་དབྱངས་ཚུལ་ཁྲིམས་དར་རྒྱས།							དཀའ་ལྡན་ཁྲི་རབས་༩༥པར་གཟིགས།

ཙ་ནེ་དཔོན་པོ་དམག་ཟོར་མགོན་པོ།	༡༡	མེ་སྟག	༡༦༢༦				
ཙ་ནེ་བླམ་བློ་བཟང་རྒྱ་མཚོའི་སྤྲིན།	༡༥	ལྕགས་རྟ།	༡༨༧༠	༡༦	ཆུ་སྤྲེལ།	༡༩༣༢	
ཙ་ནེ་བློ་བཟང་བསྟན་པའི་རྒྱལ་མཚན།	༡༣	ས་བྱི།	༡༧༠༨				
ཙ་ནེ་བློ་བཟང་ཆོས་འཕེལ་དོན་ཡོད་རྒྱ་མཚོ།							དགའ་ལྡན་ཁྲི་རབས་༦༧པ་སྤྱི་འཐོར་བློ་བཟང་ཆོས་འཕེལ་ལ་གཟིགས།
ཙ་ནེ་བློ་བཟང་དར་རྒྱས།							དགའ་ལྡན་ཁྲི་རབས་༦༩པར་གཟིགས།
ཙ་ནེ་མི་ཆེན།							བོད་རྒྱལ་དྲུག་པ་གདགས་ཁྲི་བཙན་པོའི་སྐུ་བོན།
ཙ་ནེ་ཞབས་དྲུང་སྐལ་བཟང་བསྟན་འཛིན་རྒྱ་མཚོ།	༡༣	མེ་ལུག	༡༧༨༧	༡༧	ཤིང་གླང་།	༡༨༦༥	
ཙ་ནེ་ཡེ་ཤེས་ཚུལ་ཁྲིམས་རྒྱ་མཚོ།	༡༥	ས་སྦྲུལ།	༡༨༦༨				
ཙ་ནེ་རིན་ཆེན་ལྷུན་པོ།	༧	ས་ལུག	༡༧༣༩				
ཙ་ནེ་བཤེས་གཉེན་གྲགས་པ།							དགའ་ལྡན་ཁྲི་རབས་༢༩པར་གཟིགས།
ཙོག་གྲུ་ཉིང་འཛིན་བཟང་པོ།							དུས་རབས་༡༡པའི་དུས་སྨད་ཀྱི་ལོ་རྩ་བ།

ཚོག་གྲུ་མྱུ་ངན་མེད།							དུས་རབས་༡༡པའི་དུས་སྨད་ཀྱི་ལོ་རྩ་བ།
ཚོག་གྲུ་ཤེས་རབ་བླ་མ།							དུས་རབས་༡༡པའི་དུས་སྨད་ཀྱི་ལོ་རྩ་བ།
༼ཚོག་གྲྭ་སྐུ་ཕྲེང་རིམ་བྱོན།༽							
༡༽ཚོག་གྲྭ་སྐུ་ཕྲེང་དང་པོ་རིན་ཆེན་དཔལ་བཟང་།	༩	མེ་བྱ།	༡༥༣༧	༡༠	མེ་སྦྲུལ།	༡༦༡༧	ཕྱག་པ་དུས་འཁོར་བའང་ཞུ།
༢༽ཚོག་གྲྭ་སྐུ་ཕྲེང་གཉིས་པ་ངག་དབང་སྙན་གྲགས་དཔལ་བཟང་།	༡༠	མེ་སྦྲུལ།	༡༦༡༧	༡༡	ས་ལུག	༡༦༡༩	དགུང་ལོ་རེ་གསུམ་བཞུགས།
༣༽ཚོག་གྲྭ་སྐུ་ཕྲེང་གསུམ་པ་ངག་དབང་ཕྱག་ན་པད་དཀར་རམ་བློ་གྲོས་ཚངས་དབྱངས་དབང་པོ།							དགུང་ལོ་ང་བདུན་བཞུགས།
༤༽ཚོག་གྲྭ་སྐུ་ཕྲེང་བཞི་པ་སྐལ་བཟང་མི་ཕམ་རྒྱལ།							དགུང་ལོ་རེ་བཞི་བཞུགས།
༥༽ཚོག་གྲྭ་སྐུ་ཕྲེང་ལྔ་པ་མི་ཕམ་བསྟན་པའི་ཉི་མ།							དགུང་ལོ་ང་གསུམ་བཞུགས།
༦༽ཚོག་གྲྭ་སྐུ་ཕྲེང་དྲུག་པ་ངག་དབང་བསྟན་པའི་རྒྱལ་མཚན།							དགུང་ལོ་སོ་བདུན་བཞུགས།
༧༽ཚོག་གྲྭ་སྐུ་ཕྲེང་བདུན་པ་ངག་དབང་ཆོས་ཀྱི་རྒྱལ་མཚན།	༡༥	ཤིང་སྤྲེ།	༡༨༧༤	༡༦	མེ་གླང་།	༡༩༣༧	དགུང་ལོ་རེ་བཞི་བཞུགས

༨༽ཙོག་གྲྭ་སྐུ་ཕྲེང་བརྒྱད་པ་ངག་དབང་བསྟན་འཛིན་ཆོས་ཀྱི་སེང་གེ །	༡༥	ས་ཡོས།	༡༦༣༦				ད་ལྟ་སྐུ་འཚོ་བཞུགས་མཛད་བཞིན།
ཙོག་ཚ་དོན་གྲུབ་རྒྱལ་མཚན།							དུས་རབས་༡༨པའི་དུས་སྟོད།
ཙོག་རོ་ཀླུའི་རྒྱལ་མཚན།							ཁྲི་སྲོང་སྐུ་དུས་ཀྱི་ལོ་ཙཱ་བ་ཆེན་པོ།
ཙོག་རོ་ཁྲི་བཙན།							ཁྲི་ལྡེ་སྲོང་བཙན་གྱི་དམག་དཔོན།
ཙོག་རོ་ཆོས་ཀྱི་རྒྱལ་མཚན།	༢	ས་བྱི།	༡༡༠༨	༣	མེ་སྤྲེལ།	༡༡༧༥	
ཙོག་རོ་བརྟན་གོང་།							དུས་རབས་༨པའི་དུས་དཀྱིལ་གྱི་ཁྲི་ལྡེ་སྲོང་བཙན་གྱི་བློན་པོ་ཞིག
ཙོག་རོ་བློན་གུང་གེང་།							ཁྲི་ལྡེ་སྲོང་བཙན་གྱི་དམག་དཔོན་ཞིག
ཙོག་རོ་བློན་སྟོ་གོང་།							ཁྲི་ལྡེ་སྲོང་བཙན་གྱི་དམག་དཔོན་ཞིག
ཙོག་རོ་འབྲོང་ཤོང་།							འདུས་སྲོང་མང་པོ་རྗེའི་དམག་དཔོན། རྒྱལ་པོ་ཆེ་མི་བདུན་གྲས།

ཙོག་རོ་བཟའ་རྒྱལ་མོ།							མངའ་བདག་འོད་སྲུང་གི་བཙན་མོ་དང་དཔལ་འཁོར་བཙན་གྱི་མ་ཡུམ་ཡིན།
ཙོག་རོ་བཟའ་ནུ་ཆུང་།							ཁྲི་སྲོང་ལྡེའུ་བཙན་གྱི་དུས།
ཙོག་རོ་བཟའ་དཔལ་གྱི་ངང་ཚུལ་མ།							ཁྲི་རལ་གྱི་བཙུན་མོ། བདུད་བློན་ཚོའི་ཕྲ་མས་རང་ལྟེབས་བྱས།
ཙོག་རོ་བཟའ་བཙན་རྒྱལ།							ཁྲི་ལྡེ་སྲོང་བཙན་གྱི་ཆུན་མ།
ཙོག་རོ་བཟའ་ལྷ་བུ་སྨན།							ཁྲི་སྲོང་ལྡེའུ་བཙན་གྱི་དུས།
ཙོག་རོ་རིག་པའི་སྐལ་བཟང་།							སྲོང་བཙན་གྱི་ནང་བློན།
ཙོག་རོ་ཤེས་རབ་འབྱུང་གནས།							བླ་ཆེན་དགོངས་པ་རབ་གསལ་གྱི་སློབ་བུ་ཞིག
ཙོག་རོ་ལྷ་ལོད།							ཁྲི་རལ་གྱི་ནང་བློན།
ཙའུ་སྣིན་དཀར།							བོད་རྒྱལ་གསུམ་པ་དིང་ཁྲིའི་སྐུ་གཤེན།
ཙའུ་ཚེམས་དཀར།							བོད་རྒྱལ་བརྒྱད་པ་གྲི་གུམ་བཙན་པོའི་སྐུ་གཤེན།

ཚ་འོད་དཀར།							བོད་རྒྱལ་བཞི་པ་སོ་ཁྲིའི་སྐུ་གཤེན།
ཚ་ལན་ཚ།							བོད་རྒྱལ་གཉིས་པ་མུ་ཁྲིའི་སྐུ་གཤེན།
ཚ་ཤངས་དཀར།							བོད་རྒྱལ་ལྔ་པ་མེར་ཁྲི་བཙན་པོའི་སྐུ་གཤེན།
གཙན་ཕྱུག་ཐྲ་དཀར་ངག་དབང་བསྟན་འཛིན།	༡༤	ས་ཡོས།	༡༨༡༩	༥	ཤིང་ལུག	༡༨༩༥	
གཙན་ཚ་ངག་དབང་མཆོག་ལྡན།							དགའ་ལྡན་ཁྲི་རབས་༥༤པ་བྱ་ཁྱུང་ངག་དབང་མཆོག་ལྡན་ལ་གཟིགས།
གཙན་ཚ་སྦྱིན་པ་ཀུན་བཟང་།							དུས་རབས་༡༡པའི་དུས་དཀྱིལ།
གཙུང་བཙུ་གཉིས་པ་རིན་ཆེན་རྡོ་རྗེ།	༤	ས་སྟག	༡༢༡༨	༥	ལྕགས་འབྲུག	༡༢༨༠	
བཙུ་གཉིས་གསར་པ་གྲགས་པ་ཤེས་རབ།	༥	ལྕགས་ཕྱི།	༡༣༡༠	༦	ལྕགས་ཕྱི།	༡༣༧༠	
བཙུ་གསུམ་པ་སེངྒེ་རྒྱལ་པོ།	༥	ས་གླང་།	༡༢༨༩	༥	ཤིང་གླང་།	༡༣༢༥	
གཙུང་ངག་གི་དབང་ཕྱུག་གྲགས་པ་རྒྱལ་མཚན།	༡༡	མེ་གླང་།	༡༦༣༧	༡༡	ཤིང་སྟག	༡༦༧༤	དགུང་ལོ་སོ་བརྒྱད་པར་གཤེགས། དུས་སྟོ་ཕྱི་སྣར་བརྟག
གཙུང་དེ་མོ་རྡོ་རྗེ་གྲགས།	༤	ལྕགས་ལུག	༡༢༡༡	༥	ས་ཡོས།	༡༢༧༩	

གཙུང་བྱ་བྲལ་ཡེ་ཤེས་བླ་མ།	༥	ས་ཡོས།	༡༢༧༨				
གཙུང་ཟླ་བ་གྲགས་པ།							
གཙུང་རིན་པོ་གྲགས་པ་རིན་ཆེན། འབྲི་གུང་པ།	༩	ལྕགས་ལུག	༡༢༡༡	༥	མེ་ལུག	༡༣༠༧	ཁ་ཅིག་གིས་༡༢༧༨ལོར་འདས་ཟེར་ཀྱང་སྣང་བརྟག
གཙོད་སྟོན་ རྣམ་སེངྒེ།							
གཙོའུ་གཉའ་བཞིད།							བོད་རྒྱལ་དགུ་པ་སྤུ་དེ་གུང་རྒྱལ་གྱི་སྐུ་གཤེན།
གཙོའུ་ཕྱུག་དཀར།							བོད་རྗེ་གཉའ་ཁྲི་བཙན་པོའི་སྐུ་གཤེན།
གཙོའུ་ཞལ་དཀར།							བོད་རྒྱལ་སྲིབ་ཁྲི་བཙན་པོའི་སྐུ་གཤེན།
བཙོམ་ལྡན་རིགས་པའི་རལ་གྲི།	༩	ས་བྱི།	༡༢༢༤	༥	ཤིང་སྦྲུལ།	༡༣༠༥	
ལྕགས་ཀོང་གཏེར་སྟོན།							
ལྕགས་ཐང་རབ་འབྱམས་པ་བྱམས་པ་བསོད་ནམས།	༤	ཤིང་རྟ།	༡༩༧༩	༨	ལྕགས་བྱི།	༡༥༩༠	
ལྕགས་མདུད་ཤེས་རབ་རྒྱལ་མཚན།	༤	ས་ཡོས།	༡༩༥༨				
༼ལྕགས་སྤྲུལ་སྐུ་ཕྲེང་རིམ་བྱོན།༽	༤ ནས་བཟུང་།						ཚབ་མཆོད་བྱམས་པ་གླིང་གི་བླ་རབས་གྲས།

༡༽ ལྷུགས་སྤྲུལ་ཆོས་རྗེ་སངས་རྒྱས་དཔལ་འབྱོར།	༨	ས་སྦྲུལ།	༡༤༤༩	༡༠	ཆུ་ཁྱི།	༡༥༢༣	དགུང་ལོ་༧༥བཞུགས།
༢༽ ལྷུགས་སྤྲུལ་ཆོས་རྗེ་ངག་གི་དབང་པོ།	༩	ཤིང་ཁྱི།	༡༥༢༥		ཆུ་འབྲུག	༡༥༩༢	དགུང་ལོ་༦༧བཞུགས།
༣༽ ལྷུགས་སྤྲུལ་ངག་དབང་ཆོས་འབྱོར་བཟང་པོ།	༡༠	ཤིང་ལུག	༡༥༩༥	༡༠	མེ་ལུག	༡༦༠༧	དགུང་ལོ་༡༢བཞུགས།
༤༽ ལྷུགས་སྤྲུལ་ངག་དབང་ཕྲིན་ལས་བཟང་པོ།	༡༠	མེ་ལུག	༡༦༠༧	༡༡	མེ་ལུག	༡༦༦༧	དགུང་ལོ་༦༡བཞུགས།
༥༽ ལྷུགས་སྤྲུལ་ངག་དབང་བསྟན་འཛིན་ལྷུན་གྲུབ།	༡༡	ལྕགས་ཕག	༡༦༧༡	༡༢	མེ་ལུག	༡༧༢༧	དགུང་ལོ་༥༧བཞུགས།
༦༽ ལྷུགས་སྤྲུལ་ངག་དབང་ཕྲིན་ལས་དཔལ་བཟང་།	༡༢	ལྕགས་ཁྱི།	༡༧༣༠	༡༣	ཤིང་སྦྲུལ།	༡༧༨༥	དགུང་ལོ་༦༥བཞུགས།
༧༽ ལྷུགས་སྤྲུལ་ངག་དབང་དཔལ་ལྡན་རྒྱ་མཚོ་ཆོས་ཀྱི་དབང་ཕྱུག	༡༣	མེ་འབྲུག	༡༧༩༦	༡༤	ལྕགས་སྤྲེལ།	༡༨༦༠	དགུང་ལོ་༦༥བཞུགས།
༨༽ ལྷུགས་སྤྲུལ་ ངག་ དབང་ བསྟན་ པའི་ འབྱུང་ གནས་ ཕྲིན་ ལས་ཆོས་ཀྱི་རྒྱལ་མཚན།	༡༤	ལྕགས་བྱ།	༡༨༦༡	༡༥	ཤིང་སྟག	༡༩༡༤	དགུང་ལོ་༥༤བཞུགས།
༩༽ ལྷུགས་སྤྲུལ་བློ་བཟང་ཕྲིན་ལས་རྣམ་རྒྱལ།	༡༥	ཤིང་ཡོས།	༡༩༡༥	༡༦	ཆུ་བྱ།	༡༩༣༣	དགུང་ལོ་༡༨ལས་མ་བཞུགས།
༡༠༽ ལྷུགས་སྤྲུལ་འཇམ་དཔལ་སྐལ་བཟང་འཇིགས་མེད་ཆོས་ཀྱི་རྒྱལ་མཚན།	༡༦	ཤིང་ཁྱི།	༡༩༣༤	༡༦	ལྕགས་སྟག	༡༩༥༠	དགུང་ལོ་༡༦ལས་མ་བཞུགས།

༡༡༽ ལྕགས་སྤྲུལ་བློ་བཟང་བསྟན་འཛིན།	༡༦	ལྕགས་ཡོས།	༡༩༥༡				
ལྕགས་ཟམ་པ་གཉུབས་བསྟན་འཛིན་ཡེ་ཤེས་ལྷུན་གྲུབ།							གཉུབས་བསྟན་འཛིན་ཡེ་ཤེས་ལྷུན་གྲུབ་ལ་གཟིགས
ལྕགས་རི་བསྐལ་བཟང་ལེགས་བཤད།	༡༥	མེ་གླང་།	༡༨༧༧	༡༦	ལྕགས་ཡོས།	༡༩༥༡	
ལྕགས་ལ་མཁན་པོ་ཚེ་མཆོག་དངོས་གྲུབ།	༡༥	ཆུ་སྦྲུལ།	༡༨༩༣	༡༦	མེ་བྱ།	༡༩༥༧	
༼ལྷང་སྐུ་སྐུ་ཕྲེང་རིམ་བྱོན།༽							
༡༽ ལྷང་སྐུ་གྲགས་པ་འོད་ཟེར།				༡༡	ལྕགས་སྦྲུལ།	༡༦༤༡	རབ་བྱུང་༡༡པའི་ལྕགས་རྟ་༡༦༣༠ དགོན་ལུང་ཁྲི་རབས་༦པར་ཕེབས།
༢༽ ལྷང་སྐུ་ངག་དབང་བློ་བཟང་ཆོས་ལྡན།	༡༡	ཆུ་རྟ།	༡༦༤༢	༡༢	ཤིང་རྟ།	༡༧༡༤	
༣༽ ལྷང་སྐུ་རོལ་པའི་རྡོ་རྗེ།	༡༢	མེ་བྱ།	༡༧༡༧	༡༣	མེ་རྟ།	༡༧༨༦	
༤༽ ལྷང་སྐུ་སྙིང་མ་ཡེ་ཤེས་བསྟན་པའི་རྒྱལ་མཚན།	༡༣	མེ་རྟ།	༡༧༨༦	༡༤	ཆུ་སྟག	༡༨༤༦	
༥༽ ལྷང་སྐུ་བློ་བཟང་ཐུབ་བསྟན་དར་རྒྱས།	༡༤	ས་བྱ།	༡༨༤༩	༡༥	ཤིང་བྱི།	༡༨༧༤	
༦༽ ལྷང་སྐུ་བློ་བཟང་ཡེ་ཤེས་རྒྱ་མཚོ།	༡༥	ཤིང་ཕག	༡༨༧༥	༡༥	ཤིང་སྤྲེལ།	༡༨༨༤	མཚན་གཞན་བློ་བཟང་བསྟན་འཛིན་རྒྱལ་མཚན་ཡང་ཞུ།

༧༽ ལྕང་སྐྱ་བློ་བཟང་དཔལ་ལྡན་བསྟན་པའི་སྒྲོན་མེ་ཆོས་དབྱིངས་ཡེ་ཤེས་རྡོ་རྗེ།	༡༥	ཆུ་འབྲུག	༡༨༩༢	༡༦	ས་ཁྱི།	༡༩༥༨	
ལྕང་རྒྱབ་མཁྱེན་རབ་ཡོན་ཏན་རྒྱ་མཚོ།							དགའ་ལྡན་ཁྲི་རབས་༨༨པར་གཟིགས།
ལྕང་ལུང་གྲུབ་ཆེན།	༡༣	མེ་གླང་།	༡༨༦༦				
ལྕང་ལུང་ཁྲི་ཆེན་རིན་པོ་ཆེ་འཇམ་དབྱངས་ཐུབ་བསྟན་རྒྱ་མཚོ།	༡༩	མེ་སྟག	༡༨༦༦	༡༦	ས་འབྲུག	༡༩༢༨	
ལྕང་ལུང་པཎྜི་ཏ་ངག་དབང་བློ་བཟང་བསྟན་པའི་རྒྱལ་མཚན།	༡༣	ལྕགས་སྟག	༡༧༧༠	༡༩	ཤིང་སྦྲུལ།	༡༨༤༥	
ལྗེ་བཀྲ་ཤིས།							དུས་རབས་༡༡པའི་དུས་སྨད་ཀྱི་མི་སྣ་བ་ཞིག
ལྗེ་ཁྱི་འབྲུག							ཁྲི་སྲོང་ལྡེའུ་བཙན་སྐུ་དུས་ཀྱི་མི་སྣ་བ་གྲགས་ཅན་ཞིག
ལྗེ་དགའ་བའི་དཔལ།							དུས་རབས་༡༡པའི་དུས་སྨད་ཀྱི་མི་སྣ་བ་ཞིག
ལྗེ་སྒོམ་མཁར་སྐྱོང་བྲག་པ།							
ལྗེ་སྒོམ་རྫོང་པ།							དགའ་གདམས་པ་ཞིག
ལྗེ་སྟོན་རྒྱ་ནག	༢	ཤིང་ཁྱི།	༡༠༩༤	༣	ས་སྦྲུལ།	༡༡༤༩	

ལྷེ་ཡོན་ཏན་གཟུངས།	༢	མེ་རྟ།	༡༡༢༥	༣	ཞིང་ཡོས།	༡༡༨༥	
ལྷེ་བཙད།							མངའ་བདག་སྐྱིད་ལྡེའི་རྒྱུད་པ།
ལྷེ་བཙུན་དཀར་པོ།							དུས་རབས་༡༡པའི་དུས་སྨད།
ལྷེ་བཙུན་ཤེས་རབ་འབྱུང་གནས།							
ལྷེ་བཙུན་སེ་སྙེ་དབང་ཕྱུག							དུས་རབས་༡༢པའི་ནང་འཁྲུངས་ཤིང་། དགུང་ལོ་༡༢༥ཕེབས་སྐབས་ཚུ་ཡུག་ལ་འཇའ་ལུས་སུ་ཕེབས།

མཚན་བྱང་།	འཁྲུངས་ལོ།			འདས་ལོ།			ཞར་བྱུང་།
	རབ་བྱུང་།	ལོ་ཁམས།	སྤྱི་ལོ།	རབ་བྱུང་།	ལོ་ཁམས།	སྤྱི་ལོ།	གསལ་བཤད།
ཆ།							
ཆ་པ་ཆོས་ཀྱི་སེང་གེ།	༢	ས་ཡོས།	༡༠༩༩	༣	ས་གླང་།	༡༡༦༩	ལོ་ལས་རབ་བྱུང་༢པའི་ས་གླང་༡༡༠༩ལ་འཁྲུངས་ཟེར།
༼ཆ་རུ་གཉེར་སྟོན་ཉི་མ་གྲགས་པ་སྐུ་ཕྲེང་རིམ་བྱོན།༽							
༡༽ཆ་རུ་ཉི་མ་གྲགས་པ།	༡༡	མེ་ཕག	༡༦༤༧	༡༢	ལྕགས་སྟག	༡༧༡༠	
༢༽ཉི་གྲགས་མཁས་གྲུབ་པདྨ་ཐེག་མཆོག་བསྟན་པའི་རྒྱལ་མཚན།	༡༢	ཆུ་འབྲུག	༡༧༡༢	༡༣	ལྕགས་ཡོས།	༡༧༧༡	དགུང་ལོ་༦༠བཞུགས།
༣༽ཉི་གྲགས་མི་འགྱུར་ཕན་བདེ་རྒྱ་མཚོ།	༡༣	ཆུ་འབྲུག	༡༧༧༢	༡༤	མེ་གླང་།	༡༨༡༧	དགུང་ལོ་༤༦བཞུགས།
༤༽ཉི་གྲགས་འཇིགས་མེད་ཆོས་དབྱིངས་རྡོ་རྗེ།	༡༤	ས་སྟག	༡༨༡༨	༡༥	ལྕགས་ལུག	༡༨༧༡	དགུང་ལོ་༥༤བཞུགས།
༥༽ཉི་གྲགས་བསྟན་འཛིན་ཕྲིན་ལས་དབང་ཕྱུག	༡༥	ཆུ་སྤྲེལ།	༡༨༧༢	༡༥	ཆུ་གླང་།	༡༨༡༣	དགུང་ལོ་༤༢བཞུགས།
༦༽ཉི་གྲགས་ཐུབ་བསྟན་འོད་གསལ་བསྟན་པའི་ཉི་མ།	༡༥	ཤིང་སྟག	༡༩༡༤	༡༦	ཤིང་འབྲུག	༡༩༦༤	དགུང་ལོ་༥༡བཞུགས།

༧༽ཉི་གྲགས་ཀུན་བཟང་ཡོན་ཏན་བཟང་པོ་ཕྲིན་ལས་ཀུན་ཁྱབ།	༡༦	མེ་འབྲུག	༡༩༧༦				
ཆ་ཏར་དགེ་བཤེས་བློ་བཟང་ཚུལ་ཁྲིམས།	༡༣	ལྕགས་ཁྱི།	༡༧༤༠	༡༤	ལྕགས་རྟ།	༡༨༡༠	
ཆག་དགྲ་བཅོམ།	༣	ཆུ་བྱ།	༡༡༥༣	༤	མེ་བྱི།	༡༢༡༦	ཆག་ལོ་ཙཱ་བའང་ཞུ།
ཆག་ལོ་ཆོས་རྗེ་དཔལ།	༣	མེ་སྦྲུལ།	༡༡༩༧	༤	ཤིང་བྱི།	༡༢༦༤	
ཆག་ལོ་རིན་ཆེན་ཆོས་རྒྱལ།	༨	མེ་ཡོས།	༡༤༤༧				ཤིང་ལུག་༡༤༧༥ལོར་དགུང་ལོ་༣༠ཐེབས་སྐབས་རཏ་སྒྲིང་ ༧༣ཐེབས་པར་མཇལ།
ཆགས་པ་ཆོས་འཕེལ།							དུས་རབས་༡༧པའི་དུས་སྨད།
༼ཆབ་མདོ་ཛམ་གནས་མདོ་དགོན་པའི་ཀརྨ་ ཆགས་མེད་ཀྱི་སྐུ་ཕྲེང་རིམ་བྱོན།༽							
༡༽ཆགས་མེད་ར་ག་ཨ་སྱ།	༡༠	ས་བྱ།	༡༦༠༩	༡༡	ས་རྟ།	༡༦༧༨	དགུང་ལོ་བདུན་ཅུ་བཞུགས།
༢༽ཆགས་མེད་སྤྲུལ་སྐུ་ཕྲིན་ལས་དབང་འབྱུང་།	༡༢	ཆུ་རྟ།	༡༧༠༢	༡༢	མེ་རྟ།	༡༧༢༦	དགུང་ལོ་ཉེར་ལྔ་བཞུགས།
༣༽ཆགས་མེད་སྤྲུལ་སྐུ་ཕྲིན་ལས་བསྟན་འཛིན།	༡༢	ལྕགས་ཁྱི།	༡༧༣༠	༡༣	ལྕགས་འབྲུག	༡༧༦༠	དགུང་ལོ་སོ་གཅིག་བཞུགས།
༤༽ཆགས་མེད་སྤྲུལ་སྐུ་བསྟན་འཛིན་ཕྲིན་ལས།	༡༣	ཤིང་བྱ།	༡༧༦༥	༡༤	ལྕགས་སྟག	༡༨༡༠	དགུང་ལོ་ཞེ་ལྔ་བཞུགས།

༥༽ཆགས་མེད་སྤྲུལ་སྐུ་གསང་སྔགས་བསྟན་འཛིན།	༡༩	ལྕགས་ལུག	༡༨༡༡	༡༥	ལྕགས་ལུག	༡༨༧༡	དགུང་ལོ་དྲུག་ཅུ་བཞུགས།
༦༽ཆགས་མེད་སྤྲུལ་སྐུ་ཀུན་ཚུལ་ཁྲིམས་རྣམ་རྒྱལ།	༡༥	ཆུ་སྤྲེལ།	༡༨༧༢	༡༦	ཤིང་ཕག	༡༩༣༥	དགུང་ལོ་རེ་གསུམ་བཞུགས།
༧༽ཆགས་མེད་སྤྲུལ་སྐུ་ཀུན་ཁྱབ་བསྟན་སྒྲོན་མེ།	༡༥	མེ་སྟག	༡༩༢༦				
༼ཆབ་མདོ་ཛོམ་གནས་མདོ་དགོན་གྱི་ཁ་སྤྲུལ་རིམ་བྱོན།༽							
༡༽སྨིན་གླིང་ལོ་ཆེན་དྷརྨ་ཤྲཱིའམ་ཆོས་དཔལ་བཟང་པོ།							སྨིན་གླིང་མཁན་རབས་གཉིས་པར་གཟིགས།
༢༽ཆགས་མེད་དཔོན་སྤྲུལ་ཆོས་རྗེ་ཁ་བ་བསྟན་འཛིན།	༡༢	ལྕགས་གླང་།	༡༧༢༡				
༣༽ཆོས་རྗེ་ཀུན་ཁྱབ་བསྟན་རབ་འཕེལ།	༡༢	ཤིང་བྱ།	༡༧༠༥	༡༣	ལྕགས་འབྲུག	༡༧༦༠	དགུང་ལོ་ང་ལྔ་བཞུགས།
༤༽ཀུན་བསྟན་འཛིན་ཕྲིན་ལས་སམ་གཞན་ཕན་ཕྲིན་ལས་རྣམ་རྒྱལ།	༡༩	ས་ཁྱི།	༡༨༣༨	༡༥	ས་ཁྱི།	༡༨༩༨	དགུང་ལོ་དྲུག་ཅུ་བཞུགས།
ཀུན་མདོ་སྔགས་ཆོས་ཀྱི་ཉི་མ།	༡༦	ཆུ་འབྲུག	༡༩༥༢				
༼ཆབ་མདོ་ཛོམ་ས་སྐད་སྡེ་པའི་རྒྱལ་རབས་རིམ་བྱོན།༽							

༡༽ ཛམ་ལྷ་གདོང་དཀར་པོ།	༡	ས་བྱི།	༡༠༤༨				
༢༽ སྨོམ་རིའི་གདོང་།	༡	ཤིང་གླང་།	༡༠༨༥				
༣༽ བན་ཁྲིམ་གདོང་།	༢	ཆུ་འབྲུག	༡༡༡༢				
༤༽ དཀོན་མཆོག་འབར།	༢	ཤིང་གླང་།	༡༡༤༥				
༥༽ དཀོན་མཆོག་འབུམ།	༣	ས་བྱི།	༡༡༦༨				
༦༽ སྤྲིན་པ།	༣	ཤིང་གླང་།	༡༢༠༥				
༧༽ གྲགས་པ་རྒྱལ་མཚན།	༤	ཆུ་རྟ།	༡༢༢༢				
༨༽ རྒྱལ་བ་བཟང་པོ།	༦	ས་གླང་།	༡༣༤༩				
༩༽ མཁའ་སྤྱོད་ནམ་མཁའ་རྒྱལ་མཚན།	༦	ལྕགས་བྱི།	༡༣༧༠				
༡༠༽ རིན་ཆེན་རྒྱལ་མཚན།	༧	ས་འབྲུག	༡༣༨༨				
༡༡༽ ཤཱཀྱ་རྒྱལ་མཚན།	༧	ཤིང་ལུག	༡༤༡༥				
༡༢༽ དན་མཁའ་འོད་ཟེར།	༧	ཤིང་གླང་།	༡༤༤༥				

༡༣༽ གཙོད་རྒྱལ་བ།	༨	ཆུ་སྦྲུལ།	༡༤༧༣				
༡༤༽ ཁྲི་སྲོང་མ།	༨	ས་རྟ།	༡༤༩༨				
༡༥༽ དོན་གྲུབ་རྣམ་རྒྱལ།	༩	མེ་སྤྲེ།	༡༥༣༦				
༡༦༽ གཟུངས་སྐྱབས།	༩	ཤིང་བྱི།	༡༥༦༨				
༡༧༽ གླུ་སྐྱབས།	༡༠	ས་བྱི།	༡༥༨༨				
༡༨༽ དབང་ཕྱུག་རྒྱལ།	༡༠	མེ་འབྲུག	༡༦༡༦				
༡༩༽ མགོན་རྒྱལ།	༡༡	ཤིང་སྦྲེལ།	༡༦༨༨				
༢༠༽ བསོད་ནམས་རྣམ་རྒྱལ།	༡༡	ཤིང་སྦྲུལ།	༡༦༦༥				
༢༡༽ དཔག་བསམ།	༡༩	ཤིང་གླང་།	༡༨༦༩				
༢༢༽ བསོད་ནམས་ཉི་མ།	༡༥	མེ་རྟ།	༡༩༠༦				
༢༣༽ དཀོན་མཆོག་རྒྱལ་མཚན།	༡༦	ལྕགས་ལུག	༡༩༣༡				
༢༤༽ བློ་བཟང་ཆོས་འགྱུར།	༡༦	ཤིང་རྟ།	༡༩༥༩				

༼ཆབ་མདོ་ཛོམ་ས་སྣང་དགོན་པའི་བླ་རབས།༽							
༡༽མཁའ་སྤྱོད་པ་ནམ་མཁའ་རྒྱལ་མཚན།							ཛོམ་ས་སྣང་དགོན་བཏབ། ༧ཤིང་སྤྲེལ།
༢༽ཤཱཀྱ་རྒྱལ་མཚན།							གདན་ས་ལོ་སོ་གཉིས་བསྐྱངས།
༣༽ཁྲུ་སྟོན་བསོད་ནམས་གྲགས་པ།							གདན་ས་ལོ་སོ་གཅིག་བསྐྱངས།
༤༽འཇམ་དབྱངས་བཤེས་གཉེན།							གདན་ས་ལོ་སོ་དགུར་བསྐྱངས།
༥༽ཤེས་རབ་རྣམ་རྒྱལ།							གདན་ས་ལོ་ཞེ་བཞིར་བསྐྱངས།
༦༽ཨོ་པ་བ།							གདན་ས་ལོ་བཅུ་གཅིག་བསྐྱངས།
༧༽འབའ་རབ་འབྱམས་པ།							གདན་ས་ལོ་བཅུ་བསྐྱངས།
༨༽ཤེས་རབ་རྣམ་རྒྱལ།							གདན་ས་ལོ་བཅུ་བསྐྱངས།
༩༽བློ་བཟང་ཤེས་རབ།							གདན་ས་ལོ་དགུ་བསྐྱངས།
༡༠༽བསྟན་དར།							གདན་ས་ལོ་བཅུ་གཅིག་བསྐྱངས།
༡༡༽འཕགས་པ་རིན་ཆེན།							གདན་ས་ལོ་བཅུ་བསྐྱངས།

༡༢༽ གླིང་རབ་འབྱམས་པ།							གདན་ས་ལོ་བརྒྱད་བསྐྱངས།
༡༣༽ འཕགས་པ་སྤྱིན་པ།							གདན་ས་ལོ་བཅུ་གཉིས་བསྐྱངས།
༡༤༽ འཕགས་པ་མཆོག་ལྡན།							གདན་ས་ལོ་ཉི་ཤུར་བསྐྱངས།
༡༥༽ བེ་ནུབ་འཇམ་དབྱངས།							གདན་ས་ལོ་ཉེར་ལྔ་བསྐྱངས།
༡༦༽ འཇམ་དབྱངས་བློ་གྲོས།							གདན་ས་ལོ་བཅོ་བརྒྱད་བསྐྱངས།
༡༧༽ དགའ་ལྡན་དགེ་བཤེས།							གདན་ས་ལོ་གསུམ་བསྐྱངས།
༡༨༽ པདྨ་བཀོད་རྒྱལ།							གདན་ས་ལོ་གསུམ་བསྐྱངས།
༡༩༽ རྒྱལ་སྤྲུལ་རིན་པོ་ཆེ།							གདན་ས་ལོ་དགུར་བསྐྱངས།
༢༠༽ དུས་སྤྲུལ་བསྟན་འཛིན་དགེ་ལེགས་རྣམ་རྒྱལ།							གདན་ས་ལོ་བཅུ་དྲུག་བསྐྱངས།
༢༡༽ བྱམས་པ་བསོད་ནམས།							
༼ཆབ་མདོ་འཕགས་པ་ལྷ་སྐུ་ཕྲེང་རིམ་བྱོན།༽							
༡༽ ཆབ་མདོ་འཕགས་པ་ལྷ་ཐུབ་བདག་བདེ་ཆེན་རྡོ་རྗེ།	༧	ས་ལུག	༡༤༨༩	༩	མེ་རྟ།	༡༥༤༧	དགུང་ལོ་༥༩་བཞུགས།

༢༽ཚབ་མདོ་འཕགས་པ་ལྷ་སངས་རྒྱས།	༩	མེ་ལུག	༡༥༤༧			༡༦༠༦	དགུང་ལོ་༦༠བཞུགས།
༣༽ཚབ་མདོ་འཕགས་པ་ལྷ་མཐོང་བ་དོན་ལྡན།	༡༠	མེ་ཡོས།	༡༥༦༧	༡༠	ཤིང་སྦྲུལ།	༡༦༠༥	དགུང་ལོ་༣༨བཞུགས།
༤༽ཚབ་མདོ་འཕགས་པ་ལྷ་ཆོས་ཀྱི་རྒྱལ་པོ།	༡༠	ཤིང་སྦྲུལ	༡༦༠༥	༡༡	ཆུ་ལུག	༡༦༤༣	དགུང་ལོ་༣༩བཞུགས།
༥༽ཚབ་མདོ་འཕགས་པ་ལྷ་རྒྱལ་བ་རྒྱ་མཚོ།	༡༡	ཤིང་སྤྲེལ།	༡༦༤༤			༡༧༠༤	དགུང་ལོ་༧༠བཞུགས།
༦༽ཚབ་མདོ་འཕགས་པ་ལྷ་འཇིགས་མེད་བསྟན་པའི་རྒྱ་མཚོ།	༡༢	ཤིང་རྟ།	༡༧༡༤	༡༣	ཤིང་ཁྱི།	༡༧༥༤	དགུང་ལོ་༤༡བཞུགས།
༧༽ཚབ་མདོ་འཕགས་པ་ལྷ་འཇིགས་མེད་བསྟན་པའི་མགོན་པོ།	༡༣	ཤིང་ཕག	༡༧༥༥	༡༣	ཤིང་སྟག	༡༧༩༤	དགུང་ལོ་༤༠བཞུགས།
༨༽ཚབ་མདོ་འཕགས་པ་ལྷ་དཔལ་ལྡན་བསྟན་པའི་ཉི་མ།	༡༣	ཤིང་ཡོས།	༡༧༩༥	༡༤	ས་སྤྲེལ།	༡༨༤༨	དགུང་ལོ་༥༣བཞུགས།
༩༽ཚབ་མདོ་འཕགས་པ་ལྷ་མཁས་གྲུབ་ངག་དབང་བློ་བཟང་འཇིགས་མེད་བསྟན་པའི་རྒྱལ་མཚན།	༡༤	ས་བྱ།	༡༨༤༩	༡༥	ལྕགས་བྱི།	༡༩༠༠	དགུང་ལོ་༥༢བཞུགས།
༡༠༽ཚབ་མདོ་འཕགས་པ་ལྷ་བློ་བཟང་ཐུབ་བསྟན་མི་ཕམ་ཚུལ་ཁྲིམས་རྒྱལ་མཚན།	༡༥	ལྕགས་གླང་།	༡༩༠༡		ས་སྟག	༡༩༣༨	དགུང་ལོ་༣༧བཞུགས།
༡༡༽ཚབ་མདོ་འཕགས་པ་ལྷ་བློ་བཟང་བསྟན་འཛིན་དགེ་ལེགས་རྣམ་རྒྱལ།	༡༦	ས་ཡོས།	༡༩༣༩				

༼ཆབ་མདོ་བྱམས་པ་གླིང་གི་གདན་རབས་རིམ་བྱོན།༽	༧ ནས་འགོ་ཚུགས།						
༡༽ བྱང་སེམས་ཤེས་རབ་བཟང་པོ།							རབ་བྱུང་༧ཤིང་བྱི། ༡༤༤༤ལ་ཁྲིར་ཕེབས།
༢༽ ཞང་ཞུང་ཆོས་དབང་གྲགས་པ།							རབ་བྱུང་༨ས་སྟག ༡༤༥༨ལ་ཁྲིར་ཕེབས།
༣༽ མཆུར་སྟོན་ནམ་མཁའ་དཔལ་བ།	༨	ཆུ་ལུག	༡༤༦༣				རབ་བྱུང་༨ཆུ་ལུག༡༤༦༣ལ་ཁྲིར་ཕེབས།
༤༽ རྗེ་དྲུང་ཤེས་རབ་དཔལ་བརྟེགས།							རབ་བྱུང་༨ལྕགས་ཡོས་༡༤༧༡ལ་ཁྲིར་ཕེབས།
༥༽ རྗེ་དྲུང་ཀུན་དགའ་དཔལ།							རབ་བྱུང་༩མེ་ཡོས་༡༥༠༧ལ་ཁྲིར་ཕེབས།
༦༽ རྗེ་དྲུང་ཀུན་དགའ་དཔལ་བ།							རབ་བྱུང་༩ས་ཡོས་༡༥༡༩ལ་ཁྲིར་ཕེབས།
༧༽ རྗེ་དྲུང་ཀུན་དགའ་བློ་གྲོས།							རབ་བྱུང་༩ཆུ་ཡོས་༡༥༤༣ལ་ཁྲིར་ཕེབས།
༨༽ རྗེ་དྲུང་ཐུགས་རམས་པ་དགེ་འདུན་བཀྲ་ཤིས།							རབ་བྱུང་༩ཤིང་སྦྲུལ་༡༥༤༥ལ་ཁྲིར་ཕེབས།
༩༽ ཆོས་རྗེ་མི་གཡོ་བ།							རབ་བྱུང་༩ཆུ་གླང་༡༥༥༣ལ་ཁྲིར་ཕེབས།
༡༠༽ རྗེ་དྲུང་ཤེས་རབ་དབང་པོ།							རབ་བྱུང་༩ལྕགས་སྤྲེལ་༡༥༦༠ལ་ཁྲིར་ཕེབས།

༡༡༽ རྗེ་དྲུང་འཇམ་དཔལ་བཞེས་གཉེན།							རབ་བྱུང་༩མེ་སྟག་༡༥༦༦ལ་ཁྲིར་ཕེབས།
༡༢༽ རྗེ་དྲུང་ལྷ་དབང་ཆོས་ཀྱི་རྒྱལ་མཚན།							རབ་བྱུང་༡༠ལྕགས་འབྲུག་༡༥༨༠ལ་ཁྲིར་ཕེབས།
༡༣༽ རྒྱལ་བ་བསོད་ནམས་རྒྱ་མཚོ།							རབ་བྱུང་༡༠ལྕགས་སྦྲུལ་༡༥༨༡ལ་ཁྲིར་ཕེབས།
༡༤༽ འཕགས་ལྷ་མཐོང་བ་དོན་ལྡན།							རབ་བྱུང་༡༠ཤིང་རྟ་༡༥༩༥ལ་ཁྲིར་ཕེབས།
༡༥༽ དཔོན་དྲུང་སངས་རྒྱས་འབྱུང་གནས།							རབ་བྱུང་༡༠ཤིང་འབྲུག་༡༦༠༤ལ་ཁྲིར་ཕེབས།
༡༦༽ འཕགས་པ་ལྷ་ཆོས་ཀྱི་རྒྱལ་པོ།							རབ་བྱུང་༡༠ལྕགས་སྤྲེལ་༡༦༢༠ལ་ཁྲིར་ཕེབས།
༡༧༽ ཕྲིན་ལས་བཟང་པོ།							རབ་བྱུང་༡༡ཤིང་བྱི་༡༦༢༤ལ་ཁྲིར་ཕེབས།
༡༨༽ འཕགས་པ་ཆོས་ཀྱི་རྒྱལ་མཚན་ནམ་ཞི་བ་བཟང་པོ།							རབ་བྱུང་༡༡ཆུ་རྟ་༡༦༤༢ལ་ཁྲིར་ཕེབས།
༡༩༽ འཕགས་པ་ལྷ་རྒྱལ་བ་རྒྱ་མཚོ།							རབ་བྱུང་༡༡ཤིང་འབྲུག་༡༦༦༤ལ་ཁྲིར་ཕེབས།
༢༠༽ ལྕགས་ར་ལྷ་པ་ངག་དབང་བསྟན་འཛིན་ལྷུན་གྲུབ།							རབ་བྱུང་༡༢ཤིང་རྟ་༡༧༡༤ལ་ཁྲིར་ཕེབས།
༢༡༽ འཕགས་ལྷ་འཇིགས་མེད་བསྟན་པའི་རྒྱ་མཚོ།							རབ་བྱུང་༡༢ཤིང་རྟ་༡༧༡༤ལ་ཁྲིར་ཕེབས།
༢༢༽ ཞི་བཟང་དགེ་ལེགས་རྒྱལ་མཚན།							རབ་བྱུང་༡༢ལྕགས་བྱི་༡༧༣༠ལ་ཁྲིར་ཕེབས།

༢༣) འཕགས་ལྷ་འཇིགས་མེད་བསྟན་པའི་མགོན་པོ།							རབ་བྱུང་༡༣ཤིང་ཕག་༡༧༥༥ལ་ཁྲིར་ཕེབས།
༢༤) དཀོན་རྫོང་གསུམ་པ་བློ་བཟང་ཕྱོགས་ལས་རྣམ་རྒྱལ།							རབ་བྱུང་༡༣ཆུ་རྟ་༡༧༦༢ལ་ཁྲིར་ཕེབས།
༢༥) འཕགས་ལྷ་འཇིགས་མེད་དཔལ་ལྡན་བསྟན་པའི་ཉི་མ།							རབ་བྱུང་༡༣ཤིང་ཡོས་༡༧༩༥ལ་ཁྲིར་ཕེབས།
༢༦) ཞི་བ་ལྷ་ལྔ་པ་དོན་གྲུབ་རྒྱ་མཚོ།							རབ་བྱུང་༡༤མེ་ལུག་༡༨༤༧ལ་ཁྲིར་ཕེབས།
༢༧) འཕགས་ལྷ་མཁས་གྲུབ་ངག་དབང་བློ་བཟང་འཇིགས་མེད་བསྟན་པའི་རྒྱལ་མཚན།							རབ་བྱུང་༡༤ས་བྱ་༡༨༤༩ལ་ཁྲིར་ཕེབས།
༢༨) ཞི་ལྷ་སྐུ་ཕྲེང་དྲུག་པ་བསྟན་འཛིན་ཕྲིན་ལས།							རབ་བྱུང་༡༥ལྕགས་བྱི་༡༩༠༠ལ་ཁྲི་ཆབ་བྱོན།
༢༩) འཕགས་ལྷ་བློ་བཟང་ཐུབ་བསྟན་མི་ཕམ་ཚུལ་ཁྲིམས་རྒྱལ་མཚན།							རབ་བྱུང་༡༥ལྕགས་གླང་༡༩༠༡ལ་ཁྲིར་ཕེབས།
༣༠) དཀོན་རྫོང་ལྔ་པ་བློ་བཟང་རྣམ་རྒྱལ།							རབ་བྱུང་༡༦ས་སྟག་༡༩༣༨ལ་ཁྲིར་ཕེབས།
༣༡) འཕགས་ལྷ་བློ་བཟང་བསྟན་འཛིན་དགེ་ལེགས་རྣམ་རྒྱལ།							རབ་བྱུང་༡༦ལྕགས་ཡོས་༡༩༥༡ལ་ཁྲིར་ཕེབས།
༼ཆབ་མདོ་ཞི་བ་ལྷ་སྐུ་ཕྲེང་རིམ་བྱོན།༽	༨ ནས་འགོ་ཚུགས།						

༡༽ཚབ་མདོ་ཞི་བ་ལྷ་དཔལ་ལྡན་མཆོག་གྲུབ།	༨	ཤིང་ཁྱི།	༡༦༥༦	༩	ཤིང་བྱ།	༡༥༢༥	དགུང་ལོ་༧༠བཞུགས།
༢༽ཚབ་མདོ་ཞི་བ་ལྷ་དཔོན་བྲུང་སངས་རྒྱས་འབྱུང་གནས།	༩	ཆུ་ཡོས།	༡༥༦༣	༡༠	ལྕགས་བྱ།	༡༤༢༡	དགུང་ལོ་༧༨བཞུགས།
༣༽ཚབ་མདོ་ཞི་བ་ལྷ་བཟང་པོ།	༡༠	ཤིང་གླང་།	༡༤༢༥	༡༢	ས་ཁྱི།	༡༧༡༨	དགུང་ལོ་༩༣བཞུགས།
༤༽ཚབ་མདོ་ཞི་བ་ལྷ་འཕགས་པ་དགེ་ལེགས་རྒྱལ་མཚན།	༡༢	ལྕགས་ཁྱི།	༡༧༢༠	༡༣	ལྕགས་རྟ།	༡༧༩༩	དགུང་ལོ་༨༠བཞུགས།
༥༽ཚབ་མདོ་ཞི་བ་ལྷ་བློ་བཟང་དོན་གྲུབ་རྒྱ་མཚོ།	༡༣	ལྕགས་སྤྲེལ།	༡༨༠༠	༡༦	ཆུ་གླང་།	༡༨༤༣	དགུང་ལོ་༤༦བཞུགས།
༦༽ཚབ་མདོ་ཞི་བ་ལྷ་ངག་དབང་འཇིགས་མེད་མཁྱེན་རབ་བསྟན་འཛིན་ཕྲིན་ལས།	༡༦	ཤིང་བྱི།	༡༨༤༦	༡༥	ཆུ་བྱི།	༡༩༢༦	དགུང་ལོ་༤༠བཞུགས།
༧༽ཚབ་མདོ་ཞི་བ་ལྷ་ངག་དབང་མཁྱེན་རབ།	༡༥	ཤིང་གླང་།	༡༩༢༥				
༼ཚབ་མདོ་བླ་རྒྱུད་སྐྱོ་མདའ་དགོན་གྱི་གདན་རབས།༽							
༡༽སྐྱོ་མདའ་ཆོས་རྗེ་རྒྱལ་མཚན་བཟང་པོ།	༧	ལྕགས་ཡོས།	༡༦༡༡				རོང་སྟོན་ཤཱཀྱ་རྒྱལ་མཚན་གྱི་དངོས་སློབ། གདན་ས་ལོ་བཅུ་བདུན་བསྐྱངས།
༢༽ཆོས་རྗེ་བློ་གྲོས་བཟང་པོ།	༧	ལྕགས་སྟག	༡༦༧༠				གདན་ས་ལོ་ཉེར་བརྒྱད་བསྐྱངས།

༣༽ པཎ་ཆེན་ལྷ་དབང་བློ་གྲོས།	༨	ས་རྟ།	༡༤༩༨				གདན་ས་ལོ་བཅུ་དགུ་བསྐྱངས།
༤༽ གཙང་སྟོན་ཕྱོགས་ལས་རྣམ་རྒྱལ།	༩	མེ་བྱི།	༡༥༡༦				གདན་ས་ལོ་སོ་བཞི་བསྐྱངས།
༥༽ བདག་ཆེན་རིན་ཆེན་རྒྱལ་མཚན་དཔལ་བཟང་།	༩	ལྕགས་ཁྱི།	༡༥༥༠				གདན་ས་ལོ་བཅུར་བསྐྱངས།
༦༽ དབོན་པོ་ཀུན་དགའ་བློ་གྲོས།	༩	ས་ལུག	༡༥༥༩				གདན་ས་ལོ་ཞེ་གཅིག་བསྐྱངས།
༧༽ བདག་ཆེན་བསོད་ནམས་རྒྱལ་མཚན།	༡༠	ས་ཕག	༡༥༩༩				གདན་ས་ལོ་གཉིས་བསྐྱངས།
༨༽ ཆོས་རྗེ་བྱམས་པ་རིན་ཆེན་རྣམ་རྒྱལ།	༡༠	ལྕགས་གླང་།	༡༦༠༡				གདན་ས་ལོ་བཅོ་བརྒྱད་བསྐྱངས།
༩༽ དྲུང་ཀུན་དགའ་རྒྱལ་མཚན།	༡༠	ཤིང་གླང་།	༡༦༢༥				གདན་ས་ལོ་བཅོ་བདུན་བསྐྱངས།
༡༠༽ རབ་འབྱམས་དཀོན་མཆོག་ཆོས་འཕེལ།	༡༡	ལྕགས་ལུག	༡༦༣༡				གདན་ས་ལོ་ཉེར་གཉིས་བསྐྱངས།
༡༡༽ དབུ་ཆེན་པདྨ་ཆོས་འཕེལ།	༡༡	ཆུ་འབྲུག	༡༦༥༢				གདན་ས་ལོ་དྲུག་བསྐྱངས།
༡༢༽ དཀོན་མཆོག་ཆོས་འཕེལ་གྱི་དབོན་ཀུན་དགའ་ལྷུན་གྲུབ།	༡༡	མེ་བྱ།	༡༦༥༧				གདན་ས་ལོ་བཅུ་གཅིག་བསྐྱངས།
༡༣༽ འཕགས་མཆོག་ཆོས་ཀྱི་རྒྱལ་པོ།	༡༡	ལྕགས་སྤྲེལ།	༡༦༨༠				གདན་ས་ལོ་སོ་བཞིར་བསྐྱངས།
༡༤༽ འཇམ་དབྱངས་ཀུན་དགའ་བསྟན་འཛིན།	༡༢	ལྕགས་འབྲུག	༡༧༠༠				གདན་ས་བསྐྱངས།

༡༥༽ འཇམ་མགོན་བསྟན་པའི་ཉི་མ།	༡༢	ཤིང་སྦྲུལ།	༡༧༢༥				གདན་ས་བསྐྱངས།
༡༦༽ ལྷ་ཐོག་དཔོན་རི་བླམ་ངག་དབང་ཆོས་འཕེལ།	༡༣	མེ་གླང་།	༡༧༥༧				གདན་ས་བསྐྱངས།
༡༧༽ ཀུན་དགའ་རྒྱལ་མཚན།	༡༣	ཤིང་སྦྲུལ།	༡༧༨༥				གདན་ས་བསྐྱངས།
༡༨༽ ངག་དབང་འཇམ་དཔལ་བཟང་པོ།	༡༣	ལྕགས་སྤྲེལ།	༡༨༠༠				གདན་ས་བསྐྱངས།
ཚས་པ་རྒྱ་མཁར་བ་ངག་དབང་དགེ་འདུན་རྒྱ་མཚོ།	༡༤	ས་ཕག	༡༨༣༩	༡༥	ཤིང་སྦྲུལ།	༡༩༠༥	
ཚས་པ་རྒྱ་གར་བ་འཇམ་དཔལ་གྲུབ་པའི་རྡོ་རྗེ།							དུས་རབས་༡༨ པའི་དུས་དཀྱིལ་ཙམ།
ཚས་པ་འཇམ་དཔལ་བསྟན་པའི་སྒྲོན་མེ།	༡༣	ས་བྱི།	༡༧༦༨				
ཚས་པ་བློ་བཟང་ཕྲིན་ལས།	༡༢	ས་སྟག	༡༦༩༨	༡༣	ཤིང་སྤྲེལ།	༡༧༦༤	
ཚེངས་སུ་ཙུག་ཕུ་ནོ་མིན་ཧན་བློ་བཟང་ནོར་བུ་ཤེས་རབ།	༡༢	མེ་སྦྲུལ།	༡༧༣༧	༡༣	ས་བྱི།	༡༧༦༨	
ཚུ་དཀར་ཞབས་དྲུང་དགེ་འདུན་བྱང་ཆུབ་བསྟན་པའི་ཉི་མ།	༡༥	ས་འབྲུག	༡༨༦༨				
ཚུ་མིག་པ་བློ་གྲོས་དབང་ཕྱུག	༧	ཚུ་རྟ།	༡༤༠༢				
ཚུ་མིག་པ་སེངྒེ་དཔལ།	༤	ཤིང་སྤྲེལ།	༡༢༢༤	༤	ཚུ་སྟག	༡༢༤༢	

༼ཚ་བཟང་སྤྲུལ་ཕྲེང་རིམ་བྱོན།༽							
༡༽ཚ་བཟང་རྣམ་རྒྱལ་དཔལ་འབྱོར།	༡༠	ས་སྟག	༡༥༧༨	༡༡	ལྕགས་ཡོས།	༡༦༥༡	
༢༽ཚ་བཟང་བློ་བཟང་བསྟན་པའི་རྒྱལ་མཚན།	༡༡	ཆུ་འབྲུག	༡༦༥༢	༡༢	ཆུ་ཡོས།	༡༧༢༣	
༣༽ཚ་བཟང་ངག་དབང་ཐུབ་བསྟན་དབང་ཕྱུག	༡༢	ཤིང་སྦྲུལ།	༡༧༢༥	༡༣	མེ་འབྲུག	༡༧༩༦	
༤༽ཚ་བཟང་བློ་བཟང་ཐུབ་བསྟན་རབ་རྒྱས།	༡༣	མེ་སྦྲུལ།	༡༧༩༧	༡༤	ས་རྟ།	༡༨༥༨	
༥༽ཚ་བཟང་བློ་བཟང་ཐུབ་བསྟན་བཤད་སྒྲུབ་ཉི་མ།	༡༤	ས་ལུག	༡༨༥༩	༡༥	ཆུ་གླང་།	༡༩༡༣	
༦༽ཚ་བཟང་བློ་བཟང་བསྟན་པའི་དབང་ཕྱུག	༡༥	ཤིང་སྟག	༡༩༡༤				
ཚ་བཟང་ངག་དབང་ཆོས་གྲགས།							དགའ་ལྡན་ཁྲི་རབས་༥༩པར་གཟིགས།
ཚ་བཟང་ངག་དབང་ཆོས་གྲགས། ཕྱི་མ།	༡༥	ལྕགས་བྱི།	༡༩༠༠	༡༦	ལྕགས་བྱ།	༡༩༨༡	
ཚ་བཟང་ཡེ་ཤེས་རྒྱ་མཚོ།	༡༣	ས་བྱ།	༡༧༨༩	༡༤	མེ་འབྲུག	༡༨༥༦	
ཚ་རྡུལ་ཁ་ཞབས་དྲུང་ངག་དབང་བཤད་སྒྲུབ་དར་རྒྱས།							
༼ཆེ་ཏོགས་སྤྲུལ་ཕྲེང་རིམ་བྱོན།༽							

༡༽ཚེ་ཤོས་ངག་དབང་བསྟན་པ།	༡༢	མེ་བྱ།	༡༧༡༧				
༢༽ཚེ་ཤོས་ངག་དབང་བཤད་སྒྲུབ་བསྟན་པའི་ཉི་མ།	༡༣	མེ་ལུག	༡༧༨༧	༡༤	ལྕགས་སྤྲེལ།	༡༨༦༠	
༣༽ཚེ་ཤོས་བློ་བཟང་བྱང་ཆུབ་བསྟན་པའི་སྒྲོན་མེ།	༡༤	ལྕགས་བྱ།	༡༨༦༡	༡༦	ཆུ་བྱ།	༡༩༣༣	
༤༽ཚེ་ཤོས་དཔལ་ལྡན་ལུང་རིགས་རྒྱ་མཚོ།	༡༦	ཤིང་ཕག	༡༩༣༥				
ཚེ་ཤོས་ངག་དབང་འཇམ་དཔལ་བསྟན་པའི་ཉི་མ།	༡༤	ལྕགས་གླང་།	༡༨༤༡	༡༥	ཤིང་རྟ།	༡༨༩༤	
ཚེ་ཤོས་ཡོངས་འཛིན་ངག་དབང་འཇམ་དབྱངས་དབང་རྒྱལ།							
ཆེན་པོ་བློ་གྲོས་འཕེལ།	༧	ཤིང་རྟ།	༡༤༡༤				
ཆོས་ཀྱི་གྲགས་པ་བཀྲ་ཤིས་ནོར་བུ་མི་འགྱུར་དབང་གི་རྒྱལ་པོ།	༨	ས་ཁྱི།	༡༤༧༨	༩	ལྕགས་སྦྲུལ།	༡༥༢༡	དགུང་ལོ་ཞེ་ལྔ་ལ་འདས།
ཆོས་ཀྱི་རྒྱལ་པོ།							འབྲི་གུང་ཆོས་ཀྱི་རྒྱལ་པོར་གཟིགས།
ཆོས་ཀྱི་རྒྱལ་མཚན།							དུས་རབས་༡༡པའི་དུས་སྟོད་ཙམ་གྱི་ལོ་ཙྪ་བ་ཞིག
ཆོས་ཀྱི་རྒྱལ་མཚན།							སྣམ་པོ་བ་ཆོས་ཀྱི་རྒྱལ་མཚན་ལ་གཟིགས།
ཆོས་ཀྱི་རྒྱལ་མཚན།							རྫོག་ཆོས་ཀྱི་རྒྱལ་མཚན་ལ་གཟིགས།

154

ཆོས་ཀྱི་རྒྱལ་མཚན།							ཅོག་རོ་ཆོས་ཀྱི་རྒྱལ་མཚན་ལ་གཟིགས།
ཆོས་ཀྱི་རྒྱལ་མཚན།							ཏཱ་དཔེན་ཆོས་ཀྱི་རྒྱལ་མཚན་ལ་གཟིགས།
ཆོས་ཀྱི་རྒྱལ་མཚན།							པཎ་ཆེན་ཆོས་ཀྱི་རྒྱལ་མཚན་ལ་གཟིགས།
ཆོས་ཀྱི་རྒྱལ་མཚན།							སི་ཏུ་ཀརྨ་ཆོས་ཀྱི་རྒྱལ་མཚན་ལ་གཟིགས
ཆོས་ཀྱི་རྒྱལ་མཚན།							སེ་ར་རྗེ་བཙུན་པ་ཆོས་ཀྱི་རྒྱལ་མཚན་ལ་གཟིགས།
ཆོས་ཀྱི་རྒྱལ་མཚན།							གསལ་ཁང་སྨྲ་སྐྱེ་ཆོས་ཀྱི་རྒྱལ་མཚན་ལ་གཟིགས།
ཆོས་ཀྱི་རྒྱལ་མཚན།							དུས་རབས་༡༡པའི་དུས་དཀྱིལ་ཙམ་གྱི་ལོ་ཙཱ་བ་ཞིག
ཆོས་ཀྱི་ཉི་མ།							ཐུའུ་བཀྭན་ཆོས་ཀྱི་ཉི་མར་གཟིགས།
ཆོས་ཀྱི་ཉི་མ།							རྗེ་རིང་བ་ཀུན་བཟང་ཆོས་ཀྱི་ཉི་མར་གཟིགས།
ཆོས་ཀྱི་ཉི་མ།							པཎ་ཆེན་སྐུ་ཕྲེང་དགུ་པ་ཆོས་ཀྱི་ཉི་མར་གཟིགས།
ཆོས་ཀྱི་དོན་གྲུབ།							ཞྭ་དམར་སྐུ་ཕྲེང་བརྒྱད་པ་དཔལ་ཆེན་ཆོས་ཀྱི་དོན་གྲུབ་ལ་གཟིགས།

ཆོས་ཀྱི་སྣང་མ།							ཀཱརྱ་པ་སྐུ་ཕྲེང་གཉིས་པ་པཀྵི་ལ་གཟིགས།
ཆོས་ཀྱི་དབང་ཕྱུག							སྨམ་པོ་བ་ཆོས་ཀྱི་དབང་ཕྱུག་ལ་གཟིགས།
ཆོས་ཀྱི་སྨོན་ལམ།							གཡའ་བཟང་ཆོས་རྗེ་ཆོས་སྨོན་ལམ་ལ་གཟིགས།
ཆོས་ཀྱི་འོད་ཟེར།							དུས་རབས་༡༦ཙམ་ལ་བཀའ་བསྟན་མང་པོ་སོག་ཡིག་ཏུ་བསྒྱུར།
ཆོས་ཀྱི་ཡོན་ཏན། ཕྲེ་མ།							དུས་རབས་༡༥པའི་དུས་དཀྱིལ་ཙམ་གྱི་ལོ་ཙཱ་བ་ཞིག
ཆོས་ཀྱི་ཤེས་རབ།							རྒྱ་སྒོམ་ཆོས་ཀྱི་ཤེས་རབ་ལ་གཟིགས།
ཆོས་ཀྱི་བཤེས་གཉེན།							དགའ་ལྡན་ཁྲི་རབས་༡༣པར་གཟིགས།
ཆོས་ཀྱི་སེངྒེ།							དུས་རབས་༡༦པའི་ནང་འབྱུངས།
ཆོས་ཀྱི་སེངྒེ།							སྨམ་པོ་བ་ཆོས་ཀྱི་སེངྒེར་གཟིགས།
ཆོས་ཀྱི་སེངྒེ།							ཆ་པ་ཆོས་ཀྱི་སེངྒེར་གཟིགས།
ཆོས་སྐུ་རྡོ་རྗེ།							རྫོག་སྟོན་ཆོས་སྐུ་རྡོ་རྗེར་གཟིགས།

ཆོས་སྐུ་འོད་ཟེར།				༥	ཆུ་འབྲུག	༡༢༩༢	འདིའི་སློབ་མ་རྒྱ་ར་ཀློང་ཆེན་ཡིན་ཟེར།
ཆོས་སྐྱོང་ལྡེ།	༥	ལྕགས་འབྲུག	༡༢༨༠	༦	ཆུ་འབྲུག	༡༣༥༢	
ཆོས་སྐྱབས་དོན་སྟེང་།							རབ་བྱུང་༢པའི་ལྕགས་རྟ་༡༠༩༠ལོར་གྲུ་ཐང་བསྐྲུངས།
ཆོས་སྐྱོང་རྒྱ་མཚོ།							དགའ་ལྡན་ཁྲི་རབས་༡༦པར་གཟིགས།
ཆོས་སྐྱོང་བཟང་པོ།							
ཆོས་སྐྱོང་ལྡེ།	༥	ལྕགས་འབྲུག	༡༢༨༠	༦	ཆུ་འབྲུག	༡༣༥༢	མང་ཡུལ་གུང་ཐང་གི་རྒྱལ་རབས་༡༢ པ།
ཆོས་སྐྱོང་བཟང་པོ།							ཞྭ་ལུ་ལོ་ཙྪ་བ་ཆོས་སྐྱོང་བཟང་པོར་གཟིགས།
ཆོས་འཁོར་འཛམ་དཔལ་ཡེ་ཤེས།							དུས་རབས་༡༧པའི་དུས་སྨད་ཙམ་དུ་འཁྲུངས་པའི་ལོ་ཙྪ་བ་ཞིག
ཆོས་གྲགས་རྒྱ་པོ།							
ཆོས་གྲགས་རྒྱ་མཚོ།							ཀརྨ་པ་ཆོས་གྲགས་རྒྱ་མཚོར་གཟིགས།
ཆོས་གྲགས་བཟང་པོ།							དགའ་ལྡན་ཁྲི་རབས་༢༠པ་སྟག་ཕུ་བ་ཆོས་གྲགས་བཟང་པོར་གཟིགས།

ཆོས་གྲགས་ཡེ་ཤེས་དཔལ་བཟང་།							ཞྭ་དམར་སྐུ་ཕྲེང་བཞི་པར་གཟིགས།
ཆོས་གྲུབ་རྒྱ་མཚོ།							ཞྭ་དམར་སྐུ་ཕྲེང་བཅུ་པར་གཟིགས།
ཆོས་རྒྱལ་གཉེར་བདག་གླིང་པ།							ཨོ་རྒྱན་གཉེར་བདག་གླིང་པར་གཟིགས།
ཆོས་རྒྱལ་བསྟན་པ།							དྭགས་པོ་རབ་འབྱམས་པ་ཆོས་རྒྱལ་བསྟན་པར་གཟིགས།
ཆོས་རྒྱལ་དོན་གྲུབ།							
ཆོས་རྒྱལ་ཕུན་ཚོགས།	༨	མེ་ལུག	༡༥༩༧				
ཆོས་རྒྱལ་རབ་བརྟན་པ།							རྒྱལ་རྩེ་ཆོས་རྒྱལ་རབ་བརྟན་ཀུན་བཟང་འཕགས་ལ་གཟིགས།
ཆོས་རྒྱལ་རིན་ཆེན་གླིང་པ།	༥	ཆུ་གླང་།	༡༣༡༣	༧	ཆུ་སྤྲེལ།	༡༣༨༢	
ཆོས་སྐྱོབ་ཆོས་དཔལ་ཤེས་རབ།							དུས་རབས་༡༩པའི་དུས་སྟོད་ཀྱི་ཤངས་པ་བཀའ་བརྒྱུད་པ།
ཆོས་སྐྱོབ་རྡོ་རྗེ་ཡེ་ཤེས།	༩	ཆུ་ལུག	༡༢༢༣	༥	ཆུ་སྤྲུལ།	༡༢༨༣	
ཆོས་སྐྱོབ་ཤྲཱི་ལ་བྷ་དྲ།							རབ་བྱུང་༦པའི་ལྷགས་ཕག་༡༣༧༡ལོར་ཆོས་འབྱུང་མཐོང་བ་དོན་ལྡན་བརྩམས། འདི་དཔེ་དཀོན་ཡིན།

ཆོས་རྗེ་ཀུན་དགའ་རྒྱལ་མཚན།	༨	མེ་སྦྲུལ།	༡༤༩༧	༡༠	ས་འབྲུག	༡༥༦༨	
ཆོས་རྗེ་ཀུན་དགའ་དཔལ།							
ཆོས་རྗེ་ཀུན་དགའ་དཔལ་འབྱོར།	༧	ས་སྤྲེལ།	༡༤༢༨	༨	མེ་སྤྲེལ།	༡༤༧༦	ར་ལུང་གདན་རབས་༡༢པ།
ཆོས་རྗེ་བཀྲ་ཤིས་དཔལ་བ་ཕྱི་མ།							སྟག་ལུང་བཀྲ་ཤིས་དཔལ་བར་གཟིགས།
ཆོས་རྗེ་བཀྲ་ཤིས་དཔལ་བརྩེགས།							སྟག་ལུང་ཆོས་རྗེ་བཀྲ་ཤིས་དཔལ་བརྩེགས་ལ་གཟིགས།
ཆོས་རྗེ་བཀྲ་ཤིས་དཔལ་འོད།							སྟག་ལུང་བཀྲ་ཤིས་དཔལ་འོད་ལ་གཟིགས།
ཆོས་རྗེ་གྲགས་པ་བྱང་ཆུབ།	༦	མེ་སྤྲེལ།	༡༣༥༦	༦	མེ་སྟག	༡༣༨༦	
ཆོས་རྗེ་དགེ་འདུན་རྒྱལ་མཚན།	༩	ཆུ་འབྲུག	༡༥༣༢	༡༠	མེ་ལུག	༡༦༠༧	ལྷ་ས་བ་དགེ་འདུན་རྒྱལ་མཚན་ཡང་ཞུ།
ཆོས་རྗེ་རྒྱལ་མཚན་དཔལ་བཟང་།	༨	ཆུ་གླང་།	༡༤༩༣				
ཆོས་རྗེ་རྒྱལ་མཚན་དཔལ་བཟང་།	༨	ཆུ་སྦྲུལ།	༡༤༧༣				
ཆོས་རྗེ་རྒྱལ་མཚན་བཟང་པོ།				༩	ས་སྤྲེལ།	༡༥༤༨	
ཆོས་རྗེ་སྣང་པ།	༣	ཤིང་ལུག	༡༡༧༥	༤	ས་བྱ།	༡༢༤༩	

ཆོས་རྗེ་ངག་དབང་གྲགས་པ་དཔལ་བཟང་པོ།							སྟག་ལུང་ངག་དབང་གྲགས་པར་གཟིགས།
ཆོས་རྗེ་ངག་དབང་རྒྱ་མཚོ།							དུས་རབས་༡༧ནང་འཁྲུངས།
ཆོས་རྗེ་ངག་དབང་དཔལ་ལྡན།	༡༣	མེ་སྦྲུལ།	༡༧༩༧				
ཆོས་རྗེ་ངག་དབང་ཕྲིན་ལས་བཟང་པོ།	༡༠	མེ་ལུག	༡༦༠༧	༡༡	མེ་ལུག	༡༦༦༧	
ཆོས་རྗེ་ངག་དབང་བློ་བཟང་དོན་གྲུབ།							དུས་རབས་༡༩པའི་དུས་སྨད།
ཆོས་རྗེ་བཙོ་ལྡེ་པ།							འབྲི་གུང་རིན་ཆེན་ཆོས་ཀྱི་རྒྱལ་མཚན་ལ་གཟིགས།
ཆོས་རྗེ་ཆོས་ཀྱི་བཤེས་གཉེན།							དགའ་ལྡན་ཁྲི་རབས་༡༣པར་གཟིགས།
ཆོས་རྗེ་ཆོས་སྐྱོང་རྒྱ་མཚོ།				༩	ས་ཕག	༡༥༣༩	
ཆོས་རྗེ་ཆོས་སྐྱབ་གྲགས་པ།	༡༠	ཤིང་སྟག	༡༦༡༤				
ཆོས་རྗེ་འཇམ་དབྱངས་དཀོན་མཆོག་ཆོས་འཕེལ།							དགའ་ལྡན་ཁྲི་རབས་༣༥པར་གཟིགས།
ཆོས་རྗེ་འཇིག་རྟེན་དབང་ཕྱུག	༨	ཤིང་ཁྱི།	༡༤༥༤				
ཆོས་རྗེ་ཉེར་གཉིས་པ་བསོད་ནམས་རྒྱལ་མཚན།	༦	མེ་སྟག	༡༣༨༦	༧	ཤིང་སྟག	༡༤༣༤	

ཆོས་རྗེ་དོན་གྲུབ་རིན་ཆེན།	༥	ས་བྱི།	༡༣༠༩	༦	ཤིང་གླང་།	༡༣༨༥	
ཆོས་རྗེ་བདེ་བ་ཅན།							འོལ་དགའ་དགེ་ལེགས་དཔལ་བཟང་ལ་གཟིགས།
ཆོས་རྗེ་ནམ་མཁའ་དཔལ་བཟང་པོ།	༦	ཆུ་བྱི།	༡༣༣༣	༦	ས་ལུག	༡༣༧༩	
ཆོས་རྗེ་ནམ་མཁའ་བློ་གྲོས།	༧	ཆུ་ལུག	༡༤༠༣	༨	མེ་བྱི།	༡༤༧༧	
ཆོས་རྗེ་དཔལ་མགོན།							
ཆོས་རྗེ་དཔལ་འབྱོར་རྒྱ་མཚོ།	༩	མེ་ཁྱི།	༡༥༢༦	༡༠	ས་ཕག	༡༥༩༩	
ཆོས་རྗེ་དཔལ་བཟང་པོ།	༥	ལྕགས་ཁྱི།	༡༣༡༠				
ཆོས་རྗེ་བྱང་ཆུབ་རྒྱ་མཚོ།							སྟག་ལུང་ཞྭ་དམར་བྱང་ཆུབ་རྒྱ་མཚོར་གཟིགས།
ཆོས་རྗེ་བྱམས་པ་རྒྱ་མཚོ།	༩	མེ་བྱི།	༡༥༡༦				
ཆོས་རྗེ་བློ་གྲོས་རྒྱ་མཚོ།							དགའ་ལྡན་ཁྲི་རབས་༣༠པར་གཟིགས།
ཆོས་རྗེ་བློ་བཟང་དོན་ཡོད།							དགའ་ལྡན་ཁྲི་རབས་༤༢པར་གཟིགས།
ཆོས་རྗེ་བློ་བཟང་ཞི་བ།							དུས་རབས་༡༧པའི་དུས་སྨད་ཙམ།

ཆོས་རྗེ་འབའ་ར་བ་རྒྱལ་མཚན་དཔལ་བཟང་།	༥	ལྕགས་ཁྱི།	༡༣༡༠	༧	ལྕགས་ལུག	༡༣༩༡	
ཆོས་རྗེ་མི་གཡོ་མགོན་པོ།				༨	ཤིང་ཁྱི།	༡༤༥༤	
ཆོས་རྗེ་སྨོན་ལམ་དཔལ་བ།	༧	ཤིང་རྟ།	༡༤༡༤				
ཆོས་རྗེ་ཚུལ་ཁྲིམས་ཆོས་འཕེལ།				༡༠	ཆུ་ཕག	༡༦༢༣	
ཆོས་རྗེ་ཚེ་བརྟན་རྒྱ་མཚོ།							རྩེད་ཐང་ཚེ་བརྟན་རྒྱ་མཚོར་གཟིགས།
ཆོས་རྗེ་ཞིག་པོ།							དུས་རབས་༡༡པའི་དུས་སྨད་ཙམ། བོད་སྨན་མཁས་པ་མི་དགུའི་གྲས།
ཆོས་རྗེ་ར་ལུང་པ་ངག་གི་དབང་པོའི་སྐྱེའམ་འཛམ་པའི་རྗོ་རྗེ་དགའ་བའི་བཤེས་གཉེན་འཇིགས་མེད་གོ་ཆ།	༨	ཤིང་བྱ།	༡༤༦༥				
ཆོས་རྗེ་རཏྣ་ཀ་ར།	༥	ལྕགས་བྱི།	༡༣༠༠	༦	ལྕགས་གླང་།	༡༣༦༡	
ཆོས་རྗེ་རི་ཁྲོད་པ་བླ་བ་སེངྒེ།							
ཆོས་རྗེ་རི་མི་འབབ་པ།	༦	ཆུ་སྟག	༡༣༦༢	༨	ཆུ་བྱ།	༡༤༥༣	

ཆོས་རྗེ་རིན་ཆེན་རྒྱལ་མཚན།				༡༡	ཆུ་རྟ།	༡༦༤༢	
ཆོས་རྗེ་རིན་ཆེན་འོད་ཟེར།	༨	ཆུ་བྱ།	༡༤༥༣	༩	ལྕགས་བྱི།	༡༥༤༠	
ཆོས་རྗེ་རིན་ཆེན་སེངྒེ།							
ཆོས་རྗེ་སངས་རྒྱས་དཔལ་བཟང་པོ།	༤	མེ་སྦྲུལ།	༡༢༥༧	༥	ལྕགས་ཁྱི།	༡༣༡༠	
ཆོས་རྗེ་སངས་རྒྱས་རིན་ཆེན།	༦	ས་ཡོས།	༡༣༣༩	༧	ཤིང་འབྲུག	༡༤༢༤	
ཆོས་རྗེ་བསོད་ནམས་གྲགས་པ།	༦	ས་ཕག	༡༣༥༩	༧	ས་བྱི།	༡༤༠༨	འདི་པཎ་ཆེན་བསོད་གྲགས་མིན།
ཆོས་རྗེ་བསོད་ནམས་རྒྱལ་མཚན།	༧	ས་བྱི།	༡༤༠༨	༨	ཆུ་ལུག	༡༤༦༣	འདི་ས་སྐྱ་བླ་མ་དམ་པ་བསོད་ནམས་རྒྱལ་མཚན་མིན།
ཆོས་ཉིད་ཚུལ་ཁྲིམས།							ཧྲམ་དྷ་ཤྲཱི་ལ་ལ་གཟིགས།
ཆོས་དར་གྲགས་འཕེལ།							
ཆོས་རྣམ་རྒྱལ།							
ཆོས་དཔལ་ཞིང་སྐལ་བཟང་རྒྱ་མཚོ།	༡༤	ཤིང་ཡོས།	༡༨༥༥	༡༥	ཆུ་ཕག	༡༩༢༣	
ཆོས་དཔལ་ཡེ་ཤེས།							

ཆོས་དབྱིངས་སྟོབས་ལྡན་རྡོ་རྗེ།	༡༣	ཤིང་སྦྲུལ།	༡༧༨༥				དཀྱུང་ལོ་ང་བཞི་སྤྱི་ལོ་༡༨༣༨ལོར་མདོ་རྒྱུད་རིན་པོ་ཆེའི་མཛོད་བརྩམས་གྲུབ།
ཆོས་དབྱིངས་དབང་ཕྱུག	༥	ཤིང་བྱི།	༡༣༢༩				
ཆོས་རྗོང་དཀོན་མཆོག་བསྟན་པའི་དཔལ་བཟང་།	༡༩	མེ་ཡོས།	༡༨༠༧				
མཆིམས་རྒྱལ་གཟིགས་ཤུ་ཏིང་།							ཁྲི་སྲོང་ལྡེའུ་བཙན་གྱི་བློན་པོ།
མཆིམས་རྒྱལ་གཟིགས་ཤུད་ཏིང་།							སྲོང་བཙན་གྱི་ནང་བློན།
མཆིམས་རྒྱལ་བཟའ་ལེགས་མོ་བཙན།							ཁྲི་ལྡེ་སྲོང་བཙན་གྱི་བཙུན་མོ་ཆུང་མ།
མཆིམས་འཇམ་པའི་དབྱངས།	༩	ཆུ་བྱི།	༡༢༥༢	༦	མེ་ཡོས།	༡༣༢༧	འདི་བཅོམ་ལྡན་རལ་གྲིའི་སློབ་མ་ཡིན།
མཆིམས་རྡོ་རྗེ་སྤྲེལ་ཆུང་།							ཁྲི་སྲོང་ལྡེའུ་བཙན་གྱི་བློན་པོ།
མཆིམས་ནམ་མཁའ་གྲགས།	༩	ལྕགས་རྟ།	༡༢༡༠	༥	ཤིང་བྱ།	༡༢༨༥	འདི་བཅོམ་ལྡན་རལ་གྲིའི་བླ་མ་ཡིན།
མཆིམས་བློ་གྲོས་བརྟན་པ།							འདིར་ཡང་མཆིམས་ཆེན་ཞུ་སྒྲོལ་འདུག
མཆིམས་བློ་བཟང་གྲགས་པ།	༥	ས་ཕག	༡༢༨༨	༦	ཤིང་ཡོས།	༡༣༧༥	

མཆིམས་མང་གཉེར།							མང་སྲོང་མང་བཙན་གྱི་བློན་པོ།
མཆིམས་མེ་ལྷ།							ཁྲི་སྲོང་ལྡེའུ་བཙན་གྱི་བློན་པོ།
མཆིམས་བཙན་བཞེར་ལེགས་གཟིགས།							ཁྲི་སྲོང་ལྡེའུ་བཙན་དང་མུ་ནེ་ཡབ་སྲས་གཉིས་ཀྱི་ཞང་བློན།
མཆིམས་བརྩོན་འགྲུས་སེངྒེ།							འདི་ཀ་ལོ་རྣམ་རྒྱལ་རྡོ་རྗེའི་བླ་མ་ཡིན་པར་སྣང་།
མཆིམས་ཞང་རྒྱལ་བཞེར་ཁོད་ནེ་བཙན།							ཁྲི་གཙུག་ལྡེ་བཙན་རལ་པ་ཅན་གྱི་ན ང་བློན་ཞིག
མཆིམས་བཟའ་ཀླུ་རྒྱལ་ངན་མོ་མཆོ།							བོད་རྒྱལ་༣༠པ་འབྲོ་གཉན་ལྡེའུའི་བཙུན་མོ།
མཆིམས་བཟའ་ཁྲུང་དཀར་མ།							ཁྲི་གཙུག་ལྡེ་བཙན་རལ་པ་ཅན་གྱི་བཙུན་མོ།
མཆིམས་བཟའ་བཙན་མོ་ཏོག་གེ།							འདུས་སྲོང་མང་པོ་རྗེ་རླུང་ནམ་འཕྲུལ་གྱི་རྒྱལ་པོའི་བཙུན་མོ།
མཆིམས་བཟའ་ལྷ་མོ་བཙན།							ཁྲི་སྲོང་གི་བཙུན་མོ།
མཆིམས་ཀུན་ཏན་འབར།							དུས་རབས་༡༡པའི་དུས་མགོའི་ལོ་རྒྱ་བ།
མཆོད་དཔོན་བློ་བཟང་མཐུ་སྟོབས།							ལྔ་པ་ཆེན་པོའི་སྐབས་ཀྱི་སྡེ་སྲིད།

འཆད་ཁ་བ།							བྱ་སྟོན་འཆད་ཁ་བ་ཡེ་ཤེས་རྡོ་རྗེར་གཟིགས།
འཆི་མེད་རབ་རྒྱས།							ནེ་རིང་པ་འཆི་མེད་རབ་རྒྱས་ལ་གཟིགས།
འཆུས་པ་དར་མ་བརྩོན་འགྲུས།	༢	མེ་བྱ།	༡༡༡༧	༣	ཆུ་ཕྱི།	༡༡༨༢	
འཆུས་པ་བརྩོན་འགྲུས་སེངྒེ།							སློ་མདོ་སྨྲ་བའི་སེངྒེར་གཟིགས།

མཚན་བྱང་།	འཁྲུངས་ལོ།			འདས་ལོ།			ཞར་བྱུང་།
	རབ་བྱུང་།	ལོ་ཁམས།	སྤྱི་ལོ།	རབ་བྱུང་།	ལོ་ཁམས།	སྤྱི་ལོ།	གསལ་བཤད།
ཇ།༽							
ཇ་བ་གྲགས་པ།							བླ་ཆེན་དགོངས་རབ་གསལ་གྱི་སློབ་མ།
ཇི་སང་སྡེ་པ།							གྲོང་སྨད་པ་ཕྱིན་ལས་རྒྱ་མཚོར་གཟིགས།
ཇིང་གིར་སི་གན།	༣	ཆུ་རྟ།	༡༡༦༢	༤	མེ་ཕག	༡༢༢༧	
ཇུ་ནང་ངག་དབང་སྣན་གྲགས།	༡༣	མེ་སྤྲེ།	༡༧༦༦	༡༤	ལྕགས་གླང་།	༡༨༤༡	
ཇུན་གར་ཚེ་དབང་རབ་བརྟན།	༡༢	མེ་སྤྲེལ།	༡༧༡༦				
ཇོ་གདན་སེ་རྡི།							
༼ཇོ་ནང་ཆོས་རྗེ་རིམ་བྱོན།༽							
༡༽ཇོ་ནང་ཀུན་སྤངས་ཐུགས་རྗེ་བརྩོན་འགྲུས།	༤	ཆུ་ཡོས།	༡༢༤༣	༥	ཆུ་གླང་།	༡༣༡༣	
༢༽ཇོ་ནང་གདན་རབས་གཉིས་པ།							བྱང་སེམས་རྒྱལ་བ་ཡེ་ཤེས་ལ་གཟིགས།

༣༽ཛོ་ནང་གདན་རབས་གསུམ་པ།							མཁས་བཙུན་ཡོན་ཏན་རྒྱ་མཚོར་གཟིགས།
༤༽ཛོ་ནང་གདན་རབས་བཞི་པ།							ཀུན་མཁྱེན་དོལ་པོ་ཤེས་རབ་རྒྱལ་མཚན་ལ་གཟིགས།
༥༽ཛོ་ནང་ཀུན་མཁྱེན་ཏཱ་ར་ནཱ་ཐ།	༡༠	ཤིང་ཕག	༡༥༧༥	༡༡	ཤིང་བྱི།	༡༦༣༤	
༦༽ཛོ་ནང་མཁས་གྲུབ་བློ་གྲོས་རྣམ་རྒྱལ།	༡༠	ས་རྟ།	༡༦༡༨	༡༡	ཆུ་ཕག	༡༦༨༣	དགུང་ལོ་རེ་དྲུག་བཞུགས།
༧༽ཆ་ལུང་པ་ངག་དབང་ཕྲིན་ལས།	༡༡	ཤིང་རྟ།	༡༦༥༤	༡༢	ཆུ་ཡོས།	༡༧༢༣	དགུང་ལོ་བདུན་ཅུ་བཞུགས།
༨༽ཛོ་ནང་ངག་དབང་བསྟན་འཛིན་རྣམ་རྒྱལ།	༡༢	ལྕགས་ལུག	༡༦༩༡	༡༢	ས་རྟ།	༡༧༣༨	དགུང་ལོ་ཞེ་བརྒྱད་བཞུགས།
༩༽ཛོ་ནང་དྲུང་ཆེན་དང་པོ་རཏྣ་ཤྲཱིའམ་རིན་ཆེན་དཔལ།	༦	ལྕགས་སྟག	༡༣༥༠	༧	ཤིང་ཡོས།	༡༤༣༥	དགུང་ལོ་གྱ་དྲུག་བཞུགས།
༼ཛོ་ནང་ཀུན་མཁྱེན་དོལ་པོའི་ཐུགས་སྲས་བཅུ་གསུམ།༽							
༡༽ཛོ་ནང་ཐུགས་སྲས་ཀུན་སྤངས་ཆོས་གྲགས་དཔལ།	༥	ཆུ་ལུག	༡༢༨༣			༡༣༦༣	དགུང་ལོ་གྱ་གཅིག་བཞུགས།
༢༽ཛོ་ནང་ཐུགས་སྲས་ལོ་ཙཱ་བ་བློ་གྲོས་དཔལ།	༥	ས་ཕག	༡༢༩༩			༡༣༥༤	དགུང་ལོ་ང་ལྔ་བཞུགས།
༣༽ཛོ་ནང་ཐུགས་སྲས་ས་བཟང་མ་ཏི་པཎ་ཆེན།							ས་བཟང་མ་ཏི་པཎ་ཆེན་ལ་གཟིགས།

༤༽ ཇོ་ནང་ཐུགས་སྲས་འབྲི་གུང་ལོ་ཙཱ་བ་མ་ཏི་ཀ་ཤྲཱི །	༥	ས་ཕག	༡༢༨༨	༦	ཤིང་སྟག	༡༣༧༩	དགུང་ལོ་དོན་ལྔ་བཞུགས།
༥༽ ཇོ་ནང་ཐུགས་སྲས་ཞང་སྟོན་རྒྱ་བོ་བསོད་ནམས་གྲགས།	༥	ཆུ་འབྲུག	༡༢༩༢	༦	ལྕགས་ཁྱི།	༡༣༧༠	དགུང་ལོ་དོན་དགུ་བཞུགས།
༦༽ ཇོ་ནང་ཐུགས་སྲས་ཐང་པོ་ཆེ་ཀུན་དགའ་འབུམ།	༦	ལྕགས་ལུག	༡༣༣༡	༧	ཆུ་རྟ།	༡༤༠༢	དགུང་ལོ་དོན་གཉིས་བཞུགས།
༧༽ ཇོ་ནང་ཐུགས་སྲས་སྨན་ཆུ་ཁ་པ་བློ་གྲོས་རྒྱལ་མཚན།	༥	ཤིང་སྟག	༡༣༡༤	༧	ལྕགས་རྟ།	༡༣༩༠	དགུང་ལོ་དོན་དྲུག་བཞུགས།
༨༽ ཇོ་ནང་ཐུགས་སྲས་ཆོས་རྗེ་རིན་ཆེན་ཚུལ་པ།	༥	མེ་བྱ།	༡༢༩༧	༦	ལྕགས་སྦྲེལ།	༡༣༦༨	དགུང་ལོ་དོན་གཉིས་བཞུགས།
༩༽ ཇོ་ནང་ཐུགས་སྲས་སྐྱ་རྡུང་བ་ལྷའི་རྒྱལ་མཚན།	༥	ས་ལུག	༡༣༡༩	༧	ལྕགས་སྦྲུལ།	༡༤༠༡	དགུང་ལོ་གྱ་གསུམ་བཞུགས།
༡༠༽ ཇོ་ནང་ཐུགས་སྲས་ཆོས་རྗེ་ཕུན་ཚོགས་དཔལ།	༥	ཤིང་འབྲུག	༡༣༠༤	༦	ལྕགས་གླང་།	༡༣༧༣	དགུང་ལོ་དོན་བཞི་བཞུགས།
༡༡༽ ཇོ་ནང་ཐུགས་སྲས་ཐང་སྟོན་ཆུང་བ་བློ་གྲོས་དཔལ།	༥	ཆུ་གླང་།	༡༣༡༣	༦	ཆུ་ཁྱི།	༡༣༨༢	དགུང་ལོ་དོན་དགུ་བཞུགས།
༡༢༽ ཇོ་ནང་ཐུགས་སྲས་ཕྱོགས་ལས་རྣམ་རྒྱལ།							ཇོ་ནང་ཕྱོགས་ལས་རྣམ་རྒྱལ་ལ་གཟིགས།
༡༣༽ ཇོ་ནང་ཐུགས་སྲས་ཉ་དབོན་ཀུན་དགའ་དཔལ།							ཉ་དབོན་ཀུན་དགའ་དཔལ་ལ་གཟིགས།
ཇོ་ནང་ཀུན་དགའ་གྲོལ་མཆོག	༨	མེ་ཡོས།	༡༥༠༧	༨	མེ་སྟག	༡༥༦༦	
ཇོ་ནང་དུས་འཁོར་བ་རིན་ཆེན་རྒྱལ་མཚན།	༦	ལྕགས་སྟག	༡༣༥༠				

ཛ་ནང་པ་ཕྱོགས་ལས་རྣམ་རྒྱལ།	༥	མེ་རྟ།	༡༣༠༦	༦	མེ་སྟག	༡༣༤༦	
ཛ་ནང་པ་ཡོན་ཏན་རྒྱ་མཚོ།	༩	ལྕགས་སྤྲེལ།	༡༢༦༠	༦	མེ་ཡོས།	༡༣༢༧	
ཛ་སྟབས་ཛྙ་ཛྙེ་ཡེ་ཤེས།							ཆོས་སྒྲོ་བ་ཡེ་ཤེས་ལ་གཟིགས།
ཛ་པོ་ཛྙེ་དཔལ་ལྡན་ཨ་ཏི་ཤ		ཆུ་རྟ།	༩༨༢	༡	ཤིང་རྟ།	༡༠༥༤	
ཛ་མོ་ཀླུན་ཚུང་།							དུས་རབས་༡༡པའི་དུས་སྨད་ཙམ།
ཛ་མོ་སྒྲུར་མོ།							པ་དམ་སངས་རྒྱས་ཀྱི་སློབ་མ།
ཛ་མོ་སྒྲོན་ནེ།							པ་དམ་སངས་རྒྱས་དང་དུས་མཉམ།
ཛ་མོ་གཅེས་མ།							བྱང་ཆུབ་སེམས་དཔའ་ཀུན་དགའི་ཛ་མོ།
ཛ་མོ་ཆོས་སྐྱབས།							པ་དམ་སངས་རྒྱས་དང་བྱང་ཆུབ་སེམས་དཔའ་ཀུན་དགའི་སློབ་མ།
ཛ་མོ་ཆོས་སྐྱིད།				༢	མེ་བྱ།	༡༡༡༧	པ་དམ་སངས་རྒྱས་ཀྱི་སློབ་མ་བྱང་ཆུབ་སེམས་དཔའ་ཀུན་དགའི་ཛ་མོ།

ཇོ་མོ་ཆོས་སྒྲོན།							
ཇོ་མོ་རྫེའུ་མ།							པ་དམ་སངས་རྒྱས་ཀྱི་སློབ་མ།
ཇོ་མོ་རྡོ་རྗེ་རྒྱན།							པ་དམ་སངས་རྒྱས་ཀྱི་སློབ་མ།
ཇོ་མོ་ནམ་མཁའ་གསལ།							པ་དམ་སངས་རྒྱས་ཀྱི་སློབ་མ།
ཇོ་མོ་འཕན་མོ།							པ་དམ་སངས་རྒྱས་ཀྱི་སློབ་མ།
ཇོ་མོ་དབང་ཕྱུག་ལྕམ།							པ་དམ་སངས་རྒྱས་ཀྱི་སློབ་མ།
ཇོ་མོ་འབར་མ།							པ་དམ་སངས་རྒྱས་ཀྱི་སློབ་མ་བླམ་དམ་པ་བཅུག་གི་ཇོ་མོ།
ཇོ་མོ་མྱུང་མོ།							པ་དམ་སངས་རྒྱས་ཀྱི་སློབ་མ།
ཇོ་མོ་སྨན་མོ།	༩	ས་སྤྲེལ།	༡༢༩༨	༥	ཆུ་ལུག	༡༢༨༣	གླིང་རས་ཀྱི་གཟུང་མ་མཛད། འཇའ་ལུས་འཕོ་ཆེན་གྲུབ།
ཇོ་མོ་གཞོན་ནུ་མ།							པ་དམ་སངས་རྒྱས་ཀྱི་སློབ་མ།
ཇོ་མོ་ཡེ་ཤེས་ལྕམ།							པ་དམ་སངས་རྒྱས་ཀྱི་སློབ་མ།
ཇོ་མོ་རི་མ།							པ་དམ་སངས་རྒྱས་ཀྱི་སློབ་མ།

ཇོ་མོ་རོ་ཟན་མ།							པ་དམ་སངས་རྒྱས་ཀྱི་སློབ་མ།
ཇོ་མོ་ཤངས་ཆུང་མ།							པ་དམ་སངས་རྒྱས་ཀྱི་སློབ་མ།
ཇོ་མོ་ལྷ་མོ།							པ་དམ་སངས་རྒྱས་ཀྱི་སློབ་མ།
ཇོ་བཙུན་སྨྲས་པ།							ལྷ་ཕྱུག་མཁར་བ་ཉི་ཟླ་འོད་〔༡༡༣༥—༡༢༡༥〕ཀྱི་སློབ་མ།
ཇོ་བསོད།	༣	ས་ཁྱི།	༡༡༧༨	༣	ས་རྟ།	༡༡༩༨	བདུད་འཇོམས་རིན་པོ་ཆེས་༡༡༧༧—༡༡༩༧ ལོར་བཞེད།
ཇོ་སྲས་བསོད་ནམས་དཔལ་མགོན།	༥	ཤིང་ཁྱི།	༡༢༡༤				འདིས་མཚམས་ནམ་མཁའ་གྲགས་ལས་རབ་ཏུ་བྱུང་།
ཇོ་སྲས་ཨ་སེང་།							དགེ་སྡིངས་པར་གཟིགས།
འཇག་ཆེན་བྱམས་པ་དཔལ།	༥	ལྕགས་ཁྱི།	༡༣༡༠	༧	ལྕགས་ལུག	༡༣༩༡	
འཇག་པ་རྒྱལ་མཚན་འབུམ།	༩	ལྕགས་བྱ།	༡༢༧༡	༦	ཤིང་ཁྱི།	༡༣༣༤	
འཇང་མོ་ཁྲི་བཙུན།							ཁྲི་ལྡེ་གཙུག་བརྟན་མེས་ཨག་ཚོམ་གྱི་བཙུན་མོ།

འཇང་ཚ་ལྷ་དབོན།							མེས་ཨག་ཚོམ་གྱི་སྲས།
འཇང་ཞབས་དགེ་འདུན་རིན་ཆེན་རྒྱལ་མཚན།				༡༡	ཆུ་རྟ།	༡༦༤༢	
འཇང་ཞབས་དམ་ཆོས་དཔལ་བ།	༩	མེ་རྟ།	༡༥༤༦	༡༠	ལྕགས་སྤྲེལ།	༡༦༢༠	
འཇད་པ་གཞོན་ནུ་བྱང་ཆུབ།							བཀའ་གདམས་པ་ཞིག
འཇམ་མགོན་བློ་གྲོས་མཐའ་ཡས།							ཀོང་སྤྲུལ་ཡོན་ཏན་རྒྱ་མཚོར་གཟིགས།
འཇམ་པ་ཆོས་རྒྱ་མཚོ།							དུས་རབས་༡༦པའི་དུས་སྨད།
འཇམ་དཔལ་གོ་ཆ།							དུས་རབས་༡༤པའི་དུས་སྟོད་ཙམ་གྱི་ལོ་ཙྪ་བ།
འཇམ་དཔལ་སྙིག་པའི་རྡོ་རྗེ།							དུས་རབས་༡༤པའི་དུས་སྟོད་ཙམ་གྱི་ལོ་ཙྪ་བ།
འཇམ་དཔལ་ནོར་བུ་པདྨ་དབང་རྒྱལ་ལམ་མཚན་ཉིད་བསོད་བསྟན།							དུས་ རབས་ ༢༠པའི་ མགོ་ སྟོད་ འཁྲུངས་ ཤིང་ ལོ་ རབས་ ༦༠ནང་གཤེགས།
འཇམ་དཔལ་གཞོན་ནུ།							དུས་རབས་༡༡པའི་དུས་དཀྱིལ་ཙམ་གྱི་ལོ་ཙྪ་བ།
འཇམ་དཔལ་ཡེ་ཤེས་སྙིང་པོ།	༥	ཤིང་སྟག	༡༣༡༤	༧	ལྕགས་རྟ།	༡༣༩༠	

འཇམ་དཔལ་ཡེ་ཤེས་སྣང་བ།	༡༢	ལྕགས་བྱི།	༡༧༢༠	༡༣	ལྕགས་བྱི།	༡༧༨༠	
འཇམ་དཔལ་རོལ་པའི་བློ་གྲོས།	༡༥	ས་བྱི།	༡༨༨༨	༡༦			མགོ་ལོག་བླ་མ་འམ་ཨ་རིག་དགེ་བཤེས་ཞེས་ཞུ།
འཇམ་དབྱངས་ཀུན་དགའ་རྒྱལ་མཚན།	༦	ལྕགས་བྱ།	༡༣༨༡				
འཇམ་དབྱངས་ཀུན་དགའ་ཆོས་བཟང་།	༧	ཆུ་གླང་།	༡༩༣༣	༨	ཆུ་ཕག	༡༥༠༣	སྐྱིད་ཚལ་མཁན་ པོ་ འཇམ་ དབྱངས་ ཀུན་ དགའ་ ཆོས་ བཟང་ ཞེས་ཞུ།
འཇམ་དབྱངས་ཀུན་དགའ་སེང་གེ།							འབྲུག་པ་ཀུན་དགའ་སེང་གེ་ལ་གཟིགས།
འཇམ་དབྱངས་ཀུན་དགའ་བསོད་ནམས།	༦	ཤིང་སྤྲེལ།	༡༣༦༥	༧	ཆུ་སྤྲེལ།	༡༩༡༣	གྲགས་པ་རྒྱལ་མཚན་གྱི་གཅུང་པོ་ཐ་ཆུང་།
འཇམ་དབྱངས་མཁན་ཆེན།	༡༠	ས་འབྲུག	༡༥༦༨				
༡༽འཇམ་དབྱངས་མཁྱེན་བརྩེ་དབང་པོ།	༡༩	ལྕགས་འབྲུག	༡༨༢༠	༡༥	ཆུ་འབྲུག	༡༨༩༢	
༢༽འཇམ་དབྱངས་མཁྱེན་བརྩེ་ཆོས་ཀྱི་བློ་གྲོས།	༡༥	ཆུ་སྤྲེལ།	༡༨༩༣	༡༦	ལྕགས་བྱི།	༡༩༦༠	
༣༽མཁྱེན་བརྩེ་སྐུ་ཕྲེང་གསུམ་པ་							
འཇམ་དབྱངས་དགེ་བའི་བཤེས་གཉེན།							

འཇམ་དབྱངས་དགའ་བའི་བློ་གྲོས་ལེགས་པ་ཆོས་འབྱོར།	༧	ས་བྱ།	༡༤༢༩	༨	ཆུ་ཕག	༡༥༠༣	
འཇམ་དབྱངས་མགོན་པོ།	༤	ས་འབྲུག	༡༢༠༨				
འཇམ་དབྱངས་ངག་དབང་ཀུན་དགའ་རྣམ་རྒྱལ།	༩	ཆུ་འབྲུག	༡༥༣༢	༩	ལྕགས་སྤྲེལ།	༡༥༦༠	
འཇམ་དབྱངས་ཆོས་ཀྱི་དབང་ཕྱུག							
འཇམ་དབྱངས་ཆོས་རྗེ་བཀྲ་ཤིས་དཔལ་ལྡན།	༦	ས་ལུག	༡༣༧༩	༨	ས་སྦྲུལ	༡༤༤༩	
འཇམ་དབྱངས་བསྟན་པའི་ཉི་མ།	༡༡	མེ་སྟག	༡༦༨༦	༡༢	ས་རྟ།	༡༧༣༨	
འཇམ་དབྱངས་བསྟན་འཛིན་དབང་རྒྱལ།							ཨ་མྱེས་ངག་དབང་མཁྱེན་རབ་ལ་གཟིགས།
འཇམ་དབྱངས་ཐུབ་བསྟན་རྒྱ་མཚོ།							ལྷུང་ལུང་ཁྲི་ཆེན་རིན་པོ་ཆེར་གཟིགས།
འཇམ་དབྱངས་མཐུ་སྟོབས་དབང་ཕྱུག་གྲགས་པ་རྒྱལ་མཚན།	༡༠	ས་བྱི།	༡༥༨༨				
འཇམ་དབྱངས་དོན་ཡོད་རྒྱལ་མཚན།	༥	ལྕགས་བྱི།	༡༣༡༠	༦	ཤིང་སྤྲེལ།	༡༣༤༤	
འཇམ་དབྱངས་དོན་ཡོད་དཔལ་ལྡན།	༧	ཤིང་གླང་།	༡༤༤༥	༩	ཤིང་སྤྲེལ།	༡༥༢༤	
འཇམ་དབྱངས་བདེ་བའི་རྡོ་རྗེ།	༡༡	ཆུ་བྱི།	༡༦༨༢				

འཇམ་དབྱངས་ནམ་མཁའ་རྒྱལ་མཚན།	༧	ས་སྟག	༡༣༩༨	༨	ཆུ་འབྲུག	༡༤༧༢	
འཇམ་དབྱངས་རྣམ་རྒྱལ།							མངའ་བདག་རིག་པ་མགོན་གྱི་རྒྱུད་བརྒྱ་ཞིས་རྣམ་རྒྱལ་གྱི་སྲས་ཆུང་བ།
འཇམ་དབྱངས་བློ་གྲོས་རྒྱལ་མཚན།							
འཇམ་དབྱངས་བློ་གཏེར་དབང་པོ།							འཇམ་དབྱངས་མཁྱེན་བརྩེ་དབང་པོ་དང་དུས་མཉམ།
འཇམ་དབྱངས་ཕྲིན་ལས།							
འཇམ་དབྱངས་ཚེ་བརྟན་བཀྲ་ཤིས།							ཀུན་དགའ་བསོད་ནམས་གྲགས་པ་རྒྱལ་མཚན་གྱི་གཅུང་པོ་ཐ་ཆུང་།
འཇམ་དབྱངས་གཞོན་ནུ།	༧	ས་རྟ།	༡༤༣༨	༨	ས་སྦྲུལ།	༡༥༠༨	
༼འཇམ་དབྱངས་བཞད་པ་སྐུ་ཕྲེང་རིམ་བྱོན།༽							
༡༽འཇམ་དབྱངས་བཞད་པ་ངག་དབང་བརྩོན་འགྲུས།	༡༡	ས་བྱི།	༡༦༤༨	༡༢	ཆུ་སྟག	༡༧༢༢	
༢༽འཇམ་དབྱངས་བཞད་པ་འཇིགས་མེད་དབང་པོ།	༡༢	ས་སྤྲེལ།	༡༧༢༨	༡༣	ལྕགས་ཕག	༡༧༩༡	

༣）འཇམ་དབྱངས་བཞད་པ་བློ་བཟང་ཐུབ་བསྟན་འཇིགས་མེད་རྒྱ་མཚོ།	༡༣	ཆུ་བྱི།	༡༧༩༢	༡༤	ཤིང་ཡོས།	༡༨༥༥	
༤）འཇམ་དབྱངས་བཞད་པ་སྐལ་བཟང་ཐུབ་བསྟན་དབང་ཕྱུག	༡༤	མེ་འབྲུག	༡༨༥༦	༡༥	མེ་འབྲུག	༡༩༡༦	
༥）འཇམ་དབྱངས་བཞད་པ་བློ་བཟང་འཇམ་དབྱངས་ཡེ་ཤེས་བསྟན་པའི་རྒྱལ་མཚན།	༡༥	མེ་འབྲུག	༡༩༡༦	༡༦	མེ་ཕག	༡༩༤༧	
༦）འཇམ་དབྱངས་བཞད་པ་བློ་བཟང་འཇིགས་མེད་ཐུབ་བསྟན་ཆོས་ཀྱི་ཉི་མ།	༡༦	ས་བྱི།	༡༩༤༨				
འཇམ་དབྱངས་རལ་གྲི་ནམ་མཁའ་སྐྱོན་ལམ།							དུས་རབས་༡༤པའི་དུས་མགོ་ཙམ་གྱི་ལོ་ཙཱ་བ།
འཇམ་དབྱངས་རིན་ཆེན་གྲགས་པ།							བཀའ་གདམས་པ་ཞིག
འཇམ་དབྱངས་ཤེས་རབ་དར་རྒྱས་ལེགས་པའི་བློ་གྲོས།							དགའ་ལྡན་ཁྲི་རབས་༡༢པར་གཟིགས།
འཇམ་དབྱངས་ཤཱཀྱ་རྒྱལ་མཚན།	༦	ལྕགས་འབྲུག	༡༣༤༠	༦	ཆུ་སྦྲང་།	༡༣༧༣	
འཇམ་དབྱངས་བསམ་གྲུབ་རྡོ་རྗེ།	༥	ཤིང་ལུག	༡༢༩༥	༦	མེ་འབྲུག	༡༣༧༦	

འཇམ་དབྱངས་བསོད་ནམས་རྒྱལ་མཚན།							
འཇམ་གསར་བ་ཤེས་འོད་ཟེར།							བཀའ་གདམས་པ་ཞིག
འཇིགས་མེད་རྒྱལ་བའི་མྱུ་གུ།	༡༣	ཤིང་བྱ།	༡༧༦༥	༡༤	ཆུ་ཡོས།	༡༨༤༣	ཀུན་མཁྱེན་ འཇིགས་ མེད་ གླིང་ པའི་ སློབ་ མ་ འཇིགས་ མེད་ བཞིའི་གྲས།
འཇིགས་མེད་དམ་ཆོས་རྒྱ་མཚོ།	༡༥	ས་ཁྱི།	༡༨༩༨	༡༦	མེ་ཁྱི།	༡༩༤༦	
འཇིགས་མེད་དཔལ་གྱི་སེངྒེ།							རྒྱལ་རོང་བསྟན་འཛིན་གྲགས་པར་གཟིགས།
འཇིགས་མེད་རིག་པའི་བློ་གྲོས།							ཚེ་ཏན་ཞབས་དྲུང་ལ་གཟིགས།
འཇིགས་མེད་བསམ་གཏན།	༡༤	ཤིང་ཁྱི།	༡༨༡༤	༡༥	མེ་བྱ།	༡༨༩༧	
འཇུ་མི་ཕམ་འཇམ་དབྱངས་རྣམ་རྒྱལ་རྒྱ་མཚོ།	༡༤	མེ་རྟ།	༡༨༤༦	༡༥	ཆུ་བྱི།	༡༩༡༢	
འཇོག་རི་ངག་དབང་བསྟན་འཛིན་ཕྲིན་ལས།	༡༣	ས་འབྲུག	༡༧༤༨				
རྗེ་དཀོན་མཆོག་རྒྱ་མཚོ།	༡༣	ལྕགས་ཁྱི།	༡༧༩༠	༡༤	ས་རྟ།	༡༨༥༨	
རྗེ་དཀོན་མཆོག་བསྟན་འཛིན་འགྲོ་འདུལ།	༡༢	ཤིང་འབྲུག	༡༧༢༤	༡༣	མེ་ཁྱི།	༡༧༦༦	

རྗེ་དཀོན་མཆོག་ཕྲིན་ལས་བཟང་པོ།	༡༡	མེ་སྤྲེལ།	༡༦༥༦	༡༢	ས་ཁྱི།	༡༧༡༨	
རྗེ་བཀྲ་ཤིས་དཔལ་འོད།	༧	ས་བྱ།	༡༤༠༨	༨	ལྕགས་སྦྲུལ།	༡༤༦༡	
རྗེ་དགེ་འདུན་གྲུབ།							རྒྱལ་བ་དགེ་འདུན་གྲུབ་པར་གཟིགས།
རྗེ་སྣམ་པོ་པ།							དྭགས་པོ་ལྷ་རྗེ་བསོད་ནམས་རིན་ཆེན་ལ་གཟིགས།
རྗེ་ངག་དབང་ཕྲིན་ལས་བཟང་པོ།	༡༠	མེ་ལུག	༡༦༠༧				
རྗེ་ཆོས་ཀྱི་གྲགས་པ།	༡༠	ཤིང་ལུག	༡༥༩༥	༡༡	ས་ཕག	༡༦༥༩	
རྗེ་འཇིགས་མེད་བསམ་གཏན།	༡༤	ཤིང་ཁྱི།	༡༨༡༤	༡༥	མེ་བྱ།	༡༨༩༧	
རྗེ་དྭགས་པོ་བློ་གྲོས་བརྟན་པ།							དགའ་ལྡན་ཁྲི་རབས་༧པར་གཟིགས།
རྗེ་དྲུང་ཀུན་དགའ་དཔལ་ལྡན།	༨	མེ་གླང་།	༡༤༥༧	༩	ལྕགས་བྱི།	༡༥༤༠	
རྗེ་དྲུང་ཀུན་དགའ་དཔལ་བ།	༨	ལྕགས་ལུག	༡༤༥༡	༩	ཤིང་བྱི།	༡༥༡༤	
རྗེ་དྲུང་ཀུན་དགའ་བློ་གྲོས།	༨	ཆུ་ཡོས།	༡༤༨༣	༩	ས་སྟག	༡༥༡༨	
རྗེ་དྲུང་འཛམ་དཔལ་རྒྱ་མཚོ།							རི་པོ་ཆེ་རྗེ་དྲུང་འཛམ་དཔལ་རྒྱ་མཚོར་གཟིགས།

ཛེ་དྲུང་འཇམ་དབྱངས་བཤེས་གཉེན།	༨	ཆུ་ཁྱི།	༡༥༠༢	༡༠	ས་སྦྲུལ།	༡༥༦༩	
ཛེ་དྲུང་མི་གཡོ་སྙིང་པོ།	༨	མེ་སྦྲུལ།	༡༤༩༧				
ཛེ་དྲུང་ཤེས་རབ་དཔལ་བརྟེགས།	༧	མེ་ལུག	༡༤༢༧	༩	མེ་ཡོས།	༡༥༠༧	
ཛེ་དྲུང་ཤེས་རབ་དབང་པོ།	༩	མེ་ཡོས།	༡༥༢༦				
ཛེ་དྲུང་ལྷ་དབང་ཆོས་ཀྱི་རྒྱལ་མཚན།							བ་སོ་ངག་དབང་ཆོས་ཀྱི་རྒྱལ་མཚན་ལ་གཟིགས།
ཛེ་ཕྲིན་ལས་ལྷུན་གྲུབ།				༡༠	ས་ཡོས།	༡༦༩༩	
ཛེ་དཔོན་བློ་བཟང་ཉི་མ།	༧	ས་ལུག	༡༤༣༩	༨	ཆུ་བྱི།	༡༤༩༢	
ཛེ་བློ་བཟང་བཤད་སྒྲུབ་རྒྱ་མཚོ།	༡༥	ཤིང་འབྲུག	༡༩༠༤	༡༦	མེ་ཁྱི།	༡༩༤༦	
ཛེ་སྨོན་ལམ་དཔལ་བ།	༧	ཤིང་རྟ།	༡༤༡༤	༨	ལྕགས་ཕག	༡༤༩༡	
ཛེ་ཙོང་ཁ་པ་བློ་བཟང་གྲགས་པ།	༦	མེ་བྱ།	༡༣༥༧	༧	ས་ཕག	༡༤༡༩	
ཛེ་བཙུན་ཀུན་དགའ་སྙིང་པོ།							ཇོ་ནང་ཏཱ་ར་ནཱ་ཐར་གཟིགས།
ཛེ་བཙུན་བཀྲ་ཤིས་ཕུན་ཚོགས།							

རྗེ་བཙུན་གྲགས་པ་རྒྱལ་མཚན།	༣	མེ་ཡོས།	༡༡༤༧	༤	མེ་བྱི།	༡༢༡༦	ལ་ལས་མེ་གླང་༡༢༡༧ལོར་འདས་པར་བཞེད།
རྗེ་བཙུན་སྒྲིང་།							སྒྲིང་རས་པདྨ་རྡོ་རྗེར་གཟིགས།
རྗེ་བཙུན་དྷ་ར་ན་ཐ།							ཇོ་ནང་དྷ་ར་ན་ཐར་གཟིགས།
རྗེ་བཙུན་བློ་བཟང་བསྟན་པའི་རྒྱལ་མཚན།	༡༠	ལྕགས་སྦྲུལ།	༡༥༨༡	༡༡	ས་ཕག	༡༦༥༩	
རྗེ་བཙུན་མི་ལ་རས་པ་བཞད་པའི་རྡོ་རྗེ།	༡	ལྕགས་འབྲུག	༡༠༤༠	༢	ཆུ་ཡོས།	༡༡༢༣	
རྗེ་བཙུན་གཙང་པ།							དུས་རབས་༡༢པའི་དུས་སྟོད།
རྗེ་བཙུན་ལོ་གྲོན་པ།							
རྗེ་བཙུན་ཤེས་རབ་དབང་པོ།							
རྗེ་བཙུན་ཤེས་རབ་སེངྒེ།	༦	ཆུ་བྱི།	༡༣༨༢	༧	ཤིང་གླང་།	༡༤༤༥	
རྗེ་བཙུན་སངས་རྒྱས་རིན་ཆེན།							

མཚན་བྱང་།	འཁྲུངས་ལོ།			འདས་ལོ།			ཞར་བྱུང་།
	རབ་བྱུང་།	ལོ་ཁམས།	སྤྱི་ལོ།	རབ་བྱུང་།	ལོ་ཁམས།	སྤྱི་ལོ།	གསལ་བཤད།
ཉ།							
ཉ་ཀྲྀ་ཞབས་དྲུང་ལུང་རིགས་ནོར་བུ་རྒྱ་མཚོ།							
ཉ་ཀྲྀ་ཞབས་དྲུང་བསོད་ནམས་དར་རྒྱས་རྒྱ་མཚོ།	༡༥	ཤིང་ཕག	༡༨༧༥				
ཉ་དབོན་ཀུན་དགའ་དཔལ་བ།	༦	ཤིང་བྱ།	༡༣༤༥	༧	ས་ལུག	༡༤༣༩	
ཉ་མ་ཁྲིམ་པ་མོ།							པ་དམ་སངས་རྒྱས་ཀྱི་སློབ་མ།
ཉག་བླ་དགོན་ཁམས་མདོ་འོད་གསལ་ཆོས་གླིང་དགོན་གྱི་གདུང་རབས་རིམ་བྱོན།	༡༤ ནས་འགོ་ཚུགས།						
༡ ཉག་བླ་བྱང་ཆུབ་རྡོ་རྗེའམ་ར་ཁྲིད་བླ་མ།	༡༥	ཤིང་ཕག	༡༨༧༥	༡༦	ཆུ་ཡོས།	༡༩༦༣	འཁྲུངས་ལོར་བཞེད་སྲོལ་མི་འདྲ་བ་གཉིས་མཆིས།
༢ ཉག་བླ་གཏེར་སྟོན་འཕགས་པ་བསོད་ནམས་ལྷུན་གྲུབ།	༡༥	ས་ཁྱི།	༡༨༩༨		མེ་རྟ།	༡༩༦༦	དགུང་ལོ་༦༩ བཞུགས།
༣ ཉག་བླ་པདྨ་མཐའ་ཡས།	༡༤	ཤིང་སྟག	༡༩༡༤		མེ་ཁྱི།	༡༩༤༦	དགུང་ལོ་༣༣ བཞུགས།

༤༽ཞག་བླ་འགྱུར་མེད་རྒྱལ་མཚན།	༡༥	ས་ལུག	༡༩༡༩		ཆུ་གླང་།	༡༩༧༣	དགུང་ལོ་༥༤བཞུགས།
༥༽ཞག་བླ་སྲས་མོ་ཨ་ཧྲ་ལྷ་མོའམ་ཧྲ་མགྲིན་ལྷ་མོ།	༡༥	ཆུ་ཕག	༡༩༢༣		ལྕགས་སྤྲེལ།	༡༩༨༠	དགུང་ལོ་༥༨བཞུགས།
༦༽ཞག་བླ་འཕགས་མཆོག་གར་དབང་རྡོ་རྗེ།	༡༦	མེ་ཁྱི།	༡༩༤༦				
༧༽ཞག་བླ་རྗེ་བཙུན་ཧྲ་མགྲིན་དབང་མོ།	༡༦	ལྕགས་བྱི།	༡༩༦༠				
ཞག་བླ་པདྨ་བདུད་འདུལ།	༡༤	མེ་བྱི།	༡༨༡༦	༡༥	ཆུ་སྤྲེལ།	༡༨༧༢	འཇའ་ལུས་ཕུང་པོ་ལྷག་མེད་དུ་གཤེགས།
ཞག་བླ་རང་རིག	༡༤	ཤིང་སྦྲུལ།	༡༨༤༥		ཆུ་ཡོས།	༡༩༠༣	དགུང་ལོ་༥༨ཞེས་པ་སྨིན་གྲོལ་གླིང་དུ་འཇའ་ལུས་རྡུལ་ཕྲན་དུ་དེངས། ཆུ་སྤྲེལ་ཟེར་བའང་ཡོད་པས་བརྟག
ཞག་བླ་བསོད་རྒྱལ་ལས་རབ་གླིང་པ།	༡༤	མེ་འབྲུག	༡༨༥༦				
ཞག་རོང་མགོན་པོ་རྣམ་རྒྱལ།	༡༣	ས་ལུག	༡༧༩༩	༡༤	ཆུ་ཕག	༡༨༦༣	ཞག་སྣེད་བུ་ལོང་མ་ཟེར།
ཞང་ཁྲི་བཟང་ཡང་སྟོན།							སྲོང་བཙན་སྒམ་པོའི་བློན་པོ་བཞིའི་ཡ་གྱལ།
ཞང་ཉི་མ་འོད་ཟེར།	༢	ཤིང་འབྲུག	༡༡༢༤	༣	ཆུ་བྱི།	༡༡༩༢	འདི་བདུད་འཇོམས་བཞེད། ལ་ལས་༡༡༢༤—༡༢༥༢བར་བཞེད། སླར་བརྟག

ཉང་སྟོད་པ་ཀུན་བཟང་རིན་ཆེན།							
ཉང་སྟོད་འཇམ་དབྱངས་མགོན་པོ།	༣	མེ་འབྲུག	༡༡༩༤				
ཉང་སྟོད་མར་པ།							
ཉང་བན་ཏིང་འཛིན་བཟང་པོ།		ས་སྟག	༧༣༨				དུས་རབས་༩པའི་དུས་སྟོད་ཙམ་ལ་བྲག་ལྷ་ཀླུ་ཕུག་ཏུ་འཇའ་ལུས་སུ་ཐེབས། ལ་ལས་སྐྱང་དར་གྱིས་བསྐྲངས་ཟེར་རུང་དཀྱུང་ལོ་བརྒྱ་ལྷག་བཞུགས་དགོས་པས་དུས་མཐུན་ཐབས་མེད།
ཉང་འབན་ངག་དབང་ཐུབ་བསྟན་རྒྱ་མཚོ།	༡༩	མེ་སྤྲེལ།	༡༨༣༤	༡༥	ས་སྐྱང་།	༡༨༨༩	
ཉང་ཤེས་རབ་འབྱུང་གནས།							འཇའ་ལུས་ཐེབས།
ཉང་སོ་མ།							ཁྲི་སྲོང་ལྡེ་བཙན་གྱི་བློན་པོ།
ཉང་བཙུན་སྨན་ལུང་བློ་གྲོས་མཆོག་གི་སྡེ།							སྨན་ལུང་བློ་མཆོག་རྡོ་རྗེར་གཟིགས།
ཉི་ཐང་སྨན་མཁྱེན་བློ་བཟང་རྒྱ་མཚོ།							དུས་རབས་༡༧པའི་མགོ་སྟོད།
ཉི་བ་བློན་སྟོན་ཀོང་།							ཁྲི་ལྡེ་སྲོང་བཙན་གྱི་ཕྱི་བློན།

ཉི་འབུམ།	༣	ས་སྟག	༡༡༥༨	༤	ཆུ་བྱ།	༡༢༡༣	དུས་རབས་༡༡ པའི་དུས་སྨད་ཀྱི་ལོ་ཙཱ་བ་ཞིག
ཉི་མ་རྡོ་རྗེ།							
ཉི་མ་བཟང་པོ།							
ཉིང་ཕུག་པ་ཆོས་ཀྱི་གྲགས་པ།	༢	ཤིང་ཁྱི།	༡༠༩༤	༣	མེ་རྟ།	༡༡༨༦	
ཉི་སྲས་རིན་ཆེན་ཇོ་སྲས།				༤	ཆུ་སྟག	༡༢༤༢	
ཉེར་བརྒྱད་པ་རྡོ་རྗེ་རྒྱལ་པོ།							འབྲི་གུང་པ་རྡོ་རྗེ་རྒྱལ་པོར་གཟིགས།
ཉེར་གཉིས་པ་ཆོས་ཀྱི་རྒྱལ་པོ།	༦	ཤིང་བྱ།	༡༣༤༥	༧	ལྕགས་བྱི།	༡༤༢༠	
གཉགས་གྲགས་པ་ཚུལ་ཁྲིམས།							བཀའ་གདམས་པ་ཞིག
གཉག་ཕུ་བ་བསོད་ནམས་བཟང་པོ།	༦	ལྕགས་སྦྲུལ།	༡༣༤༡	༧	ཆུ་གླང་།	༡༤༣༣	
གཉགས་ཛྙཱ་ན་ཀུ་མཱ་ར།							རྗེ་འབངས་ཉེར་ལྔའི་གྲས། འཇའ་ལུས་ཐེབས།
གཉན་ཚུང་ལོ་ཙྪ་བ།							དུས་རབས་༡༣པའི་དུས་སྟོད་ཀྱི་ལོ་ཙཱ་བ་ཞིག
གཉན་སྟོན་རི་གོང་པ།							

185

གཞན་དར་མ་གྲགས།							དུས་རབས་༡༡ པའི་དུས་སྟོད་ཀྱི་ལོ་ཙཱ་བ་རྡོ་རྗེ་ཕུར་པའི་རྣལ་འབྱོར་པ་ཞིག
གཞན་བརྩུན་མང་མོ་རྗེ།							བོད་རྗེ་༢༣པ་ལྷེ་སྲིན་བཙན་གྱི་བཙུན་མོ།
གཞན་འཛོ་ཟུང་ནག་པོ།							ཟིང་པོ་རྗེ་སྟག་སྐྱ་བོའི་བློན་པོ།
གཞན་བསོད་ཉམས།							དུས་རབས་༡༡པའི་དུས་སྨད་ཀྱི་ལོ་ཙཱ་བ་ཞིག
གཞའ་ཁྲི་བཙན་པོ།							བོད་ཀྱི་བཙན་པོའི་རྒྱལ་རབས་ལ་གཟིགས།
གཞའ་བ་ཆོས་ཀྱི་བཟང་པོ།							ཁྲི་སྲོང་སྐུ་དུས་ཀྱི་བོད་སྐད་མཁས་པ་གྲགས་ཅན་མི་དགུའི་གཙུག་རྒྱན།
གཞལ་ཆོས་འབར།							སྨྲས་སྟོན་ཆོས་འབར་ལ་གཟིགས།
གཞལ་སྟོན་དཔལ་འབྱོར་ལྷུན་གྲུབ།	༧	མེ་ལུག	༡༤༢༧	༩	ཤིང་ཁྱི།	༡༥༡༤	
གཞལ་པ་དར་མ་འོད་ཟེར།							རྒྱ་འདུལ་འཛིན་དབང་ཕྱུག་བརྩོན་འགྲུས་ཀྱི་སློབ་མ།
གཞལ་བ་གསུང་བཅད་ཉི་མ་སེངྒེ།							དུས་རབས་༡༢པའི་མགོ་སྟོད་ཀྱི་གྲུབ་ཐོབ་ཅིག

གཉལ་མི་མཉམ་བཟང་པོ།							དུས་རབས་༡༢པའི་དུས་སྨད་ཀྱི་ལོ་ཙཱ་བ་ཞིག
གཉལ་ཞིག་འཇམ་དཔལ་རྡོ་རྗེ།							སྤྱི་ལོ་༡༡༩༨—༡༢༠༤བར་གསང་ཕུའི་གདན་ས་མཛད།
གཞུག་ལ་པཎ་ཆེན་ངག་དབང་གྲགས་པ།	༨	ས་སྟག	༡༩༥༨	༦	ཤིང་སྟག	༡༥༡༥	
གཉེར་སྟག་བཙན་གདོང་གཟིགས།							ཁྲི་སྲོང་ལྡེའུ་བཙན་གྱི་མཛངས་བློན་མི་བདུན་གྱི་གྲས།
གཉེར་པ་བློ་བཟང་སྦྱིན་པ།							
གཉོས་སྐྱེ་ཁུང་པ།	༡	མེ་ལུག	༡༠༤༧				
གཉོས་རྒྱལ་བ་ལྷ་ནང་པ་སངས་རྒྱས་རིན་ཆེན།	༣	ཤིང་སྤྲེལ།	༡༡༤༩	༩	ཤིང་སྤྲེལ།	༡༢༢༩	
གཉོས་གཞོན་ནུ་འོད།							ཕོ་བྲང་སྡིངས་པ་ལ་གཟིགས།
མཉམ་ཉིད་བཟང་པོ།							
མཉམ་མེད་ཤཱཀྱ་ཡེ་ཤེས།	༣	མེ་ཡོས།	༡༡༩༧	༩	མེ་ཡོས།	༡༢༠༧	
ལྷ་རྗེ་བ་ངག་དབང་བཟང་པོ།							མཉམ་མེད་ལྷ་རྗེ་བ་ངག་གི་དབང་པོར་གཟིགས།
མཉན་པ་གྲུབ་ཐོབ།	༨	མེ་གླང་།	༡༩༥༧				

མཉན་པ་སྤྲུལ་སྐུ།	༩	ལྕགས་འབྲུག	༡༥༢༠				
རྙིང་མ་ཤཱཀྱ་རྒྱལ་མཚན།	༨	ཤིང་རྟ།	༡༤༧༤				
སྙ་ཤུར་སློན་ད་ཙུག་སྙམ།							ཁྲི་ལྡེ་སྲོང་བཙན་གྱི་ནང་བློན།
སྙགས་ཐང་པ་ཡར་རྗེ།							བོད་རྗེ་༣༠ པ་འབྲོ་གཉན་ལྡེའུའི་བློན་པོ།
སྙགས་ཕུ་པ་བསོད་ནམས་དབང་ཕྱུག							དུས་རབས་༡༣ པའི་དུས་དཀྱིལ་ཙམ།
སྙི་བ་བསམ་པོ།							བྲན་ཀ་དཔལ་ཡོན་གྱི་སྐྱེ་བ། འབངས་གྱེན་ལོག་གི་མགོ་གཙོ་ཞིག
སྙིང་རྗེ་བཟང་པོ།							
སྙེ་མདོ་ཀུན་དགའ་དོན་གྲུབ།	༥	ས་འབྲུག	༡༢༦༨				
སྙེ་མདོ་ཀུན་དགའ་བཟང་པོ།	༤	ས་རྟ།	༡༢༥༨	༥	མེ་འབྲུག	༡༦	
སྙེ་མདོ་ཐམས་ཅད་མཁྱེན་པ།	༤	མེ་གླང་།	༡༢༡༧	༥	མེ་གླང་།	༡༢༧༧	
སྙེ་མདོ་སྨྲ་བའི་སེངྒེ།	༣	མེ་རྟ།	༡༡༨༦	༤	མེ་ལུག	༡༢༤༧	བརྩོན་འགྲུས་སེངྒེ་ཡང་ཞུ།

མཚན་བྱང་།	འཁྲུངས་ལོ།			འདས་ལོ།			ཞར་བྱུང་།
	རབ་བྱུང་།	ལོ་ཁམས།	སྤྱི་ལོ།	རབ་བྱུང་།	ལོ་ཁམས།	སྤྱི་ལོ།	གསལ་བཤད།
ཏ།							
ཏའི་སི་ཏུ་བྱང་ཆུབ་རྒྱལ་མཚན།	༥	ཆུ་སྟག	༡༣༠༢	༦	ལྕགས་ཕག	༡༣༧༡	ལ་ལས་ཤིང་འབྲུག་༡༣༦༤ལོར་འདས་ཟེར།
ཏོང་བློན་སྟག་སླེབས།							ཁྲི་ལྡེ་སྲོང་བཙན་གྱི་ནང་བློན།
ཏཱ་དབེན་ཀུན་དགའ་རིན་ཆེན།	༦	ས་ཡོས།	༡༣༣༩	༧	ས་ཡོས།	༡༣༩༩	
ཏཱ་དབེན་ཆོས་ཀྱི་རྒྱལ་མཚན།	༦	ཆུ་སྤྲེལ།	༡༣༣༢	༦	ས་ཕག	༡༣༥༩	
ཏཱ་དབེན་བློ་གྲོས་རྒྱལ་མཚན།	༦	ཆུ་སྤྲེལ།	༡༣༣༢	༦	ཤིང་འབྲུག	༡༣༦༤	
༼ཏཱ་དབོན་སྐུ་ཕྲེང་རིམ་བྱོན།༽	༡༡ ནས་འགོ་ཚུགས།						མཛོ་དགེའི་ཁོངས་སུ་གཏོགས།
༡༽ཏཱ་དབོན་ཚུལ་ཁྲིམས་སེང་གེ།	༡༡	ལྕགས་ཡོས།	༡༦༥༡				
༢༽ཏཱ་དབོན་དོན་ཡོད་སེང་གེ།	༡༢	ཤིང་བྱི།	༡༧༤༤	༡༤	ཤིང་ཕག	༡༨༡༥	དགུང་ལོ་༧༢བཞུགས།
༣༽ཏཱ་དབོན་བློ་བཟང་ཐུབ་བསྟན་འཇིགས་མེད་སེང་གེ།	༡༤	ཆུ་འབྲུག	༡༨༣༢	༡༥	མེ་ཡོས།	༡༨༦༧	དགུང་ལོ་༣༦བཞུགས།

ཏཱ་དཔོན་དཔུ་སེ་བླམ།	༡༥	ས་འབྲུག	༡༨༦༨	༡༥	ཆུ་ཁྱི།	༡༩༢༢	དགུང་ལོ་༥༥བཞུགས།
ཏཱ་ར་ནཱ་ཐ་སྒྲོལ་བའི་མགོན་པོ།							ཇོ་ནང་ཏཱ་ར་ནཱ་ཐར་གཟིགས།
ཏཱི་ཤྲི་ཀུན་དགའ་རྒྱལ་མཚན།	༥	ལྕགས་ཁྱི།	༡༣༡༠	༦	ས་ཁྱི།	༡༣༥༨	
ཏཱི་ཤྲི་ཀུན་དགའ་བློ་གྲོས་རྒྱལ་མཚན།	༥	ས་ཕག	༡༢༩༩	༦	མེ་ཡོས།	༡༣༢༧	
ཏཱི་ཤྲི་ཀུན་དགའ་ལེགས་པའི་འབྱུང་གནས།	༥	ས་སྤྲེལ།	༡༣༠༨	༦	ལྕགས་སྦྲུལ།	༡༣༤༡	
ཏཱི་ཤྲི་གྲགས་པ་འོད་ཟེར།	༤	ཤིང་སྦྲུལ།	༡༢༤༥	༥	ཆུ་ཡོས།	༡༣༠༣	
ཏཱི་ཤྲི་ཡེ་ཤེས་རིན་ཆེན།							དུས་འཁོར་བ་ཡེ་ཤེས་རིན་ཆེན་ལ་གཟིགས།
ཏཱི་ཤྲི་བསོད་ནམས་བློ་གྲོས།	༦	ཆུ་སྤྲེལ།	༡༣༣༢	༦	ཆུ་སྟག	༡༣༦༢	
ཏེ་པོ་མཆོག་གི་བླ་མ།	༡	མེ་སྤྲེལ།	༡༠༥༦				
ཏེ་ཧོར་ཁང་གསར་བློ་བཟང་ཚུལ་ཁྲིམས།	༡༤	ས་སྤྲེལ།	༡༨༤༨				
ཏེ་ཧོར་བློ་བཟང་བཀྲ་ཤིས།							དགའ་ལྡན་ཁྲི་རབས་༦༣པར་གཟིགས།
གཏུམ་སྟོན་བློ་གྲོས་གྲགས་པ།	༢	མེ་ཁྱི།	༡༡༠༦	༣	མེ་ཁྱི།	༡༡༦༦	

གཏེར་ཆེན་ཀུན་སྐྱོང་གླིང་པ།	༧	ལྕགས་འབྲུག	༡༣༩༦	༨	མེ་བྱ།	༡༤༧༧	
གཏེར་ཆེན་ཀློང་གསལ་སྙིང་པོ།	༡༠	ཤིང་གླང་།	༡༦༢༤	༡༡	ཆུ་སྤྲེལ།	༡༦༩༢	དགུང་ལོ་༦༨བཞུགས།
གཏེར་ཆེན་ཆོས་ཀྱི་རྒྱལ་པོའམ་ཨོ་རྒྱན་སྨིན་གླིང་གཏེར་ཆེན་འགྱུར་མེད་རྡོ་རྗེ།							གཏེར་བདག་གླིང་པ་འགྱུར་མེད་རྡོ་རྗེར་གཟིགས།
གཏེར་ཆེན་ཞག་བླ་བྱང་ཆུབ་རྡོ་རྗེའམ་ར་ཁྲིད་བླམ།	༡༥	ཆུ་ཕག	༡༨༦༣				
གཏེར་ཆེན་མཆོག་གྱུར་ཞིག་པོ་གླིང་པ།	༡༥	ས་གླང་།	༡༨༢༩	༡༥	ལྕགས་རྟ།	༡༨༧༠	དགུང་ལོ་༤༢བཞུགས།
གཏེར་ཆེན་དུང་རལ་གླིང་པ།	༡༥	ས་ཡོས།	༡༨༡༩				
གཏེར་ཆེན་བདུད་འདུལ་རྡོ་རྗེ།	༡༠	ཤིང་ཡོས།	༡༦༡༥	༡༡	ཆུ་བྱི།	༡༦༧༢	
གཏེར་ཆེན་རྡོ་རྗེ་གླིང་པ།	༦	མེ་སྤྲེ།	༡༣༤༦	༧	ཤིང་བྱ།	༡༤༠༥	
གཏེར་ཆེན་པདྨ་ཀུན་སྐྱོང་གླིང་པ།	༧	མེ་བྱི།	༡༣༩༦	༨	ས་བྱི།	༡༤༧༨	དགུང་ལོ་༨༢བཞུགས།
གཏེར་ཆེན་མི་འགྱུར་ལས་འབྲོ་གླིང་པ།	༦						འབྲི་གུང་རིན་ཆེན་ཕུན་ཚོགས་དང་དུས་མཉམ།
གཏེར་ཆེན་ཡར་རྗེ་ཨོ་རྒྱན་གླིང་པ།							

གཏེར་ཆེན་ རིག་ འཛིན་ རྒོད་ ལྡེམ་ པའམ་ རིག་ འཛིན་ དངོས་གྲུབ་རྒྱལ་མཚན།							རྡོ་རྗེ་བྲག་རིག་འཛིན་དངོས་གྲུབ་རྒྱལ་མཚན་ལ་གཟིགས།
གཏེར་ཆེན་སངས་རྒྱས་གླིང་པ།	༦	ཤིང་འབྲུག	༡༣༤༠	༧	མེ་བྱི།	༡༣༩༦	
གཏེར་ཆེན་རིན་ཆེན་ཆོས་རྒྱལ་གླིང་པ།	༡༡	ཤིང་སྟག	༡༦༥༠				
གཏེར་ཆེན་ཧཱུྃ་ནག་འགྲོ་འདུལ།							སྐྱིད་གྲོང་ཐུགས་མཆོག་རྡོ་རྗེར་གཟིགས།
གཏེར་སྟོན་ཀཿཐོག་པ་ཀུན་བཟང་ངེས་དོན་དབང་པོ།							
གཏེར་སྟོན་ཀཿཐོག་རྒྱལ་སྲས་བསོད་ནམས་ལྡེའུ་བཙན།	༡༡	ཤིང་ཡོས།	༡༦༧༥		ཤིང་རྟ།	༡༧༡༤	དགུང་ལོ་༤༩བཞུགས།
གཏེར་སྟོན་ཀཿཐོག་ རིག་ འཛིན་ ཚེ་དབང་ནོར་ བུ་ རྡོ་ རྗེ་ དཔལ་ འབར།							ཀཿཐོག་རིག་འཛིན་ཚེ་དབང་ནོར་བུ་ལ་གཟིགས།
གཏེར་སྟོན་ཀརྨ་གུ་རུ་ཆོས་རྒྱལ་དབང་པོའམ་དཔལ་བཀྲ་ཤིས་སྟོབས་རྒྱལ།	༩	ལྕགས་ཁྱི།	༡༥༥༠	༡༠	ཆུ་སྟག	༡༦༠༢	དགུང་ལོ་༥༣བཞུགས།
གཏེར་སྟོན་ཀརྨ་གླིང་པ།	༦	འབྲུག					པལ་ཆེར་ཀུན་མཁྱེན་ཀློང་ཆེན་པ་དང་དུས་མཚུངས།
གཏེར་སྟོན་ཀུ་ས་སྨན་པའང་ཀུན་སྤང་ blank							

གཏེར་སྟོན་ཀུན་བཟང་བདེ་ཆེན་རྒྱལ་པོའམ་སྣོན་ལམ་རྡོ་རྗེ།	༡༡						
གཏེར་སྟོན་སྐལ་ལྡན་རྡོ་རྗེ།							
གཏེར་སྟོན་སྐལ་ལྡན་བྱིས་པ།							དུས་རབས་༡༣པའི་དུས་སྟོད།
གཏེར་སྟོན་སྐྱེར་སྣང་པ་ཆོས་ཀྱི་སེང་གེ།							སྐྱེར་སྣང་པ་ཆོས་ཀྱི་སེང་གེ་ལ་གཟིགས།
གཏེར་སྟོན་ཁ་ཆེ་པཎ་ཆེན་ཤཱཀྱ་ཤྲཱི།							ཁ་ཆེ་པཎ་ཆེན་ཤཱཀྱ་ཤྲཱི་ལ་གཟིགས།
གཏེར་སྟོན་ཁམས་སྤྲུལ་འགྲོ་འདུལ་ངག་དབང་ཀུན་དགའ་བསྟན་འཛིན།							དགུང་ལོ་༤༩བཞུགས། ཁམས་སྤྲུལ་འགྲོ་འདུལ་ངག་དབང་ཀུན་དགའ་བསྟན་འཛིན་ལ་གཟིགས།
གཏེར་སྟོན་ཁྱུང་གྲགས་རྡོ་རྗེ།	༡༡						
གཏེར་སྟོན་ཁྱུང་པོ་དཔལ་དགེ།							ཏུས་ཁྱུང་པོ།
གཏེར་སྟོན་ཁྲག་འཐུང་བདུད་འཇོམས་རྡོ་རྗེ།							ཁྲག་འཐུང་བདུད་འཇོམས་རྡོ་རྗེར་གཟིགས། སྙེ་ལིས་གཏེར་སྟོན་ཡང་ཞུ།
གཏེར་སྟོན་ཁྲོ་ཟུར་འགྲོ་མགོན་འཇའ་ཚོན་སྙིང་པོའམ་བྱང་ཆུབ་རྡོ་རྗེ།	༡༣	ཆུ་རྟ།	༡༧༤༢	༡༩	ཤིང་ཕྱི།	༡༨༡༩	དགུང་ལོ་༥༢བཞུགས།

གཏེར་སྟོན་ཁྲི་ཕུ་ལོ་ཙྪ་བ་གནུབས་བྱམས་པ་དཔལ།							དགུང་ལོ་༩༧བཞུགས། ཁྲི་ཕུ་ལོ་ཙྪ་བ་བྱམས་པ་དཔལ་ལ་གཟིགས།
གཏེར་སྟོན་མཁའ་འགྲོ་མ་ཀུན་དགའ་འབུམ་པ།	༥	ས་སྤྲེལ།	༡༣༠༢	༦	ཆུ་ཕག	༡༣༢༣	དགུང་ལོ་༧༥སྐུ་ལུས་མ་སྦྱང་པར་གཤེགས།
གཏེར་སྟོན་མཁས་གྲུབ་ངག་དབང་རྡོ་རྗེ།							
གཏེར་སྟོན་མཁས་གྲུབ་ཤཱཀྱབན་རྒྱལ་སྲས་ལེགས་ལྡན།	༥	ལྕགས་སྟག	༡༢༩༠	༦	མེ་ལུག	༡༣༦༧	དགུང་ལོ་༧༧བཞུགས།
གཏེར་སྟོན་གར་དབང་འཆི་མེད་རྡོ་རྗེ།		ཆུ་ལུག					
གཏེར་སྟོན་གར་དབང་ཟླ་བ་རྒྱལ་མཚན།	༡༡						མངའ་རིས་ཀྱི་ཡུལ་དུ་འཁྲུངས་པར་གྲགས།
གཏེར་སྟོན་གར་དབང་ལས་འཕྲོ་གླིང་པ།							དུས་རབས་༡༥པའི་ནང་འཁྲུངས།
གཏེར་སྟོན་ཀུ་རུ་ཚོས་ཀྱི་དབང་ཕྱུག							ཀུ་རུ་ཚོས་ཀྱི་དབང་ཕྱུག་ལ་གཟིགས།
གཏེར་སྟོན་ཀུ་རུ་རྡོ་ཚེའམ་ཚེ་དབང་དར་པོ།							
གཏེར་སྟོན་ཀུ་རུ་དཔོན་སྲས་ཁྲུང་ཐོག							
གཏེར་སྟོན་ཀུ་རུ་ཧཱུྃ་འབར།							སྟག་སྟེར་པོན་གཤེན་གྱི་རིགས་སུ་འཁྲུངས།

གཏེར་སྟོན་གེ་བཅག་ཚངས་དབྱངས་རྒྱ་མཚོའམ་གེ་བཅག་རྟོགས་ལྡན།	༡༩	ས་སྤྲེལ།	༡༨༩༨	༡༥	ལྕགས་བྱི།		དགུང་ལོ་༧༢བཞུགས།
གཏེར་སྟོན་སྒོམ་ཆོས་ཀྱི་རྡོ་རྗེ།							
གཏེར་སྟོན་གྲ་པ་མངོན་ཤེས་ཅན།							དགུང་ལོ་༧༦བཞུགས། གྲ་པ་མངོན་ཤེས་ཅན་ལ་གཟིགས།
གཏེར་སྟོན་གྲུ་གུ་ཡང་དབང་།							
གཏེར་སྟོན་གྲུབ་ཆེན་མེ་ལོང་རྡོ་རྗེ།							དགུང་ལོ་༨༠བཞུགས། གྲུབ་ཆེན་མེ་ལོང་རྡོ་རྗེ་ལ་གཟིགས།
གཏེར་སྟོན་གྲུབ་ཆེན་ཨོ་རྒྱན་པ།							གྲུབ་ཆེན་ཨོ་རྒྱན་པ་རིན་ཆེན་དཔལ་ལ་གཟིགས།
གཏེར་སྟོན་གྲུབ་ཐོབ་དངོས་གྲུབ།							གཙང་དུ་འཁྲུངས།
གཏེར་སྟོན་གྲུབ་ཐོབ་ཐང་སྟོང་རྒྱལ་པོ།							དགུང་ལོ་༡༢༥བཞུགས། གྲུབ་ཐོབ་ཐང་སྟོང་རྒྱལ་པོ་ལ་གཟིགས།
གཏེར་སྟོན་གྲུབ་པའི་དབང་ཕྱུག་འདའ་ཕྱར་རུ་པ།							གྲུབ་ཐོབ་འདའ་ཕྱ་རུ་པ་ལ་གཟིགས།
གཏེར་སྟོན་གྲུབ་དབང་པདྨ་རིག་འཛིན།							རྫོགས་ཆེན་པདྨ་རིག་འཛིན་ལ་གཟིགས།

གཏེར་སྟོན་དགེ་རྡུ་རིག་འཛིན་ཆོས་རྒྱལ་རྡོ་རྗེ།	༡༣	ས་སྤྲེལ།	༡༧༨༨	༡༥	མེ་ཡོས།	༡༨༦༧	དགུང་ལོ་༨༠བཞུགས།
གཏེར་སྟོན་འགྲོ་འདུལ་རྡོ་རྗེ།							དུས་རབས་༡༩པའི་ནང་འཁྲུངས།
གཏེར་སྟོན་མགོན་པོ་རིན་ཆེན།	༧						དགུང་ལོ་༨༤བཞུགས།
གཏེར་སྟོན་འགྲོ་འདུལ་གླིང་པ་ཤེས་རབ་འོད་ཟེར།	༩	ས་སྟག	༡༥༡༨	༡༠	ཤིང་སྤྲེལ།	༡༥༨༤	དགུང་ལོ་༦༧བཞུགས།
གཏེར་སྟོན་འགྲོ་འདུལ་ལས་འཕྲོ་གླིང་པ།							དུས་རབས་༡༥པའི་དུས་སྨད་ཙམ་ལ་འཁྲུངས།
གཏེར་སྟོན་རྒྱ་སྟོན་བརྩོན་འགྲུས་སེང་གེ།							
གཏེར་སྟོན་རྒྱ་ཕུར་བུའམ་ཕུར་བུ་མགོན།							
གཏེར་སྟོན་རྒྱ་བན་རྡོ་རྗེ་འོད།							གཙང་ཉང་རོར་བསྟན་པ་སྒང་དར་གྱི་མཇུག་ཙམ་ལ་འཁྲུངས།
གཏེར་སྟོན་རྒྱ་ཞང་ཁྲོམ།							
གཏེར་སྟོན་རྒྱལ་བ་མཆོག་དབྱངས།							ངན་ལམ་རྒྱལ་བ་མཆོག་དབྱངས་ལ་གཟིགས།
གཏེར་སྟོན་སྒོམ་ཆེན་འབྲུག་པ།							ཀུ་རུ་ཆོས་དབང་གི་གཏེར་གཡོག་ཏུ་གྲགས།
གཏེར་སྟོན་མངའ་བདག་མྱོས་མི་འཁྲིལ།							གཙང་སྟོད་ཕྱོ་རྒྱུད་དུ་འཁྲུངས།

གཏེར་སྟོན་མངའ་རིས་པ་པདྨ་དབང་རྒྱལ།							དཀར་ལོ་༥༨བཞུགས། མངའ་རིས་པཎྜི་ཏ་པདྨ་དབང་རྒྱལ་ལ་གཟིགས།
གཏེར་སྟོན་མངའ་རིས་རིག་འཛིན་ཆེན་པོ།	༨						
གཏེར་སྟོན་ཐུགས་འཆང་ལས་འཕྲོ་གླིང་པ།	༦						རྡོལ་དུ་སྐུ་འཁྲུངས་པར་གྲགས།
གཏེར་སྟོན་ཐུགས་འཆང་ཤཱཀྱ་འོད།							
གཏེར་སྟོན་ལྡེ་སྒོམ་ནག་པོ།	༢	ཤིང་ཁྱི།	༡༠༨༩				
གཏེར་སྟོན་ལྡེ་བཙུན་སེང་གེ།							དཀར་ལོ་༡༢༥བཞུགས།
གཏེར་སྟོན་ཆུ་པོ་རྟོགས་ལྡན་ནམ་དགེ་འདུན་རྒྱལ་མཚན།							
གཏེར་སྟོན་ཆག་བྱང་ཆུབ་གླིང་པ།							
（གཏེར་སྟོན་ཆོས་སྐར་ཨོ་རྒྱན་གླིང་གི་གཏེར་སྟོན་སྐུ་ཕྲེང་རིམ་བྱོན།）	༡༣ནས་འགོ་ཚུགས།						རིབ་གོང་རྗེ་ཡོག་གི་ཡོངས་གཏོགས།
༡）གཏེར་སྟོན་འཇིགས་མེད་སྣ་ཚོགས་རང་གྲོལ།	༡༣	མེ་འབྲུག	༡༧༨༦	༡༩	ལྕགས་བྱ།	༡༤༦༡	དཀར་ལོ་༦༦བཞུགས།

༢༽ གཏེར་སྟོན་མི་ཕམ་དགའ་བའི་བློ་གྲོས།	༡༤	ཆུ་བྱི།	༡༨༦༢	༡༥	ཆུ་སྦྲུལ།	༡༨༩༣	དགུང་ལོ་༣༢བཞུགས།
༣༽ གཏེར་སྟོན་འཇིགས་མེད་ཡེ་ཤེས་རྡོ་རྗེ།	༡༥	ཤིང་རྟ།	༡༨༩༤	༡༦	ས་བྱི།	༡༩༥༨	དགུང་ལོ་༦༥བཞུགས།
༤༽ གཏེར་སྟོན་འཇིགས་མེད་འོད་གསལ་ཁྱབ་བརྡལ་ཀློང་ཡངས།	༡༦	ཤིང་བྱི།	༡༩༣༤	༡༧	མེ་བྱི།	༡༩༩༦	དགུང་ལོ་༦༢བཞུགས།
གཏེར་སྟོན་ཆོས་རྗེ་གླིང་པ།	༡༠	ཆུ་བྱི།	༡༦༢༢				
གཏེར་སྟོན་མཆོག་གྱུར་བདེ་ཆེན་ཞིག་པོ་གླིང་པ།	༡༤	ས་གླང་།	༡༨༢༩	༡༥	ལྕགས་རྟ།	༡༨༧༠	
གཏེར་སྟོན་མཆོག་ལྡན་རྡོ་རྗེ།							
གཏེར་སྟོན་འཇམ་མགོན་བློ་གྲོས་མཐའ་ཡས་སམ་ཀོང་སྤྲུལ་ཡོན་ཏན་རྒྱ་མཚོ།							དགུང་ལོ་༨༧བཞུགས། ཀོང་སྤྲུལ་ཡོན་ཏན་རྒྱ་མཚོ་ལ་གཟིགས།
གཏེར་སྟོན་འཇམ་དཔལ་རྡོ་རྗེ།							
གཏེར་སྟོན་བདུད་འཇོམས་རྡོ་རྗེའམ་མདོ་སྔགས་ཆོས་ཀྱི་གླིང་པ།	༡༤	ཤིང་ཏྱ།	༡༨༣༥	༡༥	ཤིང་འབྲུག	༡༩༠༤	དགུང་ལོ་བརྒྱད་ཅུའི་ཐོག་འཇའ་ལུས་སུ་ཕེབས།
གཏེར་སྟོན་འཇིགས་མེད་ཕྲིན་ལས་འོད་ཟེར།							རྡོ་གྲུབ་དང་པོ་འཇིགས་མེད་ཕྲིན་ལས་འོད་ཟེར་ལ་གཟིགས།

གཏེར་སྟོན་འཇམ་དབྱངས་མཁྱེན་བརྩེ་དབང་པོ་པདྨ་འོད་གསལ་མདོ་སྔགས་གླིང་པ།							འཇམ་དབྱངས་མཁྱེན་བརྩེ་དབང་པོ་ལ་གཟིགས།
གཏེར་སྟོན་ཞང་བན་ཏིང་འཛིན་བཟང་པོ།							ཞང་བན་ཏིང་འཛིན་བཟང་པོར་གཟིགས།
གཏེར་སྟོན་ཞང་རལ་ཉི་མ་འོད་ཟེར།							ཞང་ཉི་མ་འོད་ཟེར་ལ་གཟིགས།
གཏེར་སྟོན་ཉི་མ་གྲགས་པ།							ཚ་རུ་ཉི་མ་གྲགས་པར་གཟིགས།
གཏེར་སྟོན་ཉི་མ་སེང་གེ།							
གཏེར་སྟོན་ཉི་ཟླ་གླིང་པ།							
གཏེར་སྟོན་ཉི་ཟླ་སངས་རྒྱས།	༨						དགས་པོར་འཁྲུངས། འདིའི་སྲས་ཀརྨ་གླིང་པར་གྲགས།
གཏེར་སྟོན་ཉི་འོད་གསལ།							བྱང་རོང་སྨན་པ་ཉི་འོད་གསལ་ལ་གཟིགས།
གཏེར་སྟོན་གཉན་ལོ་ཙཱ་བ་དར་མ་གྲགས།							
གཏེར་སྟོན་གཉལ་པ་ཇོ་སྲས་སམ་གཉལ་སྟོན་ནག་པོ།							
གཏེར་སྟོན་གཉལ་པ་ཉི་མ་ཤེས་རབ།							ལོ་ཙཱ་བ་འཕགས་པ་ཤེས་རབ་ཀྱི་སློབ་མར་གྲགས།

གཏེར་སྟོན་སྙེ་མོ་རྒྱ་གོང་རི་པ་སངས་རྒྱས་དབང་ཆེན།							
གཏེར་སྟོན་སྙེ་མོ་ཞུ་ཡས་སམ་གནོད་སྦྱིན་འབར།							སྙེ་མོར་སྐུ་འཁྲུངས།
གཏེར་སྟོན་སྟག་ཕུ་པདྨ་བཛྲའམ་སྟག་ཕུ་འཇམ་དཔལ་བསྟན་པའི་དངོས་གྲུབ།	༡༥	ཆུ་བྱི།	༡༩༡༢	༡༦	ས་བྱི།	༡༩༤	དགུང་ལོ་༣༧བཞུགས།
གཏེར་སྟོན་བསྟན་གཉིས་གླིང་པ་པདྨ་ཚེ་དབང་རྒྱལ་པོ།							དགུང་གྲངས་༥༠ཡས་མས་སུ་བཞུགས།
གཏེར་སྟོན་དྲུགས་པོ་གཏེར་སྟོན་ཉི་མ་གྲགས་པ།							ལྷ་ལུང་དཔལ་རྡོར་གྱི་སྐྱེ་མཐར་གསལ།
གཏེར་སྟོན་དུ་གུ་རིན་ཆེན་སེང་གེ།							
གཏེར་སྟོན་དོ་པན་རྒྱ་མཚོ།							
གཏེར་སྟོན་དྲི་མེད་ཀུན་དགའམ་ཤེས་རབ་རྒྱལ་མཚན།		མེ་ཕག					
གཏེར་སྟོན་དྲི་མེད་གླིང་པ།	༡༢						
གཏེར་སྟོན་དྲི་མེད་འོད་ཟེར།							ཀུན་མཁྱེན་ཀློང་ཆེན་རབ་འབྱམས་ལ་གཟིགས།
གཏེར་སྟོན་དྲི་མེད་ལྷུན་པོ།	༦	ཆུ་འབྲུག	༡༣༥༢				

གཏེར་སྟོན་གདོང་དཀར་ལ་ཁབ་ཚེ་རིང་རྡོ་རྗེ།							
གཏེར་སྟོན་བདུད་འཇོམས་འཇིགས་བྲལ་ཡེ་ཤེས་རྡོ་རྗེ།							བདུད་འཇོམས་འཇིགས་བྲལ་ཡེ་ཤེས་རྡོ་རྗེར་གཟིགས།
གཏེར་སྟོན་བདུད་འདུལ་གླིང་པ།	༡༡						རོང་པ་གཏེར་སྟོན་བདུད་འདུལ་གླིང་པ་ཡང་ཟེར།
གཏེར་སྟོན་མདོ་སྔགས་གླིང་པ།	༣						དགུང་ལོ་༣༥ལྷག་བཞུགས་པར་སྣང་།
གཏེར་སྟོན་རྡོ་རྗེ་ཀུན་གྲགས།							
གཏེར་སྟོན་རྡོ་རྗེ་གླིང་པ།	༦	མེ་ཁྱི།	༡༣༩༦	༧	ཤིང་བྱ།	༡༩༠༥	དགུང་ལོ་༦༠བཞུགས།
གཏེར་སྟོན་རྡོ་རྗེ་ཐོགས་མེད་རྩལ།							དགུང་ལོ་༦༦བཞུགས། རྒྱལ་བ་ལྔ་པ་བློ་བཟང་རྒྱ་མཚོ་ལ་གཟིགས།
གཏེར་སྟོན་རྡོ་རྗེ་ཐོགས་མེད་དམ་བསྟན་འཛིན་ཟླ་འོད་རྡོ་རྗེ།							
གཏེར་སྟོན་རྡོར་འབུམ་ཆོས་ཀྱི་གྲགས་པ།		མེ་བྱ།	༨༨༧				
གཏེར་སྟོན་ལྡང་མ་ལྷུན་རྒྱལ།							གནས་བརྟན་ལྡང་མ་ལྷུན་རྒྱལ་ལ་གཟིགས།
གཏེར་སྟོན་གནམ་ལྕགས་མེ་འབར།	༨	ས་སྦྲུལ།	༡༥༠༨	༨	མེ་སྦྲུལ།	༡༥༥༧	དགུང་ལོ་༤༨བཞུགས།

གཏེར་སྟོན་གནས་གསར་མཁྱེན་བརྩེའི་དབང་ཕྱུག་མདོ་སྔགས་གླིང་པའམ་བསྟན་པའི་རྒྱལ་མཚན།		ཞིང་སྐྱོལ།					དགུང་ལོ་༩༩བཞུགས།
གཏེར་སྟོན་སྣ་ནམ་པའམ་འབྲོག་པ་སྣ་ནམ་ཐུབ་པ།							
གཏེར་སྟོན་པདྨ་གླིང་པ།	༧	ཞིང་སྤྲང་།	༡༩༩༥	༨	ལྕགས་སྤྲུལ།	༡༥༢༡	
གཏར་སྟོན་པདྨ་ཚོས་རྒྱལ།	༡༢						
གཏེར་སྟོན་པདྨ་དབང་ཕྱུག	༡༢						
གཏེར་སྟོན་པདྨ་རིག་འཛིན་ནམ་ར་ཞི་གཏེར་སྟོན།	༡༠						
གཏེར་སྟོན་དཔལ་ལྡན་ཇོ་བོ་རྗེ་དི་པཾ་ཀ་ར།		ཆུ་རྟ།	༨༤༢	༡	ཤིང་རྟ།	༡༠༥༩	དགུང་ལོ་༧༣བཞུགས།
གཏེར་སྟོན་དཔལ་ལྡན་འཇམ་དབྱངས་བླ་མ།							
གཏེར་སྟོན་དཔལ་རི་སྤྲུལ་པའི་སྐུ་པདྨ་ཚོས་འགྱུར་རྒྱ་མཚོ།	༡༣						
གཏེར་སྟོན་དཔོན་གསས་ཁྱུང་ཐོག་རྩལ།							
གཏེར་སྟོན་སྤྲུལ་སྐུ་སྣ་ཚོགས་རང་གྲོལ།							སྤྲུལ་སྐུ་སྣ་ཚོགས་རང་གྲོལ་ལ་གཟིགས།

གཏེར་སྟོན་སྤྲུལ་སྐུ་བ་མཁལ་སྨུག་པོ།							
གཏེར་སྟོན་སྤྲུལ་སྐུ་བཟང་པོ་གྲགས་པ།	༤						
གཏེར་སྟོན་བཛྲ་མ་ཏི།							
གཏེར་སྟོན་བལ་པོ་ཨ་ཧཱུྃ།							
གཏེར་སྟོན་བོན་པོ་བྲག་ཚལ།							དུས་བོན་པོ་གཙང་རོང་ཟུར་གྱི་ཕྱོགས་སུ་འཁྲུངས།
གཏེར་སྟོན་བོན་པོ་ལྷ་འབུམ།							
གཏེར་སྟོན་བྱ་བཏང་དཀོན་མཆོག་གམ་ངག་གི་རྡོ་རྗེ།	༡༡						མ་དཔེར་བྱ་བཏང་སྐུ་མཆོག་ཅེས་བྲིས་འདུག་པས་དཔྱད།
གཏེར་སྟོན་བྱ་རོང་ཨེ་ཡི།							
གཏེར་སྟོན་བྱང་བདག་བཀྲ་ཤིས་སྟོབས་རྒྱལ།							བྱང་བདག་བཀྲ་ཤིས་སྟོབས་རྒྱལ་ལ་གཟིགས།
གཏེར་སྟོན་བླམ་གྲུམ།							
གཏེར་སྟོན་བླམ་ཟངས་རི་རས་པ།							རྗེ་དུས་གསུམ་མཁྱེན་པའི་བླམར་མཛད་པར་གྲགས།
གཏེར་སྟོན་དབུ་རུ་སྟོན་པ་ཤཱཀྱ་འོད།							

གཏེར་སྟོན་འབྲུག་པ་པདྨ་དཀར་པོ།							འབྲུག་པ་ཀུན་མཁྱེན་པདྨ་དཀར་པོ་ལ་གཟིགས།
གཏེར་སྟོན་མ་ཏི་རཏྣ་འམ་བློ་གྲོས་རིན་ཆེན།							དུས་རབས་༡༧པའི་ནང་འབྱུང་ངས།
གཏེར་སྟོན་མི་འགྱུར་རྡོ་རྗེ་དྲག་པོ་ནུས་ལྡན་རྩལ།	༡༡	ས་འབྲུག	༡༤༢༨				
གཏེར་སྟོན་ཐུགས་སྟོན་རིག་འཛིན་ཆེན་པོ་གསང་བདག་ཕྲིན་ལས་ལྷུན་གྲུབ།	༡༡	ལྕགས་ཕག	༡༤༧༡	༡༢	ཆུ་སྟག	༡༧༢༢	དགུང་ལོ་༥༢བཞུགས།
གཏེར་སྟོན་གཙང་པ་ལབ་རིང་མོའམ་གཙང་རིང་ཤེས་རབ།							
གཏེར་སྟོན་གཙུག་ལག་དཔལ་དགེ།							སངས་རྒྱས་བླ་མའི་སྐུ་ཚེའི་སྨད་ཙམ་ལ་བལ་ཡུལ་དུ་འབྱུང་ངས།
གཏེར་སྟོན་རྩ་གསུམ་གཏེར་བདག་གླིང་པའམ་གནམ་ལྕགས་རྡོ་རྗེ།							
གཏེར་སྟོན་མཆོག་ཕྱུ་རྡོ་རྗེའམ་བདུད་འདུལ་འཛམ་འཆོན་གླིང་པ།	༡༩	ཆུ་ཕག	༡༨༤༣	༡༤	ཆུ་སྤྲེལ།	༡༦༣༢	དགུང་ལོ་༤༦བཞུགས།
གཏེར་སྟོན་ཞང་སྟོན་བཀྲ་ཤིས་རྡོ་རྗེ།	༢	མེ་གླང་།	༡༠༦༧	༣	མེ་ཕག	༡༡༤༧	དགུང་ལོ་༧༡བཞུགས།
གཏེར་སྟོན་ཞིག་པོ་གླིང་པ།	༦	ཤིང་སྤྲེལ།	༡༥༢༩	༡༠	ཆུ་ལུག	༡༥༨༣	

གཏེར་སྟོན་ཞིག་པོ་བདུད་རྩི།	༢	ཤིང་བྱི།	༡༡༤༤	༣	ས་ལུག	༡༡༩༩	དགུང་ལོ་༥༦བཞུགས།
གཏེར་སྟོན་བཟང་པོ་རྡོ་རྗེ།	༡༠						
གཏེར་སྟོན་ཡོལ་མོ་སྤྲུལ་སྐུ་ཐུགས་འཆང་ཤཱཀྱ་བཟང་པོ།							
གཏེར་སྟོན་ཡར་ལུང་དུང་མཚོ་རས་པའམ་ཤེས་རབ་རྒྱལ་མཚན།	༥	ཤིང་ཡོས།	༡༣༡༥				
གཏེར་སྟོན་ཡོལ་མོ་སྤྲུལ་སྐུ་བསྟན་འཛིན་ནོར་བུའམ་ཀརྨ་ཐུབ་བསྟན་སྙིང་པོ་རྣམ་རྒྱལ།	༡༠						
གཏེར་སྟོན་གཡག་ཕྲུར་སྟོན་པོ།							
གཏེར་སྟོན་གཡས་བན་ཡ་བོན།							གཞན་ལོའི་སྐུ་ཚེའི་སྨད་ཙམ་ལ་འབྱུངས།
གཏེར་སྟོན་གཡུ་ཐོག་གསར་མ་ཡོན་ཏན་མགོན་པོ།							གཡུ་ཐོག་གསར་མ་ཡོན་ཏན་མགོན་པོ་ལ་གཟིགས།
གཏེར་སྟོན་ར་མོ་ཤེལ་སྨན་ནམ་ཡེ་ཤེས་བཟང་པོ།	༩	མེ་ཡོས།	༡༢༠༧				
གཏེར་སྟོན་རཏྣ་སྟོན་པ།							

གཏེར་སྟོན་རཏྣ་གླིང་པ།	༧	ཆུ་ལུག	༡༤༠༣	༨	ས་ཕག	༡༤༧༩	
གཏེར་སྟོན་རས་ཆུང་རྡོ་རྗེ་གྲགས།							རས་ཆུང་རྡོ་རྗེ་གྲགས་པ་ལ་གཟིགས།
གཏེར་སྟོན་ར་ཤག་ཆེན་པོ།							
གཏེར་སྟོན་རང་གྲོལ་ཉིང་འཛིན་རྒྱལ་པོའམ་ཟླ་བའི་འོད་ཟེར།							
གཏེར་སྟོན་རིག་འཛིན་ཀུ་མཱ་ར།							རིག་འཛིན་ཀུ་མཱ་ར་ལ་གཟིགས།
གཏེར་སྟོན་རིག་འཛིན་ངག་གི་དབང་པོ།	༩	ལྕགས་འབྲུག	༡༥༢༠				
གཏེར་སྟོན་རིག་འཛིན་ཆེན་པོ་བདུད་འདུལ་རྡོ་རྗེ།	༡༠	ཤིང་ཡོས།	༡༦༡༥	༡༡	ལྕགས་ཁྱི།	༡༦༧༠	དགུང་ལོ་༥༦བཞུགས།
གཏེར་སྟོན་རིག་འཛིན་ཆེན་པོ་རོལ་པའི་རྡོ་རྗེ།	༡༢						
གཏེར་སྟོན་རིན་ཆེན་གླིང་པ་ཕྱི་མའམ་སངས་རྒྱས་གླིང་པ།	༦	ལྕགས་འབྲུག	༡༣༤༠				
གཏེར་སྟོན་ རིན་ ཆེན་ ཆོས་ རྒྱལ་ གྲགས་ པ་ རྒྱལ་ མཚན་ དཔལ་ བཟང་།							དགུང་ ལོ་ ༥༨ བཞུགས། འབྲི་ གུང་ རིན་ ཆེན་ ཆོས་ ཀྱི་ རྒྱལ་ མཚན་ གྲགས་པ་དཔལ་བཟང་ལ་གཟིགས།

གཏེར་སྟོན་རིན་ཆེན་ཚུལ་རྡོར་རམ་གསང་མཚན་དུ་པདྨ་ལས་འབྲེལ་རྩལ་ལམ་ཚུལ་ཁྲིམས་རྡོ་རྗེ།							གཏེར་སྟོན་རཏྣ་གླིང་པ་དང་དུས་མཉམ།
གཏེར་སྟོན་རིན་པོ་ཆེ་ཡོངས་འཛིན་ངག་དབང་གྲགས་པ།							
གཏེར་སྟོན་རིག་རྗེ་གླིང་པའམ་ཆོས་རྗེ་གླིང་པ།							མཚན་མང་དུ་སྣང་དགུང་ལོ་༤༤བཞུགས།
གཏེར་སྟོན་རོང་ཟོམ་ཆོས་བཟང་།							རོང་ཟོམ་ཆོས་ཀྱི་བཟང་པོ་ལ་གཟིགས།
གཏེར་སྟོན་རོང་སྟོན་པདྨ་བདེ་ཆེན་གླིང་པ།							རོང་སྟོན་པདྨ་བདེ་ཆེན་གླིང་པ་ལ་གཟིགས།
གཏེར་སྟོན་ར་སྟོན་སྟོབས་ལྡན་རྡོ་རྗེའམ་པདྨ་ཚེ་དབང་རྩལ།	༡༡						
གཏེར་སྟོན་ལང་པོ་ལྷུགས་སྡེ་པའི་སྟགས་འཆང་བཀྲ་ཤིས་ཚེ་བརྟན།	༡༠						
གཏེར་སྟོན་ལང་པོ་བ་དཔལ་རྒྱལ་མཚན།							
གཏེར་སྟོན་ལས་འཕྲོ་གླིང་པའམ་ཧཱུྃ་ནག་མེ་འབར།							རིག་འཛིན་འཇའ་ཚོན་སྙིང་པོར་གཟིགས།
གཏེར་སྟོན་སངས་རྒྱས་བླ་མ།							ལོ་ཆེན་རིན་བཟང་གི་སྐུ་ཚེའི་སྟོད་དུ་འཁྲུངས། དགུང་ལོ་བརྒྱད་ཅུ་བཞུགས།

གཏེར་སྟོན་སངས་རྒྱས་དཔོན་གྲགས་པ་དཔལ་བཟང་འོད་ཟེར།	༤	ལྕགས་ཕག	༡༢༥༡	༥	མེ་སྤྲེལ།	༡༢༩༦	དགུང་ལོ་༤༦བཞུགས། སྟག་ལུང་པ་སངས་རྒྱས་དཔོན་སོགས་ཀྱང་ཟེར།
གཏེར་སྟོན་སངས་རྒྱས་འབར།							སངས་རྒྱས་བླ་མའི་བརྒྱུད་དུ་སྐྱ་འབྲུངས།
གཏེར་སྟོན་སར་བན་ཕྱོགས་མེད།							
གཏེར་སྟོན་སུམ་པ་བྱང་ཆུབ་བློ་གྲོས།							
གཏེར་སྟོན་སུམ་ཚོགས།							སུམ་ཚོགས་ཞེས་རྒྱང་པོ་གྲགས་པ་དབང་ཕྱུག སུམ་པ་བྱང་ཆུབ་ཚུལ་ཁྲིམས། འབྲི་ཤེས་རབ་བྱ་མ་གསུམ་ཡིན་ཟེར།
གཏེར་སྟོན་སེ་སྟོན་རིང་མོ།							
གཏེར་སྟོན་བསམ་གཏན་གླིང་པ།							སྟག་ཤམས་ནུས་ལྡན་རྡོ་རྗེར་གཟིགས།
གཏེར་སྟོན་བསོད་ནམས་རྒྱ་མཚོའམ་གྲུབ་པའི་དབང་ཕྱུག་རྡོ་རྗེ།	༡༥	ལྕགས་སྟག	༡༨༩༠	༡༥	ས་ཁྱི།	༡༩༥༨	དགུང་ལོ་༦༩བཞུགས།
གཏེར་སྟོན་རྡོ་རྗེ་ཚེ་རྒྱལ།							ཉག་བླ་བྱང་ཆུབ་རྡོ་རྗེའི་སྲས་ཀྱི་བུ་པོ་བཞིའི་གྲས།

གཏེར་སྟོན་ལྷ་རྗེ་གནུབས་ཆུང་།							
གཏེར་སྟོན་ལྷ་བཙུན་སྔོན་མོ།							
གཏེར་སྟོན་ལྷ་བཙུན་ནམ་མཁའ་འཇིགས་མེད།							ལྷ་བཙུན་ནམ་མཁའ་འཇིགས་མེད་ལ་གཟིགས།
གཏེར་སྟོན་ལྷ་བཙུན་བྱང་ཆུབ་འོད།							མདོ་སྔགས་ཀུན་མཁྱེན་པའི་མཁས་ཆེན་དུ་གྲགས།
གཏེར་སྟོན་སྔོ་བྲག་པ་གྲུབ་ཆེན་ནམ་མཁའ་རྒྱལ་མཚན་ནམ་ལས་ཀྱི་རྡོ་རྗེ།							སྔོ་བྲག་གྲུབ་ཆེན་ནམ་མཁའ་རྒྱལ་མཚན་ལ་གཟིགས།
གཏེར་སྟོན་ཨ་ཇོ་དཔལ་པོ།							
གཏེར་སྟོན་ཨེ་སྲི་ཙོག་གར་དབང་ལས་འགྲོ་གླིང་པ།							
གཏེར་སྟོན་ཨོ་རྒྱན་ཆོས་རྒྱལ།	༤	ས་སྤྲེལ།	༡༢༤༨	༥	ལྕགས་སྦྲུལ།	༡༢༨༡	དགུང་ལོ་༣༦བཞུགས།
གཏེར་སྟོན་ཨོ་རྒྱན་བདེ་ཆེན་གླིང་པ།		ཆུ་ཕྲེ།					དགུང་ལོ་༣༡བཞུགས།
གཏེར་སྟོན་ཨོ་རྒྱན་བདུད་འདུལ་གླིང་པ།	༡༥	ས་བྱི།	༡༩༠༩	༡༦	ས་སྤྲེལ།	༡༩༦༧	
གཏེར་སྟོན་ཨོ་རྒྱན་པདྨ་གླིང་པ།	༨	ལྕགས་རྟ།	༡༤༥༠				

གཏེར་སྟོན་ཨོ་རྒྱན་ཞིག་པོ་གླིང་པའམ་གར་གྱི་དབང་ཕྱུག	༨	ཤིང་སྤྲེལ།	༡༥༢༩	༡༠	ཆུ་ལུག	༡༥༦༣	དགུང་ལོ་༤༠བཞུགས།
གཏེར་སྟོན་ཨོ་རྒྱན་བཟང་པོ།							
གཏེར་སྟོན་ཨོ་རྒྱན་བསམ་གཏན་བདེ་ཆེན་གླིང་པ།	༤						གཏེར་ཆེན་སངས་རྒྱས་གླིང་པའི་སྐུ་ཚེའི་སྨད་ཙམ་དུ་འཁྲུངས།
གཏེར་བདག་གླིང་པ་འགྱུར་མེད་རྡོ་རྗེ།	༡༡	མེ་ཕྲི།	༡༤༩༤	༡༢	ཤིང་རྟ།	༡༧༡༩	སྨིན་གླིང་གཏེར་ཆེན་ཡང་ཞུ།
ཏ་མགྲིན་ལྷ་མོའམ་ཧྲཱི་མ་ཨ་ཏ་ལྷ་མོ། ཉག་བླ་བྱང་ཆུབ་རྡོ་རྗེའི་སྲས་མོ།	༡༥	ཆུ་ཕག	༡༨༢༣	༡༦	ལྕགས་སྤྲེལ།	༡༨༦༠	འཇའ་ལུས་རྟུལ་ཕྲན་དུ་དེངས། སྐུ་ལུས་ཁྲིལ་པོ་མཐོ་གང་ཙམ་ལས་མ་ལྷག
ཏ་སྟོན་རྗེ་འབུམ།	༢	ཤིང་འབྲུག	༡༡༢༩	༣	ཤིང་རྟ།	༡༡༧༩	
ཏ་སྟོན་རྗེ་བོ་ཡེ་ཤེས།	༣	ཆུ་ལུག	༡༡༤༣	༣	༡༡༧༩	༡༢༣༠	
ཏ་སྟོན་གཟི་བརྗིད།							དགུང་ལོ་རེ་གསུམ་བཞུགས། ཤཱཀྱ་ཤྲཱི་ཕྲི་ཕྱུར་ཕེབས་སྐབས་དང་དུས་མཚུངས།
ཏ་ནག་མཁན་ཆེན་ནམ་རྒྱལ།							
ཏ་ནག་དགེ་འདུན་གྲོ་བཟང་།							དུས་རབས་༡༤ པའི་ནང་།

ཏ་ནག་སྒྲོལ་མ་བསམ་གྲུབ་རྡོ་རྗེ།	༥	ཤིང་ལུག	༡༢༩༥	༦	མེ་འབྲུག	༡༣༧༦	
༼ཏ་ཀ་སྒྲུབ་སྤྲུལ་སྐུ་ཕྲེང་རིམ་བྱོན།༽							
༡༽ སྒྲུབ་སྤྲུལ་ཀུན་སྒྲུབ་རྒྱུད་བྱང་ཆུབ་རྒྱལ་པོ་ཕྲིན་ལས་ཀུན་ཁྱབ།	༩	མེ་ལུག	༡༥༡༧	༡༠	ས་བྱ།	༡༥༨༥	དགུང་ལོ་༦༨བཞུགས།
༢༽ སྒྲུབ་སྤྲུལ་སྐུ་ཕྲེང་གཉིས་པ་མཚན་མི་གསལ།	༡༠	མེ་ཕག	༡༥༨༧			༡༦༦༥	དགུང་ལོ་༧༨བཞུགས།
༣༽ སྒྲུབ་སྤྲུལ་སྐུ་ཕྲེང་གསུམ་པ་ཀུན་སྒྲུབ་རྒྱུད་བྱང་ཆུབ་ཉི་མ།	༡༡	མེ་རྟ།	༡༦༦༦			༡༧༤༥	དགུང་ལོ་༨༠བཞུགས།
༤༽ སྒྲུབ་སྤྲུལ་སྐུ་ཕྲེང་བཞི་པ་མཚན་མི་གསལ།	༡༢	ས་ལུག	༡༧༣༩			༡༨༢༢	དགུང་ལོ་གྱ་དགུ་བཞུགས།
༥༽ སྒྲུབ་སྤྲུལ་སྐུ་ཕྲེང་ལྔ་པ་མཚན་མི་གསལ།	༡༤	ས་བྱི།	༡༨༣༩			༨༩༢	དགུང་ལོ་ང་བཞི་བཞུགས།
༦༽ སྒྲུབ་སྤྲུལ་སྐུ་ཕྲེང་དྲུག་པ་ཀུན་བྱང་ཆུབ་རྒྱལ་པོ།	༡༥	ཆུ་ལུག	༡༨༨༣			༡༩༤༠	དགུང་ལོ་ང་བརྒྱད་བཞུགས།
༧༽ སྒྲུབ་སྤྲུལ་སྐུ་ཕྲེང་བདུན་པ་ཕྲིན་ལས་རྒྱ་མཚོ་མིན་ནམ།	༡༦	མེ་བྱི།	༡༩༤༦			༡༩༦༤	དགུང་ལོ་བཅུ་དགུ་བཞུགས།
༨༽ སྒྲུབ་སྤྲུལ་སྐུ་ཕྲེང་བརྒྱད་པ་ཀུན་ཆོས་ཀྱི་ཉི་མ།	༡༦	ཤིང་གླང་།	༡༩༨༥				
ཏ་ཕུག་པ་བློ་བཟང་དམ་ཆོས་རྒྱལ་མཚན།	༡༠	ཤིང་ལུག	༡༥༩༥				ལ་ལས་རབ་བྱུང་༡༠པའི་མེ་ལུག ༡༦༠༧ལ་འཁྲུངས་པར་བཞེད།

༼ཞྭ་ཚག་སྐུ་ཕྲེང་རིམ་བྱོན།༽							
ཞྭ་ཚག་དང་པོ་ཆོས་ཀྱི་རྒྱལ་མཚན།	༧	ཆུ་རྟ།	༡༤༠༢	༨	ཆུ་འབྲུག	༡༤༧༢	དགུང་ལོ་༧༡བཞུགས།
ཞྭ་ཚག་གཉིས་པ་འཕགས་དཔོན་ལྷ་སྐྱབས།	༨	ཤིང་རྟ།	༡༤༧༣	༩	ས་འབྲུག	༡༥༠༨	དགུང་ལོ་༣༥བཞུགས།
ཞྭ་ཚག་གསུམ་པ་ལི་ཡུལ་ཆོས་རྒྱལ།	༩	ས་སྦྲུལ།	༡༥༠༩	༩	ཤིང་སྤྲེལ།	༡༥༣༦	དགུང་ལོ་༢༨བཞུགས།
ཞྭ་ཚག་བཞི་པ་ལྷ་དབང་ཆོས་ཀྱི་རྒྱལ་མཚན།	༩	མེ་བྱ།	༡༥༣༧	༡༠	ཤིང་སྦྲུལ།	༡༦༠༥	དགུང་ལོ་༦༨བཞུགས།
ཞྭ་ཚག་ལྔ་པ་ངག་དབང་ཆོས་ཀྱི་དབང་ཕྱུག	༡༠	མེ་རྟ།	༡༦༠༦	༡༡	ཆུ་འབྲུག	༡༦༥༢	དགུང་ལོ་༤༧བཞུགས།
ཞྭ་ཚག་དྲུག་པ་ངག་དབང་དཀོན་མཆོག་ཉི་མ།	༡༡	ཆུ་སྦྲུལ།	༡༦༥༣	༡༢	མེ་ཕག	༡༧༠༧	དགུང་ལོ་༥༡བཞུགས།
ཞྭ་ཚག་བདུན་པ་བློ་བཟང་དཔལ་ལྡན་རྒྱལ་མཚན།	༡༢	ས་བྱི།	༡༧༠༨	༡༣	ས་ཡོས།	༡༧༥༨	དགུང་ལོ་༥༡བཞུགས།
ཞྭ་ཚག་བརྒྱད་པ་ཡེ་ཤེས་བློ་བཟང་བསྟན་པའི་མགོན་པོ།	༡༣	ལྕགས་འབྲུག	༡༧༦༠	༡༤	ལྕགས་རྟ།	༡༨༡༠	དགུང་ལོ་༥༡བཞུགས།
ཞྭ་ཚག་དགུ་པ་ངག་དབང་བློ་བཟང་བསྟན་པའི་རྒྱལ་མཚན	༡༤	ལྕགས་ལུག	༡༨༡༡	༡༤	ས་སྤྲེལ།	༡༨༤༨	དགུང་ལོ་༣༨བཞུགས།
ཞྭ་ཚག་བཅུ་པ་ངག་དབང་དཔལ་ལྡན་ཆོས་ཀྱི་རྒྱལ་མཚན།	༡༤	ལྕགས་ཁྱི།	༡༨༥༠	༡༥	མེ་ཁྱི།	༡༨༨༦	དགུང་ལོ་༣༧བཞུགས།
ཞྭ་ཚག་བཅུ་གཅིག་པ་བསྐལ་བཟང་བསྟན་པའི་སྒྲོན་མེ།	༡༥	ས་བྱི།	༡༨༨༨	༡༦	ལྕགས་ལུག	༡༩༡༣	དགུང་ལོ་༣༡དང་༢༦མི་འདྲ་བ་གཉིས་སྣང་།

ཏ་ཚག་བཅུ་གཉིས་པ་བློ་བཟང་ཐུབ་བསྟན་འཇིགས་མེད་རྒྱལ་མཚན།	༡༥	ཤིང་བྱི།	༡༩༢༤	༡༦	མེ་བྱ།	༡༩༥༧	དགུང་ལོ་༣༣བཞུགས།
རྗེས་ཚང་མ་ཆེ་བ་ཤེས་རབ་བཀྲ་ཤིས།	༡༡	མེ་ཕག	༡༦༤༧	༡༢	མེ་སྤྲེལ།	༡༧༡༦	
རྟོགས་ལྡན་རྒྱལ་པོ་དགེ་མཛེས་འོད།				༥	ལྕགས་འབྲུག	༡༢༨༠	འདིའི་འབྱུངས་འདས་ཀྱི་ལོ་ཚིགས་སྐར་བརྟག
རྟོགས་ལྡན་རྒྱལ་བ་སེངྒེ་མཛེས།							
རྟོགས་ལྡན་གྲགས་པ་སེངྒེ།							ཞྭ་དམར་གྲགས་པ་སེངྒེར་གཟིགས།
རྟོགས་ལྡན་འཇམ་དཔལ་རྒྱ་མཚོ།	༦	མེ་སྤྲེལ།	༡༣༥༦	༧	ས་སྤྲེལ།	༡༤༢༨	
རྟོགས་ལྡན་ནམ་མཁའ་འོད།	༢	ཆུ་ཕག	༡༡༤༣				
རྟོགས་ལྡན་བྱང་ཆུབ་བཟང་པོ།	༧	མེ་སྤྲེལ།	༡༤༡༦				
རྟོགས་ལྡན་བྲག་དཀར་བ་རིན་ཆེན་སེངྒེ།							བླ་མ་ཞང་གཡུ་བྲག་པའི་སློབ་མ།
རྟོགས་ལྡན་ཚལ་པ་བ་ཡམ་པ།							དུས་རབས་༡༢པའི་དུས་སྨད་ཙམ།
རྟོགས་ལྡན་མཛེས་པ་སྙིང་པོ།	༣	མེ་བྱི།	༡༡༦༦	༤	ཤིང་འབྲུག	༡༢༤༤	

རྟོགས་ལྡན་བསམ་གཏན་དཔལ།				༦	མེ་རྟ།	༡༣༦༦	
ལྷ་གུ་རི་ཅན།							འདུས་སྲོང་མང་པོ་རྗེའི་བློན་པོ།
སྟག་གོ་སྨན་པ་བླམ།							མགོ་ལོག་སྨན་པ་སྟག་བློ་ནོར་བུ་ལ་གཟིགས།
སྟག་སྣང་མཁས་མཆོག་ངག་དབང་བློ་གྲོས།							གུ་རུ་བཀྲ་ཤིས་ལ་གཟིགས།
སྟག་སྡེ་བ་སེངྒེ་རྒྱལ་མཚན།	༤	ཆུ་སྤྲེལ།	༡༢༡༢	༥	ཤིང་རྟ།	༡༢༥༤	
༼སྟག་ཕུ་འཇམ་དབྱངས་བསྟན་པའི་དངོས་གྲུབ།༽	༡༥	མེ་བྱི།	༡༨༧༦	༡༥	ཆུ་བྱི།	༡༩༢༢	སྟག་ཕུ་འཇམ་དབྱངས་བསྟན་པའི་དངོས་གྲུབ།
སྟག་ཕུ་པདྨ་བཛྲ།							
སྟག་ཕུ་དཔལ་ལྡན་དོན་གྲུབ།	༦	ཆུ་བྱི།	༡༣༨༢	༨	མེ་བྱི།	༡༤༦༦	
སྟག་ཕུ་བ་ཆོས་གྲགས་བཟང་པོ།	༨	ཆུ་གླང་།	༡༤༩༣	༩	ས་ལུག	༡༥༥༩	
སྟག་ཕུ་བློ་གྲོས་རྒྱ་མཚོ།							སྟག་ཕུ་བློ་བཟང་བསྟན་པའི་རྒྱལ་མཚན་ལ་གཟིགས།
སྟག་ཕུ་གར་དབང་བློ་བཟང་ཆོས་ཀྱི་དབང་ཕྱུག	༡༣	ཤིང་བྱ།	༡༧༦༥	༡༣	ཆུ་བྱི།	༡༧༩༢	
སྟག་ཕུ་བློ་བཟང་བསྟན་པའི་རྒྱལ་མཚན།	༡༢	ཤིང་རྟ།	༡༧༡༤	༡༣	ཆུ་རྟ།	༡༧༦༢	

སྟག་ཕུ་ཡོངས་འཛིན་ཡེ་ཤེས་རྒྱ་མཚོ།							དུས་རབས་༡༨པའི་དུས་དཀྱིལ།
སྟག་ཕུ་རིག་འཛིན་པདྨ་ལྷུན་གྲུབ།	༡༥	མེ་བྱི།	༡༨༧༦				
སྟག་བྲག་ངག་དབང་གསུང་རབ་མཐུ་སྟོབས།	༡༥	ཤིང་ཁྱི།	༡༨༧༤	༡༦	ཆུ་འབྲུག	༡༩༥༢	
སྟག་རྩེ་སྤྲུལ་སྐུ་མི་ཕམ་ཕུན་ཚོགས་ཤེས་རབ།							
སྟག་རྩེ་ལྷ་རྒྱལ་རབ་བརྟན།				༡༢	ཤིང་གླང་།	༡༧༢༠	
སྟག་ཚང་བློ་བཟང་རབ་བརྟན།	༡༡	མེ་འབྲུག	༡༦༧༦	༡༢	ཤིང་གླང་།	༡༧༤༥	
སྟག་ཚང་དཔལ་འབྱོར་བཟང་པོ།							སྟག་ཚང་ལོ་ཙཱ་བ་ཤེས་རབ་རིན་ཆེན་གྱི་ཁུ་བོ་ཡིན།
སྟག་ཚང་པ་ལོ་ཙཱ་བ་ཤེས་རབ་རིན་ཆེན།	༧	ཤིང་བྱ།	༡༤༠༥	༨	མེ་བྱ།	༡༤༧༧	
༼སྟག་ཚང་ལྷ་མོའི་གསེར་ཁྲི་སྐུ་ཕྲེང་རིམ་བྱོན།༽							
༡༽ སྟག་ཚང་ཁྲི་ཆེན་རྒྱལ་མཚན་སེང་གེ།							ཁྲི་ཆེན་རྒྱལ་མཚན་སེང་གེ་ལ་གཟིགས།
༢༽ སྟག་ཚང་བློ་བཟང་རྒྱལ་མཚན་སེང་གེ།	༡༣	མེ་གླང་།	༡༧༥༧	༡༤	ལྕགས་ཁྱི།	༡༨༥༠	དགུང་ལོ་༩༣བཞུགས།
༣༽ སྟག་ཚང་བློ་བཟང་འཇམ་དཔལ་བསྟན་འཛིན་སེང་གེ།	༡༤	ཤིང་སྟག	༡༨༥༤	༡༥	མེ་བྱི།	༡༨༧༦	དགུང་ལོ་༢༣བཞུགས།

༤༽ སྟག་ཚང་གློ་བཟང་བསྟན་འཛིན་སེང་གེ།	༡༥	མེ་གླང་།	༡༨༧༧	༡༦	ས་ཡོས།	༡༩༣༩	དགུང་ལོ་༦༣བཞུགས།
༥༽ སྟག་ཚང་གློ་བཟང་རྣམ་རྒྱལ་ལུང་རིགས་སེང་གེ།	༡༦	ས་སྟག	༡༩༣༨				
སྟག་མཆེར་དགེ་བཤེས་ངག་དབང་སྐལ་བཟང་།							
སྟག་མཆེར་གློ་བཟང་དར་རྒྱས།	༡༧	ས་ཕག	༡༦༥༩				
སྟག་མཆེར་གློ་བཟང་རྡོ་རྗེ།							
སྟག་མཆེར་གློ་བཟང་ཚུལ་ཁྲིམས་འཇིགས་མེད་རྒྱ་མཚོ།	༡༨	མེ་འབྲུག	༡༨༥༦				
སྟག་མཆེར་ཡེ་ཤེས་སྐལ་བཟང་།	༡༢	ཤིང་བྱ།	༡༧༠༥				
སྟག་རི་གཉན་གཟིགས།							བོད་རྒྱལ་༣༡པ།
༼སྟག་ལུང་ཡར་ཐང་གདན་རབས་རིམ་བྱོན།༽							
༡༽ སྟག་ལུང་ཐང་པ་བཀྲ་ཤིས་དཔལ།	༢	ཆུ་བྱི།	༡༡༩༢	༩	ལྕགས་རྟ།	༡༢༡༠	
༢༽ གདན་རབས་གཉིས་པ།							སྐུ་ཡལ་བ་རིན་ཆེན་མགོན་པོར་གཟིགས།
༣༽ སྟག་ལུང་སངས་རྒྱས་ཡར་བྱོན།	༣	ཆུ་ཕག	༡༢༠༣	༥	ཆུ་སྦྲེལ།	༡༢༧༢	

༤༽ གདན་རབས་གསུམ་པ།							བཀྲ་ཤིས་ཟླམའམ་མཎྜ་གུ་རུར་གཟིགས།
༥༽ སྟག་ལུང་ཆོས་རྗེ་སངས་རྒྱས་དཔལ་བཟང་པོ།	༤	མེ་སྦྲུལ།	༡༢༥༧	༥	ལྕགས་ཕག	༡༣༡༡	
༦༽ སྟག་ལུང་རཏྣ་གུ་རུ།	༥	ས་བྱི།	༡༢༨༨	༦	ས་ཡོས།	༡༣༣༩	
༧༽ སྟག་ལུང་ཆོས་རྗེ་རཏྣ་ཀ་ར།	༥	ལྕགས་བྱི།	༡༣༠༠	༦	ས་ཡོས།	༡༣༣༩	
༨༽ སྟག་ལུང་ཆོས་རྗེ་ནམ་མཁའ་དཔལ་བཟང་པོ།	༦	ཆུ་བྱ།	༡༣༣༣	༦	ས་ལུག	༡༣༧༩	
༩༽ སྟག་ལུང་བཀྲ་ཤིས་དཔལ་བརྩེགས།	༦	ས་ཕག	༡༣༥༩	༧	ཤིང་འབྲུག	༡༤༢༤	
༡༠༽ སྟག་ལུང་ཆོས་རྗེ་བྱང་ཆུབ་རྒྱ་མཚོ།	༧	ཆུ་ལུག	༡༤༠༣	༨	ས་འབྲུག	༡༤༤༨	
༡༡༽ སྟག་ལུང་བཀྲ་ཤིས་དཔལ་འོད།	༧	ས་བྱི།	༡༤༠༨	༨	ལྕགས་འབྲུག	༡༤༦༠	
༡༢༽ སྟག་ལུང་ངག་དབང་གྲགས་པ།	༧	ས་ཁྱི།	༡༤༡༨	༨	མེ་འབྲུག	༡༤༩༦	
༡༣༽ སྟག་ལུང་ཆོས་རྗེ་བཀྲ་ཤིས་དཔལ་རྗེས་མ།	༨	ལྕགས་སྦྲུལ།	༡༤༡༦	༩	ས་འབྲུག	༡༥༠༨	
༡༤༽ སྟག་ལུང་ཞབས་དྲུང་རྣམ་རྒྱལ་གྲགས་པ།	༨	ས་གླང་།	༡༤༦༩	༩	ལྕགས་ཡོས།	༡༥༣༡	དགུང་ལོ་རེ་གཉིས་བཞུགས།
༡༥༽ སྟག་ལུང་ཆོས་རྗེ་བསོད་ནམས་དཔལ་བཟང་།	༨	ཆུ་འབྲུག	༡༤༧༢	༩	ལྕགས་སྦྲུལ།	༡༥༢༡	དགུང་ལོ་ཞེ་དགུ་བཞུགས།

༡༦༽ རྒྱལ་དབང་རྣམ་རྒྱལ་བཀྲ་ཤིས།	༩	ཤིང་སྤྲེལ།	༡༥༢༤	༩	ཤིང་བྱ།	༡༥༦༤	དགུང་ལོ་བཞི་བཅུ་བཞུགས།
༡༧༽ སྟག་ལུང་རས་པ་རྣམ་རྒྱལ་ཕུན་ཚོགས།	༩	ཆུ་འབྲུག	༡༥༣༢	༡༠	ཆུ་ཡོས།	༡༦༠༣	དགུང་ལོ་དོན་གཉིས་བཞུགས།
༡༨༽ རྗེ་བཙུན་ཀུན་དགའ་བཀྲ་ཤིས།	༩	མེ་སྤྲེལ།	༡༥༣༦	༡༠	ཤིང་སྦྲུལ།	༡༦༠༥	དགུང་ལོ་བདུན་ཅུ་བཞུགས།
༡༩༽ སྟག་ལུང་ཞབས་དྲུང་ངག་དབང་རྣམ་རྒྱལ།	༡༠	ཆུ་ལུག	༡༥༧༡	༡༡	མེ་ཡོས།	༡༦༢༧	དགུང་ལོ་ང་དྲུག་བཞུགས།
༢༠༽ ཞབས་དྲུང་བཀྲ་ཤིས་དཔལ་གྲུབ།	༡༠	ལྕགས་བྱི།	༡༦༠༠	༡༡	ལྕགས་ཕག	༡༦༧༡	དགུང་ལོ་དོན་གཉིས་བཞུགས།
༢༡༽ ཞབས་དྲུང་ངག་གི་དབང་ཕྱུག	༡༡	ས་སྟག	༡༦༣༨				
༢༢༽ ཞབས་དྲུང་རྣམ་རྒྱལ་ལེགས་གྲུབ།	༡༡	མེ་བྱི།	༡༦༥༧	༡༢	མེ་བྱ།	༡༧༡༧	དགུང་ལོ་དྲུག་ཅུ་བཞུགས།
༢༣༽ འོད་འཇོ་བ་ཞབས་དྲུང་བཀྲ་ཤིས་ཆོས་ཀྱི་རྒྱལ་པོ།	༡༡	ལྕགས་བྱི།	༡༦༦༠	༡༢	ས་སྟག	༡༦༨༩	དགུང་ལོ་སུམ་ཅུ་བཞུགས།
༢༤༽ འོད་འཇོ་ཞབས་དྲུང་སྐུ་སྐྱེ་རྗེ་བཙུན་བསྟན་འཛིན་རྣམ་རྒྱལ།							
༢༥༽ བཀྲ་ཤིས་གྲགས་པ་ཡེ་ཤེས།	༡༣	ས་འབྲུག	༡༧༤༨	༡༣	མེ་ལུག	༡༧༨༧	དགུང་ལོ་སོ་དགུ་བཞུགས།
༢༦༽ བཀྲ་ཤིས་དགེ་ལེགས་བཟང་པོ།	༡༣	ཤིང་སྤྲེལ།	༡༧༦༤	༡༣	ཤིང་བྱི།	༡༨༠༤	དགུང་ལོ་ཞེ་གཅིག་བཞུགས།

༢༧༽ སྟག་ལུང་མ་རིན་པོ་ཆེ་ངག་དབང་བསྟན་པའི་ཉི་མ།	༡༣	ས་སྤྲེལ།	༡༧༨༨				
༢༨༽ སྟག་ལུང་མ་སྤྲུལ་གྲགས་པ་བསྟན་འཛིན་ཉི་མ།	༡༤	མེ་འབྲུག	༡༩༥༦	༡༥	ཤིང་ཡོས།	༡༩༡༥	ངག་དབང་རྣམ་རྒྱལ་དགེ་ལེགས་སམ་ཐེག་མཆོག་འཇིགས་མེད་དཔའ་བོ། དགུང་ལོ་ཞེ་བདུན་བཞུགས།
༢༩༽ སྟག་ལུང་མ་སྤྲུལ་ཐུབ་བསྟན་འཇིགས་མེད་ཆོས་མཆོག	༡༥	མེ་སྦྲུལ།	༡༩༡༧	༡༦	ཤིང་འབྲུག	༡༩༦༤	དགུང་ལོ་ཞེ་བདུན་བཞུགས།
༣༠༽ མ་སྤྲུལ་བསྟན་འཛིན་ཀུན་བཟང་འཇིགས་མེད།							
༣༡༽ རྗེ་སྤྲུལ་ངག་དབང་དཔལ་ལྡན།	༡༥	ལྕགས་ཡོས།	༡༨༩༡				
༣༢༽ ཞབས་དྲུང་ངག་དབང་ཐུབ་བསྟན་ཆོས་ཀྱི་ཉི་མ།	༡༥	མེ་འབྲུག	༡༩༡༦	༡༦	ཆུ་སྟག	༡༩༦༢	དགུང་ལོ་ཞེ་བརྒྱད་བཞུགས།
༣༣༽ རྗེ་སྤྲུལ་བསྟན་འཛིན་ཆོས་ཀྱི་རྒྱལ་མཚན།	༡༦	ཤིང་སྤྲེལ།	༡༩༤༤	༡༧			
༼སྟག་ལུང་མར་ཐང་གི་གདན་རབས་རིམ་བྱོན།༽							
༡༽ སྟག་ལུང་སངས་རྒྱས་དཔོན་གྲགས་པ་དཔལ།	༤	ལྕགས་ཕག	༡༢༥༡	༥	མེ་སྤྲེལ།	༡༢༩༦	
༢༽ ཨོ་རྒྱན་མགོན་པོ།	༥	ཆུ་སྦྲུལ།	༡༢༩༣	༦	མེ་རྟ།	༡༣༦༦	དགུང་ལོ་དོན་བཞི་བཞུགས།
༣༽ ཆོས་རྗེ་རིན་ཆེན་མགོན་བློ་གྲོས་རྒྱལ་མཚན།	༦	ཤིང་སྤྲེལ།	༡༣༤༤	༧	ལྕགས་སྦྲུལ།	༡༤༠༡	དགུང་ལོ་ང་བརྒྱད་བཞུགས།

༤༽ཆོས་རྗེ་རིན་ཆེན་ཤེས་རབ་དབང་ཕྱུག	༦	ཆུ་སྟག	༡༣༦༢	༧	ས་ཁྱི།	༡༤༡༨	དགུང་ལོ་ང་བདུན་བཞུགས།
༥༽གྲགས་པ་བཀྲ་ཤིས་རྒྱལ་མཚན།	༦	མེ་འབྲུག	༡༣༧༦	༧	ཆུ་སྟག	༡༤༢༢	དགུང་ལོ་ཞེ་དྲུག་བཞུགས།
༦༽ཆོས་རྗེ་མི་གཡོ་མགོན་པོ།	༧	ས་གླང་།	༡༤༠༩	༨	ཤིང་ཁྱི།	༡༤༥༤	
༧༽ཆོས་རྗེ་མགོན་པོ་ཡེ་ཤེས།	༧	ལྕགས་ཁྱི།	༡༤༣༠	༨	ཆུ་སྦྲུལ།	༡༤༧༣	དགུང་ལོ་ཞེ་བཞི་བཞུགས།
༨༽ཆོས་རྗེ་འཇིག་རྟེན་དབང་ཕྱུག	༨	ཤིང་ཁྱི།	༡༤༥༤	༩	ལྕགས་ཡོས།	༡༥༣༡	དགུང་ལོ་དོན་བརྒྱད་བཞུགས།
༩༽ཆོས་རྗེ་པདྨ་རྒྱལ་པོ།	༩	མེ་སྤྲེལ།	༡༥༣༥	༩	ལྕགས་སྤྲེལ།	༡༥༦༠	དགུང་ལོ་ཉེར་ལྔ་བཞུགས།
༡༠༽རྗེ་དྲུང་ཆོས་རྗེ་མཚོ་སྐྱེས་རྡོ་རྗེ།	༩	ལྕགས་སྟག	༡༥༣༠	༡༠	ལྕགས་སྟག	༡༥༩༠	དགུང་ལོ་རེ་གཅིག་བཞུགས།
༡༡༽རྗེ་དྲུང་གྲགས་པ་རྒྱལ་མཚན།	༡༠	ལྕགས་ཡོས།	༡༥༩༡	༡༡	ཆུ་ལུག	༡༦༤༣	དགུང་ལོ་ང་གཉིས་བཞུགས།
༡༢༽རྗེ་དྲུང་གྲགས་དཔལ་ལེགས་གྲུབ།	༡༡	མེ་ཁྱི།	༡༦༤༦	༡༢	ཆུ་འབྲུག	༡༧༡༢	དགུང་ལོ་རེ་དྲུག་བཞུགས།
༡༣༽འཕགས་མཆོག་སྤྲུལ་སྐུའི་ཐོག་མ་ངག་དབང་སྐྱབས།	༡༢	ས་འབྲུག	༡༦༨༨	༡༢	ཆུ་ཡོས།	༡༧༢༣	དགུང་ལོ་སོ་དྲུག་བཞུགས།
༡༤༽རྗེ་དྲུང་སྐུ་སྐྱེ་ཐོག་མ་རིན་ཆེན་ཤེས་རབ།	༡༢	ཤིང་ལུག	༡༧༡༥	༡༢	ཤིང་བྱི།	༡༧༤༤	དགུང་ལོ་ཉེར་དགུ་བཞུགས།
༡༥༽འཕགས་མཆོག་སྐུ་སྐྱེ་བཀྲ་ཤིས་གྲགས་པ་རྒྱལ་མཚན།	༡༢	ཤིང་འབྲུག	༡༧༢༤	༡༣	མེ་རྟ།	༡༧༨༦	དགུང་ལོ་རེ་གཉིས་བཞུགས།

༡༦༽ཇེ་དྲུང་སྐུ་ཕྲེང་གཉིས་པ་རིན་ཆེན་ལེགས་གྲུབ།	༡༢	ཤིང་གླང་།	༡༧༩༥	༡༩	ས་བྱི།	༡༨༢༨	དགུང་ལོ་གྱ་བཞི་བཞུགས།
༡༧༽འཕགས་མཆོག་ སྐུ་ ཕྲེང་ གསུམ་ པ་ མཁས་ དབང་ ཆོས་དབྱིངས་ལྷུན་གྲུབ།	༡༣	མེ་རྟ།	༡༧༨༦	༡༩	ལྕགས་སྟག	༡༨༣༠	དགུང་ལོ་ཞེ་བཞི་བཞུགས།
༡༨༽ཇེ་དྲུང་སྐུ་ཕྲེང་དྲུག་པ་རྒྱལ་མཚན་རིན་ཆེན་འོད་འབར།	༡༩	ལྕགས་ཡོས།	༡༨༣༡				
༡༩༽འཕགས་མཆོག་སྐུ་ཕྲེང་བཞི་པ་རིན་ཆེན་ལྷུན་གྲུབ།	༡༩	ལྕགས་སྟག	༡༨༣༠	༡༥	ཤིང་ཕག	༡༨༧༥	དགུང་ལོ་ཞེ་དྲུག་བཞུགས།
༢༠༽ཇེ་དྲུང་སྐུ་ཕྲེང་བདུན་པ་ངག་དབང་གྲགས་པ་ཕྲིན་ལས་བྱམས་པ་འབྱུང་གནས།	༡༩	མེ་སྟག	༡༨༦༦	༡༥	ཤིང་བྱི།	༡༩༢༩	དགུང་ལོ་ང་བརྒྱད་བཞུགས།
༢༡༽འཕགས་མཆོག་སྐུ་ཕྲེང་ལྔ་པ་ངག་དབང་ཀུན་དགའ་རྣམ་རྒྱལ།	༡༥	མེ་བྱི།	༡༨༧༦	༡༥	ས་སྤྲེལ།	༡༩༠༨	དགུང་ལོ་སོ་གསུམ་བཞུགས།
༢༢༽འཕགས་མཆོག་ སྐུ་ ཕྲེང་ དྲུག་ པ་ ངག་ དབང་ འཇིགས་མེད་གྲགས་པ།	༡༥	ཆུ་གླང་།	༡༩༡༣	༡༦	ལྕགས་སྤྲེལ།	༡༩༨༠	དགུང་ལོ་རེ་བདུན་བཞུགས།
༢༣༽ཇེ་དྲུང་སྐུ་ཕྲེང་བརྒྱད་པ་གྲགས་པ་འོད་ཟེར།	༡༥	ཤིང་གླང་།	༡༩༢༥	༡༦	ཤིང་བྱི།	༡༩༨༩	དགུང་ལོ་ང་དགུ་བཞུགས།

༼སྟག་ལུང་མར་ཐང་གི་བླ་བྲང་ཟུར་པའི་གདན་རབས།༽							
༡༽ཞབས་དྲུང་ངག་གི་དབང་ཕྱུག་ཆོས་ཀྱི་ཉི་མ་བཀྲ་ཤིས་ཕྱིན་ལས།	༡༠	ཤིང་གླང་།	༡༤༢༩	༡༡	ཤིང་བྱི།	༡༤༨༥	དགུང་ལོ་རེ་གཅིག་བཞུགས།
༢༽ཞབས་དྲུང་བཀྲ་ཤིས་ཆོས་སྐྱོང་།	༡༡	མེ་སྟག	༡༤༦༤				
༣༽ཞབས་དྲུང་ཨོ་རྒྱན་བཀྲ་ཤིས་རྣམ་རྒྱལ།	༡༢	ཤིང་ཁྱི།	༡༤༦༩	༡༢	ས་བྱ།	༡༧༢༦	དགུང་ལོ་སོ་ལྔ་བཞུགས།
༤༽ཞབས་དྲུང་བཀྲ་ཤིས་དཔལ་མཆོག	༡༢	ས་བྱ།	༡༧༢༦				
༥༽ཕྲུང་པོ་དཀར་རུའི་སྲས་ཤིག	༡༢	ཆུ་ཡོས།	༡༧༢༣	༡༣	ཆུ་སྦྲུལ།	༡༧༤༩	དགུང་ལོ་ཞེ་གཅིག་བཞུགས།
༦༽ངག་དབང་ཆོས་ཀྱི་གྲགས་པ།	༡༣	ས་ཡོས།	༡༧༥༦	༡༩	ལྕགས་རྟ།	༡༨༡༠	དགུང་ལོ་ང་གཉིས་བཞུགས།
༧༽ངག་དབང་སྙན་གྲགས།	༡༩	ཆུ་བྱི།	༡༨༡༣	༡༩	ཤིང་གླང་།	༡༨༤༥	དགུང་ལོ་ང་གསུམ་བཞུགས།
༨༽ངག་དབང་བློ་བཟང་ཚུལ་ཁྲིམས།	༡༩	མེ་སྟག	༡༨༤༤	༡༥	ས་ལུག	༡༦༡༦	དགུང་ལོ་ང་གསུམ་བཞུགས།
༩༽འཇམ་དཔལ་འཇིགས་མེད་སྐལ་བཟང་སྙན་གྲགས།	༡༥	མེ་སྟག	༡༦༢༤	༡༤	ལྕགས་བྱི།	༡༦༤༠	དགུང་ལོ་སོ་ལྔ་བཞུགས།

སྟག་ལུང་ཆེ་བ་བློ་བཟང་བསྟན་པའི་ཉི་མ།	༡༣	ཆུ་སྟག	༡༧༨༢	༡༤	མེ་སྦྲུལ།	༡༨༣༦	
སྟག་ལུང་ཆོས་རྗེ་ངག་དབང་གྲགས་པ།	༧	ས་ཕྱི།	༡༤༡༨	༨	མེ་འབྲུག	༡༤༩༦	
སྟག་ལུང་བསྟན་པའི་ཉི་མ།	༡༣	ས་སྦྲུལ།	༡༧༨༨				
སྟག་ལུང་པ་ངག་དབང་གྲགས་པ།	༧	ས་ཕྱི།	༡༤༡༨				
སྟག་ལུང་བྲག་པ་བློ་གྲོས་རྒྱ་མཚོ།	༩	མེ་རྟ།	༡༥༤༦	༡༠	ས་རྟ།	༡༦༡༨	
སྟག་ལུང་ཞྭ་དམར་བྱང་ཆུབ་རྒྱ་མཚོ།	༧	ཆུ་ལུག	༡༤༠༣	༨	ས་འབྲུག	༡༤༤༨	
སྟག་ལུང་རིན་ཆེན་འབྱུང་།							སྟག་ལུང་ཆོས་རྗེ་རཏྣ་ཀ་ར་ར་གཟིགས།
སྟག་ལུང་ལོ་ཙྪ་བ་ཤཱཀྱ་བཟང་པོ།	༤	ཆུ་ཕྱི།	༡༢༦༢	༦	ཤིང་སྦྲུལ།	༡༣༤༤	
སྟག་ལོ་གཞོན་ནུ་བརྩོན་འགྲུས།							དུས་རབས་༡༠པའི་དུས་མཇུག་ཙམ།
སྟག་ཤམས་ནུས་ལྡན་རྡོ་རྗེ།	༡༡	ཤིང་ལུག	༡༦༥༥	༡༢	ས་ཕྱི།	༡༧༨༠	
སྟན་གཅིག་པ་བྱང་ཆུབ་གྲགས་པ།							
སྟབས་ཀ་བ།	༢	ཆུ་ལུག	༡༡༠༣	༣	ཤིང་རྟ།	༡༡༧༤	

སྙིང་པ་ལོ་ཟླ་པ་ཚུལ་ཁྲིམས་འབྱུང་གནས།	༢	མེ་ཕག	༡༡༠༧	༣	ལྕགས་བྱི།	༡༡༩༠	
༼སྟོང་འཁོར་སྐུ་ཕྲེང་།༽							
སྟོང་འཁོར་སྐུ་ཕྲེང་དང་པོ་ཟླ་བ་རྒྱལ་མཚན།	༤	མེ་སྤྲེལ།	༡༨༧༦	༩	མེ་འབྲུག	༡༥༥༦	
སྟོང་འཁོར་སྐུ་ཕྲེང་གཉིས་པ་ཡོན་ཏན་རྒྱ་མཚོ།	༩	མེ་སྦྲུལ།	༡༥༥༧	༡༠	མེ་ཕག	༡༥༤༧	
སྟོང་འཁོར་སྐུ་ཕྲེང་གསུམ་པ་འཇམ་དབྱངས་རྒྱ་མཚོ།	༡༠	ས་བྱི།	༡༥༤༤	༡༡	ས་ཡོས།	༡༦༣༩	
སྟོང་འཁོར་སྐུ་ཕྲེང་བཞི་པ་མདོ་རྒྱུད་རྒྱ་མཚོ།	༡༡	ས་ཡོས།	༡༦༣༩	༡༡	ཆུ་ཕག	༡༦༤༣	
སྟོང་འཁོར་སྐུ་ཕྲེང་ལྔ་པ་ངག་དབང་བསོད་ནམས་རྒྱ་མཚོ།	༡༡	ཤིང་བྱི།	༡༦༤༨	༡༣	ཆུ་སྤྲེལ།	༡༧༥༢	
སྟོང་འཁོར་སྐུ་ཕྲེང་དྲུག་པ་							
སྟོང་འཁོར་སྐུ་ཕྲེང་							
སྟོང་འཁོར་ སྐུ་ ཕྲེང་ བརྒྱད་ པ་ ཐུབ་ བསྟན་ འཇིགས་ མེད་ སྐལ་ བཟང་།	༡༨	ཆུ་སྤྲེལ།	༡༤༡༢	༡༨	ས་ཡོས།	༡༤༡༩	
སྟོང་འཁོར་སྐུ་ཕྲེང་དགུ་པ་ཐུབ་བསྟན་འཇིགས་མེད་རྒྱ་མཚོ།	༡༨	ལྕགས་འབྲུག	༡༤༢༠	༡༥	ཆུ་རྟ།	༡༤༤༢	

སྟོང་འཁོར་སྐུ་ཕྲེང་བཅུ་པ་བློ་བཟང་བསྟན་པའི་ཉི་མ།	༡༥	ཆུ་ལུག	༡༨༨༣	༡༥	ལྕགས་སྟག	༡༨༩༠	
སྟོང་འཁོར་སྐུ་ཕྲེང་བཅུ་གཅིག་པ་བློ་བཟང་འཇིགས་མེད་ཚུལ་ཁྲིམས་རྒྱ་མཚོ།	༡༥	ལྕགས་ཡོས།	༡༨༩༡	༡༥	ས་བྱ།	༡༩༠༩	
སྟོང་འཁོར་ སྐུ་ ཕྲེང་ བཅུ་ གཉིས་ པ་བློ་ བཟང་ ཐུབ་ བསྟན་ ལུང་ རྟོགས་བཤད་སྒྲུབ་རྒྱ་མཚོ།	༡༥	ལྕགས་ཁྱི།	༡༩༡༠	༡༥	ལྕགས་སྤྲེལ།	༡༩༢༠	
སྟོང་འཁོར་ སྐུ་ ཕྲེང་ བཅུ་ གསུམ་ པ་ བློ་ བཟང་ བྱང་ ཆུབ་ བསྟན་ འཛིན་རྒྱ་མཚོ།							
༼སྟོད་ནག་བླ་ཆེན་ཐུབ་བསྟན་སྙིང་གི་སྐུ་ཕྲེང་རིམ་བྱོན།༽	༥ ནས་བཟུང་།						ནང་ཆེན་གྱི་ཡོངས་སུ་གཏོགས།
༡༽ རས་པ་བློ་གྲོས་རྡོ་རྗེའམ་རས་པ་དཀར་པོ།	༥	ས་བྱི།	༡༢༢༨	༡༦	ས་གླང་།	༡༣༤༩	དགུང་ལོ་༦༢བཞུགས།
༢༽ ཡེ་ཤེས་ལྷུན་གྲུབ།	༦	ལྕགས་ཡོས།	༡༣༥༡	༧	ཆུ་འབྲུག	༡༤༡༢	དགུང་ལོ་༦༢བཞུགས།
༣༽ ཀརྨ་རྡོ་རྗེ།	༧	མེ་སྤྲེལ།	༡༤༡༦	༡༠	ས་སྦྲུལ།	༡༥༦༩	དགུང་ལོ་༨༤བཞུགས།
༤༽ བསོད་ནམས་རྒྱལ་མཚན།	༨	ལྕགས་བྱ།	༡༥༠༡	༩	མེ་འབྲུག	༡༥༥༦	དགུང་ལོ་༥༦བཞུགས།

༥༽ བསྟན་པ་ལྷུན་གྲུབ།	༩	ས་ལུག	༡༥༥༩	༡༠	ས་བྱ།	༡༦༠༩	དགུང་ལོ་༥༡བཞུགས།
༦༽ ཀརྨ་ཧེ་རུ་ཀ	༡༠	ལྕགས་ཁྱི།	༡༦༡༠	༡༡	ཤིང་ལུག	༡༦༥༥	དགུང་ལོ་༤༦བཞུགས། འབྲུངས་ལོར་དཔྱད།
༧༽ དཔལ་ལྡན་ལྷུན་གྲུབ།	༡༡	མེ་ཁྱི།	༡༦༤༦	༡༢	ཤིང་སྦྲུལ།	༡༧༢༥	དགུང་ལོ་༨༠བཞུགས། གཉིས་སུ་སྣང་བས་དཔྱད།
༨༽ བསྟན་པའི་རྒྱལ་མཚན།	༡༢	ས་སྤྲེལ།	༡༧༢༨	༡༤	ས་ཡོས།	༡༨༡༩	དགུང་ལོ་༩༢བཞུགས།
༩༽ ཕྲིན་ལས་དཔལ་ལྡན།	༡༤	ལྕགས་རྟ།	༡༧༢༨	༡༣	ལྕགས་སྤྲེལ།	༡༨༠༠	དགུང་ལོ་༧༣བཞུགས། གཉིས་སུ་སྣང་བས་དཔྱད།
༡༠༽ ཀརྨ་སྒྲུབ་བརྒྱུད་བཟང་པོ།	༡༥	ཆུ་ལུག	༡༨༨༣	༡༦	ཆུ་འབྲུག	༡༩༥༢	དགུང་ལོ་༧༠བཞུགས། གཉིས་སུ་སྣང་བས་དཔྱད།
སྒྲུབ་བརྒྱུད་ཕྲིན་ལས་ཉི་མ།	༡༦	ཆུ་སྦྲུལ།	༡༩༥༣	༡༧	ས་བྱི།	༢༠༠༨	དགུང་ལོ་༦༥བཞུགས། གཉིས་སུ་སྣང་བས་དཔྱད།
བསྟན་འཛིན་རྒྱལ་མཚན།	༡༦	ཆུ་བྱི།	༡༩༧༢				སྒྲུབ་བརྒྱུད་ ཕྲིན་ ལས་ ཉི་ མ་ དང་ བསྟན་ འཛིན་ རྒྱལ་ མཚན་ གཉིས་སྐུ་འཕྲེང་གི་ཨང་རྟགས་མི་འདུག
སྟོད་སྟོན་དཀོན་མཆོག་སྐྱབས།							རོང་སྟོན་དཀོན་མཆོག་སྐྱབས་ལ་གཟིགས།
སྟོད་ལུང་པ་དཀོན་མཆོག་ཆོས་བཟང་།				༡༡	ཆུ་གླང་།	༡༦༧༣	
སྟོད་ལུང་པ་ངག་དབང་ཆོས་གྲགས།	༨	ལྕགས་བྱ།	༡༥༠༡	༩	ལྕགས་ཕག	༡༥༥༡	

སྟོད་ལུང་པ་ཆེན་པོ།	༡	ཆུ་སྤྲེལ།	༡༠༣༢	༢	མེ་སྤྲེལ།	༡༡༡༦	
སྟོད་ལུང་པ་དཔལ་འབྱོར་རྒྱ་མཚོ།							དགའ་ལྡན་ཁྲི་རབས་༢༥པར་གཟིགས།
སྟོད་ལུང་པ་རིན་ཆེན་སྙིང་པོ།	༡	ཆུ་སྤྲེལ།	༡༠༣༢	༢	མེ་སྤྲེལ།	༡༡༡༦	
སྟོབས་ར་ཤེལ་ཤར།							བོད་རྒྱལ་རབས་༡༥པ་ཨེ་ཤོ་ལེགས་ཀྱི་སྐུ་བོན་ཡིན།
བསྟན་གཉིས་གླིང་པ་པདྨ་ཚེ་དབང་རྒྱལ་པོ།							དུས་རབས་༡༥པའི་ནང་འཁྲུངས།
བསྟན་གཉིས་གཡུང་དྲུང་གླིང་པ།							ཀོང་སྤྲུལ་ཡོན་ཏན་རྒྱ་མཚོར་གཟིགས།
བསྟན་པ་རབ་འཕེལ།							མཁན་ཆེན་ངག་དབང་དཔལ་བཟང་ལ་གཟིགས།
ལྟ་ལའི་ཏྲན།	༡༢	ལྕགས་འབྲུག	༡༧༠༠				ལ་ལས་མེ་སྤྲེལ་༡༥༣༦ལོར་འཁྲུངས་ཟེར།
བསྟན་འཛིན་བློ་བཟང་རྒྱ་མཚོ།							
བསྟན་འཛིན་ཤེས་རབ་བསམ་གླིང་ཆེན་རོལ་པ་རྩལ།	༡༣	ས་བྱི།	༡༧༦༨	༡༩	མེ་གླང་།	༡༨༡༧	

མཚན་བྱང་།	འཁྲུངས་ལོ།			འདས་ལོ།			ཞར་བྱུང་།
	རབ་བྱུང་།	ལོ་ཁམས།	སྤྱི་ལོ།	རབ་བྱུང་།	ལོ་ཁམས།	སྤྱི་ལོ།	གསལ་བཤད།
ཐ།							
ཐག་མ་པ་རྡོ་རྗེ་གཞོན་ནུ།							བཀའ་གདམས་པ་ཞིག
ཐང་དཀར་སློབ་བཟང་ཆོས་འཛིན།	༡༣	ཤིང་འབྲུག	༡༧༨༤	༡༤	ཆུ་བྱི།	༡༨༦༢	
ཐང་སྟོང་རྒྱལ་པོ།	༦	ལྕགས་གླང་།	༡༣༦༡	༨	ཤིང་སྦྲུལ།	༡༤༥༨	
ཐར་པ་གླུ་ཡི་དཔལ་བཙན།							སྟོང་བཙན་སྒམ་པོའི་ཕྱི་བློན་བཙན་པོ་དྲུག་གི་གྲས།
ཐར་མི་ཆེ་བློ་བཟང་དོན་གྲུབ།	༡༡	ལྕགས་འབྲུག	༡༦༤༠	༡༢	མེ་བྱ།	༡༧༡༧	
ཐར་ལོ་ཉི་མ་རྒྱལ་མཚན།	༤	ཤིང་བྱ།	༡༢༢༥	༥	ཤིང་སྦྲུལ།	༡༣༠༥	མཁན་ཆེན་ཉི་མ་རྒྱལ་མཚན་ཡང་ཟེར།
ཐར་ཤུལ་དཀོན་མཆོག་རྒྱ་མཚོ།	༡༣	ལྕགས་ཁྱི།	༡༧༩༠	༡༤	ས་རྟ།	༡༨༥༨	
ཐར་ཤུལ་དགེ་འདུན་ཆོས་སྐྱོང་རྒྱ་མཚོ།	༡༤	ལྕགས་རྟ།	༡༨༡༠	༡༥	ས་བྱི།	༡༨༨༨	
ཐི་ཐོ་ལེགས།							བོད་རྒྱལ་རབས་༡༢པ།

ཁྲིགས་མཆོག་རྡོ་རྗེ།	༡༦	མེ་ཕག	༡༩༤༧	༡༦	ལྕགས་སྦྲུལ།	༡༩༨༠	ཉག་བླ་བྱང་ཆུབ་རྡོ་རྗེའི་སྲས་ཨ་འགྱུར་གྱི་སྲས། ཨ་མེན་ཡང་ཞུ།
ཁྲིགས་རྗེ་དཔལ་བཟང་པོ།							དུས་རབས་༡༤པའི་དུས་སྟོད་ཀྱི་ལོ་རྣ་བ་ཞིག
ཁྲིགས་སྲས་ཁྲུབ་བསྟན་ལྷུན་གྲུབ།	༡༥	མེ་རྟ།	༡༩༠༦	༡༦	ཤིང་ལུག	༡༩༥༥	
ཁྲུབ་བསྟན་ཆོས་ཀྱི་གྲགས་པའམ་མི་ཉག་ཀུན་དགའ་བསོད་ནམས།							དུས་རབ་༡༠པའི་ནང་འཁྲུངས།
ཁྲུབ་བསྟན་ཆོས་དཔལ་རྒྱ་མཚོ།							
ཁྲུབ་བསྟན་འཇིགས་མེད་རྒྱ་མཚོ།	༡༣	ཆུ་བྱི།	༡༧༩༢	༡༤	ཤིང་ཡོས།	༡༨༥༥	
༼ཁྲིའུ་བཀྭན་སྐུ་ཕྲེང་རིམ་བྱོན།༽							
ཁྲིའུ་བཀྭན་ངག་དབང་ཆོས་ཀྱི་རྒྱ་མཚོ།	༡༡	ལྕགས་སྦྲུལ།	༡༦༨༠	༡༢	ས་འབྲུག	༡༧༣༦	
ཁྲིའུ་བཀྭན་བློ་བཟང་ཆོས་ཀྱི་ཉི་མ།	༡༢	མེ་སྦྲུལ།	༡༧༣༧	༡༣	ཆུ་ཁྱི།	༡༨༠༢	
ཁྲིའུ་བཀྭན་བློ་བཟང་དབང་ཕྱུག་བཤད་སྒྲུབ་རྒྱ་མཚོ།	༡༤	ས་ཕག	༡༨༣༩	༡༥	ཤིང་རྟ།	༡༨༩༤	

ཐུའུ་བཀྭན་བློ་བཟང་རབ་བརྟན།							དུས་རབས་༡༧པའི་དུས་མགོ་ཙམ།
ཐུར་མ་འཇམ་དབྱངས་དོན་གྲུབ།	༡༣	ས་འབྲུག	༡༧༤༨	༡༤	ལྕགས་སྟག	༡༨༣༠	དུས་རབས་༡༩པའི་དུས་མགོ་ཙམ།
ཐུར་ལ་བ་ཚུལ་ཁྲིམས་སྐྱབས།							
ཐེ་བུད་དཀོན་མཆོག་ཕུན་ཚོགས།	༡༣	ཆུ་སྦྲུལ།	༡༧༧༣	༡༤	ས་བྱི།	༡༨༢༨	
ཐེ་བོ་བློ་བཟང་བསྟན་འཛིན།	༡༣	ཆུ་ཡོས།	༡༧༨༣	༡༤	མེ་རྟ།	༡༨༤༦	
ཐེ་བོ་བློ་བཟང་བསམ་གཏན།	༡༢	མེ་ཡོས།	༡༦༨༧	༡༣	ས་སྦྲུལ།	༡༧༤༩	
ཐེ་བོ་ཡེ་ཤེས་ཐུབ་བསྟན་རྒྱ་མཚོ།	༡༣	མེ་སྟག	༡༨༠༦	༡༤	མེ་རྟ།	༡༨༤༦	
ཐེ་བོ་ལུང་བཟང་ནང་པ་བློ་བཟང་བསམ་གཏན།	༡༢	མེ་ཡོས།	༡༦༨༧	༡༣	ས་འབྲུག	༡༧༤༨	
ཐེག་གླིང་འགྲོ་དོན་མཐར་ཕྱིན་ནམ་གར་དབང་ལས་རབ་རྩལ།							དུས་རབས་༡༨པའི་ནང་འབྱུངས།
ཐེག་ཆེན་ཆོས་ཀྱི་རྒྱལ་པོ་ཀུན་དགའ་བཀྲ་ཤིས།	༦	ས་གླང༌།	༡༣༤༩	༧	ཤིང་འབྲུག	༡༤༢༥	བླམ་དམ་པ་བསོད་ནམས་རྒྱལ་མཚན་གྱི་སློབ་མ།
༼ཐོ་བྲུ་གུ་དགོན་ཆོས་རྒྱལ་སྤྲུ་ཕྲེང་རིམ་བྱོན།༽	༡༠ འགོ་ཚུགས།						
༡༽འབྲུག་པ་ཆོས་རྒྱལ་རྒྱ་མཚོ།	༡༠	ས་སྟག	༡༥༧༨				

༢) ཆོས་རྒྱལ་ཀུན་དགའ་རྒྱ་མཚོ།	༡༡	སྟག	༡༦༣༨	༡༢	མེ་གླང་།	༡༦༩༧	དགུང་ལོ་༦༠བཞུགས།
༣) ཆོས་རྒྱལ་ལྷུན་གྲུབ་རྒྱ་མཚོ།	༡༢	ས་སྟག	༡༦༩༨	༡༣	ལྕགས་སྦྲུལ།	༡༧༦༡	དགུང་ལོ་༦༤བཞུགས།
༤) ཆོས་རྒྱལ་པད་དཀར་ཤཱཀྱ།	༡༣	ཆུ་རྟ།	༡༧༦༢	༡༣	ཆུ་སྦྲུལ།	༡༧༧༣	དགུང་ལོ་༡༡ལས་མ་བཞུགས།
༥) བླམ་བསྟན་འཛིན་དབང་པོ།	༡༣	ཤིང་རྟ།	༡༧༧༤	༡༤	ཆུ་སྦྲུལ།	༡༨༣༣	དགུང་ལོ་༦༠གོང་བཞུགས་སྐམ།
༦) མདོ་བླ་བསྟན་འཛིན་རྒྱ་མཚོ།	༡༤	ལྕགས་ཁྱི།	༡༨༥༠				དགུང་ལོ་༣༠ལྷག་ཙམ་བཞུགས་སྐམ།
༧) ཆོས་རྒྱལ་དོན་གྲུབ་དཔའ་བོ།	༡༥	མེ་ཁྱི།	༡༨༨༦	༡༦	མེ་ཁྱི།	༡༩༤༦	དགུང་ལོ་༦༠བཞུགས།
༨) ཆོས་རྒྱལ་མི་ཕམ་མཐུ་སྟོབས་བདེ་ཆེན་ཡོན་ཏན་རྒྱ་མཚོ།	༡༦	མེ་ཁྱི།	༡༩༤༦				ཆབ་དཔོན་ལྕགས་སྤྲུལ་གྱི་བུ་པོ་ཡིན་ཟེར།
ཐོ་ཡོན་འཇམ་དབྱངས་ཕྲིན་ལས།							དུས་རབས་༡༩པའི་དུས་མགོ་ཙམ་ལ་འཁྲུངས།
ཐོ་ཡོན་བློ་བཟང་ཆོས་འཛིན།							རབ་བྱུང་༡༤པའི་ནང་།
ཐོ་ཡོན་ཡེ་ཤེས་དོན་གྲུབ་བསྟན་པའི་རྒྱལ་མཚན།	༡༣	ཆུ་བྱི།	༡༧༩༢				
ཐོག་ཁ་བ་རིན་ཆེན་སེངྒེ།	༤	མེ་ཕག	༡༢༢༧	༥	ཤིང་བྱ།	༡༢༨༥	
ཐོག་ག་ཞབས་དྲུང་དཀོན་མཆོག་དགེ་ལེགས་རྒྱལ་མཚན།	༡༣	ས་ཁྱི།	༡༧༧༨				

ཐོགས་མེད་པ་བསམ་གྲུབ།	༢	ས་བྱ།	༡༡༢༨				
ཐོན་པ་མཁས་བཙུན་ཡོན་ཏན་རྒྱ་མཚོ།	༧	ཆུ་ཕག	༡༩༩༣	༨	ལྕགས་སྦྲུལ།	༡༥༢༡	
ཐོན་མི་སཾ་བྷོ་ཊ།		ས་ཡོས།	༤༡༨				སྲོང་བཙན་ལས་དགུང་ལོ་གཉིས་ཀྱི་ཆུང་།
ཐོས་པ་དགའ།							རྗེ་བཙུན་མི་ལ་རས་པར་གཟིགས།
མཐའ་བཞི་དར་པོ།							ཁྲི་སྲོང་ལྡེ་བཙན་གྱི་བླ་སྨན།
མཐིང་གི་བྱང་ཆུབ་མཆོག་བཙན།							སྲོང་བཙན་སྒམ་པོའི་ཕྱི་བློན་དྲུག་གི་གྲས།

མཚན་བྱང་།	འཁྲུངས་ལོ།			འདས་ལོ།			ཞར་བྱུང་།
	རབ་བྱུང་།	ལོ་ཁམས།	སྤྱི་ལོ།	རབ་བྱུང་།	ལོ་ཁམས།	སྤྱི་ལོ།	གསལ་བཤད།
ད།༽							
དད་པ་མཁན་པོ།							
དའི་ཆེང་པ་དུར།							ཁང་ཆེན་བསོད་ནམས་རྒྱལ་པོར་གཟིགས།
དམ་ཆོས་བསྟན་འཕེལ།							
དམ་ཆོས་དཔལ་འབར།	༨	ཆུ་ལུག	༡༥༢༣	༡༠	ས་ཕག	༡༥༨༨	
དར་ཐང་མཆོག་སྤྲུལ་ཆོས་ཀྱི་ཟླ་བ།							
དར་མ་བཟང་པོ།							
དར་མོ་སྨན་རམས་པ་བློ་བཟང་ཆོས་གྲགས།	༡༡	ས་སྟག	༡༦༣༨				
དར་ཚང་བློ་བཟང་རབ་རྒྱས།	༡༩	ཆུ་རྟ།	༡༨༢༢				
དར་བཟའ་མ།							གདགས་ལྷ་དཀར་མོ་ལ་གཟིགས།

དིང་ཁྲི་བཙན་པོ།							བོད་རྒྱལ་རབས་གསུམ་པ།
དིང་རི་ཆོས་གྲགས།							དུས་རབས་༡༡པའི་དུས་དཀྱིལ་གྱི་ལོ་རྣ་བ་ཞིག
དིལ་འགོ་མཁྱེན་བརྩེ་རབ་གསལ་ཟླ་བའམ་བཀྲ་ཤིས་དཔལ་འབྱོར།	༡༥	ལྕགས་བྱི།	༡༩༡༠	༡༧	ལྕགས་ལུག	༡༩༩༡	
དིལ་དམར་དགེ་བཤེས་བསྟན་འཛིན་ཕུན་ཚོགས།	༡༡	ཆུ་བྱི།	༡༦༧༢	༡༢	ཤིང་སྦྲུལ།	༡༧༢༥	དེའུ་དམར་ཡང་འབྲི་སྲོལ་ཡོད། བྱམས་པ་ཕྲིན་ལས་ཀྱིས་འདས་ལོ་དེར་འབྲུངས་ཟེར།
དུང་དཀར་བློ་བཟང་ཕྲིན་ལས།	༡༦	མེ་ཡོས།	༡༩༢༧	༡༧	མེ་གླང་།	༡༩༩༧	
དུང་མཆོ་རས་པ་ཤེས་རབ་རྒྱལ་མཚན།							དུས་རབས་༡༣པའི་དུས་མགོ།
དུལ་མོ་བཀྲ་ཤིས་འོད་ཟེར།	༨	ཤིང་རྟ།	༡༥༧༤				
དུས་འཁོར་ངག་དབང་ཕུན་ཚོགས།	༡༢	མེ་སྟག	༡༧༥༦				
དུས་འཁོར་བ་ཡེ་ཤེས་རིན་ཆེན།	༤	ས་སྤྲེལ།	༡༢༤༨	༥	ཤིང་རྟ།	༡༢༩༤	
དེ་ཁྲི་བཙན་པོ།							བོད་རྒྱལ་རབས་ལྔ་པ་མེར་ཁྲི་བཙན་པོའང་ཟེར།

དེ་བ་ཙནྡྲ།							དུས་རབས་༨པའི་ནང་གི་ལོ་ཟླ་བ་ཞིག
༼དེ་མོ་ཧུ་ཐོག་ཐུག་སྐུ་ཕྲེང་རིམ་བྱོན།༽	༧ ནས་བཟུང་།						
༡༽ དེ་མོ་དཀོན་མཆོག་འབྱུང་གནས།	༧	མེ་སྟག	༡༤༤༦	༨	མེ་འབྲུག	༡༤༩༦	དགུང་ལོ་༥༡བཞུགས།
༢༽ དེ་མོ་དཔལ་འབྱོར་བཀྲ་ཤིས།	༩	མེ་ཡོས།	༡༥༠༧	༡༠	ལྕགས་རྟ།	༡༥༧༠	དགུང་ལོ་༦༣བཞུགས།
༣༽ དེ་མོ་ལྷ་དབང་ཕྱོགས་ལས་རྣམ་རྒྱལ།	༡༠	ཤིང་ཁྱི།	༡༥༧༤				
༤༽ དེ་མོ་ངག་དབང་དགེ་ལེགས་རྒྱལ་མཚན།	༡༡	ལྕགས་ལུག	༡༦༣༡	༡༡	ས་སྤྲེལ།	༡༦༦༨	
༥༽ དེ་མོ་ངག་དབང་ནམ་མཁའ་འཇམ་དབྱངས།	༡༡	ས་སྤྲེལ།	༡༦༦༨	༡༢	ལྕགས་སྟག	༡༧༡༠	དགུང་ལོ་༥༣བཞུགས།
༦༽ དེ་མོ་ངག་དབང་འཇམ་དཔལ་བདེ་ལེགས་རྒྱ་མཚོ།	༡༢	ཆུ་ཡོས།	༡༧༢༣	༡༣	མེ་བྱ།	༡༧༧༧	
༧༽ དེ་མོ་ངག་དབང་བློ་བཟང་ཐུབ་བསྟན་འཇིགས་མེད་རྒྱ་མཚོ།	༡༣	ས་ཁྱི།	༡༧༧༨	༡༤	ས་ཡོས།	༡༨༡༩	
༨༽ དེ་མོ་ངག་དབང་བློ་བཟང་འཇིགས་མེད་རྒྱ་མཚོ།	༩	ལྕགས་འབྲུག	༡༥༢༠	༩	ཕུ་ཤང་།	༡༥༥༣	དགུང་ལོ་༣༤བཞུགས།
༩༽ དེ་མོ་ངག་དབང་བློ་བཟང་ཕྲིན་ལས་རབ་རྒྱས།	༡༤	ཤིང་ཡོས།	༡༨༥༥	༡༥		༡༨༩༠	

དེ་མོ་ཐང་པ་སེམས་པ་ཆེན་པོ་བློ་གྲོས་རྒྱལ་མཚན།				༨	ལྕགས་སྟག	༡༩༧༠	
དེའུ་དམར་དགེ་བཤེས་བསྟན་འཛིན་ཕུན་ཚོགས།							དེ་ལ་དམར་དགེ་བཤེས་བསྟན་འཛིན་ཕུན་ཚོགས་ལ་གཟིགས།
དོ་པ་མར་པ་ཤེས་རབ།	༩	ས་བྱི།	༡༢༢༨	༥	ལྕགས་བྱི།	༡༣༡༠	
དོག་མེར་མེར།							བོད་རྒྱལ་བཞི་པ་སོ་ཁྲི་བཙན་པོའི་བཙུན་མོ།
དོན་ཡོད་རྡོ་རྗེ།	༣	མེ་འབྲུག	༡༡༩༦				
དོར་ཞུལ་ངག་དབང་སྦྱིན་པ།							དུས་རབས་༡༩པའི་མགོ་སྟོད་དུ་འཁྲུངས།
དོར་ཞུལ་སྐན་གྲགས་རྒྱ་མཚོ།							དུས་རབས་༡༩པའི་དུས་མཇུག་ཙམ།
དོལ་པོ་བ་ཤེས་རབ་རྒྱལ་མཚན་དཔལ་བཟང་པོ།	༥	ཆུ་འབྲུག	༡༢༩༢	༦	ལྕགས་གླང་།	༡༣༦༡	ཀུན་མཁྱེན་དོལ་པོ་འདི་ཡིན་ཤེས་རབ་མགོན་ཡང་ཞུ།
དོལ་པོ་ཤེས་རབ་རྒྱ་མཚོའམ་དམར་ཞུར་བ།	༡	ས་ཕག	༡༠༥༩	༢	ལྕགས་ཕག	༡༡༣༡	རོག་ཤེས་རབ་རྒྱ་མཚོ་དང་གཅིག
དྭགས་སྒོམ་ཚུལ་ཁྲིམས་སྙིང་པོ།	༢	མེ་སྦྲུལ།	༡༡༡༦	༣	ས་གླང་།	༡༡༦༩	
དྭགས་པོ་མཁན་ཆེན་ངག་དབང་གྲགས་པ།							དུས་རབས་༡༥པའི་ནང་འཁྲུངས།
དྭགས་པོ་མཁན་པོ་འདུལ་འཛིན།	༢	ཤིང་སྟག	༡༡༣༩	༩	ས་སྟག	༡༢༡༨	

དྭགས་པོ་སྒམ་པོ་ཤེས་རབ་བྱང་ཆུབ།							
དྭགས་པོ་ངག་དབང་གྲགས་པ།							རབ་བྱུང་༢པ་ཙམ་གྱི་ནང་།
དྭགས་པོ་ནམ་མཁའ་གྲགས།							
དྭགས་པོ་པཎ་ཆེན་བཀྲ་ཤིས་རྣམ་རྒྱལ།	༧	ས་སྟག	༡༣༩༨	༨	ས་སྟག	༡༤༥༨	འདི་ཀུན་མཁྱེན་རོང་སྟོན་གྱི་སློབ་མ་དེ་ཡིན།
དྭགས་པོ་བཀྲ་ཤིས་རྣམ་རྒྱལ།							ཀམ་ཚང་ནས་ཡིན། འོད་ཟེར་སྐོར་གསུམ་མཛད་པ་པོ་དེ་ཡིན་སྙམ།
དྭགས་པོ་བཀྲ་ཤིས་རྣམ་རྒྱལ།							དྭགས་པོ་བཀྲ་ཤིས་རྣམ་རྒྱལ་ཡང་ཞུ།
དྭགས་པོ་བཀྲ་ཤིས་རྣམ་རྒྱལ།							འདི་འདས་ལོག་པ་ཚད་ལྡན་ཞིག་ཡིན་གསུངས། རྒྱལ་རོང་དྭགས་པོ་ནས་ཡིན།
དྭགས་པོ་ཚེ་འཕེལ།	༡༡	ས་སྤྲེལ།	༡༦༦༨	༡༢	ཤིང་སྟག	༡༧༣༤	
དྭགས་པོ་རབ་འབྱམས་པ་ཆོས་རྒྱལ་བསྟན་པ།	༨	ས་སྤྲེལ།	༡༤༤༩	༩	ཤིང་སྤྲེལ།	༡༥༤༢	
དྭགས་པོ་ལྷ་རྗེ་བསོད་ནམས་རིན་ཆེན།	༡	ས་ལུག	༡༠༧༩	༣	ཆུ་བྱ།	༡༡༥༣	

དྲང་སྲོང་ལྔེ།							སྲོང་དེ་ལ་གཟིགས།
དྲང་སྲོང་བསོད་ནམས་རྒྱལ་མཚན།							ལྷ་བཙུན་བསོད་ནམས་རྒྱལ་མཚན་ཡང་ཞུ།
དྲན་མཆོག་ཀུན་དགའ་རྒྱལ་མཚན།	༨	མེ་སྟག	༡༥༠༦				
དྲི་མེད་འོད་ཟེར།							ཀུན་མཁྱེན་ཀློང་ཆེན་པར་གཟིགས།
དྲི་མེད་འོད་ཟེར།							བདུད་འཇོམས་གཏེར་སྲས་དྲི་མེད་འོད་ཟེར། དུས་རབས་ཉི་ཤུ་པའི་མགོ་སྟོད།
དྲི་མེད་འོད་ཟེར།							སེང་ཁྲི་སྨར་གཏེར་སྟོན་དྲི་མེད་འོད་ཟེར། དུས་རབས་ཉི་ཤུ་པའི་དུས་མགོ།
དྲིན་ཆེན་རིན་ཆེན་རྣམ་རྒྱལ།	༡༢	ཤིང་ཁྱི།	༡༦༩༥				སྨིན་གླིང་བསྐྱར་གསོ་མཛད་པ་པོ།
དྲུང་མཁའ་སྤྱོད་པ་ནམ་མཁའ་རྒྱལ་མཚན།	༦	ལྕགས་ཁྱི།	༡༣༧༠	༧	ཆུ་གླང་།	༡༤༣༣	སྐུ་ལུས་མ་སྤངས་པར་མཁའ་སྤྱོད་ལ་གཤེགས།
དྲུང་ཆེན་སྨོན་ལམ་རྡོ་རྗེ། ཚལ་པ་དྲུང་ཆེན་ཡང་ཞུ།	༥	ཤིང་སྤྲེལ།	༡༢༨༤	༦	མེ་ཕག	༡༣༤༧	གཙྭ་པ་རང་བྱུང་རྡོ་རྗེ་དང་འབྲུངས་འདས་ཀྱི་ཆོས་ཆ་གཅིག་ཡིན་གསུངས།
དྲུང་ཆེན་ལེགས་པ་བཟང་པོ།							

དྲུང་ཆེན་ཤེས་རབ་རྒྱ་མཚོ།	༡༣	ཆུ་ཕག	༡༨༠༣				
དྲུང་གཞོན་ནུ་བྱང་ཆུབ།	༦	མེ་རྟ།	༡༣༦༦				
དྲུང་པ་བརྩོན་འགྲུས་རྒྱལ་མཚན།	༡༠	མེ་ཡོས།	༡༥༦༧	༡༡	ལྕགས་སྟག	༡༦༥༠	
དྲིན་ཁོན་དགེ་བཤེས་བློ་བཟང་སྦྱིན་པ།				༡༥	མེ་བྱི།	༡༨༨༦	
རཏྣ་ཀིརྟི་ཐུབ་བསྟན་ཆོས་ཀྱི་གྲགས་པ།							དུས་རབས་༡༩པའི་དུས་སྟོད་ཙམ།
རཏྣ་ཏྲཱ་ཤྲཱི་ལ། ཆོས་ཉིད་ཚུལ་ཁྲིམས།							ཁྲི་སྲོང་སྐུ་དུས་ཀྱི་ལོ་ཙཱ་བ་ཞིག
རཏྣ་བྷ་དྲ། ཆོས་ཀྱི་རྒྱལ་མཚན།	༦	ལྕགས་ཡོས།	༡༣༥༡	༧	མེ་བྱི།	༡༣༩༦	
རཏྣ་པཱ་ལ་རཀྵི་ཏ།	༥	ས་འབྲུག	༡༢༦༨	༥	མེ་ཕག	༡༢༨༧	
རཏྣཱ་ལོ་ཀ							ཁྲི་སྲོང་ལྡེ་བཙན་སྐུ་དུས་ཀྱི་ལོ་ཙཱ་བ་ཞིག
གདགས་ཁྲི་བཙན་པོ།							བོད་ཀྱི་བཙན་པོའི་རྒྱལ་རབས་ལ་གཟིགས།

གདོང་གཞུག་ངག་དབང་ཆོས་གྲགས།							
གདོང་གཞུག་ཞབས་དྲུང་བློ་བཟང་ཆོས་གྲགས།							རབ་བྱུང་༡༣པའི་ནང་གི་མི།
བདག་ཆེན་ཀུན་དགའ་རིན་ཆེན།							ཏཱ་དབེན་ཀུན་དགའ་རིན་ཆེན་ལ་གཟིགས།
བདག་ཆེན་ཀུན་དགའ་ལེགས་པའི་རྒྱལ་མཚན།	༥	ས་སྤྲེལ།	༡༣༠༨	༦	མེ་བྱི།	༡༣༣༦	
བདག་ཆེན་རྒྱ་གར་བ་ཤེས་རབ་རྒྱལ་མཚན།	༧	མེ་འབྲུག	༡༤༣༦				
བདག་ཆེན་ངག་དབང་ཀུན་དགའ་རྣམ་རྒྱལ།	༡༠	ཆུ་འབྲུག	༡༥༩༢	༡༠	ལྕགས་སྤྲེལ།	༡༦༢༠	
བདག་ཆེན་ངག་དབང་ཀུན་དགའ་བསོད་ནམས།							ཨ་མེས་ངག་དབང་ཀུན་དགའ་བསོད་ནམས་གྲགས་པ་རྒྱལ་མཚན་ཞུ།
བདག་ཆེན་ངག་དབང་གྲགས་པ་རྒྱལ་མཚན།							ས་ལོ་ ཀུན་ དགའ་ བསོད་ ནམས་ གྲགས་ པ་ རྒྱལ་ མཚན་ གྱི་ གཅུང་པོ།
བདག་ཆེན་ཆོས་ཀྱི་རྒྱལ་མཚན།	༦	ས་ཕག	༡༣༥༩	༧	ས་སྤྲེལ།	༡༤༢༨	
བདག་ཆེན་ནམ་མཁའ་རྒྱལ་མཚན།	༥	ཆུ་བྱི།	༡༣༡༢	༦	ལྕགས་ལུག	༡༣༣༡	

བདག་ཆེན་ནམ་མཁའ་ལེགས་པ།							མཁས་བཙུན་ནམ་མཁའ་ལེགས་པའི་རྒྱལ་མཚན་ལ་གཟིགས།
བདག་ཆེན་འཇམ་དབྱངས་ནམ་མཁའ་རྒྱལ་མཚན།	༧	ས་སྟག	༡༣༩༨	༨	ཆུ་འབྲུག	༡༤༧༢	
བདག་ཆེན་བློ་གྲོས་རྒྱལ་མཚན།							རྒྱ་གར་བློ་གྲོས་རྒྱལ་མཚན་ལ་གཟིགས།
བདག་ཆེན་ཞྭ་ལུ་བ་བསོད་ནམས་རྒྱལ་མཚན།	༧	ས་སྤྲེ།				༡༤༠༨	
བདག་ཆེན་བཟང་པོ་དཔལ།	༩	ཆུ་སྤྲེ།	༡༢༦༢	༥	ཆུ་སྤྲེ།	༡༣༢༢	
བདག་ཆེན་ཤེས་རབ་རྒྱལ་མཚན།							རྒྱ་གར་ཤེས་རབ་རྒྱལ་མཚན་ལ་གཟིགས།
བདག་མེད་རྡོ་རྗེ།							ཀུན་མཁྱེན་ཆོས་སྐུ་འོད་ཟེར་ལ་གཟིགས།
བདུད་འཇོམས་འཇིགས་བྲལ་ཡེ་ཤེས་རྡོ་རྗེ།	༡༥	ཤིང་འབྲུག	༡༩༠༤	༡༧	མེ་ཡོས།	༡༩༨༧	
བདུད་འདུལ་རྡོ་རྗེ།							གཏེར་ཆེན་བདུད་འདུལ་རྡོ་རྗེར་གཟིགས།
བདེ་ཁང་པ་བློ་བཟང་རབ་བརྟན།	༡༡	ཆུ་ཕག	༡༦༨༣	༡༣	མེ་སྤྲེ།	༡༧༦༦	
བདེ་རྒྱ་ཀུན་དགའ་རྒྱལ་མཚན།							
བདེ་རྒྱུ་ངག་དབང་དགེ་ལེགས་རྒྱ་མཚོ།							

བདེ་ཆེན་འཇིགས་མེད་གྲགས་པ་རྒྱ་མཚོ།	༡༣	ས་ཕག	༡༧༧༩	༡༤	ས་ཕག	༡༨༣༩	
/བདེ་ཆེན་བཙན་པོ་སྐུ་ཕྲེང་རིམ་བྱོན།\	༡༡ ནས་འགོ་ཚུགས།						རེབ་གོང་གི་ཕྱོག་སུ་གཏོགས།
༡) བདེ་ཆེན་བཙན་པོ་ཚུལ་ཁྲིམས་རྒྱ་མཚོ།	༡༡	མེ་བྱི།	༡༦༣༡	༡༢	ཤིང་ལུག	༡༧༡༥	དགུང་ལོ་༨༥བཞུགས།
༢) བདེ་ཆེན་བཙན་པོ་དོན་གྲུབ་ཆོས་དར་རྒྱ་མཚོ།	༡༡	ལྕགས་གླང་།	༡༧༢༡	༡༣	ལྕགས་ཡོས།	༡༧༧༡	དགུང་ལོ་༥༡བཞུགས།
༣) བདེ་ཆེན་བཙན་པོ་སྐལ་བཟང་བསྟན་པའི་རྒྱལ་མཚན།	༡༣	ཆུ་འབྲུག	༡༧༧༢	༡༤	ཆུ་སྤྲེལ།	༡༨༡༢	དགུང་ལོ་༤༡བཞུགས།
༤) བདེ་ཆེན་བཙན་པོ་བློ་བཟང་བསྟན་པ་རབ་རྒྱས།	༡༤	ཆུ་བྱ།	༡༨༡༣	༡༤	ཆུ་སྦྲུལ།	༡༨༣༣	དགུང་ལོ་༢༡བཞུགས།
༥) བདེ་ཆེན་བཙན་པོ་འཇམ་དབྱངས་བསྟན་འཛིན་རྒྱ་མཚོ།	༡༤	ཤིང་རྟ།	༡༨༣༤	༡༥	ལྕགས་ཕག	༡༩༡༡	དགུང་ལོ་༧༨བཞུགས།
༦) བདེ་ཆེན་བཙན་པོ་བློ་བཟང་བསྟན་འཛིན་རབ་རྒྱས།	༡༥	ཆུ་བྱི།	༡༩༡༢	༡༦	ཆུ་སྟག	༡༩༦༢	དགུང་ལོ་༥༩བཞུགས།
༧) བདེ་ཆེན་བཙན་པོ་བློ་བཟང་ལུང་རིགས་རྒྱ་མཚོ།	༡༦	ཆུ་ཡོས།	༡༩༦༣				
བདེ་ཆེན་ཞིག་པོ་གླིང་པ།	༡༤	ས་གླང་།	༡༨༢༩	༡༥	ལྕགས་རྟ།	༡༨༧༠	
/བདེ་ཆེན་སྟོ་བྲག་པ་སྐུ་ཕྲེང་རིམ་བྱོན།\	༡༡ ནས།						མདོ་སྨད་རེབ་གོང་གི་ཡོངས་སུ་གཏོགས།
༡) བདེ་ཆེན་སྟོ་བྲག་པ་མགོན་ཤུལ་ཀུན་དགའ་རྒྱ་མཚོ།	༡༡	ལྕགས་ལུག	༡༦༣༡				

༢༽ བདེ་ཆེན་ལྷོ་བྲག་པ་ཀྲི་ངག་དབང་འཇམ་དབྱངས་དཔལ་ལྡན།	༡༢	མེ་སྦྲུལ།	༡༧༣༧				
༣༽ བདེ་ཆེན་ལྷོ་བྲག་པ་འཇིགས་མེད་གྲགས་པ་རྒྱ་མཚོ།	༡༣	ལྕགས་བྱི།	༡༧༧༩			༡༨༣༩	དགུང་ལོ་༦༡བཞུགས།
༤༽ བདེ་ཆེན་ལྷོ་བྲག་པ་ངག་དབང་མཁྱེན་རབ་རྒྱ་མཚོ།	༡༣	ལྕགས་བྱི།	༡༧༨༠				
༥༽ བདེ་ཆེན་ལྷོ་བྲག་པ་འཇམ་དབྱངས་བསྟན་པའི་རྒྱལ་མཚན།	༡༤	མེ་སྦྲུལ།	༡༧༩༧				
༦༽ བདེ་ཆེན་ལྷོ་བྲག་པ་བློ་བཟང་ཆོས་འཕེལ་རྒྱ་མཚོ།	༡༤	ས་རྟ།	༡༨༥༨	༡༦	ལྕགས་འབྲུག	༡༩༤༠	དགུང་ལོ་༨༡བཞུགས།
༧༽ སྐལ་བཟང་ལུང་རྟོགས་རྒྱ་མཚོ།	༡༦	ས་ཡོས།	༡༩༣༩	༡༧	མེ་ཁྱི།	༢༠༠༦	དགུང་ལོ་༦༨བཞུགས།
བདེ་ཆོས་སྨན་པ་རཏྣ།							དུས་རབས་༡༦པའི་དུས་དཀྱིལ།
༼བདེ་ཐང་དགོན་བདེ་ཐང་སྐུ་ཕྲེང་རིམ་བྱོན།༽							
༡༽ བདེ་ཐང་བསོད་ནམས་བཀྲ་ཤིས།	༡༠			༡༡	ལྕགས་སྦྲུལ།	༡༦༤༡	
༢༽ བདེ་ཐང་དཀའ་བཅུ་བློ་བཟང་ཚངས་དབྱངས་རྒྱ་མཚོ།	༡༡	ས་ཕག	༡༦༥༩	༡༢	ས་ཁྱི།	༡༧༡༨	དགུང་ལོ་༦༠བཞུགས།
༣༽ བདེ་ཐང་འཇམ་དབྱངས་དཀོན་མཆོག་ཉི་མ།	༡༢	ས་ཕག	༡༧༡༩	༡༣	ས་སྤྲེལ།	༡༧༨༨	དགུང་ལོ་༧༠བཞུགས།

༤) བདེ་ཐང་མཁན་སྤྲུལ་འཇམ་དབྱངས་ཕྱོགས་ལས་རྣམ་རྒྱལ།	༡༣	ས་བྱ།	༡༧༨༩	༡༤	ས་འབྲུག	༡༨༠༨	དགུང་ལོ་༢༠བཞུགས།
༥) བདེ་ཐང་མཁན་སྤྲུལ་བློ་བཟང་བསྟན་འཛིན་རྒྱ་མཚོ།	༡༤	ལྕགས་རྟ།	༡༨༡༠	༡༤	ས་བྱ།	༡༨༤༩	དགུང་ལོ་༤༠བཞུགས།
༦) བདེ་ཐང་འཇམ་དབྱངས་ཐུབ་བསྟན་རྒྱ་མཚོ།	༡༤	ལྕགས་བྱི།	༡༨༥༠	༡༥	ཤིང་རྟ།	༡༨༩༤	དགུང་ལོ་༤༥བཞུགས།
༧) བདེ་ཐང་མཁན་སྤྲུལ་དགེ་འདུན་པ་བློ་བཟང་ཆོས་ཀྱི་ཉི་མ།	༡༥	ཤིང་ལུག	༡༨༩༥	༡༦	ས་བྱི།	༡༩༤༨	དགུང་ལོ་༥༣བཞུགས།
༨) བདེ་ཐང་མཁན་སྤྲུལ་བློ་བཟང་དོན་གྲུབ་རྒྱ་མཚོ།	༡༦	ས་ལུག	༡༩༧༩	༡༧	ལྕགས་སྦྲུལ།	༢༠༠༠	དགུང་ལོ་༢༢བཞུགས།
བདེ་ཐང་མཁན་ཆེན་བློ་བཟང་ཚངས་དབྱངས།							དཀའ་བཅུ་བློ་བཟང་ཚངས་དབྱངས་ཕྱོགས་ལས་རྣམ་རྒྱལ་ལ་གཟིགས།
བདེ་ཡངས་དགེ་འདུན་ཐུབ་བསྟན་རབ་རྒྱས།	༡༥	ཆུ་བྱི།	༡༩༡༢	༡༦	ལྕགས་གླང་།	༡༩༦༡	
བདེ་ཡངས་བློ་བཟང་བསྟན་འཛིན་ནོར་བུ།	༡༤	ས་ཕག	༡༨༣༩	༡༥	ལྕགས་ཕག	༡༩༡༡	
བདེ་ཡངས་ཞབས་དྲུང་བློ་བཟང་ནོར་བུ།							དུས་རབས་༡༨པའི་དུས་སྨད།
བདེ་གཤེགས་རྒྱ་བོ་པ།							ཟུར་ཆུང་ཤེས་རབ་གྲགས་པར་གཟིགས།

༼མདུང་ནག་འཛམ་དབྱངས་དགོན་གྱི་འགྲུ་ཀུ་མཁན་པོ་སྐུ་ཕྲེང་རིམ་བྱོན།༽	༨ ནས་འགོ་ཚུགས།						མདོ་སྨད་ཀྱི་ཡོངས་སུ་གཏོགས།
༡༽ འགྲུ་ཀུ་ཆོས་རྗེ་རྒྱལ་མཚན་འགྲུ།	༨	ཤིང་འབྲུག	༡༩༨༩				
༢༽ འགྲུ་ཀུ་དཀར་འཛམ་གྲགས་པ་རྒྱ་མཚོ།	༡༠	ས་སྟག	༡༥༧༨	༡༡	མེ་ཕག	༡༦༩༧	དགུང་ལོ་༧༤བཞུགས།
༣༽ འགྲུ་ཀུང་བློ་བཟང་དར་རྒྱས།	༡༡	ལྕགས་བྱི།	༡༦༦༠	༡༢	ལྕགས་ཡོས།	༡༧༡༡	དགུང་ལོ་༥༡བཞུགས།
༤༽ འགྲུ་ཀུ་ངག་དབང་བསྟན་པ་རབ་རྒྱས།	༡༢	ཤིང་འབྲུག	༡༧༢༩	༡༣	ས་བྱི།	༡༧༧༨	དགུང་ལོ་༥༥བཞུགས།
༥༽ འགྲུ་ཀུ་བློ་བཟང་བསྟན་པ་རྒྱ་མཚོ།	༡༣	ས་ལུག	༡༧༤༤	༡༩	ལྕགས་སྤྲེལ།	༡༨༦༠	དགུང་ལོ་༦༢བཞུགས།
༦༽ འགྲུ་ཀུ་འཛམ་དབྱངས་བསྟན་འཛིན་ཉི་མ།	༡༥	ལྕགས་རྟ།	༡༨༧༠	༡༥	ལྕགས་ཡོས།	༡༨༤༡	དགུང་ལོ་༢༡ལས་མ་བཞུགས།
༧༽ འགྲུ་ཀུ་བློ་བཟང་ཕྲིན་ལས་རྒྱ་མཚོ།	༡༥	ཆུ་འབྲུག	༡༨༤༢	༡༦	མེ་གླང་།	༡༤༣༧	དགུང་ལོ་༩༦བཞུགས།
༨༽ འགྲུ་ཀུ་ལུང་དར་རྒྱ་མཚོ།	༡༦	ཤིང་ལུག	༡༤༥༥				
མདོ་མཁར་ཞབས་དྲུང་ཚེ་རིང་དབང་རྒྱལ།	༡༢	མེ་གླང་།	༡༦༤༧	༡༢	ཆུ་ལུག	༡༧༦༣	
མདོ་མཁྱེན་བརྩེ་སྐྱེས་བུ་ཡེ་ཤེས་རྡོ་རྗེ།	༡༣	ལྕགས་སྤྲེལ།	༡༨༠༠	༡༩	ཤིང་གླང་།	༡༨༦༥	

མདོ་པ་གྲགས་པ་རྒྱལ་མཚན།							དུས་རབས་༡༨པའི་དུས་དཀྱིལ།
མདོ་པ་ངག་དབང་བསྟན་འཕེལ།							དུས་རབས་༡༨པའི་དུས་དཀྱིལ།
མདོ་པ་ངག་དབང་དོན་གྲུབ།							དུས་རབས་༡༨པའི་དུས་མགོ
མདོ་པ་ངག་དབང་བསོད་ནམས།							དུས་རབས་༡༨པའི་དུས་མགོ
མདོ་པ་འཇིགས་མེད་བསྟན་འཛིན་མཆོག་གྲུབ།	༡༥	ས་བྱ།	༡༩༠༩	༡༦	ལྕགས་བྱི།	༡༩༦༠	
མདོ་པ་བློ་བཟང་དབང་ཕྱུག་རྒྱ་མཚོ།	༡༣	ཤིང་རྟ།	༡༧༧༣	༡༥	ས་བྱི།	༡༨༨༨	
མདོ་པའི་དཔོན་ཆུང་།							ཤར་གདོང་ངག་དབང་བསྟན་འཛིན་ལ་གཟིགས།
མདོ་སྨྲི་ཚོས་མཛད།							ཚ་རོང་དཔལ་ལྡན་རྒྱལ་མཚན་ལ་གཟིགས།
འདན་མ་ངག་དབང་བསྟན་འཛིན་ཕྲིན་ལས།	༡༡	མེ་རྟ།	༡༦༦༦	༡༢	ཆུ་ཡོས།	༡༧༢༣	
འདན་མ་ཚུལ་ཁྲིམས་རྒྱ་མཚོ།							དུས་རབས་༡༦པའི་དུས་མཇུག
འདར་སྟོན་བློ་བཟང་གྲགས་པ།							དགའ་ལྡན་ཁྲི་རབས་༡༡པར་གཟིགས།
འདར་ཚུལ་ཁྲིམས་རྒྱལ་པོ།							བཀའ་གདམས་པ་ཞིག

འདར་ལོ་ངག་དབང་ཕུན་ཚོགས།							དུས་རབས་༡༦པའི་དུས་མཇུག
འདུལ་ནག་པ་དཔལ་ལྡན་བཟང་པོ།							འདུལ་འཛིན་དཔལ་ལྡན་བཟང་པོར་གཟིགས།
འདུལ་འཛིན་གྲགས་པ་རྒྱལ་མཚན།	༦	ཤིང་སྟག	༡༣༧༤	༧	ཤིང་སྟག	༡༤༣༤	
འདུལ་འཛིན་གྲགས་པ་དཔལ་ལྡན།	༧	ལྕགས་འབྲུག	༡༤༠༠				སློ་གྲོས་སྦས་པའང་ཞུ།
འདུལ་འཛིན་གྲགས་པ་བརྩོན་འགྲུས།	༤	ཆུ་གླང་།	༡༢༥༣	༥	མེ་འབྲུག	༡༣༡༦	
འདུལ་འཛིན་ངག་དབང་བསྟན་འཛིན།	༡༢	མེ་བྱི།	༡༦༩༦	༡༣	ཆུ་རྟ།	༡༧༦༢	
འདུལ་འཛིན་ཐག་མ་པའམ་ཀ་བ་དར་སེང་།							དུས་རབས་༡༢ པའི་དུས་མཇུག་ཙམ།
འདུལ་འཛིན་དཔལ་ལྡན་བཟང་པོ།	༧	ཆུ་རྟ།	༡༤༠༢	༨	ཆུ་སྦྲུལ།	༡༤༧༣	
འདུལ་འཛིན་འོད་ཟེར་རྒྱ་མཚོ།	༩	མེ་སྦྲུལ།	༡༥༥༧	༡༠	ཆུ་ཕག	༡༦༢༣	
འདུས་སྲོང་མང་པོ་རྗེ་རླུང་ནམ་འཕྲུལ་གྱི་རྒྱལ་པོ།							བོད་ཀྱི་རྒྱལ་རབས་སོ་ལྔ་པར་གཟིགས།
《ཇོ་ཁང་ཆེན་སྒོ་ཕྱིང་།》							
ཇོ་གྲུབ་དང་པོ་འཇིགས་མེད་ཕྲིན་ལས་འོད་ཟེར།	༡༢	ཤིང་གླང་།	༡༧༤༥	༡༤	ལྕགས་སྦྲུལ།	༡༨༢༡	

རྡོ་གྲུབ་གཉིས་པ་འཇིགས་མེད་ཕུན་ཚོགས་འབྱུང་གནས།							
རྡོ་གྲུབ་གསུམ་པ་བསྟན་པའི་ཉི་མ།	༡༤	ཤིང་གླང་།	༡༨༦༥	༡༥	མེ་སྟག	༡༩༢༦	
རྡོ་གྲུབ་བཞི་པ་རིག་འཛིན་བསྟན་པའི་རྒྱལ་མཚན།	༡༦	མེ་ཡོས།	༡༩༢༧	༡༦	ལྕགས་གླང་།	༡༩༦༡	ཟླ་ཤིང་བཙོན་ཁང་དུ་གཤེགས།
རྡོ་གྲུབ་བཞི་པ་འཇིགས་མེད་ཕྲིན་ལས་དཔལ་འབར།	༡༦	མེ་ཡོས།	༡༩༢༧				རྡོ་གྲུབ་བཞི་པར་ཡང་སྲིད་གཉིས་ཡོད་འདུག་པ་འདི་པ་ད་ལྟ་ཕྱི་གླིང་ན་བཞུགས་ཡོད།
རྡོ་རྗེ་གླིང་པ།							གཏེར་ཆེན་རྡོ་རྗེ་གླིང་པར་གཟིགས།
རྡོ་རྗེ་རྒྱལ།							
རྡོ་རྗེ་འཆང་དབང་ཕྱུག་རབ་བརྟན།				༡༡	མེ་སྤྲེ།	༡༦༣༦	
རྡོ་རྗེ་གདན་པ།							
རྡོ་རྗེ་ཐོགས་མེད་རྩལ།							རྡོ་བྲག་རིག་འཛིན་སྐལ་བཟང་པདྨ་དབང་ཕྱུག་ལ་གཟིགས།
རྡོ་རྗེ་འཛིན་པ་དཀོན་མཆོག་རྒྱལ་མཚན།	༡༠	ཆུ་སྤྲེ།	༡༦༡༢	༡༢	མེ་ཡོས།	༡༦༨༧	
རྡོ་རྗེ་འཛིན་པ་ཆེ་མཆོག་འདུས་པ་རྩལ།							རྒྱལ་བ་ལྔ་པའི་གསང་མཚན་མིན་ནམ་སྙམ།

རྡོ་རྗེ་འཛིན་པ་བློ་གྲོས་རྒྱལ་མཚན།							
རྡོ་རྗེ་འཛིན་པ་ཤཱཀྱ་དཔལ།							
རྡོ་རྗེ་གཟི་བརྗིད་རྩལ།							ཀུན་མཁྱེན་ཀློང་ཆེན་པའི་མཚན་གྱི་རྣམ་གྲངས་ཤིག ཀུན་མཁྱེན་ཀློང་ཆེན་པར་གཟིགས།
རྡོ་རྗེ་རིན་ཆེན། འབྲི་གུང་པ།	༥	ས་སྟག	༡༢༧༨	༥	ལྕགས་ཡོས།	༡༣༥༡	
རྡོ་རྗེ་རིན་ཆེན་རྒྱལ་མཚན།	༦	ཆུ་སྦྲུལ།	༡༣༥༣	༧	ཤིང་བྱ།	༡༩༠༥	
རྡོ་རྗེ་སེངྒེ།	༨	ཆུ་རྟ།	༡༩༦༢				
རྡོ་སྟོན་ཤེས་རབ་གྲགས་པ།	༢	མེ་ལུག	༡༡༢༧	༣	ཤིང་སྦྲུལ།	༡༡༨༥	
རྡོ་བ་དཔལ་ལྡན་རྒྱ་མཚོ།							
(རྡོ་བྲག་རིག་འཛིན་ཆེན་མོ་སྐུ་ཕྲེང་རིམ་བྱོན།)							
རྡོ་བྲག་སྐྱ་ཕྲེང་དང་པོ་རིག་འཛིན་ཀོད་ལྡེམ་དངོས་གྲུབ་རྒྱལ་མཚན།	༦	མེ་གླང་།	༡༣༣༧	༧	ས་བྱི།	༡༩༠༨	དགུང་ལོ་༧༢བཞུགས།

རྡོ་བྲག་སྐུ་ཕྲེང་གཉིས་པ་རིག་འཛིན་ལེགས་ལྡན་བདུད་འཇོམས་རྡོ་རྗེ།	༨	ཆུ་སྤྲེལ།	༡༤༥༢	༧	ས་ཕག	༡༤༡༩	དགུང་ལོ་༡༡༣བཞུགས།
རྡོ་བྲག་སྐུ་ཕྲེང་གསུམ་པ་རིག་འཛིན་ངག་གི་དབང་པོ།	༡༠	ལྕགས་འབྲུག	༡༥༨༠	༡༡	ས་ཡོས།	༡༦༣༩	དགུང་ལོ་༦༠བཞུགས།
རྡོ་བྲག་སྐུ་ཕྲེང་བཞི་པ་རིག་འཛིན་བློ་བཟང་པདྨ་ཕྲིན་ལས།	༡༡	ལྕགས་སྦྲུལ།	༡༦༤༡	༡༢	ས་ཁྱི།	༡༧༡༨	དགུང་ལོ་༧༨བཞུགས། སོག་པོ་ཇུན་གར་བས་བཀྲོངས།
རྡོ་བྲག་སྐུ་ཕྲེང་ལྔ་པ་རིག་འཛིན་སྐལ་བཟང་པདྨ་དབང་ཕྱུག	༡༢	ས་ཕག	༡༧༡༩	༡༣	ས་གླང་།	༡༧༧༠	དགུང་ལོ་༥༢བཞུགས།
རྡོ་བྲག་སྐུ་ཕྲེང་དྲུག་པ་རིག་འཛིན་ཁམས་གསུམ་ཟིལ་གནོན།	༡༣	ལྕགས་ཡོས།	༡༧༧༡	༡༤	ས་སྦྲུལ།	༡༨༠༩	དགུང་ལོ་༣༥བཞུགས།
རྡོ་བྲག་སྐུ་ཕྲེང་བདུན་པ་རིག་འཛིན་ངག་དབང་འཇམ་དཔལ།							དགུང་ལོ་༣༤བཞུགས།
རྡོ་བྲག་སྐུ་ཕྲེང་བརྒྱད་པ་རིག་འཛིན་སྐལ་བཟང་པདྨ་དབང་རྒྱལ།	༡༤	ས་སྤྲེལ།	༡༨༤༨	༡༥	ལྕགས་འབྲུག	༡༨༨༠	དགུང་ལོ་༣༣བཞུགས།
རྡོ་བྲག་སྐུ་ཕྲེང་དགུ་པ་རིག་འཛིན་ཐུབ་བསྟན་ཆོས་དབང་མཉམ་ཉིད་རྡོ་རྗེ།	༡༥	མེ་ཁྱི།	༡༨༨༦	༡༦	ཆུ་སྤྲེལ།	༡༩༣༢	དགུང་ལོ་༤༧བཞུགས།
རྡོ་བྲག་སྐུ་ཕྲེང་བཅུ་པ་རིག་འཛིན་འཇམ་དཔལ་བློ་བཟང་འཇིགས་མེད་རྣམ་རྒྱལ།	༡༦	མེ་བྱི།	༡༩༣༦				

རྗོ་སྦྱིས་ཤེས་རབ་རྒྱ་མཚོ།	༡༥	ཤིང་སྤྲེལ།	༡༨༨༤	༡༦	ས་སྤྲེལ།	༡༩༦༨	
རྗོ་རིང་བདུན་པ་ཀུན་བཟང་ཆོས་ཀྱི་ཉི་མ།	༨	ས་སྦྲུལ།	༡༤༤༩	༩	ཤིང་སྤྲེལ།	༡༥༢༤	
རྗོ་རིང་བསྟན་འཛིན་དཔལ་འབྱོར།							དགའ་བཞི་དཔལ་འབྱོར་ལ་གཟིགས།
རྗོ་རིང་པཎྜི་ཏ།							དགའ་བཞི་མགོན་པོ་དངོས་གྲུབ་རབ་བརྟན་ལ་གཟིགས།
ལྡང་མ་ལྷུན་གྲུབ་རྒྱལ་མཚན།							དུས་རབས་༡༢ པའི་ནང་ཙམ་ལྕེ་བཙུན་སེངྒེ་དབང་ཕྱུག་གི་སླམ་ཡིན། འཇའ་ལུས་སུ་ཕེབས།
ལྡན་མ་སྟོང་ཕུད།							འབྲས་སྤྲོ་གསལ་གླིང་དགེ་བཤེས་ངག་དབང་ཆོས་འགྲུབ་ལ་གཟིགས།
ལྡན་མ་རྩེ་མང་།							ཛེ་འབངས་ཞེར་ལྷའི་གྲུས་ཀྱི་ལོ་ཙྪ་བ་གྲགས་ཅན་ཞིག
ལྡན་མ་ཚུལ་ཁྲིམས་སེངྒེ།							དུས་རབས་༡༣ པའི་དུས་དཀྱིལ་གྱི་ལོ་ཙྪ་བ་ཞིག
ལྡན་མ་ཡེ་ཤེས་བཟང་པོ།	༧	ཤིང་ལུག	༡༤༡༥	༨	ས་རྟ།	༡༤༩༨	
ལྡུམ་པོ་བ་དོན་གྲུབ་དབང་རྒྱལ།							འདི་སྟོན་གླིང་ལོ་ཆེན་རྣམ་སྣོའི་མ་ཡུམ་གྱི་ཡབ་ཡིན།

ལྡེ་རྒྱལ་པོ།							བོད་ཀྱི་བཙན་པོའི་རྒྱལ་རབས་༢༢ པ།
ལྡེ་སྣོལ་ནམ།							བོད་ཀྱི་བཙན་པོའི་རྒྱལ་རབས་༢༡ པ།
ལྡེ་སྲིན་བཙན།							བོད་ཀྱི་བཙན་པོའི་རྒྱལ་རབས་༢༣ པ།
ལྡེ་འཕྲུལ་ནམ་གཞུང་བཙན།							བོད་ཀྱི་བཙན་པོའི་རྒྱལ་རབས་༡༧ པ།
ལྡེ་གཙུག་མགོན།							མངའ་བདག་སྐྱིད་ལྡེ་ཉི་མ་མགོན་གྱི་སྲས།
ལྡེག་རེན་པ་མཚོན་སྣང་གྲགས།							འདུས་སྲོང་མང་པོ་རྗེའི་བློན་པོ།
ཐོག་ཡོང་པ་ཤཱཀྱ་བྱང་ཆུབ།							
སྟོང་སྟོན་ཆོས་དར་རྒྱས་པ།							དུས་རབས་༡༨ པའི་མགོ་སྟོད།
༼ཞི་ཁྲི་སྐུ་ཕྲེང་རིམ་བྱོན།༽	༡༡ ནས་འགོ་ཙུགས།						ཨ་མདོ་གསེར་ཁྲི་བཞིའི་ཡ་གྱལ་ཞིག་ཡིན་ཟེར།
༡༽ཞི་ཁྲི་བློ་བཟང་དོན་གྲུབ།	༡༡	ཆུ་གླང་།	༡༥༧༣	༡༢	མེ་སྤྲེལ	༡༧༩༥	དགུང་ལོ་༧༩བཞུགས།
༢༽ཞི་ཁྲི་འཇིགས་མེད་ལུང་རིགས་རྒྱ་མཚོ།	༡༣	ས་འབྲུག	༡༧༩༨	༡༣	ས་བྱི།	༡༧༧༨	དགུང་ལོ་༣༡བཞུགས།
༣༽ཞི་ཁྲི་འཇམ་དབྱངས་ཐུབ་བསྟན་ཉི་མ།	༡༣	ས་ཕག	༡༧༧༩	༡༩	ཆུ་བྱི།	༡༨༥༢	དགུང་ལོ་༨༩བཞུགས།

༤༽ སྣེ་ཁྲི་ལུང་རིགས་ཉི་མ།	༡༤	ཆུ་ཁྱི།	༡༨༦༢		ཤིང་ཕག	༡༨༧༥	དགུང་ལོ་༡༣བཞུགས།
༼སྡེ་དགེ་རྒྱལ་རབས་རིམ་བྱོན།༽							
༡༽ བོ་ཐོར་རམ་བཀྲ་ཤིས་སེང་གེ།	༧	ས་སྤྲེལ།	༡༤༢༨				
༢༽ རྒྱལ་མཚན་འབུམ།	༨	ཤིང་ཁྱི།	༡༤༥༤				
༣༽ དཔོན་ཆེན་ཨ་སྐྱ།	༨	ལྕགས་བྱི།	༡༤༨༠				
༤༽ ཡ་རྒྱལ་འཕེལ།	༨	མེ་སྟག	༡༥༠༦				
༥༽ ཀུན་དགའ་རིན་ཆེན།	༩	ཆུ་འབྲུག	༡༥༣༢				
༦༽ དཔོན་ཆེན་ལྷུན་གྲུབ་ཐུབ།	༩	ས་རྟ།	༡༥༥༨				
༧༽ བྱམས་པ་ཕུན་ཚོགས།							
༨༽ ཀུན་དགའ་ཕུན་ཚོགས།							
༩༽ བླ་ཆེན་ཆེ་མཆོག							
༡༠༽ སངས་རྒྱས་བསྟན་པ།							

༡༡༽ བསོད་ནམས་ཕུན་ཚོགས།							
༡༢༽ སྟེ་དགེ་ཆོས་རྒྱལ་བསྟན་པ་ཚེ་རིང་།	༡༡	ས་རྟ།	༡༦༧༨	༡༢	ས་ལུག	༡༧༣༩	ཁྲི་ཐོག་དྲུག་པར་བརྩེ་སྲོལ་སྣང་།
༡༣༽ བླ་ཆེན་ཀུན་དགའ་ཕྲིན་ལས་རྒྱ་མཚོའམ་ཕུན་ཚོགས་བསྟན་པ།							
༡༤༽ བློ་གྲོས་རྒྱ་མཚོ།	༡༢	ཆུ་ཡོས།	༡༧༢༣	༡༣	ཤིང་སྤྲེལ།	༡༧༦༤	དགུང་ལོ་ང་གཉིས་བཞུགས།
༡༥༽ དབྱངས་ཅན་སྒྲོལ་མ།							
༡༦༽ བདེ་དགའ་བཟང་པོ།	༡༣	ས་བྱི།	༡༧༦༨	༡༣	ལྕགས་བྱ།	༡༨༠༡	དགུང་ལོ་ཞེར་གསུམ་བཞུགས།
༡༧༽ དཔོན་མོ་ཚེ་དབང་ལྷ་མོ།							
༡༨༽ ཚེ་དབང་རྡོ་རྗེ་རིག་འཛིན།	༡༣	མེ་རྟ།	༡༧༨༦	༡༤	མེ་ལུག	༡༨༤༧	དགུང་ལོ་རེ་གཉིས་བཞུགས།
༡༩༽ དམ་ཆོག་བཀྲན་པའི་རྡོ་རྗེ།	༡༤	ལྕགས་ལུག	༡༨༡༡	༡༤	ཆུ་གླང་།	༡༨༥༣	དགུང་ལོ་ཞེ་གསུམ་བཞུགས།
༢༠༽ འཆི་མེད་རྟག་པའི་རྡོ་རྗེ།	༡༤	ལྕགས་བྱི།	༡༨༤༠	༡༥	ལྕགས་ཡོས།	༡༨༩༡	དགུང་ལོ་ང་གཉིས་བཞུགས།
༢༡༽ རྡོ་རྗེ་སེང་གེའམ་ཨ་ཧམ།	༡༤	ཤིང་གླང་།	༡༨༦༥				
༢༢༽ འཇིགས་མེད་ཚེ་དབང་བདུད་འདུལ།	༡༥	མེ་འབྲུག	༡༩༡༦	༡༦	ལྕགས་སྦྲུལ།	༡༩༤༡	དགུང་ལོ་ཞེར་བདུན་བཞུགས།

༢༣༽ བཙུན་མོ་འཇམ་དབྱངས་དཔལ་མོའམ་ཚེ་དབང་དཔལ་མོ།	༡༥	ཆུ་གླང་།	༡༩༡༣	༡༧	ཆུ་སྟག	༡༩༩༨	དགུང་ལོ་དོན་དྲུག་བཞུགས།
སྡེ་དྲུག་བློ་བཟང་མཁྱེན་རབ་དབང་ཕྱུག							དགའ་ལྡན་ཁྲི་རབས་༧༦པར་གཟིགས།
སྡེ་གཞུང་ཆོས་འཕེལ།	༡༥	ས་གླང་།	༡༨༨༩	༡༦	མེ་སྤྲེལ།	༡༩༥༦	མཚན་འཇམ་དབྱངས་ཀུན་དགའ་རྣམ་རྒྱལ་ཡང་ཞུ།
སྡེ་སྲིད་ཀུན་དགའ་ལེགས་པ།	༧	ཆུ་གླང་།	༡༤༣༣	༨	ས་འབྲུག	༡༤༤༨	
སྡེ་སྲིད་གྲགས་པ་འབྱུང་གནས།	༧	ཤིང་རྟ།	༡༤༡༤	༧	ཤིང་གླང་།	༡༤༤༥	
སྡེ་སྲིད་ངག་གི་དབང་པོ།	༧	ས་ལུག	༡༤༣༩	༨	ལྕགས་ཁྱི།	༡༤༩༠	
སྡེ་སྲིད་བཤད་སྒྲ་དབང་ཕྱུག་རྒྱལ་པོ།				༡༤	ཤིང་བྱི།	༡༨༦༤	
སྡེ་སྲིད་སངས་རྒྱས་རྒྱ་མཚོ།	༡༡	ཆུ་སྦྲུལ།	༡༦༥༣	༡༢	ཤིང་བྱ།	༡༧༠༥	
སྡེ་སྲིད་བསོད་ནམས་གྲགས་པ།	༦	ས་ཕག	༡༣༥༩	༧	ས་བྱི།	༡༤༠༨	
སྡེ་སྲིད་བསོད་ནམས་ཆོས་འཕེལ།							སྡེ་སྲིད་བསོད་ནམས་རབ་བརྟན་ལ་གཟིགས།
སྡེ་སྲིད་བསོད་ནམས་རབ་བརྟན།	༡༠	ཤིང་ལུག	༡༥༩༥	༡༡	མེ་བྱ།	༡༦༥༧	
སྡོང་ངེ་དགེ་འདུན་ཆོས་འཕེལ།							དུས་རབས་༡༨པའི་དུས་དཀྱིལ།

མཚན་བྱང་།	འཁྲུངས་ལོ།			འདས་ལོ།			ཞར་བྱང་།
	རབ་བྱུང་།	ལོ་ཁམས།	སྤྱི་ལོ།	རབ་བྱུང་།	ལོ་ཁམས།	སྤྱི་ལོ།	གསལ་བཤད།
ཀ༽							
༼ནག་ཚང་དབེན་གནས་ཀྱི་སྐུ་ཕྲེང་རིམ་བྱོན།༽							དཀར་མཛེས་དགའ་ལྡན་ནག་ཚང་དགོན་གྱི་བླ་རབས།
ནག་ཚང་ཐུགས་རམས་པ་བློ་བཟང་སྟོབས་ལྡན།	༡༢	ལྕགས་སྤྲེལ།	༡༧༤༠	༡༤	ལྕགས་རྟ།	༡༨༡༠	དགུང་ལོ་༧༠བཞུགས།
ནག་ཚང་བསྟན་པ་དར་རྒྱས།	༡༤	ཆུ་སྤྲེལ།	༡༨༡༢	༡༤	ཤིང་གླང་།	༡༨༦༥	དགུང་ལོ་༥༣བཞུགས།
ནག་ཚང་བློ་བཟང་པོ་བྱང་ཆུབ་ཆོས་འཕེལ།	༡༤	མེ་སྟག	༡༨༦༦	༡༥	ལྕགས་གླང་།	༡༩༠༡	དགུང་ལོ་༣༦བཞུགས།
ནག་ཚང་ངག་དང་ལུང་རྟོགས་དཔལ་ལྡན་འཇིགས་མེད་ཐུབ་བསྟན་དཔལ་བཟང་།	༡༥	ཆུ་སྟག	༡༩༠༢	༡༦	ལྕགས་རྟ།	༡༩༢༣	དགུང་ལོ་༢༡བཞུགས།
ནག་ཚང་རྗེ་བཙུན་ངག་དབང་ཕྲིན་ལས་རྒྱ་མཚོ།	༡༥	ཤིང་བྱི།	༡༩༢༤	༡༥	ཆུ་ཕག	༡༩༢༥	ཟླ་བ་༨ལས་མ་བཞུགས།
ནག་ཚང་ངག་དབང་དམ་ཆོས་འཇིགས་མེད་རྒྱལ་མཚན་བཀྲ་ཤིས།	༡༦	ས་སྦྲུལ།	༡༩༢༩	༡༦	ཆུ་སྤྲེལ	༡༩༣༢	དགུང་ལོ་༡༣ལས་མ་བཞུགས།

ནག་ཚང་དགེ་སློང་བློ་བཟང་བསྟན་པ་ངག་དབང་འཕེལ་རྒྱས།	༡༦	ལྕགས་སྦྲུལ།	༡༩༤༡				
ནག་ཚོ་ཚུལ་ཁྲིམས་རྒྱལ་བ།		ལྕགས་ཕག	༡༠༡༡	༡	ཤིང་འབྲུག	༡༠༦༤	
ནག་ཚོ་ཤེས་རབ་རྒྱལ་མཚན།							དུས་རབས་༡༡པའི་མགོ་སྟོད་ཙམ་དུ་འཁྲུངས་པའི་ལོ་ཙཱ་བ་ཞིག
༼ནང་ཆེན་ཁང་དཀོན་མདོ་སྔགས་ཉིན་བྱེད་ཆོས་གླིང་གི་སྐུ་ཕྲེང་རིམ་བྱོན།༽	༨ ནས་བཟུང་།						
༡༽ཀུན་ཆོས་སྐྱོང་ངམ་བསྟན་འཛིན་ཕུན་ཚོགས།	༨	ཆུ་རྟ།	༡༤༦༡	༩	མེ་སྤྲེལ།	༡༥༣༦	དགུང་ལོ་༧༦བཞུགས།
༢༽ཡེ་ཤེས་བཟང་པོ།	༩	མེ་བྱ།	༡༥༣༧	༡༠	ཤིང་ཡོས།	༡༦༡༦	དགུང་ལོ་༧༨བཞུགས།
༣༽ཀུན་བཟོད་པ་ཆོས་འགྱུར།	༡༠	མེ་འབྲུག	༡༦༡༥	༡༡	ཆུ་ཁྱི།	༡༦༨༢	དགུང་ལོ་༦༨བཞུགས།
༤༽པདྨ་རྡོ་རྗེ།	༡༡	ཆུ་ཕག	༡༦༨༣		མེ་ཕག	༡༧༦༧	དགུང་ལོ་༨༥བཞུགས།
༥༽བློ་སྐབས་སམ་ཏོར་བློ་བཟང་ཚུལ་རྡོ་རྗེ།	༡༣	ས་བྱི།	༡༧༦༨	༡༤	ཆུ་སྟག	༡༨༤༢	དགུང་ལོ་༧༥བཞུགས།
༦༽ཀུན་བདེ་ཆེན་ཆོས་ཀྱི་མགོན་པོ།	༡༤	ཆུ་ཡོས།	༡༨༤༣	༡༤	ལྕགས་བྱ།	༡༩༢༡	དགུང་ལོ་༧༩བཞུགས།

༧༽ ཀཱརྨ་ཚུལ་ཁྲིམས་བསྟན་པའི་རྒྱལ་མཚན།	༡༤	ཆུ་ཁྱི།	༡༨༢༢		ས་བྱ།	༡༨༦༨	དགུང་ལོ་༤༧བཞུགས།
༨༽ ཀཱརྨ་ཀུན་ཁྱབ་ཆོས་སྐྱོང་བསྟན་འཛིན།	༡༦	ལྕགས་ཁྱི།	༡༨༧༠				
ནང་སོ་དགེ་འདུན་མཁས་མཆོག				༡༤	མེ་ཡོས།	༡༨༠༧	
ནམ་མཁའ་བཀྲ་ཤིས་རྒྱལ་མཚན།	༨	ས་སྟག	༡༤༥༨				
ནམ་མཁའ་རྒྱལ་མཚན།							
ནམ་མཁའ་རྡོ་རྗེ།							དུས་རབས་༡༤པའི་མགོ་སྟོད་ཀྱི་ལོ་ཙཱ་བ་ཞིག
ནམ་མཁའ་སྐྱོད་པ།							
ནམ་མཁའ་དབང་ཕྱུག							
ནམ་མཁའ་བློ་གྲོས།							
ནམ་མཁའ་རིན་ཆེན་རྒྱལ་མཚན།	༨	ཆུ་བྱ།	༡༤༥༣				
ནམ་མཁའ་ལེགས་པའི་རྒྱལ་མཚན།	༥	ཤིང་སྦྲུལ།	༡༣༠༥	༦	ཆུ་ལུག	༡༣༤༣	
ནམ་མཁའ་བསམ་གྲུབ་རྒྱལ་མཚན།							

ནམ་མཁའ་བསོད་ནམས།	༦	ས་རྟ།	༡༣༧༨	༨	མེ་ཁྱི།	༡༩༦༦	
ནམ་མཁའ་ལྷུན་གྲུབ།							
ནམ་མཁའི་ནོར་བུ།	༡༦	ས་སྟག	༡༤༣༨				
ནམ་མཁའི་རྒྱལ་འབྱོར།							ཀུན་མཁྱེན་ཀློང་ཆེན་རབ་འབྱམས་ལ་གཟིགས།
ནམ་མཁའི་སྙིང་པོ།	༡	ཆུ་སྟག	༡༠༦༢				
ནི་གུ་དོན་ཡོད་ཚུལ་ཁྲིམས།	༡༢	མེ་ལུག	༡༧༢༧				
ནུ་མགོ་རྒྱལ་བ་རིན་ཆེན།	༦	ས་འབྲུག	༡༣༢༨	༦	མེ་སྟག	༡༣༨༦	
ནེ་རིང་པ་འཆི་མེད་རབ་རྒྱས།							
ནེ་རིང་པ་བདེ་ལེགས་རྒྱལ་མཚན།	༩	ཤིང་བྱ།	༡༢༢༥	༥	ལྕགས་སྦྲུལ།	༡༢༨༡	
ནེས་ལུང་ཞབས་དྲུང་བསྟན་འཛིན་མཆོག་ལྡན་ཚུལ་ཁྲིམས་རྒྱ་མཚོ།	༡༩	ལྕགས་སྟག	༡༨༣༠	༡༥	མེ་ཕག	༡༨༨༧	

ནོར་བླ་བསོད་ནམས་རབ་བརྟན། རི་བོ་ཆེའི་མཁར་ར་བླམ་ཡང་ཞུ།	༡༥	མེ་བྱི།	༡༨༧༦	༡༦	ཤིང་ཕག	༡༩༣༥	
གནང་ཡུལ་བཟུང་།							ཁྲི་ལྡེ་སྲོང་བཙན་གྱི་དཔང་པོ་དང་དམག་དཔོན་ཕྱི་བློན་ཞིག
གནམ་སྲུག་སྲུག							བོད་རྒྱལ་གཉའ་ཁྲི་བཙན་པོའི་བཙུན་མོ།
གནམ་སྨན་བུ་མོ།							ས་སྨན་བུ་མོར་གཟིགས།
གནམ་རི་སྲོང་བཙན།							བོད་ཀྱི་བཙན་པོའི་རྒྱལ་རབས་༣༢པར་གཟིགས།
གནས་རྙིང་པ་ཆོས་ཀྱི་རྒྱལ་མཚན།							དུས་རབས་༡༧པའི་མགོ་སྟོད་ཙམ།
གནས་སྙིང་རིན་པོ་ཆེ་ཀུན་དགའ་བདེ་ལེགས།	༧	མེ་སྟག	༡༤༤༦	༨	མེ་འབྲུག	༡༤༩༦	
༼གནས་ནང་དཔའ་བོ་སྐུ་ཕྲེང་རིམ་བྱོན།༽							
༡༽སྐུ་ཕྲེང་དང་པོ་ཆོས་དབང་ལྷུན་གྲུབ།	༨	ཤིང་ཕག	༡༤༥༥	༨	ཆུ་ཕག	༡༥༠༣	དགུང་ལོ་ཞེ་དགུ་བཞུགས།
༢༽དཔའ་བོ་གཙུག་ལག་ཕྲེང་བར་གཟིགས།							
༣༽དཔའ་བོ་གཙུག་ལག་རྒྱ་མཚོར་གཟིགས།							

260

༤༽ དཔའ་བོ་གཙུག་ལག་ཀུན་ཏུ་བཟང་པོ།	༡༡	ཆུ་སྤྲེལ།	༡༦༣༢	༡༡	ལྕགས་གླང་།	༡༦༦༡	དགུང་ལོ་སུམ་ཅུ་བཞུགས།
༥༽ དཔའ་བོ་ཕྲིན་ལས་རྒྱ་མཚོ།	༡༡	ལྕགས་སྟག	༡༦༥༠		ལྕགས་འབྲུག	༡༧༠༠	དགུང་ལོ་ལྔ་བཅུ་བཞུགས།
༦༽ དཔའ་བོ་གཙུག་ལག་དོན་གྲུབ།	༡༢	ལྕགས་སྦྲུལ།	༡༧༠༡		མེ་བྱ།	༡༧༡༧	དགུང་ལོ་བཅོ་བརྒྱད་བཞུགས།
༧༽ དཔའ་བོ་གཙུག་ལག་དགའ་བའི་དབང་པོ།	༡༢	ས་བྱི།	༡༧༡༨	༡༣	ཆུ་སྟག	༡༧༨༢	དགུང་ལོ་རེ་བཞི་བཞུགས།
༨༽ དཔའ་བོ་གཙུག་ལག་ཆོས་ཀྱི་རྒྱལ་པོ།	༡༣	ཤིང་སྦྲུལ།	༡༧༨༥	༡༤	ལྕགས་བྱི།	༡༨༤༠	དགུང་ལོ་ང་དྲུག་བཞུགས།
༩༽ དཔའ་བོ་གཙུག་ལག་ཉིན་བྱེད་དབང་པོ།	༡༤	ཆུ་སྟག	༡༨༤༢	༡༡	ལྕགས་ཕག	༡༩༡༡	དགུང་ལོ་བདུན་ཅུ་བཞུགས།
༡༠༽ དཔའ་བོ་གཙུག་ལག་སྨྲ་བའི་དབང་ཕྱུག	༡༥	ཆུ་བྱི།	༡༩༡༢	༡༧	ཆུ་སྤྲེལ།	༡༩༩༢	དགུང་ལོ་བརྒྱད་ཅུ་བཞུགས།
གནས་གསར་པ་མགོན་པོ་བསོད་ནམས་མཆོག་ལྡན།	༡༡	ས་ཕག	༡༦༥༠				
གནས་གསར་པ་མཁྱེན་བརྩེ་དབང་ཕྱུག							
གཉུབས་ཆེན་སངས་རྒྱས་ཡེ་ཤེས།		ཆུ་བྱི།	༨༣༢		ཆུ་སྟག	༩༤༢	དགུང་ལོ་བརྒྱ་དང་བཅུ་བཞུགས།
གཉུབས་བསྟན་འཛིན་ཡེ་ཤེས་ལྷུན་གྲུབ།							དུས་རབས་༡༨པའི་ནང་འབྲུངས།

གཞུབས་ནམ་མཁའི་སྙིང་པོ།		མེ་ཕག	༧༤༧		ས་ཁྱི།	༨༡༨	འདིའི་སློབ་མ་དགེ་སློང་ཡེ་ཤེས་དབྱངས་ཡིན་པས་བྲག་གཡབ་རི་མདའ་དང་འབུས་མདོའི་རྗོ་སྐུ་བཀོས་པའི་དུས་ཚོད་ཤིང་སྤྱིལ་༨༠༤ལོ་དང་མེ་ཁྱི་༨༠༦ལོ་ཁྲིད་སེ་འགྲིག་གོ།
གཞུབས་སྣ་ཚོགས་རང་གྲོལ།							
གཞུབས་ཚུལ་ཁྲིམས་ཤེས་རབ།							དུས་རབས་༡༢པའི་དུས་སྨད་ཀྱི་ལོ་ཙྪ་བ་ཞིག
གཞུབས་ལབ་ཤི་དཔལ་གྱི་དབང་ཕྱུག							དུས་རབས་༡༠པའི་དུས་མཇུག
གཞོ་བཟའ་མང་མོ་རྗེ་ཇི་དགོས།							ལྷ་ཐོ་ཐོ་རི་གཉན་བཙན་གྱི་བཙུན་པ་མོ།
གཞོན་ཁྲི་བདུན་གཡུ་སྒྲོན།							འདུས་སྲོང་གི་བློན་པོ་རྩལ་པོ་ཆེ་མི་བདུན་གྱི་གྲས་ཤིག
གཞོན་རྒྱལ་མཚན།							འདུས་སྲོང་གི་བློན་པོ་རྩལ་པོ་ཆེ་མི་བདུན་གྱི་གྲས་ཤིག
མཚོན་འཇོན་པོ།							གནམ་རི་སྲོང་བཙན་གྱི་བློན་པོ།
ཀམ་གླིང་པ་ཏ་ཆེན་དཀོན་མཆོག་ཆོས་གྲགས།	༡༡	མེ་ཁྱི།	༡༦༤༦	༡༣	ས་ཁྱི།	༡༧༡༨	
ཀམ་དག་རྡོ་རྗེ།							འཕན་པོ་སློབ་བཟང་དོན་ཡོད་ཀྱང་ཞུ། དགའ་ལྡན་ཁྲི་རབས་༩༢ པར་གཟིགས།

རྣལ་འབྱོར་ཆོས་གཡུང་།	༢	ལྕགས་འབྲུག	༡༡༠༠	༣	མེ་བྱ།	༡༡༧༧	
སྣ་ནམ་རྒྱལ་རྒན།							སྔོང་བཙན་སྒམ་པོའི་ཞལ་བློན།
སྣ་ནམ་རྒྱལ་ཚ་ཁྲི་སུམ་རྗེ་ཁྲ་མགོ།							སྣང་དར་གྱི་ཕྱི་བློན།
སྣ་ནམ་རྒྱལ་ཚ་ལྷ་གནང་།							ཁྲི་སྲོང་ལྡེ་བཙན་གྱི་བློན་པོ།
སྣ་ནམ་རྡོ་རྗེ་བདུད་འཇོམས།							རྗེ་འབངས་ཉེར་ལྔའི་གྲས།
སྣ་ནམ་རྡོ་རྗེ་དབང་ཕྱུག		མེ་བྱི།	༨༥༧	༢	ལྕགས་བྱི།	༡༠༥༠	དགུང་ལོ་གོ་གསུམ་བཞུགས།
སྣ་ནམ་བཟའ་མང་མོ་རྗེ་བཞི་སྟེང་།							ཁྲི་སྲོང་ལྡེ་བཙན་གྱི་མ་ཡུམ་ཡིན།
སྣ་ནམ་བཟའ་ཨ་རྗེ་ཕོ་ལེགས།							ཁྲི་གཙུག་ལྡེ་བཙན་རལ་པ་ཅན་གྱི་བཙུན་མོ།
སྣ་ནམ་ལྷ་འབངས།							ཁྲི་ལྡེ་སྲོང་བཙན་གྱི་ཕྱི་བློན།
སྣ་ཚོགས་རང་གྲོལ།							ཀུན་མཁྱེན་ཀློང་ཆེན་རབ་འབྱམས་ཀྱི་མཚན་གྱི་རྣམ་གྲངས་ཤིག
སྣང་སྒོམ་ཞིག་པོ།							ཚངས་འདུར་བ་ཆེན་པོ་ལ་གཟིགས།

སྣང་སྒོམ་རས་པ།							དུས་རབས་༡༢དུས་དཀྱིལ་ཙམ་གྱི་མི།
སྣང་སྟོན་ཟླ་བ་རྒྱལ་མཚན།	༡༣	མེ་འབྲུག	༡༧༩༦	༡༤	ཆུ་ཕག	༡༨༦༣	
སྣང་བཞེར་ཟླ་བཙན།							ཁྲི་སྲོང་ལྡེ་བཙན་གྱི་ནང་བློན།
སྣང་ར་དཀོན་མཆོག་སེངྒེ།	༡༣	ས་བྱི།	༡༧༦༨	༡༤	ཆུ་སྦྲུལ།	༡༨༣༣	
སྣའུ་བྲོ་བྲལ་བ་རྡོ་རྗེ་མཛེས།							དུས་རབས་༡༣པའི་དུས་སྟོད་ཙམ།
སྣར་ཐང་མཁན་ཆེན་བསོད་ནམས་མཆོག་གྲུབ།	༧	ས་ཡོས།	༡༣༩༩				
༼སྣར་ཐང་གདན་རབས་རིམ་བྱོན།༽							
༡༽གདན་རབས་དང་པོ།							གཏུམ་སྟོན་བློ་གྲོས་གྲགས་པར་གཟིགས།
༢༽སྣར་ཐང་གདན་རབས་གཉིས་པ།							རྡོ་སྟོན་ཤེས་རབ་གྲགས་པར་གཟིགས།
༣༽སྣར་ཐང་གདན་རབས་གསུམ་པ་ཞང་བརྩོན་རྡོ་རྗེ་འོད།	༣	ཤིང་སྦྲུལ།	༡༡༨༥				
༤༽སྣར་ཐང་གདན་རབས་བཞི་པ་སྣར་ཐང་དཔལ་ལྡན་གྲོ་མོ་ཆེ།	༣	ཆུ་བྱ།	༡༡༥༣	༤	ཆུ་འབྲུག	༡༢༣༢	དགུང་ལོ་༨༠བཞུགས།

༥༽ སྣར་ཐང་གདན་རབས་ལྔ་པ་ཞང་སྟོན་ཆོས་ཀྱི་བླ་མ།	༣	ཤིང་འབྲུག	༡༡༨༤	༤	ལྕགས་གླང་།	༡༢༤༡	དགུང་ལོ་༥༨་བཞུགས།
༦༽ སྣར་ཐང་གདན་རབས་དྲུག་པ་སངས་རྒྱས་སྒོམ་པ་སེང་གེ།	༣	ས་ཕག	༡༡༧༩	༤	ལྕགས་ཁྱི།	༡༢༥༠	དགུང་ལོ་༧༢་བཞུགས།
༧༽ གདན་རབས་བདུན་པ།							མཆིམས་ནམ་མཁའ་གྲགས་ལ་གཟིགས།
༨༽ གདན་རབས་བརྒྱད་པ།							སྐྱོ་སྟོན་སྨོན་ལམ་ཚུལ་ཁྲིམས་ལ་གཟིགས།
༩༽ གདན་རབས་དགུ་པ།							ཐར་ལོ་ཉི་མ་རྒྱལ་མཚན་ལ་གཟིགས།
༡༠༽ སྣར་ཐང་གདན་རབས་བཅུ་པ་ཟེའུ་པ་བརྩོན་འགྲུས་གྲགས་པ།	༤	ཆུ་གླང་།	༡༢༥༣	༥	ལྕགས་བྱ།	༡༣༢༡	དགུང་ལོ་རེ་དགུ་བཞུགས།
༡༡༽ སྣར་ཐང་ གདན་ རབས་ བཅུ་ གཅིག་ པ་ གྲགས་ པ་ ཤེས་ རབ། སྤྱམ།							
༡༢༽ སྣར་ཐང་གདན་རབས་བཅུ་གཉིས་པ།							མཆིམས་བློ་བཟང་གྲགས་པར་གཟིགས།
༡༣༽ སྣར་ཐང་གདན་རབས་བཅུ་གསུམ་པ་ཀུན་དགའ་རྒྱལ་མཚན།	༦	ས་སྟག	༡༣༣༨	༧	ཆུ་ལུག	༡༤༠༣	དགུང་ལོ་རེ་བཞི་བཞུགས།
༡༤༽ སྣར་ཐང་གདན་རབས་བཅུ་བཞི་པ་གྲུབ་པ་ཤེས་རབ།	༦	མེ་བྱ།	༡༣༥༧	༧	ཆུ་ཡོས།	༡༤༢༣	

༡༥༽ སྣར་ཐང་གདན་རབས་བཅོ་ལྔ་པ་བཟོད་པ་དཔལ་གྲུབ།	༧	ལྕགས་སྤྲུལ།	༡༥༠༡	༨	ལྕགས་སྟག	༡༥༧༠	
༡༦༽ སྣར་ཐང་གདན་རབས་བཅུ་དྲུག་པ་སྣར་ཐང་གྲགས་པ་དོན་གྲུབ།	༦	ས་རྟ།	༡༣༧༨	༨	མེ་ཕག	༡༥༦༧	
༡༧༽ སྣར་ཐང་གདན་རབས་བཅུ་བདུན་པ་བཟོད་པ་དཔལ།	༧	ལྕགས་སྤྲུལ།	༡༥༠༡	༨	ལྕགས་སྟག	༡༥༧༠	དགུང་ལོ་༧༠བཞུགས།
༡༨༽ སྣར་ཐང་གདན་རབས་བཅོ་བརྒྱད་པ་ཤེས་རབ་རྒྱལ་མཚན།	༧	ལྕགས་སླང་།	༡༥༢༡	༨	ཆུ་འབྲུག	༡༥༧༢	དགུང་༥༢ཐོག་ཁྲིར་ཕེབས།
༡༩༽ སྣར་ཐང་གདན་རབས་བཅུ་དགུ་པ།							འདུལ་འཛིན་དཔལ་ལྡན་བཟང་པོར་གཟིགས། འདུལ་ནག་པའང་ཞུ།
༢༠༽ སྣར་ཐང་གདན་རབས་ཉི་ཤུ་པ་གྲགས་པ་ཤེས་རབ། ཕྱི་མ།	༧	ཤིང་འབྲུག	༡༥༢༩				དགུང་ལོ་༦༣ཐོག་ཁྲིར་ཕེབས།
སྣར་ཐང་པ་རྡོ་ཤེས་རབ་སེངྒེ།							རྡོ་ཤེས་རབ་སེངྒེར་གཟིགས།
སྣར་ཐང་པ་པུ་རྦུ་རསྒི།							སྣར་ཐང་པ་བསོད་ནམས་འོད་ཟེར་ལ་གཟིགས།
སྣར་ཐང་སངས་རྒྱས་སྒོམ་པ།	༣	ས་ཕག	༡༡༧༩	༩	ལྕགས་ཁྱི།	༡༢༥༠	

སྣར་ཐང་སཾ་ཧྲ་ཧྲི།							དུས་རབས་༡༩པའི་དུས་སྨད་ཀྱི་ལོ་རྩ་བ་ཞིག
སྣར་ཐང་བསོད་ནམས་འོད་ཟེར།							དུས་རབས་༡༣པའི་དུས་སྟོད་ཀྱི་ལོ་རྩ་བ་ཞིག
སྐྱབས་ངག་དབང་སྐྱེན་གྲགས།	༡༢	མེ་སྟག	༡༧༩༦	༡༩	ཤིང་སྤྲེལ།	༡༨༢༩	
སྐྱབས་ཆོས་འབར།	༡	ཆུ་སྤྲེལ།	༡༠༥༣	༢	ལྕགས་བྱི།	༡༡༣༠	
སྐྱབས་འདུལ་འཛིན།							གཡའ་བཟང་ཆོས་རྗེ་ཆོས་སྨོན་ལམ་ལ་གཟིགས།
སྐེ་གདོང་བློ་བཟང་སྦྱིན་པ།							གཉེར་པ་བློ་བཟང་སྦྱིན་པར་གཟིགས།
སྐྱེའུ་ཟུར་པ་ཡེ་ཤེས་འབར།	༡	ཆུ་རྟ།	༡༠༩༢	༢	ས་བྱི།	༡༡༡༨	

མཚན་བྱང་།	འཁྲུངས་ལོ།			འདས་ལོ།			ཞར་བྱུང་།
	རབ་བྱུང་།	ལོ་ཁམས།	སྤྱི་ལོ།	རབ་བྱུང་།	ལོ་ཁམས།	སྤྱི་ལོ།	གསལ་བཤད།
པ།							
པ་ཙབ་ཀློན་སྒྲེམ།							ཁྲི་ལྡེ་སྲོང་བཙན་གྱི་དཔང་པོ་དང་དམག་དཔོན།
པ་ཙབ་ཀློན་འཚོ་གཟིགས།							ཁྲི་ལྡེ་སྲོང་བཙན་གྱི་ཕྱི་ཀློན་ཞིག
པ་ཚབ་སྒོམ་པ།	༡	མེ་སྦྲུལ།	༡༠༧༧	༣	ས་སྟག	༡༡༥༨	
པ་ཚབ་ཉི་མ་གྲགས་པ།	༡	ཤིང་བྱ།	༡༠༤༥				ལ་ལར་ ༡༠༥༥ ལོར་འཁྲུངས་པར་བཞེད།
པ་ཚབ་ཚུལ་ཁྲིམས་རྒྱལ་མཚན།							དུས་རབས་ ༡༡ པའི་དུས་མགོ།
པཎྜི་ཞབས་དྲུང་ཚུལ་ཁྲིམས་དཔལ་འབྱོར།	༡༤	ཆུ་ཕག	༡༨༦༣				
པད་དཀར་འཛིན་པ་ངག་དབང་ཡེ་ཤེས་རྒྱ་མཚོ།	༡༡	མེ་སྟག	༡༦༨༦				སོག་པོ་ལྷ་བཟང་གིས་ངོས་བཟུང་བའི་རྒྱལ་བ་དྲུག་པ།
པད་གླིང་ཐུགས་སྲས་བསྟན་འཛིན་འགྱུར་མེད་རྡོ་རྗེ།	༡༡	ལྕགས་སྦྲུལ།	༡༦༤༡				
པད་གླིང་གསུང་སྤྲུལ་ཚུལ་ཁྲིམས་རྡོ་རྗེ།	༡༠	ས་ཁྱི།	༡༥༩༨				

པདྨ་གར་གྱི་དབང་ཕྱུག							
པདྨ་གླིང་པ།							གཏེར་སྟོན་པདྨ་གླིང་པར་གཟིགས།
པདྨ་འགྱུར་མེད་རྒྱ་མཚོ།	༡༡	མེ་སྟག	༡༦༨༦	༡༢	ས་ཁྱི།	༡༧༡༨	
པདྨ་དྲིགས་འཇོམས།							ཨོ་རྒྱན་བདུད་འདུལ་རོལ་པ་རྩལ་ལ་གཟིགས།
པདྨ་བདེ་ཆེན།	༡༥	མེ་སྦྲུལ།	༡༩༡༥				གྲུབ་དབང་ཤཱཀྱ་ཤྲཱིའི་གདུང་རྒྱུད།
པདྨ་རྣམ་དག་གམ་བསྟན་འཛིན་རྒྱལ་མཚན།							དགེ་རྩེ་པཎ་ཆེན་གྱི་སློབ་མ་ཡིན་སྙམ།
པདྨ་ལས་འབྲེལ་རྩལ། ཚུལ་ཁྲིམས་རྡོ་རྗེ།	༤	ས་སྤྲེལ།	༡༢༤༨	༥	མེ་འབྲུག	༡༣༡༦	
པཎ་གྲུབ་བཟང་པོ་བཀྲ་ཤིས།	༨	ཤིང་ཡོས།	༡༤༩༥	༩	ཤིང་བྱི།	༡༥༦༤	
པཎ་ཆེན་དངོས་གྲུབ་དཔལ་འབར།							
༼པཎ་ཆེན་སྐུ་ཕྲེང་རིམ་བྱོན།༽							
༡༽ མཁས་གྲུབ་དགེ་ལེགས་དཔལ་བཟང་།							དགའ་ལྡན་ཁྲི་རབས་༢པར་གཟིགས།
༢༽ དབེན་ས་བསོད་ནམས་མཆོག་གླང་།							

༣༽ དབེན་ས་བློ་བཟང་དོན་གྲུབ།							
༤༽ པཎ་ཆེན་བློ་བཟང་ཆོས་ཀྱི་རྒྱལ་མཚན།	༡༠	ལྕགས་རྟ།	༡༥༧༠	༡༡	ཆུ་སྟག	༡༦༦༢	
༥༽ པཎ་ཆེན་བློ་བཟང་ཡེ་ཤེས།	༡༡	ཆུ་ཡོས།	༡༦༦༣	༡༢	མེ་སྤྲུལ།	༡༧༣༧	
༦༽ པཎ་ཆེན་དཔལ་ལྡན་ཡེ་ཤེས།	༡༢	ས་རྟ།	༡༧༣༨	༡༣	ལྕགས་བྱི།	༡༧༨༠	
༧༽ པཎ་ཆེན་བསྟན་པའི་ཉི་མ།	༡༣	ལྕགས་གླང་།	༡༧༨༡	༡༩	ཆུ་གླང་།	༡༨༥༣	
༨༽ པཎ་ཆེན་བསྟན་པའི་དབང་ཕྱུག	༡༦	ས་སྟག	༡༨༣༨	༡༥	ས་རྟ།	༡༨༨༢	
༩༽ པཎ་ཆེན་ཆོས་ཀྱི་ཉི་མ།	༡༥	ཆུ་ལུག	༡༨༨༣	༡༦	མེ་གླང་།	༡༩༣༧	
༡༠༽ པཎ་ཆེན་ཆོས་ཀྱི་རྒྱལ་མཚན།	༡༦	ས་སྟག	༡༩༣༨	༡༦	ས་སྦྲུལ།	༡༩༨༩	
པཎ་ཆེན་ཆོས་དཔལ་རྒྱ་མཚོ།							དུས་རབས་༡༧པའི་ནང་མིན་ནམ། བཀྲས་ལྷུན་ཁྲི་རབས་༡༡པ་ཡིན།
པཎ་ཆེན་མཆོག་ལྷ་འོད་ཟེར།				༨	ལྕགས་སྦྲེལ།	༡༥༠༠	
པཎ་ཆེན་དམ་ཆོས་ཡར་འཕེལ།							བཀྲས་ལྷུན་ཁྲི་རབས་༡༩པ།

པཎ་ཆེན་དོན་ཡོད་རྒྱལ་མཚན།							བཀྲས་ལྷུན་ཁྲི་རབས་༨པ།
པཎ་ཆེན་བདེ་ལེགས་ཉི་མ།							ཞང་དགའ་བའི་བློ་གྲོས་མིན་ནམ།
པཎ་ཆེན་འབུམ་ཕྲག་གསུམ་པ།	༧	ཆུ་སྤྲེ།	༡༩༣༢	༨	ཤིང་བྱི།	༡༥༠༨	
པཎ་ཆེན་བྱམས་པ་གླིང་པ་བསོད་ནམས་རྣམ་རྒྱལ།	༧	ལྕགས་འབྲུག	༡༩༠༠				གྲྭ་ནང་འབུམ་པ་ཆེན་པོ་བཞེངས།
པཎ་ཆེན་བློ་གྲོས་ལེགས་བཟང་།							
པཎ་ཆེན་བཟང་པོ་བཀྲ་ཤིས།	༧	ལྕགས་སྟག	༡༩༡༠	༨	ས་བྱི།	༡༩༧༨	
པཎ་ཆེན་ཡེ་ཤེས་རྩེ་མོ།	༧	ཆུ་གླང་།	༡༩༣༣				
པཎ་ཆེན་ལུང་རིགས་རྒྱ་མཚོ།	༧	ས་བྱི།	༡༩༡༨				
པཎ་ཆེན་ཤཱཀྱ་མཆོག་ལྡན།	༧	ས་སྦྲུལ།	༡༩༢༨	༩	མེ་ཡོས།	༡༥༠༧	
པཎ་ཆེན་བསམ་གྲུབ་དཔལ་བཟང་།							བཀྲས་ལྷུན་ཁྲི་རབས་༡༣པ། དུས་རབས་༡༧ཙམ།
པཎ་ཆེན་བསོད་ནམས་གྲགས་པ།							དགའ་ལྡན་ཁྲི་རབས་༡༥པར་གཟིགས།
པཎ་ཆེན་བསོད་ནམས་རྒྱལ་མཚན།							བཀྲས་ལྷུན་ཁྲི་རབས་༡༢པ།

པཎ་ཆེན་ལྷ་དབང་བློ་གྲོས།							བཀྲས་ལྷུན་ཁྲི་རབས་༡༥པ།
པཎ་ཆེན་ནགས་ཀྱི་རིན་ཆེན།	༦	ཆུ་ཕག	༡༣༨༣	༨	ས་བྱི།	༡༤༦༨	རབ་བྱུང་བདུན་པའི་མེ་རྟ་༡༤༢༦ལོར་བོད་དུ་བྱོན།
ཕུ་རང་བསོད་ནམས་བློ་གྲོས།							དུས་རབས་༡༤པའི་མགོ་སྟོད་ཙམ།
པོ་ཏོ་བ་རིན་ཆེན་གསལ།	༡	མེ་ཡོས།	༡༠༢༧	༢	ཤིང་བྱ།	༡༡༠༥	
ཕྱ་ཉེ་ངག་དབང་དགེ་ལེགས།				༡༢	ཤིང་ལུག	༡༧༧༥	
ཕྱ་ཉེ་ངག་དབང་ཐུབ་བསྟན་རྒྱ་མཚོ།	༡༤	མེ་སྤྲེལ།	༡༨༣༦			༡༨༨༩	དགུང་ལོ་༥༤བཞུགས།
ཕྱ་ཏི་རིན་ཆེན་དོན་གྲུབ།							རབ་བྱུང་༡༢—༡༣པར།
དཔང་ཞོ་གསལ་བ་གྲགས་པ།							དུས་རབས་༡༡པའི་མགོ་སྟོད་ཙམ་དུ་འབྲུངས་པའི་ལོ་ཙཱ་བ་ཞིག
དཔང་ལོ་བློ་གྲོས་བརྟན་པ།	༥	མེ་བྱི།	༡༢༧༦	༦	ཆུ་རྟ།	༡༣༤༢	
དཔང་ལོ་བློ་གྲོས་བརྟན་པ། གཉིས་པ།							

དཔའ་བོ་ཆོས་དབང་ལྷུན་གྲུབ།	༨	ཤིང་ཕག	༡༤༥༥	༨	ཆུ་ཕག	༡༥༠༣	
དཔའ་བོ་གཙུག་ལག་རྒྱ་མཚོ།	༡༠	ས་འབྲུག	༡༥༦༨				
དཔའ་བོ་གཙུག་ལག་ཕྲེང་བ།	༨	ཤིང་བྱི།	༡༥༠༤	༩	མེ་སྟག	༡༥༦༦	མི་ཕམ་ཆོས་ཀྱི་རྒྱ་མཚོའང་ཞུ།
དཔའ་རིས་བློ་བཟང་རབ་གསལ།	༡༤	ལྕགས་བྱི།	༡༨༤༠				
དཔའ་རིས་ལྷ་རམས་བློ་བཟང་ཆོས་དར།							དུས་རབས་༡༩པའི་དུས་སྟོད།
དཔའ་རི་དཀོན་མཆོག་དམ་ཆོས་ཡར་འཕེལ།	༡༣	མེ་སྦྲུལ།	༡༧༩༧	༡༤	ལྕགས་སྤྲེལ།	༡༨༦༠	
དཔའ་རི་དཀོན་མཆོག་བདེ་ཆེན།	༡༢	མེ་སྦྲུལ	༡༧༣༧	༡༣	མེ་འབྲུག	༡༧༩༦	
དཔལ་ཁང་ངག་དབང་ཆོས་ཀྱི་རྒྱ་མཚོ།	༨	མེ་བྱི།	༡༤༥༦				
དཔལ་མཁའ་སྤྱོད་དབང་པོ།	༦	ལྕགས་སྟག	༡༣༥༠	༧	ཤིང་བྱ།	༡༤༠༥	
དཔལ་ཆེན་ཆོས་ཀྱི་ཡེ་ཤེས།							འབྲི་གུང་སྐྱོབ་པའི་སློབ་མ།
དཔལ་ཆེན་ནམ་མཁའ་འཇིགས་མེད།	༡༣	ས་གླང་།	༡༧༦༩	༡༤	ཤིང་རྟ།	༡༨༣༤	
དཔལ་ཆེན་འོད་པོ།	༣	ལྕགས་རྟ།	༡༡༥༠	༣	ཆུ་ཕག	༡༢༠༣	

དཔལ་ཆོས་བློ་བཟང་ལུང་རྟོགས་ཆོས་ཀྱི་རྒྱ་མཚོ།	༡༥	ལྕགས་འབྲུག	༡༨༨༠	༡༦	ས་ཕག	༡༩༥༩	
དཔལ་ལྡན་གྲགས་པ།	༡༣	མེ་ཁྱི།	༡༧༦༦	༡༨	ལྕགས་བྱི།	༡༨༤༠	
དཔལ་ལྡན་ཀྲོ་མོ་ཆེ།	༣	ཆུ་བྱ།	༡༡༥༣				
དཔལ་ལྡན་བདེ་ལེགས།							
དཔལ་ལྡན་ཆོས་སྐྱོང་བཟང་པོ།							
དཔལ་ལྡན་ནོ་མིན་ཧན།							ཙོ་ནེ་ངག་དབང་ཚུལ་ཁྲིམས་ལ་གཟིགས།
དཔལ་ལྡན་དབང་པོའི་སྡེ།							
དཔལ་ལྡན་བློ་གྲོས།							
དཔལ་ལྡན་ཚུལ་ཁྲིམས།	༦	ཆུ་བྱ།	༡༣༣༣				
དཔལ་ལྡན་ཡེ་ཤེས།							དུས་རབས་༡༠པའི་དུས་སྟོད་སྨད་ཀྱི་ལྡེ་གསུམ་གྱི་ཡ་རྒྱལ།
དཔལ་ལྡན་སེངྒེ།							
དཔལ་ལྡེ།							

དཔལ་འགྱུར་བསོད་ནམས་ལྷུན་གྲུབ།	༩	ཆུ་གླང་།	༡༥༥༣				
དཔལ་འགྱུར་ལྷུན་གྲུབ།	༡༡	མེ་གླང་།	༡༦༣༧				
༼དཔལ་ཡུལ་དར་ཐང་དགོན་པའི་གདན་རབས་རིམ་བྱོན།༽							
༡༽མཁས་གྲུབ་ཀརྨ་འགྱུར་མེད་ངེས་དོན་བསྟན་འཛིན།	༡༣	ཤིང་སྟག	༡༧༩༤	༡༤	ལྕགས་ཕག	༡༨༥༡	དགུང་ལོ་ང་བརྒྱད་བཞུགས།
༢༽རྒྱ་སྤྲུལ་པདྨ་མདོ་སྔགས་བསྟན་འཛིན།	༡༤	ལྕགས་སྟག	༡༨༣༠	༡༥	ཆུ་འབྲུག	༡༨༩༢	དགུང་ལོ་རེ་གསུམ་བཞུགས།
༣༽ཨོ་རྒྱན་མདོ་སྔགས་ཆོས་ཀྱི་ཉི་མ།	༡༤	ཤིང་སྟག	༡༨༥༤	༡༥	མེ་རྟ།	༡༩༠༦	དགུང་ལོ་ང་གསུམ་བཞུགས།
༤༽ལྷ་སྤྲུལ་པདྨ་གར་དབང་བསྟན་འཛིན།	༡༤	ཆུ་བྱི།	༡༨༥༢	༡༦	ཤིང་ཕག	༡༩༣༥	དགུང་ལོ་གྱ་བཞི་བཞུགས།
༥༽འཇམ་དབྱངས་ཤེས་རབ་ཆོས་སྣང་།	༡༤	ཤིང་སྟག	༡༨༥༤	༡༥	ཆུ་སྦྲུལ།	༡༨༩༣	དགུང་ལོ་བཞི་བཅུ་བཞུགས།
༦༽སྤྲ་རོད་སྐུ་ཆེན་པདྨ་བསམ་གྲུབ་རྡོ་རྗེ།	༡༥	མེ་ཕག	༡༨༨༧	༡༦	མེ་གླང་།	༡༩༣༧	དགུང་ལོ་ང་གཅིག་བཞུགས།
༧༽འཇིགས་མེད་ཆོས་ཀྱི་བློ་བ།	༡༥	ཤིང་རྟ།	༡༨༩༤	༡༦	མེ་བྱ།	༡༩༥༧	དགུང་ལོ་རེ་བཞི་བཞུགས།
༨༽མགར་སློང་པདྨ་བདེ་ཆེན་མཁའ་སློང་ཡངས་པ།	༡༥	ཤིང་ཡོས།	༡༩༡༥	༡༧	ཤིང་ཁྱི།	༡༩༩༤	དགུང་ལོ་བརྒྱད་ཅུ་བཞུགས།

༩༽ཐུབ་བསྟན་གར་དབང་ཉིན་བྱེད།	༡༦	ལྕགས་སྟག	༡༩༥༠				
༼དཔལ་ཡུལ་དར་ཐང་དགོན་པའི་མཁན་རབས།༽							
༡༽སྣེ་ཆོས་མཁན་ཆེན་བླ་མ་བདེ་མཆོག་རིན་པོ་ཆེ།	༡༥	ལྕགས་རྟ།	༡༨༧༠				
༢༽སྣེ་ཆོས་མཁན་ཆུང་བསོད་ནམས་དཔལ་ལྡན།	༡༥	མེ་ཕག	༡༨༨༧				
༣༽གདོང་ངེ་མཁན་པོ་འཇིགས་མེད་དཀོན་མཆོག	༡༥	མེ་བྱི།	༡༨༧༦	༡༦	ས་བྱི།	༡༩༥༨	དགུང་ལོ་གྱ་གསུམ་བཞུགས།
༤༽ཨར་སྐྱུང་མཁན་པོ་ཐུབ་བསྟན་འགྱུར་མེད་ཕྲིན་ལས།	༡༥	ཆུ་སྦྲུལ།	༡༨༩༣	༡༦	ཆུ་ཕག	༡༩༨༣	དགུང་ལོ་གོ་གཅིག་བཞུགས།
༥༽བློ་བཟང་རྣམ་དག	༡༥	མེ་སྦྲུལ།	༡༨༩༦	༡༦	ས་ཕག	༡༩༥༩	དགུང་ལོ་རེ་བཞི་བཞུགས།
༦༽རྗེ་སྟོན་སྤྲུལ་སྐུ་སྐལ་བཟང་ཐུབ་བསྟན་རྒྱ་མཚོ།	༡༥	ཤིང་གླང་།	༡༩༢༥	༡༦	ས་བྱི།	༡༩༥༨	དགུང་ལོ་སོ་བཞི་བཞུགས།
༧༽ཚ་ཁོ་མཁན་པོ་བློ་བཟང་བསམ་གཏན།	༡༥	མེ་འབྲུག	༡༩༡༦				
༨༽དགེ་རྩེ་མཁན་པོ་བློ་བཟང་ཤེས་རབ།	༡༥	ས་རྟ།	༡༩༡༨	༡༦	ཤིང་བྱི།	༡༩༨༤	དགུང་ལོ་རེ་བདུན་བཞུགས།
༩༽ཨ་ཉ་མཁན་པོ་བློ་བཟང་ཚུལ་ཁྲིམས།	༡༦	ལྕགས་རྟ།	༡༩༣༠				
༡༠༽དགེ་རྒན་བསྟན་འཛིན་བཟང་པོ།	༡༦	ས་འབྲུག	༡༩༢༨	༡༧	མེ་ཡོས།	༡༩༨༧	དགུང་ལོ་རེ་བཞི་བཞུགས།

༡༡༽མགར་མཁན་པོ་བློ་བཟང་ཚུལ་ཁྲིམས།	༡༦	ཤིང་ཕག	༡༩༣༥				
༡༢༽ཨར་སྨྲུང་མཁན་པོ་ཙནྡྲ་འགྱུར་མེད།	༡༦	ཤིང་ཕག	༡༩༣༥				
༡༣༽མཁན་སྤྲུལ་བློ་བཟང་ནོར་བུ།	༡༦	མེ་རྟ།	༡༩༦༦				
༼དཔལ་ཡུལ་རྣམ་རྒྱལ་བྱང་ཆུབ་གླིང་གི་གདན་རབས་རིམ་བྱོན།༽							
༡༽དཔལ་ཡུལ་རིག་འཛིན་ཀུན་བཟང་ཤེས་རབ།	༡༡	ཤིང་སྦྲུལ།	༡༦༦༥	༡༢	མེ་ལུག	༡༧༢༧	
༢༽རྫེ་དཔོན་པདྨ་ལྷུན་གྲུབ་རྒྱ་མཚོ།	༡༡	ལྕགས་བྱི།	༡༦༦༠	༡༣	མེ་ཡོས།	༡༧༢༧	དགུང་ལོ་རེ་བརྒྱད་བཞུགས།
༣༽དཔལ་ཡུལ་གྲུབ་དབང་པདྨ་ནོར་བུ།	༡༡	ས་ལུག	༡༦༧༩	༡༣	མེ་གླང་།	༡༧༥༧	མེ་ལུག་༡༦༦༧ལ་འཁྲུངས་ཟེར་བ་ཡང་སྣང་། དགུང་༧༩ བཞུགས་སམ།
༤༽ཀརྨ་བཀྲ་ཤིས་སམ་ཀརྨ་ཆོས་དཔལ།	༡༢	ས་སྤྲེལ།	༡༧༢༨	༡༣	ལྕགས་སྤྲེལ།	༡༨༠༠	དགུང་ལོ་རེ་གསུམ་བཞུགས།
༥༽རྫོང་ནང་ཀརྨ་ལྷ་དབང་དང་ཀརྨ་དོན་དམ་གཉིས།							
༦༽ཀརྨ་བཀྲ་ཤིས་ཀྱི་ཡང་སྲིད་ཀརྨ་སྐུ་ཕྲེང་གཉིས་པ་འགྱུར་མེད་ངེས་དོན་བསྟན་འཛིན་དབང་པོ།	༡༣	ཤིང་སྟག	༡༧༩༤	༡༤	ལྕགས་ཕག	༡༨༥༡	དགུང་ལོ་ང་བརྒྱད་བཞུགས།

༧༽ རྒྱ་སྤྲུལ་པདྨ་མདོ་སྔགས་བསྟན་འཛིན།	༡༩	ལྕགས་སྟག	༡༨༣༠	༡༥	ཆུ་འབྲུག	༡༨༩༢	དགུང་ལོ་རེ་གསུམ་བཞུགས།
༨༽ ཀརྨ་སྐུ་ཆེན་སྐུ་ཕྲེང་གསུམ་པ་ཨོ་རྒྱན་མདོ་སྔགས་ཆོས་ཀྱི་ཉི་མ།	༡༩	ཤིང་སྟག	༡༨༥༩	༡༥	མེ་ལུག	༡༩༠༧	དགུང་ལོ་ང་གསུམ་བཞུགས།
༩༽ དཔལ་ཡུལ་གྲུབ་དབང་རིག་འཛིན་དཔལ་ཆེན་འདུས་པ།	༡༥	མེ་ཕག	༡༨༨༧	༡༦	ཆུ་སྤྲེལ།	༡༩༣༢	དགུང་ལོ་ཞེ་དྲུག་བཞུགས།
༡༠༽ ཀརྨ་སྐུ་ཆེན་བཞི་པ་ཀརྨ་ཐེག་མཆོག་སྙིང་པོ།	༡༥	ས་སྤྲེལ།	༡༩༠༨		ལྕགས་བྱི།	༡༩༦༠	དགུང་ལོ་ང་གསུམ་བཞུགས།
༡༡༽ དཔལ་ ཡུལ་ གྲུབ་ དབང་ པད་ ནོར་ འཇིགས་ མེད་ ཐུབ་ བསྟན་བཤད་སྒྲུབ་ཆོས་ཀྱི་སྨྲ་དབྱངས།	༡༦	ཆུ་སྤྲེལ།	༡༩༣༢	༡༧	ས་གླང་།	༢༠༠༩	དགུང་ལོ་༧༨བཞུགས།
༡༢༽ ཀརྨ་སྐུ་ཆེན་ལྔ་པ་ཐུབ་བསྟན་ཚུལ་ཁྲིམས་ནོར་བུ།	༡༦	ལྕགས་བྱི།	༡༩༧༠				
དཔལ་སྤྲུལ་ཨོ་རྒྱན་འཇིགས་མེད་ཆོས་ཀྱི་དབང་པོ།	༡༩	ས་འབྲུག	༡༨༠༨	༡༥	མེ་ཕག	༡༨༨༧	
དཔོན་ཆེན་ཀུན་དགའ་བཟང་པོ།				༥	ལྕགས་སྤྲེལ།	༡༣༨༡	
དཔོན་ཆེན་ཤཱཀྱ་བཟང་པོ།				༥	ལྕགས་རྟ།	༡༢༧༠	
དཔོན་ཆེན་བསོད་ནམས་རིན་ཆེན།							དུས་རབས་ ༡༣ དུས་མཇུག་དཔོན་ཁམས་པ་གྲགས་པ་ཡང་ཟེར།

དཔོན་ཚང་ནང་སོ་དར་རྒྱས།							བྱང་ངོས་ནང་སོ་དར་རྒྱས་ལ་གཟིགས།
དཔོན་ཚང་ཡེ་ཤེས།							དུས་རབས་༡༡པའི་དུས་དཀྱིལ།
དཔྱལ་ཀུན་དགའ་གྲགས་པ།							དུས་རབས་༡༡པའི་དུས་དཀྱིལ་གྱི་ལོ་རྩ་བ་ཞིག
དཔྱལ་ཆོས་ཀྱི་བཟང་པོ།							དུས་རབས་༡༢པའི་དུས་སྨད་ཀྱི་ལོ་རྩ་བ་ཞིག
དཔྱལ་པཎྜི་ཙན།							དུས་རབས་༡༢པའི་དུས་དཀྱིལ་གྱི་ལོ་རྩ་བ་ཞིག
དཔྱལ་ཨ་མོ་གྷ།							མཚན་ཀུན་དགའ་སྙིང་པོ་དང་དོན་ཡོད་དཔལ་བཟང་ཡང་ཟེར། དཔྱལ་ཆོས་བཟང་གི་ཚ་བོ་ཡིན།
དཔྱིས་དཀོན་མཆོག་བློ་གྲོས་རྒྱ་མཚོ།	༡༥	ལྕགས་སྟག	༡༨༩༠	༡༦	ས་ཕག	༡༩༥༩	
སྤྲ་རི་བ།							གཙང་པ་རྒྱ་རས་ཀྱི་སློབ་མ།
སྤང་དཀར་རིན་པོ་ཆེ།	༩	ཤིང་རྟ།	༡༥༣༤				
སྤང་མཁན་ཆེན་འོད་ཟེར་བླ་མ།	༥	ཤིང་ལུག	༡༢༩༥				
སྤང་ལུང་བློ་བཟང་ཐུགས་རྗེ།							དུས་རབས་༡༨པའི་དུས་སྨད།

སྤྱང་སངས་རྒྱས་མགོན་པོ།							བི་རོ་ཙ་ནའི་དངོས་སློབ། དུས་རབས་༨པའི་སྨད་ཙམ། དགུང་ལོ་༡༧༢ལ་འཇའ་ལུས་ཐེབས།
སྤྱར་ཕུ་བ་བློ་གྲོས་སེང་གེ།							བཀའ་གདམས་པ་ཞིག
སྤྲུ་དེ་གུང་རྒྱལ།							བོད་ཀྱི་བཙན་པོའི་རྒྱལ་རབས་༩པ།
སྤྲེལ་བཞི་དབང་ཕྱུག་རྒྱལ་པོ།							བཤད་སྒྲ་དབང་ཕྱུག་རྒྱལ་པོར་གཟིགས།
སྤྱི་འཕོར་དགེ་འདུན་ཚུལ་ཁྲིམས།	༡༢	ཤིང་བྱི།	༡༧༨༨	༡༨	མེ་ཡོས།	༡༨༠༧	
སྤྱི་འཕོར་བློ་བཟང་ཆོས་འཕེལ།							ཡང་སྙིང་བློ་བཟང་ཆོས་འཕེལ་ལ་གཟིགས།
སྤྱི་འཕོར་བློ་བཟང་དྲི་མེད།	༡༡	ཆུ་ཕག	༡༦༨༣				
སྤྱི་འཕོར་བྱང་ཆུབ་ཆོས་འཕེལ།	༡༣	མེ་བྱི།	༡༧༥༦	༡༨	ས་ཁྱི།	༡༨༣༨	
སྤྱིབས་པ་མཐའ་ཡས།							ཀཿདམ་པ་བདེ་གཤེགས་ལ་གཟིགས།
སྤྱོམ་བྲག་པ་བསོད་ནམས་རྡོ་རྗེ།	༣	ལྕགས་སྟག	༡༡༧༠	༨	ས་བྱ།	༡༢༤༩	
སྤྱོམ་འཕོར་དགེ་འདུན་ཚུལ་ཁྲིམས།	༡༢	ཤིང་ལུག	༡༧༨༨	༡༨	མེ་ཡོས།	༡༨༠༧	

སྒོམ་སྒྲུ་རིན་ཆེན་སེངྒེ།	༩	ས་རྟ།	༡༢༥༨	༥	ཆུ་གླང་།	༡༣༡༣	
སྤྱང་ལུང་དགེ་འདུན་བསྟན་འཛིན།	༡༢	མེ་སྤྲེལ།	༡༧༡༦	༡༢	ལྕགས་ཁྱི།	༡༧༤༠	
སྤྱང་ལུང་ཆོས་སྡིངས་པ་གཞོན་ནུ་བློ་གྲོས།	༦	ཆུ་བྱི།	༡༣༧༢	༨	མེ་སྤྲེལ།	༡༩༧༦	དགུང་ལོ་བརྒྱ་དང་ལྔ་བཅུ་བཞུགས།
སྤྱང་ལུང་པ་མཁན་ཆེན་གཞོན་ནུ་བློ་གྲོས།	༤	མེ་ཕག	༡༥༢༧				
སྤྱན་སྔ་ཀུན་དགའ་རྒྱལ་མཚན།							དུས་རབས་༡༩པའི་དུས་མཇུག
སྤྱན་སྔ་ཀུན་དགའ་རྡོ་རྗེ།							དུས་རབས་༡༩པའི་དུས་མཇུག
སྤྱན་སྔ་གྲགས་པ་འབྱུང་གནས།	༣	ཤིང་ལུག	༡༡༧༥	༩	ཤིང་ཡོས།	༡༢༥༥	
སྤྱན་སྔ་གྲགས་པ་རིན་ཆེན།	༩	ལྕགས་ཁྱི།	༡༢༥༠	༥	ལྕགས་ཁྱི།	༡༣༡༠	
སྤྱན་སྔ་གྲགས་པ་བཤེས་གཉེན།	༥	ཆུ་ཁྱི།	༡༣༢༢	༦	ལྕགས་བྱ།	༡༣༨༡	
སྤྱན་སྔ་ཆོས་གྲགས།							ཞྭ་དམར་ཆོས་གྲགས་ཡེ་ཤེས་དཔལ་ལ་གཟིགས།
སྤྱན་སྔ་ཆོས་དཔལ་བཟང་པོ།							དུས་རབས་༡༦པའི་དུས་སྨད་ཙམ།
སྤྱན་སྔ་གཉིས་མཆོད་པ།							གྲགས་པ་རིན་ཆེན་ལ་གཟིགས།

སྤྱན་སྔ་ཇོ་རྗེ་རྒྱལ་མཚན།				༨	ཆུ་སྦྲུལ།	༡༤༧༣	
སྤྱན་སྔ་བ།	༡	ཆུ་བྱ།	༡༠༣༣	༢	ཆུ་ལུག	༡༡༠༣	
སྤྱན་སྔ་དཔལ་ལྡན་བཟང་པོ།				༧	མེ་ཕག	༡༤༠༧	
སྤྱན་སྔ་བ་ཚུལ་ཁྲིམས་འབར།	༡	ཆུ་བྱ།	༡༠༣༣	༢	ཆུ་ལུག	༡༡༠༣	
སྤྱན་སྔ་བློ་གྲོས་རྒྱལ་མཚན།	༧	ཆུ་རྟ།	༡༤༠༢	༨	ཆུ་འབྲུག	༡༤༧༢	རྒྱལ་ལྷ་ཁང་གི་གདན་རབས་༢༨པ།
སྤྱན་སྔ་ཡེ་ཤེས་གྲགས་པ་བཟང་པོ།							དུས་རབས་༡༤པའི་དུས་མཇུག རྒྱལ་ལྷ་ཁང་གི་གདན་རབས་༢༩པ།
སྤྱན་སྔ་ཡོན་ཏན་རྒྱལ་མཚན།							དུས་རབས་༡༥པའི་མགོ་སྟོད་ཀྱི་རྒྱལ་ལྷ་ཁང་གི་གདན་རབས་༣༠པ།
སྤྱན་སྔ་རིན་ཆེན་ལྡན།	༣	ཆུ་ཁྱི།	༡༢༠༢				
སྤྱན་སྔ་རིན་པོ་ཆེ་གཉིས་མཆོད་པ་གྲགས་པ་རིན་ཆེན།	༤	ལྕགས་ཁྱི།	༡༢༥༠				
སྤྱན་སྔ་ཤེས་རབ་འབྱུང་གནས།	༣	མེ་ལུག	༡༡༨༧	༤	ལྕགས་གླང་།	༡༢༤༡	

སྤྱན་སྔ་གསེར་ཐོག་པ།							གྲགས་པ་རིན་ཆེན་ལ་གཟིགས།
སྤྱན་སྔ་བསོད་ནམས་གྲགས་པ།							ཀུ་ཁྲི་བསོད་ནམས་གྲགས་པར་གཟིགས།
སྤྱན་སྔ་བསོད་ནམས་རྒྱལ་མཚན་དཔལ་བཟང་པོ།	༦	མེ་སྟག	༡༣༨༦	༧	ཤིང་སྟག	༡༤༣༤	
སྤྱན་སྔ་བསོད་ནམས་བཟང་པོ།	༦	ལྕགས་སྤྲེལ།	༡༣༨༠	༧	མེ་སྤྲེལ།	༡༤༡༦	
སྤྱན་སྔ་བསོད་ནམས་འོད་མཛེས་པ།				༨	ཆུ་སྤྲེལ།	༡༤༥༢	གཡའ་བཟང་གདན་རབས་དགུ་པ།
སྤྱིལ་བུ་པ།							སེ་སྤྱིལ་བུ་པ་ཆོས་ཀྱི་རྒྱལ་མཚན་ལ་གཟིགས།
སྤྱི་ཁྱབ་མཁན་པོ་དཔལ་ལྡན་དོན་གྲུབ།				༡༥	ལྕགས་ལུག	༡༨༧༡	
སྤྱི་བོ་ལྷས་པ།	༢	ཤིང་བྱི།	༡༡༤༤				
སྤྲང་མོ་ཆ།							ཁྲི་ལྡེ་སྲོང་བཙན་གྱི་དམག་དཔོན་ཞིག
སྤྲུལ་སྐུ་གྲགས་པ་རྒྱལ་མཚན།	༡༠	ས་ལུག	༡༦༡༩				
སྤྲུལ་སྐུ་གྲགས་པ་དཔལ་འབྱོར།	༩	མེ་བྱི།	༡༥༡༦				
སྤྲུལ་སྐུ་བསྟན་འཛིན་གྲགས་པ།		མེ་སྤྲེལ།			མེ་བྱ།		པད་གླིང་སྤྲུལ་སྐུ། དགུང་ལོ་༦༢བཞུགས།

སྤྲུལ་སྐུ་སྣ་ཚོགས་རང་གྲོལ།	༧	ཤིང་སྟག	༡༤༣༤	༩	ལྕགས་རྟ།	༡༥༡༠	དགུང་ལོ་༧༧བཞུགས། བཞེད་པ་གཉིས་མཆིས།
སྤྲུལ་སྐུ་དཔལ་འབྱོར་རྒྱ་མཚོ།				༡༠	ས་སྤྲེལ།	༡༦༠༨	
སྤྲུལ་སྐུ་དཔལ་འབྱོར་རྒྱལ་མཚན།							
སྤྲུལ་སྐུ་དཔལ་འབྱོར་ལེགས་ལྡན།				༥	མེ་སྤྲུལ།	༡༣༡༧	དགུང་ལོ་༧༨བཞུགས། འདས་ལོ་འདི་ཡིན་མིན་སྐབས་བརྟག
སྤྲུལ་སྐུ་བློ་བཟང་དཀོན་མཆོག	༡༣	ཆུ་ཕག	༡༨༠༣				
སྤྲུལ་སྐུ་ཡང་དབེན་པ།	༣	ལྕགས་འབྲུག	༡༡༦༠	༤	མེ་གླང་།	༡༢༡༧	
སྤྲུལ་སྐུ་རིན་ཆེན་ཀུན་ལྡན།	༡༥						གྲུབ་དབང་པདྨ་གླིང་པའི་གདུང་རྒྱུད་དུ་གྲགས།
སྤྲུལ་སྐུ་ལེགས་བཤད་པ།	༩	ལྕགས་གླང་།	༡༥༤༡				
སྤྲུལ་སྐུ་སངས་རྒྱས་འབུམ།				༤	ཤིང་ཕག	༡༢༡༥	
སྤྲུལ་སྐུ་བསོད་ནམས་དགེ་ལེགས་དཔལ་བཟང་།	༡༠	ཤིང་རྟ།	༡༥༩༤	༡༠	ཤིང་ཡོས།	༡༦༡༥	
སྤྲུལ་སྐུ་བསོད་ནམས་ཡེ་ཤེས་དབང་པོ།	༩	མེ་འབྲུག	༡༥༥༦	༡༠	ཆུ་འབྲུག	༡༥༩༢	
སྤྲེལ་སྤྲུལ་སྐུ་ཕྲེང་རིམ་བྱོན།							

སྤྲེལ་སྤྲུལ་ཀརྨ་བདེ་ཆེན་ངག་དབང་བསོད་ནམས།	༡༣	མེ་བྱི།	༡༧༥༦	༡༣	ལྕགས་སྟག	༡༨༣༠	
སྤྲེལ་སྤྲུལ་ཀརྨ་འཇིགས་མེད་སེངྒེ།	༡༤	ལྕགས་ཡོས།	༡༨༣༡	༡༥	མེ་ཁྱི།	༡༨༨༦	
སྤྲེལ་སྤྲུལ་ཀརྨ་སྤྲིན་པ་དར་རྒྱས།	༡༥	མེ་ཕག	༡༨༨༧	༡༦	ཤིང་སྤྲེལ།	༡༩༤༤	
སྤྲེལ་སྤྲུལ་ཀརྨ་བཤད་སྒྲུབ་ཆོས་ཀྱི་ཉི་མ།	༡༦	མེ་ཁྱི།	༡༩༤༦				
སྤོ་སྒང་བློ་བཟང་སྨོན་ལམ།	༡༢	ས་བྱ།	༡༧༢༩	༡༣	ས་རྟ།	༡༧༩༨	

མཚན་བྱང་།	འཁྲུངས་ལོ།			འདས་ལོ།			ཞར་བྱང་།
	རབ་བྱུང་།	ལོ་ཁམས།	སྤྱི་ལོ།	རབ་བྱུང་།	ལོ་ཁམས།	སྤྱི་ལོ།	གསལ་བཤད།
པ།							
པ་དམ་པ་སངས་རྒྱས།		ལྕགས་སྤྲེལ།	༦༠༠	༣	མེ་བྱ།	༡༡༡༧	འདི་ལྟར་ན་དགུང་ལོ་༤༡༧བཞུགས།
ཕ་བོང་ཁ་པ་བདེ་ཆེན་སྙིང་པོ།							ཕ་བོང་ཁ་པ་བྱམས་པ་བསྟན་འཛིན་ལ་གཟིགས།
ཕ་བོང་ཁ་པ་དཔལ་འབྱོར་ལྷུན་གྲུབ།							འཁོན་སྟོན་དཔལ་འབྱོར་ལྷུན་གྲུབ་ལ་གཟིགས།
ཕ་བོང་ཁ་པ་བྱམས་པ་བསྟན་འཛིན་ཕྲིན་ལས།	༡༥	ས་སྟག	༡༨༧༨	༡༦	ལྕགས་སྦྲུལ།	༡༩༤༡	
ཕ་གཞིས་ཞབས་དྲུང་བློ་བཟང་དགེ་ལེགས་རྒྱལ་མཚན།	༡༥	ལྕགས་རྟ།	༡༨༧༠				
པག་གྲུ་གྲགས་པ་ཡེ་ཤེས།							གྲགས་པ་ཡེ་ཤེས་ལ་གཟིགས།
པག་གྲུ་ངག་དབང་།							ཆོས་རྗེ་ངག་གི་དབང་པོར་གཟིགས།
པག་གྲུ་ཆོས་རྒྱལ་ལྔ་པ་ཕྱང་གྲགས་པ་རྒྱལ་མཚན།							
པག་གྲུ་ཆོས་རྒྱལ་བདུན་པ་ཕྱང་གྲགས་པ་འབྱུང་གནས།							

ཕག་གྲུ་ཆོས་རྗེ་ཉེར་གཉིས་པ།							སྐྱུན་སྟ་བསོད་ནམས་རྒྱལ་མཚན་དཔལ་བཟང་པོར་གཟིགས།
ཕག་གྲུ་གཉིས་མཆོད་པ།							གྲགས་པ་རིན་ཆེན་ལ་གཟིགས།
ཕག་གྲུ་དཔལ་ལྡན་བཟང་པོ།							སྐྱུན་སྟ་དཔལ་ལྡན་བཟང་པོར་གཟིགས།
ཕག་གྲུ་བསོད་ནམས་བཟང་པོ།							སྐྱུན་སྟ་བསོད་ནམས་བཟང་པོར་གཟིགས།
ཕག་མགོ་བླམ།							ཀོང་པོ་ཡེ་ཤེས་བརྩོན་འགྲུས་ལ་གཟིགས།
ཕག་མོ་གྲུ་པ་རྡོ་རྗེ་རྒྱལ་པོ།	༢	ལྕགས་སྟག	༡༡༡༠	༣	ལྕགས་སྟག	༡༡༧༠	
ཕན་བདེ་སློབ་དཔོན་འཕགས་དར།				༡༡	མེ་གླང་།	༡༥༣༧	
ཕན་བདེའི་དབང་ཕྱུག་མཁས་བཙུན་རྒྱ་མཚོ།	༡༣	མེ་ སྦྲུལ།	༡༧༦༧	༡༤	ལྕགས་ཡོས།	༡༨༣༡	
ཕན་པ་བཟང་པོ།							ཀུན་མཁྱེན་ཀློང་ཆེན་རབ་འབྱམས་པར་གཟིགས།
ཕུ་རི་བ་དཀོན་མཆོག་རྒྱལ་མཚན།							ཆོས་རྗེ་རྐོད་ཚང་པ་མགོན་པོ་རྡོ་རྗེའི་སློབ་མ།
ཕྱག་པ་ལྷུན་གྲུབ་རྒྱ་མཚོ།							རབ་བྱུང་བརྒྱད་པའི་མེ་ཡོས་ ༡༤༤༧ལོར་ པད་དཀར་ ཞལ་ལུང་མཛད་པ་ལས་འབྱུངས་འདས་དུ་བར་མ་རྟེད།

ཕུན་ཚོགས་གླིང་ཞབས་དྲུང་བློ་བཟང་ཡོན་ཏན་རྒྱ་མཚོ།	༡༥	ཆུ་བྱ།	༡༨༧༣	༡༥	ཤིང་ལུག	༡༨༩༥	
ཕུན་ཚོགས་རྣམ་རྒྱལ།							དུས་རབས་༡༦པའི་དུས་སྨད་ཙམ།
༼ཕུར་ལྕོག་བྱམས་མགོན་སྐུ་ཕྲེང་རིམ་བྱོན།༽							
༡) ཕུར་ལྕོག་ངག་དབང་བྱམས་པ།	༡༡	ཆུ་ཁྱི།	༡༦༨༢	༡༣	ཆུ་རྟ།	༡༧༦༢	
༢) ཕུར་ལྕོག་བྱམས་པ་མགོན་པོ་རྗེ་བཙུན་བློ་བཟང་བྱམས་པའི་དཔལ།	༡༣	ཆུ་ལུག	༡༧༦༣	༡༤	ཤིང་སྤྲེལ།	༡༨༢༤	དགུང་ལོ་༦༡བཞུགས།
༣) ཕུར་ལྕོག་བྱམས་པ་རྒྱ་མཚོ།	༡༤	ཤིང་བྱ།	༡༨༢༥	༡༥	ལྕགས་གླང་།	༡༩༠༡	ལ་ལས་༡༨༩༤ལོར་འདས་ཟེར།
༤) ཕུར་ལྕོག་བྱམས་པ་བསྟན་འཛིན།	༡༦	ལྕགས་སྟག	༡༩༥༠				
ཕུར་ལྕོག་བྱམས་པ་ཚུལ་ཁྲིམས།							
ཕུར་བུ་འོད།							དུས་རབས་༡༡ པའི་དུས་སྨད་ཀྱི་ལོ་ཙཱ་བ་ཞིག
པེ་ཀླུ་ཞབས་དྲུང་བློ་བཟང་ངག་དབང་བསྟན་འཛིན།							དུས་རབས་༡༡ པའི་དུས་སྟོད། པོ་ཏོ་བའི་སློབ་མ་ཞིག
པོ་བྲང་སྡིངས་པ་གཞོན་ནུ་འོད།							

ཐོ་ཡོང་བཟའ་རྒྱལ་མོ་བཙུན།							ཁྲི་སྲོང་ལྡེ་བཙན་གྱི་བཙུན་མོ།
ཐོ་ལྷ་བ་བསོད་ནམས་སྟོབས་རྒྱས།	༡༢	ས་སྦྲུལ།	༡༦༨༩	༡༣	མེ་ཡོས།	༡༧༤༧	
ཐུ་པ་ཆོས་ཀྱི་སེངྒེ།							ཆ་པ་ཆོས་ཀྱི་སེངྒེར་གཟིགས།
ཐུག་མཛོད་བསོད་ནམས་ཆོས་འཕེལ།							སྣེ་སྲིད་བསོད་ནམས་ཆོས་འཕེལ་དང་གཅིག་གམ།
/ཐྲི་སོག་ཇོ་ཡོན་ཏུ་ཐོག་བྲ་སྐུ་ཕྲེང་རིམ་བྱོན།\							
༡\ངག་དབང་དཀོན་མཆོག	༡༡	མེ་ཡོས།	༡༦༢༧	༡༢	ས་གླང་།	༡༧༠༩	
༢\འཇམ་དབྱངས་བསྟན་འཛིན།							
༣\འཇམ་དབྱངས་རྡོ་རྗེ།							
༤\འཇམ་དབྱངས་དངོས་གྲུབ་རྒྱ་མཚོ།							
༥\བསྟན་འཛིན་རབ་རྒྱལ།	༡༣	ཆུ་ཕག	༡༨༠༣	༡༤	མེ་སྦྲུལ།	༡༨༥༧	
༦\བློ་བཟང་བསྟན་འཛིན							དགུང་ལོ་༡༨ ལས་མ་བཞུགས།
༧\བློ་བཟང་བསྟན་པའི་རྒྱལ་མཚན།							དགུང་ལོ་༥༤བཞུགས།
༨\བསམ་གཏན་རྒྱ་མཚོ།	༡༥	ལྕགས་སྤྲེལ།	༡༩༢༠				

ཕྱུག་མོ་སྟོན་པ།	༦	ཆུ་སྤྲེལ།	༡༣༣༢	༧	ཆུ་སྤྲེལ།	༡༣༩༢	
ཕྲུག་དཔོན་བསོད་ནམས་བཀྲ་ཤིས།							དུས་རབས་༡༥པའི་དུས་དཀྱིལ་མཉམ་ཉིད་རྡོ་རྗེའི་སློབ་མ་ཞིག
ཕྲེང་པོ་གཏེར་སྟོན་ཤེས་རབ་འོད་ཟེར།	༨	ས་སྟག	༡༥༥༨	༩	ཆུ་སྤྲེལ།	༡༥༡༢	བོད་རྒྱ་ཚིག་མཛོད་ནང་མེ་སླང་༡༥༡༧ལོར་འཁྲུངས་ཟེར།
འཕགས་མཆོག་བསོད་ནམས་དཔལ།	༦	ཆུ་ཡོས།	༡༣༦༣	༨	མེ་ཡོས།	༡༤༤༧	
འཕགས་པ་རིན་ཆེན་བློ་གྲོས་རྒྱལ་མཚན།	༧	མེ་ཕག	༡༤༠༧	༨	ལྕགས་ཕག	༡༤༩༡	
འཕགས་པ་སངས་རྒྱས།	༩	མེ་ཡོས།	༡༥༠༧	༩	མེ་སྟག	༡༥༦༦	
འཕན་པོ་བ་ཤེས་རབ་དཔལ་བཟང་།	༩	ལྕགས་བྱི།	༡༥༥༠	༡༡	ཆུ་བྱ།	༡༦༣༣	
འཕན་པོ་བློ་བཟང་དགེ་ལེགས།							དཀའ་ལྡན་ཁྲི་རབས་༦༨པར་གཟིགས།
འཕན་པོ་བློ་བཟང་དོན་ཡོད།							དཀའ་ལྡན་ཁྲི་རབས་༥༢པར་གཟིགས།
འཕྲུལ་གྱི་སྣ་ཆེན་རིགས་བཟང་།							སྲོང་བཙན་སྒམ་པོའི་ནང་བློན་དྲུག་གི་ཡ་གྱལ།
འཕྲུལ་གྱི་སྣ་ཆེན་རིགས་བཟང་།							སྲོང་བཙན་སྒམ་པོའི་ནང་བློན།

འཕྲེང་ཁ་བ་དཔལ་ལྡན་བློ་གྲོས།							
འཕགས་པ་ལྷ་སྐུ་ཕྲེང་རིམ་བྱོན་རྣམས་ཆབ་མདོ་འཕགས་པ་ལྷའི་སྐུ་ཕྲེང་ནང་གསལ།							

མཚན་བྱང་།	འཁྲུངས་ལོ།			འདས་ལོ།			ཞར་བྱུང་།
	རབ་བྱུང་།	ལོ་ཁམས།	སྤྱི་ལོ།	རབ་བྱུང་།	ལོ་ཁམས།	སྤྱི་ལོ།	གསལ་བཤད།
པ།							
པ་རི་ཆོས་གྲགས།							དུས་རབས་༡༡པའི་དུས་སྨད་ཙམ་གྱི་ལོ་ཙཱ་བ།
པ་རི་སྤྱིལ་དཀར་བ།							དུས་རབས་༡༢ པའི་དུས་མཇུག
པ་རི་རིན་ཆེན་གྲགས།	༡	ལྕགས་འབྲུག	༡༠༤༠	༢	ལྕགས་ཡོས།	༡༡༡༡	དུས་རབས་༡༡པའི་དུས་མགོ་ཙམ་གྱི་ལོ་ཙཱ་བ།
པ་རེག་ཐོས་པ་དགའ།							
པ་སོ་ངག་དབང་དཀོན་མཆོག་ཉི་མ།	༡༡	ཆུ་སྦྲུལ།	༡༦༥༣	༡༢	མེ་ཕག	༡༧༠༧	
པ་སོ་ངག་དབང་ཆོས་ཀྱི་དབང་ཕྱུག							པ་སོ་ལྷ་དབང་ཆོས་ཀྱི་དབང་ཕྱུག་ལ་གཟིགས།
པ་སོ་ཆོས་ཀྱི་རྒྱལ་མཚན།							དགའ་ལྡན་ཁྲི་རབས་༦པར་གཟིགས།
པ་སོ་ཇེ་དྲུང་ལྷ་དབང་ཆོས་ཀྱི་དབང་ཕྱུག	༡༠	མེ་རྟ།	༡༦༠༦	༡༡	ཆུ་འབྲུག	༡༦༥༢	
པ་སོ་ཏ་ཚག་ཡེ་ཤེས་བློ་བཟང་བསྟན་པའི་མགོན་པོ།							ཏ་ཚག་ཡེ་ཤེས་བློ་བཟང་ལ་གཟིགས།

བ་སོ་ལྷ་དབང་ཆོས་ཀྱི་རྒྱལ་མཚན།	༩	མེ་བྱ།	༡༥༣༧	༡༠	ཤིང་སྦྲུལ།	༡༦༠༥	
བླ་བྲུ་ཞབས་དྲུང་ཡེ་ཤེས་བསྟན་འཛིན་ཉི་མ་བབ་སྟོན།	༡༤	མེ་སྟག	༡༨༦༦				
བླ་བྲུ་ཞབས་དྲུང་བཤད་སྒྲུབ་ཕྲིན་ལས་རབ་རྒྱས།	༡༢	མེ་སྦྲུལ།	༡༧༩༧		མེ་འབྲུག	༡༨༥༦	
བབ་སྟོང་།							དུས་རབས་༡༨ནང་བྱོན་པའི་ལོ་ཙཱ་བ་ཞིག
བལ་བུ་གོང་པ།							འབྲི་གུང་སྐྱོབ་པ་དང་དུས་མཚུངས།
བིས་པ་ངག་དབང་མི་ཕམ་ཟླ་བ།	༡༣	མེ་ཕག	༡༧༦༧	༡༤	མེ་ཡོས།	༡༨༠༧	
བུ་སྟོན་རིན་ཆེན་གྲུབ།	༥	ལྕགས་སྟག	༡༢༩༠	༦	ཤིང་འབྲུག	༡༣༦༤	
བྲུམ་པར་མཁན་ཆེན་དགེ་འདུན་དམ་ཆོས་རྒྱལ་མཚན།	༡༥	ས་ཡོས།	༡༨༧༩				
བྲུམ་པར་མཁན་ཆེན་ཚུལ་ཁྲིམས་བསྟན་པའི་རྒྱལ་མཚན།							
བྲུམ་པར་ངག་དབང་ཆོས་ཀྱི་ཉི་མ།							
བེ་རི་མཐུ་སྟོབས་རྒྱ་མཚོ།	༡༢	ཤིང་ཕག	༡༦༩༥	༡༣	ཤིང་རྟ།	༡༧༧༤	
བེ་རི་དོན་ཡོད་རྡོ་རྗེ།				༡༡	ལྕགས་འབྲུག	༡༦༤༠	

༼ཁྲིའུ་རུ་བསམ་གྲུབ་བདེ་ཆེན་གླིང་གི་སྐུ་ཕྲེང་རིམ་བྱོན།༽							ནང་ཆེན་གྱི་ཁོངས་སུ་གཏོགས།
༡༽ཀུན་བཟང་ཆོས་འཕེལ།	༡༠	ཆུ་བྱི།	༡༦༡༢	༡༡	ཤིང་ཡོས།	༡༦༧༥	དགུང་ལོ་༦༣བཞུགས། ཨ་རོམ་ཆོས་བརྒྱུད་འཛིན་པ།
༢༽སྲུས་འཇམ་དབྱང་བསྟན་འཛིན།	༡༡	ས་བྱི།	༡༦༥༨	༡༢	ཆུ་ལུག	༡༧༠༣	དགུང་ལོ་༤༧བཞུགས།
༣༽བློ་གྲོས་བསྟན་འཛིན།	༡༢	མེ་བྱི།	༡༧༠༦	༡༣	ཆུ་རྟ།	༡༧༦༢	དགུང་ལོ་༥༧བཞུགས།
༤༽ཀུན་དགའ་རབ་འཕེལ།	༡༣	མེ་ཕག	༡༧༦༧	༡༤	ཤིང་ཕག	༡༨༡༥	དགུང་ལོ་༤༨བཞུགས།
༥༽བྱམས་པ་མཁྱེན་རབ་ཕུན་ཚོགས།	༡༣	ས་སྟག	༡༧༥༨	༡༣	ཆུ་ཕག	༡༨༠༣	དགུང་ལོ་༤༦བཞུགས།
༦༽ངག་དབང་བསོད་ནམས་ཆོས་དར།	༡༥	མེ་ཡོས།	༡༨༦༧	༡༦	ལྕགས་རྟ།	༡༩༣༠	དགུང་ལོ་༦༤བཞུགས།
༧༽སངས་རྒྱས་བསྟན་པའི་རྒྱལ་མཚན་བཀྲ་ཤིས་གྲགས་པ་རྒྱལ་མཚན།	༡༦	ཤིང་ཕག	༡༩༣༥	༡༦	ས་བྱི།	༡༩༥༨	དགུང་ལོ་༢༤ལས་མ་བཞུགས།
༨༽ངག་དབང་བློ་གྲོས་བསྟན་པའི་རྒྱལ་མཚན།	༡༦	ཤིང་སྟག	༡༩༧༤				
༼ཁྲིའུ་རུ་བསམ་གྲུབ་བདེ་ཆེན་གླིང་གི་སྐུ་སྐྱེ་ཆུང་བ་རིམ་བྱོན།༽	༡༠ ནས་བཟུང་།						མདོ་སྟོད་ནང་ཆེན་ཁོངས་སུ་གཏོགས།

༡༽ བྱང་ཆུབ་རྡོ་རྗེ།	༡༠	ལྕགས་སྤྲེལ།	༡༦༧༩	༡༢	མེ་འབྲུག	༡༧༣༦	དགུང་ལོ་༥༨བཞུགས།
༢༽ རྒྱལ་སྲས་དཔལ་འབྱོར་བཟང་པོ།	༡༡	ས་ལུག	༡༦༧༩	༡༣	ས་སྟག	༡༧༥༨	དགུང་ལོ་༦༠བཞུགས།
༣༽ འཇམ་མགོན་ཀུན་དགའ་བཟང་པོ།	༡༢	ཆུ་བྱི།	༡༧༤༢	༡༣	ཆུ་སྟག	༡༧༨༢	དགུང་ལོ་༤༡བཞུགས།
༤༽ ངག་དབང་ཡེ་ཤེས་བཟང་པོ།	༡༣	ཤིང་སྤྲུལ།	༡༧༨༥	༡༤	ཆུ་ལུག	༡༨༢༣	དགུང་ལོ་༣༩བཞུགས།
༥༽ ངག་དབང་བསོད་ནམས་རིན་ཆེན།	༡༤	ཤིང་སྤྲེལ།	༡༨༢༤	༡༥	ལྕགས་རྟ།	༡༨༧༠	དགུང་ལོ་༤༦བཞུགས།
༦༽ རྒྱལ་སྲས་འཇམ་དབྱངས་འཕགས་པ་བློ་གྲོས།	༡༥	ཆུ་སྤྲེལ།	༡༨༧༢	༡༦	ལྕགས་སྟག	༡༩༣༠	དགུང་ལོ་༥༨བཞུགས།
༧༽ མཁྱེན་བརྩེ་མི་འགྱུར་མགོན་པོ།	༡༦	ཆུ་འབྲུག	༡༩༥༢	༡༧	ས་སྤྲེལ།	༡༩༩༣	དགུང་ལོ་༤༢བཞུགས།
༼ཁྲིའུ་ཐུ་བསམ་གྲུབ་བདེ་ཆེན་གླིང་གི་སྐུ་སྐྱེ་རིམ་བྱོན།༽	༡༡ ནས་བཟུང་།						ནང་ཆེན་གྱི་ཡོངས་སུ་གྲགས།
༡༽ འཇམ་དཔལ་བཟང་པོ།	༡༡	ས་རྟ།	༡༦༧༨	༡༢	ས་རྟ།	༡༧༣༨	དགུང་ལོ་༦༡བཞུགས།
༢༽ འཇམ་དབྱངས་ཀུན་ཁྱབ།	༡༢	ཆུ་ཕག	༡༧༤༣	༡༣	ཤིང་སྟག	༡༧༩༤	དགུང་ལོ་༥༢བཞུགས།
༣༽ འཇམ་དབྱངས་རིན་ཆེན།	༡༣	ས་ལུག	༡༧༩༩	༡༤	ཤིང་སྤྲུལ།	༡༨༤༥	དགུང་ལོ་༤༦བཞུགས།

༤) ངག་དབང་ཕུན་ཚོགས་བཟང་པོ།	༡༤	མེ་ལུག	༡༨༤༧	༡༦	ས་སྤྲེལ།	༡༩༠༨	དགུང་ལོ་༦༡བཞུགས།
༥) འཇམ་དབྱངས་བཟང་པོ།	༡༥	ལྕགས་ཕག	༡༩༡༡	༡༦	ས་ཡོས།	༡༩༣༩	དགུང་ལོ་༣༥བཞུགས།
བེར་ཚང་ཆོས་རྗེ།							
པོ་དོང་ཆོས་ཀྱི་རྒྱལ་མཚན།							
པོ་དོང་པཎ་ཆེན་ཕྱོགས་ལས་རྣམ་རྒྱལ།	༨	མེ་འབྲུག	༡༣༧༦	༨	ལྕགས་ལུག	༡༤༥༡	
པོ་དོང་རིན་ཆེན་རྩེ་མོ།							བཅོམ་ལྡན་རིགས་པའི་རལ་གྲི་དང་དུས་མཉམ།
༼བོད་ཀྱི་བཙན་པོའི་རྒྱལ་རབས་རིམ་བྱོན།༽							
༡) བོད་རྗེ་ཐོག་མ་གཉའ་ཁྲི་བཙན་པོ།	B. C. ༥༦༡						B. C. ༥༣༩ལོར་དགུང་ལོ་ཉེར་གཉིས་ལ་ཁྲིར་ཕེབས།
༢) མུ་ཁྲི་བཙན་པོ།							
༣) དིང་ཁྲི་བཙན་པོ།							
༤) སོ་ཁྲི་བཙན་པོ།							
༥) མེར་ཁྲི་བཙན་པོ།							

༦༽ གདགས་ཁྲི་བཙན་པོ།							
༧༽ སྲིབ་ཁྲི་བཙན་པོ།							
༨༽ གྲི་གུམ་བཙན་པོ།							
༩༽ སྤུ་དེ་གུང་རྒྱལ་བཙན་པོ།							
༡༠༽ ཨེ་ཤོ་ལེགས།							
༡༡༽ དེ་ཤོ་ལེགས།							
༡༢༽ ཐི་ཤོ་ལེགས།							
༡༣༽ གུ་རུ་ལེགས།							
༡༤༽ འབྲོ་ཞེར་ལེགས།							
༡༥༽ ཨི་ཤོ་ལེགས།							
༡༦༽ ཟ་ནམ་ཟིན་ལྡེ།							
༡༧༽ ལྡེ་འཕྲུལ་ནམ་གཞུང་བཙན།							

༡༨༽ སེ་ནོ་ལ་ནམ་ལྷེ།							
༡༩༽ སེ་སྔོལ་པོ་ལྷེ།							
༢༠༽ ལྷེ་སྔོལ་པོ།							
༢༡༽ ལྷེ་རྒྱལ་པོ།							
༢༢༽ ལྷེ་སྤྲིན་བཙན།							
༢༣༽ རྒྱལ་ལྷེ་རེ་སོང་བཙན།							
༢༤༽ ཁྲི་བཙན་ནམ།							
༢༥༽ ཁྲི་སྒྲ་སྤུངས་བཙན།							
༢༦༽ ཁྲི་ཐོག་རྗེ་ཐོག་བཙན།							
༢༧༽ ལྷ་ཐོ་ཐོ་རི་གཉན་བཙན།		ཆུ་ཕྱི།	༤༢༢		ཆུ་ཕྱི།	༥༩༡	
༢༨༽ ཁྲི་གཉན་བཟུང་བཙན།							
༢༩༽ འབྲོ་གཉན་ལྡེའུ།							

༣༠༽ སྟག་རི་གཉན་གཟིགས།							
༣༡༽ གནམ་རི་སྲོང་བཙན།					ས་གླང་།	༦༢༧	
༣༢༽ སྲོང་བཙན་སྒམ་པོ།		མེ་གླང་།	༦༡༧		ལྕགས་ཁྱི།	༦༥༠	དགུང་ལོ་སོ་གསུམ་བཞུགས།
༣༣༽ གུང་སྲོང་གུང་བཙན།		ཆུ་སྦྲུལ།	༦༣༣		ལྕགས་ཁྱི།	༦༥༠	དགུང་ལོ་བཅོ་བརྒྱད་བཞུགས།
༣༤༽ མང་སྲོང་མང་བཙན།		ལྕགས་ཁྱི།	༦༥༠		མེ་བྱི།	༦༧༦	དགུང་ལོ་ཉེར་བདུན་བཞུགས།
༣༥༽ འདུས་སྲོང་མང་པོ་རྗེ།		མེ་བྱི།	༦༧༦		ཤིང་འབྲུག	༧༠༤	དགུང་ལོ་ཉེར་དགུ་བཞུགས།
༣༦༽ མེས་ཨག་ཚོམ།		ཤིང་ལུག	༦༨༥		ཤིང་རྟ།	༧༥༤	དགུང་ལོ་དྲུག་ཅུ་བཞུགས།
༣༧༽ ཁྲི་སྲོང་ལྡེའུ་བཙན།		ཆུ་རྟ།	༧༤༢		མེ་གླང་།	༧༨༧	དགུང་ལོ་ང་དྲུག་བཞུགས།
༣༨༽ མུ་ནེ་བཙན་པོ།		ས་སྦྲེལ།	༧༦༨		ས་ཡོས།	༧༨༨	དགུང་ལོ་སོ་གཅིག་བཞུགས།
༣༩༽ ཁྲི་ལྡེ་སྲོང་བཙན།		མེ་འབྲུག	༧༧༦		ཤིང་ལུག	༨༡༥	དགུང་ལོ་སོ་དགུ་བཞུགས།
༤༠༽ ཁྲི་རལ་པ་ཅན།		མེ་ཁྱི།	༨༠༦		མེ་འབྲུག	༨༣༦	དགུང་ལོ་སུམ་ཅུ་བཞུགས།
༤༡༽ གླང་དར་མ་འུ་དུམ་བཙན།		ཆུ་ལུག	༨༠༣		ལྕགས་བྱ།	༨༤༡	དགུང་ལོ་སོ་དགུ་བཞུགས།

༤༢༽ འོད་སྲུང་།		ཆུ་ཕྱི།	༨༤༢		ཤིང་གླང་།	༩༠༥	ལྡེའུ་ཆོས་འབྱུང་ནང་ལྕགས་སྤྲེ་༨༤༠ ལོར་འཁྲུངས་གསུང་།
༤༣༽ དཔལ་འཁོར་བཙན།		ཆུ་རྟ།	༨༦༢		ཆུ་གླང་།	༨༩༣	དཀྱུང་ལོ་སོ་གཅིག་སྐབས་འབངས་ཀྱིན་ལོག་གིས་བཀྲོངས།
བོད་མཁས་པ་མི་ཕམ་དགེ་ལེགས་རྣམ་རྒྱལ།	༡༠	ས་རྟ།	༡༦༡༨				
བོད་པ་སྤྲུལ་སྐུ་མདོ་སྔགས་བསྟན་པའི་ཉི་མ།	༡༥	ཆུ་སྟག	༡༩༠༢	༡༦	ལྕགས་བྱི།	༡༩༦༠	
བོད་མཁར་མི་ཏྲི་དོན་གྲུབ་རྒྱལ་མཚན།	༩	མེ་ཕྱི།	༡༥༢༦				
བོན་གྲོང་ཚེ་བརྟན་ཡེ་ཤེས།							སྣེ་སྲིད་སངས་རྒྱས་རྒྱ་མཚོའི་སྐུ་དུས།
བྱ་ཁྱུང་ངག་དབང་ཆོས་གྲགས།							བྱང་རྩེ་ངག་དབང་ཆོས་གྲགས་ལ་གཟིགས།
བྱ་ཁྱུང་ངག་དབང་མཆོག་ལྡན།							གཙན་ཚ་ངག་དབང་མཆོག་ལྡན་ལ་གཟིགས།
བྱ་ཁྱུང་ངག་དབང་སྙན་གྲགས།							སྐྱབས་ངག་དབང་སྙན་གྲགས་ལགཟིགས།
བྱ་ཁྱུང་ངག་དབང་པདྨ་རྣམ་རྒྱལ།							དུས་རབས་༡༥པའི་ནང་འཁྲུངས།
བྱ་ཁྲི་བཙན་པོ།							ཤ་ཁྲི་ཡིན་སྙམ། སྤུ་དེ་གུང་རྒྱལ་ལ་ཞུ།
བྱ་འཆད་ཁ་བ་ཡེ་ཤེས་རྡོ་རྗེ།	༢	ལྕགས་སྤྲེལ།	༡༡༠༡	༣	ཤིང་ལུག	༡༡༧༥	

བྱ་བཏང་བློ་བཟང་སྨོན་ཆུང་།							
བྱ་གདོང་ཅན།							ལོ་ཆེན་རིན་ཆེན་བཟང་པོར་ཞུ།
བྱ་གདོང་ཅན།							དུས་རབས་༡༡པའི་དུས་སྨད་ཀྱི་ལོ་རྩྭ་ཞིག
བྱ་འདུལ་བ་འཛིན་པ།	༡	ཤིང་ཡོས།	༡༠༧༥				
བྱ་འདུལ་འཛིན།	༢	ལྕགས་ལུག	༡༠༩༡	༣	མེ་ཁྱི།	༡༡༥༦	
བྱ་འདུལ་འཛིན་བརྩོན་འགྲུས་འབར།	༢	ལྕགས་འབྲུག	༡༡༠༠	༣	ཤིང་རྟ།	༡༡༧༨	
བྱ་བྲལ་ཀུན་དགའ་དོན་གྲུབ།							
བྱ་བྲལ་ཀུན་དགའ་རང་གྲོལ།							འདས་ལོག་པ་ཞིག དུས་རབས་༡༨པའི་ནང་འཁྲུངས་སམ།
བྱ་བྲལ་དཀོན་མཆོག་རྒྱལ་མཚན།							
བྱ་བྲལ་མཁྱེན་རབ་བློ་གསལ།							
བྱ་བྲལ་མགོན་པོ་དཔལ།							
བྱ་བྲལ་བློ་བཟང་རྣམ་རྒྱལ།	༡༡	ལྕགས་ཁྱི།	༡༥༧༠	༡༢	ལྕགས་བྱ།	༡༧༩༡	

བྱ་བྲལ་རཏྣ་མ་ཏི།							
བྱ་བྲལ་སངས་རྒྱས་རྡོ་རྗེ།	༡༥	ཆུ་གླང་།	༡༩༡༣				
བྱ་བྲལ་ལྷ་དབང་རྒྱ་མཚོ།							
བྱ་ཚང་དགེ་འདུན་བསྟན་པ་ཡར་འཕེལ།	༡༤	ས་རྟ།	༡༨༥༨				
བྱ་ཡུལ་ཁམས་ལུང་པ།	༤	ཆུ་འབྲུག	༡༢༣༢	༥	ཆུ་རྟ།	༡༢༨༢	
བྱ་ཡུལ་བ་ཚུལ་ཁྲིམས་སེངྒེ།	༤	ཤིང་བྱི།	༡༢༦༤				
བྱ་ཡུལ་བ་ཚུལ་ཁྲིམས་མགོན་པོ།	༥	ལྕགས་ཡོས།	༡༢༩༡				
བྱ་ཡུལ་བ་གཞོན་ནུ་སྨོན་ལམ།	༥	ཆུ་སྤྲེལ།	༡༢༧༢				
བྱ་ཡུལ་ཆེན་པོ་གཞོན་ནུ་འོད།	༡	ཤིང་ཡོས།	༡༠༧༥	༢	ས་རྟ།	༡༡༣༨	
བྱ་ཡུལ་བ་ཟྭམ་རིན་པོ་ཆེ།	༣	ལྕགས་ཕག	༡༡༩༡	༤	མེ་འབྲུག	༡༢༥༦	
བྱ་ཡུལ་བ་སངས་རྒྱས་སྒོམ་པ། སྔ་མ།	༣	ལྕགས་འབྲུག	༡༡༦༠	༤	ས་གླང་།	༡༢༢༩	
བྱ་ཡུལ་བ་སངས་རྒྱས་སྒོམ་པ། ཕྱི་མ།	༥	ཤིང་སྤྲེལ།	༡༢༨༤				

བྱ་ཡུལ་བ་སངས་རྒྱས་རྡོ་རྗེ།	༥	ཆུ་བྱི།	༡༣༡༢				
བྱང་ངོས་ནང་སོ་དར་རྒྱས།				༡༡	མེ་སྦྲུལ།	༡༦༧༧	
བྱང་ཆུབ་གྲགས།							འཇའ་ལུས་པ་ཞིག
བྱང་ཆུབ་དཔལ་བ།	༥	ཤིང་སྤྲེལ།	༡༢༨༤	༦	མེ་ཡོས།	༡༣༢༧	
བྱང་ཆུབ་དཔལ་བཟང་པོ།	༥	ལྕགས་སྦྲུལ།	༡༢༨༡		མེ་སྤྲེལ།	༡༣༥༦	
བྱང་ཆུབ་དབང་རྒྱལ།							
བྱང་ཆུབ་འབྱུང་གནས།							དུས་རབས་༡༡པའི་དུས་དཀྱིལ་གྱི་ལོ་ཙྪ་བ་ཞིག
བྱང་ཆུབ་མི་ལ་ངག་དབང་བསོད་ནམས།	༡༡	མེ་བྱི།	༡༦༩༦	༡༢	མེ་སྤྲེལ།	༡༧༡༦	
བྱང་ཆུབ་ཤེས་རབ།							
བྱང་ཆུབ་སེངྒེ།	༦	མེ་སྦྲུལ།	༡༣༧༧				བྱ་འདུལ་འཛིན་བརྩོན་འགྲུས་འབར་གྱི་སློབ་མ།
བྱང་ཆུབ་སེམས་དཔའ།							དུས་རབས་༡༣པའི་དུས་དཀྱིལ། རྒྱལ་ལྷ་ཁང་གི་གདན་རབས་༡༤པ།

བྱང་ཆུབ་སེམས་དཔའ་ཀུན་དགའ།	༡	ཆུ་སྟག	༡༠༦༢	༢	ཤིང་འབྲུག	༡༡༢༨	
བྱང་ཆུབ་སེམས་དཔའ་རྨ་ཉ་ཐྱི། ཡེ་ཤེས་དཔལ།							བཀའ་གདམས་པ་ཞིག
བྱང་བདག་བཀྲ་ཤིས་སྟོབས་རྒྱལ།	༩	ལྕགས་ཁྱི།	༡༥༥༠	༡༠	ཆུ་སྟག	༡༦༠༢	
བྱང་བདག་པོ་རྣམ་རྒྱལ་གྲགས་བཟང་།	༧	ཤིང་ཕག	༡༣༩༥	༨	ཤིང་ལུག	༡༤༧༥	རྒྱ་རུག་དར་མ་རིག་འཛིན་ཡང་ཞུ།
བྱང་བདག་རིག་འཛིན་ངག་གི་དབང་པོ།							རྡོ་བྲག་སྐུ་ཕྲེང་གསུམ་པར་གཟིགས།
བྱང་པ་ལོ་ཆེན་རིན་བཟང་ངམ་རཏྣ་བྷ་དྲ།							
བྱང་པ་རབ་འབྱམས་པ་ནམ་མཁའ།							
བྱང་རྗེ་ངག་དབང་ཆོས་གྲགས།							དགའ་ལྡན་ཁྲི་རབས་ང་བརྒྱད་པར་གཟིགས།
བྱང་རྗེ་ངག་དབང་སྙན་གྲགས།							སྐུབས་ངག་དབང་སྙན་གྲགས་ལ་གཟིགས།
བྱང་རྗེ་དོན་གྲུབ་རྒྱ་མཚོ།	༡༡	ཤིང་ལུག	༡༦༥༥	༡༢	མེ་ལུག	༡༧༢༧	
བྱང་རྗེ་བློ་བཟང་བཀྲ་ཤིས།							ཅེ་ཧོར་བློ་བཟང་བཀྲ་ཤིས་ལ་གཟིགས།

བྱང་རྩེ་བློ་བཟང་དགེ་ལེགས།							མཁན་པོ་བློ་བཟང་དགེ་ལེགས་ལ་གཟིགས།
བྱང་རྩེ་བློ་བཟང་བསྟན་པ།	༡༢	ཤིང་སྦྲུལ།	༡༧༢༥	༡༣	ཆུ་སྟག	༡༧༨༢	
བྱང་རྩེ་བློ་བཟང་དྲི་མེད།							སྤོ་འབོར་བློ་བཟང་དྲི་མེད་ལ་གཟིགས།
བྱང་རྩེ་བློ་བཟང་ཕྲིན་ལས།				༡༣	ལྕགས་ཕག	༡༧༩༡	
བྱང་རྩེ་བློ་བཟང་སྨོན་ལམ།							སྤོ་སྨད་བློ་བཟང་སྨོན་ལམ་ལ་གཟིགས།
བྱང་རྩེ་བློ་བཟང་ལྷུན་གྲུབ།							ཁྱུང་རི་བློ་བཟང་ལྷུན་གྲུབ་ལ་གཟིགས།
བྱང་སེམས་ཀུན་དགའ་བཟང་པོ།	༦	མེ་རྟ།	༡༣༦༦	༧	ཤིང་བྱི།	༡༤༤༤	
བྱང་སེམས་དགེ་བའི་བློ་གྲོས།							
བྱང་སེམས་རྒྱལ་བ་ཡེ་ཤེས།	༤	མེ་སྦྲུལ།	༡༢༥༧	༥	ལྕགས་སྤྲེལ།	༡༣༢༠	ཇོ་ནང་གདན་རབས་གཉིས་པ།
བྱང་སེམས་ཆོས་རྗེ་བསོད་ནམས་རྒྱལ་མཚན།							ཞང་ལོ་ཙཱ་བའི་སློབ་མ་ཡིན་དགུང་ལོ་བདུན་ཅུ་དོན་དྲུག་བཞུགས།
བྱང་སེམས་ར་སྒྲེང་པ་ཤཱཀྱ་བསོད་ནམས།				༧	ཆུ་ཁྱི།	༡༤༤༢	

བྱང་སེམས་ཤེས་རབ་བཟང་པོ།	༧	ཤིང་ཕག	༡༣༩༥	༨	མེ་གླང་།	༡༤༥༧	
བྱང་སེམས་བསོད་ནམས་གྲགས་པ།	༥	ཆུ་བྱ།	༡༢༧༣	༦	ཤིང་བྱ།	༡༣༤༥	
བྱང་སེམས་བསོད་ནམས་རིན་ཆེན།							
བྱམས་གླིང་བསྟན་པ་རིན་ཆེན།							དུས་རབས་༡༦པའི་དུས་སྨད་ཙམ།
བྱམས་ཆེན་ཆོས་རྗེ་ཤཱཀྱ་ཡེ་ཤེས།	༦	ཤིང་རྟ།	༡༣༥༤	༧	ཤིང་ཡོས།	༡༤༣༥	
བྱམས་ཆེན་རབ་འབྱམས་པ་སངས་རྒྱས་འཕེལ།	༧	ལྕགས་ཡོས།	༡༤༡༡	༨	ཤིང་སྦྲུལ།	༡༤༨༥	
བྱམས་པ་ཀུན་ཁྱབ།							
བྱམས་པ་ཀུན་དགའ་བཀྲ་ཤིས་གྲགས་པ་རྒྱལ་མཚན།							
བྱམས་པ་ཀུན་དགའ་ཆོས་གྲགས།							
བྱམས་པ་གླིང་པ་བསོད་ནམས་རྣམ་རྒྱལ།							པཎ་ཆེན་བྱམས་པ་གླིང་པ་བསོད་ནམས་རྣམ་རྒྱལ་ལ་གཟིགས
བྱམས་པ་ངག་དབང་གྲགས་པ།							
བྱམས་པ་ངག་དབང་བསོད་ནམས་བཀྲ་ཤིས།							

བྱམས་པ་ཆོས་འཕགས།							
བྱམས་པ་ཆོས་ལེགས།							
བྱམས་པ་བསྟན་པ་རྒྱ་མཚོ།							
བྱམས་པ་བསྟན་པ་རིན་ཆེན།							
བྱམས་པ་རྡོ་རྗེ་རྒྱལ་མཚན།							
བྱམས་པ་སྨྲུལ་སྐུ།	༡༠	ལྕགས་ཡོས།	༡༥༩༡				
བྱམས་པ་ཕྲིན་ལས།	༡༦	ས་འབྲུག	༡༩༢༨	༡༧	ལྕགས་སྟག	༢༠༡༠	ལྷ་ས་སྨན་རྩིས་ཁང་གི་དབུ་འཛིན།
བྱམས་པ་འབུམ།	༢	ས་ཕག	༡༡༡༩	༣	ཆུ་བྱི།	༡༡༩༢	
བྱམས་པ་འོད་ཟེར།	༡༢	མེ་རྟ།	༡༧༢༦	༡༣	ཆུ་ཕག	༡༨༠༣	
བྱམས་གསར་ཆོས་རྗེ་ཡེ་ཤེས་དཔལ།	༥	ས་རྟ།	༡༣༡༨	༦	མེ་སྟག	༡༣༨༦	
བྱར་པོ་པཎ་ཆེན་རྡོ་རྗེ་ཕ་ལམ།							དུས་རབས་༡༥པའི་དུས་སྨད།

བྱར་རོང་སྨན་པ་ཉི་འོད་གསལ།							དུས་རབས་༡༢པའི་དུས་སྨད། གཏེར་སྟོན་ཉི་མ་འོད་གསལ་ཡང་ཞུ།
བྱིན་གྱི་སྙིང་པོ།							དུས་རབས་བརྒྱད་པའི་ནང་གི་ལོ་ཙཱ་བ་ཞིག
བྱེ་རི་རྒྱལ་མཚན་བཟང་པོ།	༨	མེ་སྦྲུལ།	༡༤༩༧	༩	ས་སྤྲེལ།	༡༥༤༨	
བྲ་ཉེ་མཁན་པོ།							ཉང་འབབ་ངག་དབང་ཐུབ་བསྟན་རྒྱ་མཚོར་གཟིགས།
བྲག་དཀར་བློ་བཟང་དཔལ་ལྡན།	༡༥	མེ་སྟག	༡༨༦༦	༡༦	ས་འབྲུག	༡༩༢༨	
བྲག་དཀར་བློ་བཟང་དཔལ་ལྡན་བསྟན་འཛིན་སྙན་གྲགས།	༡༤	ས་སྦྲུལ།	༡༨༠༩				
༼བྲག་དགོན་སྐུ་ཕྲེང་རིམ་བྱོན།༽							བྲག་སྒོམ་པ་ཞེས་ཀྱང་འབྲི་སྲོལ་འདུག
༡༽བྲག་དགོན་སྐུ་ཕྲེང་དང་པོ་བློ་བཟང་རྣམ་རྒྱལ།	༡༡	ལྕགས་ལུག	༡༦༣༡	༡༢	མེ་བྱི།	༡༧༠༦	དགུང་ལོ་དོན་དྲུག་བཞུགས།
༢༽བྲག་དགོན་སྐུ་ཕྲེང་གཉིས་པ་བློ་བཟང་ཤེས་རབ།	༡༢	ས་སྤྲེལ།	༡༧༢༨				
༣༽བྲག་དགོན་སྐུ་ཕྲེང་གསུམ་པ་དཀོན་མཆོག་བསྟན་པ་རབ་རྒྱས།	༡༣	ལྕགས་བྱ།	༡༨༠༡	༡༤	མེ་སྟག	༡༨༦༦	

༤༽ བྲག་དགོན་སྐུ་ཕྲེང་བཞི་པ་འཇམ་དབྱངས་བསྟན་པ་རྒྱ་མཚོ།	༡༥	ས་འབྲུག	༡༨༦༨	༡༦	ལྕགས་སྦྲུལ།	༡༩༤༡	དགུང་ལོ་དོན་བཞི་བཞུགས།
༥༽ བྲག་དགོན་ སྐུ་ ཕྲེང་ ལྔ་ པ་ སྐལ་ བཟངབ་ ཐུབ་ བསྟན་ རྒྱ་མཚོའམ་སྐལ་བཟང་འཇིགས་མེད།	༡༦	ལྕགས་སྦྲུལ།	༡༩༤༡		མེ་ཁྱི།	༢༠༠༦	དགུང་ལོ་རེ་དྲུག་བཞུགས།
བྲག་པོ་ཆེ་བ་རྡོ་རྗེ་དཔལ།							དུས་རབས་༡༤པའི་མགོ་སྟོད།
༼བྲག་གཡབ་མ་དགོན་ཆེ་ཚང་སྐུ་ཕྲེང་རིམ་བྱོན།༽							
༡༽ དཀའ་ཆེན་གྲགས་པ་རྒྱ་མཚོ།	༡༠	ཆུ་སྦྲེལ།	༡༥༧༢	༡༡	མེ་ཕག	༡༦༤༠	དགུང་ལོ་རེ་དགུ་བཞུགས།
༢༽ ངག་དབང་བསོད་ནམས་ལྷུན་གྲུབ།	༡༡	མེ་ཕག	༡༦༤༧	༡༡	མེ་སྟག	༡༦༣༧	དགུང་ལོ་སོ་དྲུག་བཞུགས།
༣༽ ངག་དབང་ཚུལ་ཁྲིམས་ལས་གྲུབ།	༡༡	ཆུ་ཕག	༡༦༨༣	༡༢	ཆུ་སྦྲེལ།	༡༦༩༢	དགུང་ལོ་བཅུ་བཞུགས།
༤༽ གྲུབ་དབང་བློ་བཟང་རྣམ་རྒྱལ།	༡༢	ཆུ་བྱ།	༡༦༩༣		ལྕགས་སྟག	༡༧༥༠	དགུང་ལོ་ང་བརྒྱད་བཞུགས།
༥༽ བློ་བཟང་དཔལ་ལྡན་བསྟན་པའི་རྒྱལ་མཚན།	༡༣	མེ་བྱི།	༡༧༥༦	༡༤	ལྕགས་ལུག	༡༨༡༡	དགུང་ལོ་ང་དྲུག་བཞུགས།
༦༽ བློ་བཟང་ཐུབ་བསྟན་འཇིགས་མེད་ཆོས་ཀྱི་རྒྱ་མཚོ།	༡༤	ཤིང་ཁྱི།	༡༨༡༤	༡༤	ཆུ་གླང་།	༡༨༥༣	དགུང་ལོ་ཞེ་བཞི་བཞུགས།

༧༽ མཁྱེན་རབ་ལུང་རིགས་མཁས་བཙུན་རྒྱལ་མཚན།	༡༤	ས་ལུག	༡༨༥༩	༡༥	ཆུ་རྟ།	༡༨༨༢	དགུང་ལོ་ཉེར་བཞི་བཞུགས།
༨༽ བློ་བཟང་མཁས་གྲུབ་འཇིགས་མེད་བསྟན་པ་རྒྱ་མཚོ།	༡༥	ས་བྱི།	༡༨༨༨	༡༦	ས་སྟག	༡༩༣༨	དགུང་ལོ་ང་གཅིག་བཞུགས།
༩༽ ངག་དབང་བློ་བཟང་བསྟན་འཛིན་ཆོས་ཀྱི་རྒྱལ་མཚན།	༡༦	ལྕགས་འབྲུག	༡༩༤༠				
༼བྲག་གཡབ་ཆུང་ཚང་སྐུ་ཕྲེང་རིམ་བྱོན།༽							
༡༽ སངས་རྒྱས་བཀྲ་ཤིས།	༡༠	ས་བྱི།	༡༥༨༨			༡༦༥༡	དགུང་ལོ་རེ་བཞི་བཞུགས།
༢༽ གྲགས་པ་ཆོས་འཛིན།	༡༡	མེ་བྱ།	༡༦༥༧			༡༦༨༢	དགུང་ལོ་ཉེར་དྲུག་བཞུགས།
༣༽ ཆོས་རྒྱལ་ལྷུན་གྲུབ་རྒྱ་མཚོ།	༡༢	ས་སྟག	༡༦༩༨	༡༣	ཆུ་སྤྲེལ།	༡༧༦༡	དགུང་ལོ་རེ་བཞི་བཞུགས།
༤༽ པད་དཀར་ཤཱཀྱ་རྒྱ་མཚོ།	༡༣	ཆུ་རྟ།	༡༧༦༢			༡༧༧༣	དགུང་ལོ་བཅུ་གཅིག་བཞུགས།
༥༽ ལོ་རྟུ་བླ་མ་བསྟན་འཛིན་དབང་པོ།	༡༣	ཤིང་རྟ།	༡༧༧༤				དགུང་ལོ་དྲུག་ཅུ་ལྷག་བཞུགས།
༦༽ མདོ་སྔ་བསྟན་འཛིན་རྒྱ་མཚོ།	༡༤	ལྕགས་ཁྱི།	༡༨༥༠				དགུང་ལོ་སུམ་ཅུ་ལྷག་བཞུགས།
༧༽ ཆོས་རྒྱལ་དོན་གྲུབ་དཔའ་བོ།	༡༥	མེ་ཁྱི།	༡༨༨༦				
༨༽ མི་ཕམ་མཐུ་སྟོབས་བདེ་ཆེན་ཡོན་ཏན།							འདི་རབ་བྱུང་བཅུ་དྲུག་མེ་ཕྱིར་འཁྲུངས་ཟེར་རུང་མི་བདེན།

བྲག་གཡབ་རྟོགས་ལྡན་འཇམ་དབྱངས་བློ་གྲོས།	༡༥	ས་བྱི།	༡༨༨༨	༡༦	ལྕགས་སྦྲུལ།	༡༩༤༡	
བྲག་གཡབ་བློ་བཟང་བསྟན་པ།	༡༡	ཆུ་ཕག	༡༦༨༣	༡༢	ས་ལུག	༡༧༣༩	
བྲག་ལུང་མཁན་པོ་དགེ་འདུན་ལུང་རྟོགས་རབ་རྒྱས།	༡༥	ཤིང་ལུག	༡༨༩༥	༡༦	ཆུ་འབྲུག	༡༩༥༢	
བྲག་ལུང་ངག་དབང་མཁས་གྲུབ་རྒྱ་མཚོ།	༡༢	ལྕགས་ཡོས།	༡༧༡༡	༡༣	ཤིང་རྟ།	༡༧༧༣	
བྲག་ལུང་ཞབས་དྲུང་དགེ་འདུན་བསྟན་པ་རྒྱ་མཚོ།	༡༥	ས་སྦྲུལ།	༡༨༦༩				
བྲང་ཏི་རྒྱལ་གཉེར་མཁར་ཕུག							ཁྲི་ལྡེ་གཙུག་བརྟན་མེས་ཨག་ཚོམ་གྱི་བླ་སྨན།
བྲང་ཏི་རྒྱལ་བ་བཟང་པོ།							དུས་རབས་༡༣པའི་དུས་སྨད་ཙམ།
བྲང་ཏི་རྒྱལ་བཟང་།							དུས་རབས་༩པའི་ནང་རོང་དུར་སྨྲིག་རྒྱུད་ལ་འཁྲུངས།
བྲང་ཏི་འཇམ་དཔལ་བཟང་པོ།							དུས་རབས་༡༣པའི་དུས་དཀྱིལ་ཙམ།
བྲང་ཏི་དཔལ་ལྡན་རྒྱལ་མཚན།							དུས་རབས་༡༣པའི་དུས་སྨད་ཙམ།
བྲང་ཏི་དཔལ་ལྡན་འཚོ་བྱེད།							རབ་བྱུང་བཞི་པའི་ནང་།
བྲང་ཏི་ཛ་ཡ་རཀྵི་ཏ།							ཁྲི་སྲོང་སྐུ་དུས་ཀྱི་ལོ་ཙཱ་བ་ཞིག

བྲང་ཏི་ཤིང་རྟ།							བྲང་ཏི་རྒྱལ་བ་བཟང་པོར་གཟིགས།
བྲན་ཀ་དཔལ་གྱི་ཡོན་ཏན།							ཁྲི་ལྡེ་སྲོང་བཙན་དང་རལ་པ་ཅན་གྱི་བཀའ་བློན།
བྲན་ཀ་བློན་རྒྱལ་བཟང་འདུས་ཀོང་།							ཁྲི་ལྡེ་སྲོང་བཙན་གྱི་ནང་བློན་ཞིག
བྲན་ཀ་བློན་བསམ་པ།							ཁྲི་ལྡེ་སྲོང་བཙན་གྱི་ཕྱི་བློན་ཞིག
བླ་གོའི་འཇམ་དབྱངས་རྒྱ་མཚོ།	༡༣	ཆུ་ཕག	༡༨༠༣	༡༤	ཤིང་གླང་།	༡༨༦༥	
བླ་ཆེན་ཀུན་དགའ་རྒྱལ་མཚན།	༦	ཤིང་སྤྲེལ།	༡༣༤༤	༧	ས་ཁྱི།	༡༤༡༨	
བླ་ཆེན་དགོངས་པ་རབ་གསལ།		ཆུ་བྱི།	༨༩༢				
བླ་ཆེན་ཡོན་ཏན་གཟུང་།	༢	མེ་རྟ།	༡༡༢༦	༣	ཤིང་ཡོས།	༡༡༩༥	
བླ་ཆེན་བསོད་ནམས་བློ་གྲོས།							ཏི་ཤྲཱི་བསོད་ནམས་བློ་གྲོས་ལ་གཟིགས།
བླ་བན་ཆོས་ཀྱི་བརྩོན་འགྲུས།							དུས་རབས་༡༥པའི་ནང་གི་ལོ་ཙཱ་བ་ཞིག
〔བླ་བྲང་བཀྲ་ཤིས་འཁྱིལ་གྱི་གདན་རབས་རིམ་བྱོན།〕							

༡༽ཀུན་མཁྱེན་འཇམ་དབྱངས་བཞད་པ་ངག་དབང་བརྩོན་འགྲུས།							འཇམ་བཞད་ངག་དབང་བརྩོན་འགྲུས་ལ་གཟིགས།
༢༽རྗེ་ཏོར་བློ་གསལ་རྒྱ་མཚོ།	༡༢	ལྕགས་བྱི།	༡༧༢༠				
༣༽རྗེ་བློ་བཟང་མཁས་མཆོག	༡༡	ས་རྟ།	༡༦༧༨	༡༣	ལྕགས་རྟ།	༡༧༥༠	དགུང་ལོ་༧༢བཞུགས།
༤༽རྗེ་ངག་དབང་དཔལ་ལྡན།	༡༡	མེ་འབྲུག	༡༦༧༦				
༥༽རྗེ་དགེ་འདུན་རྒྱལ་མཚན།							༡༢ས་སྤྲེལ་༡༧༢༨ལ་ཁྲིར་ཕེབས།
༦༽སྡེ་ཁྲི་བློ་བཟང་དོན་གྲུབ།							སྡེ་ཁྲི་སྐུ་ཕྲེང་དང་པོར་གཟིགས།
༧༽རྗེ་འཇམ་དབྱངས་དཔལ་ལྡན།							དབང་ཤུལ་འཇམ་དབྱངས་དཔལ་ལྡན་ལ་གཟིགས།
༨༽ངག་དབང་བསྟན་པའི་རྒྱལ་མཚན།	༡༡	ཤིང་སྦྲུལ།	༡༦༦༥	༡༢	ཤིང་སྦྲུལ།	༡༧༢༦	དགུང་ལོ་༦༡བཞུགས།
༩༽རྗེ་བློ་བཟང་གནས་བརྟན།	༡༢	མེ་བྱི།	༡༦༩༦	༡༣	ཤིང་ཁྱི།	༡༧༥༤	དགུང་ལོ་༥༩བཞུགས།
༡༠༽རྗེ་རབ་བརྟན་རྒྱ་མཚོ།							ཏོར་རབ་བརྟན་རྒྱ་མཚོ་ལ་གཟིགས།
༡༡༽རྗེ་བཀྲ་ཤིས་རྒྱ་མཚོ།							འབའ་རེ་བཀྲ་ཤིས་རྒྱ་མཚོ་ལ་གཟིགས།

༡༢) རྗེ་དཀོན་མཆོག་བདེ་ཆེན།							༡༣མེ་ཕག་༡༧༦༧ལ་ཁྲིར་ཕེབས།
༡༣) རྗེ་ཤེས་རབ་རྡོ་རྗེ།	༡༢	ལྕགས་ཡོས།	༡༧༡༡	༡༣	ཤིང་འབྲུག	༡༧༨༤	དགུང་ལོ་༧༤བཞུགས།
༡༤) ཁྲི་པ་བསོད་ནམས་གྲགས་པ།							བསོད་ནམས་གྲགས་པ་གཟིགས།
༡༥) རྗེ་བློ་བཟང་སྨྲིན་པ།							ཨ་རིག་བློ་བཟང་སྨྲིན་པ་ལ་གཟིགས།
༡༦) རྗེ་བློ་བཟང་མཆོག་གྲུབ།							སེར་ལི་བློ་བཟང་མཆོག་གྲུབ་ལ་གཟིགས།
༡༧) རྗེ་དོན་གྲུབ་རྒྱ་མཚོ།							ཚོ་འདུ་དོན་གྲུབ་རྒྱ་མཚོར་གཟིགས།
༡༨) རྗེ་ནམ་མཁའ་རྒྱལ་མཚན།							ཙ་ཡུ་ནམ་མཁའ་རྒྱལ་མཚན་ལ་གཟིགས།
༡༩) རྗེ་འཇིགས་མེད་མཁས་མཆོག							མགོ་རྒྱ་འཇིགས་མེད་མཁས་མཆོག་ལ་གཟིགས།
༢༠) སྡེ་ཁྲི་དཀོན་མཆོག་རྒྱལ་མཚན།	༡༣	ཤིང་སྤྲེལ།	༡༧༦༤			༡༨༥༤	དགུང་ལོ་༩༠བཞུགས།
༢༡) རྗེ་དཀོན་མཆོག་ལྷུན་གྲུབ།	༡༤	མེ་སྤྲེལ།	༡༨༥༧				འབྱུངས་པའི་ལོར་ཁྲིར་བཞུགས་ཟེར།
༼བླ་བྲང་བཀྲ་ཤིས་འཁྱིལ་གྱི་ཨེ་ཝཾ་བདེ་ཆེན་ཆོས་འཁོར་གླིང་གི་གདན་རབས་རིམ་བྱོན།༽	༡༢	ནས་འགོ་ཚུགས།					

༡༽ རྗེ་བཙུན་དཀོན་མཆོག་འཇིགས་མེད་དབང་པོ།							འཇམ་བཞད་འཇིགས་མེད་དབང་པོར་གཟིགས།
༢༽ རྗེ་བློ་བཟང་བཀྲ་ཤིས།							སྟོ་པ་བློ་བཟང་བཀྲ་ཤིས་ལ་གཟིགས།
༣༽ རྗེ་རབ་བརྟན་རྒྱ་མཚོ།							རྟོར་རབ་བརྟན་རྒྱ་མཚོ་ལ་གཟིགས།
༤༽ རྗེ་བློ་བཟང་རིན་ཆེན།							གླིང་མོད་ལ་བློ་བཟང་རིན་ཆེན་གཟིགས།
༥༽ རྗེ་བློ་བཟང་བཀྲ་ཤིས།							ཁྱི་དགེ་བློ་བཟང་བཀྲ་ཤིས་ལ་གཟིགས།
༦༽ རྗེ་དོན་ཡོད་ཚུལ་ཁྲིམས།							ཉི་གུ་དོན་ཡོད་ཚུལ་ཁྲིམས་ལ་གཟིགས།
༧༽ རྗེ་ངག་དབང་ཕུན་ཚོགས།							དུས་འཁོར་ངག་དབང་ཕུན་ཚོགས་ལ་གཟིགས།
༨༽ རྗེ་ངག་དབང་དོན་གྲུབ།							མ་ཁ་ངག་དབང་དོན་གྲུབ་ལ་གཟིགས།
༩༽ རྗེ་འཇམ་དབྱངས་གྲགས་པ།	༡༣	མེ་སྤྲེལ།	༡༧༧༩				ལོ་འདིར་ཁྲིར་ཕེབས་ཟེར།
༡༠༽ རྗེ་དཀོན་མཆོག་དར་རྒྱས།							ཁ་གྱི་དཀོན་མཆོག་དར་རྒྱས་ལ་གཟིགས།
སྣ་གྲང་ཨ་ཁུ་ཆིང་ཤེས་རབ་རྒྱ་མཚོ།							ཨ་ཁུ་ཆིང་ཤེས་རབ་རྒྱ་མཚོར་གཟིགས།
སྣམ་དམ་པ་བསོད་ནམས་རྒྱལ་མཚན།	༥	ཆུ་བྱི།	༡༣༡༢	༧	ས་སླང་།	༡༤༠༩	ལ་ལས་༡༣༩༦མོར་འདས་ཟེར་ཡང་སྣར་བརྟག

བླ་མ་རྡོ་རྗེ་རྒྱལ་མཚན།	༥	ཆུ་ལུག	༡༢༨༣	༥	ཤིང་གླང་།	༡༣༢༥	
བླ་མ་དབུ་མ་པ་དཔའ་བོ་རྡོ་རྗེ།							རྗེ་ཙོང་ཁ་པའི་བླ་སློབ་གཉིས་ཀ་ཡིན།
བླ་མ་ཞང་འགྲོ་བའི་མགོན་པོ་བརྩོན་འགྲུས་གྲགས།	༢	ལྕགས་གླང་།	༡༡༢༡	༣	ཆུ་གླང་།	༡༡༩༣	ཞང་གཡུ་བྲག་པ་བརྩོན་འགྲུས་གྲགས་ཀྱང་ཞུ།
བླ་མ་གཞོན་ནུ་རིན་ཆེན།	༣	ཆུ་བྱི།	༡༡༩༢	༦	ས་རྟ།	༡༢༥༨	
བླ་མ་ཡོན་ཏན་རིན་ཆེན།							དུས་རབས་༡༣པའི་དུས་དཀྱིལ།
བླ་མ་རིན་བཟང་དཀར་པོ།							དུས་རབས་༡༤པའི་དུས་དཀྱིལ།
བླ་མ་སེ་སྟོན་ཀུན་རིག	༡	ས་འབྲུག	༡༠༢༨				
བླ་སྨན་ཐབས་མཁས།							དུས་རབས་༡༧པའི་དུས་དཀྱིལ།
བླ་སྨན་བྲ་སྤྲུག་པ་དམ་ཆོས་དཔལ་ལྡན།							དུས་རབས་༡༩པའི་དུས་དཀྱིལ།
བླ་སྨན་ཨོ་རྒྱན་བསྟན་འཛིན་རྒྱ་མཚོ།							དུས་རབས་༡༩པའི་དུས་དཀྱིལ།
བློ་གྲོས་རྒྱ་མཚོ།							སྟག་ཕུ་བློ་བཟང་བསྟན་པའི་རྒྱལ་མཚན་ལ་གཟིགས།

བློ་གྲོས་རྒྱལ་མཚན་དཔལ་བཟང་པོ།							འགྲོ་མགོན་ཆོས་རྒྱལ་འཕགས་པ་བློ་གྲོས་རྒྱལ་མཚན་ལ་གཟིགས།
བློ་གྲོས་མཆོག་ལྡན།							ཀུན་མཁྱེན་རབ་འབྱམས་པའི་མཚན་གྱི་རྣམ་གྲངས་ཤིག
བློ་གྲོས་བསྟན་པ།	༨	ས་བྱི།	༡༩༧༨				
བློ་གྲོས་འབུམ་པ།	༦	ཆུ་རྟ།	༡༣༩༢	༧	མེ་བྲི།	༡༩༠༦	
བློ་གྲོས་འབྱུང་གནས།				༨	ཤིང་ལུག	༡༩༧༥	
བློ་གྲོས་དབང་ཕྱུག							
བློ་གྲོས་མཚུངས་མེད།							ཀུན་མཁྱེན་ཀློང་ཆེན་རབ་འབྱམས་པའི་མཚན་གྱི་རྣམ་གྲངས་ཤིག
བློ་གྲོས་རིན་ཆེན།							ས་བཟང་མ་ཏི་པཎ་ཆེན་བློ་གྲོས་རིན་ཆེན་ལ་གཟིགས།
བློ་གྲོས་སེངྒེ།	༦	ལྕགས་ཕག	༡༣༧༡	༧	ལྕགས་བྲི།	༡༩༣༠	
བློ་གསལ་ཡོངས་པ་རྒྱ་མཚན།							
བློ་གསལ་རྒྱ་མཚོ།							ཚར་ཆེན་བློ་གསལ་རྒྱ་མཚོར་གཟིགས།

བློ་བཟང་གྲགས་པ།							མཆིམས་བློ་བཟང་གྲགས་པར་གཟིགས།
བློ་བཟང་གྲགས་པ།							རྗེ་ཙོང་ཁ་པ་བློ་བཟང་གྲགས་པར་གཟིགས།
བློ་བཟང་རྒྱ་མཚོའི་སྤྲིན།							ཅོ་ནེ་བླ་མ་བློ་བཟང་རྒྱ་མཚོའི་སྤྲིན་ལ་གཟིགས།
བློ་བཟང་རྒྱལ་མཚན་སེངྒེ།	༡༣	མེ་གླང་།	༡༧༥༧	༡༤	ས་བྱ།	༡༨༤༩	
བློ་བཟང་ངག་དབང་།							དུས་རབས་༡༧པའི་དུས་མགོ
བློ་བཟང་ཆོས་ཀྱི་དབང་ཕྱུག							
བློ་བཟང་ཆོས་འཕེལ།							
བློ་བཟང་བསྟན་པ་ཆོས་འཕེལ།							དུས་རབས་༡༩པའི་དུས་དཀྱིལ་ཙམ།
བློ་བཟང་བསྟན་པའི་ཉི་མ།	༡༢	ས་སྦྲུལ།	༡༦༨༩	༡༣	ཆུ་འབྲུག	༡༧༧༢	
བློ་བཟང་བསྟན་འཛིན།	༡༢	ལྕགས་བྱི།	༡༧༢༠	༡༣	ས་རྟ།	༡༧༧༨	
བློ་བཟང་ཐུབ་བསྟན་དགེ་ལེགས་རྒྱལ་མཚན།	༡༢	ས་བྱ།	༡༧༢༩	༡༣	མེ་འབྲུག	༡༧༩༦	
བློ་བཟང་དོན་གྲུབ།							དགོན་ལུང་མཁན་རབས་༣༡པ།

བློ་བཟང་དོན་ལྡན།				༡༦	ལྕགས་སྟག	༡༩༥༠	
བློ་བཟང་སྦྱིན་པའམ་ངག་དབང་འོད་ཟེར།							
བློ་བཟང་ཡར་འཕེལ།	༡༡	མེ་སྟག	༡༦༨༦	༡༣	ས་སྦྲུལ།	༡༧༤༩	
བློ་བཟང་ཡེ་ཤེས་བསྟན་པ་རབ་རྒྱས།							
བློན་སྐྱེས་བཟང་རྒྱལ་གོང་།							ཁྲི་སྲོང་གི་བློན་པོ།
བློན་ཁྲི་སྒྲ་སྟག་ཚབ།							ཁྲི་སྲོང་གི་བློན་པོ།
བློན་ཁྲི་བཟང་།							ཁྲི་རལ་པ་ཅན་གྱི་ཕྱི་བློན།
བློན་སྟག་བཞེར།							ཁྲི་རལ་པ་ཅན་གྱི་ཕྱི་བློན།
བློན་ན་ལོད།							ཁྲི་རལ་པ་ཅན་གྱི་ཕྱི་བློན།
བློན་པོ་འཛིན་འཛིན།							མང་སྲོང་མང་བཙན་གྱི་བློན་པོ།
བློན་ཨར་མོ།							ཁྲི་རལ་པ་ཅན་གྱི་དམག་དཔོན་ཞིག
དབང་གྲགས་པ་རྒྱལ་མཚན།	༦	མེ་བྱི།	༡༣༣༦	༦	མེ་འབྲུག	༡༣༧༦	

དབང་ཕྱུག་གྲུབ་པ།							
དབང་ཕྱུག་རྒྱལ་མཚན།							དུས་རབས་༡༣པའི་དུས་སྨད།
དབང་ཕྱུག་དཔལ་བ།	༦	ཆུ་སྦྲུལ།	༡༣༣༢	༦	ཤིང་བྱི།	༡༣༤༩	
དབང་ཕྱུག་དཔལ་བཟང་།							
དབང་ཕྱུག་རིན་ཆེན།							བཀའ་གདམས་པ་ཞིག
དབའས་བློན་མདོ་བཙན།							ཁྲི་ལྡེ་སྲོང་བཙན་གྱི་དཔང་པོ་དང་དམག་དཔོན།
དབའས་བློན་མང་རྗེ་ལྷ་ལོད།							ཁྲི་ལྡེ་སྲོང་བཙན་གྱི་བློན་ཆེན།
དབའས་སྐྱེས་བཟང་སྟག་སྣང་།							ཁྲི་སྲོང་སྐྱ་དུས་ཀྱི་དམག་དཔོན།
དབའས་ཕོ་བཞེར་ལེགས་སྟེང་།							དུས་རབས་༡པའི་དུས་སྟོད་ཙམ།
དབའས་ཁྲི་གསུམ་རྗེ་བཙན་བཞེར།							མེས་ཨག་ཚོམ་གྱི་ནང་བློན།
དབའས་ཁྲི་གཟིགས་ཞང་ཉེན།							འདུས་སྲོང་མང་པོ་རྗེའི་བློན་པོ།
དབའས་རྒོད་སྟོངས་བཙན།							འདུས་སྲོང་གི་བློན་པོ་རྒྱལ་པོ་ཆེ་མི་བདུན་གྱི་གྲས།

དབའས་རྒྱལ་ཧྲོ་རེ་སྟག་སྐྱ།							ཁྲི་ལྡེ་སྲོང་བཙན་གྱི་དམག་དཔོན།
དབའས་རྒྱལ་ཧྲོ་རེ་སྟག་སྣ་ཅན་སྤྲེལ་མགོ།							ཁྲི་རལ་པ་ཅན་གྱི་བློན་པོ།
དབའས་སྟག་སྒྲ་ཁོང་ལོད།							མེས་ཨག་ཚོམ་གྱི་བློན་པོ།
དབའས་བློན་ཁྲི་སུམ་བཞེར་མདོ་བཙན།							ཁྲི་ལྡེ་སྲོང་བཙན་གྱི་བློན་ཆེན།
དབའས་བློན་ཁྲོམ་བཞེར།							ཁྲི་ལྡེ་སྲོང་བཙན་གྱི་དཔང་པོ་དང་དམག་དཔོན།
དབའས་བློན་ཁྲོམ་ལེགས།							ཁྲི་ལྡེ་སྲོང་བཙན་གྱི་དཔང་པོ་དང་དམག་དཔོན།
དབའས་བློན་འཕན་ལེགས།							ཁྲི་ལྡེ་སྲོང་བཙན་གྱི་དཔང་པོ་དང་དམག་དཔོན།
དབའས་མཆུ་སྣ།							ཁྲི་སྲོང་སྐུ་དུས་ཀྱི་ལོ་ཙྪ་བ་ཞིག
དབའས་བློན་མྱེ་སླེབས།							ཁྲི་ལྡེ་སྲོང་བཙན་གྱི་དཔང་པོ་དང་དམག་དཔོན།
དབའས་དབྱི་ཚབ།							ཟིང་པོ་རྗེའི་བློན་པོ་ཕྱིས་སྟག་རི་གཉན་གཟིགས་ལ་མགོ་འབུལ་ཞུས།
དབའས་བཙན་བཞེར་མདོ་ལོད།							ཁྲི་སྲོང་གི་དམག་དཔོན་ཞིག

དབའས་སོ་ཙོ་ཆུང་།							དུས་རབས་དགུ་པའི་དུས་སྟོད་ཁེང་ལོག་གི་མགོ་པ་ཞིག
དབལ་མང་དཀོན་མཆོག་རྒྱལ་མཚན།	༡༣	ཤིང་སྤྲེལ།	༡༧༦༤	༡༤	ཆུ་གླང་།	༡༨༥༣	
དབལ་མང་ཆུང་བ་དཀོན་མཆོག་ཆོས་འཕེལ།	༡༣	ས་བྱི།	༡༧༦༨	༡༤	ཤིང་རྟ།	༡༧༥༤	
དབལ་ཤུལ་ངག་དབང་བརྩོན་འགྲུས།							ཀུན་མཁྱེན་འཇམ་དབྱངས་བཞད་པར་གཟིགས།
དབལ་ཤུལ་འཇམ་དབྱངས་དཔལ་ལྡན།	༡༡	ཆུ་ཁྱི།	༡༦༨༢	༡༣	ཤིང་ཁྱི།	༡༧༥༤	
དབལ་ཤུལ་བློ་བཟང་གནས་བརྟན།	༡༢	མེ་བྱི།	༡༦༩༦	༡༣	ཤིང་ཁྱི།	༡༧༥༤	
དབུ་འོད་ཡེ་ཤེས་འབུམ།	༥	ཤིང་སྟག	༡༢༥༤	༦	མེ་ཡོས།	༡༣༢༧	
དབུས་པ་ཛོ་བོ་བསོད་ནམས།	༣	ས་བྱི།	༡༡༦༨	༣	ས་རྟ།	༡༡༩༨	
དབུས་པ་སྟོན་ཤཱཀ་གམ་དམ་པ་སེ་སྦྲུག་པ།	༢	ཆུ་བྱ།	༡༠༩༣	༣	ས་སྦྲུལ།	༡༡༤༩	
དབུས་པ་བློ་གསལ་བྱང་ཆུབ་ཡེ་ཤེས།							འདི་བཅོམ་ལྡན་རིགས་པའི་རལ་གྲིའི་སློབ་མ་ཡིན། ཨར་བྱང་ཆུབ་ཡེ་ཤེས་མ་ཡིན།
དབུས་པ་དམར་སྟོན།							

དབུས་སྨོན་ཀུན་དགའ་བཟང་པོ།	༨	ས་སྟག	༡༤༥༨				
དཔེན་ས་མཁས་པ་མཁས་གྲུབ་སངས་རྒྱས།				༡༠	ལྕགས་ཡོས།	༡༥༩༡	
དཔེན་ས་སྤྲུལ་སྐུ་བློ་བཟང་བསྟན་འཛིན་རྒྱ་མཚོ།	༡༠	ཤིང་སྦྲུལ།	༡༦༠༥				
དཔེན་ས་སྤྲུལ་སྐུ་ཡེ་ཤེས་རྒྱ་མཚོ།	༡༠	ཆུ་འབྲུག	༡༥༩༢	༡༠	མེ་སྟག	༡༥༦༦	
དཔེན་ས་པ་བློ་བཟང་དོན་གྲུབ།							པཎ་ཆེན་སྐུ་ཕྲེང་གསུམ་པར་གཟིགས།
དཔེན་ས་སྨོན་པ།							གྲུབ་ཆེན་ཆོས་ཀྱི་རྡོ་རྗེར་གཟིགས།
༼དཔོན་ཆན་སྐུ་ཕྲེང་རིམ་བྱོན།༽	༡༢ ནས་འགོ་ཚུགས།						
༡༽ དཔོན་ཆན་སྤྲུལ་སྐུ་བསྟན་འཛིན།	༡༢	ཤིང་འབྲུག	༡༧༢༤	༡༣	ཤིང་སྦྲུལ།	༡༧༨༥	དགུང་ལོ་༦༢བཞུགས།
༢༽ དཔོན་ཆན་ཀརྨ་ངེས་དོན་མཆོག་གྲུབ།	༡༣	ཤིང་སྦྲུལ།	༡༧༨༥	༡༤	ས་གླང་།	༡༨༢༩	དགུང་ལོ་༤༤བཞུགས།
༣༽ དཔོན་ཆན་ཀརྨ་སྒྲུབ་བརྒྱུད་བསྟན་འཕེལ།	༡༤	ལྕགས་སྟག	༡༨༣༠	༡༥	ཆུ་སྟག	༡༩༠༢	དགུང་ལོ་༧༢བཞུགས།
༤༽ དཔོན་ཆན་ཀརྨ་ངེས་དོན་བསྟན་འཛིན་ཕྲིན་ལས་རབ་རྒྱས།	༡༥	ཆུ་ཡོས།	༡༩༠༣	༡༦	ལྕགས་ལུག	༡༩༣༡	དགུང་ལོ་༢༨བཞུགས།

༥༽ དཔོན་རྒན་ཀརྨ་བསྟན་འཛིན་སྒྲ་པ་རིན་ཆེན།	༡༦	ལྕགས་ལུག	༡༩༣༡				
དཔོན་ཆེན་བསོད་ནམས་རབ་བརྟན།							
དཔོན་སྟོན་སྐྱེར་སྒང་པ་ཆོས་ཀྱི་སེངྒེ།	༣	ཤིང་ཕྱི།	༡༡༥༤	༤	མེ་གླང་།	༡༢༡༧	
དཔོན་དྲུང་སངས་རྒྱས་འབྱུང་གནས།	༩	ཆུ་ཡོས།	༡༥༤༣				
དཔོན་པོ་དཀར་པོ།							སྐུ་ཡལ་བ་རིན་ཆེན་མགོན་པོར་གཟིགས།
དཔོན་པོ་ཉི་མ་སེངྒེ།	༤	ལྕགས་ཕག	༡༢༥༡	༥	མེ་ཕག	༡༢༨༧	
དཔོན་པོ་ནམ་མཁའ་བདེ་ལེགས།							དུས་རབས་༡༦པའི་དུས་དཀྱིལ་ཙམ།
དཔོན་པོ་དཔལ།							སྟག་ལུང་པ་ཞིག་ཡིན་པར་སྣང་།
དཔོན་པོ་གཞོན་ནུ་སེངྒེ།	༣	ལྕགས་སྤྲེལ།	༡༢༠༠	༤	མེ་སྟག	༡༢༦༦	
དཔོན་རས་དར་མ་སེངྒེ།	༣	མེ་བྱ།	༡༡༧༧	༤	མེ་བྱ།	༡༢༣༧	
དཔོན་རིན་ཆེན་བསོད་ནམས་གྲགས་པ།	༣	མེ་ལུག	༡༡༨༧	༤	ཤིང་ལུག	༡༢༣༥	
དཔོན་ཤེས་རབ་འབྱུང་གནས།	༣	མེ་ལུག	༡༡༨༧	༤	ལྕགས་གླང་།	༡༢༤༡	

དཔོན་བསོད་ནམས་གྲགས་པ།	༣	མེ་ལུག	༡༡༥༧	༨	ཤིང་རྟ།	༡༢༣༨	
དབྱངས་ཅན་གྲུབ་པའི་རྡོ་རྗེ།	༡༩	ས་སྦྲུལ།	༡༥༠༩	༡༥	མེ་ཕག	༡༥༥༧	
དབྱངས་ཅན་དགའ་བའི་བློ་གྲོས།							ཨ་ཀྱཱ་ཡོངས་འཛིན་བློ་བཟང་དོན་གྲུབ་ལ་གཟིགས།
དབྲ་སྟོན་སྐལ་བཟང་བསྟན་པའི་རྒྱལ་མཚན།	༡༥	མེ་བྱ།	༡༥༩༧	༡༦	ས་ཕག	༡༩༥༩	
འབབ་རོམ་དར་མ་དབང་ཕྱུག	༢	མེ་ལུག	༡༡༢༧	༣	ས་ལུག	༡༡༩༩	
འབའ་ར་བ་རྒྱལ་མཚན་དཔལ་བཟང་།	༥	ལྕགས་ཁྱི།	༡༣༡༠	༧	ལྕགས་ལུག	༡༣༩༡	
འབའ་རེ་བཀྲ་ཤིས་རྒྱ་མཚོ།	༡༢	མེ་ཁྱི།	༡༧༠༦	༡༣	མེ་ཁྱི།	༡༧༦༦	
འབལ་སྟོང་ཅན།							མེས་ཨག་ཚོམ་སྐབས།
འབལ་སློན་འབྲོམ།							ཁྲི་ལྡེ་སྲོང་བཙན་གྱི་ནང་བློན།
འབུམ་ལྷེ་མགོན།							མངའ་བདག་དཔལ་ལྡེའི་རྒྱུད་པ།
འབུམ་ཕྲག་གསུམ་པ།							པཎ་ཆེན་འབུམ་ཕྲག་གསུམ་པར་གཟིགས།
འབྲུལ་སྟོད་པ་སྤྲུལ་སྐུ་བློ་བཟང་ཡེ་ཤེས་བསྟན་པའི་རྒྱལ་མཚན།							དུས་རབས་༡༩པའི་དུས་སྨད་ཙམ་འཁྲུངས།

འབེ་བཟའ་ཕ་མོ་སྐྱིད།							སྔར་ཁེང་ལོག་སྐབས་ཀྱི་བུད་མེད་གྲགས་ཅན་ཞིག
འབྲས་བློ་གླིང་དགེ་བཤེས་ངག་དབང་ཆོས་འགྲུབ།	༡༥	ལྕགས་སྟག	༡༨༩༠	༡༦	ས་གླང་		ལྷན་མ་སྟོང་ཕུད།
འབྲས་མི་ཉག་མཁན་སྤྲུལ་བློ་བཟང་སྐལ་ལྡན།							
འབྲས་མོ་བ།							དུས་རབས་༡༢པའི་དུས་སྨད་ཙམ།
འབྲི་གུང་ཀུན་དགའ་རིན་ཆེན་དཔལ་བཟང་པོ།	༨	ཤིང་ལུག	༡༤༧༥	༩	མེ་ཕག	༡༥༢༧	
འབྲི་གུང་སྐྱོབ་པ་འཇིག་རྟེན་མགོན་པོ།	༢	ཆུ་ཕག	༡༡༤༣	༤	མེ་གླང་།	༡༢༡༧	
འབྲི་གུང་ཆོས་ཀྱི་རྒྱལ་པོ།	༦	ཤིང་ཕག	༡༣༣༥	༧	མེ་ཕག	༡༤༠༧	
འབྲི་གུང་ཆོས་གྲགས་རྒྱ་མཚོ།	༡༠	ཤིང་ལུག	༡༥༩༥				
འབྲི་གུང་ཆོས་རྒྱལ་ཕུན་ཚོགས་བཀྲ་ཤིས་དཔལ་བཟང་པོ།	༩	མེ་ལུག	༡༥༤༧	༡༠	ཆུ་སྟག	༡༦༠༢	
འབྲི་གུང་ཆོས་རྒྱལ་རིན་ཆེན་དཔལ་བཟང་།	༧	ལྕགས་གླང་།	༡༤༢༡	༨	ས་གླང་།	༡༤༦༩	
འབྲི་གུང་ཉེར་བརྒྱད་པ་རྡོ་རྗེ་རྒྱལ་པོ།	༥	ཤིང་སྤྲེལ།	༡༢༨༤	༦	ལྕགས་ཡོས།	༡༣༥༡	
འབྲི་གུང་དོན་གྲུབ་རྒྱལ་པོ།	༦	ས་བྱ།	༡༣༦༩	༧	མེ་ཕག	༡༤༢༧	ལ་ལས་ཆུ་བྱ་ ༡༣༣༣ ལོར་འཁྲུངས་པར་བཞེད།

འབྲི་གུང་རྡོ་རྗེ་རྒྱལ་པོ།	༥	ཤིང་སྤྲེལ།	༡༢༨༤	༦	ལྕགས་ཡོས།	༡༣༥༡	
འབྲི་གུང་རྡོ་རྗེ་ཚུལ་ཁྲིམས།							སྐུམ་པ་རྡོ་རྗེ་ཚུལ་ཁྲིམས་ལ་གཟིགས།
འབྲི་གུང་རྡོ་རྗེ་རིན་ཆེན།	༥	ས་སྟག	༡༢༧༨	༥	ཤིང་ཡོས།	༡༣༡༥	
འབྲི་གུང་ནག་ཚང་པ།							དཔལ་ཆེན་ཆོས་ཀྱི་ཡེ་ཤེས་ལ་གཟིགས།
འབྲི་གུང་ཕྱོགས་ལས་རྣམ་རྒྱལ།							འབྲི་ཐིལ་མཁན་རབས་༡༩པ།
འབྲི་གུང་ཆོས་དབང་བརྟན་པ།							དཀོན་མཆོག་འགྲོ་ཕན་དབང་པོར་གཟིགས།
འབྲི་གུང་རིག་འཛིན་ཆོས་གྲགས།	༡༠	ཤིང་ལུག	༡༥༩༥	༡༡	ས་ཕག	༡༦༥༩	
འབྲི་གུང་རིན་ཆེན་ཆོས་ཀྱི་རྒྱལ་མཚན་དཔལ་བཟང་པོ།	༨	ས་སྦྲུལ།	༡༤༤༩	༨	ཤིང་འབྲུག	༡༤༨༤	འབྲི་ཐིལ་མཁན་རབས་༡༤པ།
འབྲི་གུང་ རིན་ ཆེན་ རྣམ་ རྒྱལ་ ཆོས་ ཀྱི་ གྲགས་ པ་ རྒྱལ་ མཚན་ དཔལ་བཟང་པོ།	༩	ས་ཡོས།	༡༥༡༩	༡༠	མེ་བྱི།	༡༥༧༦	
འབྲི་གུང་རིན་ཆེན་ཕུན་ཚོགས་ཆོས་ཀྱི་རྒྱལ་པོ།	༩	ས་སྦྲུལ།	༡༥༠༩	༩	མེ་སྦྲུལ།	༡༥༥༧	
འབྲི་གུང་རིན་ཆེན་དཔང་རྒྱལ།	༧	ཤིང་ཕག	༡༥༢༧	༡༠	ལྕགས་རྟ།	༡༥༩༠	
འབྲི་གུང་རིན་ཆེན་བསོད་ནམས་དཔལ་གྱི་རྒྱ་མཚོ།	༩	མེ་ཕག	༡༥༢༧	༡༠	ལྕགས་རྟ།	༡༥༧༠	

འབྲི་གུང་ཤེས་རབ་འབྱུང་གནས།						སྤྱན་སྔ་ཤེས་རབ་འབྱུང་གནས་ལ་གཟིགས།
འབྲི་རྒྱལ་བའི་བློ་གྲོས།						ཁྲི་སྲོང་ལྡེ་བཙན་གྱི་ནང་འཁོར།
འབྲི་ཡོན་ཏན།						ཁྲི་ལྡེ་སྲོང་བཙན་གྱི་དྲུང་ཡིག
འབྲི་སེ་རུ་གུང་སྟོན།						སྲོང་བཙན་གྱི་བློན་ཆེན་བཞིའི་གྲས།
འབྲིང་སྟོན་ཡེ་ཤེས་ཡོན་ཏན།	༡	མེ་སྤྲེ།	༡༠༤༦	༢	ས་ཕག	༡༡༡༩	རྒྱལ་ལྷ་ཁང་གི་གདན་རབས་ཞ་པ།
འབྲིང་ཡས་བློན་སྟག་རྩ།						ཁྲི་ལྡེ་སྲོང་བཙན་གྱི་ནང་བློན།
འབྲིང་ཡེ་ཤེས་ཡོན་ཏན།						དབུས་གཙང་མི་བཅུའི་གྲས།
འབྲུག་པ་ཀུན་ལེགས།	༨	ཤིང་ཕག	༡༤༥༥	༩	ས་བྱི།	༡༥༢༨	
༼འབྲུག་པ་སྐྱབས་མགོན་སྐུ་ཕྲེང་རིམ་བྱོན།༽						
༡༽འགྲོ་མགོན་གཙང་པ་རྒྱ་རས་ཡེ་ཤེས་རྡོ་རྗེར་གཟིགས།						
༢༽འབྲུག་པ་རྒྱལ་དབང་ཆོས་རྗེ་ཀུན་དགའ་དཔལ་འབྱོར།	༧	ས་སྦྲུལ།	༡༤༢༨	༨	མེ་སྦྲུལ།	༡༤༧༦	
༣༽འབྲུག་པ་འཇམ་དབྱངས་ཆོས་ཀྱི་གྲགས་པ།	༨	ས་བྱི།	༡༤༧༨	༩	ཆུ་ལུག	༡༥༢༣	

༤༽ འབྲུག་པ་ཀུན་མཁྱེན་པདྨ་དཀར་པོ།	༩	མེ་ཕག	༡༥༢༧	༡༠	ཆུ་འབྲུག	༡༥༩༢	
༥༽ འབྲུག་པ་སྤྲུལ་སྐུ་དཔག་བསམ་དབང་པོ།	༡༠	ཆུ་སྦྲུལ།	༡༥༩༣	ས་འབྲུག	༡༦༢༡ ༡༦༤༡		དགུང་ལོ་སོ་ལྔ་དང་ཞེ་གཅིག་ཐོད་སྤྲོལ་གཉིས་སྣང་།
༦༽ འབྲུག་པ་མི་ཕམ་དབང་པོ།	༡༡	ཆུ་ལུག	༡༦༤༢				༡༦༢༣ལོ་ནས་བཟུང་རྣམ་ཐར་དུ་མི་གསལ།
༧༽ འབྲུག་པ་བཀའ་བརྒྱུད་ཕྲིན་ལས་ཤིང་རྟ།	༡༢	ས་ཁྱི།	༡༧༡༨	༡༢	མེ་ཕག	༡༧༦༧	
༨༽ འབྲུག་པ་ཀུན་གཟིགས་ཆོས་ཀྱི་སྣང་བ།				༡༤	ཆུ་རྟ།	༡༨༢༢	
༩༽ འབྲུག་པ་འཇིགས་མེད་མི་འགྱུར་དབང་རྒྱལ།	༡༤	ཤིང་སྦྲེལ།	༡༨༢༤	༡༥	ལྕགས་འབྲུག	༡༨༨༠	
༡༠༽ མི་ཕམ་ངག་དབང་ཆོས་ཀྱི་བཤེས་གཉེན་ནམ་མི་ཕམ་དབང་པོ།	༡༥	ཤིང་སྦྲེལ།	༡༨༨༤	༡༦	ལྕགས་རྟ།	༡༩༣༠	
༡༡༽ བསྟན་འཛིན་མཁྱེན་རབ་དགེ་ལེགས་ཆོས་ཀྱི་དབང་པོ།	༡༦	ལྕགས་ལུག	༡༩༣༡	༡༦	ལྕགས་ཁྱི།	༡༩༦༠	
༡༢༽ འབྲུག་པ་དཔལ་ལྡན་འཇིགས་མེད་མི་འགྱུར་དབང་གི་རྡོ་རྗེའམ་འཇིགས་མེད་པདྨ་དབང་ཆེན།	༡༦	ཆུ་ཡོས།	༡༩༦༢				ད་ལྟ་འཚོ་ཞིང་བཞུགས་བཞིན་པའོ།
འབྲུག་པ་ཁམས་སྤྲུལ་བསྟན་འཛིན་ཆོས་ཀྱི་ཉི་མ།							ཁམས་སྤྲུལ་བསྟན་འཛིན་ཆོས་ཀྱི་ཉི་མར་གཟིགས།

འབྲུག་པ་མཁས་དབང་སངས་རྒྱས་རྡོ་རྗེ།	༡༠	ས་སྦྲུལ།	༡༥༦༨	༡༡	ཤིང་བྱ།	༡༦༩༥	ཀུན་མཁྱེན་པད་དཀར་གྱི་སློབ་མ།
འབྲུག་པ་མཁས་བཙུན་རྒྱལ་མཚན་འབུམ།	༩	ལྕགས་བྱ།	༡༢༦༡				
༼འབྲུག་པ་འཁྲུལ་ཞིག་སྐུ་ཕྲེང་རིམ་བྱོན།༽							
༡༽ འཁྲུལ་ཞིག་ཕྲིན་ལས་རྒྱ་མཚོའམ་ཤ་བ་རང་གྲོལ།							
༢༽ འཁྲུལ་ཞིག་ཕྲིན་ལས་མཆོག་གྲུབ།							
༣༽ འཁྲུལ་ཞིག་འཇམ་དཔལ་གྲུབ་པའི་ནོར་བུའམ་སྤྲུལ་ཆུང་མ།							
༤༽ འཁྲུལ་ཞིག་བསྟན་པའི་ཉི་མ།							
༥༽ འཁྲུལ་ཞིག་ཨ་ལྷེའུ་དཔལ་ལྡན་འགྱུར་མེད།							
༦༽ འཁྲུལ་ཞིག་ངེས་དོན་བསྟན་པ་དབང་ཕྱུག							
༧༽ འཁྲུལ་ཞིག་ཆོས་ཀྱི་རྒྱ་མཚོ་དགེ་ལེགས་རྣམ་རྒྱལ།							
༨༽ འཁྲུལ་ཞིག་ཨ་ལྷེའུ་ངག་དབང་མཐུ་སྟོབས་ཚུལ་ཁྲིམས་བསྟན་འཛིན་རྒྱ་མཚོ།				༡༧	ས་བྱི།	༢༠༠༨	

༼འབྲུག་པ་རྒྱལ་དབང་འཁྲུངས་རབས་སེང་གེའི་མཚན་ཅན་དགུ།༽							
༡༽འབྲུག་དགོན་རས་དར་མ་སེངྒེ།	༣	མེ་བྱ།	༡༡༧༧	༤	མེ་བྱ།	༡༢༣༧	
༢༽འབྲུག་པ་དགོན་རས་གཞོན་ནུ་སེང་གེ།	༣	ལྕགས་སྤྲེལ།	༡༢༠༠	༤	མེ་སྟག	༡༢༦༦	དགོན་པོ་གཞོན་ནུ་སེངྒེར་གཟིགས།
༣༽འབྲུག་པ་བྱང་སེམས་ཉི་མ་སེངྒེ།	༤	ལྕགས་ཕག	༡༢༥༡	༥	མེ་ཕག	༡༢༨༧	
༤༽རྒྱལ་སྲས་སེང་གེ་ཤེས་རབ།	༤	ས་ཁྲི།	༡༢༣༨	༥	ལྕགས་འབྲུག	༡༢༨༠	
༥༽སྤོས་སྐྱ་བ་སེང་གེ་རིན་ཆེན་ལ་གཟིགས།	༤	ས་རྟ།	༡༢༥༨	༥	ཆུ་གླང་།	༡༣༡༣	
༦༽བཅུ་གསུམ་པ་འབྲུག་པ་སེངྒེ་རྒྱལ་པོ།	༥	ས་གླང་།	༡༢༨༩	༥	ཤིང་གླང་།	༡༣༢༥	
༧༽ཆོས་རྗེ་ཀུན་དགའ་སེང་གེའམ་འཇམ་དབྱངས་ཀུན་དགའ་སེངྒེ།	༥	ཤིང་སྟག	༡༣༡༤	༦	མེ་ཕག	༡༣༤༧	
༨༽འབྲུག་པ་བློ་གྲོས་སེངྒེའམ་འཇམ་དབྱངས་བློ་གྲོས་སེང་གེ།	༦	ཤིང་བྱ།	༡༣༤༥	༧	ལྕགས་རྟ།	༡༣༩༠	
༩༽འབྲུག་པ་ཤེས་རབ་སེངྒེ།	༦	ལྕགས་ཕག	༡༣༧༡	༧	ཆུ་སྤྲེལ།	༡༤༡༣	

འབྲུག་རྒྱལ་དབང་ཆོས་རྗེ་བློ་བཟང་ཕྲིན་ལས་རྣམ་རྒྱལ།							རྒྱལ་དབང་ཆོས་རྗེ་བློ་བཟང་ཕྲིན་ལས་རྣམ་རྒྱལ་ལ་གཟིགས།
འབྲུག་པ་ངག་གི་དབང་པོ་དགེ་ལེགས་ཞབས།	༡༡	མེ་སྤྲུལ།	༡༥༧༧	༡༢	ས་ཕག	༡༧༡༨	དགེ་ལེགས་དཔལ་བཟང་པོའི་འབྱུང་གནས་སམ་ངག་དབང་ཆོས་ཀྱི་རྒྱལ་མཚན།
༼འབྲུག་པ་ཅོག་གྲྭ་སྐུ་ཕྲེང་རིམ་བྱོན།༽							ཅོག་གྲྭ་སྐུ་འཕྲེང་ན་རིམ་ན་གསལ།
༼འབྲུག་པ་ཆོས་མགོན་རིན་པོ་ཆེ་སྐུ་ཕྲེང་རིམ་བྱོན།༽							
༡༽ འབྲུག་པ་མཐུ་ཆེན་ཆོས་ཀྱི་མགོན་པོ།							
༢༽ འབྲུག་པ་བདུད་འཇོམས་རྡོ་རྗེ།							
༣༽ འབྲུག་པ་ཆོས་ཀྱི་དབང་ཕྱུག							
༤༽ འབྲུག་པ་འཇམ་མགོན་དགྱེས་པ།							
༥༽ འབྲུག་པ་འཇམ་དཔལ་རྡོ་རྗེ།							
༦༽ འབྲུག་པ་ཆོས་ཀྱི་བཤེས་གཉེན།							

༧༽ འབྲུག་པ་ཆོས་ཀྱི་ཉིན་བྱེད།							
༨༽ འབྲུག་པ་མཐུ་སྟོབས་ཆོས་ཀྱི་རྒྱ་མཚོ།							
༩༽ དཔལ་ཆོས་ཀྱི་དབང་ཕྱུག་གམ་བསྟན་འཛིན་ཆོས་ཀྱི་རྒྱལ་པོ།							ད་ལྟ་ཞལ་བཞུགས།
༼འབྲུག་པ་དོ་རྗེ་རིན་པོ་ཆེ་སྐུ་ཕྲེང་རིམ་བྱོན།༽							
༡༽ དོ་རྗེ་སྐུ་ཕྲེང་དང་པོ་ཀུན་དབང་དཀོན་མཆོག་རྒྱལ་པོ།							
༢༽ དོ་རྗེ་སྐུ་ཕྲེང་གཉིས་པ་ཕྲིན་ལས་བསྟན་འཛིན།							
༣༽ དོ་རྗེ་སྐུ་ཕྲེང་གསུམ་པ་བདེ་མཆོག་ཆོས་རྒྱལ།							
༤༽ དོ་རྗེ་སྐུ་ཕྲེང་བཞི་པ་ཐུབ་བསྟན་ཆོས་ཀྱི་རྒྱལ་མཚན།							
༥༽ དོ་རྗེ་སྐུ་ཕྲེང་ལྔ་པ་སྐྱབས་རྒྱུད་རིན་ཆེན།							
༦༽ དོ་རྗེ་སྐུ་ཕྲེང་དྲུག་པ་ཀུན་སྨོན་དཀོན་མཆོག་ཆོས་ཀྱི་རྒྱལ་པོ།							
༧༽ དོ་རྗེ་སྐུ་ཕྲེང་བདུན་པ་མི་ཕམ་འཇིགས་མེད་དོ་རྗེ།							

༨༽ དོ་རྗོང་སྤྲུལ་སྐུ་ཕྲེང་བརྒྱད་པ་དཔལ་ལྡན་དོན་བརྒྱུད་བསྟན་འཛིན།							ད་ལྟ་ཞལ་བཞུགས།
༼འབྲུག་པ་སྟག་སྣ་སྤྲུལ་སྐུ་སྐུ་ཕྲེང་རིམ་བྱོན།༽							
༡༽ སྟག་སྣ་སྐུ་ཕྲེང་དང་པོ་ཀརྨ་བསྟན་འཛིན།							
༢༽ སྟག་སྣ་སྐུ་ཕྲེང་གཉིས་པ་བཀྲ་ཤིས་བསྟན་འཕེལ།							
༣༽ སྟག་སྣ་སྐུ་ཕྲེང་གསུམ་པ་ངག་དབང་བཀྲ་ཤིས་བདེ་ཆེན་རྡོ་རྗེ།							
༤༽ སྟག་སྣ་སྐུ་ཕྲེང་བཞི་པ་ངག་དབང་དོན་ཡོད་རྡོ་རྗེ།							ད་ལྟ་ཞལ་བཞུགས།
འབྲུག་པ་ནམ་མཁའ་དཔལ་བཟང་།	༧	ས་སྟག	༡༢༥༡	༥	མེ་ཕག	༡༢༨༧	
འབྲུག་པ་ཞབས་དྲུང་ངག་དབང་རྣམ་རྒྱལ།	༡༠	ཆུ་རྟ།	༡༥༨༢	༡༡	ལྕགས་ཡོས།	༡༦༥༡	
འབྲུག་པ་ཡེ་ཤེས་རིན་ཆེན།	༦	ཤིང་འབྲུག	༡༣༦༩	༧	ཆུ་སྦྲུལ།	༡༩༡༣	རིགས་གསུམ་མགོན་པོའི་རྣམ་སྤྲུལ་ལས་འཇམ་དབྱངས་སྤྲུལ་པར་ཞལ་བཞེས།
འབྲུག་པ་ནམ་མཁའ་དཔལ་བཟང་།	༧	ས་སྟག	༡༣༩༨	༧	ཤིང་སྦྲུལ།	༡༩༢༥	འབྲུག་པའི་རིགས་གསུམ་མགོན་པོའི་སྤྲུལ་པ་ལས་འདི་གསང་བདག་སྤྲུལ་པར་གྲགས།

འབྲུག་པ་དྲིན་ཆེན་ཤེས་རབ་བཟང་པོ།	༧	ལྕགས་འབྲུག	༡༩༠༠	༧	མེ་སྤྲུལ།	༡༩༣༧	རིགས་གསུམ་མགོན་པོའི་སྤྲུལ་པ་ལས་སྤྱན་རས་གཟིགས་ཀྱི་སྤྲུལ་པར་གྲགས།
འབྲུག་པ་འཁྲུལ་ཞིག་རིན་ཆེན་ནམ་མཁའི་རྣལ་འབྱོར།	༧	ས་སྦྲུལ།	༡༩༢༨		མེ་སྦྲུལ།	༡༩༧༦	མཚན་གཞན་ཙ་རི་བ་ཆེན་པོ་ཡོན་ཏན་སངས་རྒྱས་ཀྱང་ཞུ།
འབྲུག་ཆེན་དཔལ་ངག་གི་དབང་པོའི་སྡེ།	༨	ཤིང་བྱ།	༡༩༦༥	༦	ལྕགས་བྱི།	༡༥༩༠	འཇམ་དཔལ་རྡོ་རྗེ་དགའ་བའི་བཤེས་གཉེན་འཛིགས་མེད་གོ་ཆ་ཡང་ཞུ།
(འབྲུག་པ་ཡོངས་འཛིན་རིན་པོ་ཆེ་སྐུ་ཕྲེང་རིམ་བྱོན།)							
༡) ཡོངས་འཛིན་ལྷ་རྩེ་བ་ངག་དབང་བཟང་པོ།							མཉམ་མེད་ལྷ་རྩེ་བ་ངག་དབང་བཟང་པོར་གཟིགས།
༢) ཡོངས་འཛིན་ཀུན་དགའ་ལྷུན་གྲུབ།	༡༠	མེ་སྤྲུལ།	༡༦༡༧	༡༡	མེ་འབྲུག	༡༦༧༦	ཐུབ་བསྟན་ དགེ་ ལེགས་ འབྱུང་ གནས་ བསོད་ ནམས་ རྒྱལ་མཚན་དཔལ་བཟང་པོ་ཡང་ཞུ།
༣) ཡོངས་འཛིན་ འགྲོ་ ཀུན་ དགའ་ བའི་ བཤེས་ གཉེན་ ནམ་དགེ་ལེགས་བཞད་པ།							
༤) ཡོངས་འཛིན་འཇམ་དཔལ་དཔའ་བོ།							

༥༽ཡོངས་འཛིན་ཡེ་ཤེས་གྲུབ་པ།							
༦༽ཡོངས་འཛིན་ཤེས་བྱ་ཀུན་གཟིགས།							
༧༽ཡོངས་འཛིན་ངག་གི་དབང་པོ།							
༨༽དཔལ་འཇིགས་མེད་དབང་ཕྱུག							
འབྲུག་པ་ཡོན་ཏན་ཡེ་ཤེས་རྡོ་རྗེ་གླིང་པ་མཁྱེན་སྟོབས་ཞབས།							རྗོག་བྱང་ཆུབ་དཔལ་གྱི་སློབ་མ་ཡིན་དགུང་ལོ་༨༥བཞུགས།
༼འབྲུག་པ་ལ་དགས་སྐྱབས་མགོན་སྟག་ཚང་རས་པ་སྐུ་ཕྲེང་རིམ་བྱོན།༽							
༡༽སྟག་ཚང་རས་པ་སྐུ་ཕྲེང་དང་པོ་ངག་དབང་རྒྱ་མཚོ།							
༢༽སྟག་ཚང་རས་པ་སྐུ་ཕྲེང་གཉིས་པ་མཚོ་སྐྱེས་རྡོ་རྗེ།							
༣༽སྟག་ཚང་རས་པ་སྐུ་ཕྲེང་གསུམ་པ་རྒྱལ་སྲས་མི་ཕམ་ཚེ་དབང་།							
༤༽སྟག་ཚང་རས་པ་སྐུ་ཕྲེང་བཞི་པ་ཨ་ཙར་ཡའི་མཚན་ཅན།							

༥༽ སྟག་ཚང་རས་པ་སྐུ་ཕྲེང་ལྔ་པ་ངག་དབང་འཇམ་དཔལ་དགེ་ལེགས།							
༦༽ སྟག་ཚང་རས་པ་སྐུ་ཕྲེང་དྲུག་པ་ངག་དབང་བསྟན་འཛིན་ཆོས་ཀྱི་ཉི་མ།	༡༦	ལྕགས་སྦྲུལ།	༡༩༤༡				ད་ལྟ་ཞལ་བཞུགས།
༼འབྲུག་པ་བསགས་སྤྲུལ་སྐུ་ཕྲེང་རིམ་བྱོན།༽							
༡༽ བསགས་སྤྲུལ་སྐུ་ཕྲེང་དང་པོ་འཇམ་དཔལ་དགའ་བའི་བློ་གྲོས།							
༢༽ བསགས་སྤྲུལ་སྐུ་ཕྲེང་གཉིས་པ་དཔལ་ལྡན་ཕྲིན་ལས་ཀུན་ཁྱབ།							
༣༽ བསགས་སྤྲུལ་སྐུ་ཕྲེང་གསུམ་པ་ངེས་དོན་བསྟན་པའི་ཉིན་བྱེད།							
༤༽ བསགས་སྤྲུལ་སྐུ་ཕྲེང་བཞི་པ་འཇམ་དཔལ་བདེ་ཆེན་རྡོ་རྗེ།							
༥༽ བསགས་སྤྲུལ་སྐུ་ཕྲེང་ལྔ་པ་ངེས་དོན་རྒྱ་མཚོ།							

༦༽ བསགས་སྤྲུལ་སྐུ་ཕྲེང་དྲུག་པ་འཇིགས་མེད་ཆོས་ཀྱི་བློ་གྲོས།							
༧༽ བསགས་སྤྲུལ་སྐུ་ཕྲེང་བདུན་པ་མི་ཕམ་ཡོན་ཏན་ཀུན་ཁྱབ།							
༨༽ བསགས་ སྤྲུལ་ སྐུ་ ཕྲེང་ བརྒྱད་ པ་ འཇིགས་ བྲལ་ བློ་ གྲོས་ མཐའ་ཡས།							ད་ལྟ་ཞལ་བཞུགས།
འབྲི་ཤེས་རབ་འབར།							རྫོག་བློ་ལྡན་ཤེས་རབ་ཀྱི་སློབ་མ།
འབྲོ་རྒྱལ་མཚན་སེངྒེ།							སྲོང་བཙན་སྒམ་པོའི་ཞང་བློན།
འབྲོ་ཚུང་བཟང་འོར་མང་།							མེས་ཨག་ཚོམ་གྱི་ནང་བློན།
འབྲོ་གཉན་ལྡེའུ།							བོད་རྒྱལ་རབས་༣༠པ།
འབྲོ་སྟོག་སྲོང་སྟོན།							ཁྲི་ལྡེ་སྲོང་བཙན་གྱི་དཔང་པོ་དང་དམག་དཔོན།
འབྲོ་ཧྲིཛཧྲི།							དུས་རབས་༡༢པའི་དུས་དཀྱིལ་གྱི་ལོ་ཙཱ་བ་ཞིག
འབྲོ་ཞང་གླུ་བཟང་ལྷ་པོ་བཙན།							ཁྲི་གཙུག་ལྡེ་བཙན་རལ་པ་ཅན་གྱི་ཕྱི་བློན།
འབྲོ་ཞེར་ལེགས།							བོད་རྒྱལ་རབས་༡༥པ།

འབྲོ་བཟའ་ཁྲི་རྒྱལ་མོ་བཙན།							ཁྲི་སྲོང་ལྡེ་བཙན་གྱི་བཙུན་མོ།
འབྲོ་བཟའ་ཁྲི་མ་ལོད།							མང་སྲོང་གི་བཙུན་མོ།
འབྲོ་བཟའ་དུང་སྐྱོང་བཞེར།							ཁྲི་གཉན་གཟུངས་བཙན་གྱི་བཙུན་མོ།
འབྲོ་ཤེས་རབ་གྲགས་པ།							དུས་རབས་༡༡པའི་དུས་མགོའི་ལོ་ཙཱ་བ་ཞིག
འབྲོ་སེང་དཀར་ཤཱཀྱ་འོད།							དུས་རབས་༡༡པའི་དུས་མགོ།
འབྲོག་མི་ཁྱེའུ་ཆུང་ལོ་ཙཱ་བ།							
འབྲོག་མི་རྗེ་སྲས།							དུས་རབས་༡༣པའི་དུས་དཀྱིལ།
འབྲོག་མི་དཔལ་གྱི་ཡེ་ཤེས།							རྗེ་འབངས་ཉེར་ལྔའི་གྲས།
འབྲོག་མི་ཤཱཀྱ་བློ་གྲོས།							རྔ་ལོ་ཙཱ་བ་དགེ་བའི་བློ་གྲོས་༡༠༤༤——༡༠༨༩དང་དུས་མཉམ་ཡིན།
འབྲོག་མི་ལོ་ཙཱ་བ་ཤཱཀྱ་ཡེ་ཤེས།		ཆུ་སྦྲུལ།	༩༩༣	༡	ཤིང་སྟག	༡༠༧༤	
འབྲོང་དུར་ཆོས་རྗེ་དགེ་བའི་དཔང་པོ།							

འབྲོང་སྨྱོན་ཧེ་རུ་ཀཿ							
འབྲོང་རྩེ་བློ་བཟང་ཚུལ་ཁྲིམས།	༡༣	ས་སྐྱང་།	༡༧༥༨				
འབྲོང་རྩེ་ལྷ་བཙུན་རིན་ཆེན་རྒྱ་མཚོ།							དུས་རབས་༡༦པའི་དུས་མཇུག
འབྲོམ་སྟོན་སེངྒེ་རྒྱལ་མཚན།	༡	ས་རྟ།	༡༠༧༨	༢	ཆུ་ཕག	༡༡༩༣	འབྲོམ་སྟོན་ རྒྱལ་ བའི་ འབྱུང་ གནས་ ཀྱི་ སྐུ་ སྐྱེ་ ཡིན་ ཚུལ་ སྟག་ ལོས་གསུངས།
འབྲོམ་སྟོན་རྒྱལ་བའི་འབྱུང་གནས།		ཤིང་འབྲུག	༡༠༠༩	༡	ཆུ་ཡོས།	༡༠༥༣	
འབྲོམ་སྟོན་རྒྱལ་བཞིར་ཁར་རྩེ།							ཁྲི་ལྡེ་སྲོང་བཙན་གྱི་དཔང་པོ།
འབྲོམ་ཡང་གཟིགས།							ཁྲི་ལྡེ་སྲོང་བཙན་གྱི་དཔང་པོ།
འབྲོམ་རིན་ཆེན་འབར།							ཉང་བན་ཏིང་འཛིན་བཟང་པོའི་ཡང་སློབ།
འབྲོམ་སེ་རི་སྣང་།							ཁྲི་ལྡེ་སྲོང་བཙན་གྱི་དཔང་པོ།
རྔ་ཚུལ་ཁྲིམས་བློ་གྲོས།							དབུས་གཙང་མི་བཅུའི་གྲས།
རྔ་ཡེ་ཤེས་བཟང་པོ།							དུས་རབས་༡༢པའི་དུས་སྨད་ཀྱི་ལོ་ཙཱ་བ་ཞིག

སྨྲ་སྒྲོམ་ཡེ་ཤེས་བྱང་ཆུབ།							ཕ་དམ་པ་དང་ཏ་ལམ་དུས་མཉམ། དགུང་ལོ་༩༨སྟེང་འཇའ་ལུས་ཕེབས།
སྨྲ་དཔལ་དབྱངས།							ཁྲི་སྲོང་ལྡེའུ་བཙན་གྱི་ཆོས་བློན།
སྨྲ་ཡི་བླམ་སྟགས་འཚང་ཧྭ་ར་ཤྲཱི།							ཞང་ལོ་ཙཱ་བའི་སློབ་མ་ཡིན།
སྨྲ་ཡེ་ཤེས་དབང་པོ།							དབའས་གསལ་སྣང་ལ་གཟིགས། ཡར་ས་སྨྲ་དང་ར་ཐ་འདི་རྣམས་དབའས་ཡིན་པ་ངེས་དགོས།
སྨྲ་རཏྣ།							ཁྲི་སྲོང་གི་ཆོས་བློན།
སྨྲ་གསལ་སྣང་།							དབའས་གསལ་སྣང་ཡིན། ཡར་ས་སྨྲ་དང་ར་ཐ་འདི་རྣམས་དབའས་ཡིན་པ་ངེས་དགོས།
སྨྲལ་ཏི་དགྲ་བཅོམ་བརྩོན་འགྲུས་དབང་ཕྱུག	༢	ས་བྱ།	༡༡༢༩	༣	ཤིང་ཕག	༡༢༡༥	
སྨྲལ་རྡོ་རྗེ་རྒྱལ་པོ།							དུས་རབས་༡༡པའི་དུས་མཇུག
སྨྲས་སྐྱེས་བཟང་སྟོང་བཙན།							མེས་ཨག་ཚོམ་གྱི་བློན་པོ།
སྨྲས་ལྷུང་དཔལ་གྱི་ལེགས་བཟང་།							སྲོང་བཙན་སྒམ་པོའི་ནང་བློན་དྲུག་གི་ཡ་གྱལ།

སྤྲས་སྟག་སྣ།							སྤྲས་འདི་རྣམས་ཚང་མ་དབའས་ཡིན་པ་ཡིག་ཚང་རྙིང་པ་ནས་ར་འཕྲོད་ངེས།
སྤྲས་པ་སྟོན་གཞོན།							
སྤྲས་བློ་གྲོས་དབང་ཕྱུག							ཉང་བན་ཏིང་འཛིན་བཟང་པོའི་སློབ་མ།
སྤུ་ཡན་ཁྲི།	༥	ཤིང་སྤྲེལ།	༡༢༨༤	༦	མེ་ཕག	༡༣༩༧	སོག་པོའི་རྒྱལ་པོ་ཞིག
སྤུག་གྲིམ་བཙན་རྨང་ཆུང་།							སྲོང་བཙན་སྒམ་པོའི་བློན་པོ་ཞིག
སྤུར་ཆོས་ཡོན་ཏན་རྒྱ་མཚོ།	༡	མེ་བྱི།	༡༥༡༦				
སྤུར་ར་བ་བློ་གྲོས་རྒྱལ་པོ།				༡༢	ས་སྤྲེལ།	༡༧༢༨	ང་ལུམ་སྤུར་གསུམ་གྲས།
སྤྲིན་པ་དར་རྒྱས།							
སྤྲིན་པ་ཚུལ་ཁྲིམས།							དུས་རབས་༡༩པའི་དུས་སྟོད་ཀྱི་ལོ་ཙཱ་བ་ཞིག
སྤྲང་རྒྱལ་སྒྲ་ལེགས་གཟིགས།							ཁྲི་སྲོང་གི་དམག་དོན་བློན་ཆེན།
སྤྲན་གཙང་གཞེར།							ཁྲི་སྲོང་གི་བློན་པོ་ཞིག
པྲཛྙཱ་ཤྲཱི།	༢	ལྕགས་སྤྲེལ།	༡༡༩༠				

མཚན་བྱང་།	འཁྲུངས་ལོ།			འདས་ལོ།			ཞར་བྱུང་།
	རབ་བྱུང་།	ལོ་ཁམས།	སྤྱི་ལོ།	རབ་བྱུང་།	ལོ་ཁམས།	སྤྱི་ལོ།	གསལ་བཤད།
མ།							
མ་ཁང་ག་དབང་དོན་གྲུབ།	༡༢	ཆུ་བྱི།	༡༧༣༢				
མ་ཅིག་ཞམ།	༡	ཆུ་སྟག	༡༠༦༢	༣	ས་སྦྲུལ	༡༡༤༩	
མ་ཅིག་ལབ་སྒྲོན།	༡	ལྕགས་ལུག	༡༠༣༡	༣	ལྕགས་བྱ།	༡༢༠༡	
མ་ཅིག་གྲུབ་རྒྱལ་བ་དོན་གྲུབ།	༢	མེ་རྟ།	༡༡༢༦				
མ་ཅིག་ཨོང་ཇོ།							དུས་རབས་༡༢པའི་དུས་དཀྱིལ།
མ་ཇོ་སངས་རྒྱས།							དུས་རབས་༡༡པའི་དུས་དཀྱིལ།
མ་ཇོ་གསེར་བཙུན་མ།							དུས་རབས་༡༡པའི་དུས་དཀྱིལ།
མ་ཎི་པ་དགེ་འདུན་དཀོན་མཆོག་བློ་བཟང་བསྟན་འཛིན།	༡༣	མེ་འབྲུག	༡༧༩༦	༡༤	ལྕགས་ཕག	༡༨༥༡	
མ་ཎི་པ་བློ་བཟང་བཀྲ་ཤིས་ཆོས་འཕེལ་རྒྱ་མཚོ།	༡༥	ས་བྱི།	༡༨༨༨	༡༦	ས་སྦྲུལ།	༡༩༢༩	

མ་ཧི་པ་བློ་བཟང་མཁས་མཆོག	༡༢	ས་ཕག	༡༧༡༩	༡༣	ལྕགས་ཕག	༡༧༩༡	
མ་ཧི་པ་བློ་བཟང་ཆོས་འཕེལ་རྒྱ་མཚོ།	༡༤	ལྕགས་ཕག	༡༨༥༡	༡༥	མེ་སྤྲེལ།	༡༨༩༦	
མ་ཧི་པ་ཤེས་རབ་བཀྲ་ཤིས།	༡༡	མེ་ཕག	༡༦༤༧	༡༢	མེ་སྤྲེལ།	༡༧༡༦	
༼མག་སར་དགོན་རིག་འཛིན་པདྨ་རྣམ་གྲོལ་སྐུ་ཕྲེང་རིམ་བྱོན།༽	༡༣ ནས་འགོ་ཚུགས།						རེབ་གོང་རྫོང་ཁོངས་སུ་གཏོགས།
༡༽ཀུན་བཟང་སྟོབས་ལྡན་དབང་པོ།	༡༣	ལྕགས་སྦྲང་།	༡༧༨༡	༡༤	ཆུ་འབྲུག	༡༨༣༢	དགུང་ལོ་༥༢བཞུགས།
༢༽རིག་འཛིན་བྱང་ཆུབ་རྡོ་རྗེ།	༡༤	ཆུ་སྦྲུལ།	༡༨༣༣	༡༤	ས་ཕག	༡༨༣༩	དགུང་ལོ་༧བཞུགས།
༣༽རིག་འཛིན་བདུད་འདུལ་རྡོ་རྗེ།	༡༤	ལྕགས་བྱི།	༡༨༤༠	༡༥	མེ་ལུག	༡༩༠༧	དགུང་ལོ་༦༨བཞུགས།
༤༽རིག་འཛིན་པདྨ་རྡོ་རྗེ།	༡༥	ས་སྤྲེལ།	༡༩༠༨	༡༦	ལྕགས་འབྲུག	༡༩༤༠	དགུང་ལོ་༣༣བཞུགས།
༥༽རིག་འཛིན་སྣང་སྲིད་རྡོ་རྗེ།	༡༦	ལྕགས་སྦྲུལ།	༡༩༤༡				
མང་སྨྲ་བློན་ཀླུ་མ།							ཁྲི་ལྡེ་སྲོང་བཙན་གྱི་དཔང་པོ་དང་དམག་དཔོན།
མང་ཐོས་ཀླུ་སྒྲུབ་རྒྱ་མཚོ།	༩	ཆུ་ལུག	༡༥༢༣				

མང་ཞམ་སྨུག་ཅབ།							མེས་ཨག་ཚོམ་གྱི་སྣོན་ཆེན།
མང་འོར་བྱང་ཆུབ་ཤེས་རབ།							དུས་རབས་༡༡པའི་ལོ་རྒྱུ་བ་ཞིག
མང་སྐྱོང་མང་བཙན།							བོད་ཀྱི་བཙན་པོའི་རྒྱལ་རབས་ལ་གཟིགས།
མནྒ་ལ་གུ་རུ།	༤	ལྕགས་ཡོས།	༡༢༣༡	༥	མེ་བྱ།	༡༢༩༧	
མན་འོར་བྱང་ཆུབ་ཤེས་རབ།							དུས་རབས་༡༡པའི་ལོ་རྒྱུ་བ་ཞིག
མན་ལུང་གུ་རུ།	༤	ས་ཕག	༡༢༣༩				མར་མེ་མཛད་དམ་བསོད་ནམས་དཔལ་ཡང་ཟེ།
མར་སྟོན་ཚུལ་ཁྲིམས་འབྱུང་གནས།							དུས་རབས་༡༢པའི་དུས་དཀྱིལ།
མར་ཐུང་དད་པ་ཤེས་རབ།							དུས་རབས་༡༡པའི་དུས་སྟོད་ཙམ་གྱི་ལོ་རྒྱུ་བ་ཞིག
མར་པ་ཆོས་ཀྱི་བློ་གྲོས།		ཆུ་བྱི།	༡༠༡༢	༢	མེ་གླང་།	༡༠༩༧	
མར་པ་དོ་པ་ཆོས་ཀྱི་དབང་ཕྱུག	༡	ཆུ་རྟ།	༡༠༤༢	༢	མེ་འབྲུག	༡༡༣༦	
མལ་ཀ་བ་ཅན།	༢	མེ་རྟ།	༡༡༢༦	༤	ལྕགས་ལུག	༡༢༡༡	
མལ་གྲོ་སངས་རྒྱས་རིན་ཆེན།	༩	ལྕགས་བྱི།	༡༥༤༠	༡༠	ལྕགས་ལུག	༡༢༡༡	

མལ་གྲོ་བློ་གྲོས་གྲགས་པ།							དུས་རབས་༡༡པའི་དུས་སྟོད་ཙམ་གྱི་ལོ་ཙཱ་བ་ཞིག
མི་བསྐྱོད་རྡོ་རྗེ།							སྨན་ལུང་པ་ཤཱཀྱ་འོད་ལ་གཟིགས།
མི་ཉག་ཀུན་དགའ་བསོད་ནམས།							ཐུབ་བསྟན་ཆོས་ཀྱི་གྲགས་པར་གཟིགས།
མི་ཉག་མཁན་སྤྲུལ་བློ་བཟང་སྐལ་ལྡན།							དུས་རབས་༡༩པའི་དུས་དཀྱིལ།
མི་ཉག་གོང་མ་བློ་གྲོས་དར་རྒྱས།	༡༡	ཤིང་ཡོས།	༡༦༧༥	༡༣	ཆུ་བྱི།	༡༧༥༣	
མི་ཉག་རྡོ་རྗེ་བཟང་པོ།	༨	ལྕགས་ཕག	༡༥༩༡	༩	ཤིང་སྟག	༡༥༥༨	
མི་ཉག་དཔལ་ལྡན་བསྟན་པའི་ཉི་མ།	༡༨	ས་ཡོས།	༡༨༡༩	༡༥	ལྕགས་གླང་།	༡༩༠༡	
མི་ཉག་བློ་གྲོས་དར་རྒྱས།	༡༡	ཤིང་ཡོས།	༡༦༧༥	༡༣	ཆུ་བྱི།	༡༧༥༣	
མི་ཉག་བློ་གྲོས་རིན་ཆེན།							རྨ་སེ་བློ་གྲོས་རིན་ཆེན་ལ་གཟིགས།
མི་ཉག་ཚུལ་ཁྲིམས་བསྟན་པའི་ཉི་མ།	༡༣	ཤིང་ཕག	༡༧༥༥	༡༨	ས་སྟག	༡༨༡༨	
མི་ཉག་ཏུ་ཡོང་བཟའ་རྒྱལ་མོ་བརྩུན།							སྲོང་བཙན་སྒམ་པོའི་བཙུན་མོ་ཆུང་བ།
མི་ཉག་རོང་རྗེ།							དུས་རབས་༡༡པའི་དུས་སྨད།

མི་ཕམ་བཀྲ་ཤིས་བློ་གྲོས།	༡༠	མེ་གླང་།	༡༥༧༧	༡༡	མེ་བྱི།	༡༦༣༦	འདི་རིག་འཛིན་འཇམ་ཚོན་སྙིང་པོའི་བླ་མའོ། །
མི་ཕམ་སྒྲུབ་རྒྱུད་ཡར་འཕེལ་དབང་པོ།	༡༡	ཆུ་སྤྲེ།	༡༦༣༢	༡༢	ཤིང་སྤྲེལ།	༡༧༠༩	མཉམ་ཉིད་གླིང་འཛིན་ཡེ་ཤེས་དབང་ཡང་ཞུ།
མི་ཕམ་ཆོས་ཀྱི་རྒྱ་མཚོ།							དཔའ་བོ་གཙུག་ལག་ཕྲེང་བར་གཟིགས།
མི་ཕམ་ཆོས་ཀྱི་དབང་ཕྱུག	༡༡	ས་ཡོས།	༡༦༣༨	༡༢	ཆུ་ལུག	༡༧༠༣	འཇིགས་མེད་དཔའ་བོ་དགའ་བའི་བཤེས་གཉེན་ནམ་བསོད་ནམས་རབ་བརྟན་ཡང་ཞུ།
མི་མོ་ཆུང་།							རྒྱལ་པོ་དེ་ཐོ་ལེགས་ཀྱི་སྲུ་གཤེན།
མི་ལ་རས་པ་བཞད་པ་རྡོ་རྗེ།	༡	ལྕགས་འབྲུག	༡༠༩༠	༢	ཆུ་ཡོས།	༡༡༢༣	
མིའི་ཉིམ་མཐོང་བ་དོན་ལྡན།							དུས་རབས་༡༩པའི་དུས་སྟོད།
མུ་ཁྲི་རྡོ་རྗེ་གནམ་བཙན།							དུས་རབས་བདུན་པའི་དུས་མགོ།
མུ་ཁྲི་བཙན་པོ།							བོད་རྒྱལ་རབས་གཉིས་པ།
མུ་ཏིག་བཙན་པོའམ་ཁྲི་ལྡེ་སྲོང་བཙན།							བོད་ཀྱི་བཙན་པོའི་རྒྱལ་རབས་ལ་གཟིགས།
མུ་དྲ་པ།							མུ་ཏ་ཞེས་པའང་སྣང་།

མུ་ནེ་བཙན་པོ།							བོད་ཀྱི་བཙན་པོའི་རྒྱལ་རབས་ལ་གཟིགས།
མུ་ཚེ་བཟའ།							གནམ་མུག་མུག་དང་དོན་གཅིག
མུན་མེ་བྲག་ཁ་བ་གྲགས་པ་སེང྄ྒེ།	༩	ཤིང་ཡོས།	༡༢༥༥	༦	ཆུ་ལུག	༡༣༩༣	
མུས་ཆེན་དཀོན་མཆོག་རྒྱལ་མཚན།	༧	ས་འབྲུག	༡༣༨༨	༨	ས་སྤྲང་།	༡༩༦༨	
མི་ཉག་ཆེན་པོ།							དུས་རབས་༡༩པའི་ནང་གི་ལོ་རྩོམ་པ་ཞིག
མེར་གན་མཁན་པོ་བློ་བཟང་ཚེ་འཕེལ།	༡༣	ལྕགས་འབྲུག	༡༧༦༠				
མེར་གན་ཆོས་རྗེ།							བཀའ་འགྱུར་བ་བློ་བཟང་ཚུལ་ཁྲིམས་ལ་གཟིགས།
མེར་ཁྲི་བཙན་པོ།							བོད་རྒྱལ་རབས་ལྔ་པ།
མེར་གེ་མཁན་པོ་ཚེ་སྤེལ་དབང་ཕྱུག་རྡོ་རྗེ།	༡༩	མེ་སྤྲེལ།	༡༨༣༦				
མེས་སྟོན་བསོད་ནམས་རྒྱལ་མཚན།							དུས་རབས་༡༡པའི་དུས་སྨད་ཙམ།
མོང་བཟའ་ཁྲི་ལྕམ།							སྲོང་བཙན་གྱི་བཙུན་མོ། གུང་སྲོང་ངམ་མང་སྲོང་གི་མ་ཡུམ།
མོན་གྲུབ་ཚུལ་ཁྲིམས་བཀྲ་ཤིས།							དུས་རབས་༡༣པའི་དུས་མཇུག་འཁྲུངས།

མྱང་པན་ཉིང་འཛིན་བཟང་པོ།							ཁྲི་ལྡེ་སྲོང་བཙན་གྱི་བརྗེ་བཀའ་ཆེན་པོ་ཡིན། བྲག་ལྷ་ཀླུ་ཕུག་ཏུ་འཇང་ལུས་སུ་ཕེབས།
མྱང་སློན་ཁྲི་བཟང་ལེགས་འདུས།							ཁྲི་ལྡེ་སྲོང་བཙན་གྱི་ནང་བློན་ཞིག
མྱང་སློན་རྒྱལ་གཞེན་ལེགས་བཙན།							རལ་པ་ཅན་གྱི་ཞལ་ལྕེ་བ་ཆེན་པོ་ཞིག
མྱང་སློན་ལེགས་བཙན།							ཁྲི་ལྡེ་སྲོང་བཙན་གྱི་ཕྱི་བློན་ཞིག
མྱང་མང་པོ་རྗེ་ཞང་སྣང་།							སྲོང་བཙན་ གྱི་ བློན་ པོ་ གནད་ ཆེན་ ཞིག དམག་ གཏོང་ མི་ དགོས་པར་སུམ་པ་ཚར་བཅད།
དམར་སྟོན་ཆོས་རྗེ།							
དམར་ཤཱཀྱ་མུ་ནེ།							མདོ་སྨད་ཏན་ཏིག་ཏུ་ཕེབས་པའི་དམར་གཡོ་གཙང་གསུམ་གྱི་གྲས། བླ་ཆེན་དགོངས་པ་རབ་གསལ་གྱི་བླ་མ།
དམུ་དགེ་བསམ་གཏན།	༡༥	ཤིང་སྟག	༡༩༡༨	༡༧			
དམུ་ལྷམ་བྲ་མ།							བོད་རྒྱལ་༡༠པ་ཨེ་ཧོ་ལེགས་ཀྱི་བཙུན་མོ།
དམུ་ལྷམ་ནྲང་ལེགས།							བོད་རྒྱལ་༡༥པ་ཨི་ཤོ་ལེགས་ཀྱི་བཙུན་མོ།

དམུས་ལོང་དཀོན་པ་བཀྲ།							སྟག་རི་གཉན་གཟིགས་ལ་ཞུ།
རྨ་སྒོམ་ཆོས་ཀྱི་ཤེས་རབ།	༡	ཤིང་ལུག	༡༠༥༥				
རྨ་གཙོ་རིན་ཆེན་མཆོག							ཁྲི་སྲོང་སྐུ་དུས་ཀྱི་ལོ་ཙྪ་བ་གྲགས་ཅན་ཞིག
རྨ་རྣམ་པར་མི་རྟོག་པ།							ཁྲི་སྲོང་སྐུ་དུས་ཀྱི་ལོ་ཙྪ་བ།
རྨ་བན་ཆོས་འབར།	༡	ཤིང་སྤྲེལ།	༡༠༤༤	༢	ས་སྦྲུལ།	༡༠༨༩	
རྨ་བྱ་རྣ་ར་བ།	༡	ལྕགས་བྱི།	༡༠༦༠	༢	ས་བྱ།	༡༡༢༩	
རྨ་བྱ་བྱང་ཆུབ་བརྩོན་འགྲུས།				༣	ཤིང་སྦྲུལ།	༡༡༨༥	
རྨ་ལོ་ཙྪ་བ་དགེ་བའི་བློ་གྲོས།	༡	ཤིང་སྤྲེལ།	༡༠༤༤	༢	ས་སྦྲུལ།	༡༠༨༩	
རྨ་ཤཱཀྱ་འོད།							ཁྲི་སྲོང་སྐུ་དུས་ཀྱི་ལོ་ཙྪ་བ།
རྨ་སེ་རྟོགས་ལྡན་བློ་གྲོས་རིན་ཆེན།	༦	མེ་སྟག	༡༣༨༦				
རྨ་གསང་ཀོང་།							ཁྲི་སྲོང་སྐུ་དུས།
རྨོག་ལྕོག་པ་རིན་ཆེན་བརྩོན་འགྲུས།	༢	ལྕགས་སྟག	༡༡༡༠	༣	ལྕགས་སྟག	༡༡༧༠	

རྒྱ་སྟོན་འཇམ་དཔལ་སེངྒེ།	༩	མེ་སྤྲུལ།	༡༢༥༧				
སྨྲ་ར་ཞབས་དྲུང་བློ་བཟང་བསྟན་པའི་ཉི་མ།							
སྨད་ཀྱི་བྱང་སེམས་ཤེས་རབ་བཟང་པོ།							བྱང་སེམས་ཤེས་རབ་བཟང་པོར་གཟིགས།
སྨན་ཁང་པ་ངག་དབང་ཆོས་འཕེལ།	༡༡	ཤིང་ཕག	༡༦༣༥	༡༢	མེ་ཕག	༡༧༠༧	
སྨན་བཙུན་ལུང་གོང་།							བོད་རྒྱལ་ཉེར་གཉིས་པ་ལྷེ་རྒྱལ་པོའི་བཙུན་མོ།
སྨན་པ་ཕྱུག་རྡོར་མགོན་པོ།							
སྨན་ཚང་དབང་ཕྱུག་དཔལ།							
སྨན་འཚོང་བདེ་ཆེན་བློ་བཟང་བསྟན་འཛིན་རྒྱལ་མཚན།	༡༣	མེ་གླང་།	༡༧༥༧				
སྨན་བཟའ་སླུ་སྟེང་།							དུས་རབས་༢པའི་དུས་སྨད།
སྨན་རི་བ་བློ་བཟང་རྣམ་རྒྱལ།							དུས་རབས་༡༨པའི་དུས་དཀྱིལ།
སྨན་ལུང་བློ་བཟང་རྒྱལ་མཚན།	༡༣	ཤིང་བྱི།	༡༧༩༩				
སྨན་ལུང་བློ་མཆོག་རྡོ་རྗེ།	༡༠	ཤིང་ལུག	༡༥༨༥	༡༡	ལྕགས་ཕག	༡༦༡༧	

སྨན་ལུང་པ་ཤཱཀྱ་འོད་དམ་མི་བསྐྱོད་རྡོ་རྗེ།							དུས་རབས་༡༣་ཙམ་ལ་འཁྲུངས་སམ།
སྨན་ས་ཁྲི་དཀར།							དུས་རབས་གཉིས་པའི་དུས་དཀྱིལ།
སྨར་ཚང་པ་ཤེས་རབ་སེངྒེ།	༢	ཤིང་ཡོས།	༡༡༣༥	༣	ཆུ་ཕག	༡༢༠༣	ཕག་མོ་གྲུ་པའི་སློབ་བུ། སྨར་ཚང་དཀའ་བརྒྱུད་ཀྱི་སྲོལ་གཏོད་པ་པོ། སློ་རོང་ཆོས་འབྱུང་ལྟར།
༼སྨིན་གྲོལ་གླིང་ཁྲི་ཆེན་གདུང་རབས་རིམ་བྱོན།༽							
སྨིན་གླིང་ཁྲི་ཆེན་དང་པོ་གཏེར་ཆེན་འགྱུར་མེད་རྡོ་རྗེ།							གཏེར་ཆེན་འགྱུར་མེད་རྡོ་རྗེར་གཟིགས།
སྨིན་གླིང་ཁྲི་ཆེན་གཉིས་པ་པདྨ་འགྱུར་མེད་རྒྱ་མཚོ།							པདྨ་འགྱུར་མེད་རྒྱ་མཚོར་གཟིགས།
སྨིན་གླིང་ཁྲི་ཆེན་གསུམ་པ་དྲིན་ཆེན་རིན་ཆེན་རྣམ་རྒྱལ།							དྲིན་ཆེན་རིན་ཆེན་རྣམ་རྒྱལ་ལ་གཟིགས།
སྨིན་གླིང་ཁྲི་ཆེན་བཞི་པ་འགྱུར་མེད་པདྨ་བསྟན་འཛིན།							ཁྲི་ཆེན་འགྱུར་མེད་པདྨ་བསྟན་འཛིན་ལ་གཟིགས།
སྨིན་གླིང་ཁྲི་ཆེན་ལྔ་པ་འགྱུར་མེད་ཕྲིན་ལས་རྣམ་རྒྱལ།	༡༣	ཤིང་བྱ།	༡༧༦༥	༡༩	ཆུ་སྤྲེལ།	༡༨༡༢	དགུང་ལོ་༤༨་བཞུགས།
སྨིན་གླིང་ཁྲི་ཆེན་དྲུག་པ་འགྱུར་མེད་པདྨ་དབང་རྒྱལ།	༡༣	ས་རྟ།	༡༧༩༨				
སྨིན་གླིང་ཁྲི་ཆེན་བདུན་པ་འགྱུར་མེད་སངས་རྒྱས་ཀུན་དགའ།	༡༩	མེ་གླང་།	༡༨༡༧	༡༩	ཤིང་ཡོས།	༡༨༥༥	དགུང་ལོ་༣༩་བཞུགས།

སྨིན་གླིང་ཁྲི་ཆེན་བརྒྱད་པ་འགྱུར་མེད་ཡིད་བཞིན་དབང་རྒྱལ།	༡༩	ཆུ་ཡོས།	༡༨༩༣				
སྨིན་གླིང་ཁྲི་ཆེན་དགུ་པ་འགྱུར་མེད་བདེ་ཆེན་མཆོག་གྲུབ།	༡༩	ཤིང་གླང་།	༡༨༦༥				
སྨིན་གླིང་ཁྲི་ཆེན་བཅུ་པ་ཀུན་དགའ་བསྟན་འཛིན།	༡༩	ལྕགས་སྤྲེལ།	༡༩༢༠				
སྨིན་གླིང་ཁྲི་ཆེན་བཅུ་གཅིག་པ་འགྱུར་མེད་དོན་གྲུབ་དབང་རྒྱལ།	༡༥						
སྨིན་གླིང་ཁྲི་ཚབ་གཙུང་རིན་པོ་ཆེ་ངག་དབང་ཆོས་གྲགས།	༡༥	ས་སྤྲེལ།	༡༩༠༨	༡༥	ལྕགས་འབྲུག	༡༩༨༠	དགུང་ལོ་དོན་གསུམ་བཞུགས།
སྨིན་གླིང་ཁྲི་ཆེན་བཅུ་གཉིས་པ་འགྱུར་མེད་ཀུན་བཟང་དབང་རྒྱལ།	༡༦	ལྕགས་ལུག	༡༩༣༡	༡༧	ལྕགས་སྟག	༢༠༡༠	
༼སྨིན་གྲོལ་གླིང་གི་མཁན་རབས་རིམ་བྱོན༽							
སྨིན་གྲོལ་གླིང་གི་མཁན་རབས་དང་པོ་རྒྱལ་སྲས་བསྟན་པའི་ཉི་མ།	༡༡	ས་པྲེ།	༡༦༩༨				
སྨིན་གྲོལ་གླིང་གི་མཁན་རབས་གཉིས་པ་ལོ་ཆེན་ཆོས་དཔལ་བཟང་པོའམ་རྣམ་གྲྭ།	༡༡	ཤིང་རྟ།	༡༦༥༩	༡༢	ས་ཁྱི།	༡༧༡༨	

སྐྱིད་གྲོལ་གླིང་གི་མཁན་རབས་གསུམ་པ་ཨོ་རྒྱན་བསྟན་འཛིན་རྡོ་རྗེ།	༡༢	ཆུ་བྱི།	༡༧༩༢				
སྐྱིད་གྲོལ་གླིང་གི་མཁན་རབས་བཞི་པ་གསང་སྔགས་བསྟན་འཛིན་ནམ་ཟིལ་གནོན་མཁན་ཆེན།	༡༣	ཤིང་ཕག	༡༧༥༥				
སྐྱིད་གྲོལ་གླིང་གི་མཁན་རབས་ལྔ་པ་ཨོ་རྒྱན་ཆོས་འཕེལ།	༡༣	ས་བྱི།	༡༧༧༨				
སྐྱིད་གྲོལ་གླིང་གི་མཁན་རབས་དྲུག་པ་རིག་འཛིན་བཟང་པོ།	༡༣	ལྕགས་སྤྲེལ།	༡༨༠༠				
སྐྱིད་གྲོལ་གླིང་གི་མཁན་རབས་བདུན་པ་ཀུན་དགའ་ཚུལ་ཁྲིམས་རྡོ་རྗེ།	༡༩	ལྕགས་འབྲུག	༡༨༢༠				
སྐྱིད་གྲོལ་གླིང་གི་མཁན་རབས་བརྒྱད་པ་ངག་དབང་མཁྱེན་བརྩེ་ནོར་བུ།							
སྐྱིད་གྲོལ་གླིང་གི་མཁན་རབས་དགུ་པ་འཇམ་དཔལ་ཆོས་གྲགས།	༡༥	མེ་སྟག	༡༨༢༦				
སྐྱིད་གྲོལ་གླིང་མི་འགྱུར་དཔལ་སྒྲོན།	༡༢	ས་ཡོས།	༡༦༨༨	༡༣	ས་གླང་།	༡༧༦༨	

སྙིང་གླིང་རབ་འབྱམས་པ་ཨོ་རྒྱན་ཆོས་གྲགས།							དུས་རབས་༡༨པར་འབྱུངས།
སྙན་ལམ་དཔལ་ལེགས་པའི་བློ་གྲོས།							དགའ་ལྡན་ཁྲི་རབས་༨པར་གཟིགས།
སྙན་ལམ་བློ་གྲོས།							
སྙན་ལམ་རབ་འབྱམས་པ་བློ་བཟང་རིན་ཆེན།	༡༩	ཆུ་རྟ།	༡༨༢༢	༡༥	ཆུ་ལུག	༡༨༨༣	
སྨྱུང་གནས་པ་བསོད་ནམས་བཟང་པོ།	༦	ལྕགས་སྦྲུལ།	༡༣༩༡	༧	ཆུ་གླང་།	༡༩༣༣	
སྨྱོ་ཤུལ་ལུང་རྟོགས་བསྟན་པའི་ཉི་མ།	༡༩	ས་གླང་།	༡༨༢༩	༡༥	ལྕགས་གླང་།	༡༩༠༡	རྫ་དཔལ་སྤྲུལ་རིན་པོ་ཆེའི་སྲས་ཀྱི་བུ་བོ་ཞིག
སྨྲས་སྟོན་ཆོས་འབར།	༡	ལྕགས་སྟག	༡༠༥༠	༢	ལྕགས་ཡོས།	༡༡༡༡	

མཚན་བྱང་།	འཁྲུངས་ལོ།			འདས་ལོ།			ཞར་བྱང་།
	རབ་བྱུང་།	ལོ་ཁམས།	སྤྱི་ལོ།	རབ་བྱུང་།	ལོ་ཁམས།	སྤྱི་ལོ།	གསལ་བཤད།
ཙ།							
ཙ་སྟེ་བ་ནམ་མཁའ་བཟང་པོ།							ཀོ་འཇོ་ཙ་སྟེ་དགོན་པ་ཕྱག་བཏབ་མཁན་དེ་ཡིན། འཇའ་ལུས་སུ་ཕེབས།
ཙ་ཡུ་ནམ་མཁའ་རྒྱལ་མཚན།	༡༢	ལྕགས་ཕག	༡༧༣༡	༡	ལྕགས་ཁྱི།	༡༧༩༠	
ཙ་ཡུས་སྐུ་ཕྲེང་རིམ་བྱོན།	༡༢ ནས་འགོ་ཚུགས།						མདོ་སྨད་གསང་ཆུ་ཙ་ཡུས་དགོན་ཐེར།
༡ ཙ་ཡུས་ཕྲིན་ལས་བསྟན་འཛིན་རྒྱ་མཚོ།	༡༢	ལྕགས་གླང་།	༡༧༢༡	༡༣	མེ་སྤྲེལ།	༡༧༩༧	དགུང་ལོ་༧༧བཞུགས།
༢ ཙ་ཡུས་བྲ་ཉེ་སུམ་ར་མའི་ཞབས་དྲུང་།	༡༣						དགུང་ལོ་༥༩བཞུགས།
༣ ཙ་ཡུས་དཀོན་མཆོག་དགེ་ལེགས་རྒྱལ་མཚན།	༡༣	ས་ཁྱི།	༡༧༧༨	༡༤	ས་རྟ།	༡༨༥༨	དགུང་ལོ་༨༠བཞུགས།
༤ ཙ་ཡུས་བློ་བཟང་བསྟན་པ་རྒྱ་མཚོ།	༡༤	ཆུ་ཁྱི།	༡༨༦༢	༡༥	ཤིང་ཡོས།	༡༩༡༥	དགུང་ལོ་༥༣བཞུགས།
༥ ཙ་ཡུས་འཇམ་དབྱངས་བསྟན་འཛིན་ཕྲིན་ལས་རྒྱ་མཚོ།	༡༥	ལྕགས་སྤྲེལ།	༡༩༢༠	༡༦	ལྕགས་སྟག	༡༩༥༠	དགུང་ལོ་༣༠བཞུགས།

༦༽ སྐལ་བཟང་འཇིགས་མེད་རྒྱ་མཚོ།	༡༦	ས་རྟ།	༡༩༧༨				
ཙ་ཡུས་ངག་དབང་སྟན་འཛིན།	༡༢	ཤིང་གླང་།	༡༧༤༥	༡༤	ཆུ་སྤྲེལ།	༡༨༡༢	
ཙ་ཡུས་ཕྱིན་ལས་རབ་བརྟན།	༡༡	མེ་ལུག	༡༦༦༧	༡༢	ཤིང་བྱི།	༡༧༤༤	
ཙནྡྲ།							དུས་རབས་༡༤པའི་དུས་སྐོར།
གཙང་གི་ཁྲུང་པོ་བྱ་བྲལ་དགེ་འདུན་བཟང་པོ།	༧	མེ་བྱི།	༡༧༡༤				
༼གཙང་ཆེན་གྱི་རྡོ་རྗེ་སློབ་དཔོན་རིམ་བྱོན།༽	༡༣ ནས་འགོ་ཚུགས།						འདིར་སྐུ་ཕྲེང་རིམ་བྱོན་ཞེས་བྲིས་འདུག་ཀྱང་དེ་ཡིན་ན་ལོ་ཚིགས་དང་གཏན་ནས་མི་མཐུན་པས་འདི་ལྟར་བྱས།
༡༽ གཙང་ཆེན་གྱི་རྡོ་རྗེ་སློབ་དཔོན་ངག་དབང་ཆོས་འཕེལ་རྒྱ་མཚོ།	༡༣	ས་སྤྲེལ།	༡༧༨༨	༡༤	ཤིང་གླང་།	༡༨༦༥	དགུང་ལོ་༧༨བཞུགས།
༢༽ གཙང་ཆེན་གྱི་རྡོ་རྗེ་སློབ་དཔོན་ངག་དབང་ཆོས་ཀྱི་འཕགས་པ།	༡༤	ས་འབྲུག	༡༨༠༨	༡༥	མེ་གླང་།	༡༨༧༧	དགུང་ལོ་༧༠བཞུགས།
༣༽ གཙང་ཆེན་གྱི་རྡོ་རྗེ་སློབ་དཔོན་ཀུན་དགའ་དཔལ་ལྡན།	༡༤	ས་གླང་།	༡༨༢༩	༡༥	ཆུ་འབྲུག	༡༨༩༢	དགུང་ལོ་༦༣བཞུགས།

༤༽ གཙང་ཆེན་གྱི་རྡོ་རྗེ་སློབ་དཔོན་ངག་དབང་ཆོས་འབྱོར་རྒྱ་མཚོ།	༡༤	མེ་རྟ།	༡༨༤༦	༡༥	ལྕགས་ཁྱི།	༡༩༡༠	དགུང་ལོ་༦༥བཞུགས།
༥༽ གཙང་ཆེན་གྱི་རྡོ་རྗེ་སློབ་དཔོན་ཀུན་དགའ་མཁས་གྲུབ་དབང་ཕྱུག	༡༤	ཆུ་བྱི།	༡༨༦༢	༡༥	ཤིང་སྟག	༡༩༡༤	དགུང་ལོ་༥༣བཞུགས།
༦༽ གཙང་ཆེན་གྱི་རྡོ་རྗེ་སློབ་དཔོན་ངག་དབང་བསྟན་པ་གསལ་བྱེད།	༡༥	ས་སྟག	༡༨༧༨	༡༦	ཆུ་སྦྲུལ།	༡༩༥༣	དགུང་ལོ་༧༦བཞུགས།
༧༽ གཙང་ཆེན་གྱི་རྡོ་རྗེ་སློབ་དཔོན་ངག་དབང་རྡོ་རྗེ་བཟང་པོ།	༡༥	ཆུ་སྦྲུལ།	༡༨༩༣	༡༦	ས་བྱི།	༡༩༤༨	དགུང་ལོ་༥༦བཞུགས།
༨༽ གཙང་ཆེན་གྱི་རྡོ་རྗེ་སློབ་དཔོན་ངག་དབང་དཀོན་མཆོག་བསྟན་པ་དར་རྒྱས།	༡༥	ལྕགས་བྱི།	༡༩༠༠				
གཙང་སྟོད་དམ་ཆོས་དཔལ་འབར།							དགའ་ལྡན་ཁྲི་རབས་༢༦པར་གཟིགས།
གཙང་སྟོད་སྣེ་པ་ཕུན་ཚོགས་རྣམ་རྒྱལ།	༡༠	མེ་བྱ།	༡༥༩༧	༡༡	ལྕགས་ལུག	༡༦༣༡	
གཙང་སྟོན་པ།	༣	མེ་རྟ།	༡༡༨༦	༥	མེ་བྱི།	༡༢༧༦	
གཙང་དྲུག་པ་རྡོ་རྗེ་འོད་ཟེར།							བཀའ་གདམས་པ་ཞིག

གཙང་ནག་པ་བརྩོན་འགྲུས་སེངྒེ།						གསང་ཕུའི་སེངྒེ་བརྒྱུད་ཀྱི་གྲྭ།
གཙང་པ་རྒྱ་རས་ཡེ་ཤེས་རྡོ་རྗེ།	༣	ལྕགས་སྦྲུལ།	༡༡༤༡	༩	ལྕགས་ལུག	༡༢༡༡	
གཙང་པ་ངག་དབང་བསོད་ནམས།						དུས་རབས་༡༧པའི་དུས་མགོ
གཙང་པ་བློ་གྲོས་བཟང་པོ།						འབའ་ར་བ་རྒྱལ་མཚན་དཔལ་བཟང་གི་སློབ་མ།
གཙང་པ་ཡེ་ཤེས་དཔལ་འབྱོར།	༡༢	ཤིང་རྟ།	༡༧༡༩	༡༣	ཆུ་ཡོས།	༡༧༨༣	
གཙང་པ་རིན་ཆེན་ནམ་མཁའ་རྡོ་རྗེ།	༡	མེ་སྦྲུལ།	༡༦༧༧	༣	ལྕགས་སྦྲུལ།	༡༡༤༡	
གཙང་བྱམས་པ་རྡོ་རྗེ་རྒྱལ་མཚན།						
གཙང་བློ་གྲོས་བརྟན་པ།	༧	ཆུ་རྟ།	༡༩༠༢	༨	ས་ཁྱི།	༡༩༧༢	
གཙང་སྨན་ཡེ་ཤེས་བཟང་པོ།	༡༢	མེ་ཕག	༡༧༠༧				
གཙང་སྨྱོན་ཧེ་རུ་ཀཿརུས་པའི་རྒྱན་ཅན།	༨	ཆུ་སྤྲེལ།	༡༩༥༢	༦	མེ་ཡོས།	༡༥༠༧	
གཙང་རབ་གསལ།						དམར་གཡོ་གཙང་གསུམ་གྲས། བླ་ཆེན་དགོངས་པ་རབ་གསལ་གྱི་སློབ་མ།

གཙོ་ཁྲི་ཁྱུང་གྲགས་པ།							བོད་རྒྱལ་གནམ་རི་སྲོང་བཙན་གྱི་སྐུ་གཤེན།
གཙོ་གཡང་སྐྱེས།							ལྷ་ཐོ་རིའི་སྐུ་གཤེན།
༼གཙོས་དགོན་དགའ་ལྡན་ཆོས་གླིང་གི་གསེར་ཁྲི་སྐུ་ཕྲེང་རིམ་བྱོན།༽	༡༡ ནས་འགོ་ཚུགས།						མདོ་སྨད་གསང་ཆུའི་གཙོས་དགོན་ཡང་ཟེར།
༡༽ གཙོས་རྒྱལ་མཚན་སེངྒེ།	༡༡	ས་རྟ།	༡༦༧༨	༡༣	མེ་བྱི།	༡༧༥༦	
༢༽ གཙོས་བློ་བཟང་རྒྱལ་མཚན་སེང་གེ།	༡༣	མེ་གླང་།	༡༧༥༧	༡༤	ས་བྱ།	༡༨༤༧	
༣༽ བློ་བཟང་འཇམ་དཔལ་བསྟན་འཛིན་སེང་གེ།	༡༤	ཤིང་སྟག	༡༨༥༤			༡༨༧༦	དགུང་ལོ་༢༣བཞུགས།
༤༽ བློ་བཟང་བསྟན་འཛིན་སེང་གེ།	༡༥	མེ་གླང་།	༡༨༧༧			༡༩༣༧	དགུང་ལོ་༦༣བཞུགས།
༥༽ བློ་བཟང་ཐུབ་བསྟན་དཔལ་ལྡན་སེང་གེ།	༡༦	མེ་གླང་།	༡༩༣༧				
གཙོས་ངག་དབང་ཕྲིན་ལས།	༡༢	མེ་བྱི།	༡༧༡༧	༡༣	ལྕགས་བྱི།	༡༧༩༠	
གཙོས་བན་དཀོན་མཆོག་བསྟན་དར།	༡༣	ཤིང་འབྲུག	༡༧༨༤	༡༤	ཆུ་ཡོས།	༡༨༤༣	
བཙན་ཁ་བོ་ཆེ།		ལྕགས་ཕག	༡༠༡༡				ལ་ལས་ལྕགས་བྱ་༡༠༢༡ལོར་འཁྲུངས་ཟེར།

360

བཙན་གྲོ་བ་ཚུལ་ཁྲིམས་མགོན་པོ།	༥	ལྕགས་ཡོས།	༡༢༩༡	༦	ཆུ་ཡོས།	༡༣༦༣	
བཙན་པོ་དོན་གྲུབ་རྒྱ་མཚོ།	༡༠	ཆུ་གླང་།	༡༦༡༣	༡༡	ཤིང་སྤྲེལ།	༡༦༦༥	
བཙན་པོ་ནོ་མིན་ཧན།				༡༢	ས་ཡོས།	༡༦༩༩	
བཙན་ཕྱུག་ལྷེ།							དུས་རབས་༡༢པའི་དུས་མཇུག
བརྩོན་པ་ཀུན་གཟིགས་དཔོན་པོ།							
བརྩོན་པ་ཆོས་ཀྱི་རིན་ཆེན།							
བརྩོན་པ་དར་མ།							
བརྩོན་པ་བདེ་བའི་བློ་གྲོས།							
བརྩོན་པ་རྡོ་རྗེ་འོད་ཟེར།							
བརྩོན་པ་དཔལ་གྱི་རིན་ཆེན།							
བརྩོན་པ་དབང་ཕྱུག་རྒྱལ་མཚན།							
བརྩོན་པ་བྱམས་པ་ལྷུན་གྲུབ།							

བཙུན་པ་བློ་གྲོས་སེང་གེ།							
བཙུན་པ་བློ་བཟང་རབ་བརྟན།	༡༡	མེ་འབྲུག	༡༦༧༦	༡༢	ཤིང་གླང་།	༡༧༤༥	
བཙུན་པ་བློ་བཟང་སྙན་གྲགས།							དུས་རབས་༡༨པའི་དུས་མགོར་འཁྲུངས།
བཙུན་པ་ཡེ་ཤེས་དབང་ཕྱུག							
བཙུན་པ་རིན་ཆེན་དཔལ།							
བཙུན་པ་སངས་རྒྱས་ལྷུན་གྲུབ།							
བཙུན་མ་ཨ་ཞེ་གཡུ་སྒྲ།	༡༥	ལྕགས་གླང་།	༡༨༠༡	༡༦	ལྕགས་སྦྲེལ།	༡༨༢༠	བྲག་གཡབ་ཕ་མཁར་ནས་སྐུ་ལུས་རྟུལ་ཕྱིན་དུ་དེངས།
རྫ་པ་ངག་དབང་དགེ་ལེགས།							དུས་རབས་༡༢པའི་དུས་དཀྱིལ།
རྫ་པ་ངག་དབང་ནོར་བུ།							
རྫ་པ་བློ་བཟང་རྒྱལ་མཚན།	༡༢	ལྕགས་སྦྲུལ།	༡༧༠༠	༡༣	ཤིང་སྦྲུལ།	༡༧༢༥	
རྫ་མི་སངས་རྒྱས་གྲགས།							ཀ་ལོ་གཞོན་ནུ་དཔལ་གྱི་བླ་མ། རྒྱ་གར་གྱི་པཎ་གྲུབ་མང་པོས་ཆོས་ཞུས་པའི་བོད་ཀྱི་བླ་མ་གྲགས་ཅན་ཞིག

ཚངས་དེ་བེནྡྲ་རཀྵི་ཏ།							ཚངས་ལྷའི་དབང་པོ་སྐྱོང་བ་སྟེ། ཁྲི་སྲོང་ལྡེ་བཙན་སྐུ་དུས་ཀྱི་ལོ་ཙཱ་གྲགས་ཅན་ཞིག
ཚངས་སློན་ཁྲིའུ་ཆུང་།							ཁྲི་ལྡེ་སྲོང་བཙན་གྱི་ནང་སློན་ཞིག
རྗེས་འདུལ་འཛིན་གཞོན་ནུ་སེང་གེ།							བཀའ་གདམས་པ་ཞིག
༼ཚེ་ཁོག་འཛིགས་མཛད་རྡོ་རྗེ་རྫོང་དགོན་གྱི་ཁྲི་ཆེན་སྐུ་ཕྲེང་རིམ་བྱོན།༽	༡༡ ནས་འགོ་ཚུགས།						
༡༽མ་ཧེ་བ་ཤེས་རབ་བཀྲ་ཤིས།							རྫོང་དཀར་མ་ཧེ་ཤེས་རབ་བཀྲ་ཤིས་ལ་གཟིགས།
༢༽འཇམ་དབྱངས་དགེ་འདུན་བསྟན་འཛིན།	༡༢	མེ་སྤྲེལ།	༡༧༡༦	༡༣	ལྕགས་བྱི།	༡༧༩༠	དགུང་ལོ་༧༥བཞུགས།
༣༽འཇམ་དབྱངས་དོན་ཡོད་རྒྱལ་མཚན།	༡༣	ལྕགས་ཕག	༡༧༩༡	༡༤	ཤིང་ཡོས།	༡༨༥༥	དགུང་ལོ་༦༤བཞུགས།
༤༽འཇམ་དབྱངས་ཐུབ་བསྟན་རྒྱ་མཚོ།	༡༤	མེ་སྟག	༡༨༦༦	༡༦	ས་འབྲུག	༡༩༢༨	དགུང་ལོ་༦༣བཞུགས།
༥༽འཇམ་དབྱངས་ཕྲིན་ལས་དབང་པོ།	༡༦	ས་སྦྲུལ།	༡༩༢༩				
རྗེ་ལྡེ།							དུས་རབས་༡༡པའི་དུས་དཀྱིལ།

རྗེ་དབུས་གྲགས་པ་བཟང་པོ།	༡༢	ལྕགས་སྟག	༡༧༡༠	༡༣	ཤིང་བྱ།	༡༧༦༥	
རྗེ་དབུས་འཇམ་དབྱངས་བཤེས་གཉེན།	༡༣	ས་གླང་།	༡༧༦༩	༡༤	ས་བྱི།	༡༨༢༨	
རྗེ་འབྲོམ་སྟོན་སྨ་འགུ།							དུས་རབས་༨པའི་དུས་དཀྱིལ།
རྗེ་ཐང་ཚེ་བརྟན་རྒྱ་མཚོ།	༩	ལྕགས་འབྲུག	༡༥༢༠	༡༠	མེ་བྱི།	༡༥༧༦	
རྗེ་ཐང་གཞོན་ནུ་དཔལ།							དུས་རབས་༡༥པའི་དུས་སྟོད།
རྗེ་ལེ་པདྨ་ལེགས་གྲུབ་གཙུག་རིག་འཛིན་རྣམ་རྒྱལ།	༡༠	ཤིང་སྦྲུལ།	༡༦༠༥	༡༠	མེ་བྱི།	༡༥༧༦	
བརྩོན་འགྲུས་གྲགས་པ།							ཞང་འགྲོ་བའི་མགོན་པོར་གཟིགས།

མཚན་བྱང་།	འཁྲུངས་ལོ།			འདས་ལོ།			ཞར་བྱང་།
	རབ་བྱུང་།	ལོ་ཁམས།	སྤྱི་ལོ།	རབ་བྱུང་།	ལོ་ཁམས།	སྤྱི་ལོ།	གསལ་བཤད།
ཚ།							
ཚ་ཁོ་ངག་དབང་གྲགས་པ།							རྗེ་ཙོང་ཁ་པའི་སློབ་མ་གཙོ་བོའི་གྲས།
ཚ་འདུ་བློ་བཟང་ཕྲིན་ལས།	༡༡	ཆུ་བྱི།	༡༦༧༢				རབ་བྱུང་བཅུ་གསུམ་པའི་ཆུ་སྤྲེལ་ ༡༧༥༢ ལོར་རྗོང་པོ་ཐོས་བསམ་གླིང་གི་གདན་སའི་ཁྲིར་ཕྱིན།
ཚ་རྗོར་ངག་དབང་འཇམ་དཔལ་ཚུལ་ཁྲིམས་རྒྱ་མཚོ།							ཙ་ནི་ངག་དབང་འཇམ་དཔལ་ཚུལ་ཁྲིམས་རྒྱ་མཚོར་གཟིགས
ཚ་རྗོར་ངག་དབང་ཚུལ་ཁྲིམས།							དགའ་ལྡན་ཁྲི་རབས་དོན་གསུམ་པ་"ངག་དབང་ཚུལ་ཁྲིམས་ལ་གཟིགས།
ཚ་རྗོར་བློ་བཟང་མཁས་མཆོག							དགའ་ལྡན་ཁྲི་རབས་རེ་གསུམ་འཕན་ཡུལ་བློ་བཟང་མཁས་མཆོག་ལ་གཟིགས།
ཚ་སྨྱུལ་ངག་དབང་བློ་བཟང་།	༡༥	ལྕགས་འབྲུག	༡༨༨༠	༡༦	མེ་བྱ།	༡༩༥༧	

ཚ་ཕྲུག་སྐལ་བཟང་ནོར་བུ།	༡༣	ལྕགས་གླང་།	༡༧༨༡	༡༩	ས་ལུག	༡༨༥༩	
ཚ་བ་རོང་པ་བསོད་ནམས་འོད་ཟེར།							དུས་རབས་༡༣ པའི་སྐབས་ཀྱི་མི།
ཚ་རོང་དཔལ་ལྡན་རྒྱལ་མཚན།	༩	ཤིང་ལུག	༡༥༣༥				
ཚ་ལན་ཡེ་ཤེས་རྒྱལ་མཚན།							བོད་ཀྱི་མགོན་སྐྱོད་ཀྱི་སྲས། ཡུམ་བརྟན་ནས་བརྩིས་པའི་མི་རབས་བདུན་སོང་བས་ལྡེའུ་ཆོས་འབྱུང་དུ་ཆོས་ཀྱི་མེ་ནི་མི་རབས་བདུན་དུ་སྲས་ཞེས་པ་དོན་ལ་གནས་སྙམ།
ཚངས་འདུར་བ་ཆེན་པོ།							དུས་རབས་༡༢པའི་དུས་སྨད།
ཚངས་དབྱངས་རྒྱ་མཚོ།							རྒྱལ་བ་དྲུག་པ་ཚངས་དབྱངས་རྒྱ་མཚོར་གཟིགས།
ཚངས་སྲས་དགྱེས་པའི་བློ་ལྡན་ནམ་གཙུག་ལག་སྨྲ་བའི་ཉི་མ།							འཇམ་དབྱངས་མཁྱེན་བརྩེ་དབང་པོའི་མཚན་གྱི་རྣམ་གྲངས་ཤིག
ཚངས་སྲས་བཞད་པའི་རྡོ་རྗེ།							ཨ་ལག་ཤ་མ་ཁན་པོ་སྐུ་ཕྲེང་ལྔ་པ།
ཚར་ཆེན་བློ་གསལ་རྒྱ་མཚོ།	༨	ཆུ་ཁྱི།	༡༥༠༢	༡༠	མེ་ཡོས།	༡༥༦༦	

ཚར་ཆེ་ཤེས་རབ་རྡོ་རྗེ།	༡༢	ལྕགས་ཡོས།	༡༧༡༡	༡༣	ཤིང་འབྲུག	༡༧༨༣	
ཚལ་པ་ཀུན་དགའ་རྡོ་རྗེ།	༥	ས་བྱ།	༡༣༠༩	༦	ཆུ་སྦྲུལ།	༡༣༥༣	ལ་ལས་༡༣༦༩ལོར་འདས་པར་བཞེད།
ཚལ་པ་དགའ་བདེ་དཔལ་བ།							
ཚལ་པ་གཙང་པ་དུང་ཁུར་བ་དབང་ཕྱུག་བཀྲ་ཤིས།							གཙང་པ་དུང་ཁུར་བ་དབང་ཕྱུག་བཀྲ་ཤིས་ལ་གཟིགས།
ཚལ་པ་ཞང་འགྲོ་བའི་མགོན་པོ་གཡུ་བྲག་པ།							གུང་ཐང་བླམ་ཞང་འགྲོ་བའི་མགོན་པོ་གཡུ་བྲག་པར་གཟིགས།
ཚལ་པ་ལེགས་པ་ཆོས་འབྱོར།							འཇམ་དབྱངས་དགའ་བློར་གཟིགས།
ཚལ་པ་ཤཱཀྱ་འབུམ།	༩	ཤིང་བྱི།	༡༢༦༩				
ཚལ་གསེར་ཁང་སྟེང་པ་ཀུན་དགའ་རྒྱལ་མཚན།	༩	ཆུ་ལུག	༡༢༢༣				
ཚུལ་ཁྲིམས་བཀྲ་ཤིས།							དུས་རབས་༡༣པའི་དུས་སྟོད།
ཚུལ་ཁྲིམས་མགོན་པོ།							མཁས་གྲུབ་ཤངས་སྟོན་ཚུལ་ཁྲིམས་མགོན་པོར་གཟིགས།
ཚུལ་ཁྲིམས་མགོན་པོ།							བྱ་ཡུལ་བ་ཚུལ་ཁྲིམས་མགོན་པོར་གཟིགས།
ཚུལ་ཁྲིམས་རྒྱ་མཚོ།							རྒྱལ་བ་སྐྱ་ཕྱེང་བཅུ་པ་ཚུལ་ཁྲིམས་རྒྱ་མཚོར་གཟིགས།

ཚུལ་ཁྲིམས་རྒྱ་མཚོ།								ཙ་ནེ་ངག་དབང་ཚུལ་ཁྲིམས་རྒྱ་མཚོར་གཟིགས།
ཚུལ་ཁྲིམས་རྒྱ་མཚོ།								འདན་མ་ཚུལ་ཁྲིམས་རྒྱ་མཚོར་གཟིགས།
ཚུལ་ཁྲིམས་རྒྱ་མཚོ།								ཁལ་ཁ་རྗེ་བཙུན་དམ་པ་སྐུ་ཕྲེང་དྲུག་པ་ཚུལ་ཁྲིམས་རྒྱ་མཚོར་གཟིགས།
ཚུལ་ཁྲིམས་རྒྱལ་མཚན།								ཀུན་མཁྱེན་ཚུལ་ཁྲིམས་རྒྱལ་མཚན་ལ་གཟིགས།
ཚུལ་ཁྲིམས་རྒྱལ་མཚན།								མཁན་པོ་ཚུལ་ཁྲིམས་རྒྱལ་མཚན་ལ་གཟིགས།
ཚུལ་ཁྲིམས་རྒྱལ་མཚན།								གཉེན་མཁས་གྲུབ་ཚུལ་ཁྲིམས་རྒྱལ་མཚན་ལ་གཟིགས།
ཚུལ་ཁྲིམས་ཆོས་འཕེལ།								དགའ་ལྡན་ཁྲི་རབས་སོ་གཉིས་པ་ཚུལ་ཁྲིམས་ཆོས་འཕེལ་ལ་གཟིགས།
ཚུལ་ཁྲིམས་སྙིང་པོ།								དྭགས་སྒོམ་ཚུལ་ཁྲིམས་སྙིང་པོར་གཟིགས།
ཚུལ་ཁྲིམས་བསྟན་པའི་རྒྱལ་མཚན།								འཇམ་ དབྱངས་ ཚུལ་ ཁྲིམས་ བསྟན་ པའི་ རྒྱལ་ མཚན་ ལ་གཟིགས།

ཚུལ་ཁྲིམས་བསྟན་པའི་ཉི་མ།							མི་ཉག་ཚུལ་ཁྲིམས་བསྟན་པའི་ཉི་མར་གཟིགས།
ཚུལ་ཁྲིམས་རྡོ་རྗེ།							པདྨ་ལས་འབྲེལ་རྩལ་ལ་གཟིགས།
ཚུལ་ཁྲིམས་དཔལ་བ།	༢	མེ་ཕྱི།	༡༡༠༤				
ཚུལ་ཁྲིམས་དཔལ་བ།							ཞྭ་དམར་བ་ཚུལ་ཁྲིམས་དཔལ་བར་གཟིགས།
ཚུལ་ཁྲིམས་ཕུན་ཚོགས།							གཉེན་མཁས་གྲུབ་ཚུལ་ཁྲིམས་ཕུན་ཚོགས་ལ་གཟིགས།
ཚུལ་ཁྲིམས་བློ་གྲོས།							ཀུན་མཁྱེན་ཀློང་ཆེན་པར་གཟིགས།
ཚུལ་ཁྲིམས་བློ་གྲོས།							གསང་ཕུའི་མཁན་པོ་ཞིག
ཚུལ་ཁྲིམས་འབར།							རྒྱ་འདུལ་འཛིན་དབང་ཕྱུག་ཚུལ་ཁྲིམས་འབར་ལ་གཟིགས།
ཚུལ་ཁྲིམས་འབར།							སྤྱན་སྔ་ཚུལ་ཁྲིམས་འབར་ལ་གཟིགས།
ཚུལ་ཁྲིམས་འབྱུང་གནས།							སྙིང་པ་ལོ་ཙཱ་བ་ཚུལ་ཁྲིམས་འབྱུང་གནས་ལ་གཟིགས།
ཚུལ་ཁྲིམས་བརྩེགས་པ།							དུས་རབས་༡༡པའི་དུས་མཇུག་གི་ལོ་ཙཱ་བ་ཞིག
ཚུལ་ཁྲིམས་གཞོན་ནུ།							དུས་རབས་༡༥པའི་དུས་དཀྱིལ་གྱི་ལོ་ཙཱ་བ་ཞིག

ཚུལ་ཁྲིམས་ཡོན་ཏན།							དུས་རབས་༡༡པའི་དུས་མགོའི་ལོ་ཙཱ་བ་ཞིག
ཚུལ་ཁྲིམས་རིན་ཆེན།	༢	ས་ཡོས།	༡༠༨༨				
ཚུལ་ཁྲིམས་རིན་ཆེན།							ཞུ་ཆེན་ཚུལ་ཁྲིམས་རིན་ཆེན་ལ་གཟིགས།
ཚུལ་ཁྲིམས་ཤེས་རབ།							ཁྲི་ཕུ་ལོ་ཙཱ་བྱམས་པའི་དཔལ་ཚུལ་ཁྲིམས་ཤེས་རབ་ལ་ གཟིགས།
ཚུལ་ཁྲིམས་ཤེས་རབ།							རྡོག་རྗེ་ཚུལ་ཁྲིམས་ཤེས་རབ་ལ་གཟིགས།
ཚུལ་ཁྲིམས་སེང་གེ།							དགེ་ཡེ་བ་ཚུལ་ཁྲིམས་སེང་གེ་ལ་གཟིགས།
ཚུལ་ཁྲིམས་སེང་གེ།							དགྱེར་སྒོམ་ཆོས་ཀྱི་སེང་གེ་ལ་གཟིགས།
ཚུལ་ཁྲིམས་སེང་གེ།							ཚངས་འདུར་པ་ཆེན་པོར་གཟིགས།
ཚུལ་དགེ་རིན་ཆེན།							དུས་རབས་༡༥པའི་དུས་དཀྱིལ་གྱི་ལོ་ཙཱ་བ་ཞིག
ཚུལ་རྗེར་བ།							རྙིང་མའི་གཏེར་སྟོན་ཞིག སྤྱི་ལོ་༡༣༡༣ལོར་ཕྲ་མོ་སྙིང་ཐིག་ གཏེར་བཞེས།

ཚེ་ཏན་ཞབས་དྲུང་འཇིགས་མེད་ཐུབ་བསྟན་ནོར་བུ།	༡༣	ཤིང་བྱི།	༡༤༠༨	༡༨	ཆུ་ཁྱི།	༡༤༦༢	ཞབས་དྲུང་ཚོན་པོ་མ་ཡང་ཞུ།
ཚེ་ཏན་ཞབས་དྲུང་འཇིགས་མེད་རིགས་པའི་བློ་གྲོས།	༡༥	ལྕགས་ཁྱི།	༡༩༡༠	༡༦	ཤིང་གླང་།	༡༩༤༥	
ཚེ་བརྟན་རྒྱ་མཚོ།						དགའ་ལྡན་ཁྲི་རབས་༢༣་པར་གཟིགས།
ཚེ་ལྡན་དགེ་བཤེས་དམ་ཆོས་ཡར་འཕེལ།						
ཚེ་སྤྱིད་ནག་སེང་།						དུས་རབས་༦པའི་མགོ་སྟོད་ཙམ།
ཚེ་སྤྱིད་བྱང་ཆུབ།						མུ་ནེ་བཙན་པོའི་སྐབས་ཀྱི་ཐྲིམས་མཁན་ཞིག
ཚེ་སྤྱིད་བཟའ་འབྲི་མ་ཐོད་དཀར།						གནམ་རི་སྲོང་བཙན་གྱི་བཙུན་མོ།
ཚེ་སྤྱིད་བཟའ་མེ་ཏོག་སྒྲོན།						ཁྲི་སྲོང་ལྡེའུ་བཙན་གྱི་བཙུན་མོ།
ཚེ་སྤྱིད་བཟའ་བཙན་མོ་འཕན།						གླང་དར་གྱི་བཙུན་མོ་ཆུང་བ།
ཚེ་སྤྱིད་བཟའ་ལྷུན་གྱི་བུ་མོ།						དུས་རབས་དགུ་པའི་དུས་མགོ་ཙམ།
ཚེ་དབང་བསྟན་འཛིན།						སོག་པོ་ཆིང་ཧང་ཚེ་དབང་བསྟན་འཛིན་ལ་གཟིགས།
ཚེ་དབང་རྡོ་རྗེ་རྣམ་རྒྱལ།						ཨ་ཀྲུ་ཚེ་དབང་རྡོ་རྗེ་རྣམ་རྒྱལ་ལ་གཟིགས།

ཚེ་དབང་རབ་བརྟན།							རྟེན་གར་ཚེ་དབང་རབ་བརྟན་ལ་གཟིགས།
ཚེ་དབང་རབ་བརྟན་རྡོ་རྗེ།							འདར་ལོ་ངག་དབང་ཕུན་ཚོགས་ལྷུན་གྲུབ་ལ་གཟིགས།
ཚེ་འབུམ་ཞབས་དྲུང་བཤད་སྒྲུབ་དགེ་ལེགས་རབ་རྒྱས།	༡༣	ས་རྟ།	༡༧༩༨	༡༥	ལྕགས་རྟ།	༡༨༧༠	
ཚེ་སྨོན་གླིང་པ་ངག་དབང་འཇམ་དཔལ་ཚུལ་ཁྲིམས་རྒྱ་མཚོ།							ཙ་ནེ་ངག་དབང་འཇམ་དཔལ་ཚུལ་ཁྲིམས་རྒྱ་མཚོར་གཟིགས།
ཚེ་སྨོན་གླིང་པ་ངག་དབང་བློ་བཟང་བསྟན་པའི་རྒྱལ་མཚན།							དགའ་ལྡན་ཁྲི་རབས་གྱ་བདུན་པ་ངག་དབང་བློ་བཟང་བསྟན་པའི་རྒྱལ་མཚན་ལ་གཟིགས།
ཚེ་སྨོན་གླིང་པ་ངག་དབང་ཚུལ་ཁྲིམས།							ཙ་ནེ་ངག་དབང་ཚུལ་ཁྲིམས་ལ་གཟིགས།
ཚེ་རིག་འཛིན་པ་ངག་དབང་སངས་རྒྱས་དཔལ་བཟང་།							དུས་རབས་༡༧པའི་དུས་སྨད་ཙམ།
ཚེ་རིང་དབང་རྒྱལ།							མདོ་མཁར་ཞབས་དྲུང་ཚེ་རིང་དབང་རྒྱལ་ལ་གཟིགས།
ཚེར་ལུང་བ།	༡༡	ཆུ་བྱ།	༡༦༣༣				
ཚོས་བཞི་རྙིང་མ་གྲགས་པ་རྒྱལ་མཚན།	༥	ཆུ་སྦྲུལ།	༡༢༩༣	༦	ལྕགས་འབྲུ།	༡༣༤༠	
ཚོས་བཞི་གསར་མ་སྤྱན་སྔ་གྲགས་པ་བྱང་ཆུབ།	༦	མེ་སྤྲེལ།	༡༣༥༦	༦	མེ་སྟག	༡༣༨༦	

ཆོ་འདུ་དོན་གྲུབ་རྒྱ་མཚོ།	༡༢	ཤིང་གླང་།	༡༧༤༥	༡༣	མེ་ལུག	༡༧༨༧	
ཆོ་འདུ་བློ་བཟང་ཕྲིན་ལས།	༡༡	ཆུ་བྱི།	༡༦༧༢				
ཚོགས་ཆག་ཆུང་བ།							དུས་རབས་༡༢པའི་མགོ་སྟོད་ཀྱི་ལོ་རྒྱ་བ།
ཚོགས་གཉིས་རྒྱ་མཚོ།							ཆགས་པ་ཆོས་འཕེལ།
ཚོགས་དྲུག་རང་གྲོལ།							ཞབས་དཀར་ཚོགས་དྲུག་རང་གྲོལ་ལ་གཟིགས།
ཚོང་བཙུན་ཤེས་རབ་སེང་གེ།							དུས་རབས་༡༠པའི་དུས་སྨད།
༺མཚན་སྒྲོགས་མཁན་ཆེན་སྐུ་ཕྲེང་རིམ་བྱོན།༻	༡༢ ནས་འགོ་ ཚུགས།						མདོ་སྨད་རྨ་ཆུའི་ཁོངས་སུ་གཏོགས།
༡༽མཚན་སྒྲོགས་མཁན་ཆེན་ཡོན་ཏན་གྲགས་པ།	༡༢	མེ་ཡོས།	༡༦༨༧	༡༣	ལྕགས་སྦྲུལ།	༡༧༦༡	དགུང་ལོ་༧༥བཞུགས།
༢༽མཚན་སྒྲོགས་མཁན་ཆེན་ནམ་མཁའ་རྡོ་རྗེ།	༡༣	ལྕགས་སྦྲུལ།	༡༧༦༡	༡༣	ཤིང་སྦྲུལ།	༡༧༨༥	དགུང་ལོ་༢༤བཞུགས།
༣༽མཚན་སྒྲོག་མཁན་ཆེན་དཀོན་མཆོག་ཕྲིན་ལས།	༡༣	མེ་ལུག	༡༧༨༧	༡༥	ས་སྦྲུལ།	༡༨༦༩	དགུང་ལོ་༨༣བཞུགས།
༤༽མཚན་སྒྲོགས་མཁན་ཆེན་དཀོན་མཆོག་འཇམ་དཔལ་ཡོན་ཏན་དབྱངས་ཅན་བསམ་འཕེལ་དབང་རྒྱལ།	༡༥	ལྕགས་རྟ།	༡༨༧༠	༡༦	ས་འབྲུག	༡༩༢༨	དགུང་ལོ་༥༩བཞུགས།

༥༽མཚན་སྒྲོགས་མཁན་ཆེན་བློ་བཟང་འཇམ་དབྱངས་ཞེས་རབ་རྒྱ་མཚོ།	༡༦	ས་སྤྲུལ།	༡༩༢༩				
མཚན་སྒྲོགས་དགེ་འདུན་བསྟན་པའི་ཉི་མ།	༡༤	མེ་ལུག	༡༨༤༧				
མཚན་སྒྲོགས་དགེ་འདུན་དོན་གྲུབ།							རབ་བྱུང་༡༢པའི་ནང་གི་མི།
མཚན་སྒྲོགས་འཇམ་དབྱངས་བསྟན་པ་རབ་རྒྱས།				༡༤	ཤིང་རྟ།	༡༨༣༤	
མཚན་སྒྲོགས་འཇམ་དབྱངས་ཆོས་ཀྱི་རྒྱལ་མཚན།	༡༥	ཤིང་སྟག	༡༩༡༤	༡༦	ཆུ་བྱ།	༡༩༣༣	
མཚན་སྒྲོགས་བློ་བཟང་བཀྲ་ཤིས་ཉི་མ།	༡༣	ལྕགས་ཕག	༡༧༩༡	༡༤	ཤིང་སྤྲུལ།	༡༨༤༥	
མཚན་སྒྲོགས་བློ་བཟང་བསྟན་པའི་དབང་ཕྱུག				༡༥	ཆུ་གླང་།	༡༩༡༣	
མཚན་སྒྲོགས་བློ་བཟང་དར་རྒྱས།	༡༢	ལྕགས་བྱི།	༡༧༢༠				
མཚམས་བཅད་པ་གྲགས་པ་བསོད་ནམས།	༤	ལྕགས་བྱི།	༡༢༤༠	༥	ས་བྱི།	༡༢༨༨	འབྲི་གུང་གདན་རབས་བདུན་པ་ཡིན།
མཚམས་པ་བློ་བཟང་དཀོན་མཆོག	༡༢	ཆུ་ཁྱི།	༡༧༤༢				
མཚུངས་མེད་ཆོས་རྗེ།							གུང་ཐང་རྒྱལ་མཚན་བཟང་པོར་གཟིགས།

མཚུངས་མེད་རྡོ་རྗེ་རྒྱལ་མཚན།	༧	ཤིང་འབྲུག	༡༤༢༩	༨	ས་རྟ།	༡༤༩༨	
མཚུར་སྟོན་དབང་གི་རྡོ་རྗེ།							དུས་རབས་༡༡པའི་དུས་སྨད་ཙམ།
མཚུར་སྟོན་དབྱིག་གི་རྒྱལ་མཚན།							དུས་རབས་༡༡པའི་དུས་སྟོད་ཀྱི་ལོ་ལྔ་བ་ཞིག
༼མཚུར་ཕུ་རྒྱལ་ཚབ་སྐུ་འཕྲེང་རིམ་བྱོན།༽	༧ ནས་བཟུང་།						
༡༽བྱང་སེམས་དཔལ་འབྱོར་དོན་གྲུབ།	༧	ཤིང་ལུག	༡༤༡༥	༨	ས་ཁྱི།	༡༤༧༨	དགུང་ལོ་༦༤བཞུགས།
༢༽བཀྲ་ཤིས་རྣམ་རྒྱལ་ལམ་གྲུབ་ཆེན་བཀྲ་ཤིས་དཔལ་འབྱོར།	༨	མེ་རྟ།	༡༤༨༦	༩	ཤིང་ཕག	༡༥༡༥	དགུང་ལོ་༢༩བཞུགས།
༣༽གོ་ཤྲཱི་གྲགས་པ་དཔལ་འབྱོར།	༩	མེ་བྱི།	༡༥༡༦	༩	མེ་རྟ།	༡༥༤༦	དགུང་ལོ་༣༡བཞུགས།
༤༽གོ་ཤྲཱི་གྲགས་པ་དོན་གྲུབ།	༩	མེ་ལུག	༡༥༤༧	༩	ཆུ་བྱ།	༡༥༡༣	དགུང་ལོ་༦༧བཞུགས།
༥༽གོ་ཤྲཱི་གྲགས་པ་མཆོག་དབྱངས།	༡༠	མེ་འབྲུག	༡༦༡༦	༡༡	ས་ཁྱི།	༡༦༥༨	དགུང་ལོ་༤༢བཞུགས།
༦༽ནོར་བུ་བཟང་པོ།	༡༡	ལྕགས་བྱི།	༡༦༦༠	༡༢	ས་འབྲུག	༡༦༨༨	དགུང་ལོ་༢༨བཞུགས།
༧༽གོ་ཤྲཱི་དཀོན་མཆོག་འོད་ཟེར།	༡༢	ས་སྦྲུལ།	༡༦༨༩	༡༣	ཤིང་ཕག	༡༧༥༥	དགུང་ལོ་༦༧བཞུགས།
༨༽ཆོས་དཔལ་བཟང་པོ།	༡༣	མེ་བྱི།	༡༧༥༦	༡༤	ལྕགས་ལུག	༡༨༡༡	དགུང་ལོ་༥༦བཞུགས།

༩༽གྲགས་པ་ཡེ་ཤེས།	༡༤	ཆུ་སྤྲེལ།	༡༨༡༢	༡༥	ས་འབྲུག	༡༨༦༨	དགུང་ལོ་༥༦བཞུགས།
༡༠༽འཇམ་དཔལ་བཟང་པོའམ་བསྟན་འཛིན་ཉི་མ།	༡༥	ས་སྦྲུལ།	༡༨༦༩		ཆུ་འབྲུག	༡༨༩༣	དགུང་ལོ་༢༥བཞུགས།
༡༡༽གྲགས་པ་རྒྱ་མཚོ།	༡༥	ཤིང་རྟ།	༡༨༩༤	༡༦	ཆུ་འབྲུག	༡༩༥༣	དགུང་ལོ་༥༩བཞུགས།
༡༢༽གྲགས་པ་བསྟན་པ་ཡར་འཕེལ།	༡༦	ཤིང་རྟ།	༡༩༥༤				
མཚུར་ཕུ་དོན་གྲུབ་འོད་ཟེར།							ཀརྨ་མཚུར་ཕུ་འཛམ་དབྱངས་དོན་གྲུབ་འོད་ཟེར་ཡང་ཞུ། མཚུར་ཕུའི་ལོ་ཐོ་བརྟན།
༼མཚར་ཕུ་ཏེ་ཧོ་སྐུ་ཕྲེང་རིམ་བྱོན།༽	༨ ནས་བཟུང་།						
༡༽མཁས་གྲུབ་ཆོས་ཀྱི་རྒྱ་མཚོ།	༨	ཆུ་རྟ།	༡༤༦༢	༩	ས་སྤྲེལ།	༡༥༤༨	དགུང་ལོ་༨༦བཞུགས།
༢༽དཔག་བསམ་དབང་པོ།	༩	ས་བྱ།	༡༥༤༩	༡༠	ཤིང་འབྲུག	༡༦༠༤	དགུང་ལོ་༥༥བཞུགས།
༣༽ཀརྨ་བསྟན་འཛིན་དར་རྒྱས།	༡༠	ཤིང་སྦྲུལ།	༡༦༠༥	༡༡	ཆུ་འབྲུག	༡༦༥༢	དགུང་ལོ་༤༧བཞུགས།
༤༽བྱང་ཆུབ་ཆོས་ཀྱི་སྙིང་པོ།	༡༡	ཆུ་སྦྲུལ།	༡༦༥༣		ལྕགས་ཕག	༡༧༣༡	དགུང་ལོ་༧༨བཞུགས།
༥༽ཆོས་ཀྱི་དབང་པོ།	༡༢	ཆུ་བྱི།	༡༧༣༢		ཆུ་སྤྲེལ།	༡༨༡༣	དགུང་ལོ་༨༢བཞུགས།

༦༽ ཆོས་ཀྱི་དོན་གྲུབ།	༡༤	ཆུ་བྱ།	༡༨༡༣	༡༤	ཆུ་ཡོས།	༡༨༤༣	དགུང་ལོ་༣༡བཞུགས།
༧༽ ཆོས་ཀྱི་སྣང་བ།	༡༤	ཤིང་འབྲུག	༡༨༤༤	༡༥	ས་བྱི།	༡༨༨༧	དགུང་ལོ་༤༥བཞུགས།
༨༽ ཕྲིན་ལས་དབང་པོ།	༡༥	ས་གླང་།	༡༨༨༩	༡༥	ལྕགས་སྤྲེལ།	༡༩༢༠	དགུང་ལོ་༣༢བཞུགས།
༩༽ ཀརྨ་ངེས་དོན་ཆོས་ཀྱི་སེང་གེ།	༡༥	ལྕགས་བྱ།	༡༩༢༡		མེ་ཕག	༡༩༤༧	དགུང་ལོ་༢༧བཞུགས།
༡༠༽ བསྟན་འཛིན་འཇིགས་མེད་ཆོས་དབྱིངས།		ས་བྱི།	༡༩༤༨				
མཚུར་ཞེས་རབ།							དུས་རབས་༡༠པའི་དུས་སྨད་ཙམ།
མཚོ་ཁ་བ་དཀོན་མཆོག་ཆོས་འཕེལ།				༡༤	ཤིང་འབྲུག	༡༨༤༤	
མཚོ་སྣ་བ་ཤེས་རབ་བཟང་པོ།	༥	ལྕགས་ཁྱི།	༡༣༡༠				
མཚོ་བྱུང་རོལ་པའི་བློ་གྲོས།							དཔའ་རིས་རབ་གསལ་གྱི་ཀུན་བཤད་ཀྱི་བརྟགས་མིང་།
མཚོ་སྨད་མཁན་ཆེན་རྣམ་པ་ཤཱཀྱ་དབང་ཕྱུག							རབ་བྱུང་བརྒྱད་པའི་ནང་འབྱུངས།
མཚོ་སྨན་ཁྲི་དཀར།							བོད་རྒྱལ་བཙན་དུག་པ་ཟ་ནམ་ཟིན་ལྡེའི་བཙུན་མོ།
མཚོ་སྨན་འབྲོང་མོ།							བོད་རྒྱལ་བཙན་བཞི་འབྲོ་ཞེར་ལེགས་ཀྱི་བཙུན་མོ།

འཚོ་བྱེད་གྲུབ་པ།							ཟུར་མཁར་མཉམ་ཉིད་རྡོ་རྗེའི་མཚན་གཞན་ཞིག
འཚོ་བྱེད་རྡོ་རྗེ་རྒྱལ་མཚན།							དུས་རབས་༡༨པའི་དུས་སྨད།
འཚོ་སྨད་མཁན་པོ།							སྐྱབ་ཤཱཀྱ་དབང་ཕྱུག་ཀུན་དགའ་རྒྱལ་མཚན་ལ་གཟིགས།

མཚན་བྱང་།	འཁྲུངས་ལོ།			འདས་ལོ།			ཞར་བྱུང་།
	རབ་བྱུང་།	ལོ་ཁམས།	སྤྱི་ལོ།	རབ་བྱུང་།	ལོ་ཁམས།	སྤྱི་ལོ།	གསལ་བཤད།
ཛ།							
ཛཱ་ཡ་པཎྜི་ཏ་ནམ་མཁའ་རྒྱ་མཚོ།	༡༠	ས་ཕག	༡༥༨༨	༡༡	ཆུ་སྟག	༡༦༦༢	
ཛཱ་ཡ་བློ་བཟང་ཕྲིན་ལས།	༡༡	ཆུ་རྟ།	༡༦༩༢	༡༢	ས་བྱི	༡༧༠༨	
ཛྙཱ་ན་དེ་བ་ཀོ་ཁ།							ཁྲི་སྲོང་སྐུ་དུས་ཀྱི་ལོ་ཙཱ་བ་སྔན་གྲགས་ཅན་ཞིག
ཛྙཱ་ན་ཕྲ་ཛྙཱ། ཡེ་ཤེས་ཤེས་རབ།	༥	ཤིང་རྟ།	༡༢༨༩	༦	ཆུ་འབྲུག	༡༣༥༢	
མཛེ་སྨད་བློ་བཟང་བསྟན་འཛིན་ཡར་འཕེལ།	༡༦	མེ་ཡོས།	༡༨༢༧				
མཛོ་ར་བ་གོང་མ་གྲགས་པ་རིན་ཆེན།	༦	ལྕགས་རྟ།	༡༣༣༠				
མཛོ་ར་བ་འོག་མ་རིན་ཆེན་སེངྒེ།	༦	ས་ཡོས།	༡༣༣༨				
མཛོད་དགེ་དཀོན་མཆོག་དམ་ཡར་འཕེལ།	༡༢	ས་ཕག	༡༧༡༨				

མཛོད་དགེ་དགེ་འདུན་དཔལ་བཟང་།	༡༢	ལྕགས་ཕག	༡༧༣༡	༡༤	ས་སྤྲུལ།	༡༠༠༩	
༼མཛོད་དགེ་སྐར་རྫིང་དགའ་ལྡན་དགོན་བླ་མ་སྤོབས་ལྡན་སྐུ་ཕྲེང་རིམ་བྱོན།༽	༡༢ ནས་འགོ་ཚུགས།						
༡༽བླ་མ་སྤོབས་ལྡན་རྒྱ་མཚོ།	༡༢	མེ་ལུག	༡༧༢༧	༡༣	ལྕགས་རྟ།	༡༧༥༠	དགུང་ལོ་༢༥བཞུགས།
༢༽བླ་མ་མཐའ་ཡས་རྒྱ་མཚོ།	༡༣	ལྕགས་སྤྲེལ།	༡༧༥༡	༡༣	ལྕགས་བྱི།	༡༧༨༠	དགུང་ལོ་༢༩བཞུགས།
༣༽བླ་མ་བྱམས་པ་རྒྱ་མཚོ།	༡༣						
༤༽དཀོན་མཆོག་སྤོབས་ལྡན་རྒྱ་མཚོ།	༡༤	མེ་ལུག	༡༨༤༧	༡༥	ལྕགས་འབྲུག	༡༨༨༠	དགུང་ལོ་༥༣བཞུགས།
༥༽བླ་མ་འཇིགས་མེད་སྐལ་བཟང་སྤོབས་ལྡན།	༡༥						
༦༽བླ་མ་འཇམ་དབྱངས་ཐུབ་བསྟན་རྒྱ་མཚོ།	༡༦	ཤིང་གླང་།	༡༩༨༥				
མཛོད་དགེ་མཚམས་པ་བློ་བཟང་དཀོན་མཆོག	༡༢	ཆུ་བྱི།					
འཛམ་གླིང་ཆོས་ཀྱི་རྒྱལ་པོ།							འབྲི་གུང་གདན་རབས་བཅུ་གཉིས་པ་ཆོས་ཀྱི་རྒྱལ་པོར་གཟིགས།
༼འཛམ་ཐང་ཆོས་རྗེ་རིམ་བྱོན།༽							

༡༽ཆོས་རྗེ་རྒྱལ་བ་བཟང་པོ།	༧	ས་ཕག	༡༤༡༩	༨	ཆུ་སྟག	༡༤༨༢	དགུང་ལོ་རེ་བཞི་བཞུགས།
༢༽ཆོས་རྗེ་རྒྱལ་བ་སེང་གེ།	༩	ས་སྤྲེལ།	༡༥༠༩	༡༠	ལྕགས་སྤྲེལ།	༡༥༨༡	དགུང་ལོ་དོན་གཉིས་བཞུགས།
༣༽ཆོས་རྗེ་པོན་རེ་ཞིང་པའམ་ཀུན་དགའ་ཐུབ་བསྟན་རྒྱལ་མཚན་སེང་གེ།	༡༠	ཆུ་ལུག	༡༥༨༣	༡༡	ལྕགས་ཕག	༡༦༡༡	དགུང་ལོ་ཉེར་བརྒྱད་བཞུགས།
༤༽ཆོས་རྗེ་གྲགས་པ་འོད་ཟེར།	༡༠	ཆུ་གླང་།	༡༦༡༣	༡༡	ཆུ་གླང་།	༡༦༧༣	དགུང་ལོ་དྲུག་ཅུ་རེ་གཅིག་བཞུགས།
༥༽ཆོས་རྗེ་གོ་རྒྱལ་བ་ལྷུན་གྲུབ་གྲགས་པ།	༡༡	ཤིང་སྟག	༡༦༧༤	༡༢	མེ་སྤྲེལ།	༡༧༣༧	དགུང་ལོ་རེ་གསུམ་བཞུགས།
༦༽ཆོས་རྗེ་ངེས་དོན་བསྟན་པ་དར་རྒྱས།	༡༢	ལྕགས་སྤྲེལ།	༡༧༤༠	༡༣	ཤིང་ལུག	༡༧༧༥	དགུང་ལོ་སོ་ལྔ་བཞུགས།
༧༽ཆོས་རྗེ་འཇིགས་མེད་དཔལ་གྱི་སེང་གེ།	༡༣	ས་སྤྲེལ།	༡༧༨༨	༡༣	ས་སྤྲེལ།	༡༨༣༥	དགུང་ལོ་ཞེ་བརྒྱད་བཞུགས།
༨༽ཆོས་རྗེ་མི་ཕམ་ཆོས་ཀྱི་དབྱངས་པ།	༡༤	ས་ལུག	༡༨༥༩	༡༣	ཤིང་འབྲུག	༡༨༨༤	དགུང་ལོ་ཉེར་ལྔ་བཞུགས།
༩༽ཆོས་རྗེ་འཇིགས་མེད་དབང་པོ།	༡༥	ཤིང་བྱ།	༡༨༨༥	༡༦	ས་བྱི།	༡༩༥༨	དགུང་ལོ་དོན་བཞི་བཞུགས།
༼འཇིགས་མེད་མཆོག་སྤྲུལ་སྐུ་ཕྲེང་རིམ་བྱོན།༽							
༡༽འཇིགས་མེད་མཆོག་སྤྲུལ་བསོད་ནམས་རྒྱ་མཚོ།	༡༠	ས་སྤྲེལ།	༡༦༠༨	༡༡	ལྕགས་བྱི།	༡༦༧༠	དགུང་ལོ་རེ་གཉིས་བཞུགས།

༢༽དགེ་ལེགས་མཆོག་གྲུབ་བསྟན་འཛིན་དཔལ་བཟང་པོ།	༡༡	ཆུ་བྱི།	༡༦༧༢	༡༢	ལྕགས་ཕག	༡༧༡༩	དགུང་ལོ་ཞེ་བརྒྱད་བཞུགས།
༣༽མི་ཕམ་ཕྲིན་ལས་དཔལ་འབྱོར།	༡༢	ལྕགས་བྱི།	༡༧༢༠	༡༢	ལྕགས་སྤྲེལ།	༡༧༤༠	དགུང་ལོ་ཉེར་གཅིག་བཞུགས།
༤༽གཏེར་ཆེན་རིག་འཛིན་རྡོ་རྗེ་དྲག་པོའམ་བཀའ་བརྒྱུད་ཕྲིན་ལས་རྣམ་རྒྱལ།	༡༢	ལྕགས་སྤྲེལ།	༡༧༤༠	༡༣	མེ་སྦྲུལ།	༡༧༩༧	དགུང་ལོ་ང་བརྒྱད་བཞུགས།
༥༽མི་ཕམ་ཆོས་ཀྱི་ཉི་མ།	༡༣	ས་རྟ།	༡༧༩༨	༡༤	ས་སྤྲེལ།	༡༨༤༨	དགུང་ལོ་ལྔ་བཅུ་བཞུགས།
༦༽ངག་དབང་བསྟན་པའི་ཉི་མ།	༡༤	ཆུ་བྱི།	༡༨༥༢		ལྕགས་ཡོས།	༡༨༩༡	དགུང་ལོ་སོ་དགུ་བཞུགས།
༧༽ངག་དབང་བསྟན་འཛིན་དཔལ་བཟང་པོ།	༡༥	ཆུ་འབྲུག	༡༨༩༢	༡༦	མེ་གླང་།	༡༩༣༧	
༨༽ལྷ་མཆོག་རྡོ་རྗེའམ་སྣང་སྲིད་ཡེ་ཤེས་ཁྱབ་བརྡལ།	༡༦	ས་སྟག	༡༩༣༨	༡༦	ལྕགས་བྱི།	༡༩༦༠	དགུང་ལོ་ཉེར་གཉིས་སྟེང་དཔལ་འབར་རྫོང་ཕོངས་སུ་སྐུ་སྲོག་ཞོར།
༩༽ཀརྨ་བསྟན་པ་འགྱུར་མེད་གོ་ཆ་ཕྲིན་ལས་ཀུན་ཁྱབ་དཔལ་བཟང་པོ།	༡༦	ལྕགས་གླང་།	༡༩༦༡				འབྲུག་ཡུལ་དུ་འཁྲུངས། ད་ལྟ་སྐུ་འཚོ་ཞིང་བཞེས།
༼འདི་སྔར་སྤེལ་སྤྲུལ་སྐུ་ཕྲེང་རིམ་བྱོན།༽							

༡༽ སྒྲོལ་སྤྲུལ་ཀརྨ་ངག་དབང་བསོད་ནམས།	༡༣	མེ་བྱི།	༡༧༥༦	༡༤	ལྕགས་སྟག	༡༨༣༠	
༢༽ སྒྲོལ་སྤྲུལ་ཀརྨ་འཇིགས་མེད་སེངྒེ།	༡༤	ལྕགས་ཡོས།	༡༨༣༡	༡༥	མེ་བྱི།	༡༨༨༦	
༣༽ སྒྲོལ་སྤྲུལ་ཀརྨ་སྤྲིན་པ་དར་རྒྱས།	༡༥	མེ་ཕག	༡༨༨༧	༡༦	ཤིང་སྤྲེལ།	༡༩༤༤	
༤༽ སྒྲོལ་སྤྲུལ་ཀརྨ་བཤད་སྒྲུབ་ཆོས་ཀྱི་ཉི་མ།	༡༦	མེ་བྱི།	༡༩༤༦				
འཇོང་ཇོ་སྲས།							
འཇོང་རྣམ་པོ་རྡི།	༡	ཆུ་འབྲུག	༡༠༥༢				རྗེ་བཙུན་མི་ལ་རས་པ་དང་དུས་མཚུངས། འཇའ་ལུས་སུ་ཕེབས།
འཇོང་དབང་ཕྱུག་རྒྱལ་མཚན།							
ཛ་དཔལ་སྤྲུལ་ཨོ་རྒྱན་འཇིགས་མེད་ཆོས་ཀྱི་དབང་པོ།	༡༤	ས་འབྲུག	༡༨༠༨	༡༥	མེ་ཕག	༡༨༨༧	
ཛ་མུ་ར་སྐུ་འཕྲེང་གསུམ་པ་པདྨ་བདེ་ཆེན་བཟང་པོ།							དཔལ་སྤྲུལ་ཨོ་རྒྱན་འཇིགས་མེད་ཆོས་ཀྱི་དབང་པོའི་དངོས་སློབ།

ཛ་ལུ་ར་སྐུ་འཕྲེང་བཞི་པ་པདྨ་ནོར་བུ།	༡༥	ས་རྟ།	༡༩༡༨	༡༦	ས་ཕག	༡༩༥༩	བྱང་ལྷ་རི་མགོའི་མཚོ་ར་ཞེས་པའི་ས་ནས་དམག་གི་བསྐོར་བཅོམ་ནང་སྐུ་ལུས་མ་སྦྱང་པར་མཁའ་སྤྱོད་དུ་གཤེགས་སོ།།
ཛ་རོང་ཕུ་ངག་དབང་བསྟན་འཛིན་ནོར་བུ།	༡༥	མེ་ཡོས།	༡༨༧༦	༡༦	ལྕགས་འབྲུག	༡༩༤༠	
/རྫོགས་ཆེན་སྐུ་ཕྲེང་རིམ་བྱོན།\							
རྫོགས་ཆེན་སྐུ་ཕྲེང་དང་པོ་པདྨ་རིག་འཛིན།	༡༠	ཤིང་གླང་།	༡༦༢༥	༡༢	མེ་གླང་།	༡༦༩༧	
རྫོགས་ཆེན་སྐུ་ཕྲེང་གཉིས་པ་འགྱུར་མེད་ཐེག་མཆོག་བསྟན་འཛིན།	༡༢	ས་ཡོས།	༡༦༩༩				
རྫོགས་ཆེན་སྐུ་ཕྲེང་གསུམ་པ་ངེས་དོན་བསྟན་འཛིན་བཟང་པོ།	༡༣	ས་ཡོས།	༡༧༥༩				
རྫོགས་ཆེན་སྐུ་ཕྲེང་བཞི་པ་མི་འགྱུར་ནམ་མཁའི་རྡོ་རྗེ།	༡༣	ཆུ་གླང་།	༡༧༩༣	༡༥	ལྕགས་ལུག	༡༨༧༡	དགུང་ལོ་༧༨བཞུགས།
རྫོགས་ཆེན་སྐུ་ཕྲེང་ལྔ་པ་ཐུབ་བསྟན་ཆོས་ཀྱི་རྡོ་རྗེ།	༡༥	ཆུ་སྦྲུལ།	༡༨༧༢	༡༦	ཤིང་ཕག	༡༩༣༥	
རྫོགས་ཆེན་སྐུ་ཕྲེང་དྲུག་པ་འཇིགས་བྲལ་བྱང་ཆུབ་རྡོ་རྗེ།	༡༦	ཤིང་ཕག	༡༩༣༥	༡༦	ས་ཁྱི།	༡༩༥༨	འདི་སྐར་བརྟག
རྫོགས་ཆེན་སྐུ་ཕྲེང་བདུན་པ་བསྟན་འཛིན་འཇིགས་བྲལ་ལྷུན་པོ།							

ཇོ་གས་ཆེན་མཁན་པོ་ཀུན་བཟང་དཔལ་ལྡན་ཆོས་གྲགས།							མཁན་ཆེན་ཀུན་བཟང་དཔལ་ལྡན་ཆོས་གྲགས་ཏེ་ཀུན་དཔལ་ལ་གཟིགས།
ཇོ་གས་ཆེན་མཁན་པོ་པདྨ་བཛྲ།							
ཇོ་གས་ཆེན་མཁན་པོ་གཞན་ཕན་ཆོས་ཀྱི་སྣང་བ།	༡༥	ལྕགས་ལུག	༡༨༧༡	༡༦	མེ་ཡོས།	༡༩༢༧	
ཇོ་གས་ཆེན་མཁན་པོ་གཞན་ཕན་མཐའ་ཡས།							རྒྱལ་སྲས་གཞན་ཕན་མཐའ་ཡས་ལ་གཟིགས།
ཇོ་གས་ཆེན་པ་རང་བྱུང་རྡོ་རྗེ་མཁྱེན་བརྩེ་འོད་ཟེར།							ཀུན་མཁྱེན་འཇིགས་མེད་གླིང་པར་གཟིགས།
/ཇོ་གས་ཆེན་དཔོན་སློབ་སྤྲུལ་སྐུ་སྐུ་ཕྲེང་རིམ་བྱོན།\							
ཇོ་གས་ཆེན་དཔོན་སློབ་ཕྲེང་དང་པོ་འདྲེན་མཆོག་ནམ་མཁའ་འོད་ཟེར།	༡༠			༡༢	མེ་ལུག	༡༧༢༧	
ཇོ་གས་ཆེན་དཔོན་སློབ་སྐུ་ཕྲེང་གཉིས་པ་པདྨ་གསང་སྔགས་བསྟན་འཛིན།	༡༢	ལྕགས་ཕག	༡༧༣༡	༡༣	ཤིང་གླང་།	༡༨༠༥	དགུང་ལོ་༧༤བཞུགས།

རྫོགས་ཆེན་དཔོན་སློབ་སྐུ་ཕྲེང་གསུམ་པ་ནམ་མཁའ་ཆོས་ཀྱི་རྒྱ་མཚོ།	༡༤						དགུང་ལོ་༡༥བཞུགས།
རྫོགས་ཆེན་ དཔོན་ སློབ་ སྐུ་ ཕྲེང་ བཞི་ པ་ འཇིགས་ མེད་ ཆོས་དབྱིངས་འོད་གསལ།	༡༤	ཤིང་ཡོས།	༡༨༥༥				
རྫོགས་ཆེན་དཔོན་སློབ་སྐུ་ཕྲེང་ལྔ་པ་དཀོན་མཆོག་བསྟན་པའི་ཉི་མ།	༡༥						
རྫོགས་ཆེན་དཔོན་སློབ་སྐུ་ཕྲེང་ལྔ་པ་ཐུབ་བསྟན་འཇིགས་བྲལ་ཚེ་དབང་རྡོ་རྗེ་བཤད་སྒྲུབ་ཕྲིན་ལས་དཔལ་བཟང་།							
རྫོང་དཀར་འཇིགས་མེད་བསྟན་པའི་རྒྱལ་མཚན།	༡༤	ལྕགས་བྱ།	༡༨༦༡	༡༥	ཆུ་ཁྱི།	༡༩༢༢	
རྫོང་དཀར་འཇིགས་མེད་དམ་ཆོས་རྒྱ་མཚོ།	༡༥	ས་ཁྱི།	༡༨༩༨	༡༦	མེ་ཁྱི།	༡༩༤༦	
རྫོང་དཀར་འཇིགས་མེད་ལུང་རིགས་རྒྱ་མཚོ།	༡༣	ཤིང་བྱི།	༡༨༠༤	༡༤	ས་ལུག	༡༨༥༩	
རྫོང་དཀར་འཇིགས་མེད་བསམ་གཏན།	༡༤	ཤིང་ཁྱི།	༡༨༡༤		མེ་བྱ།	༡༨༩༧	
རྫོང་དཀར་སྨྱན་ཐུབ་དཀོན་མཆོག་ཕུན་ཚོགས།	༡༤	ཆུ་ཕག	༡༨༦༣				

༼རྫོང་དཀར་མ་ཆི་སྐུ་ཕྲེང་རིམ་བྱོན།༽							
༡༽རྫོང་དཀར་མ་ནི་ཤེས་རབ་བཀྲ་ཤིས།	༡༡	མེ་ཕག	༡༦༤༧	༡༢	མེ་བྱ།	༡༧༡༧	དགུང་ལོ་༧༠བཞུགས།
༢༽རྫོང་དཀར་མ་ཆི་བློ་བཟང་མཁས་མཆོག	༡༢	ས་ཕག	༡༧༡༩	༡༣	ཆུ་བྱི།	༡༧༩༢	དགུང་ལོ་༧༣བཞུགས།
༣༽རྫོང་དཀར་ མ་ ཆི་ དགེ་ འདུན་ དཀོན་ མཆོག་ བློ་ བཟང་ བསྟན་འཛིན།	༡༣	མེ་འབྲུག	༡༧༩༦	༡༤	ཆུ་བྱི།	༡༨༥༢	དགུང་ལོ་༥༦བཞུགས།
༤༽རྫོང་དཀར་མ་ཆི་བློ་བཟང་ཆོས་ཀྱི་རྒྱ་མཚོ།	༡༤	ཆུ་སླང་།	༡༨༥༣	༡༥	མེ་བྱ།	༡༨༩༧	དགུང་ལོ་༤༤བཞུགས།
༥༽རྫོང་དཀར་མ་ཆི་བློ་བཟང་ཆོས་འཕེལ་རྒྱ་མཚོ།	༡༥	ས་ཁྱི།	༡༨༩༨	༡༥	ལྕགས་སྤྲེལ།	༡༩༢༠	དགུང་ལོ་༢༢བཞུགས།
༦༽རྫོང་དཀར་མ་ཆི་འཇིགས་མེད་ཤེས་རབ་གྲགས་པ།	༡༦	ལྕགས་རྟ།	༡༩༣༠				
༼རྫོང་ཆུང་སྐུ་ཕྲེང་རིམ་བྱོན།༽	༡༡ ནས་འགོ་ཚུགས།						རེབ་གོང་རྫོང་དཀར་ཆུང་བ་ཡང་ཟེར།
༡༽རྫོང་ཆུང་ཁ་གྱིའི་དབུ་མཛད་ཚུལ་ཁྲིམས་བཀྲ་ཤིས།	༡༡	མེ་བྱི།	༡༦༣༦				
༢༽རྫོང་ཆུང་མ་ཆི་བསྟན་འཛིན་ཕྲིན་ལས།	༡༢	ཤིང་ཕག	༡༦༩༥	༡༢	ས་རྟ།	༡༧༣༨	དགུང་ལོ་༤༤བཞུགས།
༣༽རྫོང་ཆུང་ལུང་རྟོགས་གཉེར་ཆེན་བསྟན་པའི་ཉི་མ།	༡༢	ས་ལུག	༡༧༣༩	༡༣	ཆུ་ཕག	༡༨༠༣	

༤༽ རྫོང་ཆུང་པ་རྡོ་རྗེ་ཁ་འཛིགས་མེད་ལུང་རིགས་རྒྱ་མཚོ།	༡༣	ཤིང་བྱི།	༡༨༠༤			༡༨༦༠	དགུང་ལོ་༥༦བཞུགས།
༥༽ རྫོང་ཆུང་འཇིགས་མེད་བསྟན་པའི་རྒྱལ་མཚན།	༡༤	ལྕགས་བྱ།	༡༨༦༡				
༦༽ རྫོང་ཆུང་འཇིགས་མེད་མཁས་བཙུན་ལུང་རིགས་རྒྱ་མཚོ།	༡༥	ཆུ་ཕག	༡༩༢༣	༡༧	ས་འབྲུག	༡༩༨༨	དགུང་ལོ་༦༦བཞུགས།
༧༽ རྫོང་ཆུང་འཇམ་དབྱངས་བསྟན་པའི་དབང་ཕྱུག	༡༧	ས་འབྲུག	༡༩༨༨				
རྫོང་ཆུང་སྤྲུལ་པའི་སྐུ་མཁས་བཙུན་ལུང་རིགས་རྒྱ་མཚོ།	༡༥	ཆུ་ཕག	༡༩༢༣				
རྫོང་པ་ཀུན་དགའ་རྒྱལ་མཚན།	༦	ཆུ་ཁྱི།	༡༣༨༢	༧	མེ་སྟག	༡༤༤༦	
རྫོང་པ་ཀུན་དགའ་རྣམ་རྒྱལ།	༧	ཆུ་བྱི།	༡༤༣༢	༨	མེ་འབྲུག	༡༤༩༦	
རྫོང་གསར་མཁྱེན་བརྩེ།							མཁྱེན་བརྩེ་ཆོས་ཀྱི་བློ་གྲོས་ལ་གཟིགས།

མཚན་བྱང་།	འཁྲུངས་ལོ།			འདས་ལོ།			ཞར་བྱང་།
	རབ་བྱུང་།	ལོ་ཁམས།	སྤྱི་ལོ།	རབ་བྱུང་།	ལོ་ཁམས།	སྤྱི་ལོ།	གསལ་བཤད།
ཕ༽							
ཕ་བ་དམར་པོ།							པོ་ཏ་བ་གཞོན་ནུ་ཤེས་རབ་ལ་གཟིགས།
ཕང་ཀུན་དགའ་ལེགས་པ།							ཕག་གྲུ་ ཆོས་ རྒྱལ་ བརྒྱད་ པ་ ཀུན་ དགའ་ ལེགས་ པའི་ འབྱུང་གནས་ལ་གཟིགས།
ཕང་གྲགས་པ་རྒྱལ་མཚན།							ཕག་གྲུ་ཆོས་རྒྱལ་ལྔ་པ་གྲགས་པ་རྒྱལ་མཚན་ལ་གཟིགས།
ཕང་གྲགས་པ་འབྱུང་གནས།							ཕག་གྲུ་ཆོས་རྒྱལ་བདུན་པ་གྲགས་པ་འབྱུང་གནས་ལ་གཟིགས།
ཕང་འགྱུར་མེད་རྣམ་རྒྱལ།							ཕོ་ལྷ་བའི་བུ།
ཕང་ངག་དབང་བཀྲ་ཤིས་གྲགས་པ།							ཕག་གྲུ་ཆོས་རྒྱལ་བཅུ་གཅིག་པ་ངག་དབང་བཀྲ་ཤིས་གྲགས་པ་རྒྱལ་མཚན་ལ་གཟིགས།
ཕང་ནམ་མཁའ་རྒྱལ་མཚན།	༧	ཤིང་ཡོས།	༡༩༣༥	༨	ཆུ་ལུག	༡༩༥༨	

ཕང་ནམ་མཁའ་ལེགས་པའི་རྒྱལ་མཚན།	༧	ས་ཡོས།	༡༣༨༨	༧	ཤིང་བྱི།	༡༤༤༤	
ཕང་རྣམ་སྲས་རྒྱལ་མཚན།	༥	ལྕགས་བྱི།	༡༣༥༠	༧	ས་བྱི།	༡༤༠༨	
ལྷུན་ཤིང་ཀོང་ཇོ།							རྒྱ་བཟའ་སྟེམ་ལྷུན་ཤིང་ཀོང་ཇོར་གཟིགས།

མཚན་བྱང་།	འཁྲུངས་ལོ།			འདས་ལོ།			ཞར་བྱུང་།
	རབ་བྱུང་།	ལོ་ཁམས།	སྤྱི་ལོ།	རབ་བྱུང་།	ལོ་ཁམས།	སྤྱི་ལོ།	གསལ་བཤད།
ཞ།							
ཞ་ཟླ་གཙན་སྟག་ཡོད།							ཁྲི་སྲོང་ལྡེ་བཙན་གྱི་ཕྱི་བློན།
ཞ་ཟླ་མུ་གཉེན།							ཁྲི་ལྡེ་སྲོང་བཙན་གྱི་དཔང་པོ།
ཞ་ཟླ་གསས་བཙན།							ཁྲི་ལྡེ་སྲོང་བཙན་གྱི་ཕྱི་བློན།
ཞམ་སེང་གེ་རྒྱལ་བ།							དུས་རབས་བཅུ་གཅིག་པའི་དུས་མགོའི་ལོ་ཙཱ་བ་གྲགས་ཅན་ཞིག
ཞམའི་མིང་པོ་འགོན་པུ་ཆོས་ཀྱི་རྒྱལ་པོ།	༡	ས་བྱ།	༡༠༤༨	༢	ཤིང་བྱི།	༡༡༩༩	
ཞང་ཀ་མ་པ་ཤེས་རབ་འོད།	༡	མེ་བྱ།	༡༠༥༧	༢	ལྕགས་ཕག	༡༡༣༡	རྟོག་གེ་འབར་བར་འགྱུར་བཅོས་མཛད།
ཞང་དཀོན་མཆོག་དཔལ།	༩	ལྕགས་ཁྱི།	༡༢༥༠	༥	མེ་སྤྲེལ།	༡༣༡༧	
ཞང་ཁྲི་ཐོགས།							དུས་རབས་བརྒྱད་པའི་དུས་སྨད་ཙམ་དུ་འཁྲུངས།

ཞང་ཁྲི་བཙན་ཁོད་ནེ་སྟང་།							དུས་རབས་བརྒྱད་པའི་དུས་སྨད་ཙམ་དུ་འཁྲུངས།
ཞང་ཁྲི་བཞེར་ལྷ་མཐོང་།							རལ་པ་ཅན་གྱི་བློན་ཆེན།
ཞང་ཁྲི་སུམ་རྗེ།							རལ་པ་ཅན་གྱི་དམག་དོན་བློན་ཆེན།
ཞང་གྲོ་ལུང་པ་བློ་གྲོས་འབྱུང་གནས།							རྔོག་ལོའི་ཐུགས་སྲས་བཞིའི་ཡ་གྱལ།
ཞང་འགྲོ་བའི་མགོན་པོ་གཡུ་བྲག་པ།							གུང་ཐང་བླ་མ་ཞང་འགྲོ་བའི་མགོན་པོ་བརྩོན་འགྲུས་གྲགས་ལ་གཟིགས།
ཞང་རྒྱ་སྟོ།							འདུས་སྲོང་མང་པོ་རྗེའི་བློན་པོ།
ཞང་མཆིམས་རྒྱལ་སྟག་བཞེར་རྒྱལ་སླེབས།							ཁྲི་ལྡེ་སྲོང་བཙན་གྱི་དཔང་པོ།
ཞང་མཆིམས་རྒྱལ་སྟོང་སླ་སྟོན་བཙན།							ཁྲི་ལྡེ་སྲོང་བཙན་གྱི་དཔང་པོ།
ཞང་མཆིམས་རྒྱལ་མདོ་གཟིགས།							ཁྲི་ལྡེ་སྲོང་བཙན་གྱི་ནང་བློན།
ཞང་མཆིམས་རྒྱལ་མ་རྒྱན་བརྩེ།							ཁྲི་ལྡེ་སྲོང་བཙན་གྱི་དཔང་པོ།
ཞང་མཆིམས་རྒྱལ་ལྷ་བཞེར་ནེ་ཤགས།							ཁྲི་ལྡེ་སྲོང་བཙན་གྱི་ཞང་བློན།

ཞང་མཆིམས་རྒྱ་བཙན།						ཁྲི་ལྡེ་སྲོང་བཙན་གྱི་དཔང་པོ།
ཞང་རྡོ་འབེར།	༣	མེ་འབྲུག	༡༡༩༦	༨	ལྕགས་ཡོས།	༡༢༣༡	
ཞང་ཉ་བཟང་།						ཁྲི་ལྡེ་སྲོང་བཙན་གྱི་ཆོས་བློན།
ཞང་ཉི་འབུམ།	༣	ས་སྟག	༡༡༥༨	༨	ཆུ་བྱ།	༡༢༡༣	
ཞང་ཧོ་རེ་ལྷས་བྱིན།						འདུས་སྲོང་མང་པོ་རྗེའི་བློན་པོ།
ཞང་སྟོང་བཙན།						ཁྲི་སྲོང་ལྡེ་བཙན་གྱི་དམག་དཔོན་བློན་ཆེན།
ཞང་སྟོན་བཀྲ་ཤིས་རྡོ་རྗེ།	༢	མེ་སྦྲུལ།	༡༠༩༢	༣	མེ་ཕག	༡༡༤༧	
ཞང་སྟོན་དགྲ་འཇིགས།						དུས་རབས་༡༠པའི་དུས་དཀྱིལ།
ཞང་སྟོན་རྒྱལ་བ་དཔལ།						
ཞང་སྟོན་ཆོས་བློ།	༨	ཆུ་འབྲུག	༡༢༣༢				
ཞང་སྟོན་ཆོས་འབར།	༡	ཤིང་ལུག	༡༠༥༥	༢	ཤིང་སྟག	༡༡༣༨	
ཞང་སྟོན་བསྟན་པ་རྒྱ་མཚོ།	༡༨	ཤིང་བྱ།	༡༨༢༥	༡༥	མེ་བྱ།	༡༨༩༧	

ཞང་སྟོན་ཆོས།							སྤྱི་ལོ་ ༡༢༢༥ནས་ ༡༢༣༧བར་ རྒྱལ་ ལྷ་ ཁང་ གི་ གདན་ ས་ བསྐྱངས།
ཞང་སྟོན་གཟི་བརྗིད་འབར།							དུས་རབས་༡༡པའི་དུས་དཀྱིལ་ཙམ་ཐོག་ལོ་དང་དུས་མཉམ།
ཞང་ཐང་སག་པ་ཡེ་ཤེས་འབྱུང་གནས།							དུས་རབས་༡༡པའི་དུས་སྨད།
ཞང་ཐར་བཟང་།							རལ་པ་ཅན་གྱི་བློན་པོ།
ཞང་དར་མ་གྲགས།							བླམ་ཞང་འགྲོ་བའི་མགོན་པོར་གཟིགས།
ཞང་སྣ་ནམ་སྐལ་བཟང་ཆོས་ཀྱི་རྒྱ་མཚོ།							རབ་བྱུང་བརྒྱད་པའི་ཤིང་སྟག་ལོར་སྟོན་པའི་རྣམ་ཐར་བརྩམས།
ཞང་སྣ་ནམ་ཁྲི་རྒྱལ།							ཁྲི་ལྡེ་སྲོང་བཙན་གྱི་ནང་བློན།
ཞང་སྣ་ནམ་རྒྱལ་ལེགས་དགེ་ཚུལ།							ཁྲི་ལྡེ་སྲོང་བཙན་གྱི་ནང་བློན།
ཞང་སྣ་ནམ་གཉན་ལོད།							ཁྲི་ལྡེ་སྲོང་བཙན་གྱི་ནང་བློན།
ཞང་སྣ་ནམ་རྡོ་རྗེ་དབང་ཕྱུག		མེ་བྱི།	༨༧༨	༡	ལྕགས་བྱི།	༡༠༨༠	རབ་བྱུང་དང་པོའི་མེ་བྱི་ ༡༠༣༨ལོར་ར་ཚག་དགོན་པ་ཕྱག་བཏབ།

ཞང་སྟེ་ནམ་བཙན་སྒྲ་ཁྲི་སློབས།							ཁྲི་ལྡེ་སྲོང་བཙན་གྱི་དཔང་པོ།
ཞང་སྟེ་ནམ་ཡེ་ཤེས་སྡེ།							ཁྲི་སྲོང་སྐུ་དུས་ཀྱི་ལོ་ཙཱ་བ་ཞིག རྗེ་འབངས་ཉེར་ལྔའི་གྲས།
ཞང་སྟེ་ནམ་ལྷ་བཞེར་སྤྱི་བཙན།							ཁྲི་ལྡེ་སྲོང་བཙན་གྱི་ནང་བློན།
ཞང་པོ་རྒྱལ་གྱི་ཁྲིམ་བཟང་།							སྲོང་བཙན་གྱི་ནང་བློན་ཆེན་པོ་དྲུག་གི་ཡ་གྱལ།
ཞང་འབྲོ་ཡི་ཁྲི་གཟུ་རམ་ཤགས།							ཁྲི་ལྡེ་སྲོང་བཙན་གྱི་ཞང་བློན།
ཞང་འབྲོ་གུང་སྟང་།							ཁྲི་ལྡེ་སྲོང་བཙན་གྱི་དཔང་པོ།
ཞང་འབྲོ་སྟག་སྣང་།							ཁྲི་ལྡེ་སྲོང་བཙན་གྱི་དཔང་པོ།
ཞང་འབྲོ་སྟག་བཞེར་ཕྲ་བལ་སྟང་།							ཁྲི་ལྡེ་སྲོང་བཙན་གྱི་དཔང་པོ།
ཞང་བློན་མ་ཞང་གྲོམ་པ་སྐྱེས།							ཁྲི་སྲོང་ལྡེ་བཙན་གྱི་ཞང་བློན།
ཞང་བཙན་བཞེར་ལེགས་གཟིགས							མཆིམས་བཙན་བཞེར་ལེགས་གཟིགས་ཀྱང་ཟེར།
ཞང་བརྩུན་རྡོ་རྗེ་འོད་ཟེར།	༢	ཆུ་སྟག	༡༡༢༢	༣	ཤིང་སྟག	༡༡༩༤	ཁྲི་སྲོང་ལྡེ་བཙན་གྱི་ཕྱི་བློན།
ཞང་ཚལ་པ།							གུང་ཐང་བླམ་ཞང་གཡུ་བྲག་པར་གཟིགས།

ཞང་ཚེ་སྒྲོང་གླུ་མཚོ་སྟོ།							ཁྲི་ལྡེ་སྲོང་བཙན་གྱི་དཔང་པོ།
ཞང་ཚེ་སྒྲོང་ཁྲི་གཟིགས་སྤྲུངས་རེ་ཙུང་།							
ཞང་ཚེ་སྒྲོང་ཆོས་ཀྱི་བླམ།							རྫོག་བློ་ལྡན་ཤེས་རབ་ཀྱི་སློབ་མ། གསང་ཕུའི་གདན་རབས་གསུམ་པ།
ཞང་ཚེ་སྒྲོང་མདོ་བཞེར་ཕེས་པོ།							ཁྲི་ལྡེ་སྲོང་བཙན་གྱི་ནང་བློན།
ཞང་ཚེ་སྒྲོང་རྩ་བཙན།							ཁྲི་ལྡེ་སྲོང་བཙན་གྱི་དཔང་པོ།
ཞང་ཚེ་སྒྲོང་ལྷ་བཟང་གླུ་དཔལ།							ཁྲི་ལྡེ་སྲོང་བཙན་གྱི་ནང་བློན།
ཞང་ཚེ་སྒྲོང་ལྷ་ལུང་སྟོ།							ཁྲི་ལྡེ་སྲོང་བཙན་གྱི་ནང་བློན།
ཞང་ཐང་སག་པ་ཡེ་ཤེས་འབྱུང་གནས།							དུས་རབས་བཅུ་གཅིག་པའི་དུས་མཇུག་ཙམ་དུ་འཁྲུངས།
ཞང་ཞུང་ཁྱུང་སྐད།							གུང་སྲོང་གུང་བཙན་གྱི་སྐུ་གཤེན།
ཞང་ཞུང་ཆོས་དབང་གྲགས་པ།	༧	ཤིང་སྤྲེལ།	༡༩༠༩	༨	ས་གླང་།	༡༩༥༦	
ཞང་ཞུང་ཏར་ལ་ཏ་རི།							རྒྱལ་ཏོ་རེ་ལོང་བཙན་གྱི་སྐུ་གཤེན།

ཞང་ཞུང་ད་ས་ཧ་རི།							ལྷེ་རྒྱལ་པོའི་སྐུ་གཤེན།
ཞང་ཞུང་དར་མ་ཧ་རི།							དུས་རབས་དང་པོའི་ནང་ཙམ་འཁྲུངས་སམ།
ཞང་ཞུང་མུ་ལ་མ་ཧོ།							ལྷེ་ཁྲིན་བཙན་གྱི་སྐུ་གཤེན།
ཞང་ཞུང་མུ་ལ་ཧ་རྒྱལ།							ཁྲི་བཙན་ནམ་གྱི་སྐུ་གཤེན།
ཞང་ཞུང་མཚོ་མི་ཀུན་སྣང་།							ལྷེ་འཕྲུལ་ནམ་གཞུང་བཙན་གྱི་སྐུ་གཤེན།
ཞང་ཞུང་བཟའ་ལི་ཐིག་སྨན།							སྲོང་བཙན་སྒམ་པོའི་བཙུན་མོ་ཆུང་བ།
ཞང་ཞུང་གཡུང་དྲུང་རྒྱལ་པོ།							རྒྱལ་པོ་ཟ་ནམ་ཟིན་ལྡེའི་སྐུ་གཤེན།
ཞང་ཞུང་ཨ་ལ་ནན་ཙེ།							ལྷེ་སྟོལ་ནམ་གྱི་སྐུ་གཤེན།
ཞང་ཞུང་ཨ་ལོ་གཙུག་ཕུད།							སེ་སྣོལ་པོ་ལྡེའི་སྐུ་གཤེན།
ཞང་འོད་འཇོ།				༣	ལྕགས་རྟ།	༡༡༥༠	
ཞང་འོར་སྟོན་པ་ཤེས་རབ་བསོད་ནམས།							དུས་རབས་༡༢པའི་དུས་སྟོད་ཀྱི་ལོ་རྒྱ་བ་ཞིག
ཞང་གཡུ་བྲག་པ་བརྩོན་འགྲུས་གྲགས།	༢	ལྕགས་གླང་།	༡༡༢༡	༣	ཆུ་གླང་།	༡༡༩༣	

ཞང་ལོ་ཙཱ་བ་གྲུབ་པ་དཔལ།				༣	མེ་བྱ།	༡༡༧༧	
ཞང་ཤེས་རབ་བླ་མ།							དུས་རབས་༡༡པའི་དུས་དཀྱིལ་གྱི་ལོ་ཙཱ་བ་ཞིག
༼ཞབས་དཀར་བའི་སྐུ་ཕྲེང་རིམ་བྱོན༽	༡༣ ནས་འགོ་ཚུགས།						
༡༽ཞབས་དཀར་བ་ཚོགས་དྲུག་རང་གྲོལ།	༡༣	ལྕགས་གླང་།	༡༧༨༡	༡༤	ལྕགས་ཕག	༡༨༥༡	དགུང་ལོ་༧༡བཞུགས། ཞབས་དཀར་བྱམས་པ་ཆོས་དར་ཡང་ཟེར།
༢༽ཞབས་དཀར་འཇིགས་མེད་ཐེག་མཆོག་བསྟན་པའི་རྒྱལ་མཚན།	༡༤	ཆུ་བྱི།	༡༨༥༢	༡༥	ཤིང་སྟག	༡༩༡༤	དགུང་ལོ་༦༢བཞུགས།
༣༽ཞབས་དཀར་ཡེ་ཤེས་བསྟན་པའི་རྒྱལ་མཚན།	༡༥	ཤིང་ཡོས།	༡༩༡༥	༡༦	ས་ལུག	༡༩༧༩	དགུང་ལོ་༦༥བཞུགས།
༤༽ཨོ་རྒྱན་བསྟན་འཛིན་རྒྱལ་མཚན།	༡༦	ལྕགས་སྤྲེལ།	༡༩༨༠				
ཞབས་དྲུང་དཀར་པོ་ངག་དབང་བློ་བཟང་བསྟན་པའི་རྒྱལ་མཚན།							ལ་མོ་སྐུ་ཕྲེང་གསུམ་པར་གཟིགས།
༼ཞབས་དྲུང་སྐུ་ཕྲེང་རིམ་བྱོན༽	༡༢ ནས་འགོ་ཚུགས།						བྱང་ནག་ཆུའི་སོག་ཚཱུན་དགོན་གྱི་བླ་མ།
༡༽ཁྲི་རུ་ཞབས་དྲུང་རྒྱ་པོ།	༡༢						

༢༽ རྒྱ་སྟོང་ཞབས་དྲུང་།	༡༣	ཆུ་ཡོས།	༡༧༨༣	༡༥	ཤིང་ཡོས།	༡༨༥༥	དགུང་ལོ་༧༢བཞུགས།
༣༽ ཁྲག་ཏུ་ཞབས་དྲུང་།	༡༥	མེ་འབྲུག	༡༨༥༦	༡༥	ལྕགས་བྱི།	༡༩༠༠	དགུང་ལོ་༤༤བཞུགས།
༤༽ ཧོར་ཁོག་ཞབས་དྲུང་།	༡༥	མེ་རྟ།	༡༩༠༦		ས་སྟག	༡༩༣༨	དགུང་ལོ་༣༢བཞུགས།
༥༽ གདུང་ལྷ་སྟོན་ཞབས་དྲུང་།	༡༦	ཆུ་ལུག	༡༩༤༣				
ཀུ་ཀུ་ཞབས་དྲུང་།	༡༤	ཤིང་ལུག	༡༨༣༥				འདི་ཞབས་དྲུང་སྐུ་ཕྲེང་གྲས་སུ་བཞག་འདུག་ཀྱང་འཁྲུངས་འདས་ཀྱི་ལོ་ཚིགས་ཙུང་མི་མཐུན་པས་འདིར་བཞག་པ་ཡིན།
ཞབས་དྲུང་ངག་དབང་ཚེ་རིང་།							དུས་རབས་༡༩པའི་དུས་སྟོད།
ཞབས་དྲུང་ཆོས་རྗེ་ངག་དབང་རྡོ་རྗེ།							དུས་རབས་༡༨པའི་དུས་སྟོད་ལ་འཁྲུངས་སམ།
ཞབས་དྲུང་ཆོས་རྗེ་ངག་དབང་ཚེ་རིང་།							རབ་བྱུང་བཅུ་གསུམ་པའི་ནང་།
ཞབས་དྲུང་འཇམ་དབྱངས་གྲགས་པ།							རབ་བྱུང་བཅུ་གསུམ་པའི་ནང་།
ཞབས་དྲུང་ནོར་བུ་རྒྱལ་མཚན།				༡༡	ཆུ་བྱ།	༡༦༣༣	
ཞབས་དྲུང་བློ་ཆེན་ཡེ་ཤེས་དབང་པོ།							

ཞབས་དྲུང་ལྷ་པ་བློ་བཟང་ཕྲིན་ལས།							དུས་རབས་༡༧པའི་དུས་དཀྱིལ།
ཞལ་ངོ་བསོད་ནམས་རབ་བརྟན།							ཕྱག་མཛོད་བསོད་ནམས་ཆོས་འཕེལ་ལ་གཟིགས།
ཞལ་སྔ་འཇམ་དབྱངས་ཆོས་འཕེལ།							དུས་རབས་༡༧པའི་དུས་དཀྱིལ།
ཞལ་ཏ་བསྐལ་བཟང་བསྟན་འཛིན་ཕྲིན་ལས།							དུས་རབས་༡༩པའི་དུས་དཀྱིལ་ཙམ་དུ་སྐུ་འཁྲུངས།
༼ཞལ་ཟུ་དགོན་པའི་ཞལ་ཟུ་སྐུ་ཕྲེང་རིམ་བྱོན།༽	༡༣ ནས་འགོ་ ཚུགས།						རྨ་ཆུའི་ཡོངས་སུ་གྲགས།
༡༽ཞལ་ཟུ་ཁེ་ཐལ་ཚུལ་ཁྲིམས་དར་རྒྱས།	༡༣	ས་རྟ།	༡༧༩༨	༡༤	མེ་སྦྲུལ།	༡༨༥༧	དགུང་ལོ་༦༠བཞུགས།
༢༽ཞལ་ཟུ་ངག་དབང་བསྟན་པ་རྒྱ་མཚོ།	༡༤	མེ་སྦྲུལ།	༡༨༥༧		མེ་འབྲུག	༡༩༡༧	དགུང་ལོ་༦༠བཞུགས།
༣༽ཞལ་ཟུ་བློ་བཟང་ཕུན་ཚོགས་བློ་བ་རབ་ཆེས།	༡༥	ས་ལུག	༡༩༡༩	༡༦	ཤིང་ལུག	༡༩༥༥	དགུང་ལོ་༤༦བཞུགས།
༤༽ཞལ་ཟུ་བློ་བཟང་ཚུལ་ཁྲིམས་རྒྱ་མཚོ།	༡༦	ཆུ་ཕག	༡༩༨༣				
ཞི་བ་འཚོ།							མཁན་ཆེན་ཞི་བ་འཚོ་ཤཱནྟ་རཀྴི་ཏར་གཟིགས།
ཞི་བ་བཟང་པོ།							ཚབ་མདོ་ཞི་བ་བཟང་པོར་གཟིགས།
ཞི་བྱེད་པ་སྐམ་ཡེ་ཤེས་རྒྱལ་མཚན།				༢	ས་ཕག	༡༡༡༩	

ཞི་བྱེད་པ་སྒྲོའི་བླམ་འཇུས་པ་དར་བརྩོན།	༢	མེ་བྱ།	༡༡༡༧	༣	ཆུ་བྱི།	༡༡༩༢	
ཞི་བྱེད་པ་ཕྱིམ་རྒྱལ་བ་ཏེན་ནེ།							རྒྱལ་བ་ཏེན་ནེར་གཟིགས།
ཞི་བྱེད་པ་ཕྱིམ་པ་ཚབ་སྒོམ་པ།	༡	མེ་སྦྲུལ།	༡༠༧༧	༣	ས་སྟག	༡༡༥༨	
ཞི་བྱེད་པ་ཕྱིམ་པོ་རྙིས་དྷ་ཀུན་དགའ།	༡	ཆུ་སྟག	༡༠༦༢	༢	ཤིང་འབྲུག	༡༡༢༤	
ཞི་བྱེད་པ་རྨ་ཆོས་ཀྱི་ཤེས་རབ།	༡	ཤིང་ལུག	༡༠༥༥				
ཞི་བྱེད་པ་རིན་ཆེན་ཆོས་རྒྱལ།				༦	ས་གླང་།	༡༣༤༩	
ཞི་བྱེད་པ་སོ་ཆུང་དགེ་འདུན་འབར།	༡	ཆུ་སྟག	༡༠༦༢	༢	ས་སྤྲེལ།	༡༡༢༨	
ཞི་བྱེད་སངས་རྒྱས་རས་པ་རིན་ཆེན་སྨོན་ལམ།							སངས་རྒྱས་རས་པ་སྨོན་ལམ་ལ་གཟིགས།
ཞིག་པོ་གླིང་པ།							ཞིག་པོ་གླིང་པ་ཞུ་བའི་གཏེར་སྟོན་འགའ་ཙམ་སྣང་བར་རྡུ་གླིང་པར་ཡང་ཞིག་པོ་གླིང་པ་ཞུ་ཡི་འདུག
ཞིག་པོ་བདུད་རྩི།	༣	ས་སྦྲུལ།	༡༡༤༩	༣	ས་ལུག	༡༡༩༩	
ཞིག་པོ་འདུལ་འཛིན་གྲྭ་པ་རིན་ཆེན་འབྱུང་གནས།	༣	མེ་ལུག	༡༡༨༧	༤	ཤིང་སྟག	༡༢༥༤	

ཞིག་པོ་རིན་ཆེན་ཤེས་རབ།							རོག་ཤེས་རབ་འོད་ཀྱི་གཅུང་པོ།
ཞིང་སྐྱོང་གྲགས་པ་བཀྲ་ཤིས།	༡༡	ལྕགས་ལུག	༡༦༣༡	༡༢	ལྕགས་རྟ།	༡༦༩༠	
ཞིང་ཤག་པ་ཀརྨ་བསྟན་སྐྱོང་དབང་པོ།							ཀརྨ་བསྟན་སྐྱོང་དབང་པོར་གཟིགས།
ཞིང་ཤག་པ་ཀརྨ་ཕུན་ཚོགས་རྣམ་རྒྱལ།							ཀརྨ་ཕུན་ཚོགས་རྣམ་རྒྱལ་ལ་གཟིགས།
ཞིང་ཤག་པ་ཚེ་བརྟན་རྡོ་རྗེ།							དུས་རབས་༡༦པའི་དུས་མགོ།
ཞུ་ཆེན་ཚུལ་ཁྲིམས་རིན་ཆེན།	༡༢	མེ་གླང་།	༡༦༩༧	༡༣	ཤིང་རྟ།	༡༧༧༤	
༼ཞི་ཆེན་རབ་འབྱམས་སྐུ་ཕྲེང་རིམ་བྱོན།༽							
ཞེ་ཆེན་ནམ་ཞྭ་ལམ་རབ་འབྱམས་པ་བསྟན་པའི་རྒྱལ་མཚན།	༡༡	ལྕགས་སྟག	༡༦༥༠	༡༢	ཤིང་སྤྲེལ།	༡༧༠༤	དགུང་ལོ་ང་ལྔ་བཞུགས།
ཞེ་ཆེན་ རབ་ འབྱམས་ པ་ སྐུ་ ཕྲེང་ གཉིས་ པ་ འགྱུར་ མེད་ ཀུན་ བཟང་རྣམ་རྒྱལ།	༡༢	ཆུ་སྦྲུལ།	༡༧༡༣	༡༣	ལྕགས་སྟག	༡༧༧༠	དགུང་ལོ་ང་བདུན་བཞུགས།
ཞེ་ཆེན་ རབ་ འབྱམས་ པ་ སྐུ་ ཕྲེང་ གསུམ་ པ་ རིག་ འཛིན་ དཔལ་ འབྱོར་རྒྱ་མཚོ།	༡༣	ལྕགས་ཡོས།	༡༧༧༡	༡༤	མེ་སྟག	༡༨༠༧	དགུང་ལོ་སོ་དགུ་བཞུགས།

ཞི་ཆེན་རབ་འབྱམས་པ་སྐུ་ཕྲེང་བཞི་པ་གར་དབང་ཆོས་ཀྱི་རྒྱལ་མཚན།	༡༨	མེ་ཡོས།	༡༢༠༧				
ཞི་ཆེན་རབ་འབྱམས་པ་སྐུ་ཕྲེང་ལྔ་པ་འགྱུར་མེད་ཀུན་བཟང་བསྟན་པའི་རྒྱལ་མཚན།	༡༨	ཤིང་བྱི།	༡༢༦༨	༡༨	ལྕགས་ཁྱི།	༡༩༡༠	དགུང་ལོ་ཞེ་དྲུག་བཞུགས།
ཞི་ཆེན་རབ་འབྱམས་པ་སྐུ་ཕྲེང་དྲུག་པ་རབ་འབྱམས་སྣང་མཛད་གྲུབ་པའི་རྡོ་རྗེ།	༥	ལྕགས་ཕག	༡༩༡༡	༡༦	ལྕགས་བྱི།	༡༩༦༠	སྒྲིག་ཁྲིམས་གཙོད་རྩིས་བྱས་ཀྱང་སྔོན་དུ་གཤེགས།
ཞི་ཆེན་རྒྱལ་ཚབ་འགྱུར་མེད་པདྨ་རྣམ་རྒྱལ།	༡༥	ལྕགས་ལུག	༡༢༧༡	༡༥	མེ་སྟག	༡༩༢༦	
ཞེ་ཆེན་ཞོགས་དཀའ་བཅུ་དོན་ཡོད་མཁས་གྲུབ།	༡༡	ཆུ་ཕག	༡༦༢༣				
ཞེ་ཆེན་ཞོགས་དོན་ཡོད་མཁས་གྲུབ།	༡༡	ལྕགས་ཕག	༡༦༧༡	༡༢	མེ་སྦྲུལ།	༡༧༣༧	
ཞེ་ཆེན་ཞོགས་བྱམས་པ་རྒྱ་མཚོ།	༩	མེ་བྱི།	༡༥༡༦	༡༠	ལྕགས་སྟག	༡༥༩༠	
ཞྭ་དེའུ་འབྲུལ་ཞིག་དགག་དབང་ཆོས་ཀྱི་བློ་གྲོས།							
༼ཞྭ་དམར་སྐུ་ཕྲེང་རིམ་བྱོན།༽							

༡༽ཞྭ་དམར་བ་རྟོགས་ལྡན་གྲགས་པ་སེང་གེ།	༥	ཆུ་ལུག	༡༢༨༣	༦	ས་གླང་།	༡༣༤༩	
༢༽ཞྭ་དམར་མཁའ་སྤྱོད་དབང་པོ།	༦	ལྕགས་སྟག	༡༣༥༠	༧	ཤིང་བྱ།	༡༤༠༥	
༣༽ཞྭ་དམར་བ་ཆོས་དཔལ་ཡེ་ཤེས།	༧	མེ་ཁྱི།	༡༤༠༦	༨	ཆུ་སྤྲེལ།	༡༤༥༢	
༤༽ཞྭ་དམར་བ་ཆོས་གྲགས་ཡེ་ཤེས་དཔལ་བཟང་།	༨	ཆུ་བྱ།	༡༤༥༣	༩	ཤིང་སྤྲེལ།	༡༥༢༤	
༥༽ཞྭ་དམར་དཀོན་མཆོག་ཡན་ལག	༩	མེ་ཁྱི།	༡༥༢༦	༡༠	ཆུ་ལུག	༡༥༨༣	དཀོན་མཆོག་འབངས་ཀྱང་ཞུ།
༦༽ཞྭ་དམར་བ་ངག་དབང་ཆོས་ཀྱི་དབང་ཕྱུག	༡༠	ཤིང་སྤྲེལ།	༡༥༨༤	༡༡	ལྕགས་རྟ།	༡༦༣༠	
༧༽ཞྭ་དམར་བདུན་པ་དཔལ་ལྡན་ཡེ་ཤེས།	༡༡	ལྕགས་ལུག	༡༦༣༡	༡༢	ཤིང་ཁྱི།	༡༦༩༤	
༨༽ཞྭ་དམར་དཔལ་ཆེན་ཆོས་ཀྱི་དོན་གྲུབ།	༡༣	ཤིང་ཕག	༡༦༩༥	༡༢	ཆུ་གླང་།	༡༧༣༣	
༩༽ཞྭ་དམར་དགུ་པ་ཆོས་ཀྱི་ཉི་མའམ་དཀོན་མཆོག་དགེ་བའི་འབྱུང་གནས།	༡༢	ཆུ་གླང་།	༡༧༣༣	༡༢	ལྕགས་སྤྲེལ།	༡༧༤༠	
༡༠༽དཔལ་ལྡན་མི་ཕམ་ཆོས་གྲུབ་རྒྱ་མཚོ།	༡༢	ཆུ་ཁྱི།	༡༧༤༢	༡༣	ལྕགས་ཕག	༡༧༩༡	
༡༡༽ཞྭ་དམར་འཇམ་དབྱངས་རིན་པོ་ཆེ།	༡༥	ཆུ་འབྲུག	༡༨༩༢	༡༦	མེ་ཁྱི།	༡༩༤༦	

ཞྭ་དམར་བཀྲ་ཤིས་གྲགས་པ།	༣	ལྕགས་སྤྲེལ།	༡༢༠༠	༥	ཆུ་རྟ།	༡༢༨༢	འདི་མཚོ་སྔོན་གྱི་ཞྭ་དམར་ཡིན་འདྲ།
ཞྭ་དམར་གར་དབང་།				༡༡	ལྕགས་རྟ།	༡༦༣༠	
ཞྭ་དམར་ངག་དབང་ཕྲིན་ལས།							ལ་མོ་བདེ་ཆེན་གྱི་ཞྭ་དམར་ངག་དབང་ཕྲིན་ལས་ཀྱང་ཞུ།
ཞྭ་དམར་པཎྜི་ཏ་དགེ་འདུན་བསྟན་འཛིན་རྒྱ་མཚོ།	༡༤	ཆུ་བྱི།	༡༨༥༢	༡༥	ཆུ་བྱི།	༡༩༡༢	འདི་མཚོ་སྔོན་གྱི་ཞྭ་དམར་ཡིན་འདྲ།
ཞྭ་དམར་བ་བསྟན་འཛིན་གྲགས་པ་བཤད་སྒྲུབ།							མི་ཕམ་ཆོས་ཀྱི་བློ་གྲོས་ལ་གཟིགས།
ཞྭ་དམར་བ་དཔལ་ཆེན་ཆོས་ཀྱི་དོན་གྲུབ།	༡༢	ཤིང་ཕག	༡༦༩༥	༡༢	ཆུ་བྱི།	༡༧༣༢	
ཞྭ་དམར་བྱང་ཆུབ་རྒྱ་མཚོ།							སྟག་ལུང་གདན་རབས་བཅུ་བ་ཆོས་རྗེ་ཞྭ་དམར་བྱང་ཆུབ་རྒྱ་མཚོ་འང་ཞུ།
ཞྭ་དམར་བ་ནམ་མཁའ་འོད།	༢	ཆུ་གླང་།	༡༡༣༣	༣	ས་ལུག	༡༡༩༩	ཞྭ་དམར་ཚུལ་ཁྲིམས་དཔལ་གྱི་སྐུ་སྐྱེ།
ཞྭ་དམར་བ་ཚུལ་ཁྲིམས་དཔལ།	༢	མེ་བྱི།	༡༠༩༦	༢	ཆུ་བྱི།	༡༡༣༢	
ཞྭ་དམར་བཞི་པ་སྤྱན་སྔ་རིན་པོ་ཆེ།	༧	ཆུ་བྱ།	༡༣༩༣	༨	ཤིང་བྱ།	༡༤༦༥	
ཞྭ་དམར་གསུམ་པ་ངག་དབང་བསྟན་འཛིན་རྒྱ་མཚོ།	༡༤	མེ་ཡོས།	༡༨༠༧	༡༤	ས་སྤྲེལ།	༡༨༤༨	

ཞྭ་དམར་པ་ཡེ་ཤེས་སྙིང་པོ།	༡༡	ལྕགས་ལུག	༡༦༣༡	༡༢	ཤིང་བྱི།	༡༦༩༤	
ཞྭ་ལུ་མཁན་ཆེན་བསོད་ནམས་མཆོག་གྲུབ།	༡༠	ཆུ་སྟག	༡༦༠༢				
ཞྭ་ལུ་ཆོས་སྐྱོང་བཟང་པོ།	༧	ལྕགས་བྱ།	༡༤༤༡	༩	མེ་ཕག	༡༥༢༧	རྩིས་གཞུང་ཉིན་བྱེད་སྣང་བའི་བཞེད་པ།
ཞྭ་ལུ་བ་ལེགས་པ་རྒྱལ་མཚན།							དགའ་ལྡན་ཁྲི་རབས་བཞི་པར་གཟིགས།
ཞྭ་ལུ་ཡེ་ཤེས་རྒྱ་མཚོ།							དུས་རབས་༡༥པའི་དུས་སྨད་ཀྱི་ལོ་ཙཱ་བ་ཞིག
ཞྭ་ལུ་ལོ་ཆེན་ཆོས་སྐྱོང་བཟང་པོ།	༧	ཤིང་བྱི།	༡༤༤༤	༩	ས་བྱི།	༡༥༢༨	ཞྭ་ལུ་ཆོས་སྐྱོང་བཟང་པོ་དང་མི་གཅིག་ཡིན་མིན་སླར་བརྟག
ཞྭ་ལུ་ལོ་ཆེན་རཏྣ་བྷ་དྲ།	༨	ས་བྱ།	༡༤༨༩	༩	ཆུ་ཕག	༡༥༦༣	
ཞྭ་ལུ་བློ་གསལ་བསྟན་སྐྱོང་།	༡༣	ཤིང་བྱི།	༡༨༠༤	༡༤	ཤིང་བྱི།	༡༨༦༤	
ཞྭ་ལུ་ཡེ་ཤེས་རྒྱ་མཚོ།							དུས་རབས་བཅོ་ལྔ་པའི་དུས་སྨད་འབྲུངས།
ཞྭ་ལུ་བསོད་ནམས་རྒྱལ་མཚན།	༧	ས་བྱི།	༡༨༠༤	༨	ལྕགས་རྟ།	༡༤༥༠	
ཞྭ་ལུ་བསོད་ནམས་མཆོག་གྲུབ།	༡༠	ཆུ་སྟག	༡༦༠༢	༡༡	ལྕགས་བྱ།	༡༦༨༡	
གཞན་དཔལ་གྱི་རྡོ་རྗེ།							དུས་རབས་༡༠པའི་དུས་སྨད།

གཞན་ཕན་ཆོས་ཀྱི་སྣང་གྲོས།							ཞི་ཆེན་རྒྱལ་ཚབ་འགྱུར་མེད་པདྨ་རྣམ་རྒྱལ་ལ་གཟིགས།
གཞན་ཕན་འོད་ཟེར།							ཀརྨ་འཇིགས་མེད་ཆོས་ཀྱི་སེང་གེར་གཟིགས།
གཞུང་ལས་པ་བསོད་ནམས་རྒྱ་མཚོ།							དུས་རབས་༡༨ པའི་དུས་སྟོད།
གཡོན་ཏུ་གྲགས་པ།							དགེར་སློམ་པ་གཡོན་ཏུ་གྲགས་པར་གཟིགས།
གཡོན་ཏུ་གྲུབ།				༥	ས་ལུག	༡༣༡༨	སངས་རྒྱས་སྟོན་པའི་སློབ་མ།
གཡོན་ཏུ་རྒྱལ་མཆོག							སེམས་དཔའ་གཡོན་ཏུ་རྒྱལ་མཆོག་ལ་གཟིགས།
གཡོན་ཏུ་རྒྱལ་མཚན།							ཕུ་ཆུང་གཡོན་ཏུ་རྒྱལ་མཚན་ལ་གཟིགས།
གཡོན་ཏུ་མཆོག							དུས་རབས་༡༩པའི་དུས་སྨད་ཀྱི་ལོ་ཙཱ་བ་ཞིག
གཡོན་ཏུ་རྡོ་རྗེ།	༤	མེ་ཡོས།	༡༢༠༧	༤	ཤིང་སྦྲུལ།	༡༢༤༥	
གཡོན་ཏུ་པདྨ་ལེགས་གྲུབ།							མཁན་ཆེན་ངག་དབང་དཔལ་བཟང་ལ་གཟིགས།
གཡོན་ཏུ་དཔལ།							འགོས་ལོ་གཡོན་ཏུ་དཔལ་ལ་གཟིགས།
གཡོན་ཏུ་དཔལ།							སྣ་ལོ་གཡོན་ཏུ་དཔལ་གཟིགས།

གཞོན་ནུ་དཔལ་བཟང་།							
གཞོན་ནུ་བྱང་ཆུབ།							བྲང་གཞོན་ནུ་བྱང་ཆུབ་ལ་གཟིགས།
གཞོན་ནུ་བློ་གྲོས།							སྤྱང་ལུང་མཁན་ཆེན་གཞོན་ནུ་བློ་གྲོས་ལ་གཟིགས།
གཞོན་ནུ་བློ་གྲོས།							རེད་མདའ་བ་གཞོན་ནུ་བློ་གྲོས་ལ་གཟིགས།
གཞོན་ནུ་ཚུལ་ཁྲིམས།							དུས་རབས་༡༡པའི་དུས་སྨད་ཀྱི་ལོ་ཙྪ་བ་ཞིག
གཞོན་ནུ་འོད།							དུས་རབས་༡༩པའི་དུས་སྟོད་ཀྱི་ལོ་ཙྪ་བ་ཞིག
གཞོན་ནུ་འོད།							བྱ་ཡུལ་བ་གཞོན་ནུ་འོད་ལ་གཟིགས།
གཞོན་ནུ་ཡོན་ཏན།							འོད་འཇོ་བ་གཞོན་ནུ་ཡོན་ཏན་ལ་གཟིགས།
གཞོན་ནུ་རིན་ཆེན།							བཀའ་གདམས་པ་ཞིག
གཞོན་ནུ་ཤེས་རབ།							དུས་རབས་༡༡པའི་དུས་སྟོད་ཀྱི་ལོ་ཙྪ་བ་ཞིག
གཞོན་ནུ་སེངྒེ།							འབྲུག་པ་གཞོན་ནུ་སེངྒེར་གཟིགས།
བཞེད་རྩ་སྐྱེ་བ།				༡༡	ཆུ་བྱི།	༡༥༧༢	

མཚན་བྱང་།	འཁྲུངས་ལོ།			འདས་ལོ།			ཞར་བྱང་།
	རབ་བྱུང་།	ལོ་ཁམས།	སྤྱི་ལོ།	རབ་བྱུང་།	ལོ་ཁམས།	སྤྱི་ལོ།	གསལ་བཤད།
ཟ།							
ཟ་དམ་རིན་ཆེན་དབྱིག							བི་རོ་ཙ་ནའི་ཡང་སློབ་དགུང་ལོ་བརྒྱ་དང་དོན་གཉིས་སྐྱེང་འཛའ་ལུས་ཕེབས།
ཟ་ར་བ་ཡེ་ཤེས་སེང་གེ།				༡༩	མེ་ཡོས།	༡༢༠༧	ཟྭ་ར་བ་སྐལ་ལྡན་ཡེ་ཤེས་སེང་གེར་གཟིགས།
ཟང་ཆེན་པ།				༥	མེ་གླང་།	༡༢༧༧	གོང་གི་ལོ་དེར་བགྲོངས།
ཟངས་དཀར་བ་འཕགས་པ་ཤེས་རབ།							དུས་རབས་བཅུ་གཅིག་པའི་དུས་མགོར་འཁྲུངས།
ཟངས་ཆེན་དར་མ་བསོད་ནམས།							དུས་རབས་༡༢པའི་དུས་མཇུག་ཏུ་འཁྲུངས།
ཟངས་ཚ་བསོད་ནམས་རྒྱལ་མཚན།	༣	ཤིང་འབྲུག	༡༡༥༩	༩	ས་ཕག	༡༢༣༨	འགྲོ་མགོན་ཆོས་འཕགས་ཀྱི་ཡབ།
ཟངས་རི་བ་བློ་བཟང་མཐུ་སྟོབས།							སྡེ་སྲིད་གསུམ་པ་མཚོད་དཔོན་བློ་བཟང་མཐུ་སྟོབས་ཀྱང་ཞུ།
ཟམ་ཚ་གསེར་ཁྲི་སྐུ་ཕྲེང་རིམ་བྱོན།							

ཟམ་ཚ་སྐུ་ཕྲེང་དང་པོ་ངག་དབང་ནམ་མཁའ་བཟང་པོ།							དགའ་ལྡན་ཁྲི་རབས་ལྔ་པ་ཟམ་ཚ་ངག་དབང་ནམ་མཁའ་བཟང་པོར་གཟིགས།
ཟམ་ཚ་སྐུ་ཕྲེང་གཉིས་པ་འཇིགས་མེད་ནམ་མཁའ།	༡༣	ས་ཁྱི།	༡༧༦༨	༡༩	ལྕགས་སྦྲུལ།	༡༨༢༣	
ཟམ་ཚ་སྐུ་ཕྲེང་གསུམ་པ་							དགུང་གྲངས་བཅུ་གཉིས་ཙམ་ལས་མ་བཞུགས།
ཟམ་ཚ་སྐུ་ཕྲེང་བཞི་པ་འཇིགས་མེད་འོད་བསམ་གྲུབ་རྒྱ་མཚོ།	༡༩	ཆུ་སྦྲུལ།	༡༨༣༣				སྤྱི་ལོ་༡༨༦༥ལོར་བླ་བྲང་དགོན་པའི་ཁྲི་ཆེན་མཛད།
ཟམ་ཚ་སྐུ་ཕྲེང་ལྔ་པ་སྐལ་བཟང་འཇིགས་མེད་ནམ་མཁའ།	༡༥	ལྕགས་འབྲུག	༡༨༨༠	༡༥	ས་ཕག	༡༨༩༩	
ཟམ་ཚ་སྐུ་ཕྲེང་དྲུག་པ་སྐལ་བཟང་རྣམ་རོལ་རྒྱ་མཚོ།	༡༥	ལྕགས་ཁྱི།	༡༩༠༠				
ཟེ་ན་སྐལ་བཟང་དར་རྒྱས་རྒྱ་མཚོ།	༡༣	ཆུ་ཕག	༡༨༠༣	༡༩	མེ་སྟག	༡༨༦༦	
ཟེ་ན་ངག་དབང་བསྟན་པ།	༡༡	ཆུ་ཕག	༡༦༨༣	༡༢	མེ་སྟག	༡༧༩༦	
ཟེ་ན་ངག་དབང་ཚུལ་ཁྲིམས་དར་རྒྱས།	༡༢	ཤིང་སྟག	༡༧༣༩				
ཟེ་ན་ཆོས་རྗེ་ལེགས་པ་རྒྱ་མཚོ།	༡༠	ཆུ་སྦྲུལ།	༡༥༩༣	༡༡	ཆུ་སྟག	༡༦༦༢	
ཟེ་ན་བློ་བཟང་སངས་རྒྱས་རྒྱ་མཚོ།	༡༥	མེ་ཡོས།	༡༨༦༧				
ཟེ་ན་སྨན་རམས་པ་བློ་བཟང་འཇིགས་མེད།	༡༩	ཆུ་འབྲུག	༡༨༣༢				

ཟི་ན་ཞབས་དྲུང་ཆེ་བ་ངག་དབང་བློ་བཟང་།	༡༡	ཤིང་འབྲུག	༡༦༦༩				
ཟི་ན་བསོད་ནམས་བསྟན་འཛིན།							
ཟི་ལིང་འཇིགས་མེད་ཕྲིན་ལས་རྒྱ་མཚོ།	༡༩	ཆུ་སྦྲུལ།	༡༨༣༣	༡༥	ཆུ་ཡོས།	༡༩༠༣	
ཟིང་པོ་རྗེ་ཁྲི་པངས་སུམ།							གནམ་རི་སྲོང་བཙན་དང་དུས་མཚུངས།
ཟིང་པོ་རྗེ་སྟག་སྐྱ་པོ།							གནམ་རི་སྲོང་བཙན་དང་དུས་མཚུངས།
ཟུར་ཁང་པ་ཚེ་བརྟན་རྡོ་རྗེ།							བཀའ་བློན་ཟུར་ཁང་པ་ཚེ་བརྟན་རྡོ་རྗེར་གཟིགས།
ཟུར་མཁར་མཉམ་ཉིད་རྡོ་རྗེ།	༧	ས་ལུག	༡༩༣༨		ཤིང་ལུག	༡༩༧༥	
ཟུར་མཁར་བ་བློ་གྲོས་རྒྱལ་པོ།	༨	ས་སྦྲུལ།	༡༥༠༨				དགུང་ལོ་བདུན་ཅུ་དོན་གྲངས་བཞུགས།
ཟུར་ཆུང་བ་ཤེས་རབ་གྲགས།		ཤིང་སྟག	༡༠༡༩	༡	ཤིང་སྟག	༡༠༧༩	
ཟུར་ཆེན་ཆོས་རྗེ།							འགོན་སྟོན་དཔལ་འབྱོར་ལྷུན་གྲུབ་བསྟེན་སྦྱོང་།
ཟུར་ཆེན་ཆོས་དབྱིངས་རང་གྲོལ།	༡༠	ཤིང་འབྲུག	༡༦༠༩	༡༡	ས་བྱ།	༡༦༦༨	
ཟུར་ཆེན་ཤཱཀྱ་འབྱུང་གནས།		ཆུ་སྟག	༡༠༠༢	༡	ཆུ་སྟག	༡༠༦༢	འཛའ་ལུས་སུ་ཐེབས།
ཟུར་དཔལ་འབྱོར་ཕྲིན་ལས་རབ་རྒྱས།							ཟུར་ཆེན་ཆོས་དབྱིངས་རང་གྲོལ་ལ་གཟིགས།

ཟུར་ཕུ་བ།	༤	ཆུ་ཕག	༡༢༦༣				སྨན་ཟླ་རིན་ལྡན་གྱི་སློབ་བུ།
ཟུར་མང་བྱ་བཏང་།	༨	ས་ཕག	༡༤༧༩	༩	ལྕགས་བྱི།	༡༥༤༠	
ཟུར་ཤཱཀྱ་སེང་གེ།	༡	ཤིང་སྟག	༡༠༧༤	༢	ཤིང་སྟག	༡༡༣༤	འཇའ་ལུས་ཕེབས།
ཟེམ་གྲགས་པ་སེང་གེ།	༣	ལྕགས་ཕག	༡༡༩༡	༤	མེ་འབྲུག	༡༢༥༦	
ཟེམ་རིན་པོ་ཆེ།							བྱ་ཡུལ་བ་ཟེམ་གྲགས་པ་སེང་གེར་གཟིགས།
ཟེའུ་བ་བརྩོན་འགྲུས་གྲགས་པ།							སྟར་ཐང་གདན་རབས་བཅུ་པར་གཟིགས།
ཟོང་ཆོས་སྐྱོང་།							ཟླ་ཆེན་དགོངས་པ་རབ་གསལ་གྱི་སློབ་མ།
ཟྭ་ནམ་ཟིན་ལྡེ།							བོད་རྒྱལ་བཅུ་དྲུག་པ།
ཟྭ་ར་བ་སྐལ་ལྡན་ཡེ་ཤེས་སེང་གེ།							ཟ་ར་བ་ཡེ་ཤེས་སེང་གེར་གཟིགས།
ཟྭ་ར་བ་བདེ་ལེགས་འོད།				༥	ཆུ་ཁྱི།	༡༣༢༢	རབ་བྱུང་ལྔ་པའི་ཆུ་ཁྱི་༡༣༢༢ལོར་གཡའ་བཟང་གི་གདན་སར་ཕེབས།
ཟླ་དཀར་ངག་དབང་བསྟན་འཛིན།							གཅན་ཕུག་ཟླ་དཀར་ངག་དབང་བསྟན་འཛིན་ལ་གཟིགས།
ཟླ་དཀར་བྱང་ཆུབ་བསྟན་པའི་རྒྱལ་མཚན།	༡༥	ས་ལུག	༡༩༡༩				

༼ བླ་ཆུ་ཁའི་ཕུག་ཁང་དགོན་པའི་སྐུ་ཕྲེང་རིམ་བྱོན་ནི། ༽	༡༢ ནས་འགོ་ཚུགས།						
༡༽ དགེ་རྩེ་གྲུབ་དབང་པདྨ་རིན་ཆེན།	༡༢	ཆུ་ཡོས།	༡༧༢༣				
༢༽ གྲུབ་དབང་འགྱུར་མེད་ངེས་དོན་བསྟན་འཕེལ།	༡༣	མེ་འབྲུག	༡༧༩༦				
༣༽ འགྱུར་མེད་པདྨ་ཐེག་མཆོག	༡༤	ས་རྟ།	༡༨༥༨				
༤༽ འགྱུར་མེད་མདོ་སྔགས་བསྟན་འཛིན།	༡༦	ལྕགས་རྟ།	༡༩༣༠				
༥༽ ཕུག་ཁང་འགྱུར་མེད་དགའ་རབ་རྡོ་རྗེ།	༡༦	ཤིང་སྟག	༡༩༧༤				
བླ་བ་གྲགས་པ། སློབ་དཔོན་བླ་བ་གྲགས་པ།							ད་ལམ་སྤྱི་ལོ་༦༠༠ནས་༦༥༠ཙམ་བར།
བླ་གྲགས།	༡	མེ་ཕྱི།	༡༠༤༦				ལྷེ་དཔལ་སྣང་པའི་སྲས།
བླ་བ་རྒྱལ་མཚན།							སྟོང་སྐོར་བླ་བ་རྒྱལ་མཚན་ལ་གཟིགས།
བླ་བའི་འོད་ཟེར།							ལྷ་རྗེ་བླ་བའི་འོད་ཟེར་ལ་གཟིགས།
བླ་བ་སེང་གེ།							

ཟླ་འོད་གཞོན་ནུ།							དྭགས་པོ་ལྷ་རྗེ་བསོད་ནམས་རིན་ཆེན་ལ་གཟིགས།
གཟི་བརྗིད་གྲགས་པ།							རྟོག་གཟི་བརྗིད་གྲགས་པར་གཟིགས།
གཟི་བརྗིད་རྒྱལ་མཚན།							རྟོག་གཟི་བརྗིད་རྒྱལ་མཚན་ལ་གཟིགས།
གཟིམ་ཁང་གོང་གི་སྤྲུལ་སྐུ་གྲགས་པ་རྒྱལ་མཚན།				༡༡	ཤིང་ལུག	༡༦༥༥	
གཟིམ་ཁང་དགེ་འདུན་ངག་དབང་རྒྱ་མཚོ།	༡༥	ས་གླང་།	༡༢༢༩				
གཟིམ་ཁང་ངག་དབང་བསྟན་འཛིན་མཆོག་གྲུབ།	༡༨	མེ་བྱི།	༡༢༣༦	༡༥	ས་བྱི།	༡༢༢༢	
གཟིམ་ཁང་ཚུལ་ཁྲིམས་རིན་ཆེན།							སེར་དྲིས་གཟིམ་ཁང་ཚུལ་ཁྲིམས་རིན་ཆེན་ལ་གཟིགས།
གཟུ་དགའ་བ་རྡོ་རྗེ།							དུས་རབས་བཅུ་གཅིག་པའི་དུས་དཀྱིལ་དུ་འཁྲུངས།
བཟང་པོ་བཀྲ་ཤིས།							པཎ་ཆེན་བཟང་པོ་བཀྲ་ཤིས་ལ་གཟིགས།
བཟང་པོ་རྡོ་རྗེ།	༡༡	མེ་བྱི།	༡༦༣༦				
བཟང་པོ་བློ་བཟང་བསྟན་པའི་ཉི་མ།	༡༥	ལྕགས་ལུག	༡༢༧༡	༡༦	ཆུ་སྦྲུལ།	༡༩༣༢	
བཟོད་པ་དཔལ།							སྣར་ཐང་བ་བཟོད་པ་དཔལ་ལ་གཟིགས།

མཚན་བྱང་།	འབྱུངས་ལོ།			འདས་ལོ།			ཞར་བྱང་།
	རབ་བྱུང་།	ལོ་ཁམས།	སྤྱི་ལོ།	རབ་བྱུང་།	ལོ་ཁམས།	སྤྱི་ལོ།	གསལ་བཤད།
འ།							
འ་ཞ་རྒྱ་གར་བརྩེགས་པ།							དུས་རབས་བཅུ་གཅིག་པའི་དུས་སྨད་དུ་འབྱུངས་པའི་ལོ་ཙཱ་བ་ཞིག
འ་ཞ་བཟའ་ཁོ་འཛོམ་མང་མོ་རྗེ།							བོད་རྗེ་གུང་རི་གུང་བཙན་གྱི་བཙུན་མོ།
འལ་པ་རྡོ་རྗེ་དབང་ཕྱུག							བླ་ཆེན་དགོངས་པ་རབ་གསལ་གྱི་སློབ་མ་མཁས་བཙུན་མི་དྲུག་གི་གྲས།
འུ་དུམ་བཙན།							གླང་དར་མ་འུ་དུམ་བཙན་ལ་གཟིགས།
འུ་ཡུག་པ་རིག་པའི་སེང་གེ།							ས་པཎ་དང་དུས་མཚུངས། འུ་ཡུག་པ་བསོད་ནམས་སེང་གེ་དང་མི་གཅིག་ཡིན་མིན་བརྟག
འུ་ཡུག་པ་བསོད་ནམས་སེང་གེ།							ས་པཎ་དང་དུས་མཚུངས། འུ་ཡུག་པ་རིག་པའི་སེང་གེ་དང་མི་གཅིག་ཡིན་མིན་བརྟག

འུག་པ་ཆོས་བཟང་།							དུས་རབས་༡༡པའི་དུས་སྨད།
འོ་དེ་སྤུ་རྒྱལ།							གཉའ་ཁྲི་བཙན་པོར་གཟིགས།
འོ་བྲན་དབང་ཕྱུག							རྗེ་འབངས་ཉེར་ལྔའི་གྲས།
འོ་མ་ལྡེ་བཟའ་ཁྲི་བཙུན་བྱང་མ།							རྒྱལ་ཧྲོ་རེ་ལོང་བཙན་གྱི་བཙུན་མོ།
འོ་འཚོ་བྱེད་བློ་གྲོས་བརྟན་པ།							དུས་རབས་༡༦པའི་དུས་དཀྱིལ་ཙམ་དུ་འཁྲུངས།
འོ་རྗོང་པཎྜི་ཏ།							འོ་རྗོང་བློ་བཟང་སྦྱིན་པར་གཟིགས།
འོ་རྗོང་བློ་བཟང་སྦྱིན་པ།							དུས་རབས་༡༨པའི་དུས་སྨད་ཙམ།
འོ་བཟའ་རི་མོ་མཚོ།							རྒྱལ་པོ་སེ་སྣོལ་ལྡེའི་བཙུན་མོ།
འོག་གོམ་དབུས་གོང་།							ཁྲི་སྲོང་སྐྱུ་དུས་ཀྱི་ལོ་ཙྪ་བ་ཞིག
འོང་ཀ་ལྷ་སྦྱིན།							དུས་རབས་བརྒྱད་པའི་དུས་དཀྱིལ་དུ་འཁྲུངས།
འོད་འཛིན་གཞོན་ནུ་ཡོན་ཏན།	༢	མེ་ལུག	༡༡༢༧	༣	ལྕགས་རྟ།	༡༡༥༠	
འོད་ལྡེ།							དུས་རབས་༡༠པའི་དུས་སྟོད།

འོད་ཟེར་རྒྱ་མཚོ།							སྐུ་འབུམ་འོད་ཟེར་རྒྱ་མཚོར་གཟིགས།
འོད་ཟེར་རྒྱལ་མཚན།							
འོད་ཟེར་ལྡེ།							དུས་རབས་༡༠པའི་དུས་དཀྱིལ་སྨད་ཀྱི་ལྡེ་གསུམ་གྱི་གྲས།
འོད་བསྲུངས།							བོད་ཀྱི་རྒྱལ་རབས་ཞེ་གཉིས་པར་གཟིགས།
འོན་རྒྱལ་སྲས་བསྐལ་བཟང་ཐུབ་བསྟན་འཇིགས་མེད་རྒྱ་མཚོ།							རྒྱལ་སྲས་བསྐལ་བཟང་ལ་གཟིགས།
འོན་རྒྱལ་སྲས་ངག་དབང་འཇིགས་མེད་ཡེ་ཤེས་གྲགས་པ།	༡༢	མེ་བྱི།	༡༦༨༦	༡༣	ལྕགས་རྟ།	༡༧༥༠	
འོམ་ཐང་སྨན་མཆོ།							སྲུ་དེ་གུང་རྒྱལ་གྱི་བཙུན་མོ།
འོར་སྟོན་ཆོས་འབྱུང་།							དུས་རབས་༡༩པའི་དུས་སྟོད་ཀྱི་ལོ་ཙཱ་བ་ཞིག
འོལ་ཁ་སྤྲུལ་སྐུ་བསོད་ནམས་ཡེ་ཤེས་དབང་པོ།	༨	མེ་འབྲུག	༡༥༥༦	༡༠	ཆུ་འབྲུག	༡༥༨༢	
འོལ་གོད་ཚ་སྟོན་གེར་ལེགས།							གནམ་རི་སྲོང་བཙན་གྱི་གཙུང་མོ།
འོལ་གོད་བཞའ་སྟོང་བཙུན་འགྲོ་གར།							སྟག་རི་གཉན་གཟིགས་ཀྱི་བཙུན་མོ།

འོལ་དགའ་གྱུང་གསར་དགེ་ལེགས་དཔལ་བཟང་།	༨	ཤིང་སྦྲང་།	༡༥༠༥	༡༠	མེ་ཡོས།	༡༥(༤༧)	དགའ་ལྡན་ཁྲི་རབས་ཞེར་གཅིག་པ་བདེ་བ་ཅན་པ་དགེ་ལེགས་དཔལ་བཟང་ལ་གཟིགས།
འོལ་དགའ་རྡོ་དྲུང་བློ་བཟང་ཕྲིན་ལས།							སྐྱེ་ལུང་བཞད་པ་རྡོ་རྗེར་གཟིགས།
འོལ་པ་རྡོ་རྗེ་དབང་ཕྱུག							དུས་རབས་བཅུ་པའི་དུས་སྨད་ཙམ་དུ་འཁྲུངས།

མཚན་བྱང་།	འབྲུགས་ལོ།			འདས་ལོ།			ཞར་བྱང་།
	རབ་བྱུང་།	ལོ་ཁམས།	སྤྱི་ལོ།	རབ་བྱུང་།	ལོ་ཁམས།	སྤྱི་ལོ།	གསལ་བཤད།
ཡ།							
ཡ་གད་པ།				༢	ལྕགས་ཕག	༡༡༣༡	
ཡ་ཚེ་རྒྱལ་པོ།							མངའ་རིས་ཡ་ཚེ་རྒྱལ་པོས་རབ་བྱུང་གསུམ་པའི་ལྕགས་ཁྱི་༡༡༩༠ལོར་ལྷ་སའི་ཇོ་བོར་གསེར་འཕྲུ་ཕུལ།
ཡང་ཀྲྀ་ཞབས་དྲུང་ངག་དབང་བློ་བཟང་ཚུལ་ཁྲིམས་ཕུན་ཚོགས།	༡༥	ཤིང་ཕག	༡༨༧༥				འདི་ཚོ་ནི་རྒྱལ་པོ་ཚང་དང་འབྲེལ་མེད་བརྟག
ཡང་ཀྲྀ་ལྷ་རམས་པ་བློ་བཟང་ཆོས་དར།							འདི་ཚོ་ནི་རྒྱལ་པོ་ཚང་དང་འབྲེལ་མེད་བརྟག
ཡང་དགོན་པ་རྒྱལ་མཚན་དཔལ།	༩	ཆུ་བྱི།	༡༢༡༣	༩	ས་རྟ།	༡༢༨༥	
ཡང་སྟེང་བློ་བཟང་ཆོས་འཕེལ།							དགའ་ལྡན་ཁྲི་རབས་༩༧པར་གཟིགས།
ཡང་དབེན་པ།	༣	ལྕགས་འབྲུག	༡༡༦༠	༩	མེ་གླང་།	༡༢༡༧	
ཡབ་རྗེ་སྐལ་ལྡན་རྒྱ་མཚོ།	༡༠	མེ་ལུག	༡༦༠༧	༡༡	མེ་སྤྲེལ།	༡༦༧༧	

ཡབ་རྗེ་གསེར་ཁང་པ།	༡༣	ལྕགས་བྱི།	༡༧༨༠	༡༩	ས་སྤྲེལ།	༡༨༤༨	འདི་དང་གསེར་ཁང་བློ་བཟང་བསྟན་འཛིན་རྒྱ་མཚོ་གཉིས་གང་ཟག་གཅིག་ཡིན་མིན་བརྟག་གོ།
ཡར་ཀླུང་ཇོ་བོ་ཤཱཀྱ་རིན་ཆེན་སྡེ།							འདིས་ཡར་ཀླུང་ཆོས་འབྱུང་བརྩམས། འདི་དང་ས་སྐྱའི་དྲུང་དགའ་རིན་ཆེན་ ༡༣༣༡ནས་ ༡༣༨༨གཉིས་ཕལ་ཆེར་དུས་མཉམ་ཡིན།
ཡར་ཀླུང་པ་སེང་གེ་རྒྱལ་མཚན།	༦	ཤིང་བྱ།	༡༣༤༥	༧	ཆུ་སྦྲུལ།	༡༤༡༣	
ཡར་ཀླུང་སྤྲུལ་སྐུ།							
ཡར་ཀླུང་ལོ་ཙཱ་བ་གྲགས་པ་རྒྱལ་མཚན།	༤	ཆུ་སྟག	༡༢༤༢	༦	མེ་ཕག	༡༣༤༧	ལ་ལས་ཡར་འབྲོག་ལོ་ཙཱ་བ་གྲགས་པ་རྒྱལ་མཚན་ཞུ་བ་ཞིག་འདུག་པ་འདི་ཡིན་ནམ་སྙར་བརྟག
ཡར་རྗེ་ཨོ་རྒྱན་གླིང་པ།	༥	ཆུ་ཕག	༡༣༢༣				
ཡར་འབྲོག་ཁྲི་དཔོན་སྟག་འཚང་མཐུ་སྟོབས་གྲགས་པ།				༡༡	ཤིང་སྟག	༡༦༧༤	
ཡར་འབྲོག་ཤེས་རབ་བཟང་པོ།							
ཡུ་མོ་མི་བསྐྱོད་རྡོ་རྗེ།							རྨ་བཙུན་དད་པ་རྒྱལ་པོའང་ཞུ། སྣ་ལོ་དང་དུས་མཉམ།

ཡུམ་བརྟན།							དར་མ་ཝུ་དུམ་བཙན་གྱི་སྲས།
༼ཡུལ་ཟུལ་རྫ་དགོན་གླིང་གི་རས་ཆུང་སྤྲུལ་སྐུ་རིམ་བྱོན།༽							
གྲུབ་ཆེན་རྟོགས་ལྡན་ནམ་ཀརྨ་རྨ་སེ་བློ་གྲོས་རིན་ཆེན།	༦	མེ་སྟག	༡༣༨༥	༨	མེ་ཕག	༡༤༦༧	དགུང་ལོ་༨༢བཞུགས།
༡༽ རས་ཆུང་ཀརྨ་དཔལ་གྲུབ།	༨	ས་བྱི།	༡༤༦༨	༩	ས་སྦྲུལ།	༡༥༢༩	དགུང་ལོ་༦༢བཞུགས།
༢༽ རས་ཆུང་ཚོགས་གཉིས་དཔལ་འབྱོར།	༩	ལྕགས་སྟག	༡༥༣༠				དགུང་ལོ་བདུན་ཅུ་སྐོར་བཞུགས།
༣༽ རས་ཆུང་དོན་ཡོད་མི་འགྱུར་ལྷུན་གྲུབ།	༡༢	ལྕགས་འབྲུག	༡༧༠༠	༡༢	ཆུ་ཁྱི།	༡༧༤༢	དགུང་ལོ་ཞེ་གཉིས་བཞུགས།
༤༽ རས་ཆུང་ཀརྨ་བསྟན་འཛིན་དོན་གྲུབ།	༡༢	ཆུ་ཕག	༡༧༤༣	༡༣	ཆུ་རྟ།	༡༧༦༢	དགུང་ལོ་བཅུ་དགུ་བཞུགས།
༥༽ རས་ཆུང་ཤེས་རབ་རྒྱ་མཚོའམ་འགྱུར་མེད་ཕྲིན་ལས་རྒྱ་མཚོ།	༡༣	ཆུ་ལུག	༡༧༦༣	༡༣	ཤིང་གླང་།	༡༨༠༥	དགུང་ལོ་ཞེ་གཉིས་བཞུགས།
༦༽ ཀརྨ་ངེས་གསང་བསྟན་འཛིན་ནམ་སྒྲུབ་བརྒྱུད་བསྟན་རྒྱས་ཀརྨ།	༡༣	མེ་སྟག	༡༨༠༦	༡༤	ཤིང་ཡོས།	༡༨༥༥	དགུང་ལོ་ཞེ་དགུ་བཞུགས།

༧༽ རས་ཆུང་ཀརྨ་འཆི་མེད་བདེ་ཆེན་གྲུབ་པའམ་མཁྱེན་རབ་ཕུན་ཚོགས།	༡༤	མེ་འབྲུག	༡༨༥༦	༡༥	ཆུ་ཁྱི།	༡༩༢༢	དགུང་ལོ་རེ་དྲུག་བཞུགས།
༨༽ རས་ཆུང་ངེས་དོན་ཆོས་ཀྱི་ཉི་མ།	༡༥	ཆུ་ཕག	༡༩༢༣	༡༦	ས་ཕག	༡༩༥༩	དགུང་ལོ་སོ་དྲུག་བཞུགས།
༼ཡུལ་ཟུལ་ཡ་གཡང་ཐེག་ཆེན་དར་རྒྱས་གླིང་གི་སྐུ་ཕྲེང་རིམ་བྱོན།༽							
༡༽ ངེས་དོན་བསྟན་འཛིན་དར་རྒྱས་འདིའི་སྐབས་ཙམ་འཁྲུངས།	༨	ཤིང་ལུག	༡༤༧༥		ཆུ་སྤྲེལ།	༡༥༧༢	དགུང་ལོ་༩༨བཞུགས།
༢༽ དཀོན་མཆོག་བསྟན་འཛིན།	༡༠	ཆུ་བྱ།	༡༥༧༣		ས་གླང་།	༡༦༤༩	དགུང་ལོ་༧༦བཞུགས།
༣༽ དཀོན་མཆོག་བསྟན་འཛིན་བསོད་ནམས།	༡༡	ལྕགས་སྟག	༡༦༥༠		མེ་སྤྲེལ།	༡༧༨༢	དགུང་ལོ་༦༥བཞུགས་ནས་མཐར་འཇའ་ལུས་སུ་ཐིམ།
༤༽ དཀོན་མཆོག་བསོད་ནམས་གྲགས་པ།	༡༢	མེ་བྱ།	༡༧༡༧	༡༣	ས་ཕག	༡༧༧༩	དགུང་ལོ་དྲུག་ཅུ་རེ་གཉིས་བཞུགས།
༥༽ དཀོན་མཆོག་བསྟན་པའི་སྒྲོན་མེ།	༡༣	ཆུ་ཡོས།	༡༧༨༣	༡༤	ས་ཁྱི།	༡༨༣༨	དགུང་ལོ་༥༥བཞུགས།
༦༽ ཀརྨ་མདོ་སྔགས་བསྟན་འཛིན།	༡༤	ས་ཕག	༡༨༣༩	༡༥	ལྕགས་གླང་།	༡༩༠༩	དགུང་ལོ་༧༡བཞུགས།
༧༽ དཀོན་མཆོག་བསྟན་དར།	༡༥	ཆུ་ཁྱི།	༡༩༡༢	༡༦	མེ་སྤྲེལ།	༡༩༥༦	དགུང་ལོ་༤༤བཞུགས།

༨༽ དཀོན་མཆོག་ལྷུན་གྲུབ་ངེས་དོན་བསྟན་པའི་རྒྱལ་མཚན།	༡༦	མེ་བྱ།	༡༩༥༧				
༼ཕྱུལ་བྱུལ་ཨ་གཡང་ཐེག་ཆེན་གླིང་གི་བླ་མ་ཨ་སྐྱ་རིམ་བྱོན།༽							
༡༽ བླམ་ཨ་སྐྱ་བྱམས་པ་ཐུབ་བསྟན།	༡༠	ལྕགས་སྦྲུལ།	༡༦༠༡	༡༢	ལྕགས་ལུག	༡༦༩༡	དགུང་ལོ་༩༡བཞུགས།
༢༽ དཀོན་མཆོག་དོན་གྲུབ་རྒྱལ་མཚན།	༡༢	ཤིང་བྱི།	༡༦༩༤	༡༣	ས་བྱི།	༡༧༧༩	དགུང་ལོ་༨༦བཞུགས།
༣༽ དཀོན་མཆོག་སྐྱབས།	༡༣	ལྕགས་བྱི།	༡༧༨༠	༡༤	མེ་རྟ།	༡༨༤༦	དགུང་ལོ་༦༥བཞུགས།
༤༽ དཀོན་མཆོག་ཐུབ་བསྟན་དར་རྒྱས།	༡༤	མེ་ལུག	༡༨༤༧	༡༥	ས་རྟ།	༡༩༡༨	དགུང་ལོ་༧༡བཞུགས།
༥༽ དཀོན་མཆོག་ཆོས་གྲགས་རྒྱ་མཚོ།	༡༥	ཆུ་བྱི།	༡༩༢༢	༡༦	ཤིང་ལུག	༡༩༥༥	དགུང་ལོ་༣༣བཞུགས།
ཡི་བཟང་རྗེ་པ།							འགོས་ལོ་གཞོན་ནུ་དཔལ་ལ་གཟིགས། ལ་ལས་ཡིད་བཟང་རྩེ་པ་ཟེར།
ཡི་གྲགས་ས་དམར་བ།	༢	མེ་སྦྲེལ།	༡༡༡༦	༣	མེ་ལུག	༡༡༨༧	
ཡི་ཤེས་སྐལ་བཟང་།							སྟག་མཚེར་ཡི་ཤེས་སྐལ་བཟང་ལ་གཟིགས།

ཡེ་ཤེས་སྐལ་བཟང་མཁས་གྲུབ་རྒྱ་མཚོ།							ཨ་ཀྱཱ་སྐུ་ཕྲེང་བཞི་པ་ཡེ་ཤེས་སྐལ་བཟང་མཁས་གྲུབ་རྒྱ་མཚོར་གཟིགས།
ཡེ་ཤེས་གྲགས་པ།							རྒྱལ་སྲས་ཡེ་ཤེས་གྲགས་པར་གཟིགས།
ཡེ་ཤེས་གྲགས་བཟང་།							རབ་བྱུང་བདུན་པའི་ནང་།
ཡེ་ཤེས་རྒྱ་མཚོ།							ངག་དབང་ཚུལ་ཁྲིམས་ལ་གཟིགས།
ཡེ་ཤེས་རྒྱ་མཚོ།							པད་དཀར་འཛིན་པ་ངག་དབང་ཡེ་ཤེས་རྒྱ་མཚོར་གཟིགས།
ཡེ་ཤེས་རྒྱ་མཚོ།							དབེན་ས་པ་སྤྲུལ་སྐུ་ཡེ་ཤེས་རྒྱ་མཚོར་གཟིགས།
ཡེ་ཤེས་རྒྱ་མཚོ།							རྟོར་ཆེན་དགེ་བཤེས་ཡེ་ཤེས་རྒྱ་མཚོར་གཟིགས།
ཡེ་ཤེས་རྒྱལ་མཚན།							དཀའ་ཆེན་ཡོངས་འཛིན་ཡེ་ཤེས་རྒྱལ་མཚན་ལ་གཟིགས།
ཡེ་ཤེས་རྒྱལ་མཚན།							རྗེ་གྲུབ་ཕྱིན་ལས་འོད་ཟེར་གྱི་སློབ་མ།
ཡེ་ཤེས་སྙིང་པོ།							ཞྭ་དམར་སྐུ་ཕྲེང་བདུན་པ་ཡེ་ཤེས་སྙིང་པོར་གཟིགས།
ཡེ་ཤེས་བསྟན་པའི་མགོན་པོ།							ཚབ་མདོ་འཕགས་པ་ལྷ་སྐུ་ཕྲེང་བདུན་པ་ཡེ་ཤེས་བསྟན་པའི་མགོན་པོར་གཟིགས།

ཡེ་ཤེས་བསྟན་པའི་སྒྲོན་མེ།							ལྷུང་སྐྱ་རོལ་པའི་རྡོ་རྗེར་གཟིགས།
ཡེ་ཤེས་བསྟན་པའི་ཉི་མ།							ལྷུང་སྐྱ་སྐུ་ཕྲེང་ལྔ་པ་ཡེ་ཤེས་བསྟན་པའི་ཉི་མར་གཟིགས།
ཡེ་ཤེས་ཐར་འདོད།							དགའ་ལྡན་ཁྲི་རབས་དོན་གཅིག་པ་ཡེ་ཤེས་ཐར་འདོད་ལ་གཟིགས།
ཡེ་ཤེས་ཐུབ་བསྟན་རྒྱ་མཚོ།							གསེར་ཏོག་ཡེ་ཤེས་ཐུབ་བསྟན་རྒྱ་མཚོར་གཟིགས།
ཡེ་ཤེས་མཐའ་ཡས།							གུ་གེ་ཞང་ཞུང་པ་དགེ་སློང་ཡེ་ཤེས་མཐའ་ཡས་ལ་གཟིགས།
ཡེ་ཤེས་དོན་གྲུབ་བསྟན་པའི་རྒྱལ་མཚན།							ཐྲ་ཡོན་ཡེ་ཤེས་དོན་གྲུབ་བསྟན་པའི་རྒྱལ་མཚན་ལ་གཟིགས།
ཡེ་ཤེས་རྡོ་རྗེ།							དུས་རབས་༡༩ པའི་དུས་སྨད་ཙམ་གྱི་ལོ་ཙཱ་བ་ཞིག
ཡེ་ཤེས་དཔལ་འབྱོར།							གཙང་པ་ཡེ་ཤེས་དཔལ་འབྱོར་ལ་གཟིགས།
ཡེ་ཤེས་དཔལ་འབྱོར།							སུམ་པ་མཁན་པོ་ཡེ་ཤེས་དཔལ་འབྱོར་ལ་གཟིགས།
ཡེ་ཤེས་དཔལ་བཟང་།							ཞྭ་དམར་སྐུ་ཕྲེང་བཞི་པ་ཆོས་གྲགས་ཡེ་ཤེས་དཔལ་བཟང་ལ་གཟིགས།

ཡེ་ཤེས་དཔལ་བཤེས་གཉེན།ཡེ་ཤེས་དབྱངས།							དགེ་སློང་ཡེ་ཤེས་དབྱངས་ལ་གཟིགས།
ཡེ་ཤེས་འབྱུང་གནས།	༩	ས་ཕྱི།	༡༢༣༨	༥	ཤིང་ཕྱི།	༡༢༧༩	
ཡེ་ཤེས་སློ་བཟང་བསྟན་པའི་མགོན་པོ།							
ཡེ་ཤེས་བཟང་པོ།							དཀའ་ལྡན་ཁྲི་རབས་བཅུ་པ་འདུན་མ་ཆོས་རྗེ་ཡེ་ཤེས་བཟང་པོར་གཟིགས།
ཡེ་ཤེས་རིན་ཆེན།	༦	ཤིང་འབྲུག	༡༣༦༩	༧	ཆུ་སྦྲུལ།	༡༩༡༣	
ཡེ་ཤེས་རིན་ཆེན།							ཧྲ་དབེན་ཤྲཱིབཞི་པ་ཡེ་ཤེས་རིན་ཆེན་ལ་གཟིགས།
ཡེ་ཤེས་རིན་ཆེན།							འབྲུག་པ་ཡེ་ཤེས་རིན་ཆེན་ལ་གཟིགས།
ཡེ་ཤེས་སེང་གེ།							ཟྭ་ར་བ་སྐལ་ལྡན་ཡེ་ཤེས་སེང་གེ་ལ་གཟིགས།
ཡེ་ཤེས་སེམས་དཔའ།							དུས་རབས་༡༩ པའི་དུས་སྨད་ཙམ་གྱི་ལོ་ཙཱ་བ་ཞིག
ཡེ་ཤེས་བསོད་ནམས་རྒྱ་མཚོ།	༦	ལྕགས་རྟ།	༡༣༣༠	༦	ལྕགས་སྤྲེལ།	༡༣༨༠	
ཡེལ་པ་ཡེ་ཤེས་བརྩེགས་པ།	༢	ཤིང་ཡོས།	༡༡༣༩	༣	ཤིང་ཡོས།	༡༡༨༥	ཕག་མོ་གྲུ་པའི་སློབ་མ། ཡེལ་པ་བཀའ་བརྒྱུད་སྲོལ་གཏོད་པ་པོ།

ཡོངས་གྲགས་རྡོ་རྗེ།							
ཡོངས་འཛིན་ངག་གི་དབང་པོ།	༡༡	མེ་སྦྲུལ།	༡༦༧༧	༡༢	ས་ཕག	༡༧༡༩	ངག་གི་དབང་པོ་གཞན་ཞིག་ཡིན་མིན་སྐར་བརྟག
ཡོངས་འཛིན་ངག་དབང་མཆོག་ལྡན།							དགའ་ལྡན་ཁྲི་རབས་ང་བཞི་པ་ངག་དབང་མཆོག་ལྡན་ལ་གཟིགས།
ཡོངས་འཛིན་དམ་པ་རྗེ་བཙུན་བློ་བཟང་ཚུལ་ཁྲིམས།							དུས་རབས་བཅོ་བརྒྱད་པའི་སྐབས།
ཡོངས་འཛིན་ནོ་མིན་ཧན།							རྒྱལ་སྲས་སྐལ་བཟང་ཐུབ་བསྟན་འཇིགས་མེད་ལ་གཟིགས།
ཡོངས་འཛིན་ཕུར་ལྕོག་བྱམས་པ།	༡༤	ཤིང་བྱ།	༡༨༢༥	༡༥	ཆུ་ཡོས།	༡༩༠༣	
ཡོངས་འཛིན་འབྲོང་རྩེ་བློ་བཟང་ཚུལ་ཁྲིམས།	༡༢	ཤིང་གླང་།	༡༧༤༥	༡༣	ལྕགས་སྤྲེལ།	༡༨༠༠	
ཡོངས་འཛིན་བློ་བཟང་མཁྱེན་རབ་དབང་ཕྱུག							སྔེ་དྲུག་བློ་བཟང་མཁྱེན་རབ་དབང་ཕྱུག་ལ་གཟིགས།
ཡོངས་འཛིན་བློ་བཟང་བསྟན་འཛིན་རྒྱལ་མཚན།							དུས་རབས་༡༨པའི་དུས་སྨད་ཙམ།
ཡོངས་འཛིན་བློ་བཟང་དཔལ་ལྡན།	༡༥	ལྕགས་སྦྲུལ།	༡༨༨༡	༡༦	ཤིང་སྤྲེལ།	༡༩༤༤	
ཡོངས་འཛིན་ཡེ་ཤེས་རྒྱལ་མཚན།	༡༢	ཆུ་སྦྲུལ།	༡༧༡༣	༡༣	ཆུ་གླང་།	༡༧༩༦	

ཡོངས་འཛིན་རྗེ་པ་སྤྲུལ་སྐུ།							རྗེ་སྤྲུལ་ངག་དབང་མཁྱེན་རབ་བསྟན་པའི་དབང་ཕྱུག་ལ་གཟིགས།
ཡོན་ཏན་རྒྱ་མཚོ།							ཀོང་སྤྲུལ་ཡོན་ཏན་རྒྱ་མཚོར་གཟིགས།
ཡོན་ཏན་རྒྱ་མཚོ།							ཛོ་ནང་བ་ཡོན་ཏན་རྒྱ་མཚོར་གཟིགས།
ཡོན་ཏན་རྒྱ་མཚོ།							རྒྱལ་བ་སྐུ་ཕྲེང་བཞི་ཡོན་ཏན་རྒྱ་མཚོར་གཟིགས།
ཡོན་ཏན་རྒྱ་མཚོ།							སྟག་ལུང་གདན་ས་བརྒྱད་པ་ནམ་མཁའ་བཟང་པོའམ་ཡོན་ཏན་རྒྱ་མཚོར་གཟིགས།
ཡོན་ཏན་རྒྱ་མཚོ།							སྟོང་སྐོར་ཡོན་ཏན་རྒྱ་མཚོར་གཟིགས།
ཡོན་ཏན་རྒྱ་མཚོ།							ཐོན་པ་མཁས་བཙུན་ཡོན་ཏན་རྒྱ་མཚོར་གཟིགས།
ཡོན་ཏན་རྒྱ་མཚོ།							སྤྱན་སྔ་ཡོན་ཏན་རྒྱ་མཚོར་གཟིགས།
ཡོན་ཏན་རྒྱལ་མཚན།							སྤྱན་སྔ་ཡོན་ཏན་རྒྱལ་མཚན་ལ་གཟིགས
ཡོན་ཏན་རྣམ་རྒྱལ།							དགའ་ལྡན་ཁྲི་རབས་སོ་ལྔ་པ་གླིང་སྨད་ཞབས་དྲུང་ལ་གཟིགས།
ཡོན་ཏན་གཟུངས།				༣	ཤིང་ཡོས།	༡༡༩༥	

ཡོན་ཏན་འོད།							སློབ་དཔོན་དབྱིག་གཉེན་གྱི་དངོས་སློབ།
གཡག་སྟོན་སངས་རྒྱས་དཔལ།	༦	ལྕགས་སྟག	༡༣༥༠	༧	ཤིང་རྟ།	༡༤༡༤	
གཡག་སྡེ་པཎ་ཆེན་བརྩོན་འགྲུས་དར་རྒྱས།	༥	ས་ཕག	༡༢༩༩	༦	ས་རྟ།	༡༣༧༨	
གཡག་སྡེ་བློ་གྲོས་ཆོས་སྐྱོང་།	༧	ས་སྦྲུལ།	༡༣༨༩	༨	ཆུ་ལུག	༡༤༦༣	
གཡག་ཕྲུག་སངས་རྒྱས་དཔལ།	༦	ས་བྱི།	༡༣༤༨				འདིའི་འབྲུངས་ལོར་བཞེད་པ་མི་འདྲ་བ་འགའ་སྣང་།
གཡང་པ་ཆོས་རྗེ།							འདིས་རབ་བྱུང་དགུ་པའི་ལྕགས་སྟག་༡༥༣༠ལོར་རྒྱལ་བ་དགེ་འདུན་རྒྱ་མཚོའི་རྣམ་ཐར་བརྩམས།
༼གཡའ་བཟང་བཀའ་བརྒྱུད་ཀྱི་གདན་རབས་རིམ་བྱོན།༽							
ཟླ་ར་བ་སྐལ་ལྡན་ཡེ་ཤེས་སེང་གེ།							གཡའ་བཟང་བཀའ་བརྒྱུད་ཀྱི་སྲོལ་གཏོད་པ་པོ།
གཡའ་བཟང་ཆོས་རྗེ་ཆོས་སྨོན་ལམ།	༡	ས་གླང་།	༡༡༦༩	༤	ཆུ་སྦྲུལ།	༡༢༣༣	
༡༽ཞེ་གནས་རིན་ཆེན་རྡོ་གྲུབ།	༤	ཤིང་རྟ།	༡༢༣༤				གདན་ས་ལོ་དགུར་བསྐྱངས།
༢༽རྟོགས་ལྡན་རྒྱལ་པོ་དགེ་མཛེས་འོད།	༤	ཆུ་ཡོས།	༡༢༤༣				གདན་ས་ལོ་སོ་བརྒྱད་བསྐྱངས།

༣༽ མཁར་ཆུ་བ་ཆོས་བསམ་འོད།	༥	ལྕགས་སྤྲེལ།	༡༢༨༡				གདན་ས་ལོ་བཅོ་བརྒྱད་བསྐྱངས།
༤༽ ཟླ་ར་བ་བདེ་ལེགས་འོད།	༥	ས་ཕག	༡༢༩༩				གདན་ས་ལོ་ཉེར་བཞི་བསྐྱངས།
༥༽ གདུང་རྒྱུད་བཀྲ་ཤིས་འོད།	༥	ཆུ་ཕག	༡༣༢༣				གདན་ས་ལོ་ཉེར་བརྒྱད་བསྐྱངས།
༦༽ ལྷ་གྲགས་འོད།	༦	ལྕགས་ཡོས།	༡༣༥༡				གདན་ས་ལོ་ང་བཞི་བསྐྱངས།
༧༽ ལྷ་བསོད་ནམས་འོད་ཟེར།	༧	ཤིང་བྱ།	༡༤༠༥				གདན་ས་ལོ་ཉེར་གཉིས་བསྐྱངས།
༨༽ སྤྱན་སྔ་བསོད་ནམས་འོད་མཛེས།	༧	མེ་ལུག	༡༤༢༧				གདན་ས་ལོ་ཉེར་དྲུག་བསྐྱངས།
༩༽ སྤྱན་སྔ་རྡོར་རྒྱལ་བ།	༨	ཤིང་བྱི།	༡༤༥༤				གདན་ས་ལོ་ཉི་ཤུར་བསྐྱངས།
གཡས་རུ་སྟོན་ལམ་དཔལ་བ།	༧	ཤིང་རྟ།	༡༤༡༤	༨	ལྕགས་ཕག	༡༤༩༡	
གཡི་རབ་བརྟན་རྒྱ་མཚོ།	༡༢	ཆུ་ཡོས།	༡༧༢༣	༡༣	ལྕགས་བྱི།	༡༧༩༠	
གཡུ་ཐོག་བྱ་བྲལ་ཆོས་དབྱིངས་རང་གྲོལ།	༡༥	ཆུ་སྤྲེལ།	༡༨༧༢	༡༦	ཆུ་འབྲུག	༡༩༥༢	
གཡུ་རྫོག་དོན་ཡོད་རྒྱ་མཚོ།	༡༣	ས་ཕག	༡༧༧༩	༡༤	ཤིང་བྱ།	༡༨༢༥	
གཡུ་རྫོག་བློ་བཟང་དཔལ་ལྡན་རྒྱ་མཚོ།	༡༤	མེ་བྱི།	༡༨༢༦				

གཡུ་རྡོག་བསམ་གཏན་རྒྱ་མཚོ།	༡༠	མེ་འབྲུག	༡༦༡༦	༡༡	ས་རྟ།	༡༦༧༨	
གཡུ་ཐོག་སྙིང་མ་ཡོན་ཏན་མགོན་པོ།		ས་སྤྲེལ།	༧༠༨		ཆུ་གླང་།	༨༣༣	འདི་ཁྲི་སྲོང་ལས་དཀྱུང་ལོ་སོ་བཞིས་ཆེ་བ་བྱས་ན་ལུང་དང་རིགས་པའི་གནོད་པ་མི་ཁེལ།
གཡུ་ཐོག་འབངས།							ཟུར་མཁར་བ་མཉམ་ཉིད་རྡོ་རྗེར་གཟིགས།
གཡུ་ཐོག་གསར་མ་ཡོན་ཏན་མགོན་པོ།	༢	མེ་རྟ།	༡༡༢༦	༣	ཆུ་ཁྱི།	༡༢༠༢	
གཡུང་མགོན་རྡོ་རྗེ།							
གཡུང་སྟོན་རྡོ་རྗེ་དཔལ།	༥	ཤིང་སྤྲེལ།	༡༢༨༩	༦	ཤིང་སྦྲུལ	༡༣༦༥	ལོ་ལས་༡༢༨༧ལོར་འཁྲུངས་ཟེར།
གཡུང་སྟོན་ཛ་རི།							དུས་རབས་༡༠པའི་དུས་མཇུག་ཙམ།
གཡུང་དྲུང་རྒྱལ་མཚན་དཔལ་བཟང་པོ།	༡༥	མེ་བྱ།	༡༨༡༧	༡༦	ཤིང་སྦྲུལ།	༡༣༦༥	
གཡུང་དྲུང་སྙིང་པོ།							དུས་རབས་༡༩པའི་ནང་གི་ལོ་ཙཱ་བ་ཞིག
གཡུང་དྲུང་འོད།							དུས་རབས་༡༡པའི་དུས་སྨད་ཀྱི་ལོ་ཙཱ་བ་ཞིག

གཡེར་གཤོང་མཁན་ཆེན་ངོ་མིན་ཧན་ངག་དབང་བློ་བཟང་བསྟན་འཛིན་རྒྱ་མཚོ།	༡༥	ཆུ་རྟ།	༡༨༨༢	༡༦	ཤིང་རྟ།	༡༩༥༤	
གཡེར་གཤོང་དགེ་འདུན་བློ་གྲགས།	༡༢	ཤིང་སྟག	༡༧༣༤	༡༤	ལྕགས་ལུག	༡༨༡༡	
གཡེར་གཤོང་འཇམ་དབྱངས་དགེ་འདུན་རྒྱ་མཚོ།	༡༦	མེ་ཕག	༡༩༤༧				
གཡེར་གཤོང་འཇམ་དབྱངས་བློ་གྲོས།	༡༡	ལྕགས་ཡོས།	༡༦༥༡	༡༤	ལྕགས་ལུག	༡༨༡༡	གཡེར་གཤོང་སྐུ་ཕྲེང་དང་པོ་ཤ་སྦྲང་ སྤྱགས་འཚང་ཡང་ཞུ།
གཡོ་དགེ་བའི་འབྱུང་གནས།							དམར་གཡོ་གཙང་གསུམ་གྱི་གྲས། དུས་རབས་༩པའི་སྟོད་ཙམ་ལ་འཁྲུངས

མཚན་བྱང་།	འཁྲུངས་ལོ།			འདས་ལོ།			ཞར་བྱུང་།
	རབ་བྱུང་།	ལོ་ཁམས།	ཕྱི་ལོ།	རབ་བྱུང་།	ལོ་ཁམས།	ཕྱི་ལོ།	གསལ་བཤད།
ར།༽							
ར་ཁོ་དཔོན་པོ་སངས་རྒྱས་ལྷུན་གྲུབ།							རབ་བྱུང་ ༡༢ ལྕགས་ ཕྱི་ ༡༧༣༠ ལོར་ སྐུ་ འབུམ་ མཁན་ པོ་ མཛད།
༼ར་ཁོ་སྐུ་ཕྲེང་རིམ་བྱོན།༽							
ར་ཁོ་སྐུ་ཕྲེང་དང་པོ་ཆོས་བཀྲ་ཤིས།							རབ་བྱུང་ ༡༡ པའི་ས་ཕྱི་ ༡༦༥༨ ནས་སྐུ་འབུམ་གདན་རབས་བཅུ་པ་མཛད།
ར་ཁོ་སྐུ་ཕྲེང་གཉིས་པ་ཤེས་རབ་ཆོས་འབྱོར།	༡༡	ཆུ་གླང་།	༡༦༧༣	༡༣	ཤིང་ཕག	༡༧༥༥	
ར་ཁོ་སྐུ་ཕྲེང་གསུམ་པ་ངག་དབང་བསྟན་འཛིན་རྒྱལ་མཚན།	༡༣	མེ་གླང་།	༡༧༥༧	༡༩	ཆུ་བྱ།	༡༨༡༣	
ར་ཁོ་སྐུ་ཕྲེང་བཞི་པ་	༡༥	ཆུ་འབྲུག	༡༨༩༢	༡༥	ལྕགས་སྤྲེལ།	༡༩༢༠	
ར་ཁོ་ཤེས་རབ་ཆོས་འབྱོར།	༡༡	ཆུ་གླང་།	༡༦༧༡				

ར་ཧི་ན་ཟེང་སྟོན་པ་བསོད་ནམས་རྒྱལ་མཚན།	༥	མེ་སྤྲུལ།	༡༣༧༡	༦	ཆུ་ཕག	༡༣༨༣	
ར་བ་སྟོད་པ་མཆོག་ལྷ་འོད་ཟེར།	༧	ས་བྱ།	༡༤༢༩	༧	ལྕགས་སྤྲེལ།	༡༥༠༠	
ར་བྲིད།							དུས་རབས་༡༡པའི་དུས་སྨད་ཀྱི་ལོ་ཙཱ་བ་ཞིག
ར་རོང་ཆོས་གྲགས།	༨	ས་ཡོས།	༡༤༥༩				
ར་སངས་ཁྲི་ཁེ་སྟོད།							བོད་རྒྱལ་སྟག་རི་གཉན་གཟིགས་ཀྱི་སྐུ་གཤེན།
ར་ཧོར་ཆོས་གྲགས།							རྫོགས་ཆེན་ མཁན་ པོ་ གཞན་ དགའི་ སློབ་ བུ་ ཡིན་ ཞིང་ སྐུ་ ཚེ་ སྨད་འབྲི་གུང་ཆོས་ལུང་རྫོ་དགོན་དུ་བྱ་བཏང་པ་མཛད།
རག་ཤི་ཚུལ་ཁྲིམས་འབྱུང་གནས།							དབུས་གཙང་མི་བཅུའི་གྲས།
རང་བྱུང་མཁྱེན་བརྩེའི་འོད་ཟེར།							ཀུན་མཁྱེན་འཇིགས་མེད་གླིང་པར་གཟིགས།
རང་བྱུང་ཆོས་ཀྱི་རྒྱལ་པོ།							ཀརྨ་པ་སྐུ་ཕྲེང་བརྒྱད་པ་ཆོས་གྲགས་རྒྱ་མཚོར་གཟིགས།
རང་བྱུང་རྡོ་རྗེ།							ཀརྨ་པ་སྐུ་ཕྲེང་གསུམ་པ་རང་བྱུང་རྡོ་རྗེར་གཟིགས།
རཏྣ་ཀ་ར།							སྟག་ལུང་གདན་རབས་བདུན་པ་རཏྣ་ཀ་རར་གཟིགས།

རྡྷ་གུ་རུ།							སྟག་ལུང་གདན་རབས་དྲུག་པ་རྡྷ་གུ་རུར་གཟིགས།
རྡྷ་ཤྲི་ང་པ།							གཏེར་སྟོན་རྡྷ་ཤྲི་ང་པར་གཟིགས།
རྡྷ་ཛྙ་ན།							ཞྭ་ལུ་ལོ་ཙཱ་བ་ཕྱི་མ་རིན་ཆེན་བཟང་པོར་གཟིགས།
རབ་མཆོག་དཔལ་བཟང་།							དུས་རབས་༡༩པའི་དུས་དཀྱིལ་ཙམ་དུ་འཁྲུངས།
༼རབ་བརྟན་རྒྱ་མཚོ་སྐུ་ཕྲེང་རིམ་བྱོན།༽	༡༢ ནས་འགོ་ཚུགས།						ཙ་ནེ་དགོན་མགོ་རབ་བརྟན་རྒྱ་མཚོ་ཞེས་ཟེར།
༡༽ རབ་བརྟན་མདོ་སྔགས་བསྟན་པའི་དབང་ཕྱུག	༡༢	ཆུ་ཡོས།	༡༧༢༣	༡༣	ལྕགས་ཕག	༡༧༩༡	དགུང་ལོ་༦༨ བཞུགས།
༢༽ རབ་བརྟན་དཀོན་མཆོག་ཆོས་ལྡན།	༡༣	ཆུ་བྱི།	༡༧༩༢	༡༤	ལྕགས་གླང་།	༡༨༤༡	དགུང་ལོ་༤༩ བཞུགས།
༣༽ རབ་བརྟན་དཀོན་མཆོག་བསྟན་འཛིན་རྒྱ་མཚོ།	༡༤	ཆུ་བྱི།	༡༨༥༢	༡༦	ས་སྤྲེལ།	༡༩༠༨	དགུང་ལོ་༥༦བཞུགས།
༤༽ རབ་བརྟན་སྐལ་བཟང་ཐུབ་བསྟན་རྒྱ་མཚོ།	༡༥	ས་བྱ།	༡༩༠༩	༡༧	ཤིང་བྱི།	༡༩༩༥	དགུང་ལོ་༨༦བཞུགས།
༥༽ རབ་བརྟན་མཆོག་སྤྲུལ།							
རབ་བརྟན་ཀུན་བཟང་འཕགས།							རྒྱལ་རྩེ་ཆོས་རྒྱལ་རབ་བརྟན་ཀུན་བཟང་འཕགས་ལ་གཟིགས།
རབ་འབྱམས་པ་ངག་དབང་ཐུབ་བསྟན།							དུས་རབས་༡༩པའི་དུས་དཀྱིལ་ཙམ་དུ་འཁྲུངས།

རབ་འབྱམས་པ་སློ་གྲོས་སེང་གེ།							
རབ་འབྱམས་པ་སངས་རྒྱས་འཕེལ།							བྱམས་ཆེན་རབ་འབྱམས་པ་སངས་རྒྱས་འཕེལ་ལ་གཟིགས།
རབ་ཞི་བཤེས་གཉེན།							དུས་རབས་༡༡པའི་དུས་དཀྱིལ་ཙམ་དུ་འཁྲུངས།
རས་ཆུང་རྡོ་རྗེ་གྲགས་པ།	༡	ཤིང་བྱི།	༡༠༢༥	༣	ལྕགས་སྤྲུལ།	༡༡༤༡	
རས་ཆེན་གཞོན་ནུ་དཔལ་ལྡན།							
རི་ཁྲོད་པ་མགོན་པོ་ཡེ་ཤེས།							དུས་རབས་༡༦པའི་དུས་སྟོད་ཙམ་དུ་འཁྲུངས།
རི་ཁྲོད་པ་བརྩོན་འགྲུས་བཟང་པོ།							
རི་ཁྲོད་པ་བཟང་པོ་གཏེར་སྟོན།							
རི་པ་གཞོན་ནུ་རྒྱལ་མཚན།	༥	ལྕགས་ཕག	༡༣༡༡	༧	ལྕགས་རྟ།	༡༣༩༠	
རི་པོ་ཆེ་མགོན་པོ་ཡེ་ཤེས།	༧	ལྕགས་བྱི།	༡༦༣༠				
རི་པོ་ཆེ་ཆོས་རྗེ་མི་གཡོ་མགོན་པོ།	༧	ལྕགས་སྟག	༡༦༡༠				
རི་པོ་ཆེ་རྗེ་དྲུང་ཕྱིན་ལས་བྱམས་པ་འབྱུང་གནས།	༡༥	ས་སྟག	༡༢༧༢	༡༥	ཆུ་ཕག	༡༩༢༣	

རི་བོ་ཆེ་པདྨ་རྒྱལ་པོ་སྐུ་སྐྱེ།	༡༠	མེ་ཡོས།	༡༥༨༧				
རི་བོང་སློན་པ།							ཞང་སྟོན་གཟི་བརྗིད་འབར་ལ་གཟིགས།
རི་མི་འབབ་པ་བསོད་ནམས་རིན་ཆེན།	༨	ཆུ་སྟག	༡༣༨༢༦		ཆུ་བྱ།	༡༩༥༣	
རི་རྩ་བ་གྲགས་པ་བཀྲ་ཤིས།	༨	ཆུ་བྱི།	༡༣༧༢	༧	ས་གླང་།	༡༩༠༤	རཏྣ་ཀ་རའི་གཙུང་པོ།
རིག་པ་མགོན།							དུས་རབས་༡༠པའི་དུས་སྟོད།
རིག་པ་སྨྲ་བའི་བཙུན་པ་སངས་རྒྱས་བཟང་པོ།							བཀའ་གདམས་པ་ཞིག
རིག་པ་གཞོན་ནུ།							དུས་རབས་༡༡པའི་དུས་སྨད་ཀྱི་ལོ་ཙྪ་བ་ཞིག
རིག་འཛིན་ཀུ་མཱ་ར།	༩	མེ་སྟག	༡༢༨༨	༨	ཆུ་ལུག	༡༣༩༣	
རིག་འཛིན་ཀུན་བཟང་སྟོབས་ལྡན་དབང་པོའམ་དགྲ་འཇོམས་ནུས་ལྡན་དྲག་པོ་རྩལ།	༡༣	ལྕགས་གླང་།	༡༧༦༡				
རིག་འཛིན་ཀུན་བཟང་ཤེས་རབ།							རབ་བྱུང་༡༡པའི་ཤིང་སྤྲུལ་༡༨༨༥ ལོར་དཔལ་ཡུལ་རྣམ་རྒྱལ་བྱང་ཆུབ་གླིང་བཏབ། གྲུབ་དབང་པད་ནོར་སྐུ་ཕྲེང་དང་པོ་ཡིན།

རིག་འཛིན་སྣོང་གསལ་སྙིང་པོ།							གཏེར་ཆེན་སྣོང་གསལ་སྙིང་པོར་གཟིགས།
རིག་འཛིན་རྒོད་ལྡེམ་དངོས་གྲུབ་རྒྱལ་མཚན།							རྫོ་བྲག་རིག་འཛིན་ཆེན་མོ་སྐུ་ཕྲེང་དང་པོར་གཟིགས།
རིག་འཛིན་ཆེན་པོ་ངག་དབང་འཇམ་དཔལ།							རྫོ་བྲག་རིག་འཛིན་སྐུ་ཕྲེང་གསུམ་པ་ངག་དབང་འཇམ་དཔལ་ལ་གཟིགས།
རིག་འཛིན་འཇའ་ཚོན་སྙིང་པོ།	༡༠	ཤིང་བྱ།	༡༥༤༥	༡༡	མེ་ཕྱི།	༡༦༩༦	རྩེ་ལེ་སྣ་ཚོགས་རང་གྲོལ་གྱིས་མེ་ཕྱི་༡༦༩༦ལོར་འདས་གསུངས།
རིག་འཛིན་འཇིགས་མེད་གླིང་པ།							ཀུན་མཁྱེན་འཇིགས་མེད་གླིང་པར་གཟིགས།
རིག་འཛིན་རྣམ་རྒྱལ།							དགེ་འདུན་ཆོས་འཕེལ་ལ་གཟིགས།
རིག་འཛིན་བདུད་འདུལ་རྡོ་རྗེ།							གཏེར་ཆེན་བདུད་འདུལ་རྡོ་རྗེར་གཟིགས།
རིག་འཛིན་པདྨ་ཕྲིན་ལས།							རྫོ་བྲག་རིག་འཛིན་པདྨ་ཕྲིན་ལས་ལ་གཟིགས།
རིག་འཛིན་པདྨ་ལྷུན་གྲུབ།							སྟག་ལུང་ཞབས་དྲུང་བརྒྱད་པ་རིག་འཛིན་པདྨ་ལྷུན་གྲུབ་ལ་གཟིགས།

རིག་འཛིན་དཔལ་མོ།							གུང་རི་མཁའ་འགྲོ་མ་རིག་འཛིན་དཔལ་མོ་ལ་གཟིགས།
རིག་འཛིན་ཚེ་དབང་འཇིགས་མེད།							གྲུབ་དབང་ཤཱཀྱ་ཤྲཱིའི་གདུང་རྒྱུད།
རིག་འཛིན་ཡོལ་མོ་བ་གསུམ་པ་བསྟན་འཛིན་ནོར་བུ།							དུས་རབས་༡༨པར་འབྲུངས།
རིགས་གྲུ་བློ་བཟང་འཇིགས་མེད།	༡༢	ཤིང་གླང་།	༡༧༩༥				
རིགས་གྲུ་རིགས་པའི་རལ་གྲི།							
རིགས་ལྡན་རྒྱལ་པོ་ཉེར་ལྔ།							ཤམྦྷ་ལའི་རིགས་ལྡན་རྒྱལ་པོ།
རིན་ཆེན་བཀྲ་ཤིས་བློ་གྲོས།							
རིན་ཆེན་རྒྱལ་མཚན་དཔལ་བཟང་པོ།	༧	མེ་སྟག	༡༩༩༨				
རིན་ཆེན་གླིང་པ།							གཏེར་ཆེན་རཏྣ་གླིང་པར་གླིང་པར་གཟིགས།
རིན་ཆེན་མགོན་པོ།							སྟག་ལུང་གདན་རབས་གཉིས་པ་སྐྱུ་ཡལ་བ་རིན་ཆེན་མགོན་པོར་གཟིགས།
རིན་ཆེན་རྒྱལ་མཚན།							ཤར་པ་རིན་ཆེན་རྒྱལ་མཚན་ལ་གཟིགས།

རིན་ཆེན་རྒྱལ་མཚན།							ཧྲ་དཔོན་ཏི་ཤྲཱི་གཉིས་པ་རིན་ཆེན་རྒྱལ་མཚན་ལ་གཟིགས།
རིན་ཆེན་རྒྱལ་མཚན།	༧༠	ལྕགས་སྟག	༡༣༥༠				ཀུན་མཁྱེན་དོལ་པོའི་ཡང་སློབ།
རིན་ཆེན་རྒྱལ་མཚན་དཔལ་བཟང་།							འབྲི་གུང་གདན་རབས་བཅོ་ལྔ་པ་རིན་ཆེན་རྒྱལ་མཚན་དཔལ་བཟང་པོར་གཟིགས།
རིན་ཆེན་ཆོས་རྒྱལ།							ཆག་ལོ་རིན་ཆེན་ཆོས་རྒྱལ་ལ་གཟིགས།
རིན་ཆེན་ཆོས་རྒྱལ།							ཞི་བྱེད་པ་རིན་ཆེན་ཆོས་རྒྱལ་ལ་གཟིགས།
རིན་ཆེན་འཛམ་དབྱངས་རྒྱལ་མཚན།							
རིན་ཆེན་འཛིག་རྟེན།							
རིན་ཆེན་ཕྱོགས་རྣམས་པ་གྲགས་པ་བརྟེན་འགྲུས།							རྒྱལ་བ་རིན་ཆེན་ཕྱོགས་རྣམས་པར་གཟིགས།
རིན་ཆེན་དར།							
རིན་ཆེན་རྡོ་རྗེ།							སྨམ་པོ་བ་རིན་ཆེན་རྡོ་རྗེར་གཟིགས།
རིན་ཆེན་རྡོ་རྗེ།							གཙུང་བཙུ་གཉིས་པ་རིན་ཆེན་རྡོ་རྗེར་གཟིགས།

རིན་ཆེན་ལྡན།							སྤྱན་སྔ་རིན་ཆེན་ལྡན་ལ་གཟིགས།
རིན་ཆེན་ནམ་མཁའ་རྡོ་རྗེ།							གཙང་པ་རིན་ཆེན་ནམ་མཁའ་རྡོ་རྗེར་གཟིགས།
རིན་ཆེན་རྣམ་རྒྱལ།							སྒྲ་ཚད་པ་རིན་ཆེན་རྣམ་རྒྱལ་ལ་གཟིགས།
རིན་ཆེན་རྣམ་རྒྱལ་ཆོས་ཀྱི་གྲགས་པ་རྒྱལ་མཚན།	༩	ས་ཡོས།	༡༥༡༩	༡༠	མེ་བྱི།	༡༥༧༤	
རིན་ཆེན་དཔལ།							སྐྱོབ་པ་འཇིག་རྟེན་མགོན་པོར་གཟིགས།
རིན་ཆེན་དཔལ།							ཧོར་རྒྱལ་རབས་དགུ་པ་རིན་ཆེན་དཔལ་ལ་གཟིགས།
རིན་ཆེན་བླམ་འཇམ་དབྱངས།	༨	མེ་སྤྲེལ།	༡༢༣༤	༥	ས་ཡོས།	༡༢༧༩	
རིན་ཆེན་ཕུན་ཚོགས།							འབྲི་གུང་རིན་ཆེན་ཕུན་ཚོགས་ཆོས་ཀྱི་རྒྱལ་པོར་གཟིགས།
རིན་ཆེན་ཕུན་ཚོགས།	༡༣	ཤིང་སྟག	༡༧༩༨				
རིན་ཆེན་འཕགས།							ཧོར་རྒྱལ་བདུན་པ་ར་ཁྲི་ཕག་ལ་གཟིགས།
རིན་ཆེན་བླམ་འཇམ་དབྱངས།	༨	མེ་སྤྲེལ།	༡༢༣༤	༥	ས་ཡོས།	༡༢༧༩	

རིན་ཆེན་འབྱུང་གནས།							ཀཱི་ཀཱི་ཞིག་པོ་འདུལ་གྲྭ་བ་རིན་ཆེན་འབྱུང་གནས་ལ་གཟིགས།
རིན་ཆེན་བརྩོན་འགྲུས།							སྨྲམ་པ་རིན་ཆེན་བརྩོན་འགྲུས་ལ་གཟིགས།
རིན་ཆེན་གཞོན་ནུ།							ཀཱི་ཀཱི་རིན་ཆེན་གཞོན་ནུར་གཟིགས།
རིན་ཆེན་གཞོན་ནུ།	༦	ཆུ་བྱ།	༡༣༣༣				
རིན་ཆེན་བཟང་པོ།							རྗོག་རིན་ཆེན་བཟང་པོར་གཟིགས།
རིན་ཆེན་བཟང་པོ།							ཞྭ་ལུ་ལོ་ཙྪ་བ་ཕྱིམ་རིན་ཆེན་བཟང་པོར་གཟིགས།
རིན་ཆེན་བཟང་པོ།							ར་ཧྲི་རྒྱ་སེང་སྟོན་པ་རིན་ཆེན་བཟང་པོར་གཟིགས།
རིན་ཆེན་བཟང་པོ།							ལོ་ཆེན་རིན་ཆེན་བཟང་པོར་གཟིགས།
རིན་ཆེན་འོད་ཟེར།	༨	ཆུ་བྱ།	༡༤༥༣	༩	ལྕགས་བྱི།	༡༥༤༠	
རིན་ཆེན་འོད་ཟེར།							གངས་པ་རིན་ཆེན་འོད་ཟེར་ལ་གཟིགས།
རིན་ཆེན་འོད་ཟེར།							དགའ་ལྡན་ཁྲི་རབས་བཅུ་བཞི་པ་རིན་ཆེན་འོད་ཟེར་ལ་གཟིགས།

442

རིན་ཆེན་ཡེ་ཤེས།							བཀའ་གདམས་པ་ཞིག
རིན་ཆེན་ཤེས་རབ།							རོག་ཞིག་པོ་རིན་ཆེན་ཤེས་རབ་ལ་གཟིགས།
རིན་ཆེན་ཤྲཱི་དཔལ།							
རིན་ཆེན་སེངྒེ།							གཾ་གཾ་ཁྲིམ་བཞེར་རིན་ཆེན་སེངྒེར་གཟིགས།
རིན་ཆེན་སེངྒེ།							གཾ་གཾ་རྫོ་སྲུས་རིན་ཆེན་སེངྒེར་གཟིགས།
རིན་ཆེན་སེངྒེ།							ཐོག་ཁབ་རིན་ཆེན་སེངྒེར་གཟིགས།
རིན་སྤྲིངས་བློ་བཟང་རྒྱ་མཚོ།							འོ་མཚོ་བྱེད་བློ་གྲོས་བརྟན་པར་གཟིགས།
རིན་པོ་ཆེ་གྲགས་པ་ཡེ་ཤེས།	༨	ལྕགས་བྱི།	༡༢༩༠	༥	ས་བྱི།	༡༢༨༨	
རིན་པོ་ཆེ་རྒྱལ་མཚོ།							ཁྲི་ཕྲུ་རྒྱལ་མཚར་གཟིགས།
རིན་པོ་ཆེ་རྒྱལ་བཟང་པ།							མཁན་ཆེན་རིན་པོ་ཆེ་རྒྱལ་བཟང་བར་གཟིགས།
རིན་པོ་ཆེ་གཉིས་མཚོད་པ།				༥	ལྕགས་ཁྱི།	༡༣༡༠	
རིན་པོ་ཆེ་རྡོར་རིན་པ།	༥	ས་སྟག	༡༢༧༨	༥	ཤིང་ཡོས།	༡༣༡༥	

རིན་སྤུངས་པ་ཀུན་ཏུ་བཟང་པོ།							དུས་རབས་༡༥པའི་དུས་སྟོད།
རིན་སྤུངས་པ་ངག་དབང་འཇིགས་མེད་གྲགས་པ།	༨	ཆུ་སྟག	༡༤༨༢				
རིན་སྤུངས་པ་ངག་དབང་རྣམ་རྒྱལ།							དུས་རབས་༡༥པའི་དུས་སྨད།
རིན་སྤུངས་པ་དོན་གྲུབ་རྡོ་རྗེ།							དུས་རབས་༡༥པའི་དུས་སྟོད།
རིན་སྤུངས་པ་དོན་གྲུབ་ཚེ་བརྟན་རྡོ་རྗེ།							དུས་རབས་༡༥པའི་དུས་སྨད།
རིན་སྤུངས་པ་དོན་ཡོད་རྡོ་རྗེ།	༨	ཆུ་ལུག	༡༤༦༣	༩	ཆུ་སྤྲེལ།	༡༥༡༢	
རིན་སྤུངས་པ་ནམ་མཁའ་རྒྱལ་པོ།							དུས་རབས་༡༣པའི་དུས་སྨད།
རིན་སྤུངས་པ་ནམ་མཁའ་རྒྱལ་མཚན།							དུས་རབས་༡༤པའི་དུས་དཀྱིལ།
རིན་སྤུངས་པ་ནམ་མཁའ་རྒྱལ་པོ།							རིན་སྤུངས་པ་ནམ་མཁའ་རྒྱལ་མཚན་གྱི་སྲས།
རིན་སྤུངས་པ་ནོར་བུ་བཟང་པོ།	༧	ཆུ་ལུག	༡༤༠༣				
རིན་སྤུངས་པ་མཚོ་སྐྱེས་རྡོ་རྗེ།	༨	ཆུ་རྟ།	༡༤༦༢	༩	ལྕགས་རྟ།	༡༥༡༠	
ཏཱ་ཐོག་པ་ཆེན་པོ།							དུས་རབས་༡༢པའི་དུས་དཀྱིལ།

དུ་ཡོང་བཟའ་སྟོང་རྒྱལ་མཚོ།							བོད་རྒྱལ་ཁྲི་ཐོག་རྗེ་བཙན་གྱི་བཙུན་མོ།
དུ་ཡོང་བཟའ་མདོ་རྒྱལ།							མུ་ནེ་བཙན་པོའི་བཙུན་མོ།
དུ་ལས་སྐྱེས།							སྤུ་དེ་གུང་རྒྱལ་གྱི་མཛངས་བློན།
དུས་པའི་རྒྱན་མཚན།							གཙང་སྨྱོན་ཧེ་རུ་ཀཿསངས་རྒྱས་རྒྱལ་མཚན་ལ་གཟིགས
རེད་མདའ་བ་གཞོན་ནུ་བློ་གྲོས།	༦	ས་གླང་།	༡༣༤༩	༧	ཆུ་འབྲུག	༡༤༡༢	
རེབ་ཀོང་འཇིགས་མེད་དམ་ཆོས་རྒྱ་མཚོ།	༡༥	ས་ཁྱི།	༡༨༩༨				
རེབ་ཙ་བཀའ་འགྱུར་བ་ངག་དབང་བློ་བཟང་ཉི་མ།	༡༢	ས་སྟག	༡༦༩༨	༡༣	ས་ཁྱི།	༡༧༧༨	
རེའུ་སྨལ།							དུས་རབས་༡༣ པའི་དུས་སྨད།
རོ་སྐམ་ཉི་མ་ཤེས་རབ།	༢	ས་ལུག	༡༡༣༩	༤	ས་འབྲུག	༡༢༠༨	
རོག་བཀྲ་གྲགས།							རོག་བཀྲ་ཤིས་གྲགས་ལ་གཟིགས།
རོག་ཆོས་དབང་།							བྱ་འདུལ་འཛིན་གྱི་དཔོན་པོ། རབ་བྱུང་གསུམ་པའི་ས་བྱི་ ༡༡༦༨ ལོར་ཟླ་ཕུའི་གདན་ས་མཛད།

རོག་སྟོན་དཀོན་མཆོག་སྐྱབས།							དུས་རབས་༡༡པའི་དུས་དཀྱིལ།
རོག་བན་ཤེས་རབ་འོད།	༣	མེ་བྱི།	༡༡༦༦	༤	ཤིང་འབྲུག	༡༢༤༤	
རོག་ཞིག་པོ་ཤེས་རབ་རིན་ཆེན།	༣	ལྕགས་ཡོས།	༡༡༧༡	༤	ཤིང་སྦྲུལ།	༡༢༤༥	རོག་ཤེར་འོད་ཀྱི་གཅུང་པོ།
རོག་ཤེས་རབ་རྒྱ་མཚོ།	༡	ས་ཕག	༡༠༥༩	༢	ལྕགས་ཕག	༡༡༣༡	
རོག་ཤེས་རབ་བླ་མ།							རྗོག་ཤེས་རབ་བླ་མར་གཟིགས།
རོང་ཁམས་ཞབས་དྲུང་ཆོས་ཀྱི་རྒྱ་མཚོ།	༡༡	ཤིང་སྦྲུལ།	༡༦༦༥	༡༢	ཆུ་བྱི།	༡༧༣༢	
རོང་ཀན་དགེ་འདུན་མཁྱེན་རབ།	༡༢	མེ་འབྲུག	༡༧༣༦				
རོང་ཀན་བསྟན་པ་དར་རྒྱས།			༡༩༤༣	༡༢	ཆུ་གླང་།	༡༧༣༣	
རོང་ཆེན་ལྡུགས་ནག་པ་དགེ་འདུན་རྒྱལ་མཚན།	༦	ཤིང་སྟག	༡༣༧༤	༨	ལྕགས་རྟ།	༡༤༥༠	
རོང་སྟོན་པདྨ་བདེ་ཆེན་གླིང་པ།	༡༡	ཆུ་ཡོས།	༡༦༦༣				
རོང་སྟོན་སྨྲ་བའི་སེང་གེ །							རོང་སྟོན་ཤཱཀྱ་རྒྱལ་མཚན་ལ་གཟིགས།
རོང་སྟོན་ཤཱཀྱ་རྒྱལ་མཚན།	༦	མེ་ལུག	༡༣༦༧	༨	ས་སྦྲུལ།	༡༤༤༩	

རོང་སྟོན་ཤེས་བྱ་ཀུན་རིག							རོང་སྟོན་ཤཱཀྱ་རྒྱལ་མཚན་ལ་གཟིགས།
རོང་ཐ་བློ་བཟང་ཆོས་འབྱོར་ལྷུན་གྲུབ།	༡༤	མེ་སྦྲུལ།	༡༨༥༧	༡༥	ལྕགས་གླང་།	༡༩༠༡	
རོང་ཐ་བློ་བཟང་དམ་ཆོས་རྒྱ་མཚོ།	༡༤	ཤིང་གླང་།	༡༨༦༥				
རོང་པ་སྨྲ་ལོ་རྣམ་རྒྱལ་རྡོ་རྗེ།							སྨྲ་ལོ་རྣམ་རྒྱལ་རྡོ་རྗེར་གཟིགས།
རོང་པ་རྡོ་རྗེ་རྒྱལ་མཚན།	༥	ཆུ་ལུག	༡༢༨༣	༥	ཤིང་གླང་།	༡༣༢༥	
རོང་པ་ཤེས་རབ་སེང་གེ།	༤	ལྕགས་ཕག	༡༢༥༡	༥	ཤིང་ཡོས།	༡༣༡༥	
རོང་པོ་སྐལ་ལྡན་རྒྱ་མཚོ།	༡༠	མེ་ལུག	༡༦༠༧	༡༡	ས་རྟ།	༡༦༧༨	
༼རོང་པོ་སྐུ་ཕྲེང་རིམ་བྱོན།༽							རེབ་གོང་ཚ་རྒྱལ་ཐར་པ་གླིང་གི་དགོན་བདག་ཡིན།
༡༽ རོང་པོ་རྒྱལ་རོང་པ་བསྟན་པ་དར་རྒྱས།	༡༢	མེ་བྱི།	༡༦༩༦				
༢༽ རོང་པོ་བློ་བཟང་བསྟན་པ་དར་རྒྱས།							
༣༽ རོང་པོ་དགེ་འདུན་མཁྱེན་རབ།	༡༢	མེ་འབྲུག	༡༧༣༦				
༤༽ རོང་པོ་བློ་བཟང་མཁྱེན་རབ་དཔལ་ལྡན།	༡༤	མེ་བྱི།	༡༨༡༦				

༥༽རོང་པོ་མཁྱེན་རབ་བསྟན་འཛིན་དར་རྒྱས།							
༦༽རོང་པོ་དགེ་འདུན་ལུང་རྟོགས་རྒྱ་མཚོ།	༡༥	ལྕགས་ཁྱི།	༡༩༡༠				
༧༽རོང་པོ་དགེ་འདུན་དར་རྒྱས་རྒྱ་མཚོ།	༡༦	ཆུ་རྟ།	༡༩༤༢				
རོང་པོ་སྐལ་ལྡན་རྒྱ་མཚོའི་སྤྲུལ་སྐུ་ངག་དབང་ཕྲིན་ལས་རྒྱ་མཚོ།	༡༡	ས་རྟ།	༡༦༧༨				
རོང་པོ་ཁྲི་ཀན་དགེ་འདུན་མཁྱེན་རབ།	༡༢	མེ་འབྲུག	༡༧༣༦	༡༤	ཤིང་ཕག	༡༨༡༥	
རོང་པོ་ཁྲི་ཆེན་བློ་བཟང་བསྟན་པ་རབ་རྒྱས།				༡༢	ཆུ་གླང་།	༡༧༣༣	
རོང་པོ་མཁན་ཆེན་བློ་བཟང་ལུང་རྟོགས་ཆོས་ཀྱི་རྒྱ་མཚོ།	༡༥	ལྕགས་འབྲུག	༡༨༨༠				
རོང་པོ་རྒྱལ་སྤྲུལ་སྐུ་དགེ་འདུན་བསྟན་པའི་ཉི་མ།	༡༣	ས་སྟག	༡༧༥༨	༡༤	ལྕགས་འབྲུག	༡༨༢༠	དགུང་ལོ་༦༣་བཞུགས།
རོང་པོ་རྒྱལ་མཁན་ཆེན་བློ་བཟང་ཉི་མ།				༡༣	མེ་གླང་།	༡༧༥༧	
རོང་པོ་དྷ་ཀོ་ཁྲི་བློ་གྲོས་སེང་གེ།							རབ་བྱུང་བདུན་པའི་ནང་གི་མི།
རོང་པོ་རྡོར་རྒྱན།	༥	ཆུ་ལུག	༡༢༨༣	༥	ཤིང་གླང་།	༡༣༢༥	བུ་སྟོན་གྱི་སླམ།

རོང་པོ་འཕྲུལ་གྱི་ལྡེ་བཙན།							སྲོང་བཙན་གྱི་ཕྱི་བློན་དྲུག་གི་གྲས།
རོང་པོ་བླམ་བསམ་གྲུབ་རིན་ཆེན།				༡༠	མེ་རྟ།	༡༥༠༦	
རོང་པོ་མཚན་སྐྲོགས་ངག་དབང་འཇམ་དཔལ་བསྟན་པ་རབ་རྒྱས།	༡༣	ལྕགས་གླང་།	༡༧༨༡	༡༩	ཤིང་རྟ།	༡༨༣༩	
རོང་པོ་ཡབ་རྗེ་གསེར་ཁང་པ།							ཡབ་རྗེ་གསེར་ཁང་པར་གཟིགས།
༼རོང་པོ་དགོན་ཆེན་བྲ་ཚང་ཐོས་བསམ་རྣམ་རྒྱལ་གླིང་གི་གདན་རབས་རིམ་བྱོན།༽	༡༠ ནས་འགོ་ཚུགས།						
༡༽གྲུ་ཆེན་ཤར་སྐལ་ལྡན་རྒྱ་མཚོ།							རོང་པོ་སྐལ་ལྡན་རྒྱ་མཚོར་གཟིགས།
༢༽བློན་བློ་བཟང་ཆོས་གྲགས།							
༣༽གཡུ་ཇོག་བསམ་གཏན་རྒྱ་མཚོ།							གཡུ་ཇོག་བསམ་གཏན་ལ་གཟིགས།
༤༽རོང་པོ་ཁྲི་ཆེན་བློ་བཟང་ཆོས་བསྟན་པ་རབ་རྒྱས།							
༥༽ཤར་སྐལ་ལྡན་ངག་དབང་ཕྲིན་ལས་རྒྱ་མཚོ།							རོང་པོ་སྐལ་ལྡན་རྒྱ་མཚོའི་སྤྲུལ་སྐུ་ངག་དབང་ཕྲིན་ལས་རྒྱ་མཚོ་ལ་གཟིགས།

༦༽ མཁན་རབས་དྲུག་པ་མ་ཏི་ཤེས་རབ།	༡༡	མེ་ཕག	༡༦༤༧	༡༢	མེ་སྦྲུལ།	༡༧༡༦	དགུང་ལོ་༧༠ བཞུགས།
༧༽ རོང་པོ་ཁྲི་ཆེན་བློ་བཟང་བསྟན་པ་རབ་རྒྱས།							
༨༽ རྫོང་ཆུང་མ་ཏི་བསྟན་འཛིན་ཕྲིན་ལས་རབ་རྒྱས།							རྫོང་ཆུང་མ་ཏི་བསྟན་འཛིན་ཕྲིན་ལས་རབ་རྒྱས་ལ་གཟིགས།
༩༽ མཁན་ཆེན་དགེ་འདུན་རྒྱ་མཚོ།							མཁན་ཆེན་དགེ་འདུན་རྒྱ་མཚོ་ལ་གཟིགས།
༡༠༽ རྒྱལ་མཁན་བློ་བཟང་ཉི་མ།							
༡༡༽ འཚོ་འདུ་བློ་བཟང་ཕྲིན་ལས།							རོང་པོ་མཁན་རབས་ ༡༡ པར་གྲགས།
༡༢༽ མཁན་ཆེན་དགེ་འདུན་རྒྱ་མཚོ།							མཁན་ཆེན་དགེ་འདུན་རྒྱ་མཚོ་ལ་གཟིགས།
༡༣༽ དགེ་འདུན་ཕྲིན་ལས་རབ་རྒྱས།							རོང་པོ་སྐལ་ལྡན་སྐུ་ཕྲེང་གསུམ་པར་གཟིགས།
༡༤༽ སྤྱང་ལུང་དགེ་འདུན་བསྟན་འཛིན།							སྤྱང་ལུང་དགེ་འདུན་བསྟན་འཛིན་ལ་གཟིགས།
༡༥༽ བསེ་སྤྲུལ་ངག་དབང་འཇམ་དབྱངས་བཀྲ་ཤིས།							བསེ་ངག་དབང་བཀྲ་ཤིས་ལ་གཟིགས།
༡༦༽ རོང་པོ་རྒྱལ་མཁན་སྤྲུལ་དགེ་འདུན་བསྟན་པའི་ཉི་མ།							རོང་པོ་ རྒྱལ་ མཁན་ སྤྲུལ་ དགེ་ འདུན་ བསྟན་ པའི་ ཉི་ མ་ ལ་ གཟིགས།

༡༧༽ རོང་པོ་ཁྲི་རྒན་དགེ་འདུན་མཁྱེན་རབ།							རོང་པོ་ཁྲི་རྒན་དགེ་འདུན་མཁྱེན་རབ་ལ་གཟིགས།
༡༨༽ བྱང་རྩེ་མཁན་པོ་བློ་བཟང་ཕྲིན་ལས།							བྱང་རྩེ་བློ་བཟང་ཕྲིན་ལས་ལ་གཟིགས།
༡༩༽ མཁན་ཆེན་སྐྱ་ཕྲེང་བཞི་པ་དོན་ཡོད་རྒྱ་མཚོ།							ངག་གི་དབང་ཕྱུག་དོན་ཡོད་རྒྱ་མཚོ་ལ་གཟིགས།
༢༠༽ རོང་རྒྱལ་མཁན་སྤྲུལ་བསྟན་པའི་ཉི་མ།							རོང་པོ་ རྒྱལ་ མཁན་ སྤྲུལ་ དགེ་ འདུན་ བསྟན་ པའི་ ཉི་ མ་ ལ་ གཟིགས།
༢༡༽ རོང་པོ་ནང་སོ་དགེ་འདུན་མཁས་མཆོག							
༢༢༽ ཕིས་པ་ངག་དབང་མི་ཕམ་ཟླ་བ།	༡༢	མེ་སྤྲེལ།	༡༧༡༦		ས་འབྲུག	༡༨༠༨	དགུང་ལོ་༩༡བཞུགས།
༢༣༽ བྲག་དཀར་སྟགས་རམས་པའི་སྤྲུལ་སྐུ་བློ་བཟང་བསྟན་པ་རྒྱལ་མཚན།	༡༢	ལྕགས་ཁྱི།	༡༧༣༠	༡༣	ཆུ་གླང་།	༡༧༩༢	དགུང་ལོ་༦༣བཞུགས།
༢༤༽ སྨན་འཚོང་བདེ་ཆེན་བློ་བཟང་བསྟན་འཛིན།	༡༣	མེ་གླང་།	༡༧༥༧				
༢༥༽ བྱང་རྩེ་སྤྲུལ་སྐུ་འཇམ་དབྱངས་དགེ་འདུན།							
༢༦༽ མཚན་སྨོགས་སྤྲུལ་སྐུ་ངག་དབང་འཇམ་དཔལ་བསྟན་པ་རབ་རྒྱས།							

༢༧༽ཁྲི་སྤྲུལ་བློ་བཟང་རྒྱལ་མཚན་སེང་གེ	༡༣	མེ་སྦྲུང་།	༡༧༥༧				
༢༨༽ཞིང་བཟའ་བློ་བཟང་དར་རྒྱས་རྒྱ་མཚོ།							ཞིང་བཟའ་བློ་བཟང་དར་རྒྱས་རྒྱ་མཚོ་ལ་གཟིགས།
༢༩༽དགེ་འདུན་འཇིགས་མེད་རྣམ་རྒྱལ།							དགེ་འདུན་འཇིགས་མེད་རྣམ་རྒྱལ་ལ་གཟིགས།
༣༠༽དགེ་འདུན་བསམ་གྲུབ་རྒྱ་མཚོ།							
༣༡༽ – ༣༢༽རྗོང་དཀར་པཎྜི་ཏ་འཇིགས་མེད་ལུང་རིགས་རྒྱ་མཚོ།							རྗོང་དཀར་འཇིགས་མེད་ལུང་རིགས་རྒྱ་མཚོར་གཟིགས།
༣༣༽འདན་སྤྲུལ་བློ་བཟང་མཁས་མཆོག	༡༣	ས་བྱ།	༡༧༨༩	༡༩	ལྕགས་སྤྲེལ།	༡༨༤༠	དགུང་ལོ་༧༡བཞུགས།
༣༤༽གཡེར་གཤོང་སྤྲུལ་སྐུ་ངག་དབང་དགེ་འདུན་རྒྱལ་མཚན།							
༣༥༽མེ་རྒན་ཆོས་རྗེ་སྤྲུལ་སྐུ་ངག་དབང་དོན་ཡོད།							
༣༦༽ཕིས་པ་སྤྲུལ་སྐུ་དོན་ཡོད་བསྟན་པའི་རྒྱལ་མཚན།							
༣༧༽ནང་སོ་སྐུ་སྐྱེ་ཡང་སྤྲུལ་དགེ་འདུན་དོན་ཡོད།							
༣༨༽ཀ་སར་ལྷ་རམས་དཀོན་མཆོག་ཕྲིན་ལས།							

༣༩༽ བློ་བཟང་ཐོགས་མེད་རྒྱ་མཚོ།							
༤༠༽ བསེ་སྤྲུལ་བློ་བཟང་བཀྲ་ཤིས་རབ་རྒྱས།							བསེ་བློ་བཟང་བཀྲ་ཤིས་རབ་རྒྱས་ལ་གཟིགས།
༤༡༽ མཚན་སྒྲོགས་སྤྲུལ་སྐུ་ཐུབ་བསྟན་ནོར་བུ།							
༤༢༽ མཁན་ཆེན་བློ་བཟང་དཔལ་ལྡན་རྒྱ་མཚོ།							གཡུ་ཐོག་བློ་བཟང་དཔལ་ལྡན་རྒྱ་མཚོ་ལ་གཟིགས།
༤༣༽ རྒྱལ་མཁན་དགེ་ལེགས་ཐུབ་བསྟན་རྒྱ་མཚོ།							
༤༤༽ སྨན་འཚོང་སྤྲུལ་སྐུ་བློ་བཟང་དཔལ་ལྡན།							
༤༥༽ ཁ་སོ་བློ་བཟང་བསྟན་པ་རྒྱ་མཚོ།							
༤༦༽							
༤༧༽ ཤིང་བཟའ་པཎྜི་ཏ་བློ་བཟང་བསྟན་པའི་དབང་ཕྱུག							ཤིང་བཟའ་བློ་བཟང་བསྟན་པའི་དབང་ཕྱུག་ལ་གཟིགས།
༤༨༽ གཡུ་ཐོག་དཀོན་མཆོག་རྒྱལ་མཚན།							
༤༩༽ མཁན་ཆེན་བློ་བཟང་དཔལ་ལྡན་རྒྱ་མཚོ།							གཡུ་ཐོག་དཔལ་ལྡན་རྒྱ་མཚོར་གཟིགས།
༥༠༽ སྟེག་གེ་སྤྲུལ་སྐུ་བློ་བཟང་བསྟན་འཛིན་རྒྱ་མཚོ།							

༥༡༽ རྫོང་ཆུང་འཇིགས་མེད་བསྟན་པའི་རྒྱལ་མཚན།							རྫོང་ཆུང་འཇིགས་མེད་བསྟན་པའི་རྒྱལ་མཚན་ལ་གཟིགས།
༥༢༽ བྱང་རྩེ་སྤྲུལ་སྐུ་བློ་བཟང་དགེ་ལེགས་རྒྱ་མཚོ།							
༥༣༽ བདེ་ཆེན་སྙོ་བྲག་པ་བློ་བཟང་ཆོས་འཕེལ་རྒྱ་མཚོ།							བདེ་ཆེན་སྙོ་བྲག་པ་བློ་བཟང་ཆོས་འཕེལ་རྒྱ་མཚོ་ལ་གཟིགས།
༥༤༽ དྲུང་ཡིག་ཆེ་ཚང་སྤྲུལ་སྐུ་དགེ་འདུན་ཕྲིན་ལས་རྒྱ་མཚོ།							
༥༥༽ ལྕང་ལུང་འཛམ་དབྱངས་ཐུབ་བསྟན་རྒྱ་མཚོ།							ལྕང་ལུང་ ཁྲི་ ཆེན་ རིན་ པོ་ ཆེའཛམ་ དབྱངས་ ཐུབ་ བསྟན་ རྒྱ་ མཚོར་གཟིགས།
༥༦༽ བིས་སྤྲུལ་བློ་བཟང་དོན་ཡོད་རྒྱ་མཚོ།	༡༩	ཆུ་ཕག	༡༨༦༣				
༥༧༽ འདན་སྤྲུལ་བློ་བཟང་བསྟན་འཛིན་རྒྱ་མཚོ།	༡༩	ལྕགས་སྤྲེལ།	༡༨༦༠				
༥༨༽ བློ་བཟང་སྐལ་ལྡན་བསྟན་པའི་རྒྱལ་མཚན།	༡༩	ས་ལུག	༡༨༥༩	༡༥	ཞིང་ཡོས།	༡༩༡༥	དགུང་ལོ་༥༧བཞུགས།
༥༩༽ ནང་སོ་བློ་བཟང་མཁས་མཆོག							
༦༠༽ ཨ་རོལ་བློ་བཟང་ལུང་རྟོགས་བསྟན་པའི་རྒྱལ་མཚན།							ཨ་རོལ་བློ་བཟང་ལུང་རྟོགས་བསྟན་པའི་རྒྱལ་མཚན་ལ་གཟིགས།

༦༡༽ སྔགས་དམར་སྤྲུལ་སྐུ་བློ་བཟང་བསྟན་འཛིན་རྒྱ་མཚོ།								
༦༢༽ བསེ་བློ་བཟང་བཀྲ་ཤིས་ཕྲིན་ལས་རྒྱ་མཚོ།								བསེ་བློ་བཟང་བཀྲ་ཤིས་ཕྲིན་ལས་རྒྱ་མཚོ་ལ་གཟིགས།
༦༣༽ རྫོང་དཀར་ཚེ་བ་བློ་བཟང་ཆོས་འཕེལ་རྒྱ་མཚོ།								རྫོང་དཀར་མ་ཧེ་བློ་བཟང་ཆོས་འཕེལ་རྒྱ་མཚོ་ལ་གཟིགས།
༦༤༽ སྟག་ལུང་གྲུབ་སྤྲུལ་ངག་དབང་ཆོས་ཀྱི་རྒྱ་མཚོ།								
༦༥༽ སྨན་འཚོང་བཞི་པ་བློ་བཟང་ཚུལ་ཁྲིམས་རྒྱ་མཚོ།								
༦༦༽ རོང་དགོན་འཇིགས་མེད་ཐུབ་བསྟན་རྒྱ་མཚོ།								རོང་དགོན་འཇིགས་མེད་ཐུབ་བསྟན་རྒྱ་མཚོ་ལ་གཟིགས།
༦༧༽ སྐལ་ལྡན་བློ་བཟང་ཕྲིན་ལས་ལུང་རྟོགས་རྒྱ་མཚོ།								ཤར་སྐལ་ལྡན་ བློ་ བཟང་ ཕྲིན་ ལས་ ལུང་ རྟོགས་ རྒྱ་ མཚོ་ ལ་ གཟིགས།
༦༨༽ རྒྱལ་མཁན་སྤྲུལ་བློ་བཟང་བསྟན་པའི་ཉི་མ།								
༦༩༽ གཡུ་རྫོག་ཆོས་རྗེ་བློ་བཟང་བསྟན་འཛིན་རྒྱ་མཚོ།								
༧༠༽ རོང་པོ་མཁན་ཆེན་བློ་བཟང་ལུང་རྟོགས་ཆོས་ཀྱི་རྒྱ་མཚོ།								རོང་པོ་མཁན་ཆེན་བློ་བཟང་ལུང་རྟོགས་ཆོས་ཀྱི་རྒྱ་མཚོ་ལ་གཟིགས།

༧༡༽ ཐེག་མོ་སྤྲུལ་སྐུ་བློ་བཟང་བསྟན་འཛིན་རྒྱ་མཚོ།							
༧༢༽ དར་གྲོང་གྲུབ་སྤྲུལ་བློ་བཟང་ཆོས་འགྱུར་རྒྱ་མཚོ།							
༧༣༽/༧༦༽ རྫོང་ཚུང་ འཇིགས་ མེད་ མཁས་ བཙུན་ ལུང་ རིགས་རྒྱ་མཚོ།							རྫོང་ཚུང་འཇིགས་མེད་མཁས་བཙུན་ལུང་རིགས་རྒྱ་མཚོ་ལ་གཟིགས།
༧༤༽ རོང་དཔོན་འཇིགས་མེད་ཕྲིན་ལས་ལྷུན་གྲུབ།							རོང་དཔོན་འཇིགས་མེད་ཕྲིན་ལས་ལྷུན་གྲུབ་ལ་གཟིགས།
༧༥༽ བྱང་རྩེ་མཁན་སྤྲུལ་འཇམ་དབྱངས་མཁན་བཙུན་རྒྱ་མཚོ།							
༧༧༽ ཁ་སོ་བློ་བཟང་འཇིགས་མེད་ཕྲིན་ལས།							ཁ་སོ་བློ་བཟང་འཇིགས་མེད་ཕྲིན་ལས་ལ་གཟིགས།
༧༨༽ རོང་ཀན་དགེ་འདུན་དར་རྒྱས་རྒྱ་མཚོ།	༡༦	ཆུ་རྟ།	༡༨༤༣				
༼རོང་པོ་ཤར་ཚང་སྐུ་ཕྲེང་རིམ་བྱོན།༽							
ཤར་ཚང་སྐུ་ཕྲེང་དང་པོ་སྐལ་ལྡན་རྒྱ་མཚོ།	༡༠	མེ་ལུག	༡༦༠༧	༡༡	མེ་སྤྲེལ།	༡༦༧༧	
ཤར་ཚང་སྐུ་ཕྲེང་གཉིས་པ་སྐལ་ལྡན་ངག་དབང་ཕྲིན་ལས་རྒྱ་མཚོ།	༡༡	ས་རྟ།		༡༢	ས་ལུག	༡༧༣༨	

ཞར་ཚང་སྐུ་ཕྲེང་གསུམ་པ་སྐལ་ལྡན་དགེ་འདུན་རབ་རྒྱས།	༡༢	ལྕགས་ཁྱི།	༡༧༤༠	༡༣	ཤིང་སྟག	༡༧༩༨	
ཞར་ཚང་སྐུ་ཕྲེང་བཞི་པ་སྐལ་ལྡན་བློ་བཟང་ཆོས་གྲགས་རྒྱ་མཚོ།	༡༣	ཤིང་ཡོས།	༡༧༩༥	༡༤	ཆུ་ཡོས།	༡༨༤༣	
ཞར་ཚང་སྐུ་ཕྲེང་ལྔ་པ་སྐལ་ལྡན་བློ་བཟང་ཕྲིན་ལས་རྒྱ་མཚོ།	༡༤	ཤིང་འབྲུག	༡༨༤༤	༡༤	ས་རྟ།	༡༨༥༨	
ཞར་ཚང་སྐུ་ཕྲེང་དྲུག་པ་སྐལ་ལྡན་བློ་བཟང་བསྟན་པའི་རྒྱལ་མཚན།	༡༤	ས་ལུག	༡༨༥༩	༡༥	ཤིང་ཡོས།	༡༩༡༥	
ཞར་ཚང་སྐུ་ཕྲེང་བདུན་པ་སྐལ་ལྡན་བློ་བཟང་ཕྲིན་ལས་ལུང་རྟོགས་རྒྱ་མཚོ།	༡༥	མེ་འབྲུག	༡༩༡༦	༡༦	ས་རྟ།	༡༩༧༨	
རོང་པོ་བསམ་གཏན་རིན་ཆེན།				༦	ཆུ་ཡོས།	༡༣༦༣	ཆོས་རྗེ་དོན་གྲུབ་རིན་ཆེན་གྱི་དངོས་སློབ། རོང་པོ་དགོན་པ་འདེབས་མཁན།
རོང་པོའི་གྲུབ་ཆེན་ཆོས་པ་རིན་པོ་ཆེ།	༡༠	ལྕགས་སྦྲུལ།	༡༥༨༡				
རོང་པོའི་བླ་མ་བསམ་གྲུབ་རིན་ཆེན།				༡༠	མེ་རྟ།	༡༦༠༦	
རོང་པོ་པཎྜི་ཏ།							རོང་པོ་ཞར་ཚང་སྐུ་ཕྲེང་གསུམ་པར་གཟིགས།

༼རོང་དགོན་འཇིགས་མེད་སྐུ་ཕྲེང་རིམ་བྱོན།༽	༡༣ ནས་འགོ་ཚུགས།						མདོ་སྨད་རྩེ་ཁོག་རྫོང་ཁོངས་ཡིན།
༡༽ རོང་དགོན་འཇིགས་མེད་རྣམ་རྒྱལ།	༡༣	ཤིང་སྦྲུལ།	༡༧༨༥		ཤིང་སྦྲུལ།	༡༨༤༣	དགུང་ལོ་༥༩་བཞུགས། དགེ་འདུན་འཇིགས་མེད་རྣམ་རྒྱལ་ཡང་ཞུ།
༢༽ རོང་དགོན་འཇིགས་མེད་བློ་བཟང་ཐུབ་བསྟན་རྒྱ་མཚོ།	༡༤	ཤིང་འབྲུག	༡༨༤༤		ཤིང་རྟ།	༡༨༩༤	དགུང་ལོ་༥༡་བཞུགས།
༣༽ རོང་དགོན་འཇིགས་མེད་ཐུབ་བསྟན་རྒྱ་མཚོ།	༡༥	ཤིང་ལུག	༡༨༩༥		མེ་བྱི།	༡༩༣༦	དགུང་ལོ་༤༡་བཞུགས།
༤༽ རོང་དགོན་འཇིགས་མེད་ཕྲིན་ལས་ལྷུན་གྲུབ།	༡༦	མེ་གླང་།	༡༩༣༧				
རོང་ཟོམ་པཎྜི་ཏ་ཆོས་ཀྱི་བཟང་པོ།	༡	ལྕགས་འབྲུག	༡༠༤༠	༣	ས་ཡོས།	༡༡༥༩	དགུང་ལོ་༡༡༩་བཞུགས།
རོལ་པའི་རྡོ་རྗེ།							ལྕང་སྐྱ་སྐུ་ཕྲེང་གསུམ་པ་རོལ་པའི་རྡོ་རྗེར་གཟིགས།
༼ར་སྒྲེང་སྐུ་ཕྲེང་རིམ་བྱོན།༽							
ར་སྒྲེང་སྐུ་ཕྲེང་དང་པོ་ཞང་ཞུང་ཆོས་དབང་གྲགས་པ།	༥	མེ་སྟག	༡༣༢༦	༧	ཤིང་བྱི།	༡༣༩༤	
ར་སྒྲེང་སྐུ་ཕྲེང་གཉིས་པ་བསོད་ནམས་རྣམ་རྒྱལ།							དགུང་གྲངས་སོ་དྲུག་བཞུགས།
ར་སྒྲེང་སྐུ་ཕྲེང་གསུམ་པ་ཀུན་དགའ་རྒྱལ་མཚན།							དགུང་གྲངས་ང་གཅིག་བཞུགས།

ཞྭ་སྒྲིང་སྤྲུལ་སྐྱིད་བཞི་པ་དཀོན་མཆོག་ཆོས་འཕེལ།				༡༡	མེ་བྱི།	༡༦༩༦	
ཞྭ་སྒྲིང་སྤྲུལ་སྐྱིད་ལྔ་པ་རིག་འཛིན་འཇིགས་མེད་རྡོ་རྗེ།							དགུང་གྲངས་རེ་དགུ་བཞུགས།
ཞྭ་སྒྲིང་སྤྲུལ་སྐྱིད་དྲུག་པ་ངག་དབང་མཆོག་ལྡན།							དགའ་ལྡན་ཁྲི་རབས་ང་བཞི་པར་གཟིགས།
ཞྭ་སྒྲིང་སྤྲུལ་སྐྱིད་བདུན་པ་							དགུང་ལོ་བདུན་ལ་འདས།
ཞྭ་སྒྲིང་སྤྲུལ་སྐྱིད་བརྒྱད་པ་བློ་བཟང་ཡེ་ཤེས་བསྟན་པ་རབ་རྒྱས།	༡༣	ས་ཡོས།	༡༧༥༩	༡༩	མེ་བྱི།	༡༨༡༦	
ཞྭ་སྒྲིང་ སྤྲུལ་ སྐྱིད་ དགུ་ པ་ ངག་ དབང་ ཡེ་ ཤེས་ ཚུལ་ ཁྲིམས་ རྒྱལ་ མཚན།	༡༩	མེ་བྱི།	༡༨༡༦	༡༩	ཆུ་ཕག	༡༨༦༣	
ཞྭ་སྒྲིང་སྤྲུལ་སྐྱིད་བཅུ་པ་ངག་དབང་བློ་བཟང་ཡེ་ཤེས་བསྟན་པ་རྒྱལ་མཚན།				༡༥	ས་སྤྲེལ།	༡༩༠༨	
ཞྭ་སྒྲིང་སྤྲུལ་སྐྱིད་བཅུ་གཅིག་པ་ཐུབ་བསྟན་འཇམ་དཔལ་ཡེ་ཤེས་བསྟན་པའི་རྒྱལ་མཚན།	༡༥	ཆུ་བྱི།	༡༩༡༢	༡༦	མེ་ཕག	༡༩༤༧	
ཞྭ་སྒྲིང་སྤྲུལ་སྐྱིད་བཅུ་གཉིས་པ་བསྟན་འཛིན་འཇིགས་མེད།	༡༦	ཤིང་བྱི།	༡༩༢༤				

རྭ་སྒྲིང་པ་བྱང་སེམས་ཤཱཀྱ་བསོད་ནམས།	༦	མེ་བྱ།	༡༣༥༧	༧	ཆུ་ཁྱི།	༡༤༤༢	
རྭ་ཆོས་རབ།							དུས་རབས་༡༡པའི་དུས་དཀྱིལ།
རྭ་ཡེ་ཤེས་སེང་གེ།							
རྭ་ལོ་སྤྲུལ་སྐུ་བློ་བཟང་བསམ་གྲུབ།				༡༢	ས་བྱི།	༡༧༠༨	
རྭ་ལོ་ཙཱ་བ་རྡོ་རྗེ་གྲགས།		མེ་འབྲུག	༡༠༡༦	༢	ས་སྦྲུལ།	༡༡༢༨	
རྭ་བསོད་ནམས་དབང་རྒྱལ།	༡༢	མེ་རྟ།	༡༧༢༦	༡༣	ཆུ་གླང་།	༡༧༩༣	
རླངས་དཔལ་གྱི་སེང་གེ།							རྗེ་འབངས་ཉེར་ལྔའི་གྲས།
རླངས་བློན་ཁྲི་སུམ་རྗེ་སྟག་སྣ།							ཁྲི་ལྡེ་སྲོང་བཙན་གྱི་བློན་ཆེན།
རླངས་བློན་གསས་སླེབས།							ཁྲི་ལྡེ་སྲོང་བཙན་གྱི་ཕྱི་བློན།
རླངས་བློན་བསམ་སྐྱེས།							ཁྲི་ལྡེ་སྲོང་བཙན་གྱི་ནང་བློན།
རླངས་ཨ་མེས་བྱང་ཆུབ་འདྲེ་ཁོལ།							ནམ་འཁྲུངས་མི་གསལ། ཀེ་སར་གྱི་བླ་མ་ཡིན། རབ་བྱུང་དང་པོའི་ནང་བཞུགས་ཡོད།

མཚན་བྱང་།	འཁྲུངས་ལོ།			འདས་ལོ།			ཞར་བྱུང་།
	རབ་བྱུང་།	ལོ་ཁམས།	སྤྱི་ལོ།	རབ་བྱུང་།	ལོ་ཁམས།	སྤྱི་ལོ།	གསལ་བཤད།
ལ།༽							
ལ་ཕྱི་ཀུན་བཟང་ཆོས་ཀྱི་རྒྱ་མཚོ།							དུས་རབས་བཅུ་དགུ་པའི་དུས་སྨད་དུ་འཁྲུངས།
༼ལ་མོ་སྐུ་ཕྲེང་རིམ་བྱོན།༽							
ལ་མོ་སྐུ་ཕྲེང་དང་པོ་ཚོགས་གཉིས་རྒྱ་མཚོ།							
ལ་མོ་སྐུ་ཕྲེང་གཉིས་པ་བློ་གྲོས་རྒྱ་མཚོ།	༡༠	ལྕགས་ཁྱི།	༡༦༡༠	༡༡	ས་ཕག	༡༦༥༩	རབ་བྱུང་བཅུ་གཅིག་པའི་མེ་ཁྱི་༡༦༤༦ལོར་རྨ་མགུར་བཏབ།
ལ་མོ་སྐུ་ཕྲེང་གསུམ་པ་ངག་དབང་བློ་བཟང་བསྟན་པའི་རྒྱལ་མཚན།	༡༡	ལྕགས་བྱི།	༡༦༦༠	༡༢	ས་སྤྲེལ།	༡༧༢༨	ཞབས་དྲུང་དཀར་པོ་ངག་དབང་བློ་བཟང་བསྟན་པའི་རྒྱལ་མཚན་ཡང་ཞུ།
ལ་མོ་སྐུ་ཕྲེང་བཞི་པ་བློ་བཟང་ཐུབ་བསྟན་དགེ་ལེགས་རྒྱལ་མཚན།	༡༢	ས་བྱ།	༡༧༢༩	༡༢	ཆུ་སྤྲེལ།	༡༧༩༦	
ལ་མོ་སྐུ་ཕྲེང་ལྔ་པ་ཡན་བདེའི་དབང་ཕྱུག་མཁས་བཙུན་རྒྱ་མཚོ།	༡༣	མེ་སྦྲུལ།	༡༧༩༧	༡༤	ལྕགས་ཡོས།	༡༨༣༡	

ལ་མོ་སྐུ་ཕྲེང་དྲུག་པ་མཆོག་གྲུབ་བསྟན་པའི་རྒྱལ་མཚན།	༡༤	ཆུ་འབྲུག	༡༨༣༢	༡༥	ཆུ་སྤྲེལ།	༡༨༧༢	
ལ་མོ་སྐུ་ཕྲེང་བདུན་པ་དགེ་འདུན་བསྟན་འཛིན་ནོར་བུ།	༡༥	ཆུ་བྱ།	༡༨༧༣	༡༦	མེ་ཡོས།	༡༩༢༧	
ལ་མོ་གྲགས་རྒྱན་བློ་བཟང་བཀྲ་ཤིས།	༡༡	མེ་ཕག	༡༦༤༧	༡༢	ཆུ་སྦྲུལ།	༡༧༡༣	
ལ་མོ་བདེ་ཆེན་ཞྭ་དམར་ངག་དབང་ཕྲིན་ལས།	༡༡	ལྕགས་གླང་།	༡༦༦༡				
༼ལ་མོ་གསེར་ཁྲི་སྐུ་ཕྲེང་རིམ་བྱོན།༽							
ལ་མོ་གསེར་ཁྲི་དང་པོ་ཀུན་དགའ་དོན་གྲུབ།	༨	ས་ཕག	༡༤༧༩	༩	མེ་རྟ།	༡༥༤༦	
ལ་མོ་གསེར་ཁྲི་གཉིས་པ་སྟག་ལུང་བྲག་པ་འཇམ་དབྱངས་བློ་གྲོས་རྒྱ་མཚོ།	༩	མེ་རྟ།	༡༥༤༦	༡༠	ས་རྟ།	༡༦༡༨	
ལ་མོ་གསེར་ཁྲི་གསུམ་པ་དམ་ཆོས་རྒྱ་མཚོ།							
ལ་མོ་གསེར་ཁྲི་བཞི་པ་ངག་དབང་བློ་གྲོས་རྒྱ་མཚོ།							དགའ་ལྡན་ཁྲི་རབས་ཞེ་བཞི་པ་ངག་དབང་བློ་གྲོས་རྒྱ་མཚོར་གཟིགས།
ལ་མོ་གསེར་ཁྲི་ལྔ་པ་བློ་བཟང་བསྟན་པའི་ཉི་མ།	༡༢	ས་སྦྲུལ།	༡༦༨༩	༡༡	ཆུ་བྱི།	༡༦༧༢	

ལ་མོ་གསེར་ཁྲི་དྲུག་པ་འཇམ་དབྱངས་བསྟན་འཛིན་ཕྲིན་ལས་རྒྱ་མཚོ།			༡༧༥༣			༡༧༧༢	
ལ་མོ་གསེར་ཁྲི་བདུན་པ་ངག་དབང་ཐུབ་བསྟན་བསྟན་པའི་ཉི་མ།	༡༤	མེ་ཁྱི།	༡༨༢༦	༡༤	མེ་རྟ།	༡༨༤༦	
ལ་མོ་གསེར་ཁྲི་བརྒྱད་པ་བློ་བཟང་ཐུབ་བསྟན་རྒྱ་མཚོ།	༡༤	མེ་ལུག	༡༨༤༧	༡༥	ཆུ་སྟག	༡༩༠༢	
ལ་མོ་གསེར་ཁྲི་དགུ་པ་དགེ་འདུན་ལུང་རྟོགས་ཉི་མ།	༡༥	ཤིང་འབྲུག	༡༩༠༤	༡༦	ཆུ་སྤྲེལ།	༡༩༣༢	
ལ་མོ་གསེར་ཁྲི་བཅུ་པ་ལུང་རྟོགས་བཤད་སྒྲུབ་བསྟན་པའི་རྒྱལ་མཚན	༡༦	ཆུ་བྱ།	༡༩༣༣	༡༦	ས་ཁྱི།	༡༩༥༨	
ལ་གསུམ་རྒྱལ་བ་བྱང་ཆུབ།							མཁན་ཆེན་པོ་ཧྲི་ས་དྷ་ལས་མེ་ལུག་སྤྱི་ལོ་༧༦༦ལོར་སད་མི་མི་བདུན་རབ་ཏུ་བྱུང་བའི་གྲས།
ལང་གྲོ་དཀོན་མཆོག་འབྱུང་གནས།							དུས་རབས་བརྒྱད་པའི་དུས་དཀྱིལ་དུ་འཁྲུངས།
ལང་གྲོ་སྣང་བཞེར།							དུས་རབས་བརྒྱད་པའི་དུས་མགོ་ཙམ་དུ་འཁྲུངས།
ལང་གྲོ་བློན་ཁྲིམ་ལེགས།							དུས་རབས་བརྒྱད་པའི་དུས་དཀྱིལ་དུ་འཁྲུངས།

ལང་ཐྱེས་གཟིགས།							ཤིང་ལུག་སྤྱི་ལོ་༧༥༥ ལོར་ཡབ་མེས་ཞག་ཆོས་བསྒྲུངས་པའི་རྒྱན་གྱིས་ཁྲི་སྲོང་གིས་ཚར་བཅད།
ལམ་ཁྲི་བདེ་སླག་ཁྲི་བཙན།							དུས་རབས་བདུན་པའི་དུས་མགོ་ཙམ་དུ་འཁྲུངས།
ལར་སྣ་ཀྱ་ཡོན་ཏན།							དུས་རབས་བཅུ་པའི་དུས་མཇུག་ཏུ་འཁྲུངས།
ལས་ཆེན་ཀུན་དགའ་རྒྱལ་མཚན།							རབ་བྱུང་བརྒྱད་པའི་ཤིང་སྟག་༡༤༩༤ ལོར་བཀའ་གདམས་ཆོས་འབྱུང་གསལ་བའི་སྒྲོན་མེ་བརྩམས།
ལས་འཕྲོ་གླིང་པ།							རིག་འཛིན་འཇའ་ཚོན་སྙིང་པོར་གཟིགས།
ལི་ཀྱ་ཤེས་རབ་མཆོག་ལྡན།							རབ་བྱུང་བཅུ་པའི་ལྕགས་ཕག་༡༦༡༡ ལོར་གྲོ་ཚང་དགོན་བཏབ།
ལི་ཐང་མཁན་པོ་ཉག་རེ་ཆོས་གྲགས།	༡༠	མི་སྣག	༡༦༢༦				
ལི་སྣ་གྲོས་གཞོན་ནུ།							ལོ་སྟོན་རྡོ་རྗེ་དབང་ཕྱུག་གི་སློབ་མ།
ལི་ཐང་སྣ་བཟང་དྲི་མེད།							དགའ་ལྡན་ཁྲི་རབས་༥༦པར་གཟིགས།

465

ཞིག་མི་རྒྱ།							སྲོང་བཙན་དང་དུས་མཉམ་གྱི་ཞང་ཞུང་གི་རྒྱལ་པོ།
ལྷུང་རྟོགས་རྒྱ་མཚོ།							རྒྱལ་བ་སྐུ་ཕྲེང་དགུ་པ་ལྷུང་རྟོགས་རྒྱ་མཚོར་གཟིགས།
ལྷུང་རྟོགས་བསྟན་པའི་རྒྱལ་མཚན།							ཨ་རོལ་བློ་བཟང་ལྷུང་རྟོགས་བསྟན་པའི་རྒྱལ་མཚན་ལ་གཟིགས།
ལྷུང་རྟོགས་བསྟན་པའི་ཉི་མ།							སྒྲུ་ཤུལ་ལྷུང་རྟོགས་ཞེས་རྗེ་དཔལ་དགེའི་སྲས་ཀྱི་ཐུ་བོ།
ལྷུང་རྟོགས་བསྟན་འཛིན་ཚུལ་ཁྲིམས་ཉི་མ།							སྒོམ་ཞི་སྤྲུལ་སྐུ་ལྷུང་རྟོགས་བསྟན་འཛིན་ཚུལ་ཁྲིམས་ཉི་མར་གཟིགས།
ལྷུང་སྟོན་སྨོན་པོ།							
ལྷུང་སྤྲུལ་བཤད་སྒྲུབ་བསྟན་པའི་ཉི་མ།	༡༥	ལྕགས་སྦྲེལ།	༡༨༢༠				
ལྷུང་བཟང་ནང་པ།	༡༣	ས་སྤྲུལ།	༡༧༩				
ལྷུང་རིགས་རྒྱ་མཚོ།							རབ་བྱུང་བརྒྱད་པའི་ས་ཁྱི་༡༩༧༨ལོར་བཀྲས་ལྷུན་ཁྲིར་ཕེབས།
ལྷུང་རིགས་རྒྱ་མཚོ།							རྫོང་ཆང་སྤྲུལ་སྐུ་མཁས་བཙུན་ལྷུང་རིགས་རྒྱ་མཚོར་གཟིགས།

ལུང་ཤར་རྡོ་རྗེ་ཚེ་རྒྱལ།	༡༥	ལྕགས་སྤྲེལ།	༡༨༢༠	༡༦			
ལུམ་པ་བཀྲ་ཤིས་རྒྱལ་པོ།				༡༢	ས་སྤྲེལ།	༡༧༢༨	ང་ལུམ་སྲུང་གསུམ་གྲུས།
ལེགས་པ་རྒྱ་མཚོ།							ཟི་ན་ཚོས་རྗེ་ལེགས་པ་རྒྱ་མཚོར་གཟིགས།
ལེགས་པ་དཔལ་བཟང་།							
ལེགས་པའི་བློ་གྲོས།							དུས་རབས་བཅུ་གསུམ་པའི་དུས་སྨད་དུ་འབྲུངས།
ལེགས་སྐུག་བཙན།							དུས་རབས་བརྒྱད་པའི་དུས་སྨད་དུ་འབྲུངས།
ལེགས་བཙན།							ཁྲི་རལ་གྱི་བློན་པོ།
ལེགས་བཤད་པ།							སྤྲུལ་སྐུ་ལེགས་བཤད་པར་གཟིགས།
ལེའུ་བློན་ཀུ་རྣ།							ཁྲི་ལྡེ་སྲོང་བཙན་གྱི་དཔང་པོ།
ལེའུ་བློན་ཀླུ་བཞེར།							ཁྲི་ལྡེ་སྲོང་བཙན་གྱི་ཕྱི་བློན།
ལེའུ་བློན་ལྷ་བཟང་བྱིན་བྱིན།							ཁྲི་ལྡེ་སྲོང་བཙན་གྱི་ནང་བློན།
ཤོ་ངམ་ཧ་ཇྀ།							གྲི་གུམ་བཙན་པོ་དང་དུས་མཉམ།

ལོ་ཆུང་དཀའ་བཞི།				༨	མེ་ཁྱི།	༡༤༦༦	
ལོ་ཆུང་གྲགས་འབྱོར་ཤེས་རབ།							ལོ་ཆེན་རིན་ཆེན་བཟང་པོའི་སློབ་མ།
ལོ་ཆེན་ཀུན་དགའ་བདེ་ལེགས།							
ལོ་ཆེན་སྐྱབས་མཆོག་དཔལ།							རྗེ་ཙོང་ཁ་པ་དང་དུས་མཉམ།
ལོ་ཆེན་ཆོས་རྒྱལ་བསྟན་འཛིན།	༡༢	ལྕགས་ལུག	༡༦༩༡	༡༣	ས་བྱི།	༡༧༦༨	
ལོ་ཆེན་ཧྣམ་ཤླིའམ་ཆོས་དཔལ་བཟང་པོ།							སྨིན་གྲོལ་གླིང་མཁན་རབས་གཉིས་པར་གཟིགས།
ལོ་ཆེན་ནམ་མཁའ་བཟང་པོ།							དུས་རབས་༡༣པའི་དུས་མཇུག
ལོ་ཆེན་བྱང་ཆུབ་རྩེ་མོ།	༥	ཆུ་སྟག	༡༣༠༢	༦	ལྕགས་སྤྲེལ།	༡༣༨༠	ལ་ལས་འདི་༡༣༡༥—༡༣༨༠བར་བཞེད་པས་སྐར་བཏག
ལོ་ཆེན་བྱམས་པ་ཀུན་དགའ།							རབ་བྱུང་བརྒྱད་པའི་སྐབས་ཀྱི་ས་སྐྱ་བ་ཞིག
ལོ་ཆེན་རིན་ཆེན་བཟང་པོ།		ས་རྟ།	༩༥༨	༡	ཤིང་ལུག	༡༠༥༥	
ལོ་ཆེན་བསོད་ནམས་རྒྱ་མཚོའི་སྡེ།	༧	ཤིང་འབྲུག	༡༤༢༤	༨	ཆུ་སྟག	༡༤༨༢	མཚན་ཤཱཀྱ་རིན་ཆེན་ཡང་ཟེར།
ལོ་མཆོག							བོད་སྟོན་རྡོ་རྗེ་རྒྱལ་མཚན་གྱི་སློབ་མ།

ལོ་ཏྲེ་ཀུ་སྣང་གོང་།							ཁྲི་སྲོང་གི་བློན་པོ།
ལོ་སྟོན་རྡོ་རྗེ་དབང་ཕྱུག							དབུས་གཙང་མི་བཅུའི་གྲས།
ལོ་བྲི་མགོ་བ།							དུས་རབས་༡༢པའི་མགོ་སྟོད་ཀྱི་ལོ་ཙཱ་བ་ཞིག
ལོ་ཙཱ་བ་དགེ་བ་དཔལ།							དུས་རབས་༨པའི་མགོ་སྟོད་ཀྱི་ལོ་ཙཱ་བ་ཞིག
ལོ་ཙཱ་བ་དགེ་བའི་བློ་གྲོས།							དུས་རབས་༡༡པའི་མགོ་སྟོད་ཀྱི་ལོ་ཙཱ་བ་ཞིག
ལོ་ཙཱ་བ་དགེ་ཚུལ་ཁྱུང་གྲགས།							དུས་རབས་༡༡པའི་མགོ་སྟོད་ཀྱི་ལོ་ཙཱ་བ་ཞིག
ལོ་ཙཱ་བ་གྲགས་པ་རྗེ་མོ།							
ལོ་ཙཱ་བ་སྐན་དར་མ་བློ་གྲོས།							
ལོ་ཙཱ་བ་རྒྱ་བརྩོན་འགྲུས་སེང་གེ།							རྒྱ་བརྩོན་འགྲུས་སེང་གེར་གཟིགས།
ལོ་ཙཱ་བ་རྒྱལ་བ་ཤེས་རབ།							དུས་རབས་༨པའི་མགོ་སྟོད་ཀྱི་ལོ་ཙཱ་བ་ཞིག
ལོ་ཙཱ་བ་ཆོས་ཀྱི་ཤེས་རབ།							དུས་རབས་༡༡པའི་མགོ་སྟོད་ཀྱི་ལོ་ཙཱ་བ་ཞིག
ལོ་ཙཱ་བ་དྲན་པ་ནམ་མཁའ།							རྗེ་འབངས་ཉེར་ལྔའི་གྲས།

ལོ་ཙཱ་བ་ནམ་མཁའ་སྐྱོང་།							དུས་རབས་༡༡པའི་ལོ་ཙཱ་བ།
ལོ་ཙཱ་བ་ནམ་མཁའ་བཟང་པོ།							
ལོ་ཙཱ་བ་དཔལ་གྱི་ལྷུན་པོ།							དུས་རབས་༡༡པའི་དུས་མགོ།
ལོ་ཙཱ་བ་དཔལ་འབྱོར།							དུས་རབས་༡༡པའི་སྐབས།
ལོ་ཙཱ་བ་བློ་གྲོས་དཔལ།	༥	ལྕགས་བྱི།	༡༣༠༠	༦	ཤིང་ལུག	༡༣༥༨	
ལོ་ཙཱ་བ་མ་ཧཱ་པཎ་ཆེན།							ས་བཟང་མ་ཧཱ་པཎ་ཆེན་ལ་གཟིགས།
ལོ་ཙཱ་བ་མཉྫུ་ཤྲཱི་ཕཛྲ། འཇམ་དཔལ་གོ་ཆ།							དུས་རབས་༡༡པའི་དུས་མགོ།
ལོ་ཙཱ་བ་གཞོན་ནུ་ཤེས་རབ།				༡	ཆུ་ལུག	༡༠༩༣	ཞྭ་བ་དམར་འདང་ཞུ།
ལོ་ཙཱ་བ་བཟང་སྐྱོང་།							དུས་རབས་༡༡པའི་དུས་མགོ།
ལོ་ཙཱ་བ་ཡེ་ཤེས་སྙིང་པོ།							དུས་རབས་༡༡པའི་དུས་མགོ།
ལོ་ཙཱ་བ་རཏྣ་རཀྵི་ཏ།							ཁྲི་སྲོང་སྐུ་དུས་ཀྱི་ལོ་ཙཱ་བ།

ལོ་རས་པ་དབང་ཕྱུག་བརྩོན་འགྲུས།	༣	མེ་ལུག	༡༡༨༧	༤	ལྕགས་ཁྱི།	༡༢༥༠	
(ལོ་ཏུ་སྐར་ཆེན་ལོ་ཏུ་རིན་པོ་ཆེའི་སྐུ་ཕྲེང་རིམ་བྱོན།)	༡༡ ནས་འགོ་ཚུགས།						འབྲུག་རྒྱས་ཆོས་གླིང་ལོ་ཏུ་སྐར་ཡང་ཟེར།
༡) ལོ་ཏུ་ཤེས་རབ་རྒྱ་མཚོ།	༡༡						ཁམས་སྤྲུལ་ཀརྨ་བསྟན་འཕེལ་གྱི་ཐུགས་སྲས་སུ་གྲགས།
༢) ལོ་ཏུ་མི་ཕམ་སྲིད་ཞི་ཡོངས་གྲོལ་ལམ་མི་ཕམ་བསྟན་འཛིན།	༡༢	ཤིང་ཕྲེ།	༡༦༩༤	༡༣	ས་ཡོས།	༡༧༥༩	དགུང་ལོ་༦༦བཞུགས།
༣) ལོ་ཏུ་མི་ཕམ་ཆོས་ཀྱི་རྒྱ་མཚོ།	༡༣	ཆུ་བྱི།	༡༧༩༢	༡༤	ལྕགས་སྤྲེལ།	༡༨༢༡	དགུང་ལོ་༣༠བཞུགས།
༤) ལོ་ཏུ་ཀརྨ་ཆོས་གྲགས་དཔལ་བཟང་།	༡༣	ཆུ་སྦྲུལ།	༡༧༧༣	༡༤	ལྕགས་འབྲུག	༡༨༢༠	དགུང་ལོ་༥༣བཞུགས།
༥) མི་ཕམ་བསྟན་འཛིན་ཆོས་ཀྱི་དབང་ཕྱུག	༡༤	ས་བྱི།	༡༨༢༨	༡༤	ཤིང་གླང་།	༡༨༦༥	དགུང་ལོ་༣༧བཞུགས།
༦) ལོ་ཏུ་མི་ཕམ་ཀུན་བཟང་ཕྲིན་ལས་ཆོས་ཀྱི་རྒྱ་མཚོ།	༡༤	ས་ལུག	༡༨༥༩	༡༥	ས་གླང་།	༡༨༨༩	དགུང་ལོ་༤༠བཞུགས།
༧) ཆོ་ཏུ་མི་ཕམ་ཆོས་དབྱིངས་མཚན་ལྡན།	༡༥	ལྕགས་བྱི།	༡༩༠༠	༡༥	ཆུ་བྱི།	༡༩༡༢	དགུང་ལོ་༡༢ལས་མ་བཞུགས།
༨) ལོ་ཏུ་མི་ཕམ་ངག་དབང་ཆོས་ཀྱི་དབང་ཕྱུག་ཕྲིན་ལས།	༡༥	ཆུ་གླང་།	༡༩༡༣	༡༦	ས་སྤྲེལ།	༡༩༦༨	དགུང་ལོ་༥༥བཞུགས།
༩) ལོ་ཏུ་ཡོན་ཏན་ཤེས་རབ།	༡༦	ཆུ་བྱི།	༡༩༧༢				

མཚན་བྱང་།	འཁྲུངས་ལོ།			འདས་ལོ།			ཞར་བྱུང་།
	རབ་བྱུང་།	ལོ་ཁམས།	སྤྱི་ལོ།	རབ་བྱུང་།	ལོ་ཁམས།	སྤྱི་ལོ།	གསལ་བཤད།
ཞ༽							
ཞི་གྲགས་སེང་བ།	༥	ཆུ་ལུག	༡༢༨༣	༦	ས་གླང་།	༡༣༤༩	
ཞི་བོ་སྣང་པ་པདྨ་ཚུལ་ཁྲིམས།	༡	མེ་ལུག	༡༠༦༧	༢	ལྕགས་ཕག	༡༡༣༡	
ཞི་སྦྱང་སྟག་ས་འཆང་གཡེར་གཞོངས་འཇམ་དབྱངས་བློ་གྲོས།	༡༡	ལྕགས་ཡོས།	༡༦༥༡	༡༢	ཆུ་གླང་།	༡༧༣༣	
ཞི་སྨྱིད་གོན་པ་སྨོན་ལམ་འབར།	༡	ཤིང་གླང་།	༡༠༨༥	༣	ལྕགས་གླང་།	༡༡༧༡	
ཞི་གཟུགས་པ་ངག་དབང་བཀྲ་ཤིས་རྣམ་རྒྱལ།							དུས་རབས་བཅུ་བདུན་པའི་དུས་མགོར་འཁྲུངས།
ཞི་ར་བ་ཡོན་ཏན་གྲགས།	༡	ལྕགས་བྱི།	༡༠༧༠	༢	ལྕགས་བྱ།	༡༡༤༡	
ཞང་ས་སྟོན།							མཁས་གྲུབ་ཞང་ས་སྟོན་ཚུལ་ཁྲིམས་མགོན་པོར་གཟིགས།
ཞང་ས་སྟོན་ཀུན་མཁྱེན་ལེགས་དཔལ་དོན་གྲུབ།	༨	ས་ཕག	༡༤༧༩	༩	ཤིང་ཡོས།	༡༥༥༥	
ཞང་ས་པ་མཁས་བཙུན་རྒྱལ་མཚན་འབུམ།	༤	ལྕགས་བྱ།	༡༢༦༡	༦	ཤིང་བྱི།	༡༣༣༤	

ཤངས་པ་གསེར་གླིང་པ་བཀྲ་ཤིས་དཔལ།	༥	ཆུ་འབྲུག	༡༢༩༢	༦	ཤིང་སྦྲུལ།	༡༣༦༥	
ཤངས་འབའ་ར་བ།	༧	ལྕགས་ལུག	༡༣༩༡				
ཤངས་རིན་པོ་ཆེ།	༦	ཤིང་རྟ།	༡༣༥༤				
ཤབ་སྨད་པོ་ཏོ་བ་ཐུགས་རྗེ་དཔལ།							པོ་ཏོ་བ་ནམ་མཁའ་བཟང་པོ་དང་དུས་མཉམ།
ཤབ་རྗེ།							དུས་རབས་བཅུ་པའི་དུས་མཇུག
ཤཱནྟི་པ་བློ་གྲོས་རྒྱལ་མཚན།	༨	མེ་ལུག	༡༤༨༧	༡༠	མེ་ཡོས།	༡༥༦༧	
༼ཤམྦྷ་ལའི་ཆོས་རྒྱལ་རྣམ་བདུན།༽							
ཆོས་རྒྱལ་དང་པོ་ཟླ་བ་བཟང་པོ།		ཆུ་ལུག			B. C	༨༧༨	ཤིང་སྤྲེལ་སྤྱི་ལོའི་སྔོན་༨༨༠ལོར་རྩ་རྒྱུད་བཀུས་ཤིང་འགྲེལ་པ་མཛད།
ཆོས་རྒྱལ་གཉིས་པ་ལྷ་དབང་།							ཤིང་སྤྲེལ། སྤྱི་ལོའི་སྔོན་༨༧༧ལོར་ཁྲིར་འཁོད།
ཆོས་རྒྱལ་གསུམ་པ་གཟི་བརྗིད་ཅན།							ཤིང་བྱི། སྤྱི་ལོའི་སྔོན་༧༧༧ལོར་ཁྲིར་འཁོད།
ཆོས་རྒྱལ་བཞི་པ་ཟླ་བས་བྱིན།							ཤིང་འབྲུག སྤྱི་ལོའི་སྔོན་༦༧༧ལོར་ཁྲིར་འཁོད།

ཆོས་རྒྱལ་ལྔ་པ་ལྷའི་དབང་ཕྱུག							ཤིང་སྤྲེལ། སྤྱི་ལོའི་སྔོན་༥༧༧ལོར་ཁྲིར་འཁོད།
ཆོས་རྒྱལ་དྲུག་པ་སྣ་ཚོགས་གཟུགས།							ཤིང་བྱི། སྤྱི་ལོའི་སྔོན་༤༧༧ལོར་ཁྲིར་འཁོད།
ཆོས་རྒྱལ་བདུན་པ་ལྷའི་དབང་ལྡན།							ཤིང་འབྲུག སྤྱི་ལོའི་སྔོན་༣༧༧ལོར་ཁྲིར་འཁོད།
༼བསྡུ་ལའི་རིགས་ལྡན་རྒྱལ་པོ་ཉེར་ལྔ།༽							
རིགས་ལྡན་དང་པོ་འཇམ་དཔལ་གྲགས་པ།							ཤིང་སྤྲེལ། སྤྱི་ལོའི་སྔོན་༢༧༧ལོར་ཁྲིར་འཁོད།
རིགས་ལྡན་གཉིས་པ་པདྨ་དཀར་པོ།							ཤིང་བྱི། སྤྱི་ལོའི་སྔོན་༡༧༧ལོར་ཁྲིར་འཁོད།
རིགས་ལྡན་གསུམ་པ་བཟང་པོ།							ཤིང་འབྲུག སྤྱི་ལོའི་སྔོན་༧༧ལོར་ཁྲིར་འཁོད།
རིགས་ལྡན་བཞི་པ་རྣམ་རྒྱལ།							ཤིང་སྤྲེལ། སྤྱི་ལོ་༢༣ལོར་ཁྲིར་ཕེབས།
རིགས་ལྡན་ལྔ་པ་བཤེས་གཉེན་བཟང་པོ།							ཤིང་བྱི། སྤྱི་ལོ་༡༢༣ལོར་ཁྲིར་ཕེབས།
རིགས་ལྡན་དྲུག་པ་རིན་ཆེན་ཕྱག་གམ་ཕྱག་དམར།							ཤིང་འབྲུག སྤྱི་ལོ་༢༢༣ལོར་ཁྲིར་ཕེབས།
རིགས་ལྡན་བདུན་པ་ཁྱབ་འཇུག་སྦས་པ།							ཤིང་སྤྲེལ། སྤྱི་ལོ་༣༢༣ལོར་ཁྲིར་ཕེབས།
རིགས་ལྡན་བརྒྱད་པ་ཉི་མ་གྲགས་པ།							ཤིང་བྱི། སྤྱི་ལོ་༤༢༣ལོར་ཁྲིར་ཕེབས།

རིགས་ལྡན་དགུ་པ་ཉིན་ཏུ་བཟང་པོ།							ཤིང་འབྲུག སྤྱི་ལོ་༥༢༩ ལོར་ཁྲིར་ཕེབས།
རིགས་ལྡན་བཅུ་པ་རྒྱ་མཚོ་རྣམ་རྒྱལ།							ཤིང་སྤྲེལ། སྤྱི་ལོ་༦༢༩ ལོར་ཁྲིར་ཕེབས། མ་ཁར་སྤྲང་རྩེ་ སློབ་གྲོས་ཀྱིས་ཀླུ་སློབ་འི་ཚོས་ཞུགས།
རིགས་ལྡན་བཅུ་གཅིག་པ་རྒྱལ་དཀའ།							མེ་སྟག སྤྱི་ལོ་༡༠༢༦ལོ་བར་ཁྲིར་བཞུགས།
རིགས་ལྡན་བཅུ་གཉིས་པ་ཉི་མ།							རབ་བྱུང་དང་པོའི་མེ་ཡོས། སྤྱི་ལོ་༡༠༢༧ ལོར་ཁྲིར་ བཞུགས།
རིགས་ལྡན་བཅུ་གསུམ་པ་སྣ་ཚོགས་གཟུགས།							རབ་བྱུང་གཉིས་པའི་མེ་ལུག སྤྱི་ལོ་༡༡༢༧ལོར་ཁྲིར་འཁོད།
རིགས་ལྡན་བཅུ་བཞི་པ་ཟླ་བའི་འོད།							རབ་བྱུང་བཞི་པའི་མེ་ཕག སྤྱི་ལོ་༡༢༢༧ལོར་ཁྲིར་འཁོད།
རིགས་ལྡན་བཅོ་ལྔ་པ་མཐའ་ཡས།							རབ་བྱུང་དྲུག་པའི་མེ་ཡོས། སྤྱི་ལོ་༡༣༢༧ལོར་ཁྲིར་འཁོད།
རིགས་ལྡན་བཅུ་དྲུག་པ་ས་སྐྱོང་།							རབ་ བྱུང་ བདུན་ པའི་ ལྕགས་ བྱི། ༡༤༢༠ལོར་ འཁྲུངས། རབ་བྱུང་བདུན་པའི་མེ་ལུག་སྤྱི་ལོ་༡༤༢༧ལོར་ཁྲིར་འཁོད།
རིགས་ལྡན་བཅུ་བདུན་པ་དཔལ་སྐྱོང་།							རབ་བྱུང་དགུ་པའི་མེ་ཕག སྤྱི་ལོ་༡༥༢༧ལོར་ཁྲིར་འཁོད།

རིགས་ལྡན་བཙོ་བརྒྱད་པ་སེང་གེ།								རབ་བྱུང་བཅུ་གཅིག་པའི་མེ་ཡོས། སྤྱི་ལོ་༡༦༢༧ལོར་ཁྲིར་འཁོད།
རིགས་ལྡན་བཅུ་དགུ་པ་རྣམ་པར་གནོན།								རབ་བྱུང་བཅུ་གཉིས་པའི་མེ་ལུག སྤྱི་ལོ་༡༧༢༧ལོར་ཁྲིར་འཁོད།
རིགས་ལྡན་ཉི་ཤུ་པ་སྟོབས་པོ་ཆེ།								རབ་བྱུང་བཅུ་བཞི་པའི་མེ་ཕག སྤྱི་ལོ་༡༨༢༧ལོར་ཁྲིར་འཁོད།
རིགས་ལྡན་ཉེར་གཅིག་པ་མ་འགགས་པ།								རབ་བྱུང་བཅུ་དྲུག་པའི་མེ་ཡོས། སྤྱི་ལོ་༡༩༢༧ལོར་ཁྲིར་འཁོད།
རིགས་ལྡན་ཉེར་གཉིས་པ་མི་ཡི་སེང་གེ།								རབ་བྱུང་བཅུ་བདུན་པའི་མེ་ལུག སྤྱི་ལོ་༢༠༢༧ལོར་ཁྲིར་དགོད།
རིགས་ལྡན་ཉེར་གསུམ་པ་དབང་ཕྱུག་ཆེ།								རབ་བྱུང་བཅུ་དགུ་པའི་མེ་ཕག སྤྱི་ལོ་༢༡༢༧ལོར་ཁྲིར་དགོད།
རིགས་ལྡན་ཉེར་བཞི་པ་མཐའ་ཡས་རྣམ་རྒྱལ།								རབ་བྱུང་ཉེར་གཅིག་པའི་མེ་ཡོས། སྤྱི་ལོ་༢༢༢༧ལོར་ཁྲིར་དགོད།

རིགས་ལྡན་ཞེར་ལྡེ་པ་དྲུག་པོ་འཁོར་ལོ་ཅན།							རབ་བྱུང་ཞེར་གཉིས་པའི་མེ་ལུག སྤྱི་ལོ་༢༣༢༧ལོར་ཁྲིར་དགོད།
ཤར་ཀ་རིང་དཀའ་བཅུ།							ཀ་རིང་དཀའ་བཅུ་ཕུན་ཚོགས་རྣམ་རྒྱལ་ལ་གཟིགས།
ཤར་ཀོང་པོ་བྱམས་པ་ཐུགས་རྗེ།							རབ་བྱུང་བརྒྱད་པའི་ནང་འཁྲུངས།
(ཤར་སྐལ་ལྡན་རྒྱ་མཚོ་སྐུ་ཕྲེང་རིམ་བྱོན།)							
ཤར་སྐལ་ལྡན་རྒྱ་མཚོ་སྐུ་ཕྲེང་དང་པོ།	༡༠	མེ་ལུག	༡༦༠༧	༡༡	མེ་སྦྲུལ།	༡༦༧༧	
ཤར་སྐལ་ལྡན་སྐུ་ཕྲེང་གཉིས་པ་ངག་དབང་ཕྲིན་ལས་རྒྱ་མཚོ།	༡༡	ས་རྟ།	༡༦༧༨	༡༢	ས་ལུག	༡༧༣༩	
ཤར་སྐལ་ལྡན་སྐུ་ཕྲེང་གསུམ་པ་དགེ་འདུན་ཕྲིན་ལས་རབ་རྒྱས།	༡༢	ལྕགས་སྤྲེལ།	༡༧༤༠	༡༣	ཤིང་སྟག	༡༧༩༤	
ཤར་སྐལ་ལྡན་སྐུ་ཕྲེང་བཞི་པ་བློ་བཟང་ཚུལ་ཁྲིམས་རྒྱ་མཚོ།	༡༣	ཤིང་ཡོས།	༡༧༩༥	༡༤	ཆུ་ཡོས།	༡༨༤༣	
ཤར་སྐལ་ལྡན་སྐུ་ཕྲེང་ལྔ་པ་བློ་བཟང་ཕྲིན་ལས་རྒྱ་མཚོ།	༡༤	ཤིང་འབྲུག	༡༨༤༤	༡༤	ས་རྟ།	༡༨༥༨	
ཤར་སྐལ་ལྡན་དྲུག་པ་བློ་བཟང་བསྟན་པའི་རྒྱལ་མཚན།	༡༤	ས་ལུག	༡༨༥༨	༡༥	ཤིང་ཡོས།	༡༩༡༥	
ཤར་སྐལ་ལྡན་བློ་བཟང་ཕྲིན་ལས་ལུང་རྟོགས་རྒྱ་མཚོ།	༡༥	མེ་འབྲུག	༡༩༡༦	༡༦	ས་རྟ།	༡༩༧༨	

ཤར་ཆེན་ངག་དབང་ཆོས་གྲགས།	༡༣	ལྕགས་སྟག	༡༧༡༠				
ཤར་གདོང་ངག་དབང་བསྟན་འཛིན།							བྱ་ཁྱུང་གདན་རབས་ལྟར་ན། དུས་རབས་༡༨པའི་དུས་སྨད།
ཤར་པ་འཇམ་དབྱངས་བཞི་ཐོག་པ།				༥	ཤིང་འབྲུག	༡༣༠༤	འགྲོ་མགོན་ཆོས་འཕགས་ཀྱི་དངོས་སློབ།
ཤར་པ་དམ་ཆོས་དཔལ།							དགའ་ལྡན་ཁྲི་ རབས་ སོ་ གཅིག་ པ་ འཇང་ ཞབས་ དམ་ ཆོས་ དཔལ་བར་གཟིགས།
ཤར་པ་རིན་ཆེན་རྒྱལ་མཚན། ས་སྐྱ་པ།	༩	ས་རྟ།	༡༢༥༨	༥	མེ་རྟ།	༡༣༠༦	
ཤར་པ་རིན་ཆེན་རྒྱལ་མཚན།	༦	ཤིང་རྟ།	༡༣༥༩	༧	མེ་ལུག	༡༩༢༧	
ཤར་རྩེ་དགེ་འདུན་ཚུལ་ཁྲིམས།							དགའ་ལྡན་ཁྲི་ རབས་ རེ་ ལྔ་ པ་ སྒོ་ འཕོར་ དགེ་ འདུན་ ཚུལ་ཁྲིམས་ལ་གཟིགས།
ཤར་རྩེ་ངག་དབང་ཆོས་གྲགས།							རྒྱ་བཟང་ངག་དབང་ཆོས་གྲགས་ལ་གཟིགས།
ཤར་རྩེ་འཇམ་དབྱངས་སྨོན་ལམ།							དགའ་ལྡན་ཁྲི་ རབས་ རེ་ བདུན་ པབཀའ་ འགྱུར་ བ་ འཇམ་དབྱངས་སྨོན་ལམ་ལ་གཟིགས།

ཤར་རྩེ་དཔལ་ལྡན་གྲགས་པ།							དགའ་ལྡན་ཁྲི་རབས་ང་གཅིག་པ་རྫོར་ཚང་དཔལ་ལྡན་གྲགས་པར་གཟིགས།
ཤར་རྩེ་བྱང་ཆུབ་ཆོས་འཕེལ།							དགའ་ལྡན་ཁྲི་རབས་རེ་དགུ་པ་སྨོན་འགོར་བྱང་ཆུབ་ཆོས་འཕེལ་ལ་གཟིགས།
ཤར་རྩེ་བློ་བཟང་མཁས་མཆོག							དགའ་ལྡན་རབས་རེ་གསུམ་པ་ཚ་རྫོར་བློ་བཟང་མཁས་མཆོག་ལ་གཟིགས།
ཤར་རྩེ་བློ་བཟང་རྒྱལ་མཚན།	༡༠	ལྕགས་བྱི།	༡༦༠༠	༡༡	ཆུ་བྱི།	༡༦༧༢	
ཤར་རྩེ་བློ་བཟང་ཆོས་འཕེལ།							དགའ་ལྡན་ཁྲི་རབས་ཞེ་བདུན་པ་ཡང་སྟེང་བློ་བཟང་ཆོས་འཕེལ་ལ་གཟིགས།
ཤར་རྩེ་བློ་བཟང་དར་རྒྱས།							དགའ་ལྡན་ཁྲི་རབས་ཞེ་དགུ་པ་ཙོ་ནེ་བློ་བཟང་དར་རྒྱས་ལ་གཟིགས།
ཤར་རྩེ་ཡེ་ཤེས་ཐར་འདོད།							དགའ་ལྡན་ཁྲི་རབས་དོན་གཅིག་པ་ཀོང་པོ་ཡེ་ཤེས་ཐར་འདོད་ལ་གཟིགས།

ཤར་རྩེ་བསམ་གཏན་ཕུན་ཚོགས།							དགའ་ལྡན་ཁྲི་རབས་ང་བདུན་པ་བསམ་གཏན་ཕུན་ཚོགས་ལ་གཟིགས།
ཤར་ཛ་བཀྲ་ཤིས་རྒྱལ་མཚན།	༡༠	ས་ལུག	༡༨༥༩	༡༦	ཤིང་བྱི།	༡༩༣༤	བོན་པོའི་བླམ་ཞིག
ཞིང་བཟའ་བློ་བཟང་མཁས་མཆོག་བཤད་སྒྲུབ་དམ་ཆོས་རྒྱ་མཚོ།	༡༥	ས་བྱི།	༡༨༩༨				
ཞིང་བཟའ་བློ་བཟང་བསྟན་པའི་དབང་ཕྱུག	༡༤	ཤིང་བྱ།	༡༨༣༥	༡༥	མེ་བྱ།	༡༨༩༧	
ཞིང་བཟའ་བློ་བཟང་དར་རྒྱས་རྒྱ་མཚོ།	༡༣	ས་ཡོས།	༡༧༥༩	༡༤	ཤིང་སྤྲེལ།	༡༨༢༤	
(ཞིས་ཚང་དགོན་གསར་གྱི་ཁྲི་ཆེན་ནམ་མཁའ་བཟང་པོའི་སྐུ་ཕྲེང་རིམ་བྱོན།)	༡༢ ནས་འགོ་ཚུགས།						
༡) ཁྲི་ཆེན་ནམ་མཁའ་བཟང་པོ།	༡༢	ལྕགས་རྟ།	༡༦༩༠	༡༣	ལྕགས་རྟ།	༡༧༥༠	དགུང་ལོ་༦༠བཞུགས།
༢) རྗེ་བཙུན་བློ་བཟང་འཇིགས་མེད་ནམ་མཁའ་དཔལ་བཟང་།	༡༣	ས་བྱི།	༡༧༦༨	༡༤	ལྕགས་སྦྲུལ།	༡༨༢༡	དགུང་ལོ་༥༤བཞུགས།

༣༽ཇེ་བཙུན་བློ་བཟང་ཕྲིན་ལས་རྒྱ་མཚོའམ་བློ་བཟང་འཇིགས་མེད་རྒྱ་མཚོ།	༡༤	ལྕགས་སྦྲུལ།	༡༨༢༡	༡༤	ཆུ་འབྲུག	༡༨༣༢	དགུང་ལོ་༡༢ལས་མ་བཞུགས།
༤༽མཆོག་སྤྲུལ་ཁྲི་ཆེན་འཇིགས་མེད་བསམ་གྲུབ་རྒྱ་མཚོ།	༡༤	ཆུ་སྦྲུལ།	༡༨༣༣	༡༥	ཤིང་ཁྱི།	༡༨༧༤	དགུང་ལོ་༤༢བཞུགས།
༥༽ཇེ་བཙུན་སྐལ་བཟང་འཇིགས་མེད་ནམ་མཁའ་དཔལ་བཟང་།	༡༥	ཤིང་ཕག	༡༨༧༥	༡༥	ལྕགས་བྱི།	༡༩༠༠	དགུང་ལོ་༢༥བཞུགས།
༦༽ཇེ་སྐལ་བཟང་ལུང་རིགས་རྒྱ་མཚོ་དཔལ་བཟང་།	༡༥	ལྕགས་གླང་།	༡༩༠༡	༡༧	ཤིང་རྟ།	༡༩༥༤	དགུང་ལོ་༥༤བཞུགས།
༧༽ཇེ་བློ་བཟང་ནམ་མཁའ་རྒྱལ་མཚན་དཔལ་བཟང་།	༡༦	ཆུ་ཁྱི།	༡༩༨༢				
༄།ཤིས་ཚང་དགོན་གྱི་གདན་རབས་རིམ་བྱོན།།	༡༣ ནས་འགོ་ཚུགས།						
༡༽འཇམ་བཞད་བློ་བཟང་ཐུབ་སྟན་འཇིགས་མེད་རྒྱ་མཚོ།							འཇམ་བཞད་སྐུ་ཕྲེང་གསུམ་པར་གཟིགས།
༢༽འཇམ་དབྱངས་ཐུབ་བསྟན་ཉི་མ།							སྟེ་ཁྲི་གསུམ་པར་གཟིགས།
༣༽དཔལ་མང་དཀོན་མཆོག་རྒྱལ་མཚན།							དཔལ་མང་དཀོན་མཆོག་རྒྱལ་མཚན་ལ་གཟིགས།
༤༽ཇེ་བཙུན་བསོད་གྲགས་དཀོན་མཆོག་རྒྱལ་མཚན།	༡༣	ལྕགས་ཁྱི།	༡༧༩༠				
༥༽དཔའ་རིས་སྤྲུལ་སྐུ་དཀོན་མཆོག་དམ་ཆོས་ཡར་འཕེལ།	༡༢	མེ་སྦྲུལ།	༡༧༣༧		ལྕགས་བྱི།	༡༩༠༠	དགུང་ལོ་༦༤བཞུགས།

༦༽ ཁྲི་ཆེན་འཇིགས་མེད་བསམ་གྲུབ་རྒྱ་མཚོ།	༡༤	ཆུ་སྦྲུལ།	༡༨༣༣			༡༨༧༥	དགུང་ལོ་༤༣བཞུགས།
༧༽ པྲ་ཉི་ངག་དབང་ཐུབ་བསྟན་རྒྱ་མཚོ།							པྲ་ཉི་ངག་དབང་ཐུབ་བསྟན་རྒྱ་མཚོ་ལ་གཟིགས།
༨༽ སྨད་སོག་འཇིགས་མེད་བསྟན་འཛིན་རྒྱ་མཚོ།							
༩༽ རེབ་གོང་དཀོན་མཆོག་རྒྱ་མཚོ།							
༡༠༽ རྫེ་ཁང་རྩའི་དཀོན་མཆོག་དོན་ཡོད།							དགུང་ལོ་༧༣བཞུགས།
༡༡༽ ཆོས་རྫོང་སྤྲུལ་སྐུ་དཀོན་མཆོག་བསྟན་པའི་ དཔལ་བཟང་།							
༡༢༽ སྐྱིན་དཔོན་སྤྲུལ་སྐུ་དཀོན་མཆོག་ཉི་མ།	༡༣	ཤིང་ཡོས།	༡༧༩༥	༡༤	མེ་སྤྲེལ།	༡༨༣༦	དགུང་ལོ་༤༣བཞུགས།
༡༣༽ བསེ་སྤྲུལ་མཐའ་ཡས་རྒྱ་མཚོ།	༡༣	ཆུ་ཕག	༡༨༠༣				
༡༤༽ སེ་ར་སྤྲུལ་པའི་སྐུ་འཇིགས་མེད་རྒྱ་མཚོ།	༡༣	མེ་སྟག	༡༨༠༦	༡༥	ཆུ་ལུག	༡༨༨༣	དགུང་ལོ་༧༨བཞུགས།
༡༥༽ ཀོའུ་དགེ་སྤྲུལ་སྐུ་དཀོན་མཆོག་ཉི་མ།							
༡༦༽ སུམ་མཐིལ་སྤྲུལ་སྐུ་འཇིགས་མེད་བསྟན་འཛིན་རྒྱ་མཚོ།							

༡༧༽ ཟ་ཆོད་སྤྲུལ་སྐུ་འཇམ་དབྱངས་བསམ་གྲུབ་རྒྱ་མཚོ།							
༡༨༽ བེ་རི་སྤྲུལ་སྐུ་བློ་བཟང་ཚུལ་ཁྲིམས་རྒྱ་མཚོ།							
༡༩༽ ར་རྒྱ་སྤྲུལ་སྐུ་བློ་བཟང་བསྟན་པའི་རྒྱ་མཚོ།	༡༩	ཤིང་ཡོས།	༡༨༥༥				
༢༠༽ འཚོ་འདུ་སྤྲུལ་སྐུ་རྗེ་དགེ་འདུན་རྒྱལ་མཚན།							
༢༡༽ སྨང་ཚ་སྤྲུལ་སྐུ་བློ་བཟང་ཚུལ་ཁྲིམས་རྒྱ་མཚོ་འདི་མིན་ནམ་སྙམ།							
༢༢༽ ཨ་གསར་སྤྲུལ་སྐུ་བློ་བཟང་ལུང་རྟོགས་རྒྱ་མཚོ།							
༢༣༽ སྟན་གྲགས་སྤྲུལ་སྐུ་ལུང་རྟོགས་རྒྱ་མཚོ།							
༢༤༽ ཧོར་སྤྲུལ་སྐུ་རྗེ་འཇིགས་མེད་བསྟན་འཛིན་རྒྱ་མཚོ།							
༢༥༽ དཀོན་མཆོག་བསྟན་འཛིན་རྒྱ་མཚོ།							རབ་བརྟན་སྐུ་ཕྲེང་གསུམ་པར་གཟིགས།
༢༦༽ གྱེར་སྤྲུལ་སྐུ་བློ་བཟང་དོན་གྲུབ་རྒྱ་མཚོ།	༡༩	ཆུ་བྱི།	༡༨༥༢	༡༥	ས་སྤྲེལ།	༡༩༠༨	དགུང་ལོ་༥༦བཞུགས།
༢༧༽ བྲག་དགོན་འཇམ་དབྱངས་བསྟན་པ་རྒྱ་མཚོ།							བྲག་དགོན་སྐུ་ཕྲེང་བཞི་པར་གཟིགས།

༢༨༽ རྗེ་བཙུན་འཇམ་དབྱངས་བསྟན་པའི་ཉི་མ།							གུང་ཐང་སྐུ་ཕྲེང་ལྔ་པར་གཟིགས།
༢༩༽ བསོད་གྲགས་སྤྲུལ་སྐུ་འཇིགས་མེད་བསོད་ནམས་རྒྱ་མཚོ།							
༣༠༽ རྗེ་བློ་བཟང་སྐལ་གྲགས་རྒྱ་མཚོ་མིན་ནམ་སྐམ།							
༣༡༽ ཤིང་ཚང་སྤྲུལ་སྐུ་བློ་བཟང་ཐུབ་བསྟན་ན་ལས།	༡༥	ས་འབྲུག	༡༨༦༨	༡༥	ས་རྟ།	༡༩༡༨	དགུང་ལོ་༥༡བཞུགས།
༣༢༽ རྟོར་སྤྲུལ་སྐལ་བཟང་མཁས་གྲུབ་རྒྱ་མཚོ།							
༣༣༽ དབལ་མང་སྲིད་སྐྱོང་འཇམ་དབྱངས་བསྟན་འཛིན་རྒྱ་མཚོ།	༡༤	ཤིང་སྟག	༡༨༥༤	༡༥	ལྕགས་སྤྲེལ།	༡༩༢༠	དགུང་ལོ་༦༦བཞུགས།
༣༤༽ ཀོའུ་དགེ་སྤྲུལ་སྐུ་འཇིགས་མེད་བསམ་གྲུབ་རྒྱ་མཚོ།							
༣༥༽ རྒྱལ་མཁན་རྗེ་བཙུན་སྐལ་བཟང་གྲགས་པ་རྒྱལ་མཚན།	༡༥	ལྕགས་འབྲུག	༡༨༨༠				
༣༦༽ རྗེ་སྐལ་བཟང་མཁས་གྲུབ་རྒྱ་མཚོ།							
༣༧༽ དམེ་ཤུལ་མུ་ཧོའི་སྐུ་ཕྲེང་བཞི་པ་རྗེ་སྐལ་བཟང་སྦྱིན་པ་རྒྱ་མཚོ།	༡༥	ཆུ་རྟ།	༡༨༨༢		ཤིང་རྟ།	༡༩༥༤	དགུང་ལོ་༧༣བཞུགས།

༣༨༽ སྟེ་ཁྲི་སྐལ་བཟང་མཁྱེན་རབ་རྒྱ་མཚོ།	༡༥	ས་ཕྲི།	༡༨༩༨		ལྕགས་འབྲུག	༡༩༤༠	དགུང་ལོ་༤༢བཞུགས།
༣༩༽ དབལ་མང་སྐལ་བཟང་བསྟན་འཛིན་རྒྱ་མཚོ།							
༤༠༽ ཟམ་ཁའི་དུས་འཁོར་ཚང་རྗེ་འཇམ་དབྱངས་ཕྲིན་ལས་རྒྱ་མཚོ།							
༤༡༽ ར་རྒྱ་སྤྲུལ་སྐུ་དཀོན་མཆོག་བསྟན་པ་རྒྱ་མཚོ།	༡༦	ལྕགས་ལུག	༡༩༣༡	༡༦	ས་ཕྲི།	༡༩༥༨	དགུང་ལོ་༢༨བཞུགས།
༤༢༽ ཙུང་གར་མཁན་པོ་སྐལ་བཟང་མཁྱེན་རབ་རྒྱ་མཚོ།							
༤༣༽ ཧོར་སྤྲུལ་འཇམ་དབྱངས་མཁས་གྲུབ་རྒྱ་མཚོ།	༡༥	ཤིང་ལུག	༡༨༩༥	༡༦	ས་ཕྲི།	༡༩༥༨	དགུང་ལོ་༦༤བཞུགས།
༤༤༽ ཧོར་ཚང་གསེར་ཁྲི་བློ་བཟང་དཔལ་ལྡན།	༡༥	ཆུ་གླང་།	༡༩༡༣	༡༦	ས་ཕྲི།	༡༩༥༨	དགུང་ལོ་༤༦བཞུགས།
༤༥༽ སྐྱིས་དགེ་འཇམ་དབྱངས་བསྟན་འཛིན་ཆོས་ཀྱི་དབང་ཕྱུག	༡༥	ཤིང་འབྲུག	༡༩༠༤	༡༦	མེ་ལུག	༡༩༦༧	དགུང་ལོ་༦༤བཞུགས།
༤༦༽ འཇམ་དབྱངས་བསྟན་འཛིན་ཕྲིན་ལས་རྒྱ་མཚོ།							ཙ་ཡུས་སྐུ་ཕྲེང་ལྔ་པར་གཟིགས།
༤༧༽ བསོད་གྲགས་སྤྲུལ་སྐུ་སྐལ་བཟང་བསོད་ནམས་རྒྱ་མཚོ།	༡༥	ས་ལུག	༡༩༡༩	༡༦	ས་ཕག	༡༩༥༩	དགུང་ལོ་༤༡བཞུགས།
༤༨༽ ཀཱུ་དགེ་སྤྲུལ་སྐུ་སྐལ་བཟང་ལུང་རྟོགས་རྒྱ་མཚོ།	༡༥	མེ་སྟག	༡༩༢༦	༡༦	ས་ཕྲི།	༡༩༥༨	དགུང་ལོ་༣༣བཞུགས།

༤༩༽ ཕྱག་མཛོད་མཁན་པོ་སྐལ་བཟང་བསྟན་པ་རྒྱ་མཚོ།							
༥༠༽ སྐལ་བཟང་ཐུབ་བསྟན་རྒྱ་མཚོ།							རབ་བརྟན་རྒྱ་མཚོའི་སྐུ་ཕྲེང་བཞི་པར་གཟིགས།
༥༡༽ རིགས་གྲུ་ཚང་སྐལ་བཟང་བསྟན་པ་རབ་རྒྱས།							
༥༢༽ འབྲིང་བ་སྤྲུལ་སྐུ་སྐལ་བཟང་སློབ་བའི་སེང་གེ །	༡༥	ཤིང་གླང་།	༡༩༢༥	༡༦	ས་ཕག	༡༩༥༩	དགུང་ལོ་༣༥བཞུགས།
ཐུག་གསེབ་རིག་འཛིན་ཆོས་དབྱིངས་བཟང་མོ།	༡༤	ཆུ་གླང་།	༡༨༥༣	༡༦	ལྕགས་སྟག	༡༩༥༠	
ཐུད་ཀེ་གྲགས་པ་རྒྱལ་མཚན།							དུས་རབས་༡༣པའི་དུས་དཀྱིལ་གྱི་ལོ་རྩ་བ་ཞིག
ཐུད་བུ་ཁྲི་འབྲིང་ཕོང་ལོད་བཙན།							ཐུད་བུ་དཔལ་གྱི་སེང་གེར་གཟིགས།
ཐུད་བུ་སྟག་རྩེ།							བོད་ཁེངས་ལོག་དུས་ཀྱི་མགོ་པ་ཞིག
ཐུད་བུ་དཔལ་སེང་།							རྗེ་འབངས་ཉེར་ལྔའི་གྲས།
ཐུད་བུ་སྙོན་ཕོང་ཁྲི།							ཁྲི་ལྡེ་སྲོང་བཙན་གྱི་ཕྱི་སྙོན།
ཐུད་བུ་སྙོན་སྟག་སྣེབས།							ཁྲི་ལྡེ་སྲོང་བཙན་གྱི་ཕྱི་སྙོན།
ཞེའི་རྒྱལ་སྲས་ལེགས་ལྡན་པ།	༥	ལྕགས་སྟག	༡༢༩༠	༦	མེ་རྟ།	༡༣༦༦	

ཤེའུ་བརྗོད་པ།							དུས་རབས་༡༡པའི་དུས་སྟོད་ཙམ་གྱི་ལོ་ཙཱ་བ་ཞིག
ཤེལ་གླིང་མི་འགྱུར་ལྷུན་གྲུབ།	༡༥	མེ་བྱི།	༡༨༧༨	༡༥	ཆུ་གླང་།	༡༩༡༣	
ཤེས་བྱ་ཀུན་རིག							རོང་སྟོན་ཤཱཀྱ་རྒྱལ་མཚན་ལ་གཟིགས།
ཤེས་རབ་བཀྲ་ཤིས།							མ་ཇི་བ་ཤེས་རབ་བཀྲ་ཤིས་ལ་གཟིགས།
ཤེས་རབ་སྐྱབས།							དུས་རབས་༡༡པའི་དུས་སྨད་ཙམ་གྱི་ལོ་ཙཱ་བ་ཞིག
ཤེས་རབ་གྲགས།							སྟར་ཐང་གདན་ས་གཉིས་པ་རྗེ་སྟོན་ཤེས་རབ་གྲགས་ལ་གཟིགས།
ཤེས་རབ་མགོན།							
ཤེས་རབ་མགོན་པོ།							
ཤེས་རབ་རྒྱ་མཚོ།							བཀའ་གདམས་པ་ཞིག ༡༣༧༡ལོ་ཙམ་ལ་སྟར་ཐང་དུ་བཞུགས།
ཤེས་རབ་རྒྱ་མཚོ།							རྗོག་ཤེས་རབ་རྒྱ་མཚོར་གཟིགས།

ཤེས་རབ་རྒྱ་མཚོ།							བླ་བྲང་ཨ་ཁུ་ཆེན་ཤེས་རབ་རྒྱ་མཚོར་གཟིགས།
ཤེས་རབ་རྒྱ་མཚོ།							རྗེ་སྦྲིས་ཤེས་རབ་རྒྱ་མཚོར་གཟིགས།
ཤེས་རབ་རྒྱ་མཚོ།							ཨ་ཞ་ཧྲུ་ཏི་ལ་གཟིགས།
ཤེས་རབ་རྒྱལ་པ།							སྨུག་ཚབ་ཤེས་རབ་རྒྱལ་པར་གཟིགས།
ཤེས་རབ་རྒྱལ་མཚན།	༤	མེ་སྤྲེལ།	༡༣༥༤	༧	ཤིང་ལུག	༡༨༡༥	པོན་པོ་ཞིག
ཤེས་རབ་རྒྱལ་མཚན།							རྒྱ་གར་ཤེས་རབ་རྒྱལ་མཚན་ལ་གཟིགས།
ཤེས་རབ་རྒྱལ་མཚན།							རྡོལ་པོ་ཤེས་རབ་རྒྱལ་མཚན་ལ་གཟིགས།
ཤེས་རབ་རྒྱལ་མཚན།							སྨར་ཐང་གདན་རབས་བཅོ་ལྔ་པ་ཤེས་རབ་རྒྱལ་མཚན་ལ་གཟིགས།
ཤེས་རབ་ཆོས་འབྱོར།							ར་ཁ་ཤེས་རབ་ཆོས་འབྱོར་ལ་གཟིགས།
ཤེས་རབ་དར་རྒྱས་ལེགས་པའི་བློ་གྲོས།							དགའ་ལྡན་ཁྲི་རབས་བཅུ་གཉིས་པ་ཤེས་རབ་དར་རྒྱས་ལེགས་པའི་བློ་གྲོས་ལ་གཟིགས།

ཤེས་རབ་བདུད་རྩི་འཁོར་ལོ།							གཙང་པ་ཡེ་ཤེས་རྡོ་རྗེར་གཟིགས།
ཤེས་རབ་རྡོ་རྗེ།							བཀའ་གདམས་པའི་བླ་མ་ཞིག པུ་རྟོ་བརྫོ་ཡང་ཞུ།
ཤེས་རབ་རྡོ་རྗེ།							བྲག་དཀར་བ་ཤེས་རབ་རྡོ་རྗེར་གཟིགས།
ཤེས་རབ་དཔལ།	༣	ལྕགས་བྱི།	༡༡༨༠				སྟག་ལུང་པའི་སློབ་མ།
ཤེས་རབ་དཔལ་བརྩེགས།							རྗེ་དྲུང་ཤེས་རབ་དཔལ་བརྩེགས་ལ་གཟིགས།
ཤེས་རབ་དཔལ་བཟང་།							བྱང་སེམས་ཤེས་རབ་དཔལ་བཟང་ལ་གཟིགས།
ཤེས་རབ་དཔལ་བཟང་།							སློབ་དཔོན་ཤེས་རབ་དཔལ་བཟང་ལ་གཟིགས།
ཤེས་རབ་ཕུན་ཚོགས་རྣམ་རྒྱལ།							རྒྱ་ར་བ་ཤེས་རབ་ཕུན་ཚོགས་རྣམ་རྒྱལ་ལ་གཟིགས།
ཤེས་རབ་འཕེལ།							རྟོགས་ལྡན་པའི་སྤྲུལ་སྐུ་རྒྱལ་སྲས་ཤེས་རབ་འཕེལ་ལ་གཟིགས།
ཤེས་རབ་བྱང་ཆུབ།							དགས་པོ་སྒམ་ཆུང་ཤེས་རབ་བྱང་ཆུབ་ལ་གཟིགས།
ཤེས་རབ་བླ་མ།							རྫོག་ཤེས་རབ་བླ་མར་གཟིགས།

ཤེས་རབ་དབང་པོ།							རྗེ་དྲུང་ཤེས་རབ་དབང་པོར་གཟིགས།
ཤེས་རབ་དབང་པོ།	༨	ལྕགས་སྤྲེལ།	༡༥༠༠				
ཤེས་རབ་འབུམ།							བྱང་ཧེ་སྟོན་པ་ཤེས་རབ་འབུམ་ལ་གཟིགས།
ཤེས་རབ་འབུམ།							དུས་རབས་༡༣པའི་ནང་གི་བཀའ་གདམས་པ་ཞིག
ཤེས་རབ་འབྱུང་གནས།							འཛམ་དབྱངས་མགོན་པོར་གཟིགས།
ཤེས་རབ་བརྩོན་འགྲུས།							ཁུ་སྟོན་ཤེས་རབ་བརྩོན་འགྲུས་ལ་གཟིགས།
ཤེས་རབ་བརྩོན་འགྲུས།							དུས་རབས་༡༡པའི་དུས་སྨད་ཙམ་གྱི་ལོ་ཙཱ་བ་ཞིག
ཤེས་རབ་བཟང་པོ།							བྱང་སེམས་ཆོས་རྗེ་ཤེས་རབ་བཟང་པོར་གཟིགས།
ཤེས་རབ་བཟང་པོ།							རྩེ་པ་ཤེས་རབ་བཟང་པོར་གཟིགས།
ཤེས་རབ་བཟང་པོ།							ཨ་ཀྱཱ་སྐུ་ཕྲེང་དང་པོ་ཤེས་རབ་བཟང་པོར་གཟིགས།
ཤེས་རབ་འོད་ཟེར།							དུས་རབས་༡༡པའི་དུས་སྨད་ཙམ་གྱི་ལོ་ཙཱ་བ་ཞིག
ཤེས་རབ་འོད་ཟེར།							ཕྲེང་པོ་གཏེར་སྟོན་ཤེས་རབ་འོད་ཟེར་ལ་གཟིགས།

ཤེས་རབ་འོད་ཟེར།							རོག་ཤེས་རབ་འོད་ཟེར་ལ་གཟིགས།
ཤེས་རབ་འོད་གསལ།							ཞང་ཀ་མ་པ་ཤེས་རབ་འོད་ཟེར་ལ་གཟིགས།
ཤེས་རབ་ཡེ་ཤེས།							དུས་རབས་༡༡པའི་དུས་སྐོད་ཙམ་གྱི་མི་སྣ་བ་ཞིག
ཤེས་རབ་ཡེ་ཤེས།							མི་ཉག་ཤེས་རབ་ཡེ་ཤེས་ལ་གཟིགས།
ཤེས་རབ་རིན་ཆེན།							སྐྱག་ཚང་ལོ་ཙྪ་བ་ཤེས་རབ་རིན་ཆེན་ལ་གཟིགས།
ཤེས་རབ་ལེགས་པ།							དུས་རབས་༡༡ པའི་དུས་སྐོད་ཙམ་གྱི་ལོ་ཙྪ་བ་ཞིག
ཤེས་རབ་སེང་གེ།							ཀཿདམ་པ་བདེ་གཤེགས་ལ་གཟིགས།
ཤེས་རབ་སེང་གེ།							གླང་སྟོན་ཤེས་རབ་སེང་གེར་གཟིགས།
ཤེས་རབ་སེང་གེ།							སྣར་ཐང་པ་ཤེས་རབ་སེང་གེར་གཟིགས།
ཤེས་རབ་སེང་གེ།							འབྲུག་པ་ཤེས་རབ་སེང་གེར་གཟིགས།
ཤེས་རབ་སེང་གེ།							རོང་པ་ཤེས་རབ་སེང་གེར་གཟིགས།
ཤེས་རབ་སེང་གེ།	༦	ལྕགས་ཕག	༡༣༧༡	༧	ཆུ་སྦྲེལ།	༡༣༨༢	འདི་དང་འབྲུག་པ་ཤེར་སེང་གཉིས་གཅིག་ཡིན་མིན་བརྟག

ཤེས་རབ་སེང་གེ།	༦	ལྕགས་ཕག	༡༣༧༡	༧	ཆུ་སྤྲེལ།	༡༣༩༢	
ཤོང་སྟོན་རྡོ་རྗེ་རྒྱལ་མཚན།	༨	ལྕགས་རྟ།	༡༢༣༠				རབ་བྱུང་ལྔ་པའི་ཤིང་གླང་༡༢༦༥ལོར་བལ་ཡུལ་དུ་ཐེབས།
ཤོང་ལོ་བློ་གྲོས་བརྟན་པ།							ཤོང་སྟོན་རྡོ་རྗེ་རྒྱལ་མཚན་གྱི་གཅུང་པོ་ཡིན།
ཤོའི་ལེགས་ལྡན།							རབ་བྱུང་དྲུག་པའི་ལྕགས་ལུག་༡༣༣༡ལོར་རང་བྱུང་བའི་སྙིང་ཐིག་ཤོག་སེར་ལས་བསྒྱུར།
ཤཱཀྱ་གྲགས་པ།							
ཤཱཀྱ་མགོན་པོ།							རྗེ་བོ་ཤཱཀྱ་མགོན་པོར་གཟིགས།
ཤཱཀྱ་རྒྱལ་པོ།							བླ་མ་རྙིང་མ་ཤཱཀྱ་རྒྱལ་པོར་གཟིགས།
ཤཱཀྱ་རྒྱལ་མཚན།							ཕག་གྲུ་ཆོས་རྒྱལ་གཉིས་པ་ཤཱཀྱ་རྒྱལ་མཚན་ལ་གཟིགས།
ཤཱཀྱ་རྒྱལ་མཚན།							རོང་སྟོན་ཤཱཀྱ་རྒྱལ་མཚན་ལ་གཟིགས།
ཤཱཀྱ་མཆོག་ལྡན་དྲི་མེད་ལེགས་པའི་བློ་གྲོས།							པཎ་ཆེན་ཤཱཀྱ་མཆོག་ལྡན་དྲི་མེད་ལེགས་པའི་བློ་གྲོས་ལ་གཟིགས།

ཤཱཀྱ་བསྟན་འཛིན།							
ཤཱཀྱ་འབུམ།	༩	ཤིང་གླང་།	༡༢༤༥	༥	ལྕགས་ཁྱི།	༡༣༡༠	
ཤཱཀྱ་བརྩོན་འགྲུས།							དུས་རབས་༡༡པའི་དུས་དཀྱིལ་ཙམ་གྱི་ལོ་ཙཱ་བ་ཞིག
ཤཱཀྱ་ཚུལ་ཁྲིམས།							མཁན་ཆེན་ཤཱཀྱ་ཚུལ་ཁྲིམས་རབ་བྱུང་བདུན་པའི་ཤིང་ཡོས་༡༩༣༥ལོར་མཛོ་མོ་མཁར་དགོན་པ་བཏབ།
ཤཱཀྱ་གཞོན་ནུ།							འབྲོག་མི་ལོ་ཙཱ་བ་ཤཱཀྱ་གཞོན་ནུར་གཟིགས།
ཤཱཀྱ་བཟང་པོ།							སྟག་ལུང་ལོ་ཙཱ་བ་ཤཱཀྱ་བཟང་པོར་གཟིགས།
ཤཱཀྱ་ཡེ་ཤེས།							མཉམ་མེད་ཤཱཀྱ་ཡེ་ཤེས་ལ་གཟིགས།
ཤཱཀྱ་ཡེ་ཤེས།							བྱམས་ཆེན་ཆོས་རྗེ་ཤཱཀྱ་ཡེ་ཤེས་ལ་གཟིགས།
ཤཱཀྱ་ཡེ་ཤེས།							འབྲོག་མི་ལོ་ཙཱ་བ་ཤཱཀྱ་ཡེ་ཤེས་ལ་གཟིགས།
ཤཱཀྱ་ཡོན་ཏན།							ཁམས་པ་ལུང་པ་ཤཱཀྱ་ཡོན་ཏན་ལ་གཟིགས།
ཤཱཀྱ་ཤྲཱི།							ཁ་ཆེ་པཎ་ཆེན་ཤཱཀྱ་ཤྲཱིར་གཟིགས།

ཤཱཀྱ་ཤྲཱི་དཔལ་བཟང་པོ།							རབ་བྱུང་བདུན་པའི་ནང་གི་མི།
ཤཱཀྱ་སེང་གེ།།							གསང་བདག་སྒྲོ་ཕུག་ཤཱཀྱ་སེང་གེར་གཟིགས།
ཤཱཀྱ་བསོད་ནམས།							རྭ་སྒྲེང་བ་བྱང་སེམས་ཤཱཀྱ་བསོད་ནམས་ལ་གཟིགས།
ཤཱཀྱ་བསོད་ནམས། སྤྲ་མ།							སེ་སྤྱིལ་བུ་བ་ཤཱཀྱ་བསོད་ནམས་ལ་གཟིགས།
ཤཱཀྱ་ལྷ་དབང་།							མཁས་གྲུབ་ཤཱཀྱ་ལྷ་དབང་ལ་གཟིགས།
ཤཱཀྱའི་དགེ་སློང་ཆོས་ཀྱི་དབང་ཕྱུག							བཀའ་གདམས་པ་ཞིག
ཤཱཀྱའི་དགེ་སློང་པྲ་ཛྙཱ་བཛྲ།							བཀའ་གདམས་པ་ཞིག
ཤཱཀྱའི་དགེ་སློང་བརྩོན་འགྲུས་གྲགས།							བཀའ་གདམས་པ་ཞིག
ཤཱཀྱའི་བཙུན་པ་སངས་རྒྱས་རྒྱལ་མཚན།							བཀའ་གདམས་པ་ཞིག
ཤཱཀྱའི་བཙུན་པ་བསོད་ནམས་ཡེ་ཤེས།							བཀའ་གདམས་པ་ཞིག
ཤཱཀྱ་རཀྵི་ཏ།							མཁན་ཆེན་ཞི་བ་འཚོར་གཟིགས།

ཤཱནྟི་པ།							འབྲོག་མི་ཤཱཀྱ་ཡེའི་སློབ་མ།
ཤཱནྟི་པ་བློ་གྲོས་རྒྱལ་མཚན།	༨	མེ་ལུག	༡༤༨༧	༡༠	མེ་ཡོས།	༡༥༦༧	བཀྲས་ལྷུན་ཁྲི་རབས་བདུན་པ།
ཤངས་སྟོན།							མཁས་གྲུབ་ཤངས་སྟོན་ཚུལ་ཁྲིམས་མགོན་པོར་གཟིགས།
ཤངས་སྟོན་ཀུན་མཁྱེན་ལེགས་དཔལ་དོན་གྲུབ།	༨	ས་ཕག	༡༤༧༩	༩	ཤིང་ཡོས།	༡༥༥༥	
ཤངས་པ་མཁས་བཙུན་རྒྱལ་མཚན་འབུམ།	༤	ལྕགས་བྱ།	༡༢༦༡	༦	ཤིང་བྱི།	༡༣༣༤	
ཤངས་པ་གསེར་གླིང་པ་བཀྲ་ཤིས་དཔལ།	༥	ཆུ་འབྲུག	༡༢༩༢	༦	ཤིང་སྦྲུལ།	༡༣༦༥	
ཤངས་རིན་པོ་ཆེ།	༧	ཤིང་རྟ།	༡༣༥༤				
ཤབ་རྗེ།							དུས་རབས་བཅུ་པའི་ནང་འཁྲུངས།
ཤྲཱི་ལ་བྷ་དྲ།							ཆོས་སྒོམ་པ་ཤྲཱི་ལ་བྷ་དྲ་སྐྱེ་ཚུལ་ཁྲིམས་བཟང་པོར་གཟིགས།
ཤྲཱི་རཏྣ་གི་རི							དུས་རབས་བཅུ་གཅིག་པའི་ནང་གི་ལོ་ཙཱ་བ་ཞིག
གཤེན་པ་རྡོ་རྗེ་སེངྒེ།							
བཤད་སྒྲ་ཀུན་དགའ་དཔལ་འབྱོར།				༡༣	ཤིང་གླང་།	༡༨༠༥	

བཤད་སྒྲ་དབང་ཕྱུག་རྒྱལ་པོ།	༡༣	ཤིང་ཡོས།	༡༧༩༥	༡༤	ཤིང་བྱི།	༡༨༦༤	
བཤད་སྒྲུབ་བསྟན་དར་ལྷ་རམས་པ།							
བཤེས་གཉེན་གྲགས་པ།							དཀའ་ལྡན་ཁྲི་རབས་ཉེར་དགུ་པ་ཚེ་ནི་བཤེས་གཉེན་གྲགས་པར་གཟིགས།
བཤེས་གཉེན་བྱམས་པ་ཆོས་ལྡན།							དུས་རབས་༡༡ པའི་དུས་དཀྱིལ།
ཤྲི་ཀོ་ཐ་ཆོས་རྗེ་ཞི་བ།							ཛ་ཡ་པཎྜི་ཏ་བློ་བཟང་ཕྲིན་ལས་ཀྱི་སློབ་མ།
ཤྲི་ཐ་ཀུ་ཤེ་ཆོས་རྗེ།				༡༠	ལྕགས་སྤྲེལ།	༡༦༢༠	རྒྱལ་བ་བསོད་ནམས་རྒྱ་མཚོའི་ཐུགས་སྲས། བཀའ་འགྱུར་རྟོར་ཡིག་ཏུ་བསྒྱུར་བའི་ལོ་ཙཱ་བ།
ཤྲཱི་ཐ་བོ་བློ་བཟང་བསྟན་པའི་ཉི་མ།	༡༢	ས་སྦྲུལ།	༡༦༨༩	༡༣	ཆུ་འབྲུག	༡༧༧༢	
ཤྲཱི་རྣམ་གེཏེ།							དུས་རབས་༡༧པའི་དུས་དཀྱིལ་ཙམ་གྱི་ལོ་ཙ་བ་ཞིག

མཚན་བྱང་།	འཁྲུངས་ལོ།			འདས་ལོ།			ཞར་བྱུང་།
	རབ་བྱུང་།	ལོ་ཁམས།	སྤྱི་ལོ།	རབ་བྱུང་།	ལོ་ཁམས།	སྤྱི་ལོ།	གསལ་བཤད།
ས།							
ས་སྐྱ་ཀུན་དགའ་བཀྲ་ཤིས།							བླམ་དམ་པ་བསོད་ནམས་རྒྱལ་མཚན་གྱི་སློབ་མ།
ས་སྐྱ་ཀུན་དགའ་བློ་གྲོས།	༡༢	ས་བྱ།	༡༧༢༨				
ས་སྐྱ་ཀུན་དགའ་བཟང་པོ།							བུ་སྟོན་གྱི་ཡང་སློབ། རབ་བྱུང་དྲུག་པའི་ལྕགས་འབྲུག ༡༣༩༠ལོར་བསྟེན་པར་རྫོགས།
ས་སྐྱ་དཀོན་མཆོག་འཕེལ།	༧	ཤིང་གླང་།	༡༩༩༥				
ས་སྐྱ་མཁན་ཆེན་ངག་དབང་ཆོས་གྲགས།	༡༠	ཆུ་སྤྲེལ།	༡༥༧༢	༡༡	ལྕགས་སྦྲུལ།	༡༦༩༡	
(ས་སྐྱ་གོང་མ་རྣམ་ལྔ།)							
ས་ཆེན་ཀུན་དགའ་སྙིང་པོ།	༢	ཆུ་སྤྲེལ།	༡༠༨༢	༣	ས་སྟག	༡༡༥༨	
ས་སྐྱ་རྗེ་བཙུན་གྲགས་པ་རྒྱལ་མཚན།	༣	མེ་ཡོས།	༡༡༩༧	༩	མེ་བྱི།	༡༢༡༦	

ས་སྐྱ་བསོད་ནམས་རྩེ་མོ།	༢	ཆུ་ཕྱི།	༡༡༤༢	༣	ཆུ་སྟག	༡༡༦༢	
ས་སྐྱ་པ་ཊ་ཆེན་ཀུན་དགའ་རྒྱལ་མཚན།	༣	ཆུ་སྟག	༡༡༨༢	༦	ལྕགས་ཕག	༡༢༥༡	ལ་ལས་༡༢༥༣ལོར་འདས་ཟེར།
ས་སྐྱ་འཕགས་པ་བློ་གྲོས་རྒྱལ་མཚན།							འགྲོ་མགོན་ཆོས་རྒྱལ་འཕགས་པ་བློ་གྲོས་རྒྱལ་མཚན་ལ་གཟིགས།
ས་སྐྱ་གྲུབ་ཆེན་དཀོན་མཆོག་བློ་གྲོས།	༧	ས་སྤྲེལ།	༡༤༧༦	༨	ས་སྤྲེལ།	༡༤༨༨	
ས་སྐྱ་ངག་དབང་ཀུན་དགའ་དབང་རྒྱལ།	༩	ས་ལུག	༡༥༥༩				
ས་སྐྱ་ངག་དབང་ཀུན་དགའ་རིན་ཆེན།	༩	མེ་གླང་།	༡༥༡༧	༡༠	ཤིང་སྤྲེལ།	༡༥༨༤	
ས་སྐྱ་ངག་དབང་ཀུན་དགའ་བསོད་ནམས།							
ས་སྐྱ་ངག་དབང་བཀྲ་ཤིས་གྲགས་པ།	༩	ས་སྦྲུལ།	༡༥༠༩				
ས་སྐྱ་སྟགས་འཚང་གྲགས་པ་བློ་གྲོས།	༩	ཤིང་ཡོས།	༡༥༥༥				
ས་སྐྱ་སྟགས་འཚང་ངག་དབང་བཀྲ་ཤིས་གྲགས་པ།	༩	ས་སྦྲུལ།	༡༥༠༩				
ས་སྐྱ་ཏི་ཤྲཱི་ཀུན་དགའ་བློ་གྲོས།							ཏི་ཤྲཱི་བརྒྱད་པ་ཀུན་དགའ་བློ་གྲོས་རྒྱལ་མཚན་ལ་གཟིགས།
ས་སྐྱ་རྣམ་པ་ལ་རཀྵི་ཏ།							ས་སྐྱ་ཁྲི་རབས་བརྒྱད་པ་རྣམ་པ་ལ་རཀྵི་ཏར་གཟིགས།

༼ས་སྐྱ་བདག་ཆེན་རྣམ་པ།༽							
༡༽ས་སྐྱ་བདག་ཆེན་བཟང་པོ་དཔལ།	༤	ཆུ་ཁྱི།	༡༢༦༢	༥	ཤིང་བྱི།	༡༣༢༤	
༢༽ས་སྐྱ་བདག་ཆེན་མཁས་བཙུན་ནམ་མཁའ་ལེགས་པ་རྒྱལ་མཚན།	༥	ཤིང་སྦྲུལ།	༡༣༠༥	༦	ཤིང་འབྲུག	༡༣༦༤	
༣༽ས་སྐྱ་བདག་ཆེན་ཀུན་དགའ་ལེགས་པའི་རྒྱལ་མཚན།	༥	ས་སྤྲེལ།	༡༣༠༨	༦	མེ་བྱི།	༡༣༣༦	
༤༽ས་སྐྱ་བདག་ཆེན་ནམ་མཁའ་རྒྱལ་མཚན།	༥	ཆུ་བྱི།	༡༣༡༢	༦	ལྕགས་ལུག	༡༣༣༡	
༥༽ས་སྐྱ་བདག་ཆེན་ཀུན་དགའ་བློ་གྲོས་རྒྱལ་མཚན།							ཏི་ཤྲི་བརྒྱུད་པར་གཟིགས།
༦༽ས་སྐྱ་བདག་ཆེན་འཇམ་དབྱངས་ནམ་མཁའ་རྒྱལ་མཚན།	༧	ས་སྟག	༡༣༩༨	༨	ཆུ་འབྲུག	༡༤༧༢	
༧༽ས་སྐྱ་བདག་ཆེན་ཞྭ་ལུ་བ་བསོད་ནམས་རྒྱལ་མཚན།	༧	ས་བྱི།	༡༤༠༨	༨	ལྕགས་རྟ།	༡༤༥༠	
༨༽ས་སྐྱ་བདག་ཆེན་རྒྱ་གར་བ་ཤེས་རབ་རྒྱལ་མཚན།	༧	མེ་འབྲུག	༡༤༣༦	༨	ཤིང་སྟག	༡༤༩༤	
༩༽ས་སྐྱ་བདག་ཆེན་བློ་གྲོས་རྒྱལ་མཚན།	༧	མེ་འབྲུག	༡༤༣༦				རབ་བྱུང་བརྒྱད་པའི་མེ་ཁྱི། ༡༤༦༦ལོར་ས་སྐྱའི་ཁྲིར་འཁོད།
༡༠༽ས་སྐྱ་བདག་ཆེན་བློ་གྲོས་རྒྱལ་མཚན།	༧	ཤིང་བྱི།	༡༤༤༤	༨	ཤིང་ཡོས།	༡༤༩༥	

༡༡༽ས་སྐྱ་བདག་ཆེན་བསོད་དབང་།	༨	ས་ལུག	༡༥༥༨				
༡༢༽ས་སྐྱ་བདག་ཆེན་ཨ་མེས་ཞབས།							དུས་མཆོད་ཟླ་བྲང་པ་ཨ་མེས་ཞབས་ངག་དབང་ཀུན་དགའ་བསོད་ནམས་ལ་གཟིགས།
ས་སྐྱ་བ་དཔལ་ལྡན་ཚུལ་ཁྲིམས།	༥	ས་བྱ།	༡༣༠༨	༦	ཤིང་ཡོས།	༡༧༥	
༼ས་སྐྱ་དཔོན་ཆེན་རིམ་བྱོན།༽							
༡༽དཔོན་ཆེན་ཤཱཀྱ་བཟང་པོ།							རབ་བྱུང་བཞི་པའི་ཤིང་གླང་༡༢༦༥ལོར་ས་སྐྱའི་ལྷ་ཁང་ཆེན་མོ་བཞེངས་མགོ་ཚུགས།
༢༽དཔོན་ཆེན་ཀུན་དགའ་བཟང་པོ།							རབ་བྱུང་ལྔ་པའི་ལྕགས་རྟ་༡༢༧༠ལོར་དཔོན་ཆེན་གྱི་གོ་གནས་བཟུང་། རབ་བྱུང་ལྔ་པའི་ལྕགས་སྦྲུལ་༡༢༨༡ལོར་ཧོར་དམག་གིས་བྱ་རོག་རྫོང་བཅོམ་ནས་བསད།
༣༽ཞང་བཙུན།							
༤༽ཕྱུག་པོ་བན་དཀར་བ་འམ་སྒང་དཀར་བ།							
༥༽བྱང་རིན།							

༦། ཀུན་གཞོན།							
༧། གཞོན་དབང་།							
༨། བྱང་རྗེར།							
༩། ཨང་ལེན་ནམ་ཨག་ལེན།							
༡༠། ལེགས་པ་དཔལ།							
༡༡། སེང་གེ་དཔལ།							
༡༢། འོད་ཟེར་སེང་གེ།							
༡༣། ཀུན་དགའ་རིན་ཆེན།							
༡༤། དོན་ཡོད་དཔལ།							
༡༥། ཡོན་བརྩུན།							
༡༦། འོད་ཟེར་སེང་གེ།							
༡༧། རྒྱལ་བ་བཟང་པོ།							

༡༨༽དབང་ཕྱུག་དཔལ།							
༡༩༽བསོད་ནམས་དཔལ།							
༢༠༽རྒྱལ་བ་བཟང་པོ།							
༢༡༽དབང་བརྩོན།							
༢༢༽ནམ་མཁའ་དམ་པའམ་བརྟན་པ།							
ས་སྐྱ་པཎ་ཆེན་ཤཱཀ་མཆོག							པཎ་ཆེན་ ཤཱཀྱ་ མཆོག་ ལྡན་ དྲི་ མེད་ ལེགས་ པའི་ བློ་ གྲོས་ ལ་ གཟིགས།
ས་སྐྱ་བ་འབུམ་ཕྲག་གསུམ་པ།							པཎ་ཆེན་འབུམ་ཕྲག་གསུམ་པར་གཟིགས།
ས་སྐྱ་བ་ཟངས་ཚ་བསོད་ནམས་རྒྱལ་མཚན།							ཟངས་ཚ་བསོད་ནམས་རྒྱལ་མཚན་ལ་གཟིགས།
ས་སྐྱ་བ་རིན་ཆེན་རྒྱལ་མཚན།	༨	ས་ཁྱི།	༡༢༣༨	༥	ས་ཡོས།	༡༢༧༩	
ས་སྐྱ་བསོད་ནམས་བཀྲ་ཤིས།	༦	ཆུ་འབྲུག	༡༣༥༢	༧	མེ་བྱ།	༡༤༡༧	ཐེག་ཆེན་ཆོས་རྗེའི་གཅུང་།
ས་སྐྱ་བསོད་ནམས་རྒྱལ་མཚན།	༥	ཆུ་བྱི་	༡༣༡༢	༧	ས་སྤྲང་།	༡༤༠༨	བླ་མ་དམ་པ་བསོད་ནམས་རྒྱལ་མཚན་ཡང་ཞུ། འདི་དགུང་ལོ་རེ་བཞི་ལས་མ་བཞུགས་ཟེར་བའང་སྣང་།

ས་སྐྱ་ཨ་མེས་ཞབས།							དུས་མཚོད་བླ་བྲང་པ་ཨ་མེས་ཞབས་ངག་དབང་ཀུན་དགའ་བསོད་ནམས་ལ་གཟིགས།
༼ས་སྐྱའི་གདན་རབས་རིམ་བྱོན།༽							
༡༽ འཁོན་དཀོན་མཆོག་རྒྱལ་པོ།							སོ་ཚིགས་སོགས་སུ་གསལ།
༢༽ བ་རི་ལོ་ཙཱ་བ་རིན་ཆེན་གྲགས།							སོ་ཚིགས་སོགས་སུ་གསལ།
༣༽ ས་ཆེན་ཀུན་དགའ་སྙིང་པོ།							སོ་ཚིགས་གོང་མ་རྣམ་ལྔའི་སྐབས་སུ་གསལ།
༤༽ ས་སྐྱ་བླ་ཆེན་བསོད་ནམས་རྩེ་མོ།							སོ་ཚིགས་གོང་མ་རྣམ་ལྔའི་སྐབས་སུ་གསལ།
༥༽ ས་སྐྱ་རྗེ་བཙུན་གྲགས་པ་རྒྱལ་མཚན།							སོ་ཚིགས་གོང་མ་རྣམ་ལྔའི་སྐབས་སུ་གསལ།
༦༽ ས་སྐྱ་པཎ་ཆེན་ཀུན་དགའ་རྒྱལ་མཚན།							སོ་ཚིགས་གོང་མ་རྣམ་ལྔའི་སྐབས་སུ་གསལ།
༧༽ འགྲོ་མགོན་འཕགས་པ་བློ་གྲོས་རྒྱལ་མཚན།							སོ་ཚིགས་གོང་མ་རྣམ་ལྔའི་སྐབས་སུ་གསལ།
༨༽ དྷརྨ་པཱ་ལ་རཀྵི་ཏ།							ཏཱ་དབེན་ཏི་ཤྲཱི་གསུམ་པར་གཟིགས།
༩༽ ཤར་པ་འཇམ་དབྱངས་བཞི་ཐོག་པ།							ཏཱ་དབེན་ཏི་ཤྲཱི་ཤར་པ་རིན་ཆེན་རྒྱལ་མཚན་ལ་གཟིགས།

༡༠༽ བདག་ཆེན་བཟང་པོ་དཔལ།							ས་སྐྱ་བདག་ཆེན་དང་པོར་གསལ།
༡༡༽ བདག་ཆེན་མཁས་བཙུན་ནམ་མཁའ་ལེགས་པའི་རྒྱལ་མཚན།							ས་སྐྱ་བདག་ཆེན་གཉིས་པར་གཟིགས།
༡༢༽ བླམ་དམ་པ་བསོད་ནམས་རྒྱལ་མཚན།							ས་སྐྱ་བསོད་ནམས་རྒྱལ་མཚན་ལ་གཟིགས།
༡༣༽ དྭ་དབེན་བློ་གྲོས་རྒྱལ་མཚན།							ལོ་ཚིགས་དྭ་དབེན་སྐབས་སུ་གསལ།
༼ས་སྐྱའི་ལམ་འབྲས་ཚོགས་བཤད་ཀྱི་བླ་རྒྱུད།༽							
༡༽ ངོར་ཆེན་ཀུན་དགའ་བཟང་པོར་གཟིགས།							
༢༽ མུས་ཆེན་དཀོན་མཆོག་རྒྱལ་མཚན་ལ་གཟིགས།							
༣༽ འཇམ་དབྱངས་ཤེས་རབ་རྒྱ་མཚོ།	༧	མེ་བྱི།	༡༣༩༦	༨	ཤིང་ལུག	༡༤༧༥	དགུང་ལོ་དོན་དགུ་བཞུགས།
༤༽ མཁས་གྲུབ་ཀུན་དགའ་དབང་ཕྱུག	༧	ཤིང་འབྲུག	༡༤༢༤				
༥༽ མཁས་གྲུབ་དཔལ་ལྡན་རྡོ་རྗེ།	༧	ལྕགས་ཡོས།	༡༤༡༡	༨	ཆུ་སྟག	༡༤༨༢	དགུང་ལོ་དོན་གཉིས་བཞུགས།
༦༽ གོ་རམས་པ་བསོད་ནམས་སེང་གེ་ལ་གཟིགས།							

༧༽ཛེ་དཀོན་མཆོག་འཕེལ།	༧	ཤིང་གླང་།	༡༤༤༥	༨	ཆུ་ཕག	༡༥༠༣	དགུང་ལོ་ང་བརྒྱད་བཞུགས།
༨༽མུས་ཆེན་སངས་རྒྱས་རིན་ཆེན།	༨	ཆུ་བྱི།	༡༤༥༣	༩	ཤིང་སྤྲེལ།	༡༥༢༤	དགུང་ལོ་དོན་གཉིས་བཞུགས།
༩༽ལྷ་མཆོག་སེང་གེ།	༨	ས་བྱི།	༡༤༦༨	༩	ཤིང་ལུག	༡༥༣༥	དགུང་ལོ་རེ་བརྒྱད་བཞུགས།
༡༠༽ངོར་ཆེན་དཀོན་མཆོག་ལྷུན་གྲུབ་ལ་གཟིགས།							
༡༡༽ངོར་ཆེན་སངས་རྒྱས་སེང་གེ།	༨	ཤིང་བྱི།	༡༥༠༤	༡༠	ཆུ་སྤྲེལ།	༡༥༧༢	དགུང་ལོ་རེ་དགུ་བཞུགས།
༡༢༽མཁས་གྲུབ་ཤེས་རབ་རྒྱལ་མཚན།	༨	ཤིང་གླང་།	༡༥༠༥	༩	མེ་འབྲུག	༡༥༥༦	དགུང་ལོ་རེ་དགུ་བཞུགས།
༡༣༽དཀོན་མཆོག་དཔལ་ལྡན།	༩	མེ་བྱི།	༡༥༢༦	༡༠	ལྕགས་སྟག	༡༥༩༠	དགུང་ལོ་རེ་ལྔ་བཞུགས།
༡༤༽བྲང་ཏི་པཎ་ཆེན་ནམ་མཁའ་དཔལ་བཟང་།	༩	ཤིང་གླང་།	༡༥༣༥	༡༠	ལྕགས་བྱི།	༡༦༢༡	དགུང་ལོ་རེ་དགུ་བཞུགས།
༡༥༽ཤར་ཆེན་བྱམས་པ་ཀུན་དགའ་བཀྲ་ཤིས་དཔལ་ལྡན།	༩	ས་རྟ།	༡༥༥༨	༡༠	ཤིང་ཡོས།	༡༦༡༥	དགུང་ལོ་ང་བརྒྱད་བཞུགས།
༡༦༽འཇམ་དབྱངས་ཀུན་དགའ་བསོད་ནམས་ལྷུན་གྲུབ།	༡༠	ལྕགས་ལུག	༡༥༧༡	༡༡	ཆུ་བྱི།	༡༦༧༢	དགུང་ལོ་དོན་གཉིས་བཞུགས།
༡༧༽མཁས་གྲུབ་དཔལ་ལྡན་དོན་གྲུབ།	༩	ཆུ་ཕག	༡༥༦༣	༡༡	མེ་བྱི།	༡༦༣༦	དགུང་ལོ་དོན་བཞི་བཞུགས།
༡༨༽བྲང་ཏི་ནམ་མཁའ་སངས་རྒྱས།	༡༠	ལྕགས་བྱི།	༡༦༠༠				

༡༩༽ མཁན་ཆེན་ནམ་མཁའ་རིན་ཆེན།	༡༠	ཆུ་བྱི།	༡༦༡༢	༡༡	མེ་བྱ།	༡༦༥༧	དགུང་ལོ་ཞེ་དྲུག་བཞུགས།
༢༠༽ བདག་ཆེན་ཨ་མེས་ངག་དབང་ཀུན་དགའ་བསོད་ནམས་ལ་གཟིགས།							
༢༡༽ དཔལ་གླིང་ཆོས་རྗེ་བསོད་ནམས་རྒྱ་མཚོ།	༡༠	མེ་སྤྲེལ།	༡༦༡༧	༡༡	མེ་ལུག	༡༦༦༧	དགུང་ལོ་ང་གཅིག་བཞུགས།
༢༢༽ འཇམ་མགོན་དཔལ་མཆོག་རྒྱལ་མཚན།	༡༠	ས་ཕག	༡༥༩༩	༡༡	ཆུ་བྱི།	༡༦༧༣	དགུང་ལོ་དོན་ལྔ་བཞུགས།
༢༣༽ འཇམ་དབྱངས་ནམ་མཁའ་དཔལ་བཟང་།	༡༠	ཆུ་གླང་།	༡༦༡༡	༡༡	ལྕགས་ཕག	༡༦༧༢	དགུང་ལོ་རེ་གཉིས་བཞུགས།
༢༤༽ འཇམ་མགོན་ལྷུན་གྲུབ་དཔལ་ལྡན།	༡༠	ཤིང་བྱི།	༡༦༢༤	༡༢	མེ་གླང་།	༡༦༩༧	དགུང་ལོ་དོན་བཞི་བཞུགས།
༢༥༽ འཇམ་མགོན་སངས་རྒྱས་ཕུན་ཚོགས།	༡༡	ས་གླང་།	༡༦༤༩	༡༢	ཤིང་བྱ།	༡༧༠༥	དགུང་ལོ་ང་བདུན་བཞུགས།
༢༦༽ བདག་ཆེན་སངས་རྒྱས་བསྟན་འཛིན།	༡༡	མེ་ལུག	༡༦༦༧	༡༢	ཆུ་བྱ།	༡༦༩༣	དགུང་ལོ་ཉེར་བདུན་བཞུགས།
༢༧༽ མཁན་པོ་ཤེས་བྱ་བཟང་པོ།	༡༡	ལྕགས་གླང་།	༡༦༦༡	༡༢	ཤིང་རྟ།	༡༧༡༤	དགུང་ལོ་ང་བཞི་བཞུགས།
༢༨༽ བྱམས་པ་ཚུལ་ཁྲིམས་དཔལ་བཟང་།	༡༡	ཤིང་ཡོས།	༡༦༥༧	༡༢	ཆུ་བྱ།	༡༦༩༣	དགུང་ལོ་སོ་དྲུག་བཞུགས།
༢༩༽ མཚུངས་མེད་བསོད་ནམས་དཔལ་ལྡན།	༡༡	ས་བྱ།	༡༦༦༩	༡༢	ཆུ་སྦྲུལ།	༡༧༡༣	དགུང་ལོ་ཞེ་ལྔ་བཞུགས།

༣༠༽ བྱམས་པ་བསོད་ནམས་དཔལ་བཟང་།	༡༠	ས་སྤྲེལ།	༡༦༨༩	༡༣	ས་སྤྲེལ།	༡༧༤༩	དགུང་ལོ་རེ་གཅིག་བཞུགས།
༣༡༽ འཇམ་མགོན་བཀྲ་ཤིས་ལྷུན་གྲུབ།	༡༢	ཆུ་བྱི།	༡༦༧༢	༡༢	ས་ལུག	༡༧༣༩	དགུང་ལོ་རེ་བརྒྱད་བཞུགས།
༣༢༽ འཇམ་མགོན་ཚུལ་ཁྲིམས་ལྷུན་གྲུབ།	༡༡	མེ་འབྲུག	༡༦༧༦	༡༢	ལྕགས་བྱི།	༡༧༣༠	དགུང་ལོ་ང་ལྔ་བཞུགས།
༣༣༽ བྱམས་པ་ནམ་མཁའ་བསམ་གྲུབ།	༡༢	མེ་བྱི།	༡༦༩༦	༡༣	ཤིང་བྱི།	༡༧༥༤	དགུང་ལོ་ང་དགུ་བཞུགས།
༣༤༽ མཁས་གྲུབ་དཔལ་ལྡན་ཆོས་སྐྱོང་།	༡༢	ཆུ་རྟ།	༡༧༠༢	༡༣	ས་སྟག	༡༧༥༨	དགུང་ལོ་དྲུག་ཅུ་བཞུགས།
༣༥༽ མཁས་གྲུབ་སངས་རྒྱས་དཔལ་བཟང་།	༡༢	ས་ཡོས།	༡༦༤༦	༡༡	མེ་བྱི།	༡༦༩༩	དགུང་ལོ་ཞེ་བདུན་བཞུགས།
༣༦༽ མཁན་ཆེན་བསོད་ནམས་ལྷུན་གྲུབ།	༡༢	ཤིང་རྟ།	༡༧༡༤	༡༢	ཤིང་གླང་།	༡༧༤༥	དགུང་ལོ་སོ་གཉིས་བཞུགས།
༣༧༽ རིན་ཆེན་མི་འགྱུར་རྒྱལ་མཚན།	༡༢	མེ་བྱ།	༡༧༡༧	༡༣	ལྕགས་ལུག	༡༧༥༡	དགུང་ལོ་སོ་བཞི་བཞུགས།
༣༨༽ འཇམ་མགོན་སངས་རྒྱས་ཡེ་ཤེས།	༡༢	མེ་བྱ།	༡༧༡༧				
༣༩༽ འཇམ་མགོན་དཀོན་མཆོག་གྲགས་པ།	༡༢	མེ་སྤྲེལ།	༡༧༡༦				
༤༠༽ ངག་དབང་ཆོས་སྐྱོང་བཟང་པོ།	༡༢	ལྕགས་འབྲུག	༡༧༠༠				
༤༡༽ མཁས་གྲུབ་སངས་རྒྱས་གྲགས་པ།	༡༢	མེ་གླང་།	༡༦༩༧				

༤༢༽ ངག་དབང་ཕུན་ཚོགས་དོན་གྲུབ།	༡༢	ལྕགས་སྤྲེལ།	༡༧༩༠				
༤༣༽ མཁས་གྲུབ་ཀུན་དགའ་བསོད་ནམས།	༡༢	ལྕགས་སྟག	༡༧༡༠				
༤༤༽ བྱམས་པ་ནམ་མཁའ་འཆི་མེད།	༡༣	ཤིང་བྱ།	༡༧༦༩				
༤༥༽ མཁས་གྲུབ་ངག་དབང་དམ་ཆོས།	༡༣	མེ་བྱ།	༡༧༧༧				
༤༦༽ མཁན་ཆེན་བསོད་ནམས་དཔལ་འབྱོར།	༡༣	ལྕགས་འབྲུག	༡༧༦༠				
༤༧༽ མཁན་ཆེན་བྱམས་པ་ཀུན་དགའ་བསྟན་འཛིན།	༡༣	མེ་སྤྲེལ།	༡༧༧༦	༡༩	ཆུ་ཕག	༡༨༦༣	དགུང་ལོ་གྱ་བདུན་བཞུགས།
༤༨༽ མཁན་ཆེན་ངག་དབང་བློ་གྲོས་བཟང་པོ།	༡༣	ལྕགས་སྤྲེལ།	༡༨༠༠				
༤༩༽ ཡོངས་འཛིན་དཔལ་ལྡན་ཆོས་ཀྱི་རྒྱལ་མཚན།	༡༣	ཆུ་ཕག	༡༨༠༣	༡༩	མེ་སྟག	༡༨༦༦	དགུང་ལོ་དོན་གཅིག་བཞུགས།
༥༠༽ བྱམས་པ་དཔལ་ལྡན།	༡༣	མེ་སྟག	༡༨༠༦				
༥༡༽ རྣལ་འབྱོར་འཇམ་དཔལ་བཟང་པོ།	༡༣	ས་བྱ།	༡༧༨༡	༡༩	ཤིང་བྱི།	༡༨༦༩	དགུང་ལོ་དོན་དྲུག་བཞུགས།
༥༢༽ ཁང་གསར་མཁན་པོ་ངག་དབང་བློ་གྲོས་བརྟན་པ།	༡༤	ལྕགས་འབྲུག	༡༨༢༠				
༥༣༽ ཕན་ཁང་མཁན་ཆེན་ཀུན་དགའ་བསྟན་པའི་བློ་གྲོས།	༡༤	ཆུ་རྟ།	༡༨༢༢	༡༥	ཤིང་སྤྲེལ།	༡༨༨༩	དགུང་ལོ་རེ་གསུམ་བཞུགས།

༥༤〉བྱམས་པ་ཀུན་དགའ་བསྟན་འཛིན།	༡༤	ས་གླང་།	༡༨༢༩	༡༥	ལྕགས་རྟ།	༡༨༧༠	དགུང་ལོ་ཞེ་གཉིས་བཞུགས།
༥༥〉མཁན་ཆེན་ངག་དབང་བསོད་ནམས་རྒྱལ་མཚན།	༡༤	མེ་བྱ།	༡༨༢༧	༡༥	ཤིང་བྱ།	༡༨༨༥	དགུང་ལོ་ང་དགུ་བཞུགས།
༥༦〉འཇམ་དབྱངས་ཤེས་རབ་རྒྱ་མཚོ།	༡༤	ལྕགས་བྱི།	༡༨༤༠				
༥༧〉དཔལ་ལྡན་བློ་གྲོས་རྒྱལ་མཚན།	༡༤	ལྕགས་བྱི།	༡༨༤༠	༡༥	ལྕགས་བྱི།	༡༩༠༠	དགུང་ལོ་རེ་གཅིག་བཞུགས།
༥༨〉འཇམ་དབྱངས་རིན་ཆེན་རྡོ་རྗེ།	༡༤	མེ་བྱ།	༡༨༣༧	༡༥	ཆུ་གླང་།	༡༩༠༡	དགུང་ལོ་རེ་ལྔ་བཞུགས།
༥༩〉ངག་དབང་བློ་གྲོས་སྙིང་པོ།	༡༤	ཤིང་སྤྲེལ།	༡༨༤༤				
༦༠〉ངག་དབང་མཁྱེན་རབ་འཇམ་དཔལ་སྙིང་པོ།	༡༥	ས་འབྲུག	༡༨༦༨	༡༦	ལྕགས་སྟག	༡༩༥༠	དགུང་ལོ་གྱ་གཉིས་བཞུགས།
༦༡〉ངག་དབང་ཀུན་དགའ་བསྟན་པའི་རྒྱལ་མཚན།	༡༤	ཆུ་ཕག	༡༨༦༣	༡༥	ས་ཕག	༡༨༩༩	དགུང་ལོ་སོ་བདུན་བཞུགས།
༦༢〉བྱམས་པ་དཔལ་ལྡན་ཆོས་མཛད།	༡༥	ཆུ་བྱ།	༡༨༧༣				
༦༣〉ཕན་ཁང་འཇམ་དབྱངས་ཀུན་བཟང་ཐུབ་བསྟན་ཆོས་ཀྱི་རྒྱལ་མཚན།	༡༥	ལྕགས་འབྲུག	༡༨༨༠				
༦༤〉འཇམ་དབྱངས་ཀུན་དགའ་བསྟན་པའི་རྒྱལ་མཚན།	༡༥	ཤིང་བྱ།	༡༨༨༥	༡༦	ཆུ་འབྲུག	༡༩༥༢	དགུང་ལོ་རེ་བརྒྱད་བཞུགས།

༦༥༽ ངོར་ཨེ་ཝཾ་ཁང་གསར་དམ་པ་རིན་པོ་ཆེ་ངག་དབང་བློ་གྲོས་སྙིང་པོ།	༡༥	མེ་བྱི།	༡༨༧༦	༡༦	ཆུ་འབྲུག	༡༩༥༢	དགུང་ལོ་དོན་བདུན་བཞུགས།
༦༦༽ བླ་ཕྱིང་རྒྱལ་སྲས་འཇམ་དབྱངས་ཆོས་ཀྱི་ཉི་མ།	༡༥	མེ་ཕག	༡༨༨༧				
༦༧༽ ཐར་རྩེ་འཇམ་དབྱངས་ཀུན་བཟང་ཐུབ་བསྟན་ཆོས་ཀྱི་རྒྱལ་མཚན།	༡༥	ལྕགས་སྟག	༡༨༩༠				
༦༨༽ ཕན་ཁང་ངག་དབང་བློ་གྲོས་ཐེག་མཆོག	༡༥	ལྕགས་གླང་།	༡༩༠༡				
༦༩༽ ཁང་གསར་ངག་དབང་ཡོན་ཏན་རྒྱ་མཚོ།	༡༥	ཆུ་ཡོས།	༡༩༠༣				སྤྱི་ལོ་༡༩༦༠ལོ་ཙམ་ལ་མི་ཉག་བཙོན་ཁང་ནས་འདའ་ལུས་ཕེབས་པར་གྲགས།
༧༠༽ ཕན་ཁང་ངག་དབང་མཁས་གྲུབ་རྒྱ་མཚོ།	༡༥	ལྕགས་ཁྱི།	༡༩༡༠				
༧༡༽ ཐར་རྩེ་བྱམས་པ་ནམ་མཁའ་ཀུན་བཟང་བསྟན་པའི་རྒྱལ་མཚན།	༡༥	ཤིང་སྦྲུལ།	༡༩༠༥				
༧༢༽ བླ་ཕྱིང་འཇམ་དབྱངས་ཐུབ་བསྟན་ལུང་རྟོགས་རྒྱལ་མཚན།	༡༥	ལྕགས་བྱི།	༡༩༠༠				

༧༣༽ཁང་གསར་མཁན་ཆེན་ངག་དབང་མཁྱེན་བརྩེ་ཐུབ་བསྟན་སྙིང་པོ།	༡༥	ཆུ་གླང་།	༡༩༡༣	༡༧	མེ་ཡོས།	༡༩༤༧	དགུང་ལོ་དོན་དྲུག་བཞུགས།
༧༤༽ཐར་རྩེ་འཇམ་དབྱངས་ཀུན་དགའ་བསྟན་པའི་རྒྱལ་མཚན།	༡༥	ལྕགས་སྤྲེལ།	༡༩༢༠				
༧༥༽གླུ་ལྡིང་འཇམ་དབྱངས་བསྟན་པའི་ཉི་མ།	༡༦	ལྕགས་རྟ།	༡༩༣༠				
༼ས་སྐྱའི་ལམ་འབྲས་སློབ་བཤད་ཀྱི་བླ་མ་བརྒྱུད་པ།༽							
༡༽བདག་ཆེན་བློ་གྲོས་རྒྱལ་མཚན་ལ་གཟིགས།							
༢༽རྡོ་རིང་ཀུན་བཟང་ཆོས་ཀྱི་ཉི་མར་གཟིགས།							
༣༽སློབ་དཔོན་པ་ཀུན་དགའ་ལེགས་པའི་བློ་གྲོས་ལ་གཟིགས།							
༤༽ཚར་ཆེན་བློ་གསལ་རྒྱ་མཚོར་གཟིགས།							
༥༽སྨྱུང་ལུང་པ་མཁན་ཆེན་གཞོན་ནུ་བློ་གྲོས་ལ་གཟིགས།							
༦༽འཇམ་དབྱངས་མཁྱེན་བརྩེའི་དབང་ཕྱུག་ལ་གཟིགས།							

༧༽ བོད་མཁར་བ་མི་ཏྲི་དོན་གྲུབ་རྒྱལ་མཚན་ལ་གཟིགས།						
༨༽ མཁན་ཆེན་བསླབ་གསུམ་རྒྱལ་མཚན་དཔང་པོར་གཟིགས།						
༩༽ སྟག་ལུང་འཆང་བསོད་ནམས་ཆོས་འཕེལ།	༩	མེ་ཕག	༡༥༢༧	༡༠	ཆུ་ཡོས།	༡༦༠༣	དགུང་ལོ་དོན་བདུན་བཞུགས།
༡༠༽ མཁན་ཆེན་ངག་དབང་ཆོས་གྲགས་ལ་གཟིགས།						
༡༡༽ གནས་གསར་པ་དབང་ཕྱུག་རབ་བརྟན།	༩	ས་རྟ།	༡༥༥༨	༡༡	མེ་བྱི།	༡༦༣༦	དགུང་ལོ་དོན་དགུ་བཞུགས།
༡༢༽ གནས་གསར་བ་བསོད་ནམས་མཆོག་ལྡན།	༡༠	ཆུ་ཡོས།	༡༦༠༣	༩	མེ་སྦྲུལ།	༡༥༥༧	དགུང་ལོ་ང་ལྔ་བཞུགས།
༡༣༽ ཞྭ་ལུ་བ་བསོད་ནམས་མཆོག་གྲུབ་ལ་གཟིགས།						
༡༤༽ ལྷ་བཙུན་མཁྱེན་རབ་ངག་དབང་ལྷུན་གྲུབ།	༡༡	ཆུ་བྱ།	༡༦༣༣	༡༢	ཆུ་རྟ།	༡༧༠༢	དགུང་ལོ་བདུན་ཅུ་བཞུགས།
༡༥༽ སྨོར་ཆེན་ངག་དབང་ཀུན་དགའ་ལྷུན་གྲུབ།	༡༡	ཤིང་རྟ།	༡༦༥༩	༡༢	མེ་རྟ།	༡༧༢༦	དགུང་ལོ་དོན་གསུམ་བཞུགས།
༡༦༽ གནས་གསར་རྡོ་རྗེ་འཆང་ངག་དབང་ཀུན་དགའ་ལེགས་པ།	༡༢	ཤིང་སྦྲུལ།	༡༧༠༩	༡༣	ལྕགས་འབྲུག	༡༧༦༠	དགུང་ལོ་ང་བདུན་བཞུགས།

༡༧༽ངག་དབང་ཀུན་དགའ་བློ་གྲོས་སངས་རྒྱས་བསྟན་པའི་རྒྱལ་མཚན།	༡༢	ས་བྱི།	༡༧༢༩	༡༣	ཆུ་ཡོས།	༡༧༨༣	དགུང་ལོ་ང་ལྔ་བཞུགས།
༡༨༽འཇམ་དབྱངས་བློ་གཏེར་དབང་པོར་གཟིགས།							
༡༩༽སྔ་ངག་དབང་ཀུན་དགའ་ལེགས་པ།	༡༥	མེ་ཡོས།	༡༨༤༧	༡༦	ལྕགས་སྤྲེལ།	༡༩༢༡	དགུང་ལོ་དོན་ལྔ་བཞུགས།
༢༠༽སྡེ་གཞུང་སྤྲུལ་སྐུ་འཇམ་དབྱངས་ཀུན་དགའ་རྒྱལ་མཚན་ནམ་ཨ་འཇམ།	༡༥	ཤིང་བྱི།	༡༨༨༥	༡༦	ཆུ་སྤྲེལ།	༡༩༥༣	དགུང་ལོ་རེ་བརྒྱད་བཞུགས།
༢༡༽འཇམ་དབྱངས་མཁྱེན་བརྩེ་ཆོས་ཀྱི་བློ་གྲོས་ལ་གཟིགས།							
ས་སྐྱ་རྫོང་པ་ཀུན་དགའ་རྒྱལ་མཚན།							རྫོང་པ་ཀུན་དགའ་རྒྱལ་མཚན་ལ་གཟིགས།
ས་སྐྱོང་བསྟན་པ་ཚེ་རིང་།	༡༡	ས་རྟ།	༡༦༧༨	༡༢	ས་རྟ།	༡༧༨༣	
ས་ཆེན་ཀུན་དགའ་སྙིང་པོ།							ས་སྐྱ་གོང་མ་དང་པོར་གཟིགས།
ས་སྐྱོང་དོན་ཡོད་རྡོ་རྗེ།							རིན་སྤུངས་དོན་ཡོད་རྡོ་རྗེར་གཟིགས།
ས་དིང་དིང་།							མུ་ཁྲི་བཙན་པོའི་བཙུན་མོ།

ས་སྨན་ཏིང་ཏིང་མ།							ས་དིང་དིང་ལ་གཟིགས།
ས་སྨན་ཏུ་མོ།							རྒྱལ་པོ་ཁྲི་སྲོ་ལིགས་ཀྱི་བཙུན་མོ།
ས་བཙུན་ཀླུ་རྗེ།							སྲིབ་ཁྲི་བཙན་པོའི་བཙུན་མོ།
ས་བཙུན་རྗེ་མ།							ལྡེ་སྙོལ་པོའི་བཙུན་མོ།
ས་བཟང་མ་ཏི་པ་ཎ་ཆེན་བློ་གྲོས་རྒྱལ་མཚན།							དུས་རབས་༡༤པའི་དུས་སྟོད་ཀྱི་ལོ་ཙཱ་བ་གྲགས་ཅན་ཞིག
ས་ལེ་བ་ཤཱཀྱ་རིན་ཆེན།	༤	མེ་བྱ།	༡༢༣༧				
ས་ལོ་འཇམ་དབྱངས་ཀུན་དགའ་བསོད་ནམས་གྲགས་པ་རྒྱལ་མཚན།	༨	ཤིང་སྦྲུལ།	༡༤༨༥	༩	ཆུ་སྦྲུལ།	༡༥༣༣	
སངས་རྒྱས་བཀྲ་ཤིས།				༩	ཤིང་ཡོས།	༡༥༥༥	འཕགས་པ་སངས་རྒྱས་ཀྱི་ཡབ།
སངས་རྒྱས་བཀྲ་ཤིས།							གླང་དཀར་བ་སངས་རྒྱས་བཀྲ་ཤིས་ལ་གཟིགས།
སངས་རྒྱས་གྲགས་པ།							
སངས་རྒྱས་རྒྱ་མཚོ།							སྡེ་སྲིད་སངས་རྒྱས་རྒྱ་མཚོར་གཟིགས།

སངས་རྒྱས་རྒྱལ་མཚན།							གཙང་སྟོན་ཧེ་རུ་ཀཿརུས་པའི་རྒྱལ་མཚན་ལ་གཟིགས།
སངས་རྒྱས་སྒོམ་པ།	༣	ལྕགས་འབྲུག	༡༡༦༠	༤	ལྕགས་རྟ།	༡༢༡༠	
སངས་རྒྱས་སྒོམ་པ།							སངས་རྒྱས་སྒོམ་པ་སྤྱ་མར་གཟིགས།
སངས་རྒྱས་སྒོམ་པ་ཚུལ་ཁྲིམས་ཤེས་རབ།	༥	ཤིང་སྤྲེལ།	༡༢༨༤	༦	ས་སྟག	༡༣༣༨	
སངས་རྒྱས་སྒོམ་པ་སེང་གེ་སྐྱབས།	༣	ས་ཕག	༡༡༧༩	༤	ལྕགས་ཁྱི།	༡༢༥༠	
སངས་རྒྱས་སྒོམ་པ་གསར་མ།	༥	ས་འབྲུག	༡༢༦༨	༦	ས་སྟག	༡༣༣༨	
སངས་རྒྱས་སྒོམ་པ་རྗེར་གཞོན་པ།	༣	ལྕགས་འབྲུག	༡༡༦༠	༤	ལྕགས་རྟ།	༡༢༡༠	
སངས་རྒྱས་ཆོས་ཀྱི་སེང་གེ།							སྨམ་པོ་པ་སངས་རྒྱས་ཆོས་ཀྱི་སེང་གེར་གཟིགས།
སངས་རྒྱས་ཆོས་གྲགས།							སྐྱ་འབུམ་སོག་པོ་དགེ་བཤེས་སངས་རྒྱས་ཆོས་གྲགས་ལ་གཟིགས།
སངས་རྒྱས་ཆོས་འཛིན།							སྤྲུལ་སྐུ་སངས་རྒྱས་ཆོས་འཛིན་ལ་གཟིགས།
སངས་རྒྱས་རྡོ་པོ་དབང་ཕྱུག་གཞོན་ནུ།	༤	ཆུ་འབྲུག	༡༢༣༢	༥	ཆུ་བྱི།	༡༣༡༢	

སངས་རྒྱས་གཞན་སྟོན་ཆོས་ཀྱི་ཤེས་རབ།	༣	ཤིང་ལུག	༡༡༧༥	༤	ཤིང་ཡོས།	༡༢༥༥	
སངས་རྒྱས་སྙིང་པོ།				༤	མེ་བྱ།	༡༢༣༧	
སངས་རྒྱས་སྟོན་པ་བརྩོན་འགྲུས་སེངྒེ།	༤	མེ་ཡོས།	༡༢༠༧	༥	ས་སྟག	༡༢༧༨	
སངས་རྒྱས་སྟོན་པ་ཚུལ་ཁྲིམས་སེངྒེ།	༤	ཤིང་བྱི།	༡༢༦༤	༥	ཤིང་གླང་།	༡༣༢༥	
སངས་རྒྱས་རྡོ་རྗེ།	༣	ས་གླང་།	༡༡༦༩	༤	མེ་བྱི།	༡༢༣༦	
སངས་རྒྱས་དཔལ།							གྲུབ་ཆེན་སངས་རྒྱས་དཔལ་ལ་གཟིགས།
སངས་རྒྱས་དཔལ།							གཡག་སྟོན་སངས་རྒྱས་དཔལ་ལ་གཟིགས།
སངས་རྒྱས་དཔལ།							གཡག་ཕྲུག་པ་སངས་རྒྱས་དཔལ་ལ་གཟིགས།
སངས་རྒྱས་དཔལ་བཟང་པོ།							སྟག་ལུང་གདན་རབས་ལྔ་པ་ཆོས་རྗེ་སངས་རྒྱས་དཔལ་བཟང་པོར་གཟིགས།
སངས་རྒྱས་ཕུན་ཚོགས།							
སངས་རྒྱས་འཕེལ།							ཀུན་མཁྱེན་སངས་རྒྱས་འཕེལ་གྱི་སློབ་མ་ཞིག

སངས་རྒྱས་དཔོན་གྲགས་པ་དཔལ།	༩	ལྕགས་ཕག	༡༢༥༡	༥	མེ་སྤྲེལ།	༡༢༩༨	
སངས་རྒྱས་དཔོན་སྟོན།							རྒྱ་མ་སངས་རྒྱས་དཔོན་སྟོན་ལ་གཟིགས།
སངས་རྒྱས་འབུམ།							སླང་སྟོན་སངས་རྒྱས་འབུམ་ལ་གཟིགས།
སངས་རྒྱས་འབུམ་པ།							རབ་བྱུང་བཞི་པའི་ཤིང་ཁྱི་༡༢༡༤ལོར་ཞང་གི་ཁྲིར་ཕེབས།
སངས་རྒྱས་འབྱུང་གནས།							དཔོན་དྲུང་སངས་རྒྱས་འབྱུང་གནས་ལ་གཟིགས།
སངས་རྒྱས་འབྱུང་བ།							བསམ་གླིང་བ་སངས་རྒྱས་འབྱུང་བར་གཟིགས།
སངས་རྒྱས་གཙང་སྟོན།							གཙང་སྟོན་ལ་གཟིགས།
སངས་རྒྱས་གཞོན་ནུ།				༩	ལྕགས་སྤྲེལ།	༡༢༨༠	
སངས་རྒྱས་འོད།							སྔང་སྒོམ་རས་པར་གཟིགས།
སངས་རྒྱས་འོད་ཟེར།							གཱ་གཱ་པ་སངས་རྒྱས་འོད་ཟེར་ལ་གཟིགས།
སངས་རྒྱས་ཡར་བྱོན་ཤེས་རབ་བླ་མ།	༣	ཆུ་ཕག	༡༢༠༣	༥	ཆུ་སྤྲེལ།	༡༢༧༢	
སངས་རྒྱས་ཡེ་ཤེས།							མཁས་གྲུབ་སངས་རྒྱས་ཡེ་ཤེས་ལ་གཟིགས།

སངས་རྒྱས་ཡེ་ཤེས།							འགྲོ་མགོན་སངས་རྒྱས་ཡེ་ཤེས་ལ་གཟིགས།
སངས་རྒྱས་རས་ཆེན།							དུས་རབས་༡༢པའི་དུས་དཀྱིལ།
སངས་རྒྱས་རས་པ་རིན་ཆེན་སྒྲོན་ལམ།	༣	ཆུ་ཕག	༡༢༠༣	༥	ལྕགས་འབྲུག	༡༢༨༠	
སངས་རྒྱས་རིན་ཆེན།	༤	མེ་ལུག	༡༢༤༧	༥	ལྕགས་གླང་།	༡༣༠༡	
སངས་རྒྱས་རིན་ཆེན།							དཀའ་ལྡན་ཁྲི་རབས་ཉེར་བདུན་པ་ཆོས་རྗེ་སངས་རྒྱས་རིན་ཆེན་ལ་གཟིགས།
སངས་རྒྱས་རིན་ཆེན།							གཉོས་རྒྱལ་བ་ལྷ་ནང་པ་སངས་རྒྱས་རིན་ཆེན་ལ་གཟིགས།
སངས་རྒྱས་རིན་ཆེན།	༦	ས་ཡོས།	༡༣༣༩	༧	ཤིང་འབྲུག	༡༤༢༤	
སངས་རྒྱས་རིན་ཆེན་རྒྱལ་མཚན།	༦	ལྕགས་སྟག	༡༣༥༠	༧	ལྕགས་ཕག	༡༤༣༡	
སངས་རྒྱས་རིན་ཆེན་དཔལ་བཟང་པོ།							རྙིང་མ་པ་སངས་རྒྱས་རིན་ཆེན་རྒྱལ་མཚན་དཔལ་བཟང་པོར་གཟིགས།
སངས་སྟོན་ཚུལ་སེང་།							བྲ་ཡུལ་སངས་སྟོན་ཚུལ་སེང་ལ་གཟིགས།

སད་ན་ལེགས་མཛིང་ཡོན།							བོད་ཀྱི་རྒྱལ་རབས་བཞི་བཅུ་པར་གཟིགས།
སི་ཏུ་ཀརྨ་ཆོས་ཀྱི་རྒྱལ་མཚན།							སི་ཏུ་སྐུ་ཕྲེང་ལྔ་པ་ཆོས་ཀྱི་རྒྱལ་མཚན་ལ་གཟིགས།
སི་ཏུ་སྐུ་ཕྲེང་གཉིས་པ་བཀྲ་ཤིས་རྣམ་རྒྱལ།							སི་ཏུ་སྐུ་ཕྲེང་གཉིས་པར་གཟིགས།
སི་ཏུ་བཀྲ་ཤིས་དཔལ་འབྱོར།	༨	ས་རྟ།	༡༤༩༨	༩	ལྕགས་གླང་།	༡༥༤༡	སི་ཏུ་སྐུ་ཕྲེང་གསུམ་པར་གཟིགས།
༼སི་ཏུ་སྐུ་ཕྲེང་རིམ་བྱོན།༽							
སི་ཏུ་སྐུ་ཕྲེང་དང་པོ་ཀརྨ་ཆོས་ཀྱི་རྒྱལ་མཚན།	༦	མེ་སྦྲུལ།	༡༣༧༧	༨	ས་འབྲུག	༡༤༤༨	
སི་ཏུ་སྐུ་ཕྲེང་གཉིས་པ་བཀྲ་ཤིས་རྣམ་རྒྱལ།	༨	ལྕགས་རྟ།	༡༤༥༠	༨	མེ་སྦྲུལ	༡༤༩༧	
སི་ཏུ་སྐུ་ཕྲེང་གསུམ་པ་བཀྲ་ཤིས་དཔལ་འབྱོར།	༨	ས་རྟ།	༡༤༩༨	༩	ལྕགས་གླང་།	༡༥༤༡	
སི་ཏུ་སྐུ་ཕྲེང་བཞི་པ་ཆོས་ཀྱི་གོ་ཆ།	༩	ཆུ་བྱ།	༡༥༡༣	༡༠	ཤིང་བྱ།	༡༥༨༥	
སི་ཏུ་སྐུ་ཕྲེང་ལྔ་པ་ཆོས་ཀྱི་རྒྱལ་མཚན་དཔལ་བཟང་།	༡༠	མེ་ཁྱི།	༡༥༨༦	༡༡	མེ་བྱ།	༡༦༥༧	
སི་ཏུ་སྐུ་ཕྲེང་དྲུག་པ་ཆོས་རྒྱལ་མི་ཕམ་ཕྲིན་ལས་རབ་བརྟན།	༡༡	ས་ཁྱི།	༡༦༥༨	༡༡	ཆུ་ཁྱི།	༡༦༨༢	
སི་ཏུ་སྐུ་ཕྲེང་བདུན་པ་ལེགས་བཤད་སྨྲ་བའི་ཉི་མ།	༡༡	ཆུ་ཕག	༡༦༨༣	༡༢	ས་སྟག	༡༦༩༨	

སི་ཏུ་སྐུ་ཕྲེང་བརྒྱད་པ་ཆོས་ཀྱི་འབྱུང་གནས།	༡༢	ལྕགས་འབྲུག	༡༧༠༠	༡༣	ཤིང་རྟ།	༡༧༧༤	སི་ཏུ་གཙུག་ལག་ཆོས་ཀྱི་སྣང་བའང་ཞུ། དཔལ་སྤུངས་སི་ཏུ་སྐུ་ཕྲེང་དང་པོ།
སི་ཏུ་སྐུ་ཕྲེང་དགུ་པ་པདྨ་ཉིན་བྱེད་དབང་པོ།	༡༣	ཤིང་ལུག	༡༧༧༥	༡༤	ཤིང་སྟག	༡༨༥༤	དཔལ་སྤུངས་སི་ཏུ་སྐུ་ཕྲེང་གཉིས་པ།
སི་ཏུ་སྐུ་ཕྲེང་བཅུ་པ་པདྨ་ཀུན་བཟང་ཆོས་རྒྱལ།	༡༤	ཤིང་སྟག	༡༨༥༤	༡༥	ཤིང་བྱ།	༡༨༨༥	དཔལ་སྤུངས་སི་ཏུ་སྐུ་ཕྲེང་གསུམ་པ།
སི་ཏུ་སྐུ་ཕྲེང་བཅུ་གཅིག་པ་པདྨ་དབང་མཆོག་རྒྱལ་པོ།	༡༥	མེ་ཁྱི།	༡༨༨༦	༡༦	ཆུ་སྦྲུལ།	༡༩༥༣	དཔལ་སྤུངས་སི་ཏུ་སྐུ་ཕྲེང་གསུམ་པ།
སི་ཏུ་སྐུ་ཕྲེང་བཅུ་གཉིས་པདྨ་དོན་ཡོད་ཉིན་བྱེད་དབང་པོ།	༡༦	ཤིང་རྟ།	༡༩༥༤				དཔལ་སྤུངས་སི་ཏུ་སྐུ་ཕྲེང་བཞི་པ།
སི་ཏུ་མི་འགྱུར་ཆོས་ཀྱི་གོ་ཆ།	༩	ཆུ་སྟག	༡༥༤༢	༡༠	ཤིང་བྱ།	༡༥༨༥	
སི་ཏུ་ལེགས་བཤད་སྨྲ་བའི་ཉི་མ།	༡༡	ཆུ་ཕག	༡༦༨༣	༡༢	ས་སྟག	༡༦༩༨	
སུ་ཉིད་དཀོན་མཆོག་ནོར་བུ།	༡༣	ལྕགས་སྟག	༡༧༧༠	༡༤	ས་ཕག	༡༨༣༩	
སུ་ཉིད་དགེ་འདུན་དར་རྒྱས།	༡༣	མེ་རྟ།	༡༧༨༦				
སུམ་སྟོན་ཡེ་ཤེས་གཟུངས།							དུས་རབས་༡༢པའི་དུས་དཀྱིལ།
སུམ་པ་དམ་ཆོས་རྒྱ་མཚོ།							དུས་རབས་༡༦པའི་དུས་སྨད།

སྒམ་པ་དཔལ་མཆོག་དང་པོའི་རྡོ་རྗེ།							དུས་རབས་༡༡པའི་དུས་དཀྱིལ་གྱི་ལོ་ཙཱ་བ།
སྒམ་པ་ཕུན་ཚོགས་རྣམ་རྒྱལ།							
སྒམ་པ་བྱང་ཆུབ་བློ་གྲོས།							དུས་རབས་༡༣པའི་ནང་འབྱུངས།
སྒམ་པ་ཚུལ་ཁྲིམས་རྡོ་རྗེ།	༣	ཤིང་ཁྱི།	༡༡༥༨	༨	ལྕགས་སྤྲུལ།	༡༢༢༡	
སྒམ་པ་ཡེ་ཤེས་དཔལ་འབྱོར།	༡༢	ཤིང་སྤྲེལ།	༡༦༠༨	༡༣	ས་སྤྲེལ།	༡༦༨༨	
སྒམ་པ་ཡེ་ཤེས་བློ་གྲོས།							དབུས་གཙང་མི་བཙུའི་གྲས།
སེ་ཆང་དཀོན་མཆོག་བསོད་ནམས།	༡༣	ཤིང་སྦྲུལ	༡༦༨༥	༡༨	ཤིང་སྦྲུལ།	༡༨༩༥	
སེ་སྟོན་ཀུན་རིག	༢	མེ་སྤྲེལ	༡༡༡༦				
སེ་སྟོན་རྗེ་ཁྲོ།							དུས་རབས་༡༢པའི་དུས་སྨད།
སེ་དྲུང་དཀོན་མཆོག་དབང་ཕྱུག	༡༣	ས་ཁྱི།	༡༦༦༨	༡༨	ཆུ་སྦྲུལ།	༡༨༣༣	
སེ་སློབ་ནམ་ལྡེ།							ཐོད་རྒྱལ་རབས་༡༨པ།
སེ་སློབ་པོ་ལྡེ།							ཐོད་རྒྱལ་རབས་༡༩པ།

སེ་སྤྱིལ་བུ་བ་ཆོས་ཀྱི་རྒྱལ་མཚན།	༢	ལྕགས་གླང་།	༡༡༢༡	༣	ས་བྱི།	༡༡༨༩	
སེ་སྤྱིལ་བུ་བ་དཔལ་བཟང་།	༧	ས་གླང་།	༡༤༠༩				
སེ་སྤྱིལ་བུ་བ་རིན་ཆེན་སེང་གེ།				༧	མེ་གླང་།	༡༣༩༧	
སེ་སྤྱིལ་བུ་བ་ཤཱཀྱ་བསོད་ནམས། ཐུ་མ།	༦	ཆུ་རྟ།	༡༣༤༢	༧	ལྕགས་སྟག	༡༤༡༠	
སེ་སྤྱིལ་བུ་བ་བསོད་ནམས་རྒྱལ་མཚན།	༧	ལྕགས་ལུག	༡༣༩༡	༧	ལྕགས་ཁྱི།	༡༤༣༠	
སེ་སྤྱིལ་བུ་བ་བསོད་ནམས་ལྷུན་གྲུབ།	༦	ཆུ་འབྲུག	༡༣༥༢				
སེ་རྩ་བསོད་ནམས་རྒྱལ་མཚན།							དུས་རབས་༡༡པའི་དུས་མགོ
སེ་བཟའ་སྨན་མོ།							རྫོག་མེར་མེར་ལ་ཟེར།
སེ་ར་རྗེ་བཙུན་ཆོས་ཀྱི་རྒྱལ་མཚན།	༨	ས་གླང་།	༡༤༦༩	༩	མེ་རྟ།	༡༥༤༦	
སེ་ར་དོན་ཡོད་དཔལ་ལྡན།	༧	ཤིང་གླང་།	༡༤༤༥	༩	ཤིང་སྤྲེལ།	༡༥༢༤	
སེ་ལོ་ཙྪ་བ།							དུས་རབས་༡༡པའི་དུས་སྟོད་ཀྱི་ལོ་ཙྪ་བ།
སེང་གེའི་གོ་ཆ།							

སེ་ནྡྲེ་རྣམ་རྒྱལ།							མངའ་བདག་རིག་པ་མགོན་གྱི་རྒྱུད་འཛམ་དབྱངས་རྣམ་རྒྱལ་གྱི་སྲས། ལ་དྭགས་ཀྱི་རྒྱལ་པོ།
སེ་ནྡྲེ་དཔལ།							ཨོ་རྒྱན་པ་རིན་ཆེན་དཔལ་གཟིགས།
སེང་གོ་མྱི་ཆེན།							གནམ་རི་སྲོང་བཙན་གྱི་བློན་པོ་ཞིག
སེང་མགོ་ལྷ་ལུང་གཟིགས།							ཁྲི་སྲོང་ལྡེ་བཙན་གྱི་བློན་པོ།
སེང་ཆེན་བློ་བཟང་བསྟན་འཛིན་དཔལ་འབྱོར།	༡༣	ཤིང་འབྲུག	༡༧༨༩	༡༩	ཆུ་ཡོས།	༡༨༩༣	
སེམས་དཔའ་ཆེན་པོ་བློ་གྲོས་རྒྱལ་མཚན།	༧	ཆུ་སྤྲེལ།	༡༣༦༢	༨	ལྕགས་ཕག	༡༤༦༡	
སེམས་དཔའ་སྤྲུལ་སྐུ་གྲགས་པ་རྒྱལ་མཚན།				༡༠	ཆུ་སྤྲེལ།	༡༥༧༢	
སེམས་དཔའ་སྤྲུལ་སྐུ་ངག་དབང་གྲགས་པ་རྒྱ་མཚོ།				༡༠	ཤིང་འབྲུག	༡༦༠༩	
སེམས་དཔའ་སྤྲུལ་སྐུ་ངག་དབང་ཕུན་ཚོགས་རྣམ་རྒྱལ།	༡༠	ཤིང་སྤྲུལ།	༡༦༠༥				
སེམས་དཔའ་སྤྲུལ་སྐུ་སྔོན་ལམ་བློ་གྲོས།	༨	ལྕགས་ཡོས།	༡༩༧༡	༦	ཆུ་གླང་།	༡༥༥༣	
སེམས་དཔའ་བློ་གྲོས།	༧	ཆུ་སྤྲུལ།	༡༩༡༣				

སེར་སྟོག་མཁན་ཟུར་ནམ་མཁའ་བསྟན་སྐྱོང་།	༡༣	ས་ལུག	༡༧༩༩				
སེར་དྲིས་དཀོན་མཆོག་བསྟན་འཛིན་རྒྱ་མཚོ།	༡༤	ལྕགས་རྟ།	༡༨༡༠	༡༤	མེ་སྦྲུལ།	༡༨༥༧	
སེར་དྲིས་དཀོན་མཆོག་རྣམ་རྒྱལ།				༤	ས་སྦྲུལ	༡༨༠༩	
སེར་དྲིས་ཚུལ་ཁྲིམས་རིན་ཆེན།	༡༡	ཤིང་འབྲུག	༡༦༦༤				
སེར་བྱེས་བྱམས་པ་སྐལ་བཟང་།							དུས་རབས་༡༩པའི་དུས་སྨད།
སེར་བྱེས་བྱམས་པ་ཡོན་ཏན།							དུས་རབས་༡༧པའི་དུས་སྨད།
སེར་སྨད་མཁན་ཟུར་གྲགས་པ་མཁས་གྲུབ།							དུས་རབས་༡༨པའི་དུས་དཀྱིལ།
སེར་སྨད་བློ་བཟང་ཐུགས་རྗེ།							དུས་རབས་༡༨པའི་དུས་དཀྱིལ།
སེར་ལི་དཀོན་མཆོག་རྒྱལ་མཚན།	༡༣	ཆུ་འབྲུག	༡༧༧༣	༡༤	ཤིང་ཕག	༡༨༡༥	
སེར་ལི་བློ་བཟང་མཆོག་གྲུབ།	༡༢	ལྕགས་བྱི།	༡༧༢༠	༡༣	མེ་བྱ།	༡༧༧༧	
སོ་ཁྲི་བཙན་པོ།							བོད་ཀྱི་བཙན་པོའི་རྒྱལ་རབས་ལ་གཟིགས།
སོ་ཆུང་དགེ་འདུན་འབར།	༡	ཆུ་སྟག	༡༠༦༢	༢	ས་སྤྲེལ	༡༡༢༨	

སོ་ཐམ་ཐམ།							བོད་རྒྱལ་གསུམ་པ་དེང་ཁྲི་བཙུན་མོ།
༼སྦྲི་ནག་དགོན་དགེ་ལྡན་བཀྲ་ཤིས་ཆོས་གླིང་གི་སྐུ་ཕྲེང་རིམ་བྱོན།༽							རྗེ་ཁོག་རྫོངས་ཁོངས་སུ་ཡིན།
༡༽ གཡུ་རྫོག་པསམ་གཏན།	༡༠	མེ་འབྲུག	༡༦༡༦			༡༦༧༨	དགུང་ལོ་༦༣བཞུགས།
༢༽ མཁན་ཆེན་དགེ་འདུན་རྒྱ་མཚོ།	༡༡	ས་ལུག	༡༦༧༩		ཤིང་བྱ།	༡༧༦༥	དགུང་ལོ་༨༧བཞུགས།
༣༽ དཀོན་མཆོག་ཆོས་འཕེལ་རྒྱ་མཚོ།	༡༣	མེ་སྤྲེ།	༡༧༦༦	༡༣	མེ་སྤྲེ།	༡༧༧༨	དགུང་ལོ་༡༣བཞུགས།
༤༽ ངག་གི་དབང་ཕྱུག་དོན་ཡོད་རྒྱ་མཚོ།	༡༣	ས་ཕག	༡༧༧༩	༡༣	ས་ཕག	༡༨༢༦	དགུང་ལོ་༤༧བཞུགས།
༥༽ བློ་བཟང་དཔལ་ལྡན་རྒྱ་མཚོ།	༡༤	མེ་སྤྲེ།	༡༨༢༦	༡༥	ས་ཡོས།	༡༨༢༩	དགུང་ལོ་༥༤བཞུགས།
༦༽ བློ་བཟང་ལུང་རྟོགས་ཆོས་ཀྱི་རྒྱ་མཚོ།	༡༥	ལྕགས་འབྲུག	༡༨༨༠	༡༦	ཆུ་འབྲུག	༡༩༥༢	དགུང་ལོ་༧༣བཞུགས།
༧༽ བློ་བཟང་ཡོན་ཏན་རྒྱ་མཚོ།	༡༦	ཆུ་སྦྲུལ།	༡༩༥༣				
སོག་པོ་བསྟན་དར་ལྷ་རམས་པ།	༡༣	ས་ཡོས།	༡༧༥༩				
སོག་པོ་ལྷ་དཔལ།							རྗེ་འབངས་ཉེར་ལྔའི་གྲས།

སོག་བཟློག་པ་བློ་གྲོས་རྒྱལ་མཚན།	༨	ཆུ་བྱི།	༡༥༥༢	༡༠	ཤིང་བྱི།	༡༦༢༤	
སྲུགས་རྒྱ་མཚོ།							དུས་རབས་༡༠པའི་དུས་སྨད།
སྲིད་རྒྱུད་རྡོ་རྗེ་འཆང་དཀོན་མཆོག་ཡར་འཕེལ།	༡༠	ཆུ་ཕག	༡༦༠༢				
སྲིད་འཛམ་དབྱངས་ཆོས་འཕེལ།							ཞལ་སྔ་འཛམ་དབྱངས་ཆོས་འཕེལ་གཟིགས།
སྲས་ཟླ་གྲགས།	༡	མེ་བྱི།	༡༠༤༦				
སྲིད་དཀར་སང་ཤེ།							དུས་རབས་༡༤པའི་དུས་སྨད།
སྲིང་མོ་སད་མ་དཀར།							སྲོང་བཙན་སྒམ་པོའི་ལྕམ་སྲིང་ཆུང་བ།
སྲིབ་ཀྱི་ལྷ་མོ།							སྲིབ་ལྷ་སྟོན་མོར་གཟིགས།
སྲིབ་ཁྲི་བཙན་པོ།							བོད་རྒྱལ་རབས་༧པ།
སྲིབ་ལྷ་སྟོན་མོ།							གདགས་ཁྲི་བཙན་པོའི་བཙུན་མོ།
སྲུ་པ་རྡོ་རྗེ་རྒྱལ་པོ།							དུས་རབས་༡༢པའི་དུས་སྟོད།
སྲོང་ངེ།		ཤིང་གླང་།	༨༦༥	༡	མེ་བྱི།	༡༠༣༦	དྲང་སྲོང་ལྷེ་སྡེ་ཞི་བ་འོད་ལ་ཞུ།

སྟོང་བཙན་སྒམ་པོ།							བོད་ཀྱི་བཙན་པོའི་རྒྱལ་རབས་ལ་གཟིགས།
སྟོན་པ་ཀུན་དགའ་རྒྱལ་བ།							དུས་རབས་༡༣པའི་དུས་དཀྱིལ།
སྲི་ལུང་བཞད་པ་རྡོ་རྗེ་བློ་བཟང་ཕྲིན་ལས།	༡༢	མེ་གླང་།	༡༦༨༧	༡༢	ལྕགས་ཁྱི།	༡༧༩༠	
སློབ་དཔོན་ཀུན་དགའ་དབང་ཕྱུག	༧	ས་ཁྱི།	༡༩༡༨	༨	ཆུ་རྟ།	༡༩༦༢	
སློབ་དཔོན་ཀུན་བཟང་།							དཀྱུང་གྲངས་༧༧བཞུགས།
སློབ་དཔོན་གྲགས་པ་རྒྱལ་མཚན།	༧	ཆུ་གླང་།	༡༩༣༣	༨	ཤིང་རྟ།	༡༩༧༩	
སློབ་དཔོན་གྲགས་པ་བློ་གྲོས།	༦	མེ་ལུག	༡༣༦༧	༧	མེ་སྟག	༡༩༩༦	
སློབ་དཔོན་དགེ་ལེགས་རྒྱ་མཚོ།	༨	ཆུ་སྦྲུལ།	༡༥༣༣	༡༠	ལྕགས་ཁྱི།	༡༦༡༠	
སློབ་དཔོན་ནམ་རྒྱལ་མཛེས།	༩	ཆུ་སྦྲུལ།	༡༢༣༣	༥	མེ་གླང་།	༡༢༧༧	
སློབ་དཔོན་དཔལ་བཟང་།							
སློབ་དཔོན་བྱང་ཆུབ་ཡེ་ཤེས།							དུས་རབས་༡༢པའི་དུས་སྨད།
སློབ་དཔོན་ཡེ་ཤེས་འབྱུང་གནས།	༩	ས་ཁྱི།	༡༢༣༨	༥	ཤིང་ཁྱི།	༡༢༧༩	

སློབ་དཔོན་རིན་ཆེན་རྒྱལ་མཚན།	༤	ས་བྱི།	༡༢༣༨	༥	ས་ཡོས།	༡༢༧༩	
སློབ་དཔོན་ཤཱཀྱ་རྒྱལ་པོ།	༦	ཤིང་བྱི།	༡༣༨༤	༨	ཤིང་རྟ།	༡༤༧༤	
སློབ་དཔོན་ཤེས་རབ་དཔལ་བཟང་།				༡༡	ཆུ་སྤྲེ།	༡༦༣༣	
སློབ་དཔོན་བསོད་ནམས་བཀྲ་ཤིས།	༦	ཆ་འབྲུག	༡༣༥༢	༧	མེ་ཕག	༡༤༠༧	
སློབ་དཔོན་བསོད་ནམས་འཕེལ།							
སློབ་དཔོན་བསོད་ནམས་རྩེ་མོ།							ས་སྐྱ་བསོད་ནམས་རྩེ་མོར་གཟིགས།
གསང་བདག་གྲུབ་པའི་དཔའ་བོ།	༡༣	ལྕགས་སྦྲུལ།	༡༧༦༡	༡༣	ས་རྟ།	༡༧༩༨	
གསང་བདག་མཐུ་ཆེན་དཔའ་བོ།	༧	ལྕགས་སྤྲེ།	༡༤༤༡	༩	ཆུ་རྟ།	༡༥༢༢	ཆོས་ཀྱི་ མགོན་ པོ་ འཇམ་ དཔལ་ རྡོ་ རྗེ་ དཀའ་ བའི་ བཤེས་ གཉེན་ཡང་ཞུ། དགུང་ལོ་གྱ་གཉིས་བཞུགས། ཚོག་གྲུ་སྐྱ་ཕྲེང་དང་པོའི་བླ་མ་ ཡིན།
གསང་བདག་ཕྲིན་ལས་ལྷུན་གྲུབ།							
༼གསང་ཕུ་ནེའུ་ཐོག་གི་གདན་རབས།༽							

༡༽ རྔོག་ལེགས་པའི་ཤེས་རབ།							རབ་བྱུང་དང་པོའི་ཆུ་གླང་། ༡༠༧༣ལོར་གསང་ཕུ་ཐུག་བཏབ། གདན་ས་ལོ་བཅུ་དགུར་བསྐྱངས།
༢༽ རྔོག་ལོ་ཙྪ་བ་བློ་ལྡན་ཤེས་རབ།							གདན་ས་ལོ་བཅོ་བརྒྱད་བསྐྱངས།
༣༽ ཞང་ཚེ་སྤོང་ཆོས་ཀྱི་བླ་མ།	༢	ལྕགས་སྟག	༡༡༡༠				
༤༽ གཉལ་པ་རི་ལུ་བ།	༢	ཆུ་ཕྱི།	༡༡༤༢				གདན་ས་ལོ་གཉིས་བསྐྱངས།
༥༽ རྟོད་ལུང་རྣམ་པར་བ།	༢	ཤིང་བྱི།	༡༡༤༤				གདན་ས་ལོ་བརྒྱད་བསྐྱངས།
༦༽ ཕྱྭ་པ་ཆོས་ཀྱི་ཆོས་ཀྱི་སེང་གེ།	༣	ཆུ་སྤྲེལ།	༡༡༥༢				གདན་ས་ལོ་བཅོ་བརྒྱད་བསྐྱངས།
༧༽ རྩེགས་དབང་ཕྱུག་སེང་གེ།	༣	ལྕགས་སྟག	༡༡༧༠				གདན་ས་ལོ་བཅོ་ལྔ་བསྐྱངས།
༨༽ གཙང་པ་འཇམ་དཔལ་སེང་གེ།	༣	ཤིང་ལུག	༡༡༧༥				གདན་ས་ལོ་བཅུ་གསུམ་བསྐྱངས།
༩༽ ཞུ་སྟོན་ཧྲལ་མོ།	༣	ས་སྤྲེལ།	༡༡༨༨				གདན་ས་ལོ་ལྔ་བསྐྱངས།
༡༠༽ བློ་གྲོས་འབར་བ།	༣	ཆུ་གླང་།	༡༡༩༣				གདན་ས་ལོ་བརྒྱད་བསྐྱངས།
༡༡༽ གཉལ་ཞིག་འཇམ་དཔལ་རྡོ་རྗེ།	༣	ས་རྟ།	༡༡༩༨				གདན་ས་ལོ་བརྒྱད་བསྐྱངས།

༡༢༽ རྒྱ་འཆིང་རུ་བ་ཤེས་རབ་དབང་ཕྱུག	༣	མེ་སྟག	༡༢༠༦				གདན་ས་ལོ་བཅོ་བརྒྱད་བསྐྱངས།
༡༣༽ ཚུལ་མིག་པ་སེང་གེ་དཔལ།	༨		༡༢༢༨				གདན་ས་ལོ་བཅོ་བརྒྱད་བསྐྱངས།
༡༤༽ ལྡན་མ་གྲགས་པ་རིན་ཆེན།	༨	ཆུ་སྟག	༡༢༨༢				གདན་ས་ལོ་བཅོ་བརྒྱད་བསྐྱངས།
༡༥༽ སྡོ་བྲག་པ་ཆོས་སེང་ངམ་བློ་གྲོས་རྒྱལ་མཚན།	༨	ལྕགས་སྤྲེལ།	༡༢༦༠				གདན་ས་ལོ་ཉི་ཤུ་བསྐྱངས།
༡༦༽ སོག་དཔོན་རིན་ཆེན་མགོན་པོ།	༥	ཆུ་རྟ།	༡༢༤༢				གདན་ས་ལོ་བདུན་བསྐྱངས།
༡༧༽ བཙན་དགོན་པ་གཞོན་ནུ་བསམ་གཏན།	༥	ས་གླང་།	༡༢༤༩				གདན་ས་ལོ་ཉི་ཤུ་བསྐྱངས།
༡༨༽ གླ་བྲང་ཆོས་དཔལ་རྒྱལ་མཚན།	༥	ས་བྱ།	༡༣༠༩				གདན་ས་ལོ་དྲུག་བསྐྱངས།
༡༩༽ གཞོན་ནུ་རིན་ཆེན།	༥	ཤིང་ཡོས།	༡༣༡༥				གདན་ས་ལོ་བཅུ་བདུན་བསྐྱངས།
༢༠༽ ལྷ་སྟོན་ཞིག་པོ།	༦	མེ་ཡོས།	༡༣༢༧				གདན་ས་ལོ་བཅུ་བདུན་བསྐྱངས།
༢༡༽ ཡང་རྗེ་བ་ཚུལ་ཁྲིམས་བཟང་པོ།	༦	ཤིང་སྤྲེལ།	༡༣༨༨				གདན་ས་ལོ་ལྔ་བསྐྱངས།
༢༢༽ ལྷ་ཡུལ་བ་གྲགས་པ་བཤེས་གཉེན།	༦	ས་གླང་།	༡༣༨༩				གདན་ས་ལོ་བཅུ་གསུམ་བསྐྱངས།
༢༣༽ པོན་སྟོན་ཤེས་རབ་བཟང་པོ།	༦	ཆུ་སྟག	༡༣༦༢				གདན་ས་ལོ་བདུན་བསྐྱངས།

༢༤༽ འཇམ་དབྱངས་རིན་ཆེན་གྲགས་པ།	༦	ས་བྱི།	༡༣༦༨				གདན་ས་ལོ་བདུན་བསྐྱངས།
༢༥༽ དཀའ་བཞི་པ་ཡོན་ཏན་རྒྱ་མཚོ།	༦	མེ་འབྲུག	༡༣༧༦				གདན་ས་ལོ་བཅུ་བཞིར་བསྐྱངས།
༢༦༽ དཀོན་མཆོག་ཚུལ་ཁྲིམས།	༧	ལྕགས་རྟ།	༡༣༩༠				གདན་ས་ལོ་བདུན་བསྐྱངས།
༢༧༽ རིན་ཆེན་རྣམ་རྒྱལ།	༧	མེ་གླང་།	༡༣༩༧				གདན་ས་ལོ་ཉེར་གཉིས་བསྐྱངས།
༢༨༽ སངས་རྒྱས་འོད་ཆེན།	༧	ས་ཕག	༡༤༡༩				གདན་ས་ལོ་དྲུག་བསྐྱངས།
༢༩༽ གྲགས་པ་དཔལ།	༧	ཤིང་སྦྲུལ།	༡༤༢༥				གདན་ས་ལོ་བཅོ་ལྔ་བསྐྱངས།
༣༠༽ དབེན་དགེ་དཀོན་མཆོག་རྒྱལ་མཚན།	༧	ལྕགས་སྤྲེལ།	༡༤༤༠				གདན་ས་ལོ་བཅུ་བདུན་བསྐྱངས།
༣༡༽ མི་ཉག་རིན་ཆེན་བཟང་པོ།	༨	མེ་གླང་།	༡༤༥༧				གདན་ས་བསྐྱངས།
༣༢༽ དཔལ་ལྡན་སེང་གེ།	༨	མེ་གླང་།	༡༤༥༧				གདན་ས་བསྐྱངས།
༣༣༽ ཚོགས་ཆེན་པ་ཀུན་དགའ་དབང་ཕྱུག	༨	ལྕགས་གླང་།	༡༤༨༡				གདན་ས་བསྐྱངས།
༣༤༽ གུང་རུ་རིན་ཆེན་བྱང་ཆུབ།	༨	ལྕགས་གླང་།	༡༤༨༡				གདན་ས་བསྐྱངས།
༣༥༽ རྗེ་ཐང་པ་ནམ་མཁའ་བརྟན་པ།							གདན་ས་བསྐྱངས།

༣༦༽ འཚོལ་པར་གྲགས་པ་རྒྱལ་མཚན།							གདན་ས་བསྐྱངས།
༣༧༽ དཀྱིལ་པ་ཆོས་དཔལ་རྒྱལ་མཚན།							གདན་ས་བསྐྱངས།
༣༨༽ གཙང་ཆོས་ལུང་པ་བསོད་ནམས་ལེགས་མཆོག							གདན་ས་བསྐྱངས།
༣༩༽ ཨ་མདོ་བ་རྡོ་རྗེ་སེང་གེ།							གདན་ས་བསྐྱངས།
༤༠༽ གསང་འཕྲོག་པ་རྒྱལ་བ་འོད་ཟེར།							གདན་ས་ལོ་བཅུ་བདུན་བསྐྱངས།
༤༡༽ རྟ་ནག་པ་ནམ་མཁའ་ཆོས་འཕེལ།							གདན་ས་ལོ་བཅུ་གསུམ་བསྐྱངས།
༤༢༽ མངའ་རིས་པ་ལེགས་པ་དོན་གྲུབ།							གདན་ས་ལོ་བཞིར་བསྐྱངས།
༤༣༽ གཞུང་པ་ཀུན་དགའ་འོད་སྲུང་།							གདན་ས་ལོ་ལྔར་བསྐྱངས།
༤༤༽ ཞྭ་ལུ་བ་སྨོན་ལམ་དཔལ།							གདན་ས་ལོ་གསུམ་བསྐྱངས།
༤༥༽ ཤེས་རབ་ཉི་མ།							གདན་ས་ལོ་གཅིག་བསྐྱངས།
༤༦༽ རྩེ་ཐང་པ་བློ་གྲོས་འབྱུང་གནས།							གདན་ས་ལོ་བཅུ་བདུན་བསྐྱངས།
༤༧༽ ཤངས་པ་ཤེས་རབ་བློ་གྲོས།							གདན་ས་ལོ་ཉེར་དྲུག་བསྐྱངས།

༤༨༽མངའ་རིས་པ་རཏྣ་བྷ་དྲ།							གདན་ས་ལོ་གསུམ་བསྐྱངས།
༤༩༽རྩེ་ཐང་བ་དཔལ་ལྡན་བློ་གྲོས།							གདན་ས་ལོ་ལྔ་བསྐྱངས།
༥༠༽ཞྭ་ལུ་བ་བསྟན་པ་རབ་རྒྱས།							གདན་ས་ལོ་བརྒྱད་བསྐྱངས།
༥༡༽གུང་ཐང་འབྲོག་ཁང་བ་བསོད་ནམས་རྒྱལ་མཚན།							གདན་ས་ལོ་བཅུ་གཅིག་བསྐྱངས།
༥༢༽བཙུན་པ་རིན་ཆེན་འབྱོར་ལྡན།							
༼གསང་ཕུ་གླིང་སྟོད་ཀྱི་གདན་རབས་རིམ་བྱོན།༽							
༡༽རྔོག་ལེགས་པའི་ཤེས་རབ།							གདན་ས་ལོ་བཅུ་དགུར་བསྐྱངས། འབྲུངས་འདས་གསང་ཕུ་ནེའུ་ཐོག་གི་གདན་རབས་ནང་གསལ།
༢༽རྔོག་བློ་ལྡན་ཤེས་རབ།							གདན་ས་ལོ་བཅོ་བརྒྱད་བསྐྱངས། འབྲུངས་འདས་གསང་ཕུ་ནེའུ་ཐོག་གི་གདན་རབས་ནང་གསལ།
༣༽ཞང་ཚེ་སྤོང་ཆོས་ཀྱི་བླ་མ།							གདན་ས་ལོ་སོ་གཉིས་བསྐྱངས། འབྲུངས་འདས་གསང་ཕུ་ནེའུ་ཐོག་གི་གདན་རབས་ནང་གསལ།

༤༽ གཞལ་བ་རི་ལུ་བ།							གདན་ས་ལོ་གཉིས་བསྐྱངས། འབྲུངས་འདས་གསང་ཕུ་ནེའུ་ཐོག་གི་གདན་རབས་ནང་གསལ།
༥༽ སྟོད་ལུང་རྣམ་པར་བ།							གདན་ས་ལོ་བརྒྱད་བསྐྱངས། འབྲུངས་འདས་གསང་ཕུ་ནེའུ་ཐོག་གི་གདན་རབས་ནང་གསལ།
༦༽ ཕྱྭ་པ་ཆོས་ཀྱི་སེང་གེ།							གདན་ས་ལོ་བཅོ་བརྒྱད་བསྐྱངས། འབྲུངས་འདས་གསང་ཕུ་ནེའུ་ཐོག་གི་གདན་རབས་ནང་གསལ།
༧༽ རྩེགས་དབང་ཕྱུག་སེང་གེ།							གདན་ས་ལོ་ལྔར་བསྐྱངས། འབྲུངས་འདས་གསང་ཕུ་ནེའུ་ཐོག་གི་གདན་རབས་ནང་གསལ།
༨༽ གཞལ་བ་དད་པ་བཟང་པོ།	༣	ཤིང་ལུག	༡༡༧༥				གདན་ས་ལོ་བདུན་བསྐྱངས།
༩༽ ཛམ་ཅེན་ནེ།	༣	ཆུ་སྟག	༡༡༨༢				གདན་ས་ལོ་བདུན་བསྐྱངས།
༡༠༽ བཟང་པོ་དར་མ་འོད་དང་བཟང་པོ་དོན་གྲུབ་གཉིས།							གདན་ས་ལོ་སུམ་ཅུར་བསྐྱངས།
༡༡༽ སློབ་དཔོན་ཇོ་ནམ་པ།	༩	ས་ཡོས།	༡༢༡༩				གདན་ས་ལོ་བཅོ་ལྔ་བསྐྱངས།
༡༢༽ རོག་གི་བླ་བ།	༩	ཤིང་རྟ།	༡༢༣༩				གདན་ས་བསྐྱངས།

༡༣༽ སྒྲོས་རྙིང་པ་འོད་ཟེར་མགོན་པོ།	༤	ཤིང་རྟ།	༡༢༣༤				གདན་ས་ལོ་སོ་ལྔ་བསྐྱངས།
༡༤༽ འཇམ་དབྱངས་ཤཱཀྱ་གཞོན་ནུ།	༤	མེ་སྟག	༡༢༦༦				གདན་ས་ལོ་ཉེར་བདུན་བསྐྱངས།
༡༥༽ རྒྱ་མ་པ་བཀྲ་ཤིས་རྒྱལ་མཚན།	༥	ཆུ་སྦྲུལ།	༡༢༩༣				གདན་ས་ལོ་བརྒྱད་བསྐྱངས།
༡༦༽ དམྱུལ་པ་ཕྱོགས་ལས་རྣམ་རྒྱལ།	༥	ལྕགས་གླང་།	༡༣༠༡				གདན་ས་ལོ་བརྒྱད་བསྐྱངས།
༡༧༽ ཡར་འབྲོག་པ་གཞོན་ནུ་རྒྱལ་མཚན།	༥	ས་བྱ།	༡༣༠༩				གདན་ས་བསྐྱངས།
༡༨༽ རྒྱལ་སྦེ་བ་གཞོན་ནུ་སེང་གེ།	༥	ས་བྱ།	༡༣༠༩				གདན་ས་བསྐྱངས།
༡༩༽ གཙང་དཀར་བ།	༥	མེ་སྦྲུལ།	༡༣༡༧				གདན་ས་བསྐྱངས།
༢༠༽ བློ་གྲོས་སེང་གེ།	༥	ས་ལུག	༡༣༡༩				གདན་ས་ལོ་བཅུ་བདུན་བསྐྱངས།
༢༡༽ དར་དབང་པ།	༦	མེ་གླང་།	༡༣༣༧				གདན་ས་ལོ་བདུན་བསྐྱངས།
༢༢༽ བླམ་ཡེ་ཤེས།	༦	ཤིང་སྤྲེལ།	༡༣༤༤				གདན་ས་ལོ་བཅུ་བསྐྱངས།
༢༣༽ ཤེས་རབ་རྒྱལ་མཚན།	༥	ཤིང་རྟ།	༡༣༥༤				གདན་ས་ལོ་གསུམ་བསྐྱངས།
༢༤༽ གཞོན་ནུ་བློ་ལྡན།	༦	མེ་བྱ།	༡༣༥༧				གདན་ས་ལོ་གསུམ་བསྐྱངས།

༢༥༽བློ་གྲོས་བརྟན་པ།	༦	ཆུ་ཡོས།	༡༣༦༣				གདན་ས་ལོ་གསུམ་བསྐྱངས།
༢༦༽ཚད་མ་སྟོན་པོ།	༦	མེ་རྟ།	༡༣༦༦				གདན་ས་ལོ་ལྔར་བསྐྱངས།
༢༧༽བསོད་ནམས་འཕེལ།	༦	ལྕགས་ཕག	༡༣༧༡				གདན་ས་ལོ་བཅུ་དགུ་བསྐྱངས།
༢༨༽སེང་གེ་རྒྱལ་མཚན།	༧	ལྕགས་རྟ།	༡༣༩༠				གདན་ས་ལོ་བརྒྱད་བསྐྱངས།
༢༩༽བསམ་གཏན་བཟང་པོ།	༧	ས་སྟག	༡༣༩༨				གདན་ས་ལོ་བདུན་བསྐྱངས།
༣༠༽སངས་རྒྱས་རྒྱལ་མཚན།	༧	ཤིང་བྱ།	༡༤༠༥				གདན་ས་ལོ་བཅུར་བསྐྱངས།
༣༡༽བརྩོན་འགྲུས་སེང་གེ།	༧	ཤིང་ལུག	༡༤༡༥				གདན་ས་ལོ་དྲུག་བསྐྱངས།
༣༢༽གྲྭ་ཚང་པ་ཡོན་ཏན་རྒྱ་མཚོ།	༧	ལྕགས་གླང་།	༡༤༢༡				གདན་ས་ལོ་ལྔར་བསྐྱངས།
༣༣༽གསང་མདའ་བ་སངས་རྒྱས་ཆོས་སྐྱོང་།	༧	མེ་རྟ།	༡༤༢༦				གདན་ས་ལོ་བཅུ་བཞིར་བསྐྱངས།
༣༤༽ཤེས་རབ་དཔལ་ལྡན།	༧	ལྕགས་སྤྲེལ།	༡༤༤༠				གདན་ས་ལོ་གསུམ་བསྐྱངས།
༣༥༽གཙང་པ་སངས་རྒྱས་བཟང་པོ།							གདན་ས་བསྐྱངས།
༣༦༽རྗེ་དཔོན་བློ་བཟང་ཉི་མ།							གདན་ས་བསྐྱངས།

༣༧༽ ཤངས་དགེ་འཕེལ་བ།							གདན་ས་ལོ་བཅུ་གཉིས་བསྐྱངས།
༣༨༽ གསང་མདའ་ཆོས་རྒྱལ།							གདན་ས་ལོ་གཅིག་བསྐྱངས།
༣༩༽ སྟག་སྟོན་ཀུན་དགའ་དཔལ་འབྱོར།							གདན་ས་ལོ་བཅུ་གསུམ་བསྐྱངས།
༤༠༽ ར་ལུང་བ་ཡོན་ཏན་ཆོས་འཕེལ།							གདན་ས་ལོ་བཅུ་གསུམ་བསྐྱངས།
༤༡༽ རྗེ་ཐང་བ་ལྷ་དབང་དཔལ་འབྱོར།							གདན་ས་ལོ་བཅུ་དྲུག་བསྐྱངས།
༤༢༽ མངའ་རིས་པ་བསོད་ནམས་དཔལ་བཟང་པོ།							གདན་ས་ལོ་དྲུག་བསྐྱངས།
༤༣༽ བྱམས་པ་གླིང་པ།							གདན་ས་ལོ་གཉིས་བསྐྱངས།
༤༤༽ གསང་མདའ་བསམ་གྲུབ་དཔལ་བཟང་།							གདན་ས་སྐྱོང་བཞིན་ཟེར།
གསང་ཕུ་གློ་གྲོས་མཚུངས་མེད།							གཙྪ་པ་རང་བྱུང་རྡོ་རྗེའི་སློབ་མ་ཡིན།
གསུང་རབ་རྒྱ་མཚོ།	༡༥	མེ་སྤྲེལ།	༡༨༩༦	༡༦	ཆུ་བྱི།	༡༩༨༣	
གསེར་ཁོང་ངག་དབང་ཚུལ་ཁྲིམས་དོན་ལྡན།	༡༩	མེ་འབྲུག	༡༨༥༦	༡༥	ས་རྟ།	༡༩༡༨	
གསེར་ཁང་བློ་གྲོས་རྒྱ་མཚོ།							དུས་རབས་༡༡པའི་དུས་དཀྱིལ།

གསེར་ཁང་བློ་བཟང་བསྟན་འཛིན་རྒྱ་མཚོ།	༡༣	ལྕགས་བྱི།	༡༧༨༠	༡༤	ས་སྤྲེལ	༡༨༤༨	
གསེར་གླིང་པ་བཀྲ་ཤིས་དཔལ།	༥	ཆུ་འབྲུག	༡༢༩༢	༧	ཤིང་སྦྲུལ།	༡༣༥༦	
གསེར་ཏོག་ངག་དབང་བསྟན་པའི་རྒྱལ་མཚན།							
གསེར་ཏོག་བློ་བཟང་ཚུལ་ཁྲིམས་རྒྱ་མཚོ།	༡༤	ཤིང་སྦྲུལ།	༡༨༤༥	༡༥	ཤིང་ཡོས།	༡༩༡༥	
༼གསེར་ཐང་སྐུ་ཕྲེང་རིམ་བྱོན།༽	༡༢ ནས་འགོ་ཚུགས།						མདོ་སྨད་ཐེ་བོ་ཞེས་པའི་སར།
༡༽ གསེར་ཐང་བླམ་ཐུབ་བསྟན་གྲགས་པ།	༡༢	མེ་ཕག	༡༧༠༧	༡༣	མེ་ཁྱི།	༡༧༦༦	དགུང་ལོ་༥༩་བཞུགས།
༢༽ གསེར་ཐང་མཁས་གྲུབ་ཕྲིན་ལས་དབང་ཕྱུག	༡༣	ས་ཁྱི།	༡༧༧༨	༡༤	ཆུ་ཡོས།	༡༨༤༣	དགུང་ལོ་༦༥་བཞུགས།
༣༽ གསེར་ཐང་འཇམ་དཔལ་རྒྱ་མཚོ།	༡༤	ཤིང་འབྲུག	༡༨༤༤	༡༥	ཤིང་ཁྱི།	༡༨༧༥	དགུང་ལོ་༣༢་བཞུགས།
༤༽ གསེར་ཐང་བློ་གྲོས་བཟང་པོ་ཕྲིན་ལས་རྒྱ་མཚོ།	༡༥	མེ་བྱི།	༡༨༧༦	༡༦	མེ་ཁྱི།	༡༩༤༦	དགུང་ལོ་༧༡་བཞུགས།
༥༽ གསེར་ཐང་འཇིགས་མེད་ཕྲིན་ལས་རྒྱ་མཚོ།	༡༦	མེ་ཁྱི།	༡༩༤༦				
གསེར་སྡིང་པ་གཞོན་ནུ་འོད།							དུས་རབས་༡༢ པའི་དུས་མཇུག
བསམ་གཏན་གླིང་པ།	༣	ས་བྱ།	༡༡༨༩	༤	ལྕགས་སྤྲེལ།	༡༢༦༠	

བསམ་གཏན་བཟང་པོ།							
བསམ་གླིང་པ་སངས་རྒྱས་འབྱུང་བ།	༤	ལྕགས་སྤྲེལ།	༡༢༤༠				
བསམ་པ་དོན་ཆེན།							
བསམ་བློ་སྨིན་པ་རྒྱ་མཚོ།							དགའ་ལྡན་ཁྲི་རབས་ཞི་དྲུག་པར་གཟིགས།
༼བསེ་ངག་དབང་བཀྲ་ཤིས་སྐུ་ཕྲེང་རིམ་བྱོན།༽	༡༡ ནས་འགོ་ཚུགས།						གཏེར་ལུང་བསེ་ངག་དབང་བཀྲ་ཤིས་ཀྱང་ཟེར།
༡༽བསེ་ངག་དབང་བཀྲ་ཤིས།	༡༡	ས་རྟ།	༡༦༧༨	༡༢	ས་རྟ།	༡༧༣༨	དགུང་ལོ་༦༡བཞུགས།
༢༽བསེ་ཚང་ངག་དབང་འཇམ་དབྱངས་བཀྲ་ཤིས།	༡༢	ས་རྟ།	༡༧༣༨	༡༤	ལྕགས་ལུག	༡༨༡༣	དགུང་ལོ་༧༥བཞུགས།
༣༽བསེ་བློ་བཟང་བཀྲ་ཤིས་རབ་རྒྱས།	༡༤	ཤིང་ཁྱི།	༡༨༡༤	༡༤	ས་ཡོས།	༡༨༧༩	
༤༽བསེ་བློ་བཟང་བཀྲ་ཤིས་བསྟན་པའི་རྒྱལ་མཚན།	༡༥	ལྕགས་འབྲུག	༡༨༨༠	༡༥	ས་གླང་།	༡༨༨༩	དགུང་ལོ་༩ལས་མ་བཞུགས།
༥༽བསེ་བློ་བཟང་བཀྲ་ཤིས་ཕྲིན་ལས་རྒྱ་མཚོ།	༡༥	ལྕགས་སྟག	༡༨༩༠	༡༦	མེ་བྱི།	༡༩༣༦	དགུང་ལོ་༤༧བཞུགས།
༦༽བསེ་བློ་བཟང་དཔལ་ལྡན་འཇམ་དབྱངས་ཐུབ་བསྟན་རྒྱ་མཚོ།	༡༦	མེ་གླང་།	༡༩༣༧				
བསེ་གཉན་མེར་མོ།							ལྷ་འཕྲུལ་ནམ་གཞུང་བཙན་གྱི་བཙུན་མོ།

བསོད་ནམས་མཁའ་ཆེན་བཤད་སྒྲུབ་བསྟན་འཛིན་རྣམ་རྒྱལ།				༡༥	ས་ཡོས།	༡༨༧༩	
བསོད་ནམས་གྲགས་པ།	༡༢	ཆུ་ཡོས།	༡༧༢༣	༡༣	ས་བྱི།	༡༧༨༩	
བསོད་ནམས་མགོན།							
བསོད་ནམས་རྒྱལ་བ།							དུས་རབས་༡༡པའི་དུས་སྨད་ཀྱི་ལོ་ཙཱ་བ་ཞིག
བསོད་ནམས་ཆོས་འཕེལ།	༩	ཆུ་སྦྲུལ	༡༥༣༣	༡༠	ལྕགས་བྱི།	༡༦༡༠	
བསོད་ནམས་མཆོག་གྲུབ་གྲགས་བཟང་།	༧	ས་ཡོས།	༡༣༩༩	༨	ཆུ་སྦྲེལ	༡༤༥༢	
བསོད་ནམས་བསྟན་འཛིན་དཔལ་འབྱོར་ཚེ་རིང་།							
བསོད་ནམས་རྣམ་རྒྱལ།							དུས་རབས་༡༡པའི་དུས་སྨད་ཀྱི་ལོ་ཙཱ་བ་ཞིག
བསོད་ནམས་དཔལ།							
བསོད་ནམས་ཕྱོགས་གླང་།	༧	ས་ལུག	༡༤༣༩	༨	ཤིང་བྱི།	༡༥༠༤	
བསོད་ནམས་དབང་ཕྱུག							
བསོད་ནམས་འབུམ།	༤	ཆུ་ལུག	༡༢༢༣	༥	ཆུ་ལུག	༡༢༨༣	

བསོད་ནམས་བཟང་པོ།	༥	ཤིང་ལུག	༡༢༩༥	༦	མེ་བྱ།	༡༣༥༧	
བསོད་ནམས་བཟང་པོ།							དུས་རབས་༡༡པའི་དུས་དཀྱིལ་གྱི་ལོ་ཙཱ་བ་ཞིག
བསོད་ནམས་འོད་ཟེར།							
བསོད་ནམས་ཡོན་ཏན།							
བསོད་ནམས་སེངྒེ།							དུས་རབས་༡༢པའི་དུས་དཀྱིལ་གྱི་ལོ་ཙཱ་བ་ཞིག

མཚན་བྱང་།	འཁྲུངས་ལོ།			འདས་ལོ།			ཞར་བྱུང་།
	རབ་བྱུང་།	ལོ་ཁམས།	སྤྱི་ལོ།	རབ་བྱུང་།	ལོ་ཁམས།	སྤྱི་ལོ།	གསལ་བཤད།
༄ ཏ།							
ཏན་འཛིན་འཇམ་དབྱངས་རྒྱལ་མཚན།	༡༣	ཆུ་སྦྲུལ	༡༧༧༣				
ཏབ་ཛོ་སྲས་འཇམ་དཔལ།	༡	མེ་ལུག	༡༠༦༧	༣	ཤིང་སྤྲེལ།	༡༡༦༤	
ཏལ་ཏ་ཛེ་བཙུན་དམ་པ།				༡༥	ཆུ་ཕག	༡༩༠༢	སྐུ་ཕྲེང་གང་ཡིན་མི་ཤེས་འདི་འདྲ་ཞིག་ཀྱང་འདུག
ཏོ་ཐོག་ཐུ་བློ་བཟང་ཐུབ་བསྟན་རྒྱ་མཚོ།	༡༤	མེ་ལུག	༡༨༤༧	༡༥	ཆུ་སྟག	༡༩༠༢	
ཏོར་ཆེན་ཡེ་ཤེས་རྒྱ་མཚོ།							དུས་རབས་༡༧པའི་ནང་འཁྲུངས།
ཏོར་སྟོན་ནམ་མཁའ་དཔལ་བ།	༦	ཆུ་གླང་།	༡༣༧༣	༨	མེ་ཡོས།	༡༤༤༧	
ཏོར་ལྷིང་ཞབས་དྲུང་བློ་བཟང་དགེ་ལེགས་རྒྱལ་མཚན།	༡༤	ལྕགས་ལུག	༡༨༡༡	༡༥	ཆུ་ལུག	༡༨༨༣	
༄ཏོར་ཚང་སྐུ་ཕྲེང་རིམ་བྱོན།	༡༡ ནས་འགོ་ཚུགས།						
༡ ཏོར་ཚང་དཔལ་ལྡན་གྲགས་པ།	༡༡	ཆུ་ཕྱི།	༡༦༨༢	༡༢	ས་བྱ།	༡༧༢༩	དགུང་ལོ་༤༨ བཞུགས།

༢༽ཧོར་ཚང་བློ་བཟང་བསྟན་འཛིན་རྒྱ་མཚོ།	༡༢	ལྕགས་ཕག	༡༧༣༡	༡༣	མེ་ཡོས།	༡༧༤༧	དགུང་ལོ་༡༧བཞུགས།
༣༽ཧོར་ཚང་འཇིགས་མེད་རིགས་པའི་སེང་གེ།	༡༣	མེ་ཡོས།	༡༧༤༧	༡༤	ཤིང་ཕག	༡༨༡༥	དགུང་ལོ་༦༩བཞུགས།
༤༽ཧོར་ཚང་འཇིགས་མེད་བསྟན་པའི་ཉི་མ།	༡༤	མེ་བྱི།	༡༨༡༦	༡༥	ཤིང་ཕག	༡༨༧༥	དགུང་ལོ་༦༡བཞུགས།
༥༽ཧོར་ཚང་སྐལ་བཟང་དཔལ་ལྡན་གྲགས་པ།	༡༥	ཤིང་ཕག	༡༨༧༥	༡༥	ཆུ་བྱི།	༡༩༡༢	དགུང་ལོ་༣༨བཞུགས།
༦༽ཧོར་ཚང་བློ་བཟང་དཔལ་ལྡན་རྒྱ་མཚོ།	༡༥	ཆུ་གླང་།	༡༩༡༣	༡༦	ས་ཕག	༡༩༥༩	དགུང་ལོ་༤༦བཞུགས།
༧༽ཧོར་ཚང་འཇིགས་མེད་གྲགས་པ་རྒྱ་མཚོ།	༡༦	ལྕགས་སྤྲེལ།	༡༩༨༠				
ཧོར་རབ་བརྟན་རྒྱ་མཚོ།	༡༢	མེ་གླང་།	༡༦༩༧	༡༣	ཆུ་ལུག	༡༧༦༣	
ལྷ་ཁང་སྟེང་པ་སངས་རྒྱས་རིན་ཆེན།	༦	ས་ཡོས།	༡༣༣༩	༧	ཤིང་འབྲུག	༡༤༢༨	
ལྷ་ཁང་ལུང་པ་དགེ་འདུན་རྒྱ་མཚོ།	༡༡	ཆུ་སྟག	༡༦༦༢	༡༢	མེ་སྦྲུལ།	༡༧༣༧	
ལྷ་ཁང་ལུང་པ་ངག་དབང་བྱམས་པ།	༡༡	ཆུ་ཕག	༡༦༨༣	༡༢	མེ་འབྲུག	༡༧༣༦	
ལྷ་ཁང་ལུང་པ་ཡོན་ཏན་རྒྱ་མཚོ།	༡༠	ལྕགས་ཁྱི།	༡༦༡༠	༡༡	ཆུ་ཁྱི།	༡༦༨༢	
ལྷ་གྲགས་པ་འོད།	༦	ཤིང་ཕག	༡༣༣༥	༧	ཤིང་སྤྲེལ།	༡༤༠༨	

ལྷ་འགྲོ་བའི་མགོན་པོ་བྱང་ཆུབ་འོད།	༣	མེ་རྟ།	༡༡༨༦	༨	ས་ལུག	༡༢༥༩	
ལྷ་ཆེན་དངོས་གྲུབ།							
ལྷ་ཆེན་ཚེ་དབང་རྣམ་རྒྱལ།							དུས་རབས་༡༥པའི་དུས་དཀྱིལ།
ལྷ་ཆེན་ཨུཏྤལ།							མངའ་བདག་རིག་པ་མགོན་གྱི་རྒྱུད་པ།
ལྷ་མཆོག་ལྡེ།							དུས་རབས་༡༡པའི་དུས་མཇུག་གི་སྨད་ཀྱི་ལྡེ་གསུམ་གྱི་གྲས།
ལྷ་རྗེ་རྒྱ་པོ་པ།							བྱུར་ཆུང་ཤེས་རབ་གྲགས་པར་གཟིགས།
ལྷ་རྗེ་དགེ་བ་འབུམ།							དུས་རབས་༡༢པའི་དུས་དཀྱིལ།
ལྷ་རྗེ་ཟླ་བའི་འོད་ཟེར།	༢	ཆུ་ཡོས།	༡༡༢༣	༣	ཆུ་སྟག	༡༡༨༢	
ལྷ་རྗེ་ཨུག་པ་ལུང་པ།							བྱུར་པོ་ཆེ་ཤཱཀྱ་འབྱུང་གནས་ལ་གཟིགས།
ལྷ་རྗེ་ལྷ་ཁང་བ།							ཟླ་ཆེན་ཡོན་ཏན་གཟུངས་ལ་གཟིགས།
ལྷ་ཐོ་ཐོ་རི་གཉན་བཙན།							བོད་ཀྱི་བཙན་པོའི་རྒྱལ་རབས་༢༧པར་གཟིགས།
༼ལྷ་ཐོག་མཛོ་ཧི་རྗེ་དྲུང་སྐུ་ཕྲེང་རིམ་བྱོན།༽							

༡༽རྗེ་དྲུང་ཆོས་རྗེ་ཀུན་ཕྲིན་ལས།	༨	མེ་བྱི།	༡༤༥༦	༩	ཤིང་ཡོས།	༡༥༥༥	དགུང་ལོ་བརྒྱ་ཅན་དང་གྱ་བཞི་ཅན་གཉིས་སྣང་།
༢༽རྗེ་དྲུང་གཉིས་པ།							ཀཿཐོག་རིག་འཛིན་ཚེ་དབང་ནོར་བུར་གཟིགས།
༣༽རྗེ་དྲུང་ཀུན་ཕུན་ཚོགས་བསྟན་པ་རབ་རྒྱས།	༡༢	ཤིང་སྟག	༡༧༤༦	༡༣	ཆུ་ཕག	༡༨༠༣	དགུང་ལོ་ང་བརྒྱད་བཞུགས།
༤༽རྗེ་དྲུང་ཀུན་ཆོས་རྒྱལ་ཕུན་ཚོགས།	༡༣	ཆུ་གླང་།	༡༧༩༣	༡༤	ལྕགས་སྤྲེལ།	༡༨༦༠	དགུང་ལོ་རེ་བརྒྱད་བཞུགས།
༥༽རྗེ་དྲུང་ཀུན་འགྱུར་མེད་བསྟན་འཛིན།	༡༤	ལྕགས་བྱ།	༡༨༦༡	༡༥	ཤིང་གླང་།	༡༩༢༥	དགུང་ལོ་རེ་ལྔ་བཞུགས།
༦༽རྗེ་དྲུང་ཀུན་ངེས་དོན་འགྱུར་མེད་ཆོས་ཀྱི་དབང་ཕྱུག	༡༦	མེ་ཡོས།	༡༩༢༧	༡༦	ལྕགས་གླང་།	༡༩༦༡	དགུང་ལོ་སོ་ལྔ་བཞུགས།
༧༽རྗེ་དྲུང་ དཔལ་ ལྡན་ འགྱུར་ མེད་ ལུང་ རྟོགས་ བསྟན་ པའི་ རྒྱལ་མཚན།	༡༦	མེ་ལུག	༡༩༦༧				
ལྷ་མཐོང་ལོ་ཙཱ་བ།							
ལྷ་ལྡེ།							མངའ་བདག་འཁོར་རེའམ་ལྷ་བླ་མའི་སྲས།
ལྷ་ཕྱུག་མཁར་བ་ཉི་ཟླ་འོད།	༢	ཤིང་ཡོས།	༡༡༣༥	༤	ཤིང་ཕག	༡༢༡༥	
ལྷ་ཕྱུག་པ།	༡༢	མེ་སྟག	༡༡༤༦				

ལྷ་བུ་མགོ་དཀར།							མཛངས་མི་མི་བདུན་གྱི་གྲས།
ལྷ་དབང་རྡོ་རྗེ།							འཇའ་ལུས་འཕོ་ཆེན་དུ་གཤེགས།
ལྷ་དབང་རྡོ་རྗེ་རིན་ཆེན།							དུས་རབས་༡༨པར་འབྱུངས།
ལྷ་དབང་དཔལ་འབྱོར།	༧	མེ་སྟག	༡༨༨༦				
ལྷ་བྲག་ཁ་བ་བློ་གྲོས་ཡེ་ཤེས།	༣	ལྕགས་བྱི།	༡༡༩༠	༥	མེ་བྱི།	༡༢༤༦	
ལྷ་བླམ་བྱང་ཆུབ་འོད།							དུས་རབས་༡༡པའི་དུས་མགོ།
ལྷ་བླམ་ཡེ་ཤེས་འོད།		མེ་ལུག	༩༧	ས་ལུག	༡ ལྕགས་ལུག	༡༠༡༩ ༡༠༣༡	དགུང་ལོ་༧༣དང་༤༥ཐོད་ལུགས་མི་འདྲ་བ་གཉིས་སྣང་།
ལྷ་བློ་གྲོས་འོད།	༥	ཤིང་བྱ།	༡༢༤༥	༦	ལྕགས་སྟག	༡༣༥༠	
ལྷ་སྨན་ཡེ་ཤེས་ཚུལ་ཁྲིམས།	༡༥	ཆུ་གླང་།	༡༩༡༣	༡༦	མེ་སྤྲེལ།	༡༩༧༧	
ལྷ་བཙན་པོ་ཨུ་ནེ་ནྣ་ཛ།							དུས་རབས་༡༡པའི་དུས་དཀྱིལ་གྱི་ལོ་ཙཱ་བ་ཞིག
ལྷ་བཙུན་བཀྲ་ཤིས་དཔལ་བཟང་།							དུས་རབས་༡༨པའི་དུས་དཀྱིལ།

ལྷ་བཙུན་ངོ་མཚར་གཞན་ཕན།							དུས་རབས་༡༩པའི་དུས་སྨད།
ལྷ་བཙུན་མཐུ་སྟོབས་ཉི་མ།							དུས་རབས་༡༨པའི་དུས་དཀྱིལ།
ལྷ་བཙུན་དར་རྒྱས་ནོ་མིན་ཧན།	༡༢	ཤིང་ལུག	༡༧༡༥	༡༣	ལྕགས་བྱི།	༡༧༨༠	
ལྷ་བཙུན་ནམ་མཁའ་འཇིགས་མེད།	༡༠	མེ་བྱ།	༡༥༩༧	༡༡	མེ་བྱི།	༡༦༤༦	ལ་ལས་ཆུ་འབྲུག ༡༦༥༢ལོར་འདས་པར་བཞེད།
ལྷ་བཙུན་པ།							དུས་རབས་༡༣པའི་དུས་སྟོད་ཀྱི་ལོ་ཟླ་བ་ཞིག
ལྷ་བཙུན་བྱམས་པ་དཀོན་མཆོག་རིན་ཆེན།							མིའི་ཉི་མ་མཐོང་བ་དོན་ལྡན་ཡང་ཞུ།
ལྷ་བཙུན་བློ་བཟང་བསྟན་འཛིན་རྒྱལ་མཚན།	༡༡	ས་ཡོས།	༡༦༣༩				དཀྱུང་གྲངས་ལྷ་བཙུང་གྲངས་གཤེགས།
ལྷ་བཙུན་བློ་བཟང་ནོར་བུ་ཤེས་རབ།	༡༡	མེ་སྦྲུལ།	༡༦༧༧				
ལྷ་བཙུན་རིན་ཆེན་རྣམ་རྒྱལ།	༡༢	ཤིང་བྱི།	༡༦༩༤	༡༣	ས་སྟག	༡༧༥༨	
ལྷ་བཙུན་བསོད་ནམས་དཔལ་བཟང་།							དུས་རབས་༡༦པའི་དུས་དཀྱིལ།
ལྷ་བཙུན་བསོད་ནམས་ཡེ་ཤེས་རྒྱལ་མཚན།							དུས་རབས་༡༤པའི་དུས་སྨད།
མཉམ་མེད་ལྷ་རྗེ་བ་ངག་དབང་བཟང་པོ།	༩	མེ་རྟ།	༡༥༤༦	༡༠	ཤིང་ཡོས།	༡༦༡༥	

ལྷ་རྗེ་ཡེ་ཤེས་ཆོས་འཕེལ།	༡༣	ས་རྟ།	༡༧༨༤	༡༥	ལྕགས་རྟ།	༡༤༧༠	
ལྷ་ཞི་བ་འོད།							དུས་རབས་༡༡པའི་དུས་སྟོད་ཙམ།
ལྷ་ཞིས་འཇིགས་མེད་ཕྲིན་ལས།	༡༣	ཆུ་རྟ	༡༧༦༢	༡༩	ཤིང་ཕག	༡༤༡༥	
ལྷ་བྱུར་ཁང་པ་དབང་ཕྱུག་ཡེ་ཤེས།	༥	མེ་གླང་།	༡༢༧༧	༦	མེ་གླང་།	༡༣༣༧	
ལྷ་གཟིགས་རིན་ཆེན་རྒྱལ་མཚན།							དུས་རབས་༡༩པའི་དུས་སྨད།
ལྷ་གཟིགས་ཤོག་པོ་བརྟན་བཟང་།							སྲོང་བཙན་སྒམ་པོའི་ནང་བློན་དྲུག་གི་གྲས།
ལྷ་བཟང་ཁཱང་།	༡༢	ས་ཡོས།	༡༦༨༨	༡༢	མེ་བྱ།	༡༧༡༧	
ལྷ་ཡེ་ཤེས་རྒྱལ་མཚན།							དུས་རབས་༡༡པའི་དུས་དཀྱིལ།
ལྷ་རམས་པ་བློ་བཟང་ཚེ་བརྟན།							
ལྷ་རི་བ་ནམ་མཁའ་འོད།							དུས་རབས་༡༢པའི་དུས་སྟོད།
ལྷ་རི་བློ་བཟང་འབྱུང་གནས།							དུས་རབས་༡༤པའི་དུས་སྟོད།
ལྷ་རིན་པོ་ཆེ།							དུས་རབས་༡༡པའི་དུས་སྨད་ཙམ།

ལྷ་རིན་ཆེན་མཚོ།							སྐྱིབ་པ་ལྷེའི་སྲས་མོ།
ལྷ་ལུང་གི་དབང་ཕྱུག་བྱང་ཆུབ་རིན་ཆེན།	༣	ས་སྟག	༡༡༥༨	༩	ཆུ་འབྲུག	༡༢༣༢	
ལྷ་ལུང་ཀླུ་མགོང་།							ཁྲི་སྲོང་སྐུ་དུས་ཀྱི་ལོ་ཙྪ་བ་གྲགས་ཅན་ཞིག
ལྷ་ལུང་དཔལ་གྱི་རྡོ་རྗེ།							དར་མ་འུ་དུམ་བཙན་དང་དུས་མཉམ།
ལྷ་ལུང་བློན་མང་པོ་རྗེ་སྣར་མགོང་།							ཁྲི་ལྡེ་སྲོང་བཙན་གྱི་དཔང་པོ།
ལྷ་ལུང་བཟའ་མེ་ཏོག་མ།							ཁྲི་རལ་པ་ཅན་གྱི་བཙུན་མོ།
ལྷ་ལུང་རབ་འབྱོར་དབྱངས།							ཁྲི་སྲོང་ལྡེ་བཙན་གྱི་ཆོས་བློན།
ལྷ་ས་བ་དགེ་འདུན་རྒྱལ་མཚན།	༦	ཆུ་འབྲུག	༡༥༣༢	༡༠	མེ་ལུག	༡༦༠༧	
ལྷ་སྲས་གཙང་མ།							ཁྲི་རལ་པ་ཅན་གྱི་གཅུང་པོ།
ལྷ་བསོད་ནམས་འོད་ཟེར།				༧	མེ་རྟ།	༡༩༢༦	
ལྷའི་རྒྱལ་མཚན།							
ལྷུན་སྡིང་རྣམ་རྒྱལ་རྡོ་རྗེ།							དུས་རབས་༡༦པའི་དུས་སྨད་ཙམ།

ལྷུན་སྡིང་བདུད་རྩི་འགྱུར་མེད།							དུས་རབས་༡༦པའི་དུས་དཀྱིལ་ཙམ།
ལྷུན་སྡིང་ལེགས་གྲུབ་དཔལ་བ།							དུས་རབས་༡༥པའི་དུས་སྟོད་ཙམ།
སྟོ་པ་ཐུགས་རྗེ་དཔལ།							རོང་སྟོན་ཤཱཀྱ་རྒྱལ་མཚན་དང་དུས་མཉམ།
སྟོ་པ་ཤཱཀྱ་རིན་ཆེན།							
སྟོ་པ་བློ་བཟང་བཀྲ་ཤིས།	༡༢	ས་གླང་།	༡༧༠༩	༡༣	ཆུ་ཡོས།	༡༧༨༣	
སྟོ་སྤྲུལ་ངག་དབང་མཁྱེན་རབ་བསྟན་པའི་དབང་ཕྱུག							དུས་རབས་༡༩པའི་དུས་དཀྱིལ་ཙམ།
སྟོ་བྲག་ཁབ་བློ་གྲོས་ཡེ་ཤེས།	༤	ས་ཁྱི།	༡༢༣༨				
སྟོ་བྲག་མཁན་ཆེན་ནམ་མཁའ་སེང་གེ།							དུས་རབས་༡༣པའི་དུས་མགོ་ཙམ།
སྟོ་བྲག་གྲུབ་ཆེན་ནམ་མཁའ་རྒྱལ་མཚན།	༥	མེ་སྟག	༡༣༢༦	༧	ལྕགས་སྦྲུལ།	༡༤༠༡	
སྟོ་བྲག་རྒྱལ་སྲས་བཟང་པོ།							དུས་རབས་༡༣པའི་དུས་མཇུག་ཙམ།
སྟོ་བྲག་ཐར་པ་བཟང་པོ།							དུས་རབས་༡༣པའི་དུས་མགོ་ཙམ།
སྟོ་བྲག་ནམ་མཁའ་རྒྱལ་པོ།							དུས་རབས་༡༣པའི་དུས་སྨད་ཙམ།

ལྷོ་བྲག་བློ་གྲོས་རྒྱ་མཚོ།							གསེར་ཁང་བློ་གྲོས་རྒྱ་མཚོར་གཟིགས།
ལྷོ་བྲག་སེང་གེ་བཟང་པོ།							དུས་རབས་༡༣པའི་དུས་སྨད་ཙམ།
༼ལྷོ་འབྲུག་གྲུབ་ཆེན་གཏེར་ཁྲུང་པའི་གདུང་རབས།༽							
༡༽ཆོས་རྗེ་ངག་དབང་ཕྲིན་ལས།							
༢༽ཤཱཀྱ་རྒྱལ་མཚན།							
༣༽ཕྲིན་ལས་རྒྱལ་མཚན།							
༤༽ངག་དབང་ཕྲིན་ལས་ཕྱི་མ།							
༥༽ཡེ་ཤེས་དངོས་གྲུབ།							
༦༽མི་ཕམ་ཆོས་ཀྱི་ཉིན་བྱེད།							ད་ལྟ་ཞལ་བཞུགས།
༼ལྷོ་འབྲུག་རྒྱལ་སྲས་འཇམ་དཔལ་རྡོ་རྗེའི་སྐུ་ཕྲེང་རིམ་བྱོན།༽							
༡༽རྒྱལ་སྲས་འཇམ་དཔལ་རྡོ་རྗེ།							

༢༽ཀུན་དགའ་རྒྱལ་མཚན།							
༣༽འཇིགས་མེད་ནོར་བུ།							
༤༽རྒྱལ་སྲས་འབྲུག་སྒྲ་རྣམ་རྒྱལ།							
༥༽རྒྱལ་སྲས་འཇིགས་མེད་རྣམ་རྒྱལ།							
༦༽རྒྱལ་སྲས་ངག་དབང་འཇམ་དཔལ།							
༼ཕྱི་འབྲུག་རྒྱལ་སྲས་བསྟན་འཛིན་རབ་རྒྱས་སྐུ་ཕྲེང་རིམ་བྱོན།༽							
༡༽རྒྱལ་སྲས་བསྟན་འཛིན་རབ་རྒྱས།							
༢༽གནས་སྐབས་མ་ཆེད།							
༣༽མི་ཕམ་དབང་པོ།							
༤༽འཇིགས་མེད་སེང་གེ།							
༥༽ཚུལ་ཁྲིམས་གྲགས་པ།							

༦༽ཕྲིན་ལས་རྒྱ་མཚོ།							
༧༽མི་ཕམ་རྣམ་རྒྱལ།							
༨༽མི་ཕམ་འཇིགས་མེད་བསྟན་འཛིན།							ད་ལྟ་ཞལ་བཞུགས།
༼ལྷོ་འབྲུག་ཞབས་དྲུང་ངག་དབང་རྣམ་རྒྱལ་སྐུ་ཕྲེང་རིམ་བྱོན།༽							
༡༽ཞབས་དྲུང་ངག་རྣམ་གསུང་སྤྲུལ་ཕྱོགས་ལས་རྣམ་རྒྱལ།							
༢༽ཞབས་དྲུང་ངག་རྣམ་གསུང་སྤྲུལ་ཕྱོགས་ལས་ཤཱཀྱའི་བསྟན་འཛིན།							
༣༽ཞབས་དྲུང་ངག་རྣམ་གསུང་སྤྲུལ་ཕྱོགས་ལས་ཡེ་ཤེས་རྒྱལ་མཚན།							
༤༽ཞབས་དྲུང་ངག་རྣམ་གསུང་སྤྲུལ་ཕྱོགས་ལས་འཇིགས་མེད་རྡོ་རྗེ།							

༥༽ཞབས་དྲུང་ངག་རྣམ་གསུང་སྤྲུལ་ཕྱོགས་ལས་ཡེ་ཤེས་དངོས་གྲུབ།							
༦༽ཞབས་དྲུང་ངག་རྣམ་གསུང་སྤྲུལ་ཕྱོགས་ལས་འཇིགས་མེད་བསྟན་འཛིན།							
ལྷོ་འབྲུག་ཞབས་དྲུང་ངག་རྣམ་ཐུགས་སྤྲུལ་རིམ་བྱོན།							ལྷོ་འབྲུག་སྐྱབས་མགོན་ཞབས་དྲུང་ངག་དབང་རྣམ་རྒྱལ་ལ་ཞུ།
༡༽ཞབས་དྲུང་ཐུགས་སྤྲུལ་དང་པོ་ངག་དབང་འཇིགས་མེད་གྲགས་པ།							
༢༽ཞབས་དྲུང་ཐུགས་སྤྲུལ་གཉིས་པ་ཆོས་ཀྱི་རྒྱལ་མཚན།							
༣༽ཞབས་དྲུང་ཐུགས་སྤྲུལ་གསུམ་པ་འཇིགས་མེད་གྲགས་པ།							
༤༽ཞབས་དྲུང་ཐུགས་སྤྲུལ་བཞི་པ་ངག་དབང་འཇིགས་མེད་ནོར་བུ།							
༥༽ཞབས་དྲུང་ཐུགས་སྤྲུལ་ལྔ་པ་འཇིགས་མེད་ཆོས་རྒྱལ།							

༦༽ཞབས་དྲུང་ཐུགས་སྤྲུལ་དྲུག་པ་འཇིགས་མེད་རྡོ་རྗེ།							
༧༽ཞབས་དྲུང་ཐུགས་སྤྲུལ་བདུན་པ་འཇིགས་མེད་བསྟན་འཛིན།							
༼ལྷོ་འབྲུག་མཁན་ཆེན་ཁྲི་རབས་རིམ་བྱོན།༽							
༡༽མཁན་པད་དཀར་འབྱུང་གནས།							
༢༽མཁན་བསོད་ནམས་འོད་ཟེར།							
༣༽མཁན་དམ་ཆོས་པད་དཀར།							
༤༽མཁན་པད་དཀར་ལྷུན་གྲུབ།							
༥༽མཁན་བཟོད་པ་ཕྲིན་ལས།							
༦༽མཁན་ངག་དབང་ལྷུན་གྲུབ།							
༧༽མཁན་ངག་དབང་ཕྲིན་ལས།							
༨༽མཁན་བསྟན་འཛིན་ནོར་བུ།							ལ་དྭགས་རྒྱལ་སྲས།

༩༽མཁན་ཤཱཀྱ་རིན་ཆེན།							
༡༠༽མཁན་བསྟན་འཛིན་ཆོས་རྒྱལ།							
༡༡༽མཁན་ངག་དབང་ཕྲིན་ལས།							
༡༢༽མཁན་ཀུན་དགའ་རྒྱ་མཚོ།							
༡༣༽མཁན་ཡོན་ཏན་མཐའ་ཡས།							
༡༤༽མཁན་བསྟན་འཛིན་རྣམ་རྒྱལ།							
༡༥༽མཁན་ཀུན་བཟང་རྒྱལ་མཚན།							
༡༦༽མཁན་ཤེས་རབ་སེང་གེ།							
༡༧༽མཁན་བྱམས་མགོན་ཡེ་ཤེས་རྡོ་རྗེ།							
༡༨༽མཁན་འཇམ་དབྱངས་རྒྱལ་མཚན།							
༡༩༽མཁན་ངག་དབང་ཆོས་རྒྱལ།							
༢༠༽མཁན་ཕྱོགས་སྤྲུལ་ཡེ་ཤེས་རྒྱལ་མཚན།							

༢༡༽ མཁན་འཇམ་དཔལ་གྲགས་པ།							
༢༢༽ མཁན་འཇིགས་མེད་རྒྱལ་མཚན།							
༢༣༽ སླར་མཁན་འཇམ་གྲགས།							
༢༤༽ མཁན་ཤཱཀྱ་རྒྱལ་མཚན།							
༢༥༽ མཁན་ཤེས་རབ་རྒྱལ་མཚན།							
༢༦༽ མཁན་ཡོན་ཏན་རྒྱ་མཚོ།							
༢༧༽ མཁན་པདྨ་བཟང་པོ།							
༢༨༽ མཁན་རིན་ཆེན་བཟང་པོ།							
༢༩༽ སླར་མཁན་པདྨ་བཟང་པོ།							
༣༠༽ མཁན་འཇམ་དཔལ་རྒྱ་མཚོ།							
༣༡༽ མཁན་ཡོན་ཏན་རྒྱལ་མཚན།							
༣༢༽ མཁན་ཚུལ་ཁྲིམས་རྒྱལ་མཚན།							

༣༣༽ མཁན་ཀུན་དགའ་དཔལ་འབྱོར།							
༣༤༽ མཁན་བཤད་སྒྲུབ་འོད་ཟེར།							
༣༥༽ མཁན་ཤཱཀྱ་རྒྱལ་མཚན།							
༣༦༽ མཁན་ཡོན་ཏན་དཔལ་བཟང་།							
༣༧༽ མཁན་ཀུན་དགའ་སེང་གེ།							
༣༨༽ སླར་མཁན་ཤཱཀྱ་རྒྱལ་མཚན།							
༣༩༽ མཁན་བློ་གྲོས་རྒྱལ་མཚན།							
༤༠༽ མཁན་པད་དཀར་འོད་ཟེར།							
༤༡༽ མཁན་ངག་དབང་དོན་ལྡན།							
༤༢༽ མཁན་ཕྲིན་ལས་རྒྱལ་མཚན།							
༤༣༽ མཁན་བསྟན་འཛིན་ལྷུན་གྲུབ།							
༤༤༽ མཁན་སླར་མཁན་ཕྲིན་ལས་རྒྱལ་མཚན།							

༤༥༽ མཁན་ཕྲིན་ལས་རྒྱ་མཚོ།							
༤༦༽ མཁན་དམ་ཆོས་རྒྱལ་མཚན།							
༤༧༽ མཁན་ཤེས་རབ་ལྷུན་གྲུབ།							
༤༨༽ མཁན་འཇམ་དབྱངས་རིན་ཆེན།							
༤༩༽ མཁན་རིག་འཛིན་སྙིང་པོ།							
༥༠༽ མཁན་འཇམ་དཔལ་བཤེས་གཉེན།							
༥༡༽ མཁན་བྱམས་པའི་སྟོབས་བཟང་།							
༥༢༽ མཁན་དཔལ་ལྡན་སེང་གེ།							
༥༣༽ མཁན་ཡེ་ཤེས་དངོས་གྲུབ་།							
༥༤༽ མཁན་ཡེ་ཤེས་བླ་བ།							
༥༥༽ མཁན་སྔར་དཔལ་ལྡན་སེང་གེ།							
༥༦༽ མཁན་མི་ཕམ་དབང་པོ།							

༥༧༽ མཁན་ངག་དབང་རྒྱལ་མཚན།							
༥༨༽ མཁན་སྲིད་ཞི་རྣམ་རྒྱལ།							
༥༩༽ མཁན་ཆོས་ཀྱི་དབང་ཕྱུག							
༦༠༽ མཁན་ངག་དབང་ཕྲིན་ལས།							
༦༡༽ མཁན་བསམ་གཏན་རྒྱ་མཚོ།							
༦༢༽ མཁན་ཡོན་ཏན་བརྩོན་འགྲུས།							
༦༣༽ མཁན་ཕྲིན་ལས་ལྷུན་གྲུབ།							
༦༤༽ མཁན་བསམ་གཏན་དཔལ་བཟང་།							
༦༥༽ མཁན་ཡེ་ཤེས་སེང་གེ།							
༦༦༽ མཁན་ཡོན་ཏན་མཐར་ཕྱིན།							
༦༧༽ མཁན་ཕྲིན་ལས་ལྷུན་གྲུབ།							
༦༨༽ མཁན་བསྟན་འཛིན་དོན་གྲུབ།							

༦༩༽ མཁན་དགེ་འདུན་རིན་ཆེན།							
༧༠༽ དཔལ་འཇིགས་མེད་ཆོས་ཀྱི་གྲགས་པ།							ད་ལྟ་ཞལ་བཞུགས་པ་འདི་འོ།།
༼སྡེ་འབྲུག་སེ་བ་བྱམས་མགོན་སྤྲུལ་སྐུ་རིམ་བྱོན།༽							
༡༽ བྱམས་མགོན་ངག་དབང་རྒྱལ་མཚན།							
༢༽ ཡེ་ཤེས་རྡོ་རྗེ།							
༣༽ འཇམ་དབྱངས་བསྟན་འཛིན་ནམ་བདུད་འཇོམས་རྒྱལ་མཚན།							
༤༽ བྱམས་མགོན་རྒྱལ་མཚན།							
༥༽ བྱམས་མགོན་རྒྱ་མཚོ།							
སྟག་སྟོན་ཁྲི་བཟང་གཡུ་བརྩོན།							ཁྲི་ལྡེ་སྲོང་བཙན་གྱི་དཔང་པོ།
སྟག་རིན་པོ་ཆེ་གྲགས་པ་ཡོན་ཏན།	༦	མེ་ཕག	༡༣༤༧	༧	ཤིང་རྟ།	༡༤༡༤	
སྟག་ལ་ཡག་བྱང་ཆུབ་དངོས་གྲུབ།							དུས་རབས་༡༣པའི་དུས་མགོ་ཙམ།

༼ཕྱི་ལྷུང་དཀར་དགོན་སྡེ་འབྲོང་སྤྲུལ་སྐུ་ཕྲེང་རིམ་བྱོན།༽	༡༢ ནས་འགོ་ཚུགས།						
༡༽ སྡེ་འབྲོང་སྤྲུལ་ཧེ་དྲུང་ཕྲིན་ལས་ལྷུན་གྲུབ།	༡༢	ས་ཁྱི།	༡༧༡༨				
༢༽ སྡེ་འབྲོང་སྤྲུལ་གྲུབ་ཆེན་ཉིད་འཛིན་བཟང་པོ།	༡༣	ལྕགས་སྦྲུལ།	༡༧༦༡	༡༤	ཤིང་རྟ།	༡༨༣༤	དགུང་ལོ་༧༤བཞུགས།
༣༽ སྡེ་འབྲོང་སྤྲུལ་བསྟན་འཛིན་བྱང་ཆུབ་བཟང་པོ།	༡༤	ཤིང་ལུག	༡༨༣༥	༡༤	ས་སྤྲེལ།	༡༨༤༨	དགུང་ལོ་༡༤བཞུགས།
༤༽ སྡེ་འབྲོང་སྤྲུལ་རིག་འཛིན་ཨོ་རྒྱན་ནུས་ལྡན་རྡོ་རྗེ།	༡༤	ས་བྱ།	༡༨༤༩	༡༥	ཆུ་སྟག	༡༩༠༢	དགུང་ལོ་༥༤བཞུགས།
༥༽ འབྲོང་སྤྲུལ་དཀོན་མཆོག་བསྟན་འཛིན་མི་འགྱུར་རྒྱལ་བའི་མྱུ་གུ།	༡༥	ཆུ་ཡོས།	༡༩༠༣	༡༥	ཤིང་གླང་།	༡༩༢༥	དགུང་ལོ་༢༣བཞུགས།
༦༽ སྡེ་འབྲོང་སྤྲུལ་དཀོན་མཆོག་བསྟན་འཛིན།	༡༥	མེ་སྟག	༡༩༢༦	༡༦	མེ་བྱི།	༡༩༣༦	དགུང་ལོ་༣༦བཞུགས།
༧༽ སྡེ་འབྲོང་སྤྲུལ་དཀོན་མཆོག་ལྷུན་གྲུབ་སྙན་གྲགས་རྣམ་རྒྱལ།	༡༦	མེ་འབྲུག	༡༩༧༦				འཕགས་ཡུལ་དུ་སྐུ་འཁྲུངས།

མཚན་བྱང་།	འཁྲུངས་ལོ།			འདས་ལོ།			ཞར་བྱུང་།
	རབ་བྱུང་།	ལོ་ཁམས།	སྤྱི་ལོ།	རབ་བྱུང་།	ལོ་ཁམས།	སྤྱི་ལོ།	གསལ་བཤད།
ཨ།							
༼ཨ་ཀྱཱ་སྐུ་ཕྲེང་རིམ་བྱོན།༽	༡༡ ནས་འགོ་ཚུགས།						མདོ་སྨད་ཀྱི་ཡོངས་སུ་གྲགས།
༡༽ཨ་ཀྱཱ་ཤེས་རབ་བཟང་པོ།	༡༡	ཆུ་བྱི།	༡༦༣༣				
༢༽ཨ་ཀྱཱ་བསྟན་པའི་རྒྱལ་མཚན།	༡༥	ལྕགས་བྱི།	༡༧༠༨	༡༣	ས་བྱི།	༡༧༦༨	
༣༽ཨ་ཀྱཱ་བློ་བཟང་འཇམ་དབྱངས་རྒྱ་མཚོ།	༡༣	ས་བྱི།	༡༧༦༧	༡༤	མེ་བྱི།	༡༨༡༦	
༤༽ཨ་ཀྱཱ་ཡེ་ཤེས་མཁས་གྲུབ་རྒྱ་མཚོ།	༡༤	མེ་གླང་།	༡༨༡༧	༡༥	ས་སྦྲུལ།	༡༨༦༩	
༥༽བློ་བཟང་བསྟན་པའི་དབང་ཕྱུག་བསོད་ནམས་རྒྱ་མཚོ།	༡༥	ལྕགས་རྟ།	༡༨༧༠	༡༥	ས་བྱ།	༡༩༠༩	དགུང་ལོ་༤༠ བཞུགས།
༦༽ཨ་ཀྱཱ་བློ་བཟང་ལུང་རྟོགས་འཇིགས་མེད་བསྟན་པའི་རྒྱལ་མཚན།	༡༥	ལྕགས་བྱི།	༡༩༡༠	༡༦	ས་གླང་།	༡༩༤༩	
ཨ་ཀྱཱ་ཡོངས་འཛིན་བློ་བཟང་དོན་གྲུབ།	༡༢	ལྕགས་སྤྲེལ།	༡༧༤༠	༡༤	མེ་ཕག	༡༨༢༧	

ཨ་ཀྱཱ་ཤེས་རབ་བཟང་པོ།	༡༡	ཆུ་བྱ།	༡༦༣༣	༡༢	མེ་ཕག	༡༧༠༧	
ཨ་ཁུ་ཆིང་ཤེས་རབ་རྒྱ་མཚོ།	༡༣	ཆུ་ཕག	༡༨༠༣	༡༥	ཤིང་ཕག	༡༨༧༥	དྲུང་ཆེན་ཤེས་རབ་རྒྱ་མཚོའང་ཞུ།
ཨ་ཁྲུང་ངག་དབང་མཁྱེན་རབ།							དུས་རབས་༡༨པའི་དུས་མགོ་ཙམ།
ཨ་མཆོག་འཇམ་དབྱངས་མཁྱེན་རབ་རྒྱ་མཚོ།	༡༤	ས་བྱ།	༡༨༤༩	༡༦	ཤིང་སྤྲེལ།	༡༩༤༤	
ཨ་མཆོག་འཇམ་དབྱངས་ཕུན་ཚོགས།				༡༤	ས་གླང་།	༡༨༢༩	
ཨ་ཧྲ་ལྷ་མོ།							ཧྲ་མགྲིན་ལྷ་མོར་གཟིགས།
༼ཡ་མདོ་སྨིན་གྲོལ་སྐུ་ཕྲེང་རིམ་བྱོན།༽	༡༠ ནས་འགོ་ཚུགས།						མདོ་སྨད་ཡ་མདོའི་ཕོངས་སུ་གཏོགས།
༡༽ སྨིན་གྲོལ་ཕྲིན་ལས་ལྷུན་གྲུབ།	༡༠	ཆུ་ཁྱི།	༡༦༢༢	༡༢	ས་ཡོས།	༡༦༩༩	དགུང་ལོ་༧༨བཞུགས།
༢༽ སྨིན་གྲོལ་བློ་བཟང་བསྟན་འཛིན་རྒྱ་མཚོ།	༡༢	ལྕགས་འབྲུག	༡༧༠༠	༡༢	མེ་འབྲུག	༡༧༣༦	དགུང་ལོ་༣༦བཞུགས།
༣༽ སྨིན་གྲོལ་ངག་དབང་ཕྲིན་ལས་རྒྱ་མཚོ།	༡༢	མེ་སྦྲུལ།	༡༧༣༧	༡༣	ཤིང་སྦྲུལ།	༡༧༨༥	དགུང་ལོ་༤༩བཞུགས།
༤༽ བརྩོན་པ་འཇམ་དཔལ་ཆོས་ཀྱི་བསྟན་འཛིན་ཕྲིན་ལས།	༡༣	ས་བྱ།	༡༧༨༩	༡༤	ས་ཁྱི།	༡༨༣༨	དགུང་ལོ་༥༠བཞུགས།
༥༽ སྨིན་གྲོལ་སྐལ་བཟང་ཐུབ་བསྟན་ཕྲིན་ལས་རྒྱ་མཚོ།	༡༤	ས་ཕག	༡༨༣༩	༡༥	ཆུ་རྟ།	༡༨༨༢	དགུང་ལོ་༤༣བཞུགས།

༦༽ སྨིན་གྲོལ་སྡོ་ཁ།	༡༥	ཆུ་ལུག	༡༨༨༣	༡༥	ཤིང་འབྲུག	༡༩༠༤	དགུང་ལོ་༢༢ལས་མ་བཞུགས།
༧༽ རྡོ་རྗེ་སྐྱབས།	༡༥	ཤིང་སྦྲུལ།	༡༩༠༥	༡༦	ལྕགས་བྱི།	༡༩༦༠	དགུང་ལོ་༣༣བཞུགས།
ཨ་གནམ་སྣ་བཟང་དོན་གྲུབ།	༡༢	མེ་བྱི།	༡༦༩༦	༡༣	མེ་བྱི།	༡༧༥༦	
ཨ་ཕོ་ཀུན་བཟང་།	༡༥	མེ་བྱ།	༡༨༧༩				གྲུབ་དབང་ཤཱཀྱ་ཤྲཱིའི་གདུང་རྒྱུད།
ཨ་ཕོ་ཨོ་རྒྱན།							གྲུབ་དབང་ཤཱཀྱ་ཤྲཱིའི་གདུང་རྒྱུད།
ཨ་མེས་ངག་དབང་ཀུན་དགའ་བསོད་ནམས་གྲགས་པ་རྒྱལ་མཚན།	༡༠	མེ་བྱ།	༡༥༩༧	༡༡	ལྕགས་བྱི།	༡༦༦༠	ལ་ལས་རབ་བྱུང་༩པའི་མེ་བྱ་༡༥༣༧ལོར་འཁྲུངས་ཟེར།
ཨ་མེས་བྱང་ཆུབ་རིན་ཆེན།		ཤིང་ཡོས།	༡༠༡༥	༡	ས་རྟ།	༡༠༧༩	
ཨ་མེས་ཞུ་གཅིག							དུས་རབས་༡༠པའི་དུས་མཇུག
ཨ་མོ་སྣ་བཟང་སྟོན་ལམ།	༡༡	ཆུ་བྱི།	༡༦༧༢	༡༢	ཤིང་ཡོས།	༡༧༣༥	
ཨ་ཙ་ར་ཡེ་ཤེས་དབྱངས།							དུས་རབས་༨པའི་དུས་དཀྱིལ།
ཨ་འཇོམས་འབྲུག་པ་འགྲོ་འདུལ་དཔའ་བོ་རྡོ་རྗེ།	༡༤	ཆུ་སྟག	༡༨༤༢	༡༥	ཆུ་ཕག	༡༩༢༣	

ཨ་འཇམ་རྒྱལ་སྲས་འགྱུར་མེད་རྡོ་རྗེ།	༡༥	མེ་སྤྲེལ།	༡༨༩༦	༡༦	ས་ཕག	༡༩༥༩	
ཨ་ལྷ་རྒྱ་རི་ཤེས་རབ་རྒྱ་མཚོ།	༨	ས་ཁྱི།	༡༤༧༨	༩	ཆུ་འབྲུག	༡༥༣༢	
ཨ་རིག་དགེ་བཤེས་བྱམས་པ་དགེ་ལེགས་རྒྱལ་མཚན།							བྱམས་པ་འོད་ཟེར་ལ་གཟིགས།
ཨ་རིག་							
ཨ་རིག་ངག་དབང་དཔལ་ལྡན།	༡༡	མེ་འབྲུག	༡༦༧༦	༡༢	མེ་འབྲུག	༡༧༣༦	
ཨ་རིག་བློ་བཟང་སྣན་གྲགས།	༡༢	ས་ཁྱི།	༡༧༡༨	༡༣	ལྕགས་སྤྲེལ།	༡༨༠༠	
ཨ་རིག་བློ་བཟང་སྤྱིན་པ།	༡༢	ས་སྤྲེལ།	༡༧༢༨				
ཨ་རོ་ཡེ་ཤེས་འབྱུང་གནས།							དགུང་ལོ་༡༡༩་བཞུགས།
ཨ་རོལ་གྲགས་པ་རྒྱ་མཚོ།	༡༢	ལྕགས་སྤྲེལ།	༡༧༤༠	༡༣	ཤིང་བྱི།	༡༨༠༤	
ཨ་རོལ་བློ་བཟང་ལུང་རྟོགས་བསྟན་པའི་རྒྱལ་མཚན།	༡༥	ས་བྱི།	༡༨༨༨	༡༦	ས་ཕག	༡༩༥༩	
ཨ་རོལ་བློ་བཟང་ལུང་རིགས་རྒྱ་མཚོ།	༡༣	མེ་སྟག	༡༨༠༦	༡༥	མེ་ཁྱི	༡༨༨༦	

565

ཨ་ལག་གཟན་དཀར་པདྨ་དངོས་གྲུབ་རོལ་པའི་རྡོ་རྗེ།	༡༥	ལྕགས་སྤྲུལ།	༡༨༨༡	༡༦	ཆུ་ལུག	༡༩༤༣	ཀུན་མཁྱེན་འཇིགས་མེད་གླིང་པའི་ཡང་སྲིད་མདོ་མཁྱེན་བརྩེ་ཡེ་ཤེས་རྡོ་རྗེའི་སྤྲུལ་སྐུ།
ཨ་ལག་གཟན་དཀར་ཐུབ་བསྟན་ཉི་མ།	༡༦	ཆུ་ལུག	༡༩༤༣				གཟན་དཀར་པདྨ་དངོས་གྲུབ་རོལ་པའི་རྡོ་རྗེའི་སྐུ་སྐྱེ།
༼ཨ་ལག་ཤ་རྒྱལ་སྲས་སྐུ་ཕྲེང་རིམ་བྱོན།༽	༡༢ ནས་འགོ་ཚུགས།						དཔའ་རིས་དགའ་ལྡན་བསྟན་རྒྱས་གླིང་གི་བླ་རབས།
༡༽ཨ་ལག་ཤ་རྒྱལ་སྲས་རྒྱལ་དབང་ཚངས་དབྱངས་རྒྱ་མཚོ།							རྒྱལ་བ་ཚངས་དབྱངས་རྒྱ་མཚོ་ལ་གཟིགས།
༢༽ཨ་ལག་ཤ་རྒྱལ་སྲས་བློ་བཟང་ཐུབ་བསྟན་རྒྱ་མཚོ།	༡༣	མེ་ཡོས།	༡༧༤༧	༡༤	མེ་ཡོས།	༡༨༠༧	དགུང་ལོ་༦༡བཞུགས།
༣༽ཨ་ལག་ཤ་རྒྱལ་སྲས་བློ་བཟང་ཆོས་དར་རྒྱ་མཚོ།	༡༤	ས་འབྲུག	༡༨༠༨	༡༤	ས་བྱི།	༡༨༢༨	དགུང་ལོ་༢༡བཞུགས།
༤༽ཨ་ལག་ཤ་རྒྱལ་སྲས་ཡེ་ཤེས་ཚུལ་ཁྲིམས་དར་རྒྱས་རྒྱ་མཚོ།	༡༤	ས་གླང་།	༡༨༢༩	༡༤	ལྕགས་བྱི།	༡༨༥༠	དགུང་ལོ་༢༢བཞུགས།
༥༽ཨ་ལག་ཤ་རྒྱལ་སྲས་ཀུན་གསལ་མཆོག་རྒྱལ།	༡༤	ལྕགས་ཕག	༡༨༥༡	༡༥	ཤིང་སྤྲུལ།	༡༩༠༥	དགུང་ལོ་༥༤བཞུགས།
༦༽ཨ་ལག་ཤ་རྒྱལ་སྲས་ངག་དབང་བསྟན་འཛིན་ཕྲིན་ལས་རྒྱ་མཚོ།	༡༦	ཆུ་བྱི།	༡༩༣༣				
ཨ་ལག་ཤ་བསྟན་དར་ལྷ་རམས།							སོག་པོ་བསྟན་དར་ལྷ་རམས་པར་གཟིགས།

ཨན་འཇའ་ས་ཞབས་དྲུང་འཇམ་དབྱངས་བསྟན་འཛིན་ཉི་མ།							
ཨན་འཇའ་ས་ཞབས་དྲུང་བློ་བཟང་དགེ་འདུན་བསྟན་པ་རིན་ཆེན།	༡༥	ཤིང་བྱི།	༡༨༧༩				
ཨར་བྱང་ཆུབ་ཡེ་ཤེས།							རབ་བྱུང་གཉིས་པའི་ཤིང་སྟག་ ༡༡༣༩ལོར་གསང་སྔོན་མཛད་ནས་ཕག་མོ་གྲུ་པ་བསྙེན་པར་རྫོགས།
ཨེ་ཧྲོ་ལེགས།							བོད་བཙན་པོའི་རྒྱལ་རབས་༡༥པར་གཟིགས།
ཨུ་པེ་ར།							གཞའ་ཁྲི་བཙན་པོར་གཟིགས།
ཨུ་ཤི་བྲག་ཞབས་དྲུང་བསོད་ནམས་རྒྱལ་མཚན་ཉི་མ།	༡༨	ལྕགས་བྱ།	༡༨༤༡				
ཨེ་ངག་དབང་དགེ་ལེགས་དཔལ་བཟང་།							དུས་རབས་༡༦པའི་དུས་མགོ།
ཨེ་ཧྲོ་ལེགས།							བོད་བཙན་པོའི་རྒྱལ་རབས་༡༠པར་གཟིགས།
ཨོ་རྒྱན་ཀུན་བཟང་བསྟན་འཛིན་རྡོ་རྗེ།							དུས་རབས་༡༦པའི་ནང་འབྱུངས།
ཨོ་རྒྱན་མགོན་པོ།				༤	སེ་ཏྲ།	༡༣༤༤	

ཨོ་རྒྱན་མཆོག་གྱུར་བདེ་ཆེན་གླིང་པ།	༡༤	ས་གླང་།	༡༨༢༩	༡༥	ས་སྦྲུལ།	༡༨༦༩	
ཨོ་རྒྱན་གཏེར་བདག་གླིང་པ་འགྱུར་མེད་རྡོ་རྗེ།							སྨིན་གྲོལ་གླིང་ཁྲི་རབས་དང་པོར་གཟིགས།
ཨོ་རྒྱན་བདུད་འདུལ་རོལ་པ་རྩལ་ལམ་པདྨ་དྲེགས་འཇོམས།							དུས་རབས་༡༨པའི་ནང་འབྱུངས།
ཨོ་རྒྱན་རྡོ་རྗེ།							དཀར་ལེབ་དྲུང་ཡིག་ལ་གཟིགས།
ཨོ་རྒྱན་པ་རིན་ཆེན་དཔལ།							གྲུབ་ཆེན་ཨོ་རྒྱན་པ་རིན་ཆེན་དཔལ་ལ་གཟིགས།
ཨོ་རྒྱན་པདྨ་གླིང་པ།							གཏེར་སྟོན་པདྨ་གླིང་པར་གཟིགས།
ཨོ་རྒྱན་དཔལ་མགོན་ནམ་གྲུབ་དབང་ཤྲཱི་ནཱ་ཐ།							དུས་རབས་༡༡པའི་དུས་སྨད་ཀྱི་མི་སྣ་བ་ཞིག
ཨོ་རྡོད་ཞབས་དྲུང་བློ་བཟང་བསྟན་པའི་རྒྱལ་མཚན།	༡༤	ས་ཡོས།	༡༨༡༩				
ཨོང་པོ།							དུས་རབས་༡༡པའི་དུས་སྨད་ཀྱི་མི་སྣ་བ་ཞིག
ཨོར་ཏུ་སུ་ཞབས་དྲུང་ངག་དབང་མཁས་གྲུབ་ཉི་མ།	༡༤	ཆུ་ཡོས།	༡༨༤༣				
ཨཱུརྒྱན་རིན་ཆེན་མཆོག							དུས་རབས་༡༤པའི་དུས་དཀྱིལ་གྱི་མི་སྣ་བ་ཞིག

༤༣ སླང་དར་དང་འཕན་བཟའ་རྒྱལ་གཉིས་ཀྱི་སྲས།							ཡུམ་བརྟན།
༤༤ ཡུམ་བརྟན་དང་པ་ཚབ་བཟའ་བཀྲ་ཤིས་མཚོའི་སྲས།							ཁྲི་ལྡེ་མགོན་གཉེན།
༤༥ ཁྲི་ལྡེ་མགོན་གཉེན་གྱི་སྲས།							ཁྲི་ལྡེ་རིག་པ་མགོན་དང་ཉི་མ་མགོན།
༤༦ ཁྲི་ལྡེ་རིག་པ་མགོན་གྱི་སྲས།							ཁྲི་ལྡེ་པོ་དང་རྡོ་རྗེ་འབར་ལྡེ་པོ།
༤༧ ཉི་མ་མགོན་གྱི་སྲས།							ཉི་འོད་དཔལ་མགོན།
༤༨ རྡོ་རྗེ་འབར་ལྡེ་པོའི་སྲས།							བྱུག་པ་ཅན་དང་། ཐང་ལྷ་བྲག
༤༩ བྱུག་པ་ཅན་གྱི་སྲས།							ཁྲི་དབང་ཕྱུག་བཙན།
༥༠ ཁྲི་དབང་ཕྱུག་བཙན་གྱི་སྲས།							ཚ་ལ་ན་ཡེ་ཤེས་རྒྱལ་མཚན། ཆོས་ཀྱི་མེ་ཏེ་གདུང་རབས་བདུན་དུ་སྤྲས་ཞེས་པ་འདི་འོ།།
༥༡ ཚ་ལ་ནའི་སྲས།							མངའ་བདག་ཁྲི་པ།
༥༢ མངའ་བདག་ཁྲི་པར་སྲས་གསུམ།							༡ ཨ་ཙ་ར། ༢ དགེ་སློང་བླམ། ༣ པོ་རྡི་ནྡ་ཛ།
༥༣ ཨ་ཙ་རའི་སྲས།							༡ འཕྲེང་པོ་བ། ༢ སླགས་པ་ལམ་པ། ༣ གྲིབ་པ། ༤ སྐྱེ་ཐང་བ། ༥ཁྲུམ་པ་བཙན་པོ།

དགེ་སློང་བླ་མའི་སྐུས།							སྤྲེ་བཞི་བ།
༥༤ པོ་ཏྟི་ར་ཛའི་སྐུས།							༡ ལྷ་བཙུན་སྔོན་པོ། ༢ སྟུག་ཐུམ་པ། ༣ ལྷ་འབྲི་སྒང་པ།
འོད་སྲུང་ནས་བརྒྱུད་པ།							
གླང་དར་མ་འུ་དུམ་བཙན་དང་ཚེ་སྤོང་བཟའ་བཙན་མོ་འཕན་གྱི་སྐུས།							ཁྲི་ལྡེ་འོད་སྲུང་།
༤༤ ཁྲི་ལྡེ་འོད་སྲུང་དང་ཅོག་རོ་བཟའ་རྒྱལ་མོ་ལེགས་གཉིས་ཀྱི་སྐུས།							དཔལ་འཁོར་བཙན།
༤༥ དཔལ་འཁོར་བཙན་དང་ཆེན་མ་སྣ་ནམ་བཟའ་ལེགས་བཙུན་དང་ཆུན་མ་ཚེ་སྤོང་བཟའ་དཀར་རྒྱལ་གཉིས་ཀྱི་སྐུས།							ཆུན་མའི་སྐུས་ཁྲི་བཀྲ་ཤིས་བརྩེགས་པ་དཔལ། ཆེན་མའི་སྐུས་སྐྱིད་ལྡེ་ཉི་མ་མགོན།
༤༦ སྐྱིད་ལྡེ་ཉི་མ་མགོན་གྱི་སྐུས། སྟོད་ཀྱི་མགོན་གསུམ།							༡ དཔལ་གྱི་མགོན། ༢ བཀྲ་ཤིས་མགོན། ༣ ལྡེ་གཙུག་མགོན།
							༡ དཔལ་གྱི་མགོན་གྱིས་མར་ཡུལ་དང་ནུབ་རལ་མངའ་བྱུས།

							༢ བཀྲ་ཤིས་མགོན་གྱིས་སྐེ་གོང་རུ་ཐོག་གཉིས། ཕྱུ་རངས། མ་ཚོ་གཉིས་ལ་དབང་བྱས།
							༣ ལྷེ་བཙུན་མགོན་གྱིས་གར་ཞ་དང་ཟངས་དཀར་ལ་དབང་བྱས།
༤༧ བཀྲ་ཤིས་མགོན་གྱི་སྲས།							༡ འཁོར་ལོ་ལྡེ། （འཁོར་རེ།）དྲང་སྲོང་ལྡེ། （སྲོང་ངེ།）
							འཁོར་རེ་ལྷ་བླམ་དང་ཡེ་ཤེས་འོད། སྲོང་ངེ་ཞི་བ་འོད་དོ།།
༤༨ སྲོང་ངེའི་སྲས།							༡ ལྷ་ལྡེ། ༢ གནམ་ལ་འོད་ཆེན། ༣ ཨུ་པ།
༤༩ ལྷ་ལྡེའི་སྲས།							༡ འོད་ལྡེ། ༢ ལྷ་བཙུན་བྱང་ཆུབ་འོད། ༣ འོད་ཟེར་གོ་ཆ།
༥༠ འོད་ལྡེའི་སྲས།							རྩེ་ལྡེ།
༥༡ རྩེ་ལྡེའི་སྲས།							ཏ་ལྡེང་།
༥༢ ཏ་ལྡེང་གི་སྲས།							དེ་བ་ལྡེ།

༥༣ དེ་བ་ལྡེའི་སྲས།							ན་ག་ལྡེ།
༥༤ ན་ག་ལྡེའི་སྲས།							བཙན་ཕྱུག་ལྡེ།
༥༥ བཙན་ཕྱུག་ལྡེའི་སྲས།							བཀྲ་ཤིས་ལྡེ།
༥༦ བཀྲ་ཤིས་ལྡེའི་སྲས།							བཀྲ་ཚན་ལྡེ།
༥༧ བཀྲ་ཚན་ལྡེའི་སྲས།							གྲགས་པ་ལྡེ།
༥༨ གྲགས་པ་ལྡེའི་སྲས།							ཨ་སོགས་ལྡེ།
༥༩ ཨ་སོགས་ལྡེའི་སྲས།							༡ འཛོ་དར་དམལ། ༢ ཨ་ནན་མལ།
༦༠ འཛོ་དར་གྱི་སྲས།							ཨར་འཛི་སྨལ།
ཨ་ནན་མལ་གྱི་སྲས།							ར་ཡུ་དམལ།
༦༡ ཨར་འཛི་སྨལ་གྱི་སྲས།							སྲི་ཏི་སྨལ།
ར་ཡུ་དམལ་གྱི་སྲས།							སྒ་སྨལ།
ཁྲི་བཀྲ་ཤིས་བརྩེགས་པ་དཔལ་ལྡོག་རོ་བཟའ་མགོན་དཔལ་གྱི་སྲས་གསུམ་སྟེ།							༡ དཔལ་ལྡེ། ༢ འོད་ལྡེ། ༣ སྐྱིད་ལྡེ་སྟེ་འདི་ལ་སྨད་ཀྱི་ལྡེ་གསུམ་ཟེར།

དཔལ་ལྷ་དང་སྟོག་རོ་བཟའ་འབའ་རེ་ལ་སྲས་གཉིས་							༡ འོད་དཔལ་དང་༢ རྣམ་ཙ་ཀྲ་གཉིས།
གུང་ཐང་རྒྱལ་པོའི་སྐབས།							འོད་དཔལ་གུང་ཐང་ལ་ཕེབས།
འོད་དཔལ་ལྷ་ལ་དམར་པོ་བཙན་ཡང་ཞུ་བའི་སྲས་གསུམ།							འོད་ཟེར་ལྷ།
འོད་ཟེར་ལྷའི་སྲས་གསུམ།							༡ བདེ་སྐྱིད་ལྷ། ༢ དབང་ལྷ། ༣ བཙན་ལྷ།
							འདི་མི་ལའི་སྐུ་ཚེའི་སྐབད་ཙམ་ཡིན།
དབང་ཕྱུག་ལྷ།							
སྐྱབ་བདེ།							
མགོན་ལྷ།							
བརྩུན་ལྷ་དང་བརྩུན་མོ་ཆོས་འཕགས་གཅེན་ཉི་འབུམ།							
ཆོས་རྒྱལ་འབུམ་ལྷ་མགོན།							སྲས་གསུམ་གྱི་བར་པ་རིན་ཆེན་བཟང་།
རིན་ཆེན་བཟང་།							སྲས་ཆོས་སྐྱོང་ལྷ།
ཆོས་སྐྱོང་ལྷ།							

བཀྲ་ཤིས་ལྡེ།								གཏེར་སྟོན་རྒོད་ལྡེམ་གྱི་ཆོས་བདག་གོ།
ཕུན་ཚོགས་ལྡེ།								
བསོད་ནམས་ལྡེ།								
ལྷ་དབང་རྒྱལ་མཚན།								
མངའ་བདག་རྣམ་རྒྱལ་ལྡེ།								
བསམ་ལྡེ།								
ཀུན་དགའ་བློ་གྲོས་གྲགས།								
བསམ་ལྡེ་ཕྲིམ།								
བསོད་དབང་ལྡེ།								དེ་ལྟར་མཆེད་དང་ཁྲི་རབས་མ་བགྲང་བར། །ཡབ་སྲས་རྒྱང་བགྲང་རྒྱལ་རབས་༢༣མཐར། །རབ་བྱུང་བཅུ་པའི་དྲག་པོ་སྤྲེལ་ལོ་ལ། །གཙང་པ་རྒྱལ་པོའི་དཔུང་གིས་གུང་ཐང་བླངས།
								འདི་སྤྱི་ལོ་༡༦༢༠ཡིན།

ཟུར་བཀོལ། ༡༨

ལྷ་བླ་མ་ཡེ་ཤེས་འོད་མེ་ལུག་སྤྱི་ལོ་(༩༤༧)ལོར་འཁྲུངས། དགུང་ལོ་ཞེ་གསུམ་ས་གླང་ལོར་(༩༨༩)རབ་ཏུ་བྱུང་། དགུང་ལོ་ཞེ་དགུ་ཤིང་ལུག་(༩༩༥)ལོར་སྤྲུ་རྫིང་ལ་ཐེབས། དགུང་ལོ་ལྔ་བཅུ་མེ་སྤྲེལ་(༩༩༦)ལོར་མཐོ་ལྡིང་གཙུག་ལག་ཁང་རྨང་བྲུས། དགུང་ལོ་ལྔ་བཅུ་ང་བརྒྱད་ཤིང་འབྲུག་(༡༠༠༤)མཐོ་ལྡིང་ལ་རབ་གནས་མཛད། དགུང་ལོ་དོན་གཉིས་ས་ལུག་(༡༠༡༩)དང་། དགུང་ལོ་གྱ་ལྔ་ལྕགས་ལུག་(༡༠༣༡)ལོར་འདས་ཞེར་མཁན་ཁག་གཉིས་ཡོད་ཀྱང་སྐར་བརྟག །

མེ་ཁྱི་ལོ་(༩༨༦)ལོར་ལུགས་གཉིས་ཀྱི་ཡི་གེ་མཛད་ཟེར་བ་དགུང་ལོ་སུམ་ཅུ་སོ་དགུ་ལོར་ཡིན་མིན་བརྟག་གོ །ལུགས་གཉིས་ཀྱི་ཡི་གེ་དེ་ལྷ་བླ་མའི་རྣམ་ཐར་ནང་དུ་ཡོད། བོད་ལྗོངས་ནང་བསྟན་ནང་དུ་པར་ཙམ་བཀོད་ཡོད། །

རབ་བྱུང་བཅུ་གཅིག་༡༦༢༤ལོར་གུ་གེར་ནུབ་ཕྱོགས་པའི་ཆོས་སྤེལ་མཁན་བསླེབས། སྐབས་རྗེ་བདུད་འཛོམས་ཀྱི་རྒྱལ་རབས་སྔོན་མེད་འཕྲུལ་གྱི་མེ་ལོང་ལས། སྤུ་རངས་གདུང་བྱུང་ཞིང་། མཐར་རབ་བྱུང་བཅུ་གཅིག་པའི་ནང་དུ་གདུང་རིགས་ཀྱི་རྒྱུན་རྫོགས་པ་ཡིན་ཟེར། ཞང་ཞུང་མཐིལ་གྱི་གུ་གེར་གདུང་རབས་རིམ་ཅན་བྱུང་བའི་མཐའ་མ་མངའ་བདག་པདྨ་བློ་བཟང་བཀྲ་ཤིས་(༡༦༧༦—༡༧༤༣)རབ་བྱུང་བཅུ་གཉིས་པའི་མཐའ་ལ་ཉེ་བ་ཆུ་ཕག་ལོར་གཤེགས་པ་འདིའི་བསྟོ་རྟེན་ཀཿཐོག་རིག་འཛིན་ཆེན་མོར་འགྱུར་ཚུལ་རང་རྣམ་དང་རྒྱལ་རབས་ཡིད་ཀྱི་མེ་ལོང་ནང་གསལ། དེའི་སྲས་མོའི་སྲས་མིན་ནམ། ཐའི་ཇི་ཚེ་བརྟན་རྡོ་རྗེ་དང་རྒྱལ་བ་ལུང་རྟོགས་རྒྱ་མཚོ་(༡༨༠༥—༡༨༡༥)གཅེན་མོ་གཉིས་ལ་སྲས་གཉིས་རིགས་རྒྱུད་མེད་གུ་གེའི་གདུང་རྒྱུད་ཆད་དོ། །སྲས་མོ་དེར་ལྷུང་ལོ་ཅན་གྱི་སྲས་དབང་ཆེན་ནོར་བུ་གོ་མག་ཏུ་བཞེས་པར་སྲས་བསོད་ནམས་དབང་ཆེན་འཁྲུངས་པར་བྱུར་ཁང་ཞེས་ཐོགས། དེ་དང་སྔར་སྐྱིད་རྣམ་རྒྱལ་སྒྲོལ་མ་གཉིས་ལ་བྱུར་ཁང་དབང་ཆེན་ཚེ་བརྟན་ནམ་བསམ་གྲུབ་ཚེ་བརྟན། སྲས་གཉིས་པ་དང་བཞི་པའི་མཚན་མི་གསལ། སྲས་གསུམ་པ་པདྨ་དབང་ཆེན། དབང་ཆེན་ཚེ་བརྟན་གྱི་སྲས་བསོད་ནམས་དབང་འདུས་དང་ཁེ་གུང་སྲས་མོ་བདེ་སྐྱིད་དབྱངས་ཅན་ལ་སྲས་མོ་གཉིས་དང་སྲས་གཅིག་བྱུང་བར་སྲས་དགུང་ན་གཞོན་དུས་ནས་གྲོངས་ཞིང་། སྲས་མོ་ཡེ་ཤེས་སྒྲོལ་མ་དང་སྐལ་བཟང་དབྱངས་སྐྱིད་གཉིས་བྱུང་། ཡེ་ཤེས་སྒྲོལ་མ་གཞིས་ཀ་རྩེ་བདེ་ལེགས་རབ་བརྟན་ལ་བག་མར་ཐེབས་ཤིང་། སྐལ་བཟང་དབྱངས་སྐྱིད་ལ་སྐྱིད་སྨུག་རིག་འཛིན་རྡོ་རྗེ་སྐུ་བག་ལ་བསུས་པར་སྲས་མོ་བསོད་

ནམས་ལྷ་སྐྱིད་སོགས་སྲས་སྲོས་དགུ་བྱུང་ངོ་། །བྱུར་ཁང་པདྨ་དབང་ཆེན་གྱི་སྲས་བཀའ་བློན་དབང་ཆེན་དགེ་ལེགས་དང་བྱུར་ཁང་ལྷ་ལྷམ་གཉིས་ཀྱི་སྲས་གདོང་སྒྲིན་དང་ལགས། སྲས་མོ་བྱམས་པ་དབྱངས་ཅན་གཉིས་བྱུང་། དེ་རྣམས་ཀུ་གེའི་ཤཱ་རྒྱུད་དུ་བརྩི་དགོས་སོ། །

བཙན་པོའི་རྒྱལ་རབས་འཐོར་རྗེས་སིལ་བུའི་དུས་ལོ་༩༡༢སྔོན། དེ་རྗེས་བོད་ཀྱི་རྒྱལ་རབས་རིམ་པར་བྱོན་པ་ནི།

རབ་བྱུང་བཞི་པའི་ཆུ་གླང་༡༢༥༣ལོར་འགྲོ་མགོན་འཕགས་པས་ཁྲི་སྐོར་བཅུ་གསུམ་དབང་དུ་བསྒྱུར། ས་སྐྱས་ལོ་དགུ་བཅུ་གོ་དྲུག་བཟུང་། རབ་བྱུང་དྲུག་པའི་ས་གླང་༡༣༤༩ལོར་ཕག་གྲུའི་སྲིད་དབང་འགོ་ཚུགས། རབ་བྱུང་བདུན་པའི་ཤིང་སྟག་༡༤༣༤ལོར་སྣེ་གདོང་གྲགས་པ་འབྱུང་གནས་དང་ཆེས་སངས་རྒྱས་རྒྱལ་མཚན་བར་ནང་འཁྲུག་བྱུང་། ཕག་གྲུས་ལོ་བརྒྱད་ཅུ་གྱ་ལྔ་བཟུང་། རབ་བྱུང་བདུན་པའི་ཤིང་ཡོས་༡༤༣༥ལོར་རིན་སྤུངས་ནོར་བུ་བཟང་པོས་གཞིས་རྩེ་བསམ་གྲུབ་རྩེ་སོགས་ཕག་གྲུ་ནས་འཕྲོག རབ་བྱུང་དགུ་པའི་ས་སྤྲེལ་༡༥༤༨ལོར་ཞིང་ཤག་པ་ཚེ་བརྟན་རྡོ་རྗེས་གཞིས་ཀ་བསམ་གྲུབ་རྩེའི་རྫོང་དཔོན་བྱས། རིན་སྤུངས་པ་དང་ཁ་གཏད་ལངས། རབ་བྱུང་དགུ་པའི་ཤིང་གླང་༡༥༦༥ལོར་པ་སྣམ་ལྷུན་གྲུབ་རྫོང་བཟུང་། རྫོང་གསར་ཕག་རི་ར་མེ་བརྒྱབས། རིན་སྤུངས་སྲས་པདྨ་དཀར་པོ་བཀྲོངས། གཞིས་ཀ་རྩེའི་དབང་ཆ་བཟུང་། རབ་བྱུང་བཅུ་པའི་ཆུ་གླང་༡༦༡༣ལོར་གཙང་པ་རྒྱལ་པོ་ཕུན་ཚོགས་རྣམ་རྒྱལ་གྱིས་སྟོད་དབུས་གཙང་ཡོངས་ལ་དབང་བསྒྱུར། འདི་ལོ་ལ་ཕྱི་གླང་སྟེ་གཟར་ཟེར། རབ་བྱུང་བཅུ་པའི་ལྕགས་སྤྲེ་༡༦༢༠ལོར་གུང་ཐང་རྒྱལ་རབས་མཇུག་རྫོགས་པར་བྱས། གུང་ཐང་རྒྱལ་རབས་ནི་ཤྲཱ་རྩ་གསུམ་ཐོན་ནོ། །རབ་བྱུང་བཅུ་པའི་ལྕགས་བྱ་༡༦༢༡ལོར་ཀརྨ་བསྟན་སྐྱོང་དབང་པོས་སྲིད་བཟུང་། རབ་བྱུང་བཅུ་གཅིག་ཆུ་རྟ་ལོར་དགའ་ལྡན་ཕོ་བྲང་གིས་སྲིད་བཟུང་ངོ་། །

ཟུར་བཀོལ། ༢༽
སྐྱེས་བུ་མཚན་གྱི་རྣམ་གྲངས་མི་འདྲ་བ།

ཀ༽

༡༽ ཀཿཐོག་རིག་འཛིན་ཚེ་དབང་ནོར་བུ། 1698—1755
༢༽ ཚེ་དབང་ནོར་བུ་རྡོ་རྗེ་དཔལ་འབར།

༡༽ ཀཿཐོག་པ་བྱང་ཆུབ་རྒྱ་མཚོ།
༢༽ གླིང་གསལ་རྡོ་རྗེ་སྙིང་པོ། 1625—1682

༡༽ ཀཿདམ་པ་བདེ་གཤེགས། 1122—1192
༢༽ སྟོབས་པ་མཐའ་ཡས།
༣༽ ཤེས་རབ་སེང་གེ།

༡༽ ཀརྨ་འཇིགས་མེད་ཆོས་ཀྱི་སེངྒེ། 1888—?
༢༽ གཞན་ཕན་འོད་ཟེར།

༡༽ ཀརྨ་པ་དུས་གསུམ་མཁྱེན་པ། 1110—1193
༢༽ དགེ་འཕེལ།
༣༽ དཔལ་ཆོས་ཀྱི་གྲགས་པ།

༡༽ ཀརྨ་ཕུན་ཚོགས་རྣམ་རྒྱལ། 1597—1632

༢༽ ཞིང་ཤག་པའང་ཞུ།

༡༽ ཀརྨ་ཕྲིན་ལས་ཕྱོགས་ལས་རྣམ་རྒྱལ།
༢༽ དཔལ་ཁང་ངག་དབང་ཆོས་ཀྱི་རྒྱ་མཚོ། 1456—

༡༽ ཀརྨ་སྨོན་ལམ་འོད་ཟེར།
༢༽ བརྩེ་ལྷག་བསམ།

༡༽ ཀརྨ་རིག་འཛིན་རྣམ་རྒྱལ། 1576—1605
༢༽ རྗེ་ལེ་པདྨ་ལེགས་གྲུབ།

༡༽ ཀ་བ་དར་སེང་།
༢༽ འདུལ་འཛིན་ཐག་མ་པའང་ཞུ།

༡༽ ཀུན་མཁྱེན་ཀློང་ཆེན་རབ་འབྱམས་པ། 1308—1363
༢༽ ཀུན་མཁྱེན་ཆོས་རྗེ།
༣༽ ཀློང་གསལ་དྲི་མེད།
༤༽ ཀུ་ཡངས་བློ་བདེ།
༥༽ དྲི་མེད་འོད་ཟེར།
༦༽ རྡོ་རྗེ་གཟི་བརྗིད་རྩལ།
༧༽ ནམ་མཁའི་རྣལ་འབྱོར།
༨༽ སྣ་ཚོགས་རང་གྲོལ།
༩༽ པདྨ་ལས་འབྲེལ་རྩལ།
༡༠༽ ཕན་པ་བཟང་པོ།
༡༡༽ བློ་གྲོས་མཆོག་ལྡན།
༡༢༽ བློ་གྲོས་མཚུངས་མེད།
༡༣༽ ཚུལ་ཁྲིམས་བློ་གྲོས།
༡༤༽ བསམ་ཡས་པ་ངག་གི་དབང་པོ།
༡༥༽ གཏེར་སྟོན་དྲི་མེད་འོད་ཟེར།

༡༽ ཀུན་མཁྱེན་འཇམ་དབྱངས་བཞད་པ།
༢༽ འཇམ་བཞད་ངག་དབང་བརྩོན་འགྲུས། 1648—1722
༣༽ དབལ་ཤུལ་ངག་དབང་བརྩོན་འགྲུས།

༡༽ ཀུན་མཁྱེན་འཇིགས་མེད་གླིང་པ། 1729—1798
༢༽ རྫོགས་ཆེན་པ་རང་བྱུང་རྡོ་རྗེ་མཁྱེན་བརྩེའི་འོད་ཟེར།
༣༽ ཀློང་ཆེན་སྤྲུལ་སྐུ་རང་བྱུང་རྡོ་རྗེ།
༤༽ པདྨ་མཁྱེན་བརྩེའི་འོད་ཟེར།
༥༽ གར་དབང་འཇིགས་མེད་གླིང་པ།

༡༽ ཀུན་མཁྱེན་མཚོ་སྣ་པ།
༢༽ མཚོ་སྣ་པ་ཤེས་རབ་བཟང་པོ། 1310—?

༡༽ ཀུན་དགའ་རྣམ་རྒྱལ། 1432—1496
༢༽ རྫོང་པ་ཀུན་དགའ་རྣམ་རྒྱལ།
༣༽ ཐོན་མི་ཀུན་དགའ་རྣམ་རྒྱལ།

༡༽ ཀུན་དགའ་དཔལ་ལྡན། 1457—1540
༢༽ རྗེ་དྲུང་ཀུན་དགའ་དཔལ་ལྡན།

༡༽ ཀུན་དགའ་བློ་གྲོས། 1483—1545
༢༽ རྗེ་དྲུང་ཀུན་དགའ་བློ་གྲོས།

༡༽ ཀུན་དགའ་བཟང་པོ། 1382—1456
༢༽ ངོར་ཆེན་ཀུན་དགའ་བཟང་པོ།

༡༽ ཀུན་དགའ་རིན་ཆེན། 1339—?
༢༽ ཏཱ་དབེན་ཀུན་དགའ་རིན་ཆེན།

༡༽ ཀུན་དགའ་ལེགས་པའི་བློ་གྲོས།
༢༽ སྨོ་རུམ་པ་ཀུན་དགའ་ལེགས་པའི་བློ་གྲོས།

༡༽ ཀུན་དགའ་བསོད་ནམས།
༢༽ ཨ་མེས་ངག་དབང་ཀུན་དགའ་བསོད་ནམས། 1597—
༣༽ བདག་ཆེན་ཀུན་དགའ་བསོད་ནམས།

༡༽ ཀུན་ལྡན་རས་པ། 1148—1217
༢༽ ཁྲོ་ཕུ་ཀུན་ལྡན་རས་པའང་ཞུ།

༡ ཀུན་སྤངས་ཐུགས་རྗེ་བརྩོན་འགྲུས། 1243—1313
༢༽ ཇོ་ནང་པ་ཐུགས་རྗེ་བརྩོན་འགྲུས།

༡༽ ཀུན་བཟང་ཆོས་ཀྱི་ཉི་མ། 1449—1524
༢༽ རྡོ་རིང་པ་ཀུན་བཟང་ཆོས་ཀྱི་ཉི་མའང་ཞུ།

༡༽ ཀུན་བཟང་རྒྱལ་མཚན། 1777
༢༽ སྦྲ་གསར་ཚང་ཡང་ཞུ།

༡༽ ཀུན་ལ་བྱམས་པའི་བློ་གྲོས།
༢༽ ཟུར་མཁར་བ་མཉམ་ཉིད་རྡོ་རྗེའང་ཞུ། 1439—1475

༡༽ ཀེའུ་ཚང་འཛམ་དབྱངས་སྨོན་ལམ།
༢༽ བཀའ་འགྱུར་བ་འཛམ་དབྱངས་སྨོན་ལམ། 1689—?

༡༽ ཀོང་པོ་ཡེ་ཤེས་བརྩོན་འགྲུས། 1761—1816
༢༽ ཕག་མགོ་བླ་མ།

༡༽ བཀྲ་ཤིས་རྣམ་རྒྱལ།
༢༽ སྨམ་པོ་བཀྲ་ཤིས་རྣམ་རྒྱལ། —1630 ཀམ་ཚང་པ་ཡིན།

༡༽ བཀྲ་ཤིས་རྣམ་རྒྱལ།
༢༽ རྒྱལ་ཚབ་བཀྲ་ཤིས་རྣམ་རྒྱལ།

༡༽ བཀྲ་ཤིས་རྣམ་རྒྱལ།
༢༽ ཤར་དྭགས་པོ་པཎ་ཆེན་བཀྲ་ཤིས་རྣམ་རྒྱལ། 1398—1458འདི་རོང་སྟོན་གྱི་སློབ་མ་ཡིན།

༡༽ བཀྲ་ཤིས་རྣམ་རྒྱལ།
༢༽ ཤར་དྭགས་པོ་བཀྲ་ཤིས་རྣམ་རྒྱལ། འདས་ལོག་པ།

༡༽ བཀྲ་ཤིས་ཟླ་བ།
༢༽ ཧུན་གར་བཀྲ་ཤིས་ཟླ་བ།

༡༽ ཀོང་སྤྲུལ་ཀརྨ་ངག་དབང་ཡོན་ཏན་རྒྱ་མཚོ། 1813—1899
༢༽ རྒྱལ་སྲས་བློ་གྲོས་མཐའ་ཡས་པའི་སྡེ།

༣) པདྨ་གར་གྱི་དབང་ཕྱུག་ཕྲིན་ལས་ཀུན་ཁྱབ།
༤) པདྨ་གར་དབང་བློ་གྲོས་མཐའ་ཡས།
༥) བློ་གཏེར་རབ་དགའ་ཚངས་བྱུང་སྙེམས་པའི་ལང་ཚོ་ཟླ་སྣང་ཅན།
༦) བསྟན་གཉིས་གཡུང་དྲུང་གླིང་པ།
༧) གཏེར་སྟོན་འཇམ་མགོན་བློ་གྲོས་མཐའ་ཡས།

༡) ཟླ་འབུམ་ངག་དབང་བློ་གྲོས་རྒྱ་མཚོ། 1635—1688 དགའ་ལྡན་ཁྲི་རབས་༤༤པ།
༢) ཁྲི་རྒྱ་ནག་པ།

༡) ཀློང་ཆེན་རབ་འབྱམས།
༢) དགེ་སློང་བསོད་ནམས་དཔལ་འབྱོར། འདི་ཀརྨ་ཆོས་གྲགས་རྒྱ་མཚོ་དང་མི་བསྐྱོད་རྡོ་རྗེ་གཉིས་ཀའི་
སློབ་མ་ཡིན། ངོ་མཚར་བཀའ་སྤྲུང་རྒྱ་མཚོའི་ལོ་རྒྱུས་དམ་ཅན་དགའ་བྱེད་ཅེས་པ་བརྩམས་ཡོད།

༡) ཀློང་ཆེན་རོལ་པ་རྩལ། 1768—1817
༢) བསྟན་འཛིན་ཤེས་རབ།

༡) དཀའ་བཅུ་ངག་དབང་བཀྲ་ཤིས།
༢) བསེ་ངག་དབང་བཀྲ་ཤིས།

༡) དཀའ་ཆེན་ཡོངས་འཛིན་ཡེ་ཤེས་རྒྱལ་མཚན། 1713—1760
༢) ཡོངས་འཛིན་ཡེ་ཤེས་རྒྱལ་མཚན།

༡) ཀང་ཚ་དཀོན་མཆོག་དོན་ཡོད། 1787—1859
༢) ཀང་ཚ་དཀོན་མཆོག་དོན་གྲུབ།

༡) སྐབ་ཤཱཀྱ་དབང་ཕྱུག་ཀུན་དགའ་རྒྱལ་མཚན། 1447—156
༢) མཚོ་སྨད་མཁན་པོ།

༡) སྐལ་བཟང་ཆོས་ཀྱི་རྒྱལ་མཚན།
༢) ཞང་སྟ་ནམ་སྐལ་བཟང་ཆོས་ཀྱི་རྒྱལ་མཚན། རབ་བྱུང་བརྒྱད་པའི་ནང་གི་མི་ཡིན།

༡) སྐལ་བཟང་དར་རྒྱས་རྒྱ་མཚོ། 183—1866
༢) ཟི་ན་སྐལ་བཟང་དར་རྒྱས་རྒྱ་མཚོ།

༡༽ སྐལ་བཟང་ཚུལ་ཁྲིམས་བསྟན་པའི་ཉི་མ།
༢༽ རྒྱ་ཡག་སྐལ་བཟང་ཚུལ་ཁྲིམས་བསྟན་པའི་ཉི་མ། 1797—?
༣༽ རྒྱ་ཞབས་དྲུང་བློ་བཟང་བསྟན་པའི་ཉི་མ།

༡༽ སྐལ་བཟང་ཡོན་ཏན།
༢༽ སྐུ་མདུན་མཁན་པོ་སྐལ་བཟང་ཡོན་ཏན།

༡༽ སྐྱི་ཤོད་པ་དགའ་ལྡན་ཕའི་ཇི།
༢༽ སྟག་རྩེ་ལྷ་རྒྱལ་རབ་བརྟན། — 1720

༡༽ སྐྱིད་ཚལ་མཁན་པོ་འཇམ་དབྱངས་ཀུན་དགའ་བསོད་ནམས། 1433—1503
༢༽ འཇམ་དབྱངས་ཀུན་དགའ་བསོད་ནམས།

ཁ༽

༡༽ ཁམས་པ་དབུ་སེ།
༢༽ ཀརྨ་པ་དུས་གསུམ་མཁྱེན་པ། 111—1193

༡༽ ཁྲུང་རི་བློ་བཟང་ལྷུན་གྲུབ། 1785—1847
༢༽ བྱང་རྩེ་བློ་བཟང་ལྷུན་གྲུབ།

༡༽ ཁྲག་འཐུང་རྒྱལ་པོ། 1452—1507
༢༽ གཙང་སྨྱོན་ཧེ་རུ་ཀཿ

༡༽ ཁྲི་རྒྱ་ནག་པ།
༢༽ གླུ་འབུམ་ངག་དབང་རྒྱ་མཚོ། 1635—1688

༡༽ ཁྲི་ཆེན་རྒྱལ་མཚན་སེངྒེ།
༢༽ སྟག་ཚང་ཁྲི་ཆེན་རྒྱལ་མཚན་སེངྒེ།

༡༽ ཁྲི་སྲེ་བཙན་པོ།
༢༽ གདགས་ཁྲི་བཙན་པོའང་ཞུ།

༡༽ མཁན་ཆེན་ངག་དབང་ཆོས་གྲགས། 1572—1641
༢༽ ས་སྐྱ་མཁན་ཆེན་ངག་དབང་ཆོས་གྲགས།

༡༽ མཁན་ཆེན་ངག་དབང་དཔལ་བཟང་། 1879—1940
༢༽ སྨྱོ་ཤུལ་མཁན་པོ་ངག་ཆུང་།
༣༽ བསྟན་པ་རབ་འཕེལ།
༤༽ པདྨ་ལས་འབྲེལ་རྩལ།
༥༽ གཞོན་ནུ་པདྨ་ལེགས་གྲུབ།

༡༽ མཁན་ཆེན་ཉི་མ་རྒྱལ་མཚན།
༢༽ ཐར་ལོ་ཉི་མ་རྒྱལ་མཚན། 1225—1305

༡༽ མཁན་ཆེན་ཕུ་པ།
༢༽ ཁྲུང་ཆེན་ཐར།
༣༽ འོད་ཟེར་དཔལ།

༡༽ མཁན་ཆེན་ཕྱག་རྡོར།
༢༽ ལྷོ་བྲག་གྲུབ་ཆེན་ལས་ཀྱི་རྡོ་རྗེ།
༣༽ ལྷོ་བྲག་གྲུབ་ཆེན་ནམ་མཁའ་རྒྱལ་མཚན། 1326—1401

༡༽ མཁན་ཆེན་ཡེ་ཤེས་དཔལ་འབྱོར།
༢༽ གཙང་པ་ཡེ་ཤེས་དཔལ་འབྱོར། 1714—1783

༡༽ མཁན་ཆེན་བསོད་ནམས་བཟང་པོ།
༢༽ གཉགས་ཕུ་པ་བསོད་ནམས་བཟང་པོ། 1341—1433

༡༽ མཁན་པོ་གྲུ་ར་བ།
༢༽ སུམ་པ་ཚུལ་ཁྲིམས་རྡོ་རྗེ། 1154—1221

༡༽ མཁན་པོ་ཆོས་དབྱིངས་རང་གྲོལ། 1938—1997 འཇའ་ལུས་པ།
༢༽ མཁན་པོ་ཨ་ཆོས་ངག་དབང་མཁྱེན་བརྩེ་སྣང་བ།

༡༽ མཁན་པོ་བློ་བཟང་དགེ་ལེགས།
༢༽ བྱང་རྩེ་བློ་བཟང་དགེ་ལེགས།

༡༽ མཁར་ལེགས་སྤྲུལ་སྐུ་པདྨ་ཀུན་བཟང་རང་གྲོལ། 1916—1984
༢༽ ཀོ་འཇོ་སྐྱུག་སང་སྤྲུལ་སྐུ།

༡༽ མཁས་དབང་ངག་དབང་ཆོས་གྲགས། དགའ་ལྡན་ཁྲི་རབས་༥༩་པ།
༢༽ ཚུ་བཟང་ངག་དབང་ཆོས་གྲགས།

༡༽ མཁས་དབང་སངས་རྒྱས་རྡོ་རྗེ།
༢༽ འབྲུག་པ་མཁས་དབང་སངས་རྒྱས་རྡོ་རྗེ། 1569—1645

༡༽ མཁས་བཙུན་ཡོན་ཏན་རྒྱ་མཚོ། 1260—1327
༢༽ ཐུགས་རྗེ་དཔལ་བ།

༡༽ མཁྱེན་བརྩེ་ཆོས་ཀྱི་བློ་གྲོས། 1893—1960
༢༽ འཇམ་དབྱངས་མཁྱེན་བརྩེ་ཆོས་ཀྱི་བློ་གྲོས།
༣༽ རྫོང་སར་མཁྱེན་བརྩེ་ཆོས་ཀྱི་བློ་གྲོས།

༡༽ འཕོན་སྟོན་དཔལ་འབྱོར་ལྷུན་གྲུབ། 1561—1637
༢༽ ཕ་བོང་ཁ་དཔལ་འབྱོར་ལྷུན་གྲུབ།

༡༽ འཕོར་རེ།
༢༽ འཕོར་སོ་སྨེ།
༣༽ ལྷ་བླ་མ་ཡེ་ཤེས་འོད། 947—1019/1031འདས་ལོ་མི་འདྲ་བ་གཉིས་གང་ཡིན་སླར་བརྟག

༡༽ འཁྲུལ་ཞིག་པ་གར་དབང་།
༢༽ ལྷན་མ་བློ་བཟང་བསྟན་པ་ཆོས་འཕེལ།

ག༽

༡༽ གར་དབང་ལས་རབ་རྩལ།
༢༽ ཐེག་གླིང་འགྲོ་དོན་མཐར་ཕྱིན། དུས་རབས་༡༨པའི་ནང་འཁྲུངས།

༡༽ གར་མི་གཡུང་དྲུང་།
༢༽ བླ་ཆེན་དགོངས་པ་རབ་གསལ། 892—མཚན་གཞན་ཡོད་པ་བླ་ཆེན་ཚན་པར་གསལ།

༡༽ གུ་རུ་བཀྲ་ཤིས།
༢༽ སྟག་སྒང་མཁས་མཆོག་ངག་དབང་བློ་གྲོས། ༡༨༧༢ལོར་གུ་བཀྲའི་ཆོས་འབྱུང་བརྩམས་གྲུབ།
༡༽ གུང་ཐང་བླ་མ་ཞང་། 1121—1193

༢༽ ཞང་གཡུ་བྲག་པ་འགྲོ་བའི་མགོན་པོ། མཚན་གཞན་ཞང་གཡུ་གྲགས་པའི་ཚན་པར་གསལ།
༣༽ ཞང་གཡུ་བྲག་པ་བརྩོན་འགྲུས་གྲགས།

༡༽ ཀུ་རུ་རྫོ་ཆེ།
༢༽ ཚེ་དབང་དར་པོ།

༡༽ ཀུ་ཤྲི་བསོད་ནམས་གྲགས་པ།
༢༽ སྤྱན་སྔ་བསོད་ནམས་གྲགས་པ། 1359—1408

༡༽ ཀུང་རུ་རྒྱལ་མཚན་དཔལ་བཟང་པོ། 1383—1450
༢༽ མཚུངས་མེད་ཆོས་རྗེ།

༡༽ གེ་སར་སྐྱེས་བུ་དོན་གྲུབ། 1038—1125
༢༽ འཛམ་གླིང་གེ་སར་རྒྱལ་པོ།
༣༽ སེང་ཆེན་ནོར་བུ་དགྲ་འདུལ།

༡༽ གྱེར་སྒོམ་ཆོས་ཀྱི་སེང་གེ།། 1144—1204

༢༽ གྱེར་སྒོམ་ཚུལ་ཁྲིམས་སེང་གེ།།

༡༽ གྲགས་པ་བྱང་ཆུབ། 1356—1386
༢༽ ཆོས་བཞི་གསར་མ།
༣༽ གྲགས་པ་རིན་ཆེན་ཕྱི་མ།

༡༽ གྲགས་པ་བློ་གྲོས།
༢༽ ས་སྐྱའི་སྟགས་འཚང་གྲགས་པ་བློ་གྲོས།

༡༽ གྲགས་པ་འབྱུང་གནས།
༢༽ རྒོད་ཕྲུག་གྲགས་འབྱུང་། 1363—

༡༽ གྲགས་པ་འབྱུང་གནས། 1355—1422
༢༽ ཕག་གྲུ་འཇམ་དབྱངས་གྲགས་པ་འབྱུང་གནས།

༡༽ གྲགས་པ་བརྩོན་འགྲུས།
༢༽ རྒྱལ་བ་རིན་ཆེན་ཐོག་རྟུགས་པ། 1203—1267

༡༽ གྲགས་པ་ཡེ་ཤེས།
༢༽ ཕག་གྲུ་གྲགས་པ་ཡེ་ཤེས།

༡༽ གྲགས་པ་ཤེས་རབ།
༢༽ སྣར་ཐང་བ་གྲགས་པ་ཤེས་རབ།

༡༽ གྲགས་པ་བཤད་སྒྲུབ།
༢༽ ཅོ་ནེ་གྲགས་པ་བཤད་སྒྲུབ། 1675—1748

༡༽ གྲུབ་བརྙེས་ཆེན་པོ་ཨ་མ་ཁར་བ། ཀཿཐོག་རིག་འཛིན་ཆེན་མོ་དང་དུས་མཉམ།
༢༽ བདེ་ཆེན་རྡོ་རྗེ་གྲགས་པ།

༡༽ གྲུབ་ཐོབ་ཉི་མ་འཛིན།
༢༽ གྲུབ་ཆེན་པིར་ཕ་པ།

༡༽ གྲུབ་དབང་དཀོན་མཆོག་ཕྲིན་ལས། 1900—1988
༢༽ འབྲི་གུང་དགེ་སློང་དཔའ་ཆུང་།

༡༽ གྲུབ་དབང་འཇམ་དཔལ་རྒྱ་མཚོ།
༢༽ འཇམ་དབྱངས་བདེ་བའི་རྡོ་རྗེ། 1682—

༡༽ གྲུབ་དབང་པདྨ་རིག་འཛིན།
༢༽ རྫོགས་ཆེན་པདྨ་རིག་འཛིན། 1625—1697

༡༽ གྲུབ་དབང་བློ་བཟང་རྣམ་རྒྱལ།
༢༽ བྱ་བྲལ་བློ་བཟང་རྣམ་རྒྱལ། 1670—1741

༡༽ གྲུབ་དབང་ལུང་རྟོགས་རྒྱལ་མཚན།
༢༽ མཁན་པོ་ཨ་ཁྲུག —2011

༡༽ གླིང་རིན་པོ་ཆེ།
༢༽ འབྲི་གུང་རྡོ་རྗེ་རིན་ཆེན། 1278—1315

༡༽ དགའ་བཞི་མགོན་པོ་དངོས་གྲུབ་རབ་བརྟན། 1721—1792
༢༽ རྡོ་རིང་པཎྜི་ཏ།

༡༽ དགའ་བཞི་བསྟན་འཛིན་དཔལ་འབྱོར། 1760—?
༢༽ དགའ་བཞི་དཔལ་འབྱོར།

༡༽ དགེ་འདུན་མཁྱེན་རབ། 1736—?
༢༽ རོང་རྒྱན་དགེ་འདུན་མཁྱེན་རབ།

༡༽ དགེ་འདུན་ཆོས་སྐྱོང་རྒྱ་མཚོ།
༢༽ ཐར་ཤུལ་དགེ་འདུན་ཆོས་སྐྱོང་རྒྱ་མཚོ། 1709—1888

༡༽ དགེ་འདུན་ཆོས་འཕེལ། 1903—1951
༢༽ རིག་འཛིན་རྣམ་རྒྱལ།

༡༽ དགེ་འདུན་བསྟན་པ་རྒྱ་མཚོ།
༢༽ བྱ་ཁྱུང་ཤར་གདོང་དགེ་འདུན་བསྟན་པ་རྒྱ་མཚོ། 1557—?

༡༽ དགེ་འདུན་བསྟན་པའི་ཉི་མ།
༢༽ ཁྲི་ཀའི་མཚན་སྒྲོགས་དགེ་འདུན་བསྟན་པའི་ཉི་མ།

༡༽ དགེ་འདུན་བསྟན་འཛིན་རྒྱལ་མཚན།
༢༽ སེར་དྲིས་མ་ཧི་དགེ་འདུན་བསྟན་འཛིན་རྒྱལ་མཚན།

༡༽ དགེ་འདུན་དོན་གྲུབ།
༢༽ མཁན་ཆེན་དགེ་འདུན་རྒྱ་མཚོ།

༡༽ དགེ་འདུན་འབར།
༢༽ སོ་ཆུང་དགེ་འདུན་འབར།

༡༽ དགེ་འདུན་བློ་གྲགས།
༢༽ གཡེར་གཞོང་དགེ་འདུན་བློ་གྲགས། 1734—1811

༡༽ དགེ་འདུན་བཟང་པོ།
༢༽ སྣམ་ཞི་གྲུབ་ཆེན་དགེ་འདུན་བཟང་པོ། 1631—?

༡༽ དགེ་འདུན་བཟང་པོ།
༢༽ གཙང་གི་ཁྱུང་པོ་བྱ་བྲལ་དགེ་འདུན་བཟང་པོ། 1417—1495

༡) དགེ་འདུན་ལུང་རྟོགས་ཉི་མ། 1417—1495
༢) ལ་མོ་གསེར་ཁྲི་དགེ་འདུན་ལུང་རྟོགས་ཉི་མ།

༡) དགེ་མཛེས་འོད།
༢) རྟོགས་ལྡན་རྒྱལ་པོ་དགེ་མཛེས་འོད།

༡) དགྱེར་སྒོམ་ཆོས་ཀྱི་སེངྒེ། 1090—1171
༢) ཚུལ་ཁྲིམས་སེངྒེ།

༡) དགྲ་བཅོམ་ནུས་ལྡན་དྲག་པོ་རྩལ།
༢) རིག་འཛིན་ཀུན་བཟང་སྟོབས་ལྡན་དབང་པོ། 1781—?

༡) མགར་ར་བླ་མ།
༢) ཉེར་བླ་བསོད་ནམས་རབ་བརྟན། 1876—1935

༡) མགོན་དཀར་སྐྱབས།
༢) སེར་བྱེས་བྱམས་པ་སྐལ་བཟང་།

༡) མགོན་པོ་རྡོ་རྗེ།
༢) སྨན་ལུང་པ་ཤཱཀྱ་འོད།

༡) མགོན་པོ་རྡོ་རྗེ།
༢) རྒོད་ཚང་པ་མགོན་པོ་རྡོ་རྗེ། 1189—1258

༡) མགོན་པོ་རྣམ་རྒྱལ།
༢) ཉག་སྐྱིད་མགོན་པོ་རྣམ་རྒྱལ། 1799—1863

༡) མགོན་པོ་ཡེ་ཤེས།
༢) རི་བོ་ཆེ་མགོན་པོ་ཡེ་ཤེས། 1430—1473

༡) འགོས་ཁུག་པ་ལྷས་བཙས། སྤྱི་ལོ1089ལོར་བལ་ཡུལ་དུ་བཞུགས།
༢) བསོད་ནམས་རྩེ་མོ། 1142—1182

༡) འགོས་ལོ་གཞོན་ནུ་དཔལ། 1392—1481
༢) འགོས་ལོ་ཡེ་བཟང་རྩེ་པ། ལ་ལས་ཡིད་བཟང་རྩེ་པ་ཡང་འབྲི་སྲོལ་འདུག

༡༽ འགྱུར་མེད་ངེས་དོན་དབང་པོ།
༢༽ ཛ་ཕུ་ཁྲུང་སྤྲུལ་སྐུ།

༡༽ འགྱུར་མེད་རྡོ་རྗེ།
༢༽ གཏེར་བདག་གླིང་པ་འགྱུར་མེད་རྡོ་རྗེ། 1646—1714

༡༽ འགྱུར་མེད་རྡོ་རྗེ།
༢༽ ཨ་འཛོམ་རྒྱལ་སྲས་འགྱུར་མེད་རྡོ་རྗེ། 1896—1959

༡༽ འགྲོ་མགོན་བློ་གྲོས་བཟང་པོ། 1428—1465
༢༽ སྐྱོ་མདའ་ཆོས་རྗེ་འགྲོ་མགོན་བློ་གྲོས་བཟང་པོ།

༡༽ འགྲོ་འདུལ་གླིང་པ།
༢༽ གཏེར་སྟོན་རཏྣ་གླིང་པ། 1403—1479

༡༽ ཀ་ལོ་རྣམ་རྒྱལ་རྡོ་རྗེ། 1203—1282
༢༽ རོང་པ་ཀ་ལོ། འདི་ས་སྐྱ་ཡིན་ཙུང་སྣང་བརྟག

༡༽ ཀ་ལོ་གཞོན་ནུ་དཔལ། ཕག་གྲུ་དང་ཞང་བརྩོན་འགྲུས་གྲགས་ཀྱི་སློབ་མ་ཡིན
༢༽ མི་ཉག་ཀ་ལོ། འདི་ས་སྐྱ་ཡིན་ཙུང་སྣང་བརྟག

༡༽ རྒོད་ཚང་པ་མགོན་པོ་རྡོ་རྗེ། 1189—1258
༢༽ གཡུང་དྲུང་དཔལ།
༣༽ ཤེས་རབ་དཔལ།

༡༽ རྒྱ་ནག་པ་བློ་གྲོས་རྒྱ་མཚོ།
༢༽ ཀླུ་འབུམ་ངག་དབང་བློ་གྲོས་རྒྱ་མཚོ། 1635—1688

༡༽ རྒྱ་ར་བ་ནམ་མཁའ་ཆོས་ཀྱི་རྒྱལ་མཚན།
༢༽ རྒྱ་ར་ཀློང་ཆེན་པ།

༡༽ རྒྱང་རོ་བྱང་ཆུབ་འབུམ།
༢༽ དབུས་པ་བློ་གསལ་བྱང་ཆུབ་ཡེ་ཤེས། འདི་བཅོམ་ལྡན་རིགས་པའི་རལ་གྲིའི་སློབ་མ་ཡིན། ལ་ལས་འདི་གཉིས་མི་གཅིག་ངོས་བཟུང་ཙུང་སྣང་བརྟག

༡༽ རྒྱལ་ཁང་རྩེ་པ་དཔལ་འབྱོར་བཟང་པོ།
༢༽ སྟོད་ལུང་པ་དཔལ་འབྱོར་རྒྱ་མཚོ།

༡༽ རྒྱལ་བ་ལྔ་པ་ངག་དབང་བློ་བཟང་རྒྱ་མཚོ། 1617—1682
༢༽ གཏེར་སྟོན་རྡོ་རྗེ་ཐོགས་མེད་རྩལ།
༣༽ རྡོ་རྗེ་འཛིན་པ་ཆེ་མཆོག་འདུས་པ་རྩལ།
༤༽ བྱང་སེམས་སྨྱུ་གུ་རྩལ།
༥༽ ཟ་ཧོར་གྱི་བན་དེ་གང་ཤར་རང་གྲོལ།

༡༽ རྒྱལ་བ་ཡང་དགོན་པ་རྒྱལ་མཚན་དཔལ་བཟང་། 1213—1258
༢༽ གདུང་སོབ་དཔལ་འབར།

༡༽ རྒྱལ་དབང་ཆོས་རྗེ་བློ་བཟང་ཕྲིན་ལས་རྣམ་རྒྱལ། —1862
༢༽ འབྲུག་རྒྱལ་དབང་ཆོས་རྗེ།

༡༽ རྒྱལ་སྲས་སྤྱོམ་བྲག་པ། 1170—1249
༢༽ སྤྱོམ་བྲག་པ་བསོད་ནམས་རྡོ་རྗེ།

༡༽ རྒྱལ་སྲས་བྱང་ཆུབ་རྡོ་རྗེ།
༢༽ སྨྱོ་ཤུལ་ལུང་རྟོགས་བསྟན་པའི་ཉི་མ། 1901—1829

༡༽ རྒྱལ་སྲས་གཞན་ཕན་མཐའ་ཡས། 1800—1855
༢༽ རྫོགས་ཆེན་མཁན་པོ་གཞན་ཕན་མཐའ་ཡས།
༣༽ རྫོགས་ཆེན་མཁན་པོ་གཞན་དགའ།

༡༽ སྒོམ་པ་ཚུལ་ཁྲིམས་སྙིང་པོ།
༢༽ དྭགས་སྒོམ་ཚུལ་ཁྲིམས་སྙིང་པོ། 1116—1169

༡༽ སྒྲ་དབྱངས་ཟླ་བ་བདུད་རྩིའི་ལང་ཚོར་གྲགས་པ།
༢༽ ཁམས་སྤྲུལ་བསྟན་འཛིན་ཆོས་ཀྱི་ཉི་མ། 1745—1779

༡༽ སྒྲོ་ཕུག་པ་ཤཱཀྱ་སེང་གེ།།
༢༽ གསང་བདག་སྒྲོ་ཕུག་པ།
༣༽ ཟུར་ཤཱཀྱ་སེང་གེ།། 1074—1134

ང༽

༡༽ ངག་གི་དབང་པོ།
༢༽ ཀུན་མཁྱེན་གློང་ཆེན་རབ་འབྱམས། མཚན་གྱི་རྣམ་གྲངས་བཅུ་བཞིའི་གྲས།

༡༽ ངག་གི་དབང་པོ།
༢༽ ཕག་གྲུ་རིན་པོ་ཆེངག་གི་དབང་པོ།

༡༽ ངག་དབང་ཀུན་དགའ་དབང་རྒྱལ།
༢༽ ས་སྐྱངག་དབང་ཀུན་དགའ་དབང་རྒྱལ། 1559—?

༡༽ ངག་དབང་བཀྲ་ཤིས།
༢༽ བསེ་ཁྲི་ཆུན་ངག་དབང་བཀྲ་ཤིས། 1678—1738

༡༽ ངག་དབང་བཀྲ་ཤིས་དཔལ་གྲུབ། 1600—1671
༢༽ སྟག་ལུང་ངག་དབང་བཀྲ་ཤིས་དཔལ་གྲུབ།

༡༽ ངག་དབང་མཁས་གྲུབ་རྒྱ་མཚོ། 1711—1774
༢༽ བྱ་ཁྱུང་བྲག་ལུང་མཁན་པོ་ངག་དབང་མཁས་གྲུབ་རྒྱ་མཚོ།

༡༽ ངག་དབང་གྲགས་པ།
༢༽ གཉུག་ལ་པཎ་ཆེན་ངག་དབང་གྲགས་པ། 1458—1515

༡༽ ངག་དབང་གྲགས་པ་རྒྱ་མཚོ།
༢༽ སེམས་དཔའ་སྤྲུལ་སྐུངག་དབང་གྲགས་པ་རྒྱ་མཚོ། ? —1604

༡༽ ངག་དབང་དགེ་འདུན་སངས་རྒྱས་རྒྱ་མཚོ། 1839—1905
༢༽ ཚས་པ་རྒྱ་མཁར་པ་ངག་དབང་དགེ་འདུན་སངས་རྒྱས་རྒྱ་མཚོ།

༡༽ ངག་དབང་ཆོས་ཀྱི་རྒྱ་མཚོ།
༢༽ ཐུའུ་བཀྭན་ངག་དབང་ཆོས་ཀྱི་རྒྱ་མཚོ། 1680—1736

༡༽ ངག་དབང་ཆོས་ཀྱི་དབང་ཕྱུག
༢༽ བ་སོ་ཧྗེ་དྲུང་ངག་དབང་ཆོས་ཀྱི་དབང་ཕྱུག

༡༽ ངག་དབང་ཆོས་ཀྱི་དབང་ཕྱུག་ཕྲིན་ལས་རྒྱ་མཚོ།
༢༽ ཆོས་ཀྱི་དབང་ཕྱུག་ཕྲིན་ལས་རྒྱ་མཚོ། 1850—1868

༡༽ ངག་དབང་ཆོས་གྲགས།
༢༽ ས་སྐྱ་མཁན་ཆེན་ངག་དབང་ཆོས་གྲགས། 1572—1641

༡༽ ངག་དབང་ཆོས་གྲགས།
༢༽ སྟོད་ལུང་པ་ངག་དབང་ཆོས་གྲགས། 1501—1551

༡༽ ངག་དབང་ཆོས་གྲགས།
༢༽ ཆུ་བཟང་ངག་དབང་ཆོས་གྲགས།

༡༽ ངག་དབང་ཆོས་གྲགས།
༢༽ བྲ་ཕྱུང་ངག་དབང་ཆོས་གྲགས། 1707—1788

༡༽ ངག་དབང་ཆོས་འཕེལ།
༢༽ ཕུ་ཞང་ངག་དབང་ཆོས་འཕེལ། 1760—1839

༣༽ ཁྲི་ངག་དབང་ཆོས་འཕེལ།

༡༽ ངག་དབང་མཆོག་ལྡན།
༢༽ གཙན་ཚ་ངག་དབང་མཆོག་ལྡན། 1707—1788

༡༽ ངག་དབང་འཇམ་དབྱངས་བཀྲ་ཤིས། 1733—1811
༢༽ བསེ་ཁྲི་སྤྲུལ་ངག་དབང་འཇམ་དབྱངས་བཀྲ་ཤིས།

༡༽ ངག་དབང་འཇམ་དབྱངས་བསྟན་འཛིན་རྒྱ་མཚོ།
༢༽ བྲག་ལུང་མཁན་པོ་ངག་དབང་འཇམ་དབྱངས་བསྟན་འཛིན་རྒྱ་མཚོ།

༡༽ ངག་དབང་འཇམ་དབྱངས་དབང་རྒྱལ། 1830—?
༢༽ ཆེ་ཤོས་ཡོངས་འཛིན་ངག་དབང་འཇམ་དབྱངས་དབང་རྒྱལ།

༡༽ ངག་དབང་འཇིགས་མེད་གྲགས་པ། 1482—?
༢༽ རིན་སྤུངས་པ་ངག་དབང་འཇིགས་གྲགས།

༡༽ ངག་དབང་བསྟན་དར་ལྷ་རམས་པ།
༢༽ ཨ་ལ་ཤ་བསྟན་དར་ལྷ་རམས་པ། 1759—?

༡༽ ངག་དབང་བསྟན་པའི་རྒྱལ་མཚན།
༢༽ ཏ་ཚག་ངག་དབང་བསྟན་པའི་རྒྱལ་མཚན།

༡༽ ངག་དབང་བསྟན་འཛིན།
༢༽ གཙན་ཕུག་བླ་དཀར་ངག་དབང་བསྟན་འཛིན། 1919—?

༡༽ ངག་དབང་བསྟན་འཛིན་རྒྱ་མཚོ། 1882—1954
༢༽ ཞྭ་དམར་གསུམ་པ་ངག་དབང་བསྟན་འཛིན་རྒྱ་མཚོ།

༡༽ ངག་དབང་བསྟན་འཛིན་ཕྲིན་ལས།
༢༽ སྐྱིད་ཤོད་ཞབས་དྲུང་ཆོས་དབང་གྲགས་པའི་སྡེ།

༡༽ ངག་དབང་ཐུབ་བསྟན།
༢༽ རབ་འབྱམས་པ་ངག་དབང་ཐུབ་བསྟན།

༡༽ ངག་དབང་ཐུབ་བསྟན་དབང་ཕྱུག
༢༽ ཆུ་བཟང་ངག་དབང་ཐུབ་བསྟན་དབང་ཕྱུག

༡༽ ངག་དབང་དར་རྒྱས།
༢༽ སོག་པོ་ཆེང་ཞང་ངག་དབང་དར་རྒྱས།

༡༽ ངག་དབང་རྡོ་རྗེ།
༢༽ དངུལ་ཆུ་ངག་དབང་རྡོ་རྗེ། 1720—1802

༡༽ ངག་དབང་རྣམ་རྒྱལ།
༢༽ སྟག་ལུང་ཞབས་དྲུང་ངག་དབང་རྣམ་རྒྱལ།

༡༽ ངག་དབང་དཔལ་བཟང་།
༢༽ བསམ་གློ་སྨིན་པ་རྒྱ་མཚོ། 1629—1695

༡༽ ངག་དབང་སྨིན་པ་ཚུལ་ཁྲིམས།
༢༽ ལ་ཕྱི་ཀུན་བཟང་ཆོས་ཀྱི་རྒྱ་མཚོ།

༡༽ ངག་དབང་ཚུལ་ཁྲིམས་དར་རྒྱས།
༢༽ ཟེ་ན་ངག་དབང་ཚུལ་ཁྲིམས་དར་རྒྱས། 1734—?

༡༽ ངག་དབང་ཆོས་འཕེལ།
༢༽ ཁྲི་ངག་དབང་ཆོས་འཕེལ།

༡༽ ངག་དབང་ཡེ་ཤེས་ཚུལ་ཁྲིམས་རྒྱ་མཚོ།
༢༽ རྭ་སྒྲེང་ངག་དབང་ཡེ་ཤེས་ཚུལ་ཁྲིམས་རྒྱ་མཚོ།
༣༽ ཡེ་ཤེས་རྒྱ་མཚོ།

༡༽ ངག་དབང་ལེགས་གྲུབ།
༢༽ འཇམ་དབྱངས་སྨྲ་བའི་ཉི་མ་མཚོ་བྱུང་དགྱེས་པའི་ལང་ཚོ།

༡༽ ངག་དབང་ལེགས་བཤད་ཉི་མ།
༢༽ དཔའ་རིས་སྤྱི་སོ་ངག་དབང་ལེགས་བཤད་ཉི་མ།

༡༽ ངག་དབང་བཤད་སྒྲུབ་བསྟན་པའི་ཉི་མ།
༢༽ ཚེ་ཤོས་ངག་དབང་བཤད་སྒྲུབ་བསྟན་པའི་ཉི་མ། 1787—1860

༡༽ ངག་དབང་བསོད་ནམས་དགེ་ལེགས། 1594—1615
༢༽ སྤྲུལ་སྐུ་ངག་དབང་བསོད་ནམས་དགེ་ལེགས།

༡༽ ངོར་རྗེ་རས་པ།
༢༽ བལ་བུ་གོང་པ།

༡༽ དངུལ་ཆུ་རྒྱལ་སྲས་ཐོགས་མེད་བཟང་པོ། 1295—1369
༢༽ རྒྱལ་སྲས་ཐོགས་མེད་བཟང་པོ།

༡༽ དངུལ་ཆུ་བློ་བཟང་ཆོས་འཕེལ། 1809—1887
༢༽ དབྱངས་ཅན་གྲུབ་པའི་རྡོ་རྗེ། 1809—1887

༡༽ དངོས་གྲུབ་དཔལ་འབར།
༢༽ པཎ་ཆེན་དངོས་གྲུབ་དཔལ་འབར།

༡༽ དངོས་གཞི་བྱམས་པ་ཐུབ་དབང་།
༢༽ བཀྲས་ཁང་སྤྱི་ཁྱབ་མཁན་པོ་བྱམས་པ་ཐུབ་དབང་། 1922—?

༡༽ མངའ་བདག་ཉང་ཉི་མ་འོད་ཟེར།
༢༽ ཉང་ཉི་མ་འོད་ཟེར། 1124—1192

༡༽ མངོན་དགའ་བ་བྱམས་པ་རྒྱ་མཚོ།
༢༽ ཞོགས་བྱམས་པ་རྒྱ་མཚོ། 1516—1590

༡༽ རྗོག་བཀྲ་ཤིས་གྲགས།
༢༽ རོག་བཀྲ་གྲགས།

༡༽ རྗོག་མདོ་སྡེ། 1090—1166
༢༽ རྗོག་ཞི་སྡང་རྡོ་རྗེ།

༡༽ རྗོག་ཤེས་རབ་བླ་མ།
༢༽ རོག་ཤེས་རབ་བླ་མ།

༡༽ སྔགས་འཆང་བསམ་གྲུབ་རྡོ་རྗེ།
༢༽ རྟ་ནག་སྒྲོལ་མ་བསམ་གྲུབ་རྡོ་རྗེ། 1295—1376

༡༽ སྔགས་འཆང་ཧཱུྃ་ནག་མེ་འབར། རིག་འཛིན་འཇའ་ཚོན་སྙིང་པོའི་མཚན་གྱི་རྣམ་གྲངས་གྲས།

ཅ༽

༡༽ ཙོ་ནེ་ངག་དབང་འཇམ་དཔལ་ཚུལ་ཁྲིམས་རྒྱ་མཚོ། 1792—1855
༢༽ ཚེ་སྨོན་གླིང་ངག་དབང་འཇམ་དཔལ་ཚུལ་ཁྲིམས་རྒྱ་མཚོ།
༣༽ དཔལ་ལྡན་ནོ་མིན་ཧན།

༡༽ ལྕགས་ཟམ་པ་གཞུབས་བསྟན་འཛིན་ཡེ་ཤེས་ལྷུན་གྲུབ།
༢༽ གཞུབས་བསྟན་འཛིན་ཡེ་ཤེས་ལྷུན་གྲུབ།

༡༽ ལྕང་སྐྱ་བློ་བཟང་ཡེ་ཤེས་རྒྱ་མཚོ། 1875—1884
༢༽ བློ་བཟང་བསྟན་འཛིན་རྒྱལ་མཚན།

༡༽ གཙོད་སྨྲིན་རྣམ་སེང་གེ།
༢༽ ཀརྨ་འཇིགས་བྲལ་ཆོས་ཀྱི་སེང་གེ།
༣༽ མཁའ་སྤྱོད་དགྱེས་པའི་རྡོ་རྗེ།
༤༽ འཇིགས་མེད་ཆོས་ཀྱི་སེང་གེ། འདི་ལྷ་སའི་ཞི་ཁྲོ་ལྷ་ཁང་ཕྱག་བཏབ་དེ་ཡིན་ནམ་སྙམ།

༡༽ ལྕང་སྐྱ་རོལ་པའི་རྡོ་རྗེ། 1717—1786
༢༽ ཡེ་ཤེས་བསྟན་པའི་སྒྲོན་མེ།

ཆ༽

༡༽ ཆ་པ་ཆོས་ཀྱི་སེང་གེ།
༢༽ ཕྱྭ་པ་ཆོས་ཀྱི་སེང་གེ།

༡༽ ཆོས་ཀྱི་ཉི་མ།
༢༽ ཐུའུ་བཀྭན་ཆོས་ཀྱི་ཉི་མ།

༡༽ ཆོས་ཀྱི་ཉི་མ།
༢༽ རྡོ་རིང་ཀུན་བཟང་ཆོས་ཀྱི་ཉི་མ།

༡༽ ཆོས་ཀྱི་ཉི་མ།
༢༽ པཎ་ཆེན་སྐུ་འཕྲེང་དགུ་པ་ཆོས་ཀྱི་ཉི་མ།

༡༽ ཆོས་ཀྱི་དོན་གྲུབ།
༢༽ ཞྭ་དམར་སྐུ་འཕྲེང་བརྒྱད་པ་དཔལ་ཆེན་ཆོས་ཀྱི་དོན་གྲུབ།

༡༽ ཆོས་ཀྱི་བླ་མ།
༢༽ ཀརྨ་པ་སྐུ་ཕྲེང་གཉིས་པ་ཀརྨ་པཀྴི།

༡༽ ཆོས་ཀྱི་དབང་ཕྱུག
༢༽ སྣམ་པོ་བ་ཆོས་ཀྱི་དབང་ཕྱུག

༡༽ ཆོས་ཀྱི་སྨོན་ལམ།
༢༽ གཡའ་བཟང་ཆོས་རྗེ་ཆོས་སྨོན་ལམ། 1169—1233
༣༽ སྐུབས་འདུལ་འཛིན་པ།

༡༽ ཆོས་ཀྱི་ཤེས་རབ།
༢༽ རྨ་སྒོམ་ཆོས་ཀྱི་ཤེས་རབ། 1055—?

༡༽ ཆོས་ཀྱི་སེངྒེ།
༢༽ སྣམ་པོ་བ་ཆོས་ཀྱི་སེངྒེ།

༡༽ ཆོས་སྐུ་རྡོ་རྗེ།
༢༽ རྫོག་ཆོས་སྐུ་རྡོ་རྗེ།

༡༽ ཆོས་སྐྱོང་བཟང་པོ།
༢༽ ཞྭ་ལུ་ལོ་ཙཱ་བ་ཆོས་སྐྱོང་བཟང་པོ། 1441—1572

༡༽ ཆོས་གྲགས་རྒྱ་མཚོ།
༢༽ ཀརྨ་པ་ཆོས་གྲགས་རྒྱ་མཚོ། 1454—1506

༡༽ ཆོས་གྲགས་བཟང་པོ།
༢༽ སྟག་ཕུ་བ་ཆོས་གྲགས་བཟང་པོ། 1493—1559

༡༽ ཆོས་གྲགས་ཡེ་ཤེས་དཔལ་བཟང་།
༢༽ ཞྭ་དམར་སྐུ་ཕྲེང་བཞི་ཆོས་གྲགས་ཡེ་ཤེས་དཔལ་བཟང་།

༡༽ ཆོས་གྲུབ་རྒྱ་མཚོ།
༢༽ ཞྭ་དམར་སྐུ་ཕྲེང་བཅུ་པ་ཆོས་གྲུབ་རྒྱ་མཚོ། 1742—1791

༡༽ ཆོས་རྒྱལ་གཏེར་བདག་གླིང་པ།
༢༽ ཨོ་རྒྱན་གཏེར་བདག་གླིང་པ། 1646—1714

༡༽ ཆོས་རྒྱལ་རབ་བརྟན།
༢༽ རྒྱལ་རྩེ་ཆོས་རྒྱལ་རབ་བརྟན་ཀུན་བཟང་འཕགས་པ། 1389—?

༡༽ ཆོས་རྗེ་བཀྲ་ཤིས་དཔལ་བ།
༢༽ སྟག་ལུང་བཀྲ་ཤིས་དཔལ་བ།

༡༽ ཆོས་རྗེ་བཀྲ་ཤིས་དཔལ་བརྩེགས།
༢༽ སྟག་ལུང་བཀྲ་ཤིས་དཔལ་བརྩེགས། 1359—1424

༡༽ ཆོས་རྗེ་བཀྲ་ཤིས་དཔལ་འོད།
༢༽ སྟག་ལུང་བཀྲ་ཤིས་དཔལ་འོད། 1408—1460

༡༽ ཆོས་རྗེ་དགེ་འདུན་རྒྱལ་མཚན།
༢༽ ལྷ་ས་བ་དགེ་འདུན་རྒྱལ་མཚན། 1532—1670

༡༽ ཆོས་རྗེ་ངག་དབང་གྲགས་པ།
༢༽ སྟག་ལུང་པ་ངག་དབང་གྲགས་པ། 1418—?

༡༽ ཆོས་རྗེ་བདེ་བ་ཅན།
༢༽ འོལ་དགའ་དགེ་ལེགས་དཔལ་བཟང་། 1505—1567

༡༽ ཆོས་རྗེ་བྱང་ཆུབ་རྒྱ་མཚོ།
༢༽ སྟག་ལུང་པ་བྱང་ཆུབ་རྒྱ་མཚོ། 1403—1448

༡༽ ཆོས་རྗེ་ཚེ་བརྟན་རྒྱ་མཚོ།
༢༽ རྩེད་ཐང་ཚེ་བརྟན་རྒྱ་མཚོ། 1520—1576

༡༽ ཆོས་ཉིད་ཚུལ་ཁྲིམས།
༢༽ དྷརྨ་དྷཱ་ཤྲཱི། ཁྲི་སྲོང་སྐུ་དུས་ཀྱི་ལོ་ཙཱ་བ་ཞིག

༡༽ མཆིམས་བློ་གྲོས་བརྟན་པ།
༢༽ མཆིམས་ཆེན་བློ་གྲོས་བརྟན་པ།

༡༽ འཆད་ཁ་བ།
༢༽ བྱ་སྟོན་འཆད་ཁ་བ་ཡེ་ཤེས་རྡོ་རྗེ། 1101—1175

༡༽ འཆི་མེད་རབ་རྒྱས།
༢༽ ཉེ་རིང་པ་འཆི་མེད་རབ་རྒྱས།

ཛ༽

༡༽ ཛེ་སང་སྡེ་པ།
༢༽ གྲོང་སྨད་པ་ཕྲིན་ལས་རྒྱ་མཚོ།? — 1668

༡༽ ཇོ་ནང་ཀུན་མཁྱེན། 1292—1361
༢༽ རྟོན་པ་བཞི་ལྡན།
༣༽ དོལ་པོ་ཤེས་རབ་རྒྱལ་མཚན།
༤༽ དོལ་པོ་སངས་རྒྱས།

༡༽ ཇོ་སྨུབས་ཆོས་རྗེ་ཡེ་ཤེས།
༢༽ ཆོས་སྒོ་བ་ཡེ་ཤེས།

༡༽ ཇོ་མོ་སྨན་མོ། 1248—1283
༢༽ པདྨ་མཚོ་སྐྱིད།

༡༽ ཇོ་གྲུས་ཨ་སེང་།
༢༽ དགེ་སྡིངས་པ་ཨ་སེང་། དུས་རབས་༡༢པའི་དུས་དཀྱིལ་ཙམ།

༡༽ འཇམ་མགོན་བློ་གྲོས་མཐའ་ཡས།
༢༽ ཀོང་སྤྲུལ་ཡོན་ཏན་རྒྱ་མཚོའི་མཚན་གྱི་རྣམ་གྲངས་ནང་གཟིགས།

༡༽ འཇམ་དཔལ་རོལ་པའི་བློ་གྲོས། 1888—?
༢༽ མགོ་ལོག་བླ་མ་ཨ་རིག་དགེ་བཤེས།

༡༽ འཇམ་དབྱངས་ཀུན་དགའ་ཆོས་བཟང་། 1433—1503
༢༽ སྐྱིད་ཚལ་མཁན་པོ་འཇམ་དབྱངས་ཀུན་དགའ་ཆོས་བཟང་།

༡༽ འཇམ་དབྱངས་བསྟན་འཛིན་དབང་རྒྱལ།
༡༽ ཨ་ཁྱུང་ངག་དབང་མཁྱེན་རབ། དུས་རབས་༡༨པའི་དུས་མགོ་ཙམ།

༡༽ འཇམ་དབྱངས་ཐུབ་བསྟན་རྒྱ་མཚོ།
༢༽ ལྕང་ལུང་ཁྲི་ཆེན་རིན་པོ་ཆེ། 1866—1928

༡༽ འཇིགས་མེད་དཔལ་གྱི་སེངྒེ། དུས་རབས་༡༩པའི་དུས་སྨད།
༢༽ རྒྱལ་རོང་བསྟན་འཛིན་གྲགས་པ།

༡༽ འཇུ་མི་ཕམ་རྣམ་རྒྱལ་རྒྱ་མཚོ། 1846—1912
༢༽ མི་ཕམ་འཇམ་དཔལ་དགྱེས་པའི་རྡོ་རྗེ།

༣༽ རིག་བྱེད་སྨྲ་བ་སློ་གྲོས་རབ་གསལ་པདྨ་བཞད་པ།

༡༽ འཇམ་དབྱངས་མཁྱེན་བརྩེ་དབང་པོ། 1820—1892
༢༽ པདྨ་འོད་གསལ་མདོ་སྔགས་གླིང་པ།
༣༽ བྱམས་པ་ཀུན་དགའ་སངས་རྒྱས་བསྟན་པའི་རྒྱལ་མཚན།
༤༽ ཚངས་སྲས་དགྱེས་པའི་བློ་ལྡན་ནམ་གཙུག་ལག་སྨྲ་བའི་ཉི་མ།

༡༽ འཇམ་དབྱངས་དགའ་བློ་ལེགས་པ་ཆོས་འབྱོར། 1429—1503
༢༽ འཇམ་དཔལ་རྒྱ་མཚོའམ་འཇམ་དབྱངས་བདེ་བའི་རྡོ་རྗེ།
༣༽ ཚལ་པ་ལེགས་པའི་ཆོས་འབྱོར།

༡༽ འཇིགས་མེད་རྒྱལ་བའི་མྱུ་གུ།
༢༽ རིག་འཛིན་འཇིགས་མེད་རྒྱལ་བའི་མྱུ་གུ། 1765—1843
༣༽ བྱ་བཏང་བ་པདྨ་ཀུན་བཟང་།

༡༽ རྗེ་དགེ་འདུན་གྲུབ་པ།
༢༽ རྒྱལ་བ་དགེ་འདུན་གྲུབ་པ།

༡༽ རྗེ་སྒམ་པོ་པ།
༢༽ དྭགས་པོ་ལྷ་རྗེ། 1075—1153
༣༽ བསོད་ནམས་རིན་ཆེན།

༡༽ རྗེ་དྲུང་ལྷ་དབང་ཆོས་ཀྱི་རྒྱལ་མཚན།
༢༽ བ་སོ་ངག་དབང་ཆོས་ཀྱི་རྒྱལ་མཚན། 1575—1629

༡༽ རྗེ་བཙུན་ཀུན་དགའ་སྙིང་པོ།
༡༽ རྗེ་བཙུན་གླིང་།
༢༽ གླིང་རས་པདྨ་རྡོ་རྗེ།

༡༽ རྗེ་ཤེས་རབ་སེངྒེ།
༢༽ སྨར་ཐང་བ་ཤེས་རབ་སེངྒེ།

ཉ༽

༡༽ ཉག་རོང་མགོན་པོ་རྣམ་རྒྱལ། 1799—1863

༢༽ ཉག་སྙེད་བུ་ཡོང་མ།

༡༽ ཉང་འབན་ངག་དབང་ཐུབ་བསྟན་རྒྱ་མཚོ།
༢༽ བྲ་ཉེ་མཁན་པོ།

༡༽ ཉང་བན་ཏིང་འཛིན་བཟང་པོ། 738—?
༢༽ གཏེར་སྟོན་ཉང་བན་ཏིང་འཛིན་བཟང་པོ།
༣༽ བན་ཆེན་པོ་ཏིང་ངེ་འཛིན།

༡༽ ཉང་རལ་ཉི་མ་འོད་ཟེར།
༢༽ གཏེར་སྟོན་ཉང་རལ་ཉི་མ་འོད་ཟེར།
༣༽ མངའ་བདག་ཉང་ཉི་མ་འོད་ཟེར། 1124—1192

༡༽ ཉི་མ་གྲགས་པ།
༢༽ ཁམས་པ་ཉི་མ་གྲགས་པ།
༣༽ གཏེར་སྟོན་ཆ་རུ་ཉི་མ་གྲགས་པ། 1647—1710

༡༽ ཉི་འོད་གསལ།
༢༽ གཏེར་སྟོན་ཉི་འོད་གསལ། དུས་རབས་༡༢པའི་དུས་སྨད།
༣༽ བྱང་རོང་སྨན་པ་ཉི་འོད་གསལ།

༡༽ ཉེར་བརྒྱུད་པ་རྡོ་རྗེ་རྒྱལ་པོ།
༢༽ འབྲི་གུང་པ་རྡོ་རྗེ་རྒྱལ་པོ། 1284—1351

༡༽ གཉལ་ཆོས་འབར།
༢༽ སྒྲུས་སྟོན་ཆོས་འབར། 1050—1111

༡༽ གཉེར་པ་བློ་བཟང་སྦྱིན་པ།
༢༽ སྡེའུ་གདོང་བློ་བཟང་སྦྱིན་པ།

༡༽ གཉོས་གཞོན་ནུ་འོད།
༢༽ ཕོ་བྲང་སྡིངས་པ།

༡༽ མཉམ་མེད་ལྷ་རྩེ་བ་ངག་དབང་བཟང་པོ།

༢༽ ལྷ་རྩེ་བ་ངག་དབང་བཟང་པོ། 1546—1615

༡༽ སྣེ་མདོ་སྨྲ་བའི་སེངྒེ། 1186—1247
༢༽ བརྩོན་འགྲུས་སེངྒེ།

ཏ༽

༡༽ ཏཱ་ར་ནཱ་ཐ། 1575—1634
༢༽ ཀུན་དགའ་སྙིང་པོ།
༣༽ སྒྲོལ་བའི་མགོན་པོ།
༤༽ ཇོ་ནང་ཏཱ་ར་ནཱ་ཐ།

༡༽ ཏཱི་ཤྲཱི་བསོད་ནམས་བློ་གྲོས།
༢༽ བླ་ཆེན་བསོད་ནམས་བློ་གྲོས། 1332—1362

༡༽ ཏཱི་ཤྲཱི་ཡེ་ཤེས་རིན་ཆེན།
༢༽ དུས་འཁོར་བ་ཡེ་ཤེས་རིན་ཆེན། 1248—1294

༡༽ ཏེ་ཧོར་བློ་བཟང་བཀྲ་ཤིས།
༢༽ ཐང་རྩེ་བློ་བཟང་བཀྲ་ཤིས།

༡༽ གཏེར་ཆེན་ཆོས་ཀྱི་རྒྱལ་པོ།
༢༽ གཏེར་ཆེན་འགྱུར་མེད་རྡོ་རྗེ།
༣༽ ཨོ་རྒྱན་གཏེར་བདག་གླིང་པ།

༡༽ གཏེར་ཆེན་རིག་འཛིན་གོད་ལྡེམ།
༢༽ རྡོ་བྲག་རིག་འཛིན་དངོས་གྲུབ་རྒྱལ་མཚན།

༡༽ གཏེར་ཆེན་ཧཱུྃ་ནག་འགྲོ་འདུལ།
༢༽ སྐྱིད་གྲོང་ཐུགས་མཆོག་རྡོ་རྗེ།

༡༽ གཏེར་སྟོན་ཀཿཐོག་རིག་འཛིན་ཚེ་དབང་ནོར་བུ་རྡོ་རྗེ་དཔལ་འབར།
༢༽ ཀཿཐོག་རིག་འཛིན་ཚེ་དབང་ནོར་བུ། ཀཿཐོག་རིག་འཛིན་ཚེ་དབང་ནོར་བུར་གཟིགས།

༡༽ གཏེར་སྟོན་སྐྱེར་སྒང་པ་ཆོས་ཀྱི་སེངྒེ།

༢༽ སྐྱེར་སྒང་པ་ཆོས་ཀྱི་སེངྒེ། དེ་རང་ལ་གཟིགས།

༡༽ གཏེར་སྟོན་ཁ་ཆེ་པཎ་ཆེན་ཤཱཀྱ་ཤྲཱི།
༢༽ ཁ་ཆེ་པཎ་ཆེན་ཤཱཀྱ་ཤྲཱི། དེ་རང་ལ་གཟིགས།

༡༽ གཏེར་སྟོན་ཁྲག་འཐུང་བདུད་འཇོམས་རྡོ་རྗེ།
༢༽ ཁྲག་འཐུང་བདུད་འཇོམས། དེ་རང་ལ་གཟིགས།
༣༽ སྒོ་ལིས་གཏེར་སྟོན།

༡༽ གཏེར་སྟོན་ཁྲོ་ཕུ་ལོ་ཙཱ་བ་གཉུབས་བྱམས་པ་དཔལ།
༢༽ ཁྲོ་ཕུ་ལོ་ཙཱ་བ་གཉུབས་བྱམས་པ་དཔལ། དེ་རང་ལ་གཟིགས།

༡༽ གཏེར་སྟོན་གར་དབང་འཆི་མེད་རྡོ་རྗེ།
༢༽ ཀུན་བཟང་འོད་ཟེར་གར་དབང་བསྟན་པའི་ཉི་མ།

༡༽ གཏེར་སྟོན་གྲྭ་པ་མངོན་ཤེས་ཅན།
༢༽ གྲྭ་པ་མངོན་ཤེས་ཅན། དེ་རང་ལ་གཟིགས།

༡༽ གཏེར་སྟོན་གྲུ་གུ་ཡང་དབང་།
༢༽ རྡོ་རྗེ་གཏེར་བཞད་རྩལ།

༡༽ གཏེར་སྟོན་གྲུབ་ཆེན་མེ་ལོང་རྡོ་རྗེ།
༢༽ གྲུབ་ཆེན་མེ་ལོང་རྡོ་རྗེ། དེ་རང་ལ་གཟིགས།

༡༽ གཏེར་སྟོན་གྲུབ་ཆེན་ཨོ་རྒྱན་པ།
༢༽ གྲུབ་ཆེན་ཨོ་རྒྱན་པ། དེ་རང་ལ་གཟིགས།

༡༽ གཏེར་སྟོན་གྲུབ་ཐོབ་ཐང་སྟོང་རྒྱལ་པོ།
༢༽ གྲུབ་ཐོབ་ཐང་སྟོང་རྒྱལ་པོ། དེ་རང་ལ་གཟིགས།

༡༽ གཏེར་སྟོན་གྲུབ་ཐོབ་མདའ་ཕྱི་ཏུ་པ།
༢༽ གྲུབ་ཐོབ་མདའ་ཕྱི་ཏུ་པ། དེ་རང་ལ་གཟིགས།

༡༽ གཏེར་སྟོན་གྲུབ་དབང་པདྨ་རིག་འཛིན།
༢༽ རྫོགས་ཆེན་པདྨ་རིག་འཛིན། དེ་རང་ལ་གཟིགས།

༡) གཏེར་སྟོན་འགྲོ་འདུལ་ལས་འཕྲོ་གླིང་པ།
༢) ནམ་མཁའ་རྡོ་རྗེ། དེ་རང་ལ་གཟིགས།

༡) གཏེར་སྟོན་རྒྱ་བན་རྡོ་རྗེ་འོད།
༢) ཨ་ཁུ་སྟོན་པ་འང་ཞུ།

༡) གཏེར་སྟོན་རྒྱལ་བ་མཆོག་དབྱངས།
༢) ངན་ལམ་རྒྱལ་བ་མཆོག་དབྱངས། དེ་རང་ལ་གཟིགས།

༡) གཏེར་སྟོན་སྣམ་པོ་པ་ནོར་བུ་བརྒྱན་པ། དྭགས་པོ་ཀུན་མཁྱེན་བཀྲ་ཤིས་རྣམ་རྒྱལ་གྱི་སྤྲུལ་སྐུ།

༡) གཏེར་སྟོན་མངའ་རིས་གར་དབང་ཟླ་བ་རྒྱལ་མཚན།
༢) པདྨ་གར་དབང་རྩལ། འདི་རང་ལ་གཟིགས།

༡) གཏེར་སྟོན་མངའ་རིས་པ་པདྨ་དབང་རྒྱལ།
༢) མངའ་རིས་པཎྜི་ཏ་པདྨ་དབང་རྒྱལ། དེ་རང་ལ་གཟིགས།

༡) གཏེར་སྟོན་མངའ་རིས་རིག་འཛིན་ཆེན་མོ།
༢) ལེགས་ལྡན་རྡོ་རྗེ།

༡) གཏེར་སྟོན་ཐུགས་འཆང་ཤཱཀྱ་བཟང་པོ།
༢) ཡོལ་མོ་སྤྲུལ་སྐུ། ལྷ་སའི་ཆུ་རགས་ཞིག་གསོས་མཛད།

༡) གཏེར་སྟོན་ཆུ་པོ་རྟོགས་ལྡན།
༢) དགེ་འདུན་རྒྱལ་མཚན།

༡) གཏེར་སྟོན་འཇིགས་མེད་ཕྲིན་ལས་འོད་ཟེར།
༢) རྡོ་གྲུབ་འཇིགས་མེད་ཕྲིན་ལས་འོད་ཟེར། འདི་རང་ལ་གཟིགས།

༡༡) གཏེར་སྟོན་སྟག་ལུང་པ་སངས་རྒྱས་དཔོན་པོ། 1257—1296
༢) དཀོན་མཆོག་སྲུས།
༣) གཏེར་སྟོན་སངས་རྒྱས་དཔོན་གྲགས་པ་དཔལ་བཟང་འོད་ཟེར།

༡) གཏེར་སྟོན་སྟག་ཤམས་ནུས་ལྡན་རྡོ་རྗེ། 1655—1780

༢༽ གཏེར་སྟོན་བསམ་གཏན་གླིང་པ།
༣༽ ལྷ་པ་ཆོས་འབྱུང་ཡང་ཐོགས།

༡༽ གཏེར་སྟོན་བདུད་འདུལ་གླིང་པ། ལྷ་བཟང་གིས་བསྐོངས། ཡང་སྲིད་བྲུར་མཁར་ཐེག་ཆེན་གླིང་པ་ཡིན།
༢༽ རོང་པ་བདུད་འདུལ་གླིང་པ།

༡༽ གཏེར་སྟོན་རྡོ་རྗེ་གླིང་པ།
༢༽ ཀུན་སྐྱོང་གླིང་པ། 1396—1477
༣༽ འཇམ་དཔལ་ཆོས་ཀྱི་བཤེས་གཉེན།
༤༽ པདྨ་གླིང་པ།
༥༽ གཡུང་དྲུང་གླིང་པ།

༡༽ གཏེར་སྟོན་པདྨ་རིག་འཛིན། འདི་རང་ལ་གཟིགས།
༢༽ ར་ཞི་གཏེར་སྟོན་ཡང་ཞུ།

༡༽ གཏེར་སྟོན་སྤྲུལ་སྐུ་བ་མཁའ་སྨུག་པོ། སྨུག་པོ་ལྡོང་། ཨོ་རྒྱན་མངལ་སྐྱེས་ཀྱི་རྣམ་ཐར་གཏེར་བླངས།

༡༽ གཏེར་སྟོན་བླམ་ཟངས་རི་རས་པ།
༢༽ འགོ་སྟོན་དབང་ཕྱུག་རྡོ་རྗེ།

༡༽ གཏེར་སྟོན་ཚེ་བརྟན་རྒྱལ་མཚན།
༢༽ ཆོས་ཀྱི་བློ་གྲོས། འདི་རང་ལ་གཟིགས།

༡༽ གཏེར་སྟོན་རཏྣ་གླིང་པ། 1403—1479
༢༽ ཞིག་པོ་གླིང་པ།
༣༽ འགྲོ་འདུལ་གླིང་པའང་ཞུ།

༡༽ གཏེར་སྟོན་རིག་འཛིན་ཆེན་མོ་རོལ་པའི་རྡོ་རྗེ།
༢༽ དཀོན་མཆོག་ལྷུན་གྲུབ། འདི་རང་ལ་གཟིགས།

༡༽ གཏེར་སྟོན་རིག་འཛིན་ཐུགས་ཀྱི་རྡོ་རྗེ།
༢༽ རྡོ་རྗེ་དྲག་པོ་ཕྲིན་ལས་འདུས་པ་རྩལ།

༡༽ གཏེར་སྟོན་རིག་འཛིན་ཐུགས་མཆོག་རྡོ་རྗེ་ཧཱུྃ་ནག་འགྲོ་འདུལ།

༢༽ ངག་དབང་བསླབ་གསུམ།
༣༽ ཀུན་བཟང་ཕྲིན་ལས་རྡོ་རྗེ།

༡༽ གཏེར་སྟོན་རིག་རྗེ་གླིང་པ།
༢༽ ཆོས་རྗེ་གླིང་པའམ་དཔོན་རྗེ་གླིང་པའང་ཞུ།

༡༽ གཏེར་སྟོན་རོང་སྟོན་པདྨ་བདེ་ཆེན་གླིང་པ།
༢༽ ཤཱཀྱ་ཐར།

༡༽ གཏེར་སྟོན་ལང་པོ་བ་དཔལ་རྒྱལ་མཚན།
༢༽ བྱང་ཆུབ་གླིང་པའང་ཞུ།

༡༽ གཏེར་སྟོན་ཞིག་པོ་གླིང་པ།
༢༽ ནམ་མཁའ་ཚེ་དབང་རྒྱལ་པོ།

༡༽ གཏེར་སྟོན་གཡག་ཕྲུར་སྔོན་པོ།
༢༽ རྡོ་རྗེ་འབུམ།

༡༽ གཏེར་སྟོན་ལྷ་བཙུན་སྔོན་པོ། པོ་ཏྲི་ནྟ་ཛའི་སྲས་ཆེ་བ།
༢༽ རིག་པའི་རྒྱ་མཚོ་གློག་གི་ཕྲེང་བ།

༡༽ རྟ་ཚག་ཡེ་ཤེས་བློ་བཟང་།
༢༽ རྟ་ཚག་བསྟན་པའི་མགོན་པོ།
༣༽ བ་སོ་རྟ་ཚག་ཡེ་ཤེས་བློ་བཟང་།

༡༽ སྟག་བླ་ཉོར་བུ།
༢༽ སྟག་གོ་སྨན་པ་བླ་མ། འདི་རང་ལ་གཟིགས།
༣༽ མགོ་ལོག་སྨན་པ་སྟག་བླ་ཉོར་བུ།

༡༽ སྟག་ལུང་རིན་ཆེན་འབྱུང་།
༢༽ ཆོས་རྗེ་རཏྣ་ཀ ། འདི་རང་ལ་གཟིགས།

༡༽ སྟག་ཤམས་ནུས་ལྡན་རྡོ་རྗེ། 1655—1780
༢༽ འགྱུར་མེད་ཨོ་རྒྱན་བསྟན་དར།
༣༽ བསྟན་འཛིན་ཟླ་འོད་རྡོ་རྗེ།

606

༤༽ ཧྲཛ་ཤྲཱི །
༥༽ བསམ་གཏན་རྡོ་རྗེ། དེའི་སྤྲུལ་པ་སྔགས་འཆང་གསང་བ་རྡོ་རྗེ།
༦༽ ཨོ་རྒྱན་བསྟན་འཕེལ།
༧༽ ཨོ་རྒྱན་ལྷ་པ།

ཐ༽

༡༽ ཐུབ་བསྟན་ཆོས་ཀྱི་གྲགས་པ།
༢༽ མི་ཉག་ཀུན་དགའ་བསོད་ནམས། འདི་རང་ལ་གཟིགས།

ད༽

༡༽ དིལ་འགོ་མཁྱེན་བརྩེ་རབ་གསལ་ཟླ་བ། 1910—1991
༢༽ བཀྲ་ཤིས་དཔལ་འབྱོར།
༣༽ ཐེག་མཆོག་བསྟན་པའི་རྒྱལ་མཚན།

༡༽ དྲང་སྲོང་ཀླེ།
༢༽ སྲོང་ངེ།

༡༽ དྲང་སྲོང་བསོད་ནམས་རྒྱལ་མཚན།
༢༽ ལྷ་བཙུན་བསོད་ནམས་རྒྱལ་མཚན།

༡༽ དྲི་མེད་འོད་ཟེར།
༢༽ བདུད་འཇོམས་གཏེར་སྲས་དྲི་མེད་འོད་ཟེར། འདི་རང་ལ་གཟིགས།

༡༽ དྲི་མེད་འོད་ཟེར། སེང་ཁྲི་སྐར་གྱི་དབུ་ཟླ། འདི་ལ་མཚན་མང་པོ་ཡོད་པས་དྲི་མེད་མིང་མང་བ་ཞུ།
༢༽ གཏེར་སྟོན་པདྨ་གླིང་པའང་ཞུ།
༡༽ གདགས་ལྷ་དཀར་མོ།
༢༽ དར་མཐའ་མ།

༡༽ བདག་ཆེན་ནམ་མཁའ་ལེགས།
༢༽ ལྷ་བཙུན་ནམ་མཁའ་ལེགས་པའི་རྒྱལ་མཚན། 1305—1343

༡༽ བདུད་འཇོམས་འཇིགས་བྲལ་ཡེ་ཤེས་རྡོ་རྗེ། 1904—1987

༢༽ ཨོ་རྒྱན་འགྲོ་འདུལ་གླིང་པ།
༣༽ གཏེར་སྟོན་བདུད་འཇོམས་འཇིགས་བྲལ་ཡེ་ཤེས་རྡོ་རྗེ།

༡༽ འདར་ལོ་ངག་དབང་ཕུན་ཚོགས་ལྷུན་གྲུབ། 1647—1708
༢༽ ཚེ་དབང་རབ་བརྟན་རྡོ་རྗེ།

༡༽ འདུལ་འཛིན་དཔལ་ལྡན་བཟང་པོ། 1402—1473
༢༽ འདུལ་ནག་དཔལ་ལྡན་བཟང་པོ།

༡༽ སྡེ་སྲིད་བསོད་ནམས་རབ་བརྟན།
༢༽ སྡེ་སྲིད་བསོད་ནམས་ཆོས་འཕེལ།

ན༽

༡༽ སྣར་ཐང་བ་པུ་ཎྱ་རསྨི།
༢༽ སྣར་ཐང་བ་བསོད་ནམས་འོད་ཟེར།

༡༽ སྣུབས་ངག་དབང་སྙན་གྲགས།
༢༽ བྱ་ཁྱུང་ངག་དབང་སྙན་གྲགས།

པ༽

༡༽ དཔལ་ཁང་བ།
༢༽ ཆོས་ཀྱི་གྲགས་པ། ལྷོ་རོང་ཆོས་འབྱུང་། ཤ 770

༡༽ དཔལ་ཁང་ལོ་ཙཱ་བ་ངག་དབང་ཆོས་ཀྱི་རྒྱལ་པོ། 1456—?
༢༽ ཀརྨ་ཕྲིན་ལས་ཕྱོགས་ལས་རྣམ་རྒྱལ།
༡༽ སྤོ་འབོར་བློ་བཟང་དྲི་མེད།
༢༽ བྱང་རྩེ་བློ་བཟང་དྲི་མེད། འདི་རང་ལ་གཟིགས།

༡༽ སྤྱན་སྔ་གྲགས་པ་རིན་ཆེན། 1250—1310
༢༽ སྤྱན་སྔ་གཉིས་མཆོད་པ།
༣༽ སྤྱན་སྔ་གསེར་ཐོག་པ།

༡༽ སྒྲོ་སྣང་བློ་བཟང་སྨོན་ལམ།

༢༽ བྱང་རྩེ་བློ་བཟང་སྨོན་ལམ། 1729—1798

ཕ༽

༡༽ ཕ་བོང་ཁ་བྱམས་པ་བསྟན་འཛིན།

༢༽ ཕ་བོང་ཁ་བདེ་ཆེན་སྙིང་པོ། འདི་རང་ལ་གཟིགས།

༡༽ ཕག་གྲུ་དཔལ་ལྡན་བཟང་པོ།

༢༽ སྤྱན་སྔ་དཔལ་ལྡན་བཟང་པོ།? — 1407

༡༽ ཕྱག་མཛོད་བསོད་ནམས་ཆོས་འཕེལ།

༢༽ ཞལ་ངོ་བསོད་ནམས་རབ་བརྟན།

བ༽

༡༽ བ་སོ་ལྷ་དབང་ཆོས་ཀྱི་དབང་ཕྱུག

༢༽ བ་སོ་ངག་དབང་ཆོས་ཀྱི་དབང་ཕྱུག འདི་རང་ལ་གཟིགས།

༡༽ བོ་དོང་པཎ་ཆེན་ཕྱོགས་ལས་རྣམ་རྒྱལ། 1376—1451

༢༽ འཇིགས་མེད་གྲགས་པ།

༣༽ ཆོས་ཀྱི་རྒྱལ་མཚན།

༡༽ བི་རོ་ཙ་ན་རཀྵི་ཏ།

༢༽ ཡེ་ཤེས་སྡེ།

༣༽ ལོ་ཆེན་རྣམ་པར་སྣང་མཛད་སྲུང་བ།

༡༽ བྱ་ཡུལ་བ་ཟེམ་གྲགས་པ་སེངྒེ།

༢༽ ཟེམ་རིན་པོ་ཆེ།

༡༽ བྱམས་པ་འོད་ཟེར།

༢༽ ཨ་རིག་དགེ་བཤེས་བྱམས་པ་དགེ་ལེགས་རྒྱལ་མཚན།

༡༽ བྱང་རྩེ་ངག་དབང་ཆོས་གྲགས།

༢༽ བྱ་ཁྱུང་ངག་དབང་ཆོས་གྲགས།

༡༽ འབྲི་གུང་རིག་འཛིན་ཆོས་གྲགས། 1595—1659
༢༽ ཀུན་མཁྱེན་ཆོས་གྲགས།
༣༽ དཀོན་མཆོག་ཕུན་ཚོགས།

༡༽ བླ་ཆེན་དགོངས་པ་རབ་གསལ། 892—?
༢༽ དགེ་བ་རབ་གསལ།
༣༽ དམུ་ཟུ་གསལ་འབར།
༤༽ གར་མི་གཡུང་དྲུང་།

༡༽ འབྲི་གུང་རིག་འཛིན་ཆོས་གྲགས། 1595—1659
༢༽ དཀོན་མཆོག་ཕུན་ཚོགས།

༡༽ འབྲུག་པ་པདྨ་དཀར་པོ།
༢༽ གཏེར་སྟོན་འབྲུག་པ་པདྨ་དཀར་པོ།
༣༽ ཀུན་མཁྱེན་པདྨ་དཀར་པོ།

མ༽

༡༽ མ་ཅི་ཤེས་རབ་བཀྲ་ཤིས། འདི་རང་ལ་གཟིགས།
༢༽ རྫོང་དཀར་མ་ཅི་ཤེས་རབ་བཀྲ་ཤིས།

༡༽ མི་ཕམ་ཆོས་ཀྱི་བློ་གྲོས། འདི་རང་ལ་གཟིགས།
༢༽ ཞྭ་དམར་བསྟན་འཛིན་གྲགས་པ་བཤད་སྒྲུབ།

༡༽ མི་ལ་རས་པ།
༢༽ རྗེ་བཙུན་མི་ལ་རས་པ། 1040—1123
༣༽ ཐོས་པ་དགའ།
༤༽ བཞད་པ་རྡོ་རྗེ།

༡༽ མཉྫ་གུ་རུ།
༢༽ བཀྲ་ཤིས་བླ་མ་མཉྫ་གུ་རུ། འདི་རང་ལ་གཟིགས།

༡༽ སྨྱོ་ཤུལ་མཁན་པོ་ངག་དབང་དཔལ་བཟང་། 1875—1940

༢༽ མཁན་པོ་ངག་ཆུང་།

ཙ༽

༡༽ གཙང་པ་རྒྱ་རས་ཡེ་ཤེས་རྡོ་རྗེ། 1161—1211
༢༽ གཡུང་དྲུང་དཔལ།
༣༽ ཤེས་རབ་དཔལ།

༡༽ གཙང་སྨྱོན་ཧེ་རུ་ཀཿསངས་རྒྱས་རྒྱལ་མཚན། 1452—1507
༢༽ གཙང་སྨྱོན་ཧེ་རུ་ཀཿརུས་པའི་རྒྱན་ཅན།
༣༽ ཁྲག་འཐུང་རྒྱལ་པོ།
༤༽ ཆོས་ཀྱི་གྲགས་པ།
༥༽ ཆོས་རྒྱལ་ལྷུན་པོ།
༦༽ ཙ་རི་དཔའ་བོ།
༧༽ གསང་མཚན་མི་བསྐྱོད་རྡོ་རྗེ།

༡༽ རྩ་གསུམ་གཏེར་བདག་གླིང་པ།
༢༽ གར་དབང་གནམ་ལྷགས་རྡོ་རྗེ།

ཚ༽

༡༽ ཚངས་འདུར་བ་ཆེན་པོ།
༢༽ སྣང་སྒོམ་རས་པ། དུས་རབས་༡༢དུས་དཀྱིལ་ཙམ།

ཛ༽

༡༽ རྫོགས་ཆེན་བཞི་པ་མི་འགྱུར་ནམ་མཁའི་རྡོ་རྗེ། 1793—1871
༢༽ རྡོ་རྗེ་ཚེ་དབང་གྲུབ་པ་རྩལ་ལམ་འཇིགས་མེད་མཁྱེན་བརྩེའི་དབང་ཕྱུག་ཕྲིན་ལས་རྣམ་རྒྱལ་རྡོ་རྗེ།

༡༽ རྫོང་དཀར་སྤྲུལ་སྐུ་བ་དཀོན་མཆོག་ཕུན་ཚོགས།
༢༽ དཀོན་མཆོག་ཕུན་ཚོགས། འདི་རང་ལ་གཟིགས།

ཞ༽

༡༽ ཞང་གཡུ་བྲག་པ་བརྩོན་འགྲུས་གྲགས། 1121—1193
༢༽ འབྲོང་བུ་སྤྱི་ཁྱུང་དུ་མི་བསྐྱོད་རྡོ་རྗེ།
༣༽ འབྲོང་བུ་རུ་པདྨ་བཛྲ།
༤༽ སྲུག་གི་གཡུ་བྲག་ཏུ་དགའ་བའི་རྡོ་རྗེ།
༥༽ མཚམས་སྣང་ཆོས་སྤྱིལ་དུ་ཞེ་སྡང་རྡོ་རྗེ།
༦༽ ལྷ་ས་བར་ཁང་དུ་རོལ་པའི་རྡོ་རྗེ།
༧༽ ཞང་འགྲོ་བའི་མགོན་པོ།
༨༽ བླ་མ་ཞང་འགྲོ་བའི་མགོན་པོ།

༡༽ ཞུས་ཆེན་ཚུལ་ཁྲིམས་རིན་ཆེན། 1697—1774
༢༽ ཀུན་དགའ་བསོད་ནམས།
༣༽ ངག་གི་དབང་པོ་འཇིགས་བྲལ་ཕྱོགས་ལས་རྣམ་རྒྱལ།
༤༽ ཞུ་ཆེན་མཁན་པོ།
༥༽ ཞུ་ཆེན་ལོ་ཙྪ་བ།

ཞ༽

༡༽ ཞྭ་དམར་བ་བསྟན་འཛིན་གྲགས་པ་བཤད་སྒྲུབ།
༢༽ མི་ཕམ་ཆོས་ཀྱི་བློ་གྲོས། འདི་རང་ལ་གཟིགས།

༡༽ ཞྭ་དམར་དཀོན་མཆོག་ཡན་ལག
༢༽ དཀོན་མཆོག་ཡན་ལག

༡༽ ཞྭ་དམར་པ་གྲགས་པ་སེངྒེ།
༢༽ གཏེར་སྟོན་ཞྭ་དམར་པ་གྲགས་པ་སེངྒེ།

༡༽ ཞེ་ཆེན་རྒྱལ་ཚབ་འགྱུར་མེད་པདྨ་རྣམ་རྒྱལ། 1871—1926
༢༽ གཞན་ཕན་ཆོས་ཀྱི་བློ་གྲོས།

ཟ༽

༡༽ ཟོད་འཛོ་བ་གཞོན་ནུ་ཡོན་ཏན།

༢༽ གཞོན་ནུ་ཡོན་ཏན། 1127—1150

ཟ༽

༡༽ ཟུར་མཁར་མཉམ་ཉིད་རྡོ་རྗེ། 1439—1475
༢༽ དཀོན་མཆོག་རིན་ཆེན།
༣༽ ཟུར་མཁར་ཆོས་རྗེ།
༤༽ ཨ་པོ་ཆོས་རྗེ།

༡༽ ཟུར་ཆེན་ཆོས་དབྱིངས་རང་གྲོལ། 1604—1669
༢༽ ཟུར་དཔལ་འབྱོར་ཕྲིན་ལས་རབ་རྒྱས།

ཡ༽

༡༽ ཡང་སྟེང་བློ་བཟང་ཆོས་འཕེལ། འདི་རང་ལ་གཟིགས།
༢༽ སྤྲོ་འཕོར་བློ་བཟང་ཆོས་འཕེལ།

༡༽ ཡོངས་འཛིན་ཀུན་དགའ་ལྷུན་གྲུབ།
༢༽ ཐུབ་བསྟན་དགེ་ལེགས་འབྱུང་གནས་བསོད་ནམས་རྒྱལ་མཚན་དཔལ་བཟང་པོ།

༡༽ གཡུ་ཐོག་གསར་མ་ཡོན་ཏན་མགོན་པོ།
༢༽ གཏེར་སྟོན་གཡུ་ཐོག་གསར་མ་ཡོན་ཏན་མགོན་པོ།

ར༽

༡༽ ར་མོ་ཤེལ་སྨན། 1207—?
༢༽ ཡེ་ཤེས་བཟང་པོ།

༡༽ རྭ་སྒྲེང་པ་བྱང་སེམས་ཤཱཀྱ་བསོད་ནམས།
༢༽ ཤཱཀྱ་བསོད་ནམས།
༡༽ རས་ཆུང་རྡོ་རྗེ་གྲགས།
༢༽ གཏེར་སྟོན་རས་ཆུང་རྡོ་རྗེ་གྲགས།

༡༽ རི་པོ་ཆེ་རྗེ་དྲུང་བྱམས་པའི་འབྱུང་གནས། 1878—1923

༢༽ བདུད་འཇོམས་ནམ་མཁའི་རྡོ་རྗེ།

༡༽ རིག་འཛིན་ཀུ་མཱ་རཱ་ཛ། 1266—1343
༢༽ བཀའ་བརྒྱུད་མཁའ་སྤྱོད་ཡངས་པ།
༣༽ གཏེར་སྟོན་རིག་འཛིན་ཀུ་མཱ་རཱ།

༡༽ རིག་འཛིན་འཇིགས་མེད་གླིང་པ། 1729—1798
༢༽ རྫོགས་ཆེན་པ་རང་བྱུང་མཁྱེན་བརྩེའི་འོད་ཟེར།
༣༽ པདྨ་དབང་ཆེན།

༡༽ རིག་འཛིན་འཇའ་ཚོན་སྙིང་པོ། 1585—1646
༢༽ ངག་དབང་ཆོས་རྒྱལ་དབང་པོ།
༣༽ ཐུགས་འཆང་ཧཱུྃ་ནག་མེ་འབར།
༥༽ ཨོ་རྒྱན་ལས་འགྲོ་གླིང་པ།
༦༽ གཏེར་སྟོན་ལས་འགྲོ་གླིང་པ།

༡༽ རིན་ཆེན་མགོན་པོ།

༢༽ སྐུ་ཡལ་བ་རིན་ཆེན་མགོན་པོ། 1191—1236

༡༽ རོང་སྟོན་དཀོན་མཆོག་སྐྱབས། དུས་རབས་༡༡པའི་དུས་དཀྱིལ།
༢༽ སྟོད་སྟོན་དཀོན་མཆོག་སྐྱབས།

༡༽ རོང་སྟོན་པདྨ་བདེ་ཆེན་གླིང་པ།
༢༽ གཏེར་སྟོན་རོང་སྟོན་པདྨ་བདེ་ཆེན་གླིང་པ།

༡༽ རོང་སྟོན་ཤཱཀྱ་རྒྱལ་མཚན། 1367—1449
༢༽ རོང་སྟོན་སྨྲ་བའི་སེང་གེ །
༣༽ རོང་སྟོན་ཞེས་བྱ་ཀུན་རིག
༤༽ རོང་སྟོན་དཀའ་བཅུ་པ།
༥༽ རོང་སྟོན་གཞུང་བརྒྱ་སྨྲ་བ།

༡༽ རོང་དཔོན་འཇིགས་མེད་རྣམ་རྒྱལ། 1785—1843
༢༽ དགེ་འདུན་འཇིགས་མེད་རྣམ་རྒྱལ།

༡༽ རོང་ཟོམ་ཆོས་ཀྱི་བཟང་པོ། 1040—1159
༢༽ གཏེར་སྟོན་རོང་ཟོམ་ཆོས་ཀྱི་བཟང་པོ།

ལ༽

༡༽ ལ་སྟོད་སྟག་མོ་གཏེར་སྟོན།
༢༽ ཀུ་རུ་དཔོན་གསས་ཁྱུང་ཐོག

༡༽ ལོ་ཆེན་རིན་ཆེན་བཟང་པོ། 958—1055
༢༽ ཀུང་རིན་ཆེན་དབང་ཕྱུག
༣༽ བན་དེ་ཡེ་ཤེས་སྡེ།
༤༽ ཀླམ་ལོ་ཙཱ་བ།

༡༽ ལོ་ཆེན་དྷརྨ་ཤྲཱི། 1654—1718
༢༽ ལོ་ཆེན་ཆོས་དཔལ་བཟང་པོ།
༣༽ ངག་དབང་ཆོས་དཔལ་བཟང་པོ།
༤༽ བསྟན་འཛིན་འཇམ་དབྱངས་དབང་པོ།

༡༽ ལོ་ཙཱ་བ་གཞོན་ནུ་ཤེས་རབ།
༢༽ ཞ་བ་དམར་པོ།

ཤ༽

༡༽ ཤུད་བུ་དཔལ་གྱི་སེངྒེ། རྗེ་འབངས་ཉེར་ལྔའི་གྲས།
༢༽ ཤུད་བུ་ཁྲི་འབྲིང་ཁོ་ཡོད་བཙན།

༡༽ ཤེལ་གླིང་མི་འགྱུར་ལྷུན་གྲུབ།
༢༽ བཀའ་དྲུང་ཤེལ་དཀར་གླིང་པ།
༡༽ ཤཱཀྱ་མཆོག་ལྡན་དྲི་མེད་ལེགས་པའི་བློ་གྲོས། 1428—1507
༢༽ པཎ་ཆེན་གསེར་མདོག་ཅན་པ།

༡༽ བཤད་སྒྲ་དབང་ཕྱུག་རྒྱལ་པོ།
༢༽ སྒྲིལ་བཞི་དབང་ཕྱུག་རྒྱལ་པོ།

སཱ

༡༽ ས་སྐྱ་དཀོན་མཆོག་འཕེལ།
༢༽ དཀོན་མཆོག་འཕེལ།

༡༽ ས་སྐྱ་བསོད་ནམས་རྩེ་མོ།
༢༽ སློབ་དཔོན་བསོད་ནམས་རྩེ་མོ།

༡༽ ས་བཟང་མ་ཏི་པཎ་ཆེན།
༢༽ བློ་གྲོས་རིན་ཆེན།

༡༽ སུམ་པ་རྡོ་རྗེ་ཚུལ་ཁྲིམས།
༢༽ འབྲི་གུང་རྡོ་རྗེ་ཚུལ་ཁྲིམས།

༡༽ སྲིད་རྒྱུད་དཀོན་མཆོག་ཡར་འཕེལ།
༢༽ དཀོན་མཆོག་ཡར་འཕེལ། 1602—?

༡༽ སློ་ལུང་བཞད་པའི་རྡོ་རྗེ།
༢༽ ཚལ་ག་རྗེ་དྲུང་བློ་བཟང་ཕྲིན་ལས། 1697—1740

༡༽ ལྷ་བཙུན་ནམ་མཁའ་འཇིགས་མེད། 1597—1646
༢༽ གཏེར་སྟོན་ལྷ་བཙུན་ནམ་མཁའ་འཇིགས་མེད།

༡༽ ལྷ་རྩེ་བ་ངག་དབང་བཟང་པོ།
༢༽ མཉམ་མེད་ལྷ་རྩེ་བ་ངག་དབང་བཟང་པོ། 1546—1615
༣༽ ཡོངས་འཛིན་ལྷ་རྩེ་བ་ངག་དབང་བཟང་པོ།

ཨཱ

༡༽ ཨ་ཀྱ་ཡོངས་འཛིན་བློ་བཟང་དོན་གྲུབ། 1740—1827
༢༽ དབྱངས་ཅན་དགའ་བློ།

༡༽ ཨོ་རྒྱན་གཏེར་བདག་གླིང་པ། འདི་རང་ལ་གཟིགས།
༢༽ ངག་དབང་པདྨ་བསྟན་འཛིན།
༣༽ གཏེར་ཆེན་འགྱུར་མེད་རྡོ་རྗེ།

རྩེར་བཀོལ། ༣༽
རྟུས་སམ་མིང་གཅིག་ལ་གང་ཟག་ཐ་དད་པ།

ཐུང་རྒྱས་པ་གངས་ཅན་བོད་ཀྱི་གྲགས་ཅན་མི་སྣའི་འབྲུངས་འདས་ཀྱི་ལོ་ཚིགས་ཀྱི་རེའུ་མིག་ཅེས་པར་གསལ།

ཀ༽

༡༽ ཀུན་མཁྱེན་སངས་རྒྱས་དཔལ། གྲུབ་ཆེན་བུདྡྷ་ཤྲཱི།
༢༽ ཀུན་མཁྱེན་སངས་རྒྱས་དཔལ། གཡག་སྟོན་སངས་རྒྱས་དཔལ།

༡༽ ཀུན་མཁྱེན་སངས་རྒྱས་འཕེལ། འདི་རོང་སྟོན་གྱི་སློབ་མ་དང་ཤཱཀྱ་མཆོག་གི་བླ་མ་ཡིན།
༢༽ ཀུན་མཁྱེན་སངས་རྒྱས་འཕེལ། འདི་གོང་གི་དེའི་སློབ་མ་ཡིན། བླ་སློབ་མཚན་གཅིག་གོ །

༡༽ ཀློང་ཆེན་པ་ཆོས་དབྱིངས་སྟོབས་ལྡན་རྡོ་རྗེ། 1785—
༢༽ རྒྱ་ར་ཀློང་ཆེན་པ་ནམ་མཁའ་ཆོས་ཀྱི་རྒྱལ་མཚན། འདི་ཀརྨ་སྙིང་པའི་ཆོས་བདག་ཡིན།

ཁ༽

༡༽ མགར་ར་བླམ། མགོ་ལོག་གི་གཏེར་སྟོན་ཞིག
༢༽ མགར་ར་བླམ། རི་བོ་ཆེ་ནོར་བླ་བསོད་ནམས་རབ་བརྟན།

༡༽ འགོས་ཁུག་པ་ལྷས་བཙས། སྤྱི་ལོ1089ལོར་བལ་ཡུལ་དུ་བཞུགས།
༢༽ འགོས་ཆོས་སྐྱོང་བཟང་པོ། ཞྭ་ལུ་ལོ་ཙཱ་བ་ཡང་ཞུ།

༣) འགོས་ཆོས་འགྲུབ།

༤) འགོས་པདྨ་གུང་བཙན།

༥) འགོས་ཁུ་འབྲིན།

༦) འགོས་ལོ་གཞོན་ནུ་དཔལ།

༡) རྒོད་ཚང་པ་མགོན་པོ་རྡོ་རྗེ། 1189—1258

༢) རྒོད་ཚང་པ་སྣ་ཚོགས་རང་གྲོལ།

༡) རྒྭ་ལོ་རྣམ་རྒྱལ་རྡོ་རྗེ། 1203—1282འདིར་རོང་པ་རྒྭ་ལོ་ཞུ། འདི་ལ་ལས་ར་ཀྭ་དང་ལ་ལས་ར་ཀྭ་བ་བཏགས་ཅན་འབྲི་སྲོལ་འདུག

༢) རྒྭ་ལོ་གཞོན་ནུ་དཔལ། འདིར་མི་ཉག་རྒྭ་ལོ་ཞུ། ཕག་གྲུ་དང་ཞང་གཡུ་བྲག་པའི་བླ་མའོ།།

ང༽

༡) རྔོག་ཆོས་སྐུ་རྡོ་རྗེ། 1036—1102

༢) རྔོག་ཞེ་སྡང་རྡོ་རྗེ།

༣) རྔོག་ལོ་བློ་ལྡན་ཤེས་རབ། 1059—1109

༤) རྔོག་ལོ་ལེགས་པའི་ཤེས་རབ། 1073ལོར་གསང་ཕུ་ཕྱུག་བཏབ།

ཅ༽

༡) ཅོག་གྲུ་མྱུ་ངན་མེད། དུས་རབས་བཅུ་གཅིག་པའི་དུས་སྨད།

༢) ཅོག་གྲུ་ཤེས་རབ་བླ་མ།

༡) བཅོམ་ལྡན་རིགས་པའི་རལ་གྲི། 1228—1305

༢) འཇམ་དབྱངས་རིགས་པའི་རལ་གྲི།

༣) བདེ་ཆེན་རིགས་པའི་རལ་གྲི། མདོ་མཁྱེན་བརྩེའི་སྲས།

༤) རིག་གྲ་རིགས་པའི་རལ་གྲི།

༥) སོག་དཔོན་རིན་ཆེན་བཟང་པོ་རིགས་པའི་རལ་གྲི། ཀརྨ་པ་དེ་བཞིན་གཤེགས་པའི་སློབ་བུ་ཡིན།

ཆ༽

༡) ཆག་དགྲ་བཅོམ།

༢) ཆག་ལོ་ཆོས་རྗེ་དཔལ་བ། 1197—1264

༣༽ ཚག་ལོ་རིན་ཆེན་ཆོས་རྒྱལ། 1447—

ཉ༽

༡༽ ཉག་བླ་པདྨ་བདུད་འདུལ། 1816—1872
༢༽ ཉག་བླ་བྱང་ཆུབ་རྡོ་རྗེ།
༣༽ ཉག་བླ་མི་ལོང་རྡོ་རྗེ།
༤༽ ཉག་བླ་འོད་ཟེར་རྡོ་རྗེ།
༥༽ ཉག་བླ་ཡེ་ཤེས་རྡོ་རྗེ།
༦༽ ཉག་བླ་བསོད་ནམས་རྒྱལ་པོ།

ཏ༽

༡༽ སྟག་ཚང་པ་དཔལ་འབྱོར་བཟང་པོ། སྟག་ལོ་ཤེར་རིན་གྱི་ཁུ་བོ་ཡིན།
༢༽ སྟག་ཚང་ལོ་ཙྪ་བ་ཤེས་རབ་རིན་ཆེན། 1405—1477
༣༽ སྟག་ལོ་གཞོན་ནུ་བརྩོན་འགྲུས། འབྲོག་མི་དང་དུས་མཚུངས།
༤༽ སྟག་སྟོན་གཞོན་ནུ་དཔལ། འདིས་མཛད་པའི་ལེགས་སྦྱར་བརྡ་པའི་མེ་ལོང་ཞེས་པ་ཞིག་ཡོད་ཚུལ་ཁྲིམས་ཁང་ལོ་ཙྪ་བའི་དཔེ་ཐོར་གསལ། དཔེ་ཐོ་ཁོ་བོར་ཡོད།

ད༽

༡༽ དྭགས་པོ་བཀྲ་ཤིས་རྣམ་རྒྱལ། 1398—1458 རོང་སྟོན་གྱི་སློབ་མ།
༢༽ སྣམ་པོ་བཀྲ་ཤིས་རྣམ་རྒྱལ། ཀརྨ་པ་ཆོས་གྲགས་རྒྱ་མཚོའི་སློབ་མ་ཀརྨ་ཕྲིན་ལས་ཀྱི་སློབ་མ་ཡིན། འདིའི་ཨ་ཁུ་རོང་སྟོན་གྱི་སློབ་བཀྲས་རྣམ་པ་ཡིན། 1513—1587
༣༽ ཤར་དྭགས་པོ་བཀྲ་ཤིས་རྣམ་རྒྱལ། འདས་ལོག་པ།

༡༽ དྲི་མེད་འོད་ཟེར། ཀུན་མཁྱེན་ཀློང་ཆེན་པ། གོང་མཚུངས།
༢༽ དྲི་མེད་འོད་ཟེར། ཁྲག་འཐུང་བདུད་འཇོམས་ཀྱི་གཏེར་སྲས།
༣༽ དྲི་མེད་འོད་ཟེར། སེང་ཁྲི་སྐར་གྱི་དབུ་བླ། འདི་ལ་དྲི་མེད་མིང་མང་མ་ཡང་ཞུ།

ན༽

༡༽ ནག་ཚོ་ཚུལ་ཁྲིམས་རྒྱལ་བ། 1011—1064 ནག་ཚོའི་འགྱུར་ཞེས་འདོའི་འགྱུར་ལ་ཟེར།
༢༽ ནག་ཚོ་ཤེས་རབ་རྒྱལ་མཚན།

༣༽ ནག་ཚོ་རྣམ་གྲགས།

པ༽

༡༽ པ་ཚབ་སྒོམ་པ། 1077—1158
༢༽ པ་ཚབ་ཉི་མ་གྲགས། 1055—
༣༽ པ་ཚབ་ཚུལ་ཁྲིམས་རྒྱལ་པོ།
༤༽ པ་ཚབ་ཚུལ་ཁྲིམས་རྒྱལ་མཚན། གོང་གི་དེ་དང་མི་གཅིག་ཡིན་མིན་སླར་བརྟག་གོ།

༡༽ དཔྱལ་ཀུན་དགའ་གྲགས།
༢༽ དཔྱལ་ཀུན་དགའ་རྡོ་རྗེ།
༣༽ དཔྱལ་ཆོས་བཟང་།
༤༽ དཔྱལ་ཤེས་རབ་འོད།

༡༽ སྤྲུལ་སྐུ་སྣ་ཚོགས་རང་གྲོལ།
༢༽ གཏེར་སྟོན་སྤྲུལ་སྐུ་སྣ་ཚོགས་རང་གྲོལ།

བ༽

༡༽ བུ་སྟོན་རིན་ཆེན་གྲུབ། 1290—1364
༢༽ བུ་སྟོན་སེང་གེ་འོད།

༡༽ བྱ་བྲལ་སངས་རྒྱས་རྡོ་རྗེ། 1912—
༡༽ འབྲུག་པ་སངས་རྒྱས་རྡོ་རྗེ། 1568—1645
༡༽ འབྲི་གུང་རིན་ཆེན་ཆོས་ཀྱི་རྒྱལ་མཚན་གྲགས་པ་དཔལ་བཟང་།
༢༽ གཏེར་སྟོན་རིན་ཆེན་ཆོས་ཀྱི་རྒྱལ་མཚན་གྲགས་པ་དཔལ་བཟང་།

༡༽ འབྲོམ་སྟོན་རྒྱལ་བའི་འབྱུང་གནས། 1004—1063
༢༽ འབྲོམ་སྟོན་སེང་གེ་རྒྱལ་མཚན། 1078—1143སྟག་ཚང་ཤེར་རིན་གྱིས་ཕོང་གི་སྐྱེ་རྒྱུད་དུ་བཤད།

མ༽

༡༽ མ་རིན་ཆེན་མཆོག ཇོ་འབངས་ཉེར་ལྔའི་གྲས།

༢) རྒྱ་ལོ་ཙཱ་བ་ཆོས་འབར། ཤིང་སྤྲེ་ལ་འཁྲུངས་ཟེར།

ཞ)

༡) ཞང་འགྲོ་བའི་མགོན་པོ། ཞང་གཡུ་བྲག་པའི་མཚན་གྱི་རྣམ་གྲངས་ཞིག
༢) ཞང་དར་མ་གྲགས།

༡) ཞང་སྟོན་བཀྲ་ཤིས་རྡོ་རྗེ། 1092—1167
༢) ཞང་སྟོན་དགྲ་འཇིགས།
༣) ཞང་སྟོན་རྒྱལ་བ་དཔལ།
༤) ཞང་སྟོན་ཆོས་བློ། 1232—
༥) ཞང་སྟོན་ཆོས་འབར། 1055—1134
༦) ཞང་སྟོན་བསྟན་པ་རྒྱ་མཚོ། 1825—1897
༧) ཞང་སྟོན་ནམ་མཁའ་རྡོ་རྗེ།
༨) ཞང་སྟོན་ཆེ་ཡ།
༩) ཞང་སྟོན་གཟི་བརྗིད་འབར།

ཟ)

༡) ཟུར་ཆུང་བདེ་གཤེགས་རྒྱ་བོ་པ། 1014—1074
༢) ཟུར་ཆེན་ཆོས་རྗེ།
༣) ཟུར་ཆེན་ཆོས་དབྱིངས་རང་གྲོལ། 1604—1669
༤) ཟུར་དཔལ་འབྱོར་ཕྲིན་ལས་རབ་རྒྱས།
༥) ཟུར་བྱམས་པ་སེང་གེ།
༦) ཟུར་ཤཱཀྱ་འབྱུང་གནས། ཟུར་ལྷ་རྗེ་ཨུག་པ་ལུང་པ1002—1062
༧) ཟུར་ཤཱཀྱ་སེང་གེ། 1074—1134
༨) ཟུར་ཤཱཀྱ་འོད། འདི་རྩད་གཅོད་དགོས།
༩) ཟུར་ཧམ་ཤཱཀྱ་འབྱུང་གནས།

ར)

༡) རོང་སྟོན་ཤཱཀྱ་རྒྱལ་མཚན། 1367—1449
༢) རོང་སྟོན་བློ་གྲོས་མཚུངས་མེད། འདི་རོང་སྟོན་གོང་མ་དེའི་མཚན་གྱི་རྣམ་གྲངས་མིན་འདུག

༡༽ རོང་བན་ཡོན་ཏན།
༢༽ རོང་བན་ཚུལ་ཁྲིམས།

ཁ༽

༡༽ ཤོང་སྟོན་རྡོ་རྗེ་རྒྱལ་མཚན།
༢༽ ཤོང་ལོ་བློ་གྲོས་བརྟན་པ།

སྨྲས་པ། དེ་ལྟར་རང་རེ་གངས་ཅན་ལྗོངས་འདི་ཡི། །མཁས་གྲུབ་དབང་པོ་བགྲང་འདས་བྱོན་པ་ཡི། །འབྲུངས་འདས་ལོ་ཚིགས་གསལ་བ་ཆ་ཚང་ཞིག །ཐོས་དམན་བདག་གིས་ད་བར་མ་མཇལ་རུང་། །བསྟན་རྩིས་རྒྱས་བསྡུས་ཅི་རིགས་མཇལ་བ་ལ། །བསྡུར་ཞིང་དཔྱད་ནས་གྲགས་ཅན་སུམ་སྟོང་ཙམ། །ནམ་བྱོན་དུས་ཚིགས་གསལ་བ་རེ་མིག་ཏུ། །འཁྱེར་བདེར་བྱས་པ་ལོ་ཤས་སྔ་རོལ་ན༑ ༑བྱས་ཁུལ་ཡིན་རུང་མ་རྫོགས་ལོག་རྫོགས་ཀྱི། །དྲི་མས་སྦགས་པ་རེ་ཟུང་མཆིས་ཏེ་སྣང་། །སླར་ཡང་བརྩོན་པའི་ལྷུག་གིས་རབ་བསྐྱལ་ནས། །བརྒྱ་ཕྲག་དྲུག་ཅུའི་བདག་ཉིད་ཅན་འདི་བྱས། །གང་ཟག་གཅིག་ལ་མཚན་མི་འདྲ་བ་དང་༑ ༑དུས་སམ་མཚན་མཚུངས་སྐྱེས་བུ་གང་ཡིན་པ། །རྒྱ་ཆེའི་ཀློག་པོར་དུས་ཚོད་ཟིན་ཕྱིར་བསྒྲུབས། །ད་དུང་མ་རྫོགས་ལོག་རྟོག་ཟེ་ཚོམ་གྱི། །འཁྲུལ་པ་ཅི་མཆིས་མཁས་རྣམས་སྤྱན་སྔར་འཆག །ཅི་ཏེ་ལེགས་ཚོགས་ག་བུར་རྡུལ་མཆིས་ན། །འགྲོ་རྣམས་རྣམ་མཁྱེན་ཡེ་ཤེས་ཐོབ་ཕྱིར་བསྔོ། །

ཞེས་པོད་རབ་རྒྱན་རྒྱལ་བ་ཞེས་པ་ཤིང་པོ་ཏྲ། པོད་རྒྱལ་གཉའ་ཁྲི་བཙན་པོ་ཁྲི་ལ་ཕེབས་ལོ་ཉིས་སྟོང་ལྔ་བརྒྱ་ལྔ་བཅུ་ང་གསུམ། སྤྱི་ལོ་༢༠༡༩ལོའི་ཚེ་འཕྲུལ་ཟླ་བའི་དཀར་ཕྱོགས་དགའ་བའི་ཉིན་རང་ཤག་སྙིང་དྲུག་དགའ་ཚལ་དུ་བརྡ་སྤྲོད་ཀུན་བཤད་ཀྱི་བཏགས་མིང་དུ་ལེགས་བཤད་འཛམ་དཔལ་དགྱེས་པའི་བློ་གྲོས་ཀྱིས་རྫོགས་པར་སྦྱར་བ་དགེ་ལེགས་འཕེལ།། ༎

གངས་ཅན་བོད་ཀྱི་གྲགས་ཅན་མི་སྣ་འགའི་འཁྲུངས་འདས་ཀྱི་ལོ་
ཚིགས་གསལ་བར་སྟོན་པའི་རེའུ་མིག་དྭངས་གསལ་འཕྲུལ་གྱི་མེ་
ལོང་ཞེས་བྱ་བ་བཞུགས་སོ། །

སྒྲིག་པ་པོ། ཁམས་སྤྲུལ་བསོད་ནམས་དོན་གྲུབ།
རྩོམ་སྒྲིག་འགན་འཁུར་པ། འབྲུག་མོ་སྐྱིད།
དེབ་གཞི་ཧྲུས་འགོད་པ། ཀརྨ་རྡོ་རྗེ་ཚེ་རིང་།
མི་རིགས་དཔེ་སྐྲུན་ཁང་གིས་བསྐྲུན་ཞིང་འགྲེམས་སྤེལ་བྱས།
པེ་ཅིན་ཧོ་ཕིང་ལི་བྱང་ལམ་ཨང་14པ། སྦྲག་ཨང་། 100013
2017ལོའི་ཟླ་5པར་པར་གཞི་དང་པོ་བསྒྲིགས།
2017ལོའི་ཟླ་5པར་པེ་ཅིན་དུ་པར་ཐེངས་དང་པོ་བརྒྱབ།
དེབ་ཚད། 880mm × 1230mm 1/24 དཔར་ཤོག 27
དཔར་གྲངས། 0001–5000 དེབ་རེར་སྒོར་62.00

图书在版编目（CIP）数据

藏族历代学者生卒年代谱表：藏文 / 康珠 · 索朗顿珠编著 .
— 北京：民族出版社，2017.5
（西藏古籍保护系列丛书）
ISBN 978-7-105-14913-1
Ⅰ . ①藏… Ⅱ . ①康… Ⅲ . ①藏族—名人—年谱—中国—藏语
Ⅳ . ① K828.714

中国版本图书馆 CIP 数据核字 (2017) 第 085109 号

责任编辑　周毛吉
书籍设计　吾要
出版发行　民族出版社
地　　址　北京市和平里北街 14 号　邮政编码　100013
网　　址　http://www.mzpub.com
印　　刷　北京盛通印刷股份有限公司
经　　销　各地新华书店
开　　本　880 毫米 ×1230 毫米　1/24
版　　次　2017 年 5 月第 1 版　2017 年 5 月北京第 1 次印刷
印　　张　27
印　　数　0001–5000
定　　价　62.00 元
ISBN 978-7-105-14913-1/K · 2596（藏 216）

藏文室电话：010–58130072　藏文发行科电话：010–64227665